Geschichte und Geschehen A4

Klaus Bergmann
Ludwig Bernlochner
Rolf Brixius
Caspar Ferenczi
Susanne Kutz
Ulrich Mayer
Joachim Rohlfes
Wulf Schmidt-Wulffen

W0292140

Ernst Klett Verlag
Stuttgart München Düsseldorf Leipzig

Geschichte und Geschehen A4
Geschichtliches Unterrichtswerk
für die Sekundarstufe I

Verfasser:	Prof. Dr. Klaus Bergmann: S. 32–35, 53–55, 58–60, 66–83, 86–93, 98–128, 131–133 Ludwig Bernlochner: S. 134–167, 265–272 Rolf Brixius: S. 94–97 Dr. Caspar Ferenczi: S. 8–27 Susanne Kutz: S. 222–239, 306–311 Prof. Dr. Ulrich Mayer: S. 28–31, 36–52, 61–65, 129–130, 253–264 Prof. Dr. Joachim Rohlfes: S. 169–221, 242–252, 286–305 Prof. Dr. Wulf Schmidt-Wulffen: S. 273–283
Einbandgestaltung:	Manfred Muraro
Kartenbearbeitung: Kartenredaktion:	Justus Perthes Verlag Gotha GmbH Willi Stegner
Reinzeichnung der Grafiken:	Rudolf Hungreder, Leinfelden-Echterdingen

Mit * werden im Inhaltsverzeichnis Angebote für den in den nordrhein-westfälischen Richtlinien vorgesehenen Freiraum zur Erweiterung und Vertiefung der obligatorischen Fachinhalte gekennzeichnet, unter anderem mit besonderen Beispielen zum fachmethodischen Lernen.

Gedruckt auf Papier aus chlorfrei gebleichtem Zellstoff, säurefrei. Umschlag mit PP-Folie kaschiert, umweltverträglich und recycelbar.

1. Auflage   A 1 7 6 5 4 3 | 2003 2002 2001 2000 99

Alle Drucke dieser Auflage können im Unterricht nebeneinander benutzt werden, sie sind untereinander unverändert. Die letzte Zahl bezeichnet das Jahr dieses Druckes.
© Ernst Klett Verlag GmbH, Stuttgart 1997.
Internetadresse: http://www.klett-verlag.de
Alle Rechte vorbehalten.
Redaktion: Bernd Schmidt, Stefan Wolters
Assistenz: Cornelia Ade, Melanie Winkler
Satz und Reproduktionen: Steffen Hahn Satz & Repro GmbH, Kornwestheim
Druck: Appl, Wemding
ISBN 3-12-410040-9 (flexibler Einband)
ISBN 3-12-410041-7 (Festeinband)

Inhalt

Ein Wegweiser durch dieses Buch

Die unterschiedlichen Medien in diesem Buch, Bilder, Karten, Grafiken und unterschiedlich gestaltete Texte, sind beispielhaft für die vielen Wege, über die man etwas über die Vergangenheit erfahren kann und für die Möglichkeiten sich mit ihr zu beschäftigen und das Wissen über sie weiterzugeben. Die folgenden Erklärungen sollen dir helfen mit der Geschichtsvermittlung, wie sie dieses Buch vornimmt, umzugehen.

ADS

Dieses Buch umfasst neun Themeneinheiten. Jede beginnt mit zwei besonders gestalteten Seiten, den *Auftaktdoppelseiten (ADS)*. Bilder und Grafiken der ADS sollen den Spannungsbogen eines Themas aufzeigen und nicht zuletzt dein Interesse wecken. Schon an der Bildkombination lässt sich einiges erkennen.

800 n. Chr. ____________
1525 ________________

Einige Kapitel beginnen mit einer *Zeittafel*. Hier findest du die wichtigsten Daten zum Kapitelthema auf einen Blick. Geschichte hat ja etwas mit Zeit zu tun, deshalb braucht man auch Daten um zu wissen, wie geschichtliche Ereignisse miteinander zusammenhingen, was vorher und was nachher war.

VT

Alle Verfassertexte (VT), die von Schulbuchautoren (meist Lehrerinnen und Lehrern) geschrieben wurden, haben die gleiche Breite (Zeilenlänge) wie der Text auf dieser Seite. Am Rand werden sie durch Marginalien gegliedert und informieren dich zusammenhängend über geschichtliche Sachverhalte. Am unterschiedlichen Stil kannst du auch erkennen, wie verschieden Geschichte dargestellt werden kann.

3

Quellen (z. B. Texte, Urkunden, Bilder) und andere *Materialien* (z. B. Schaubilder, Karten), die von den Autoren zusammengestellt wurden, sind in jedem Kapitel zur besseren Orientierung durchnummeriert (siehe Ziffer am Rand). Wenn im VT oder in Fragen auf Materialien verwiesen wird, sind diese mit „M" abgekürzt. Wie du mit den Materialien umgehst, hast du zum Teil schon gelernt; zum Umgang mit anderen Materialien leitet auch dieses Buch an.

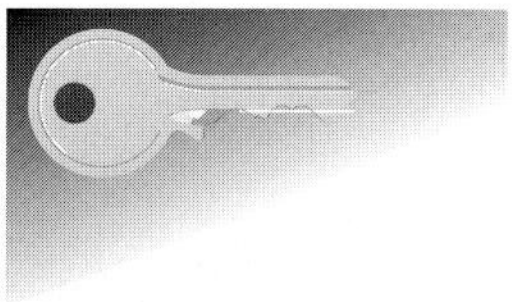

Mit diesem *Schlüssel* sind jene Texte gekennzeichnet, die zeigen, wie man an ein bestimmtes Material (Fachliteratur, zeitgenössische Literatur, Plakate, Zeitungen, Zeitzeugeninterviews) herangehen kann um ihm Informationen zu entlocken. Auch im Inhaltsverzeichnis und im Verzeichnis der Namen, Sachen und Begriffe werden diese Elemente mit einem kleinen Schlüssel hervorgehoben.

Dieses Zeichen markiert *Fragen und Anregungen* am Ende eines Kapitels. Hier erhältst du Hinweise, wie du dich mit den Materialien des Kapitels auseinandersetzen und dich weiter mit dem Thema beschäftigen kannst.

Renaissance:

Besondere *historische Grundbegriffe* sind in einem Kasten am Ende eines Verfassertextes erklärt. Du findest sie auch, indem du am Ende des Buches im Verzeichnis der Personen, Sachen und Begriffe nachschlägst. Dort sind sie in fetten Buchstaben gedruckt und so besonders hervorgehoben.

Verzeichnis der Personen, Sachen und Begriffe

Willst du dich nochmals über *Personen, Sachen und Begriffe* informieren, dann hilft dir ein Verzeichnis am Ende des Buches. Neben den Erläuterungen sind auch die Seiten angegeben, auf denen du ausführlicher darüber nachlesen kannst.

Versuche der Orientierung und Zukunftsgestaltung nach dem Ersten Weltkrieg

Soldatenfriedhof bei Verdun
Links oben: „Die Hoffnung Italiens", Propagandabild der italienischen Faschisten, 1933.
Rechts oben: Das Chrysler Building auf einer amerikanischen Postkarte von 1929.
Links unten: Plakat von Cesar Klein zu den Wahlen zur Nationalversammlung im Auftrag des Rates der Volksbeauftragten, Jahreswende 1918/1919.
Rechts unten: „Gen.(osse) Lenin reinigt die Erde von Unrat", Ausschnitt eines Plakates von V. Denin, 1920.

1. Vom Zarenreich zur Sowjetunion

1.1 Zwischen Reform und Revolution: Russland 1861 bis 1917

1861 ——— *Zar Alexander II. – „der Befreier" – hebt die Leibeigenschaft der Bauern auf.*
1905 ——— *Die Niederlage im Krieg gegen Japan und revolutionäre Unruhen im Innern zwingen Zar Nikolaj II. zum Erlass einer Verfassung und zur Einrichtung eines Parlaments (Reichsduma).*

Kein anderes Ereignis hatte so weit reichende Auswirkungen auf die Entwicklung der modernen Welt im 20. Jahrhundert wie die russische Revolution von 1917. Sie war nicht nur eine nationale Revolution, sie veränderte auch die internationalen Beziehungen von Grund auf. Zweifellos hat der Erste Weltkrieg die revolutionäre Entwicklung in Russland beschleunigt. Die Ursachen der russischen Krise reichen jedoch weit ins 19. Jahrhundert zurück.

Rückständige Großmacht: „Koloss auf tönernen Füßen"

Nach der Niederlage gegen England und Frankreich im Krimkrieg (1853–1856) sah sich die russische Staatsführung zu einem umfassenden Umbau von Staat und Gesellschaft gezwungen. Der Zar musste einsehen, dass überholte gesellschaftliche und wirtschaftliche Strukturen für die Niederlage verantwortlich waren. Seine Berater machten ihm klar, dass Russland als Großmacht nur überleben konnte, wenn es rasch eine moderne leistungsfähige Industrie aufbaute.

Freiheit für die Bauern?

Den Anfang der Reformen, die das Agrarland auf das Niveau Europas heben sollten, bildete die Bauernbefreiung. Im Februar 1861 entließ Zar Alexander II. 40 Millionen Bauern aus der Erbuntertänigkeit. Zwar konnten sie nun nicht mehr verkauft werden, als Zwangsmitglieder der Dorfgemeinde durften sie jedoch weiterhin weder ihren Wohnort noch ihren Beruf frei wählen. Außerdem mussten sie für das zugewiesene Land hohe „Loskaufzahlungen" entrichten.

Späte Industrialisierung

Da es in Russland keine breite Unternehmerschicht gab, war die Regierung gezwungen, mit ausländischer Hilfe die Industrialisierung selbst zu organisieren. Dank importierter Technologie entstand binnen weniger Jahrzehnte eine moderne Großindustrie. Abgesehen von wenigen hochindustrialisierten „Inseln" fehlte es der Industrialisierung jedoch an Breite. So konnte die russische Wirtschaft bis 1914 insgesamt nicht den Rückstand zu Westeuropa aufholen.

Autokratie und Opposition

Trotz der unleugbaren Fortschritte erwies sich die „Autokratie" selbst immer mehr als das größte Hindernis auf dem Weg zu einem modernen Russland. Der Zar verstand sich nach wie vor als absoluter „Selbstherrscher". Wie seine „Vorväter" wollte er, gestützt allein auf Bürokratie, Adel und orthodoxe Staatskirche, sein riesiges Reich allein regieren. Gegner der bestehenden Ordnung ließ er unbarmherzig verfolgen. Sie kamen zumeist aus der „Intelligencija", wie man im alten Russland Regimegegner aus der Bildungsschicht nannte. Doch die Umsturzpläne der Intelligencija scheiterten allesamt. Ihr Erbe traten in den 90er Jahren zunehmend straffer organisierte sozialistische Parteien an: u. a. die „Russländische Sozialdemokratische Arbeiterpartei", die sich bereits 1903 – nach dem Ergebnis einer eher zufälligen Abstimmung – in die gemäßigten Menschewiki (Minderheitler) und die radikalen Bolschewiki (Mehrheitler) spaltete, sowie die „Partei der Sozialrevolutionäre", die für die Bauern eintrat.

1 ***„Reparaturarbeiten an einer Eisenbahnlinie"***, *Gemälde von Konstantin A. Sawizkij, 1874.*
Auch in Russland war der Eisenbahnbau der wichtigste Leitsektor der frühen Industrialisierung. Ungünstige klimatische und geographische Verhältnisse sowie die weiten Distanzen erschwerten den Ausbau dieses für das Land bis heute wichtigsten Verkehrssystems.

Die erste russische Revolution

Lang aufgestaute Unzufriedenheit mit den gesellschaftlichen und politischen Zuständen brach sich schließlich 1905 Bahn. Nahezu alle Schichten und Gruppen lehnten sich gegen das Zarenregime auf: Die städtische Intelligenz (Anwälte, Ärzte usw.) demonstrierte für demokratische Grundrechte; mit dem liberalen Adel forderte sie eine Beteiligung an der Regierung. Die Arbeiter kämpften für eine Verbesserung ihrer Lebens- und Arbeitsbedingungen. Zur Organisation von Streiks und Aufständen gründeten sie im Herbst 1905 Sowjets (Räte). Als die Unruhen auch die Bauern erfassten, als im europäischen Teil Russlands überall Herrenhäuser brannten und Gutsbesitzer ermordet wurden, schien der Zusammenbruch des Zarismus unabwendbar. Doch durch das Zugeständnis bürgerlicher Freiheiten und konstitutioneller Rechte, vor allem aber mit Hilfe des Militärs konnte Nikolaj II. die Autokratie noch einmal retten. Nach einer kurzen Reformperiode (1907–1910) versuchte der Zar die Rechte der Duma wieder zurückzuschneiden. Die oppositionellen Strömungen erhielten dadurch erneut Auftrieb. Die Gegensätze zwischen Autokratie und Gesellschaft verschärften sich. Anfang 1914 glaubte niemand mehr, dass Russland sich auf friedlichem Wege zu einem parlamentarischen Verfassungsstaat entwickeln könne. Ob das „Alte Regime" einen Krieg überdauern würde, war mehr als fraglich.

Russ. Bauer, um 1916

a) Nenne die wesentlichen sozialen und ökonomischen Probleme Russlands um 1860.
b) Worin siehst du die zentrale(n) Ursache(n) dafür, dass sich Russland vor 1914 nur teilweise zu einem modernen Staat entwickeln konnte?
c) Welche Informationen über Arbeitsverhältnisse und -organisation enthält die Darstellung von M1? Beachte die Arbeit von Frauen und Männern.

1.2 Revolution in Russland, 1917 bis 1921: Aufbruch in eine bessere Zukunft?

Februarrevolution 1917: Ende der Zarenherrschaft

Im Winter 1916/17, im dritten Kriegswinter, verschlechterte sich die Versorgungslage der russischen Hauptstadt Petrograd (bis August 1914: St. Petersburg) immer mehr. Am 23. Februar (8. März)*, dem Internationalen Frauentag, demonstrierten die Petrograder Frauen für mehr Brot. Einen Tag später streikte und demonstrierte bereits jeder zweite Arbeiter. Sie forderten bessere Versorgung, sofortige Beendigung des Krieges, höhere Löhne (als Ausgleich für die kriegsbedingte Geldentwertung) sowie Verteilung des Großgrundbesitzes an die Bauern. Immer lauter wurde der Ruf „Nieder mit der Selbstherrschaft!" Als der Zar befahl die Unruhen niederzuschlagen, weigerten sich die Soldaten nicht nur auf die Demonstranten zu schießen – große Teile der Petrograder Garnisonstruppen liefen gar zu den Aufständischen über und verteilten ihre Gewehre unter das Volk. Am 2. März wurde Zar Nikolaj II. zur Abdankung gezwungen. Damit war das Ende der Zarenherrschaft besiegelt.

Doppelherrschaft: Provisorische Regierung und Sowjets

Die Februarrevolution war ein spontaner Massenprotest. Parteien und politische Gruppen hatten so gut wie keinen Einfluss auf ihren Verlauf. Dennoch vollzog sich der Machtwechsel rasch und reibungslos. Bereits am dritten Tag (25. Februar) bildeten sich in der Hauptstadt zwei neue Machtzentren: das „Provisorische Dumakomitee" sowie der „Petrograder Sowjet der Arbeiter- und Soldatendeputierten" (Abgeordnete). Noch am 2. März, dem Tag des Zarensturzes, setzte das Dumakomitee eine Provisorische Regierung ein, der mit Ausnahme des Sozialrevolutionärs Kerenskij nur bürgerliche Vertreter angehörten. Die neue Regierung verkündete ein umfassendes Reformprogramm: Die bürgerlichen Grundrechte wurden allen zuteil, alle Standesprivilegien sollten fallen, alle Nationalitäten und Religionen gleichberechtigt sein, in Stadt und Land sollten lokale Selbstverwaltungsorgane entstehen. Den Arbeitern wurde das Streikrecht zugestanden, politische Gefangene und Verbannte wurden amnestiert. Über die drängendsten Fragen – Frieden und Land – sollte eine frei gewählte Konstituierende, d.h. Verfassunggebende Versammlung entscheiden.

Bald stellte sich heraus, dass die Provisorische Regierung machtlos war. Ihr fehlte der „Unterbau", d.h. Verwaltungseinrichtungen, die ihre Beschlüsse verwirklichen konnten. Im Volk hatte sie nur wenig Rückhalt und die Reichsduma, auf die sie sich stützte, war bereits 1912 – also unter ganz anderen Bedingungen – gewählt worden. Die Sowjets auf der anderen Seite waren unmittelbar vom Volk gewählt, faktisch ruhte die Staatsgewalt bereits in ihren Händen. Doch noch zögerte ihre gemäßigte Mehrheit die Macht zu übernehmen.

Lenin betritt die Szene: „Alle Macht den Räten!"

In dieser offenen Situation erschien Wladimir Iljitsch Lenin. Der Führer der Bolschewiki war Anfang April aus seinem Schweizer Exil nach Petrograd zurückgekehrt. Die deutsche Regierung hatte die Durchreise in einem plombierten Eisenbahnwaggon erlaubt. Sie hoffte, dass der „Unruhestifter" Lenin den Kriegsgegner Russland schwächen würde. Bei seiner Ankunft in Petrograd griff Lenin sofort das unausgesprochene Stillhalteabkommen zwischen Provisorischer Regierung und Sowjets scharf an. Im Gegensatz zu Menschewiki und Sozialrevolutionären, die sich zunächst mit der bürgerlichen Revolution begnügen woll-

* In Russland galt bis 1918 der Julianische Kalender (nach Julius Caesar), der im 20. Jahrhundert um 13 Tage hinter dem im Westen gültigen Gregorianischen Kalender zurückliegt.

1 Der Petrograder Sowjet der Arbeiter- und Soldatendeputierten tagt, *März 1917. Versammlungsort war das Taurische Palais, der Sitz der Reichsduma – ein Zeichen, dass der Sowjet mit seiner Mehrheit aus gemäßigten Sozialisten (Menschewiki und Sozialrevolutionäre) grundsätzlich zur Zusammenarbeit mit der Provisorischen Regierung bereit war.*

ten, war er davon überzeugt, dass Russland bereits „reif" sei für die sozialistische Revolution. Zur Verwirklichung seines radikalen Programms forderte er die sofortige Machtübernahme durch die Sowjets.

„Heißer Sommer" 1917: Fahnenflucht und Gegenputsch

Da die Regierung daran festhielt, den Krieg an der Seite der verbündeten Westmächte fortzusetzen, verschärfte sich die Krise im Sommer 1917. Die zentralen Probleme des Landes – Frieden, Brot, Land – blieben ungelöst. Als Kriegsminister Kerenskij im Juli eine neue Großoffensive befahl, meuterten die Soldaten an der Front; in Scharen verließen sie die Schützengräben und machten sich auf den Heimweg in ihre Dörfer, um bei der Landverteilung dabei zu sein, mit der man schon begonnen hatte. Gleichzeitig revoltierten zunehmend in den Fabriken die Arbeiter gegen die Unternehmer und Betriebsleitungen.
Im August versuchte der Oberbefehlshaber der Streitkräfte, General Kornilov, noch einmal durch einen Putsch „Ruhe und Ordnung" wiederherzustellen. Er scheiterte damit jedoch völlig: Die von den Bolschewiki kontrollierte Eisenbahnergewerkschaft lenkte den Zug, der seine Truppen nach Petrograd bringen sollte, schon nach kurzer Fahrt auf ein Abstellgleis. Damit wurde offenkundig, dass sich die Kräfteverhältnisse im Lande verschoben hatten.

2 *Zeitgenöss. Karikatur: „Vorwärts, in die Offensive!"*

Oktoberrevolution 1917 – Bolschewistischer Umsturz in Petrograd

Lenin erkannte frühzeitig, dass die Situation für eine Machtübernahme günstig war. Die Wut und Enttäuschung der Bevölkerung über die Tatenlosigkeit der Regierung richteten sich seit der Ernennung einiger sozialistischer Minister im April zunehmend auch gegen Sozialrevolutionäre und Menschewiki. Außerdem hatte der Putschversuch der Rechten die Revolutionäre überall im Lande aufgerüttelt. Einzig die bolschewistische Partei blieb von dem allgemeinen Autoritätsverfall verschont. Sie, die im März in den Sowjets noch in der Minderheit gewesen war, erhielt seit Juli großen Zulauf von allen Seiten. Doch erst nach schwierigen Diskussionen konnten Lenin und Trotzki die Mehrheit des bolschewistischen Zentralkomitees für ihren Umsturzplan gewinnen. In der Nacht vom 24. auf den 25. Oktober drangen die „Roten Garden" praktisch ohne Gegenwehr in das Winterpalais, den Sitz der Provisorischen Regierung, ein. Ministerpräsident Kerenskij und sein Kabinett wurden abgesetzt. Alles verlief fast ohne Blutvergießen und – im Unterschied zur Februarrevolution – auch ohne Beteiligung der Massen.

3 ***„Lenin verkündet die Sowjetmacht".*** *Ausschnitt eines Gemäldes von Wladimir Serow. Es ist die Version, die Serow 1962 malte. Die Version von 1947 zeigt hinter Lenin Stalin und Trotzki. Stalin legte in den 30er Jahren alle Künstler auf den Stil des „Sozialistischen Realismus" fest. Die Kunst sollte die Realität geschönt im Sinne der offiziellen Ideologie widerspiegeln. Auf historische Wahrheit kam es dabei nicht an. Die dargestellte Szene hat es nie gegeben.*

Revolutionäre Regierung: der Rat der Volkskommissare

Die Führung der Bolschewiki hatte den Termin für den Umsturz sorgfältig mit dem Zweiten Allrussischen Sowjetkongress abgestimmt. Da die Bolschewiki in den lokalen Sowjets bereits seit September über eine klare Mehrheit verfügten, stellten sie auch die Mehrheit der Delegierten. Als der Kongress am 25. Oktober in Petrograd zusammentrat, setzte er erwartungsgemäß sofort eine Regierung ein: den Rat der Volkskommissare, zu dessen erstem Vorsitzenden Lenin gewählt wurde. Die neue Regierung ergriff umgehend eine Reihe von Maßnahmen, die Staat, Wirtschaft und Gesellschaft von Grund auf verändern sollten. Das „Dekret über Grund und Boden" legalisierte die entschädigungslose Aufteilung des Großgrundbesitzes unter den Bauern. In den Fabriken bereits durchgeführte Maßnahmen der Arbeiter, z. B. der Bildung von Betriebsräten, erhielten mit dem „Dekret über die Arbeiterkontrolle" Gesetzeskraft. Im „Dekret über den Frieden" schlug die Regierung allen kriegführenden Ländern den sofortigen Abschluss eines gerechten Friedens vor und erklärte ihre bedingungslose Bereitschaft zu Friedensverhandlungen. Doch Lenins Friedensappell verhallte weithin ungehört. Immerhin konnten Anfang Dezember 1917 ein Waffenstillstand mit den Mittelmächten geschlossen und Friedensverhandlungen vereinbart werden. Die deutschen Bedingungen waren hart: Im Frieden von Brest-Litowsk musste Sowjet-Russland im März 1918 auf die baltischen Provinzen verzichten und die Unabhängigkeit Finnlands und der Ukraine anerkennen.

„Diktatur der Arbeiter und Bauern" oder parlamentarische Demokratie?

Im Oktober war noch keine endgültige Entscheidung über die künftige Staats- und Regierungsform gefallen. Viele hofften, die Wahlen zur Konstituierenden Versammlung würden Klarheit bringen. Klarer Sieger dieser Wahlen im November 1917 wurden die Sozialrevolutionäre. Sie waren vor allem von der Landbevölkerung gewählt worden, die in den meist städtischen Sowjets unterrepräsentiert war. Die Bolschewiki erhielten nur ein Viertel der Stimmen. Sie weigerten sich aber dieses Wahlergebnis anzuerkennen, das sie durch den Oktoberumsturz für überholt hielten. Die Konstituierende Versammlung trat schließlich am 5. Januar 1918 in Petrograd zusammen. Da sie nicht bereit war, die Sowjetmacht uneingeschränkt anzuerkennen, löste die Regierung sie am nächsten Tag auf.

Bürgerkrieg 1918–1921: „Rot" schlägt „Weiß"

Lenin war sich durchaus bewusst, dass das brutale Vorgehen der (roten) Sowjetregierung die Gefahr eines Bürgerkriegs heraufbeschwor. Eine Folge der bolschewistischen Gewaltmaßnahmen war, dass nicht nur Liberale und Konservative, sondern sogar gemäßigte Sozialisten die Maßnahmen der Regierung zur revolutionären Umgestaltung von Wirtschaft und Gesellschaft bekämpften. Viele von ihnen schlugen sich auf die Seite „weißer" Freiwilligenverbände, die seit Frühjahr 1918 unter Führung ehemaliger Zarengenerale von den Randgebieten ins Innere Russlands vordrangen. Die „Weißen" erhielten massive Unterstützung aus dem Ausland. Die Kämpfe, die von beiden Seiten mit gnadenloser Härte und unerhörter Grausamkeit geführt wurden, dauerten nahezu drei Jahre. Unter ungeheuren Anstrengungen gelang es schließlich der neu geschaffenen Roten Armee unter Führung Trotzkis, den Feind zurückzuschlagen und die Herrschaft der Bolschewiki in ganz Russland durchzusetzen.

Kriegskommunismus – die „Morgenröte" einer Zukunftsgesellschaft?

Die Bolschewiki hatten das Ziel, erstmals in der Menschheitsgeschichte eine kommunistische Gesellschaftsordnung zu errichten. Zunächst mussten sie aber um das bloße Überleben kämpfen. Hunger und Bürgerkrieg zwangen sie zu Improvisationen und Notmaßnahmen, in denen viele Kommunisten bereits die Umrisse einer neuen Gesellschaftsordnung erkennen zu können glaubten. Der Kriegskommunismus war ein umfassendes Zwangssystem: Die Bauern mussten zur Versorgung der Städte alle Erzeugnisse abliefern, die über den Eigenbedarf hinausgingen. Industrie, Handel und Gewerbe wurden verstaatlicht und der Arbeiterkontrolle unterstellt. Betriebskomitees sollten Produktion und Transport kriegswichtiger Güter sicherstellen. Zugleich wurde eine allgemeine Arbeitspflicht eingeführt („Wer nicht arbeitet, soll auch nicht essen!"). Die Verteilung der wenigen Güter, die noch produziert wurden, übernahm der Staat. Das durch die Inflation wertlos gewordene Geld spielte so gut wie keine Rolle mehr. Die Folgen waren verheerend: Im Winter 1920/21 standen die meisten Fabriken still. In weiten Teilen des Landes brach das Eisenbahnsystem zusammen. Die Bauern produzierten nur noch so viel, wie sie selbst verbrauchen konnten. In Land und Stadt wurde das Leben unerträglich. Die Menschen hungerten und froren, Epidemien und Seuchen breiteten sich aus. Selbst die wenigen Arbeiter, die es noch gab, demonstrierten gegen das bolschewistische Regime.

4 *„Hilf!" Plakat 1921*

März 1921: Kronstädter Aufstand

Höhepunkt des landesweiten Protestes war die Revolte der Matrosen der vor Petrograd gelegenen Seefestung Kronstadt. Diese forderten die Absetzung der Sowjetregierung und Neuwahlen bei geheimer Stimmabgabe. Lenin und Trotzki ließen den Aufstand niederschlagen. Aber sie mussten erkennen, dass der Kriegskommunismus in eine Sackgasse geführt hatte. Die Sowjetregierung hatte den Sieg im Bürgerkrieg errungen, aber das Land war ausgeblutet. Im Volk war nur noch wenig von der anfänglichen Begeisterung für die Revolution zu spüren. Wer konnte in dieser Situation noch auf eine bessere Zukunft hoffen?

Sowjets (Räte): Sammelbezeichnung für die spontan gewählten Arbeiterausschüsse und Soldatenkomitees, die sich seit der Februarrevolution überall in Russland zu bilden begannen. Vorbild waren die Sowjets der Revolution von 1905. 1917 entwickelten sie sich zu Zentren des revolutionären Kampfes. Sie verstanden sich selbst als Organe einer revolutionären Demokratie der arbeitenden Bevölkerung. Anders als westliche Parlamente, die sich in erster Linie dem gesamtstaatlichen Interesse verpflichtet fühlen, verstanden sich die Sowjets vor allem als Interessenvertretung der Arbeiterklasse. Im Unterschied zu Parlamenten beschränkten sie sich nicht auf die Gesetzgebung, sondern übernahmen auch Aufgaben der Exekutive.

5 Lenins Aprilthesen

Am 7. April 1917 veröffentlicht Lenin in der „Prawda" („Die Wahrheit") einige Thesen:

1. In unserer Stellung zum Krieg … sind auch die geringsten Zugeständnisse an die „revolutionäre Vaterlandsverteidigung" unzulässig … 2. Die Eigenart der gegenwärtigen Lage in Russland besteht im Übergang von der ersten Etappe der Revolution, die … der Bourgeoisie die Macht gab, zur zweiten Etappe der Revolution, die die Macht in die Hände des Proletariats und der ärmsten Schichten des Bauerntums legen muss … 3. Keinerlei Unterstützung der Provisorischen Regierung … 4. Anerkennung der Tatsache, dass unsere Partei in den meisten Sowjets … in einer schwachen Minderheit ist gegenüber dem Block aller kleinbürgerlichen opportunistischen Elemente, die dem Einfluss der Bourgeoisie erlegen sind und diesen Einfluss in das Proletariat hineintragen … 5. Keine parlamentarische Republik …, sondern eine Republik der Sowjets … im ganzen Lande, von unten bis oben. Abschaffung der Polizei, der Armee und der Beamtenschaft. Entlohnung aller Beamten, die durchweg wählbar und jederzeit absetzbar sein müssen, nicht über den Durchschnittslohn eines guten Arbeiters hinaus. 6. … Im Agrarprogramm … Konfiskation* aller Gutsbesitzerländereien. Nationalisierung des gesamten Bodens im Lande; die Verfügungsgewalt über den Boden liegt in den Händen der örtlichen Sowjets der Landarbeiter- und Bauerndeputierten …

* Beschlagnahmung

Lenin, Werke, Band 24, Berlin 1959, S. 1–5.

6 Revolutionsplakate *von Viktor Deni (1920)*
Unten: „Jeder Hammerschlag ist ein Schlag gegen den Feind".
Rechts: „Mähe beizeiten"; linke Figur: polnischer Adliger (auch Polen beteiligte sich am Bürgerkrieg); rechte Figur: Wrangel, General der weißen Südarmee im Bürgerkrieg.

7 Dekret über den Frieden

Einstimmig angenommen in der Sitzung des Allrussischen Sowjetkongresses am 26. Oktober 1917:

Die Arbeiter- und Bauernregierung … schlägt allen kriegführenden Völkern und ihren Regierungen vor, sofort Verhandlungen über einen gerechten demokratischen Frieden zu beginnen. Ein gerechter und demokratischer Friede, den die überwältigende Mehrheit der durch den Krieg erschöpften, gepeinigten und gemarterten Klassen der Arbeiter und der Werktätigen aller kriegführenden Länder ersehnt, … ist nach Auffassung der Regierung ein sofortiger Friede ohne Annexionen* und ohne Kontributionen** … Gleichzeitig erklärt die Regierung, … dass sie bereit ist, auch jegliche anderen Friedensbedingungen zu erwägen, und lediglich darauf besteht, dass die Friedensbedingungen … rasch und in vollster Klarheit angeboten werden. Die Regierung schafft die Geheimdiplomatie ab; sie erklärt, dass sie ihrerseits fest entschlossen ist, alle Verhandlungen völlig offen vor dem ganzen Volke zu führen … Die Regierung schlägt allen Regierungen und Völkern aller kriegführenden Länder vor, sofort einen Waffenstillstand abzuschließen …; (sie) wendet sich gleichzeitig insbesondere an die klassenbewussten Arbeiter der drei fortgeschrittensten Nationen der Menschheit … Englands, Frankreichs und Deutschlands … (Sie ist überzeugt), dass diese Arbeiter … die Sache des Friedens und zugleich damit die Sache der Befreiung der werktätigen und ausgebeuteten Volksmassen von jeder Sklaverei und jeder Ausbeutung erfolgreich zu Ende führen.

* Aneignung fremder Territorien
** Von einem besiegten Land geforderte Geldzahlung

Zit. nach: Manfred Hellmann (Hg.), Die russische Revolution 1917, München1969, S. 312–315.

8 Kriegskommunismus auf dem Lande

Aus dem Brief eines Bauern an den Schriftsteller Maxim Gorki, Mai 1918:

Sehr geehrter Freund und Genosse! …

Am 3. und 4. April machten wir alle eine sehr schwere Zeit durch …, als etwa 3 000 Rotgardisten zu uns ins Dorf kamen und alle wohlhabenden Hausbesitzer beraubten, d. h. die Kontributionen eintrieben … Es lässt sich absolut keine Rechnung aufstellen, wie viel sie bei unseren Bürgern noch an Gütern verschiedenster Art, wie z. B. Brot, Mehl, Kleidung usw., geraubt haben; … Und es ist kaum zu beschreiben, wie sie die Leute mit der Nagaika (Riemenpeitsche) geschlagen haben … Wir glauben alle, dass die Qualen der Hölle leichter zu ertragen sind als die Folterungen dieser Räuber. Weiter gibt es keine besonderen Neuigkeiten aus unserm Dorf zu berichten; als die Rote Garde verschwunden war, haben wir, die ärmste Klasse, … selbst damit angefangen, nach dem Vorbild dieser Räuber die wohlhabenden Bürger unseres Dorfes zu berauben. Nachts haben wir sogar andere Dörfer überfallen … das Leben hier wird unerträglich!

Maxim Gorkij, Unzeitgemäße Gedanken über Kultur und Revolution, Frankfurt a. M. 1972 S. 195–197.

9 Der Kriegskommunismus in der Stadt

Ein Berufsrevolutionär erinnert sich:

Die Banknoten waren nichts mehr wert, kluge Theoretiker sprachen von der nahe bevorstehenden Abschaffung des Geldes. Zum Druck der Briefmarken fehlten Farben und Papier … Die von den verstaatlichten Kooperativen (hier: Genossenschaftsläden) verteilten Rationen waren winzig: Schwarzbrot …, einige Heringe im Monat, ein bisschen Zucker für die erste Kategorie (Handarbeiter und Soldaten), fast nichts für die dritte (Nicht-Arbeiter) … Der Winter war für die Bewohner der Stadt eine wahre Qual. Keine Heizung, kein Licht und dazu der nagende Hunger! Schwache Kinder und Greise starben zu Tausenden. Der Typhus, von Läusen verbreitet, räumte gründlich auf … Um die Genossenschaftsversorgung aufrechtzuerhalten, die in erster Linie ein bitter und hoffnungslos gewordenes Proletariat, die Armee, die Flotte, die Parteigliederungen beliefern sollte, schickte man Requisitionskommandos (Eintreibungskommandos) in entfernte Landesteile, die von den Bauern oft mit Mistgabeln vertrieben und manchmal massakriert wurden.

Victor Serge, Beruf: Revolutionär. Erinnerungen 1901–1917–1941, Frankfurt 1967, S. 134 ff.

Arbeit mit Fachliteratur

Wer sich mit der Geschichte beschäftigen möchte und sich für bestimmte Fragestellungen interessiert, braucht Informationen. Informationen über die Vergangenheit „schöpfen" wir nicht nur aus Quellen, den überlieferten Zeugnissen der Vergangenheit, sondern auch aus der Fachliteratur, also aus Büchern von Historikerinnen und Historikern, die sich selbst wiederum auf der Grundlage von Quellen mit einem historischen Thema auseinandergesetzt haben. Die Ergebnisse ihrer Arbeit können sehr unterschiedlich ausfallen. Solche „kontroversen" Darstellungen ergeben sich aus verschiedenen Gründen: weil man Quellen eine unterschiedliche Bedeutung beimessen kann, weil man mit unterschiedlichen Methoden arbeiten kann, weil jeder Betrachter der Geschichte einen eigenen Standpunkt einnimmt und darum auch historische Sachverhalte unterschiedlich wahrnimmt, beurteilt und bewertet. Eine absolut „objektive" Darstellung kann es darum nie geben. Das heißt aber nicht, dass jeder behaupten kann, was er will. Die Darstellung muss den geltenden wissenschaftlichen Standards entsprechen; ihre Aussagen müssen nachvollziehbar und überprüfbar sein.

Folgende Fragen können bei der Arbeit mit Fachliteratur helfen:

- *Welche Sachverhalte werden dargestellt? Sind dir andere Aussagen bekannt, die das Dargestellte bestätigen oder widerlegen?*
- *Lassen sich Faktenwiedergabe, Urteile oder Wertungen unterscheiden?*
- *Welche Kriterien für ausgesprochene Urteile sind zu erkennen? Welche Urteile und Wertungen überzeugen dich, welche nicht?*
- *Kann man von den Urteilen auf eine bestimmte Weltanschauung schließen?*
- *Zu welchen Fragen braucht man zusätzliche Informationen?*

10 ***Opfer der Hungersnot*** *im Wolgagebiet, 1921/1922*

11 ***Die Oktoberrevolution in der wissenschaftlichen Kontroverse***

a) *Der Historiker Isaac Deutscher, 1967:*

1917 trat Lenin für das Sowjetsystem als einen höheren Typus der Demokratie ... ein ... Die proletarische Diktatur sollte in jedem Fall den Arbeitern und Bauern, das heißt der überwiegenden Mehrheit des Landes, mehr politische und wirtschaftliche Freiheiten gewähren, als sie unter einer bürgerlichen Demokratie erlangen konnten. Am Ende des Bürgerkriegs waren auch die Arbeiter und Bauern ihrer politischen Freiheiten beraubt und waren die Fundamente für das Einparteisystem gelegt worden. Im Lichte der späteren Ereignisse hat man oft angenommen, dass Lenins Partei von Anbeginn absichtlich auf dieses Ziel hingearbeitet habe, aber diese Ansicht findet keine Bestätigung durch die Tatsachen. Erst im Bürgerkrieg, als die Bolschewisten oft nicht zwischen Feind und Freund unterscheiden konnten, unterdrückten sie die Parteien der Opposition und errichteten so unter dem Druck der Ereignisse allmählich und tastend ihr eigenes politisches Monopol (hier: Vorherrschaft). In späteren Jahren erzwang das Bewusstsein von der Isolierung Russlands in einer feindseligen Welt ... die endgültige Abschaffung der „proletarischen Demokratie" und die Verwandlung des Sowjetregimes in einen terroristischen Polizeistaat ...

Isaac Deutscher, Die unvollendete Revolution, Frankfurt a. M. 1970, S. 138 f.

b) *Der Politologe Karl Dietrich Bracher, 1992:*

Lenins Machtergreifung war beides zugleich: geschickt genutztes Zusammenspiel mit der demokratischen Revolution und antidemokratischer Umsturz, der alle Chancen einer parlamentarischen Demokratie in Russland abschnitt und damit eine direkte Brücke vom zaristischen Absolutismus zum Parteiabsolutismus schlug ... Vor den Augen der Welt ... erstand ein autokratisches Regime neuer Art, das sich zum ersten totalitären System der Geschichte entwickeln sollte. Denn was immer seine Zielsetzung war, es unterdrückte rigoros all jene Freiheiten und Menschenrechte, deren weltweite Verbreitung die Vorkämpfer der Demokratie im Westen als Ergebnis und Sinn des Krieges proklamiert hatten. Der Sturz des Zarismus führte in einen Neo-Absolutismus, der selbst vor der Religion nicht Halt machte. Das war der welthistorische Schock, den Lenins Revolution auslöste ... Die Kalkulation Lenins und seiner Mitarbeiter, durch Unterdrückung, Einschüchterung oder Liquidierung (Ermordung) die kritische Phase meistern zu können, ging auf.

Karl Dietrich Bracher, Die Krise Europas seit 1917, Frankfurt a. M., Berlin 1992, S. 39 ff.

a) Charakterisiere die Situation in Petrograd bei der Ankunft Lenins im April 1917. Wie und mit welchen Zielvorstellungen versuchte er die Entwicklung zu beeinflussen (M5)?

b) Welche neuartigen bzw. revolutionären Vorstellungen kannst du im Friedensdekret entdecken (M7)? An wen richtete sich der Friedensappell?

c) Nenne Gründe für das Scheitern des Kriegskommunismus (VT, M4, 8, 9, 10).

d) Ermittle und vergleiche die zentralen Aussagen der beiden Texte 11a) und b). In welcher Grundannahme unterscheiden sich die Autoren?

e) In welchen Entwicklungen der Jahre 1917–1921 siehst du die wichtigsten „Weichenstellungen" für die weitere Zukunft?

1.3 Die „Neue Ökonomische Politik", 1921 bis 1928: Zeit der Experimente

30. Dezember 1922 _____ *In Moskau beschließt der Erste Allunions-Sowjetkongress die Bildung der „Union der Sozialistischen Sowjetrepubliken".*

24. Januar 1924 ________ *Lenin stirbt.*

NEP: Liberalisierung der Wirtschaft

Der Kronstädter Aufstand hatte das endgültige Scheitern des Kriegskommunismus deutlich gemacht. Lenin reagierte rasch. Auf dem 10. Parteitag der Kommunistischen Partei im März 1921 stellte er sein wirtschaftliches Reformprogramm vor: Die „Neue Ökonomische Politik" (abgekürzt NÖP, russ. NEP) verbot die gewaltsame Beschaffung von Lebensmitteln; die Bauern mussten lediglich eine niedrige „Naturalsteuer" an den Staat entrichten, die wenig später durch eine Geldsteuer ersetzt wurde. Sie konnten nun wieder ihre Erzeugnisse frei auf dem Markt verkaufen. Die Banken, die Währung, das Verkehrssystem, der Außenhandel, die große und mittlere Industrie blieben unter der Kontrolle des Staates. Auf diese Weise glaubte Lenin eine Wiederherstellung kapitalistischer Verhältnisse verhindern zu können. Der Neuanfang war schwierig, doch bald ging es aufwärts: Zunächst wurde der Hunger besiegt. Bereits 1925/26 erreichte die Wirtschaft in wichtigen Bereichen den Produktionsstand der Vorkriegszeit. Dieser Aufschwung begünstigte vor allem Großhändler, Kulaken (Großbauern) und „Spekulanten". Diese selbstbewusste Schicht von Neureichen war den Kommunisten von Anfang an verdächtig und verstärkte deren Vorbehalte gegen die NEP. Durch vermehrte Eingriffe der Regierung seit 1926, v.a. durch die Absenkung der Agrarpreise, wurde der Aufschwung rasch abgewürgt.

1 ***„Bildungsoffensive"***
a) *„Agitationsporzellan": „Wissen erleichtert die Arbeit" (R. F. Wilde, 1921). Vor dem Ersten Weltkrieg waren mehr als 70 % der Bevölkerung Russlands des Lesens und Schreibens unkundig. Der Kampf gegen das Analphabetentum wurde nach 1917 zum bildungspolitischen Hauptziel erklärt.*
b) *Rechts: Plakat, Unterschrift: „Bildung ist der Weg zum Kommunismus". Buchaufschrift: „Proletarier aller Länder, vereinigt euch", unbekannter Künstler, 1920, Auflage: 50 000 Exemplare.*

Dadurch verschärfte sich auch das Schlüsselproblem der NEP – das ungleichmäßige Wachstum von Industrie und Landwirtschaft. Die Industrie produzierte insgesamt zu wenig und dazu häufig in mangelhafter Qualität; außerdem verlangte sie für ihre Güter unangemessen hohe Preise. Die Bauern verzichteten daher schließlich auf den Kauf von Industriegütern – mit der Folge, dass der innere Markt zusammenbrach. 1927/28 führte dies mehrfach zu schweren Krisen bei der Versorgung der Städte.

Veränderungen in der Partei

Die Partei versuchte die Zugeständnisse, zu denen sie in der Wirtschaft gezwungen war, durch eine Verstärkung ihres politischen Machtmonopols auszugleichen. Fraktionsbildungen und oppositionelle Gruppierungen innerhalb und außerhalb der Partei wurden verboten. Dies führte zur Unterdrückung der innerparteilichen Diskussion und zu wachsender Intoleranz gegenüber Minderheiten. Die Partei selbst erlebte einen tief greifenden Wandel. In der ersten Hälfte der 20er Jahre verdoppelte sich ihre Mitgliederzahl; Anfang 1926 wurde die Millionengrenze überschritten. Die Kommunistische Partei wurde immer mehr zur Staatspartei. In Staatsverwaltung und Wirtschaft wuchsen ihr neue Aufgaben zu. Die neuen Mitglieder waren zumeist unerfahren. Mehr als die Hälfte von ihnen bezeichnete sich selbst als „politische Analphabeten“. Willig folgten sie daher den Anweisungen und Befehlen von „oben“, das hieß zunehmend: von Stalin, der 1922 zum Generalsekretär ernannt worden war, obwohl er bereits allen Führungsgremien der Partei angehörte. Durch diese Ämterhäufung schuf er sich eine „Hausmacht“, die ihm in den Kämpfen um die Nachfolge Lenins einen entscheidenden Vorteil verschaffen sollte.

Revolution und Kunst

In den 20er Jahren hielten die Künstler weitgehend an den revolutionären Darstellungs- und Organisationsformen fest. Für die meisten blieb es selbstverständlich, mit ihrer Kunst der Revolution zu dienen. Der Bruch mit der Vergangenheit und das Experiment standen nach wie vor im Zentrum ihres Schaffens: Straßentheater, politische Plakatkunst, Produktdesign sowie „Proletkult“ (proletarische Kultur) und „Agitprop“ (Agitation und Propaganda) etc. Mit diesen neuen Formen erreichte die russisch-sowjetische Kunst weltweite Beachtung. Erst in den 30er Jahren hat die von der Politik erzwungene Unterwerfung der Kunst die Vielfalt der Ausdrucksformen zerstört und zur Erstarrung geführt. Das bekannteste Beispiel dafür ist der „Sozialistische Realismus“.

Frauenemanzipation

2 *Plakat, 1926: „Von der Leibeigenschaft befreite Frau, bau den Sozialismus auf!“*

Ziel der sozialistischen Revolution war die Befreiung der Frau aus ihrer traditionell untergeordneten Stellung. Zunächst setzte die Sowjetregierung die rechtliche Gleichstellung der Frau in Ehe und Gesellschaft durch; sie erhielten das gleiche Wahlrecht wie Männer; Scheidungen wurden erleichtert. Da aber das revolutionäre Regime von Anfang an um sein bloßes Überleben kämpfen musste, blieb der Spielraum für Reformen sehr eng. Das mag erklären, warum die tatsächliche Emanzipation der Frau – also ihre Beteiligung an Entscheidungen in Politik, Wirtschaft und Gesellschaft – nur langsam vorankam. Dennoch lässt sich sagen, dass unter den Kommunisten die Stellung der Frau in der Öffentlichkeit aufgewertet wurde. Langfristig zeigte auch die Bildungsoffensive Wirkung. Durch gezielte Förderung des Staates wurden insbesondere die Bildungs- und Lebenschancen für Mädchen aus Arbeiter- und Bauernfamilien entscheidend verbessert. Seit der Einführung der allgemeinen Schulpflicht 1930/31 nahm die Zahl der Frauen mit höherer (Aus-)Bildung stetig zu. Zumeist entschieden sich die Hochschulabsolventinnen jedoch im Sinne der traditionellen Rollenverteilung für – schlecht bezahlte – pädagogische oder medizinische Berufe.

3 Die Sucharewka *im Zentrum Moskaus (Foto von Nikolai Petrow, 1920) galt als der größte Markt in der Sowjetunion. Als Symbol der NEP war er den Kommunisten verhasst.*

4 „Den Kapitalismus einholen und überholen"

Lenin vor Parteisekretären, 26. November 1920:

Solange wir noch nicht die ganze Welt erobert haben, solange wir wirtschaftlich und militärisch schwächer sind als die kapitalistische Welt, ... muss man es verstehen, sich die Widersprüche und Gegensätze zwischen den Imperialisten zunutze zu machen ... Es wäre natürlich ein schwerer Fehler zu glauben, die Konzessionen* bedeuten Frieden. Keineswegs! ... Wir ... gehen zum wirtschaftlichen Krieg über. Wir erklären ausdrücklich, dass neben einem Konzessionsbetrieb unser Betrieb liegen wird, dann wiederum ein Konzessionsbetrieb usw. Wir werden bei ihnen lernen, Musterbetriebe zu organisieren, indem wir unsere daneben aufbauen. Wenn wir das nicht fertig bringen, dann ist überhaupt alles zwecklos. Es ist im gegenwärtigen Moment keine leichte Aufgabe, die Betriebe nach den letzten Errungenschaften der Technik einzurichten. Wir müssen das ... aber anhand der Praxis lernen, denn das kann man nicht durch Schulen, Universitäten oder Kurse erlangen ... Ich bin überzeugt, dass die Sowjetmacht den Kapitalismus einholen und überholen wird und dass wir nicht nur wirtschaftlich gewinnen werden ...

* An ausländische Unternehmer zu vorteilhaften Bedingungen erteilte Genehmigung zur Errichtung einer Fabrik bzw. zur Erschließung eines Gebiets.

Lenin, Sämtliche Werke. Bd. 25, Wien/Berlin 1930, S. 623–644.

5 „Ursache aller Übelstände ..."

Ein Ex-Kommunist über die 20er Jahre:

Ursache all unserer ... Übelstände schien mir die NEP zu sein. NEP – das bedeutete private Kaufhäuser und Läden, die erheblich mehr anzubieten hatten und schmucker aussahen als die tristen zentralen Arbeiter-Genossenschaftsläden; bedeutete stutzerhaft gekleidete Männer und elegante Frauen in Restaurants, in denen abends Tanzkapellen Charleston spielten ... NEP – das waren die Märkte, die überquollen von schmutzigen bunten Menschenmengen ... kreischende Marktweiber, einschmeichelnde Zwischenhändler, völlig zerlumpte, dreckschwarze Besprisorniki („Unbehütete", d. h. die Millionen Kinder, die ihre Eltern verloren hatten bzw. von diesen fortgeschickt worden waren, weil sie sie nicht mehr ernähren konnten, und die sich zu Banden zusammenschlossen). Die Witzblätter ... machten sich über die NEP-Leute lustig. Majakowski (sowjet. Dichter) aber scherzte durchaus nicht mit seinem Appell: „Dreht den Kanarienvögeln schleunigst die Hälse um, sonst besiegen die Kanarienvögel den Kommunismus!" Wegen der NEP zerstritten sich die Parteiführer untereinander.

Lew Kopelew, Und schuf mir einen Götzen, Lehrjahre eines Kommunisten, übers. v. H. Pross-Wee Hamburg 1979, S. 218.

6 Lese- und Schreibkundige (in Prozent)

	1897	1920	1926	1939	1970
Gesamt	28,4	44,1	56,6	87,4	99,7
Männer	40,3	57,6	71,5	93,5	99,8
Frauen	16,6	32,2	42,7	81,6	99,7
Stadt	57,0	73,5	80,9	93,8	99,8
Land	23,8	37,8	50,6	84,0	99,5

Böss, Russland-Chronik, Salzburg 1986, S. 254.

a) *Weshalb begegneten viele Kommunisten der NEP mit großen Vorbehalten (VT, M3, M4)? Was erhoffte sich Lenin von der Zusammenarbeit mit ausländischen „Kapitalisten" (M5)?*

b) *Beschreibt, wie sich das Leben und die Stellung der Frauen nach der Revolution verändert haben (VT und M2, M6 sowie M7 im nächsten Kapitel).*

c) *Beschreibe Ziele, Mittel, Probleme und Erfolge der Bildungsoffensive (M1 und M5). Mit welchen Mitteln arbeitet das Plakat M1? Vergleiche seine „Bildsprache" auch mit den anderen Plakaten dieses Großabschnitts.*

1.4 Die Sowjetunion unter der Gewaltherrschaft Stalins

1929 — *Mit dem ersten Fünfjahresplan beginnt die Industrialisierungsoffensive.*
22. Juni 1941 — *Ohne vorherige Kriegserklärung und unter Bruch des Nichtangriffspaktes von 1939 greift die deutsche Wehrmacht die Sowjetunion an.*
30. April 1945 — *Sowjetsoldaten hissen ihre Kriegsfahne auf dem Reichstag in Berlin.*
5. März 1953 — *Stalin stirbt an einem Schlaganfall.*

„Aufbau des Sozialismus in einem Lande"?

Mit Lenin und Trotzki hatten viele Kommunisten lange an der marxistischen Vorstellung festgehalten, dass die Revolution in einem Land ohne die Unterstützung durch das internationale Proletariat auf Dauer nicht überleben könne. Als sich die Weltrevolution „verzögerte", geriet Trotzki mit seiner Theorie von der „permanenten Revolution" zunehmend in Gegensatz zur Mehrheit der Partei, in der sich ein Stimmungswandel vollzog. Geschickt nutzte Stalin diese Situation; als Vertreter der Mehrheitsmeinung setzte er auf der Parteikonferenz im April 1925 seine These von der Verwirklichung des „Sozialismus in einem Lande" durch. Während Trotzki nach wie vor die russische Revolution ohne internationale Hilfe „auf dem Halm verfaulen" sah, eröffnete Stalin mit seinem einprägsamen Schlagwort der Partei eine neue Zukunftsperspektive und schaltete zugleich seinen schärfsten Konkurrenten im Kampf um die Macht aus. Nach 1925 ging es den Bolschewiki v. a. um die Entwicklung des eigenen Landes. Zu Lebzeiten Lenins hatte niemand gewagt, offen gegen die NEP Front zu machen. Doch nach seinem Tod entbrannte der Streit: Sollte man die bisherige Wirtschaftspolitik beibehalten (gleichmäßiges Wachstum von Landwirtschaft und Industrie) oder sollte man den Ausbau der Schwerindustrie unter Einsatz aller Mittel – also auch mit Gewalt – vorantreiben? Die Krisen der NEP führten dazu, dass die Anhänger einer Radikallösung immer mehr an Boden gewannen.

Krieg gegen die Bauern und Zwangskollektivierung

Der Erfolg des „linken" Industrialisierungsprogramms – das war allen Beteiligten klar – hing entscheidend davon ab, die Kontrolle über die Ernährungsbasis zu sichern. Dafür sollten auf dem Lande möglichst rasch die unrentablen bäuerlichen Kleinbetriebe zu größeren Produktionseinheiten zusammengefasst werden, um Überschüsse zu produzieren. Nach einer kurzen Vorbereitungsphase, in der das Prinzip der Freiwilligkeit noch respektiert wurde, eröffnete Stalin im Herbst 1929 einen regelrechten Krieg gegen die Bauern. Als Vorwand dienten dabei die Getreideversorgungskrisen der Städte in den Vorjahren. Mit brutalen Methoden wurden die Bauern in die Kollektivwirtschaften, die „Kolchosen", getrieben. Der Hass der Partei richtete sich insbesondere gegen die Kulaken, die den Kommunisten bislang den Zutritt zum russischen Dorf verwehrt hatten. Widerstand wurde, wenn nötig, sogar mit militärischer Gewalt gebrochen.
1935 waren an die Stelle der 25 Millionen bäuerlichen Einzelbetriebe der NEP-Periode knapp eine Viertelmillion Kolchosen getreten. Daneben gab es noch über 4000 staatliche Agrarbetriebe, die Sowchosen, deren Beschäftigte im Unterschied zu Kolchosbauern feste Löhne bezogen und für Betriebsverluste nicht selbst aufkommen mussten. – Nach neuesten Forschungsergebnissen hat die Zwangskollektivierung inklusive ihrer Folgekatastrophen (Hungersnöte etc.) zwischen 1929 und 1934 acht Millionen Menschen das Leben gekostet. Die Regierung konnte jedoch mittelfristig ihr Ziel erreichen: Seit 1936 nahm die Marktanlieferung von Agrarprodukten ständig zu. 1940/41 lieferte die Landwirtschaft dreimal so viel Getreide wie vor der Kollektivierung.

1 *Anteile der Privatbetriebe (braun) und der Kollektivwirtschaften an der landwirtschaftlichen Nutzfläche, 1928–1937*

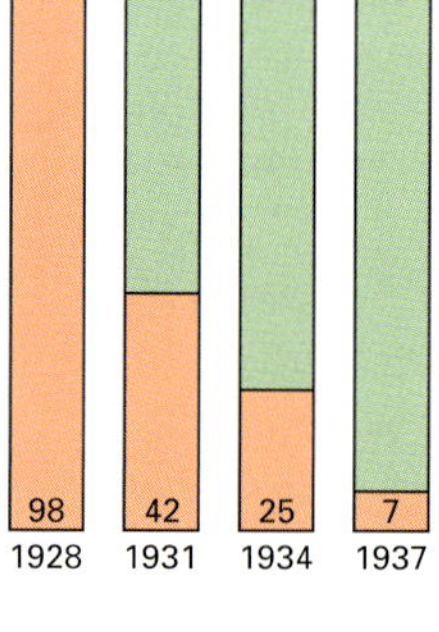

2 Hochofenbau in Magnitogorsk, 1930.
Der Amerikaner John Scott berichtet: „Die Sowjetunion befand sich seit etwa 1931 im industriellen Krieg ... In Magnitogorsk wurde ich mitten in die Schlacht gestürzt. Ich wurde an der Eisen- und Stahlfront eingesetzt. Zehntausende mussten die härtesten Leiden beim Bau der Hochöfen erdulden; viele trugen sie willig und mit großer Begeisterung, die auch mich vom ersten Tage an ergriff ..."

3 Industrieproduktion *(in Mio t oder cbm)*

	1913	1940	1955
Erdöl	9,2	31,1	70,8
Gas	20,0	3 400,0	10 400,0
Steinkohle	29,1	165,9	391,3
Eisenerz	9,2	29,9	71,9
Roheisen	4,2	14,9	33,3
Stahl	4,2	18,3	45,3

H. Raupach, Geschichte der Sowjetwirtschaft, Reinbek 1964, S. 134 ff.

Forcierte planwirtschaftliche Industrialisierung

Die Zwangskollektivierung machte die Ergebnisse der Bauernrevolution von 1917 rückgängig und schuf zugleich die Voraussetzung für die sozialistische „Industrialisierung im Eiltempo". Beide Umwälzungen werden als „zweite bolschewistische Revolution" bezeichnet. Dabei handelte es sich um eine „Revolution von oben", die von der Staats- und Parteibürokratie gegen den Willen großer Teile der Bevölkerung durchgeführt wurde.
Seit Beginn des ersten Fünfjahresplans 1929 war die enorme Steigerung der Industrieproduktion vorrangiges Ziel der Wirtschaftspolitik. Dabei sollten Schwerindustrie und Energieerzeugung bevorzugt ausgebaut und der sozialistische Sektor der Volkswirtschaft auf Kosten der privaten Wirtschaft stetig erweitert werden – dies alles unter strikter Wahrung der Unabhängigkeit vom kapitalistischen Ausland.

Belohnen und Strafen

Anstecknadel für besondere Leistungen: „Dem Stoßarbeiter für die Erfüllung seiner Aufgaben"

Obgleich auch bei der Industrialisierung häufig brutale Methoden angewandt wurden, herrschte nicht nur Zwang. Begeisterung, Enthusiasmus und ein unvorstellbarer Fortschrittsglaube waren in den 30er Jahren insbesondere unter der sowjetischen Jugend verbreitet. Dem Idealismus wurde durch materielle Anreize nachgeholfen. Wer effizienter arbeitete oder besser ausgebildet war, erhielt mehr Lohn. Wer sich in der Produktion bewährte, wer sich in den neu gegründeten Berufsschulen hervortat, wer gar erfolgreich eine Fachhochschule absolvierte, dem stand der Weg nach oben offen – vor allem, wenn er noch Mitglied der Partei war. Als Techniker und Ingenieur gehörte er zur neuen „Sowjet-Intelligencija". Diese Aufsteiger wurden zu treuen Anhängern des Systems. Ein ausgeklügeltes System von Belohnungen und Privilegien sorgte dafür, dass die „roten Spezialisten" materiell besser gestellt waren als der durchschnittliche Sowjetbürger. Die „Helden der Arbeit" wurden vielfach geehrt und ausgezeichnet. Vorbild für viele konnte so der Kohlenhauer Stachanow sein, der 1935 mit seiner Brigade in einer Schicht 102 Tonnen Kohle förderte – und dies bei einer Norm von sieben Tonnen. Wer sich durch Geld, Lob und Tadel dagegen nicht zu höheren Arbeitsleistungen bewegen ließ, wurde hart bestraft.

Aufstieg Stalins und Kult um seine Person

Die Erfolge der „Zweiten Revolution" wurden von der Propaganda überwiegend als das Verdienst Stalins dargestellt, der in den 30er Jahren zum allmächtigen Diktator aufstieg. Zur Untermauerung seiner Machtstellung entwickelte der „solide Parteiarbeiter" (so Lenin) einen „Führerkult", der in immer neuen Steigerungen bis zu seinem Tode im Jahre 1953 und auch noch darüber hinaus anhielt. Stalin war gewissermaßen allgegenwärtig: in unzähligen Denkmälern, im Kino, in Zeitungen und Büchern, in allen Klassenzimmern hing sein Bild. Städte, Straßen und Berge, Fabriken und Kolchosen wurden nach ihm benannt.

Säuberungen und Massenterror

Mit den 1935 einsetzenden „Säuberungen" wurde Stalins Macht nahezu grenzenlos. Der Mord an dem populären Leningrader Parteisekretär Kirow im Dezember 1934 – der wohl mit Stalins Wissen geschah – diente ihm als Vorwand für die ersten großen Verhaftungswellen. Der Großangriff auf „Volksfeinde und Schädlinge" erreichte in den Jahren 1936 bis 1938 einen Höhepunkt: Mit ungeheurem propagandistischem Aufwand wurden die „Moskauer Schauprozesse" inszeniert. Stalin ließ nicht nur nahezu die gesamte Parteiführung der 20er Jahre „liquidieren", auch das einfache Parteivolk wurde nicht geschont. Besonders gefährdet waren Kominternfunktionäre, aber auch ausländische Genossen, die in der Sowjetunion Schutz vor Verfolgung in ihren Heimatländern gesucht hatten. Ebenso wütete der Terror verheerend unter den eben erst mühsam aufgebauten wirtschaftlichen und technischen Kadern sowie im Offizierskorps. Wie viele Menschen insgesamt Opfer der stalinschen „Säuberungen" wurden, ist unbekannt. Neuere Untersuchungen schätzen allein die „Bevölkerungsverluste" zwischen 1927 und 1939 auf 12 bis 15 Millionen Menschen. Der Massenterror der 30er Jahre hatte eine Selbstlähmung von Staat und Wirtschaft zur Folge. Eine Logik war hinter diesem Treiben kaum noch erkennbar. Wer nach Erklärungen sucht, wird immer wieder auf die krankhaften Züge im Charakter Stalins verwiesen: sein grenzenloses Misstrauen, sein ungezügelter Machttrieb, seine nachtragende Rachsucht und sein hemmungsloser Sadismus.

Repressive Nationalitätenpolitik

Zu den Hauptbetroffenen der „großen Säuberung" zählten vor allem auch die nichtrussischen Nationalitäten. Um deren Widerstand endgültig zu brechen, zögerte der Georgier Stalin nicht ihre Führungsschichten auszurotten. Bis etwa 1930 hatten die Kommunisten – zumindest noch in ihrem Parteiprogramm – das Selbstbestimmungsrecht und die kulturelle Eigenständigkeit der nichtrussischen Völker der Union respektiert. Auf dem „Parteitag der Sieger" 1934 verkündete Stalin dann, dass im Land der Sowjets alle Unterschiede zwischen den Nationalitäten überwunden seien. Fortan gebe es nur noch ein Sowjetvolk, in dem alle Völker und Völkerschaften der Union aufgehen würden. Da die Realität offensichtlich dieser Doktrin widersprach, verstärkte die Moskauer Bürokratie den Druck auf die Nationalitäten. Die nichtrussischen Republiken wurden weitgehend entmündigt. Ihre Wirtschaft wurde völlig auf Interessen und Bedarf der RSFSR (Russische Sozialistische Föderative Sowjetrepublik) ausgerichtet. Usbekistan z.B. wurde damals zum Baumwollproduzenten der Union erklärt. Die dadurch bedingte Monokultur hatte verheerende Auswirkungen für die Wirtschaft, die Umwelt und die Gesundheit der Bevölkerung: Die Böden sind heute ausgelaugt; die noch vor wenigen Jahrzehnten überaus fruchtbaren Flussoasen leiden an Wassermangel; der seiner Zuflüsse beraubte Aralsee ist auf ein Drittel seiner ursprünglichen Größe geschrumpft. Die Folgen des unkontrollierten Insektizid-Einsatzes für die Menschen sind unabsehbar. Die wirtschaftliche Abhängigkeit Usbekistans von den neu entstandenen Ländern auf dem Gebiet der ehemaligen UdSSR ist auch nach seiner Unabhängigkeit 1991 geblieben (siehe Kap. „Die Sowjetunion – Niedergang einer Weltmacht").

Wappen der „Russischen Sozialistischen Föderativen Sowjetrepublik" mit der Aufschrift: „Proletarier aller Länder, vereinigt euch!"

„Großer Vaterländischer Krieg" und Aufstieg zur Weltmacht

Generalissimus Stalin

Der deutsche Überfall im Juni 1941 traf die Rote Armee völlig unvorbereitet. Stalin hatte alle Vorwarnungen ignoriert. Er sah darin nur Intrigen, die ihn und Hitler entzweien sollten. Auf diesen Irrtum Stalins und vor allem auch auf die blutige „Säuberung" des Offizierskorps in den Vorjahren sind die verheerenden Verluste der ersten Kriegsmonate zurückzuführen. Nach wechselvollen Kämpfen gelang es der „Roten Armee", Anfang 1943 endgültig in die Offensive zu gehen, den Feind von der „Heimaterde" zu vertreiben, den Kampf auf dessen eigenes Territorium zu tragen und den Krieg siegreich zu beenden.
Zwei Faktoren vor allem dürften dafür ausschlaggebend gewesen sein, dass die Sowjetunion fähig war, dem existenzgefährdenden Angriff nicht nur standzuhalten, sondern ihn auch zurückzuschlagen: Zum einen war dies die Entwicklung ihres industriellen Potentials in den 30er Jahren, zum anderen die Opferbereitschaft der Bevölkerung, deren Durchhaltewillen die Regierung mit Hilfe nationalistisch-russischer Parolen noch steigern konnte. Zudem trugen auch die umfangreichen Sach- und Ausrüstungslieferungen der Alliierten, insbesondere der USA zur Stärkung der Sowjetarmee bei. Wichtig war ebenso, dass die nichtrussischen Nationalitäten trotz der Repression Stalins freiwillig einen entscheidenden Beitrag zum Sieg über das faschistische Deutschland leisteten. Nicht ohne Bitterkeit mussten sie dann auf den Siegesfeiern hören, dass es angeblich nur ein Siegervolk gab – eben das russische – als „hervorragendste Nation unter allen zur Sowjetunion gehörenden Nationen". Die erfolgreiche Abwehr des deutschen Angriffs und der unter ungeheuren Opfern (25 Millionen Menschen) errungene Sieg brachten für die Sowjetunion den endgültigen Aufstieg zur Weltmacht. Fortan konnten weltpolitische Entscheidungen nicht mehr an der Sowjetunion vorbei getroffen werden.

Überfällige Neuordnung und „Tauwetter"

Seit Anfang der 50er Jahre wurde zunehmend deutlich, dass die Probleme der Sowjetgesellschaft mit Terror, Gewalt und Zwang nicht gelöst werden konnten. Mehr als früher kam es jetzt auf die freiwillige Mitarbeit der Gesellschaft an.
Als Stalin am 5. März 1953 starb, beklagten viele Menschen in der Sowjetunion und in der übrigen „kommunistischen Welt" seinen Tod als schmerzlichen Verlust. Viele Menschen hofften aber auch, dass nach den langen Jahrzehnten stalinistischer „Eiszeit" endlich „Tauwetter" einsetzen würde.

4 ***Kriegsveteraninnen und -veteranen*** *mit Kadetten (Offiziersschülern) am 9. Mai 1995 auf dem Roten Platz in Moskau zum 50. Jahrestag des Sieges im „Großen Vaterländischen Krieg". Die gemeinsame Verteidigung der Heimat ließ ein bis dahin unbekanntes Gefühl der Zusammengehörigkeit entstehen. Für viele war es die einzige „heroische" Periode ihres Lebens.*

5 Soziale Zusammensetzung der Bevölkerung
1913–1939 (in Prozent)

	1913	1924	1928	1939
Arbeiter	14,6	10,4	12,4	33,5
Angestellte	2,4	4,4	5,2	16,7
Kolchosbauern	–	1,3	2,9	47,2
Einzelbauern	66,7	75,4	74,9	2,6
Bourgeoisie, Kulaken, Gutsbesitzer	16,3	8,5	4,6	–

Aus: H. Altrichter, H. Haumann (Hg.), Die Sowjetunion. Von der Oktoberrevolution bis zu Stalins Tod. Bd. 2: Wirtschaft und Gesellschaft. München 1987, S. 531.

6 Stalin über die „Aufgaben der Wirtschaftler",
4. Februar 1931:

… Das Tempo verlangsamen, das bedeutet zurückbleiben. Und Rückständige werden geschlagen. Wir aber wollen nicht die Geschlagenen sein. Nein, das wollen wir nicht! Die Geschichte des alten Russland bestand unter anderem darin, dass es wegen seiner Rückständigkeit fortwährend geschlagen wurde … In der Vergangenheit hatten wir kein Vaterland und konnten keines haben. Jetzt aber, wo wir den Kapitalismus gestürzt haben und bei uns die Arbeiter an der Macht stehen, haben wir ein Vaterland und werden seine Unabhängigkeit verteidigen. Wollt ihr, dass unser sozialistisches Vaterland geschlagen wird und seine Unabhängigkeit verliert? Wenn ihr das nicht wollt, dann müsst ihr in kürzester Frist seine Rückständigkeit beseitigen und ein wirklich bolschewistisches Tempo im Aufbau seiner sozialistischen Industrie entwickeln. Andere Wege gibt es nicht. Darum sagte Lenin zur Zeit des Oktober: „Entweder Tod oder die fortgeschrittenen kapitalistischen Länder einholen und überholen". Wir sind hinter den fortgeschrittenen Ländern um 50 bis 100 Jahre zurückgeblieben. Wir müssen diese Distanz in zehn Jahren durchlaufen. Entweder bringen wir das zu Stande oder wir werden zermalmt …

J. Stalin, Fragen des Leninismus, Berlin 1951, S. 398 f.

7 Das Leben in einer Industriestadt
John Scott, ein Amerikaner, der mit seiner russischen Frau Mascha die Aufbaujahre in der Sowjetunion verbrachte, berichtet über seinen Aufenthalt in Magnitogorsk 1935–1938:

Mascha und ich lebten ein arbeitsames, glückliches und einfaches Leben. Im Herbst 1935 trat jedoch ein Ereignis ein, das unser Dasein bedeutend komplizierter machte. Unsere erste Tochter wurde geboren. Keiner von uns wusste, wie man einen Säugling behandelt und, was noch mehr ins Gewicht fiel, wir waren beide ungeheuer an unserer Arbeit interessiert. Es gelang uns, ein ideales Mädchen zu finden, das sich unseres etwas verwahrlosten Haushaltes annahm, so dass alles schließlich wie am Schnürchen ging. Wera war sechzehn Jahre alt, Tochter eines enteigneten Kulaken, der in einer Baracke in dem speziellen Distrikt nicht weit von uns wohnte. Sie war 1930 mit Mutter, Vater, einer Schwester sowie zwei Brüdern nach Magnitogorsk gekommen. Im ersten Winter wohnten sie nur in einem Zelt. Die Mutter, ein Bruder und die Schwester starben, Wera aber überlebte … und besuchte zwei Jahre hindurch die Schule. Dann erlitt ihr Vater einen Unglücksfall und konnte nur noch als Wächter arbeiten. Die Familie hatte nicht genug zu essen und auch Wera musste sich Arbeit suchen. Sie war ein ausgezeichnetes Mädchen für uns. Sie besorgte alles … Das Einzige, was sie forderte, war, dass sie jeden Abend die Schule besuchen konnte … Es war ein harter Schlag für uns,

8 „Im Stoßarbeitertempo mit Vollgas den Fünfjahresplan in vier Jahren erfüllen". *Plakat zum ersten Fünfjahresplan 1929–1932, der vorzeitig erfüllt wurde (unbekannter Künstler).*

als die Polizei im Jahr 1938 … Wera und eine Reihe anderer Jugendlicher, die aus den ihrer Privilegien beraubter Schichten stammten, nach Tscheljabinsk verschickte … Dort wurde Arbeitskraft zum Aufbau einer neuen Waffenfabrik gebraucht …

Einige Monate nach Elkas Geburt legte Mascha das Abschlussexamen ab und erhielt einen Platz als Mathematiklehrerin … Sie unterrichtete im Durchschnitt fünf Stunden am Tag und erhielt ein Monatsgehalt von 500 Rubel, ungefähr gerade so viel, wie ich verdiente. Sie fühlte sich sehr wohl in ihrer Arbeit und hatte gute Erfolge … Mascha hatte nicht nur zu unterrichten. Sie war auch persönlich verantwortlich für eine Gruppe von etwa 25 Kindern. Wenn diese schlechte Zeugnisse erhielten, zu spät oder überhaupt nicht in die Schule kamen, wenn sie sich schlecht aufführten, so war es Maschas Pflicht, die Gründe zu untersuchen und die Verhältnisse zu ordnen …

Mascha war typisch für eine ganze Generation junger Sowjetfrauen, die die umfassenden Ausbildungsmöglichkeiten, die ihnen geboten wurden, ausnutzten und gebildete Berufsfrauen wurden, während ihre Eltern nur gerade lesen und schreiben konnten.

Diese Gruppe … war unter dem Schlagwort „Gleiche Möglichkeiten für Männer und Frauen" geformt worden. Sie waren in den zwanziger Jahren mit Propaganda über die Beseitigung der bürgerlichen Familie als Institution überschüttet worden. Mit Kochen, Abwaschen und Nähen wollten sie sich so wenig wie möglich befassen. Solche Aufgaben waren für die Dienstboten da, die nicht genügend Intelligenz besaßen oder nicht genug Schulung hatten, um einen anderen Beruf auszuüben …

Zit. nach: John Scott, Jenseits des Ural. Die Kraftquellen der Sowjetunion. Stockholm 1944. S. 154–159.

9 ***„Aber gleichzeitig begannen die Massenverhaftungen …"***

Lew Kopelew, geb. 1912, Schriftsteller und zunächst selbst Kommunist, über seine Jugend:

… Wir glaubten, wir hätten die klassenlose Gesellschaft bereits vollendet. In Frankreich und Spanien entstanden Volksfronten. Die UdSSR trat in den Völkerbund ein (September 1934). Unser ganzes Volk diskutierte das Projekt der allerdemokratischsten Verfassung der ganzen Welt. Aber gleichzeitig begannen die Massenverhaftungen. Jede Nacht wurden Hunderte, Tausende immer neuer „Volksfeinde" ergriffen. Die Züge mit den Häftlingswaggons rollten … nach Norden, nach Fernost. Die riesigen Gebiete der Taiga und der Tundra gehörten zum Machtbereich des geheimen Reiches GULAG (System der Arbeitslager), zwei- oder dreimal so groß wie Europa; in allen Städten waren die Gefängnisse überfüllt mit Menschen aus allen Schichten und Völkern. Hunger, Prügel, Folter, Erschießungen aufgrund von Urteilen einer irgendwo weit entfernt tagenden „Trojka" (Dreiergremium von Beamten des Staatssicherheitsdienstes NKWD, welches ohne Gerichtsverhandlung Fernurteile fällte) gehörten zum Alltag; ebenso wie die Massen trauernder, verweinter Frauen an den Gefängnistoren, in den „Auskunftsbüros" des NKWD …

Und tagtäglich wurden in den Zeitungen, auf Versammlungen und Kundgebungen wie rasend die „entlarvten Feinde" beschimpft, die „Helfershelfer" und alle „mit ihnen Verbundenen", und jedesmal gestand irgendjemand reuig, dass er „nicht erkannt", dass er „versäumt" habe, und immer hysterischer, immer aufdringlicher wurden die Appelle zur Wachsamkeit.

L. Kopelew, Und schuf mir einen Götzen. Lehrjahre eines Kommunisten, Hamburg 1979, S. 151 f.

10 ***Stalin**, Gemälde aus der Zeit nach dem Zweiten Weltkrieg. – Welche Eigenschaften Stalins wollte oder sollte der Maler des Bildes zum Ausdruck bringen?*

11 ***Anna Achmatowa**, 1889–1966, Ausschnitt eines Gemäldes von Nathan Altman*

12 ***Vermisst***

Anna Achmatowa zählt zu den bedeutendsten russ. Dichterinnen. Weil sie den Sozialismus ablehnte, wurde sie beschimpft und mit Publikationsverbot belegt. 1936 wurde ihr Sohn verhaftet. 17 Monate lang versuchte sie an Leningrader Gefängnistoren etwas über sein Schicksal zu erfahren. Diese Erlebnisse hat sie in dem Gedicht „Requiem" (1935–1940) verarbeitet. „Etwa um den 10. März 1940" schrieb sie den „Epilog" zu diesem Poem (übers. von Elke Erb):

Ich sah Gesichter abfallen wie Blätter.
Und unterm Augenlid hervor starrt Pein.
Ich sah, wie harter Tafeln Keilschriftlettern
Das Leiden zeichnet in die Wange ein.
Und wie das Aschblond und das Schwarz der Locken
Zu Silber wird im Nu. Und abgelebt
Das Lächeln auf ergebenen Lippen stocken.
Und wie im hölzernen Lachen Schrecken bebt.
Ich bete, bet ich für mein eigenes Schicksal,
Für die Gemeinde, die dort mit mir stand.
In bitterem Frost und in der Julihitze
Von der roten blindgewordnen Wand.
…

Aus: Anna Achmatowa, Poem ohne Held. Späte Gedichte, russisch – deutsch. Hg. von Frietz Mierau, 6., veränderte Auflage, Leipzig 1993. S. 37.

13 ***„Das verfluchte Otterngezücht muss zertreten werden"***

Aus dem Plädoyer des Chefanklägers A. J. Wyschinski im Dritten Moskauer Schauprozess, 1938, gegen den „Antisowjetischen Block der Rechten und Trotzkisten". – Von den 21 Angeklagten, zumeist führende Altbolschewiken, wurden 18 zum Tode verurteilt – u. a. A. I. Rykow und N. I. Bucharin. Staatsanwalt Wyschinski erhielt für die während des Prozesses geleistete Arbeit die höchste Auszeichnung der UdSSR, den Lenin-Orden:

Es ist erwiesen, dass der „Antisowjetische Block der Rechten und Trotzkisten" … systematisch Schädlings- und Sabotageakte in verschiedenen Bereichen unserer Volkswirtschaft durchgeführt hat …, dass der Block eine ganze Reihe von Terrorakten gegen den Führer von Partei und Staat organisiert hat, die aber – zu unserem Glücke – alle fehlschlugen … Mir fehlen die Worte, um die Ungeheuerlichkeit der von den Angeklagten geschilderten Verbrechen zu schildern. Ja, – so frage ich – bedarf es denn hier überhaupt noch der Worte? Nein, Genossen Richter, … Alles ist schon gesagt, alles wurde bis in die kleinsten Einzelheiten erörtert …

Unser Volk und alle ehrlichen Menschen der ganzen Welt erwarten von Ihnen ein gerechtes Urteil …Möge ihr Urteil wie ein erfrischendes und reinigendes Gewitter wirken …

Unser ganzes Land, Jung und Alt, erwartet und fordert das eine: Die Verräter und Spione, die unsere Heimat an den Feind verschachern wollten, müssen wie räudige Hunde erschossen werden! Unser Volk fordert das eine: Das verfluchte Otterngezücht muss zertreten werden!

Die Zeit wird vergehen, Unkraut und Disteln werden die Gräber der verhassten Verräter überwuchern, die von den ehrlichen Sowjetmenschen, dem ganzen Sowjetvolk auf ewig geächtet sein werden.

Über uns aber, über unserem glücklichen Lande wird nach wie vor unsere Sonne mit ihren hellen Strahlen klar und freudig leuchten. Wir und unser Volk werden nach wie vor, geführt von unserem geliebten Führer und Lehrer – dem großen Stalin –, den vom letzten Schmutz und Unrat der Vergangenheit gesäuberten Weg gehen, vorwärts und immer vorwärts, dem Kommunismus entgegen!

Aus: Prozessbericht über die Strafsache des antisowjetischen „Blocks der Rechten und Trotzkisten". Verhandelt vor dem Militärkollegium des Obersten Gerichtshofes vom 2. bis 13. März 1938. Übers. d. Verf.

14 ***„Friedhof der Denkmäler"*** *im Moskauer Gorki-Park, September 1991.*
Zwar war Stalins Leichnam bereits Ende 1961 von dem Ehrenplatz an der Seite Lenins im Mausoleum entfernt worden, aber erst im Sommer 1991 wurden auch die letzten Denkmäler der Stalinzeit vom Volk gestürzt. –
Was sollte ein Volk nach deiner Auffassung mit solchen Denkmälern machen?

15 ***Abrechnung mit dem Stalinismus***

Chruschtschows Geheimrede vom 25. Februar 1956 (20. Parteitag der KPdSU):

Genossen! … Nach dem Tode Stalins leitete das ZK der Partei eine Aufklärungsarbeit ein, um mit zwingender Konsequenz nachzuweisen, dass es unzulässig und dem Geist des Marxismus-Leninismus zuwider ist, eine Person hervorzuheben und sie zu einem Übermenschen zu machen, der gottähnliche, übernatürliche Eigenschaften besitzt, zu einem Menschen, der angeblich alles weiß, alles sieht, für alle denkt, alles kann und in seinem ganzen Verhalten unfehlbar ist. Ein solcher Glaube an einen Menschen ist bei uns viele Jahre kultiviert worden … Wir haben uns mit der jetzt und künftig für die Partei überaus wichtigen Frage zu befassen, wie der Kult mit der Person Stalins sich allmählich entfalten konnte, dieser Kult, der in einer ganz bestimmten, konkreten Phase zur Quelle einer Reihe außerordentlich ernster und schwerwiegender Verfälschungen der Parteigrundsätze, der innerparteilichen Demokratie und der revolutionären Gesetzlichkeit wurde … Der 20. Parteikongress der KPdSU war ein erneuter kraftvoller Beweis für die unerschütterliche Einheit unserer Partei, … ihres entschlossenen Willens, die große Aufgabe des Aufbaus des Kommunismus zu vollbringen (Reaktion des Publikums: tosender Beifall). Und die Tatsache, dass wir die mit der Überwindung des … Personenkults verbundenen Grundprobleme in all ihren Formen und auch das Problem der Liquidierung seiner lästigen Folgen dargelegt haben, ist ebenfalls ein Beweis für die große moralische und politische Kraft unserer Partei.

Zit. nach: R. Medwedew, R. Havemann u. a., Entstalinisierung der KPdSU und seine Folgen, Frankfurt a. M. 1977, S. 487–537.

a) Charakterisiere die wirtschaftlichen Veränderungen in der Sowjetunion seit 1928/29 (VT, M1, 3, 5, 6, 10). Was waren die Ursachen für den Wandel? Berücksichtige dabei auch die Methoden, mit denen die Veränderungen durchgeführt wurden, und die Auswirkungen.

b) Kennzeichne den Stalinismus (VT, M9 bis M13, M15). Beschreibe anhand der Abbildungen (M10 und M3 im Kap. „Revolution in Russland …") das Verhältnis der Künstler zur dargestellten Wirklichkeit bzw. zur Politik.

c) Was erfährst du aus M6 über das Leben von Wera? Inwiefern spiegelt der Bericht von John Scott – auch über seine eigene Lebenssituation – Typisches der allgemeinen Entwicklungen und Probleme der Zeit (VT)?

d) Wie weit geht die Kritik Chruschtschows an der Herrschaft Stalins (M15)?

2. Faschistische Diktatur in Italien

Nach dem Ersten Weltkrieg und der Zerstörung der alten Ordnung suchten viele Menschen in Europa nach neuen Orientierungen. Große Anziehungskraft besaß die sozialistische Umwälzung in Russland. Vielen galt aber auch die faschistische Diktatur in Italien als Vorbild für eine erstrebenswerte politische Ordnung. Wie war der Faschismus entstanden und was waren seine Kennzeichen?

Der „verlorene Sieg" – Italiens innere Gegensätze verschärfen sich

Viele Menschen in Italien waren vom Kriegsausgang enttäuscht. Obwohl das Land zu den Siegern des Krieges gehörte, erhielt es nur einen Teil der Gebietsgewinne, die die Alliierten zugesagt hatten. Die Nationalisten beklagten den „verlorenen Sieg" und forderten weiterhin Landbesitz rings um Adria und Ägäis sowie Kolonialgebiete in Afrika. Der besitzlosen Landbevölkerung war während des Krieges eine Landreform versprochen worden. Aber sie blieb aus. Deshalb schlossen sich viele Landarbeiter zu Gewerkschaften (Ligen) gegen die Großgrundbesitzer zusammen. Es gelang ihnen, höhere Löhne und bessere Arbeitsbedingungen zu erkämpfen. Auch die Gewerkschaften der Industriearbeiterinnen und -arbeiter konnten durch Streiks und Fabrikbesetzungen bessere Einkommen und Lebensbedingungen durchsetzen. Wegen der Erfolge der Arbeiterbewegung befürchteten die bürgerlichen Mittelschichten, deren Situation sich vergleichsweise verschlechterte, eine Revolution wie in Russland.

Mit Gewalt gegen die Arbeiterbewegung

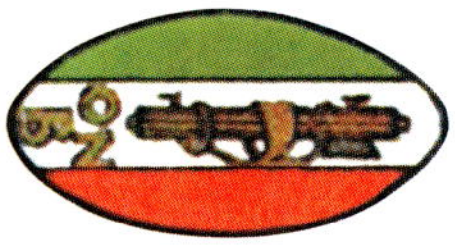

In dieser wirren und unsicheren Nachkriegssituation entstand der Faschismus. Im März 1919 gründete Benito Mussolini, ursprünglich führender Funktionär des radikalen Flügels der Sozialistischen Partei, faschistische „Kampfbünde". Ihr Symbol waren die „Fasces", das Rutenbündel mit dem Beil (Bild links) als Zeichen der Amts- und Gerichtsgewalt im antiken Rom. Die faschistische Bewegung erhielt rasch wachsenden Zulauf von Unzufriedenen. Es bildeten sich

1 ***Aus unterschiedlicher Perspektive*** *versuchten zwei italienische Zeichner Ursprung und Wesen des Faschismus zu verdeutlichen. Links: „Wer hat Italien gerettet? Der Faschismus!!" Rechts: „24. Dezember 1920. Der Sohn des Krieges" (Arena per la stampa = Sand für die Presse). Der Tod ist in die Flagge Italiens gehüllt. – 1920 beginnen die Übergriffe gegen Linke und Gewerkschafter.*

2 ***„Benito Mussolini"***
Gemälde von G. Ambrosi (entstanden zwischen 1933 und 1936). Dem Porträt sind Gebäude und Straßen Roms um das antike Forum Romanum unterlegt.
Mussolini 1932 über Prinzipien des Faschismus: „Der Krieg allein bringt alle menschlichen Energien zur höchsten Anspannung ...
Der Faschismus ... behauptet die unabänderliche, fruchtbare und heilsame Ungleichheit der Menschen, die nicht ... wie bei dem allgemeinen Stimmrecht auf das gleiche Niveau gebracht werden können ...
Der faschistische Staat ist Wille zur Macht und Herrschaft. Die römische Überlieferung ist ihm eine Idee des Antriebes ...
Für den Faschismus ist das Streben zum impero, das heißt zur Expansion der Nation, ein Ausdruck der Vitalität."

„Stoßtrupps", die seit 1920 gegen Mitglieder und Einrichtungen der linken Parteien und der Gewerkschaften sowie gegen sozialistische Kommunalverwaltungen mit brutaler Gewalt vorgingen. Dabei erhielten sie oft heimliche Unterstützung durch Polizei und Behörden. 1921 zog die Faschistische Partei ins Parlament ein. Mussolini, der Führer („Duce"), gab sich nun als nationaler Retter vor einer kommunistischen Revolution aus. So gelang es ihm, die Gegner der Arbeiterbewegung auf die Seite der Faschisten zu ziehen.

„Marsch auf Rom": Faschistische Machtübernahme

Die parlamentarischen Verhältnisse in Italien waren unstabil; rasch wechselnde Regierungen konnten die politischen und sozialen Probleme nicht lösen. Während einer Regierungskrise im Oktober 1922 drohte Mussolini Rom von seinen Stoßtrupps erobern zu lassen, falls er nicht zum Regierungschef ernannt werde. Die verantwortlichen Politiker reagierten unentschlossen. Auf Anraten von Bankiers, Industriellen und Großgrundbesitzern beauftragte König Victor Emmanuel III. den „Duce" mit der Regierungsbildung. Erst tags darauf zogen Mussolinis Truppen in Rom ein. Die faschistische Propaganda aber behauptete, ein triumphaler „Marsch auf Rom" habe Mussolini an die Macht gebracht.

Autoritäres Regime und gesellschaftliche Übereinkunft

Um seine Herrschaft zu sichern, behielt Mussolini anfangs das parlamentarische System bei und nahm sogar bürgerliche Politiker in die Regierung auf. Seit 1924 setzte er jedoch schrittweise die autoritäre Alleinherrschaft der Faschistischen Partei durch: Regierungsgegner wurden an abgelegene Orte verbannt; nichtfaschistische Beamte mussten ihren Dienst quittieren; Jugendliche sollten nach Mussolinis Grundsatz „glauben, gehorchen, kämpfen" erzogen werden.
Dabei bemühte sich die Regierung auch um die Zustimmung unterschiedlicher Bevölkerungsgruppen und der Kirche – beispielsweise durch Gesetze zur Sicherung der Lebensverhältnisse der Arbeiter oder durch eine Landreform. Durch öffentliche Arbeiten wurden viele Arbeitslose beschäftigt und die Infrastruktur des Landes ausgebaut. Alte Konflikte des Staates mit dem Vatikan wurden beigelegt. Die faschistische Diktatur wurde auch durch die Errichtung pompöser Bauten, durch propagandistische Machtdemonstrationen sowie die Kontrolle und gezielte Verwendung der modernen Massenmedien (Radio, Kino) gestützt.

3 Faschismus und Krieg. *Höhepunkte der faschistischen Vorherrschaft in Europa im Herbst 1942*

- faschistische Staaten Deutsches Reich und Italien mit angegliederten Gebieten (einschließlich Generalgouvernement)
- besetzte Gebiete unter deutscher Verwaltung
- weitere vom Deutschen Reich und Italien besetzte Gebiete
- Verbündete des Deutschen Reiches und Italiens
- Staaten nach faschistischem Vorbild
- Bulgarien, einschl. angegliederter Gebiete
- Alliierte bzw. im Krieg gegen Deutschland und Italien befindliche Staaten
- neutrale Staaten (formal auch Portugal und Spanien)

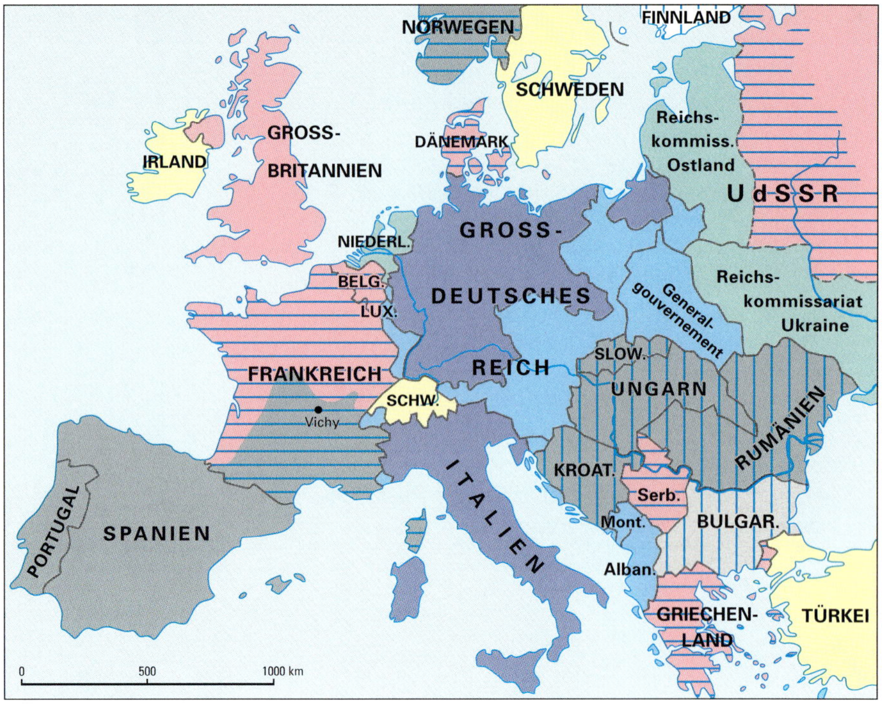

4 Etappen des italienischen Faschismus

1924	Wahlgesetz zu Gunsten der Faschisten; Verbot oppositioneller Parteien
1925	Einschränkung der Grundrechte, Verfolgung der Opposition
1926	Abschaffung des Streikrechts
1929	Ausgleich mit dem Vatikan
1936	Annäherung an das Deutsche Reich
1936–39	Eroberung Abessiniens
1936–39	Unterstützung Francos im Spanischen Bürgerkrieg
1939	Annexion Albaniens
1940	Eintritt in den Zweiten Weltkrieg
1943	Absetzung Mussolinis durch führende Faschisten
1945	Erschießung Mussolinis durch italienische antifaschistische Partisanen

5 Die Epoche des Faschismus in Europa

Faschistische Staaten	
Italien	1922–43
Deutschland	1933–45
Staaten nach faschistischem Vorbild	
Portugal	1932–74
Österreich	1934–38
Spanien	1936–75
Faschistische Regimes unter deutschem Einfluss	
Slowakei	1939–45
Kroatien	1940–44
Rumänien	1940–41
Vichy-Frankreich	1940–44
Norwegen	1942–45
Ungarn	1944–45

Starke faschistische Bewegungen in Polen, Belgien, den Niederlanden, Griechenland, Serbien

Faschismus: 1. Extremistische Bewegung und autoritäres Regime unter der Führung Mussolinis in Italien.
2. Sammelbegriff für je nach Land unterschiedliche politische Bewegungen mit gemeinsamen Merkmalen: Die Ideologie propagiert Nationalismus, Antiparlamentarismus, autoritäre Staatsgewalt und Hass auf Minderheiten. Sie bekämpft Demokratie, Liberalismus, Sozialismus und Kommunismus. Wo die Faschisten die Herrschaft übernehmen, verbieten sie jede Opposition und versuchen, das Führerprinzip durchzusetzen. Oft werden sie von Führungsgruppen in Wirtschaft, Militär und Verwaltung, manchmal auch in der Kirche, unterstützt. Faschisten setzen Propaganda und Terror ein, um Gegner auszuschalten und Gehorsam zu sichern.
3. Kampfbegriff, mit dem häufig gegnerische Positionen beschimpft und verächtlich gemacht werden sollen.

6 *„**Der Duce**“ (Führer) 1935 bei einer Versammlung der faschistischen „Schwarzhemden“. – Kannst du in der fotografierten Szene (Fotoausschnitt) erkennen, wie Mussolini seine Herrschaft verstanden wissen will?*

7 ***Gewalt der faschistischen Bewegung***

Der führende Sozialist Giacomo Matteotti schilderte 1921 in einer Rede vor dem Parlament in Rom das Muster faschistischer Terroraktionen (1924 wurde Matteotti – wahrscheinlich sogar auf Anordnung Mussolinis – von Faschisten ermordet):

Mitten in der Nacht, während die Bevölkerung schläft, kommen die Lastwagen mit Faschisten in den kleinen Dörfern an, natürlich von den Häuptern der lokalen Agrarier (Grundbesitzer) begleitet, immer von ihnen geführt, denn sonst wäre es nicht möglich, in der Dunkelheit, inmitten der weiten Landschaft, das Häuschen des Ligenführers oder das kleine erbärmliche Arbeitsvermittlungsbüro auszumachen. Man nimmt vor einem Häuschen Aufstellung und es ertönt der Befehl: „Das Haus umzingeln!“ Es sind zwanzig oder auch hundert Personen, mit Gewehren und Revolvern bewaffnet. Man ruft nach dem Ligenführer und befiehlt ihm herauszukommen. Wenn er keine Folge leistet, sagt man ihm: „Wenn du nicht herunter kommst, verbrennen wir das Haus, deine Frau und deine Kinder.“ Der Ligenführer kommt herunter, wenn er die Tür öffnet, packt man ihn, bindet ihn, schleppt ihn auf den Lastwagen, man lässt ihn die unaussprechlichsten Martern erleiden, indem man so tut, als wolle man ihn totschlagen oder ertränken, dann lässt man ihn irgendwo im Felde liegen, nackt, an einen Baum gebunden. Wenn der Ligenführer … die Tür nicht öffnet und Waffen zu seiner Verteidigung gebraucht, dann wird er sofort ermordet, im Kampf von hundert gegen einen.

Zit.nach: E. Nolte, Der Faschismus. Von Mussolini zu Hitler. München 1968, S. 43 f.

8 ***„Ein Imperium der Menschlichkeit“?***

Rede Mussolinis zur Eroberung Abessiniens am 9. Mai 1936:

Italien hat endlich sein Imperium. Ein faschistisches Imperium, weil es die unzerstörbaren Zeichen für den Willen und die Macht des römischen Liktorenbündels trägt und weil es das Ziel darstellt, auf das die ebenso gewaltigen wie gebändigten Energien der jungen, kühnen italienischen Generation seit vierzehn Jahren hindrängten. Ein Imperium des Friedens; denn Italien will den Frieden für sich und für alle und entschließt sich nur dann zum Kriege, wenn es von feindlichen Mächten zum Krieg gezwungen wird. Ein Imperium der Kultur und der Menschlichkeit für alle Stämme Abessiniens. Es ist die Tradition Roms, die Völker, die es besiegt hat, an seinem Schicksal teilnehmen zu lassen.“

Zit nach: W.Kampmann, Der Faschismus in Italien. Stuttgart 1976, S. 40 f.

a) Beschreibe die Methoden der Faschisten, die Macht zu erwerben und zu behalten (VT, M4, M7).

b) Vergleiche die dargestellten Szenen in M1, kläre die Attribute und die Rollen der Symbolfiguren. Diskutiere die Grundaussagen und die Parteinahme der Zeichner.

c) Verbinde die Aussageabsicht des Bildes M2 mit Mussolinis Prinzipien von 1932 (Text neben M2) und der Praxis des faschistischen Regimes. Vergleiche die Aussagen zum Krieg in M2 mit denen in M8.

3. Fortschritt durch das „Amerikanische System"?

USA: „modern times"

In unseren „modernen Zeiten" können wir uns ein Leben ohne so alltägliche Gebrauchsgegenstände wie Auto, Telefon, Radio, Kühlschrank, Staubsauger oder Spülmaschine kaum noch vorstellen. Die „modernen Zeiten" begannen in den USA. Die USA wurden vor allem in den zwanziger Jahren Ausgangspunkt einer wirtschaftlichen, gesellschaftlichen und geistigen Entwicklung, die man schon damals „Amerikanisches System", vor allem aber „american way of life" nannte und die die Welt bis heute stark beeinflusst. Was war das für eine Entwicklung und warum konnte sie gerade in den USA entstehen?

Kapitalismus in den USA

In den USA gab es seit dem 19. Jahrhundert einen politisch ungezügelten Kapitalismus. Die Amerikaner dachten über die Rolle des Staates und die Rechte des Einzelnen anders als die meisten Europäer. Sie billigten dem Staat und der Zentralregierung in Washington nur wenig Macht zu. Die wirtschaftlichen Verhältnisse sollten sich ihrer Meinung nach ohne staatliche Eingriffe entwickeln und jeder einzelne Mann – an Frauen dachte man dabei weniger – sollte alle Chancen haben, sich möglichst frei und ohne staatliche Bevormundung zu entfalten. Tatsächlich griff der Staat selten in die Wirtschaft ein. Er überließ die wirtschaftliche Entwicklung vielmehr lange Zeit dem „freien Wettbewerb". Mächtige Unternehmen („big business") und ihre „Bosse" versuchten außerdem, staatliche Einflüsse auf die wirtschaftliche Entwicklung zu verhindern.

„Big business"

So war seit Ende des 19. Jahrhunderts eine Fülle von Großunternehmen entstanden, die innen- und außenpolitisch einflussreich waren. Diese „Konzerne" oder „Trusts" waren Zusammenschlüsse von Unternehmen mit dem Ziel, das gesamte Warenangebot eines Wirtschaftszweiges in die Hand zu bekommen, um den Wettbewerb auszuschalten und ein „Monopol" zu errichten. Monopole konnten die Preise frei von Konkurrenz festsetzen. Demselben Zweck dienten „Kartelle" zwischen weitgehend selbständig bleibenden Unternehmen des gleichen Wirtschaftszweiges. Staatliche Versuche, die Macht des „big business" zu beschränken (Anti-Trust-Gesetzgebung), waren nicht sehr erfolgreich.

1 ***„The Octopus"*** *(1904) Der Cartoon stellt das Großunternehmen Standard Oil Company (später: Esso) des Industriellen und angeblich reichsten Mannes der Welt, John D. Rockefeller, als eine Krake dar. – Worauf wollte der Zeichner aufmerksam machen? Welche Gründe hätte er für seine Deutung der Lage in den USA anführen können?*

Massenproduktion und Massenkonsum

Nach dem Ersten Weltkrieg nahm die amerikanische Wirtschaft einen unvergleichlichen Aufschwung („boom"). Viele amerikanische Unternehmen und Banken waren im Krieg durch die Geschäfte mit Waffen und sonstigem Kriegsmaterial noch kapitalkräftiger geworden. Sie waren an großen Investitionen interessiert, um moderne Erfindungen industriell auswerten zu können. Mit der Einführung neuer Fertigungsverfahren schufen sie das völlig neue System der Massenproduktion. Die Rationalisierung der Arbeit und die Fließbandproduktion ermöglichten die massenhafte Herstellung von Gütern des täglichen Bedarfs, die gerade erst erfunden worden waren.

Die Massenproduktion machte die Waren billiger. Amerikanerinnen und Amerikaner konnten sich jetzt viele Dinge kaufen, die preiswert hergestellt wurden – vor allem Autos, elektrische Haushaltsgeräte, Radios oder Telefone. Wer nicht bar bezahlen konnte, kaufte mit Hilfe der Banken auf Raten. Immer mehr Frauen übernahmen neben ihrer Hausarbeit „jobs", um sich und ihren Familien zusätzliche Einkünfte zu verschaffen.

American way of life – freie Entfaltung für alle?

Die Art, wie viele Amerikanerinnen und Amerikaner mit den Massengütern lebten, ihre Gewohnheiten änderten und ihre Freizeit verbrachten, nannte man bald „the american way of life". Die moderne „Konsumgesellschaft" zeichnete sich ab. Durch das Auto wurden viele Menschen in Beruf und Freizeit mobiler als je zuvor und ein regelrechter „Autokult" machte sich breit. Es entstand eine völlig neuartige „Vergnügungs-Industrie", die mit Film, Radio, Revuetheatern, „Tanz-Palästen" und großen „shows" für die Zerstreuung von Millionen Menschen sorgte. Der unvergleichlich hohe Lebensstandard eines Teils der Bevölkerung ließ die USA als das „Land der unbegrenzten Möglichkeiten" erscheinen. Nur wenige nachdenkliche Amerikaner fragten bereits seit dem Ende des 19. Jahrhunderts nach den Gefahren, Risiken und Nachteilen des „Amerikanischen Systems" und des „Fortschritts". Sie sahen vor allem auch die ungelösten Probleme der amerikanischen Klassengesellschaft: Nicht jeder konnte „vom Tellerwäscher zum Millionär" aufsteigen. Trotz des statistisch sehr hohen Lebensstandards waren und blieben große Teile der Bevölkerung arm. Die von der Landwirtschaft lebende Bevölkerung war wegen ständiger Überproduktion und sinkender Agrarpreise in großer Not. Die Arbeiterschaft war bei Arbeitskämpfen fast rechtlos. Gewerkschaften als Organisationen weißer Facharbeiter wurden von den Unternehmen bekämpft. Streiks galten als Verschwörungen und wurden juristisch verfolgt. Eine politische Arbeiterbewegung wie in europäischen Ländern existierte in den USA – im Land des Individualismus – nicht. Eine staatliche Vorsorge für das Alter und für wirtschaftliche Notfälle (Sozialgesetzgebung) gab es kaum, im Gegenteil: Sozialreformerische Bestrebungen wurden als „sozialistisch" verrufen und erschwert; die farbigen Amerikanerinnen

2 *Plakat zum Frauenwahlrecht, USA 1920*

American way of life: Mit diesem Begriff wird eine in den USA entstandene Lebensauffassung und Lebensart bezeichnet, die vor allem die Rechte und Freiheiten des Individuums betont, sich möglichst uneingeschränkt zu entfalten und sich in der Gesellschaft zu behaupten oder durchzusetzen. Die meisten Amerikanerinnen und Amerikaner betrachten diesen „rugged (rau) individualism" als bestes und weltweit übertragbares Prinzip des privaten, gesellschaftlichen, wirtschaftlichen, politischen und kulturellen Lebens. Sie halten es für Amerikas „manifest destiny" (offenbare Bestimmung), die Welt durch den american way of life zu beglücken. Der american way of life schafft und verschärft nach Ansicht der Kritiker viele Probleme: soziale Ungleichheit, Chancenungleichheit, Bedürfnismanipulation, Konsumorientierung, Ausbeutung der Dritten Welt und einen spezifischen Imperialismus, den so genannten „Dollarimperialismus".

und Amerikaner befanden sich in einer elenden Lage und wurden rassistisch unterdrückt; es gab Vorurteile und Gewalttätigkeiten gegen irische, polnische, jüdische, italienische und andere Minderheiten; das Gangsterunwesen in den großen Städten war berüchtigt und blühte gerade in der Zeit der „Prohibition" – des staatlichen Alkoholverbotes von 1920 bis 1933. Schließlich gab es auch Fälle parteiischer Rechtsprechung. Weltweit auf Proteste stieß das Todesurteil gegen die politisch links stehenden italo-amerikanischen Arbeiter Sacco und Vanzetti.

Die Stellung der Frauen

Dass die amerikanischen Frauen benachteiligt blieben, unterschied sie nicht von den Frauen in anderen Gesellschaften der Zeit. Immerhin: Der lange Kampf der amerikanischen Suffragetten (Kämpferinnen für das Frauenwahlrecht) hatte dazu geführt, dass ab 1920 endlich alle US-Amerikanerinnen bundesweit wählen konnten. Vor allem in den 20er Jahren forderten amerikanische Frauen weitere Gleichstellungen und neue Lebensmöglichkeiten für sich. Die Widerstände, Vorurteile und Ängste der meisten Männer verhinderten rasche Fortschritte. Aber auch viele Frauen hingen an alten Denkgewohnheiten und Rollen. Die Beteiligung der Frauen an Wahlen war gering; ihr Wahlverhalten war nicht wesentlich anders als das der Männer. Zwischen den Frauen und unter den Frauen gab es – je nach Schicht, Herkunft oder Rasse – sehr unterschiedliche Einstellungen zur „Frauenfrage". Frauen sind bis heute im politischen Leben der USA unterrepräsentiert – und in Deutschland ist es kaum anders.

3 *„**City Activities**", Gemälde von Thomas H. Benton, 1931. In den Werken Bentons zeigt sich der Anspruch, eine eigene amerikanische Kultur und Lebenswelt auszubilden. Benton – und nicht nur er – blickte gelegentlich fast geringschätzig auf Kulturleistungen der europäischen Geschichte herab. Seine Bilder sollten – wie er selber sagte – „unmissverständlich amerikanisch" und möglichst unbeeinflusst von europäischen Kunstrichtungen und Traditionen sein.*

4 Stimmen zum Amerikanischen System

a) Der republikanische Präsidentschaftskandidat Herbert Hoover in einer Wahlrede 1928:

Im Laufe von 150 Jahren haben wir eine Form der Selbstregierung und ein gesellschaftliches System aufgebaut, das ganz und gar unser Eigentum ist. Es unterscheidet sich wesentlich von allen anderen in der Welt. Es ist das Amerikanische System … Es ist auf eine besondere Form der Selbstregierung gegründet, deren eigentliche Basis dezentralisierte lokale Verantwortlichkeit ist. Darüber hinaus ist es auf die Vorstellung gegründet, dass allein durch geordnete Freiheit Freisein und durch gleiche Chancen für den Einzelnen seine Initiative und sein Unternehmungsgeist auf dem Marsch des Fortschritts angespornt werden. Und in unserem Bestehen auf Gleichheit der Chance ist unser System weiter als die ganze Welt fortgeschritten … Was sind die Ergebnisse unseres Amerikanischen Systems gewesen? Unser Land ist nicht nur wegen seines natürlichen und industriellen Reichtums zum Land der großen Möglichkeiten für diejenigen geworden, die ohne Erbschaft geboren wurden, sondern auch gerade wegen dieser Freiheit der Initiative und des Unternehmertums.

R. Hofstadter, Great Issues in American History, Bd. 2, New York 1961, S. 341 f.

b) Der Industrielle Andrew Carnegie (1889):

Das Gesetz des Wettbewerbs … mag zwar für den Einzelnen gelegentlich hart sein, für die Menschheit ist es jedoch zum Besten, weil es auf jedem Gebiet das Überleben der Tüchtigsten sicherstellt. Daher akzeptieren und begrüßen wir große Ungleichheit der Lebensbedingungen, die Konzentration von Industrie und Handel in den Händen von wenigen und das Gesetz des freien Wettbewerbs zwischen ihnen … da sie für den künftigen Fortschritt der Menschheit nicht nur günstig, sondern notwendig sind … Der Sozialist oder Anarchist, der die gegenwärtigen Verhältnisse umstürzen will, greift in Wirklichkeit die Grundlage der Zivilisation überhaupt an …

A. Carnegie, Wealth, in: North American Review 148, S. 665 f.

c) Der Publizist Henry D. Lloyd (1894):

Wirtschaftliche Tätigkeit, die von der Selbstsucht des Einzelnen bestimmt wird, führt überall zum Monopol, wo sie das soziale Leben berührt – zum Landmonopol, Transportmonopol, Handelsmonopol, zum politischen Monopol in allen seinen Formen … bis zur Bestechung im Amt … Wir müssen [einen] Feldzug planen gegen die Grundsätze und gegen die Menschen, die sie vertreten und bis ins Extrem steigern – die die Regierungsbefugnisse, die von allen für alle verliehen wurden, als Privilegien für ihre persönliche Machterweiterung benutzen, die ganz auf derselben Linie, die gemeinsame Arbeit aller und die allen gehörenden Geschenke der Natur, das Land, die Energiequellen, die Bergwerke, die Ortschaften statt dem allgemeinen Nutzen nur dem eigenen Interesse dienstbar machen, so dass einige wenige im Überfluss und die vielen in Armut leben …

Aus: D. Düsterloh und J. Rohlfes, Die Vereinigten Staaten von Amerika, Stuttgart 1980, S. 48.

5 ***„Jazz age". „Big business" mag die Musik, die ein Präsident (hier: Präsident Coolidge) spielt, der sich aus der Wirtschaft heraushält.***

a) Unterscheide „Amerikanisches System" und „American way of life".
b) Stelle die Argumente der Befürworter und der Gegner des „Amerikanischen Systems" gegenüber (M1, M4). Welche Argumente sind dir wichtig?
c) Betrachte das „Amerikanische System" auch unter heutigen ökologischen Gesichtspunkten.
d) Beschreibe, ausgehend von M2, die Stellung der amerikanischen Frauen.

4. Die Weimarer Republik – Deutschland als parlamentarische Demokratie

4.1 Wie soll die neue Ordnung aussehen?

Die folgenden drei Lieder kennzeichnen unterschiedliche Einstellungen zur politischen Ordnung in Deutschland zwischen 1914 und 1921.

Im Sommer 1914 zogen die deutschen Soldaten mit dem Gesang der Kaiserhymne in den Krieg:
Heil Dir im Siegerkranz,
Herrscher des Vaterlands,
Heil, Kaiser Dir!

Ende 1918 war in Berlin folgende Moritat populär:
Wem ham'se die Krone jeklaut?
Dem Wilhelm, dem Doofen, dem Oberganoven,
dem ham'se die Krone jeklaut.
Wer hat ihm die Krone jeklaut?
Der Ebert, der Helle, der Sattlergeselle,
der hat ihm die Krone jeklaut …

1921 wurde bei militärischen Freiwilligenverbänden, in Studentenverbindungen und an bürgerlichen Stammtischen begeistert gesungen:
Wenn einst der Kaiser kommen wird,
schlagen wir zum Krüppel den Wirth[1]*,*
knallen die Gewehre, tack, tack, tack,
aufs schwarze und auf das rote Pack[2]*.*
Haut immer feste auf den Wirth!
Haut seinen Schädel, dass es klirrt!
Knallt ab den Walther Rathenau[3]*,*
die gottverfluchte Judensau.

1 Joseph Wirth, führender Zentrumspolitiker
2 katholische und sozialistische Parteien
3 Walther Rathenau, führender Politiker der DDP

Eine Revolution wie in Russland?

Der politische Umsturz begann am 28. Oktober 1918 mit einer Meuterei in der deutschen Hochseeflotte. Matrosen in Wilhelmshaven widersetzten sich dem Befehl, gegen die englische Flotte auszulaufen, weil sie nicht sinnlos geopfert werden wollten. Die Meuterer wurden gefangen genommen und in Kiel inhaftiert. Doch Matrosen und streikende Werftarbeiter befreiten am 4. November die Gefangenen. Nach dem Vorbild der russischen Revolution vom Vorjahr wurde ein „Arbeiter- und Soldatenrat" gewählt, der das militärische Kommando und die Leitung der Zivilverwaltung in Kiel übernahm. Die aufständische Bewegung breitete sich in den folgenden Tagen von den Hafenstädten an der Küste über ganz Deutschland aus. Vertreter der SPD und der USPD (Unabhängige Sozialdemokratische Partei Deutschlands, die sich während des Krieges von der SPD abgespalten hatte) bildeten in fast allen Städten Arbeiter- und Soldatenräte. Der locker mit der USPD verbundene Spartakusbund um Rosa Luxemburg und Karl Liebknecht befürwortete ein Rätesystem, wie es in Russland bestand (vgl. Grundbegriff „Sowjets" im Kap. „Revolution in Russland …"). Die Gruppe hatte allerdings nur wenige Mitglieder und war in kaum einem Rat vertreten.

Sturz der Monarchie, aber keine radikale Revolution

Die Arbeiter- und Soldatenräte übernahmen die Leitung der alten Stadtverwaltungen und Regierungsbehörden und übten so vorübergehend die oberste Gewalt aus. Bereits am 7. November setzte der Münchener Arbeiter- und Soldatenrat den bayerischen König ab und in den folgenden Wochen wurden in allen Ländern des Reiches die regierenden Fürsten zur Abdankung gezwungen. Entscheidend waren die Vorgänge am 9. November in Berlin. Kaiser Wilhelm II. befand sich zu dieser Zeit in der belgischen Stadt Spa. Am Morgen demonstrierten viele Menschen in den Straßen Berlins. Sie forderten – ebenso wie SPD und USPD – die Abdankung des Kaisers. Als Wilhelm II. in Spa immer noch

1 ***Aufbruchstimmung*** *(oben)*
Aufnahme vom 10. November 1918 in Berlin

2 ***„Strandgut"*** *(links)*
Titelseite der satirischen Zeitschrift „Simplizissimus", 3. Dezember 1918

zögerte, gab Reichskanzler Max von Baden in Berlin eigenmächtig die Abdankung des Kaisers bekannt und trat selbst zurück. Auf Verlangen der SPD übertrug er das Reichskanzleramt an deren Parteivorsitzenden Friedrich Ebert.
Wie sollte es weitergehen? Die Führung der SPD befürchtete eine Umwälzung nach dem bolschewistischen Modell. Um einem revolutionären Umsturz zuvorzukommen, proklamierte der Sozialdemokrat Philipp Scheidemann gegen den Rat Eberts, der eigentlich eine parlamentarische Monarchie befürwortete, am 9. November 1918 gegen 14 Uhr die „Deutsche Republik". Zwei Stunden später rief Karl Liebknecht dagegen die „Freie Sozialistische Republik" aus. Am 10. November bildeten je drei Vertreter von SPD und USPD einen „Rat der Volksbeauftragten". Den Vorsitz übernahm Ebert. Die Politiker aller nichtsozialistischen Parteien waren wie gelähmt und verhielten sich anfangs abwartend.

Umstellung auf Friedensverhältnisse

In den zwei Monaten ihrer Tätigkeit hatten die Volksbeauftragten gewaltige Folgelasten des Krieges zu bewältigen. Sie sollten die Demobilisierung, d. h. die Rückführung der Soldaten aus den noch besetzten Gebieten nach Deutschland, deren Entlassung aus der Armee und die Wiedereingliederung ins Berufsleben, organisieren. Außerdem mussten sie die Wirtschaft auf Friedensproduktion umstellen und die Versorgung der Not leidenden Bevölkerung mit Nahrung und Heizmaterial sicherstellen. Die Kriegsopfer mussten angemessen entschädigt werden. Trotz dieser Leistungen wurden die Repräsentanten der neuen Ordnung als „Novemberverbrecher" verunglimpft, weil sie am 11. November auch das unumgängliche Waffenstillstandsabkommen unterzeichnet hatten.

Welche Art Republik, welche Art Demokratie?

In Deutschland war die Entscheidung gegen das monarchische System gefallen, keine Hand hatte sich für die Erhaltung der alten Ordnung gerührt. Aber unter den Anhängern einer neuen Ordnung gab es heftigen Streit darüber, wie diese in Zukunft konkret aussehen sollte.
Der Spartakusbund, der sich im Dezember 1918 als Kommunistische Partei Deutschlands (KPD) organisierte, wollte es nicht bei dem Austausch an der Staatsspitze belassen. Er versuchte die Revolution zu einer grundlegenden

3 Der Rat der Volksbeauftragten, *zeitgenössische Postkarte. Links: Mitglieder aus den Reihen der USPD. Rechts: Mitglieder aus den Reihen der SPD. In der Mitte: Ausrufung der Republik durch Philipp Scheidemann vom Reichstagsgebäude aus. Die Szene ist 1927 nachgestellt, da es von diesem Moment kein authentisches Foto gibt.*

Umwälzung aller politischen und sozialen Verhältnisse weiter zu treiben. Die meisten Historikerinnen und Historiker gehen inzwischen davon aus, dass die Möglichkeit oder Gefahr eines erfolgreichen linksradikalen Umsturzes nicht wirklich bestanden habe. Damals aber war die Angst vor der kommunistischen Revolution in weiten Bevölkerungskreisen und in der Propaganda der politischen Gegner vorherrschend. Bürgerliche Politiker wollten über die Einführung der parlamentarischen Regierungsform hinaus keine Neuerungen. Angesichts der aktuellen Lage in Deutschland befürwortete die Führung der SPD eine parlamentarische Demokratie in republikanischer Staatsform. Wie die Mehrheit der Bevölkerung wünschte sie die baldige Wahl einer verfassunggebenden Nationalversammlung (Konstituante). Auch die USPD war dafür, wollte aber zuerst durch die Räte umfassende Reformen in Wirtschaft, Verwaltung und Militär durchführen lassen. Rätedelegierte aus ganz Deutschland diskutierten im Dezember 1918 in Berlin die Alternative: „Rätedemokratie“ oder „parlamentarische Demokratie“. Sie stimmten mit großer Mehrheit für die repräsentative parlamentarische Demokratie. Die Mehrzahl der Arbeiter- und Soldatenräte selbst sah das Rätesystem also nur als Übergangslösung an.

Bündnisse mit den traditionellen Führungsgruppen

Ebert und der Führung der SPD ging es um die Funktionsfähigkeit des Staates. Deshalb beließen sie die bisherigen kaiserlichen Offiziere, Richter und Beamten in ihren Ämtern, obwohl diese meist den neuen Staat verachteten, bald auch verhöhnten oder gar bekämpften. Die OHL (Oberste Heeresleitung), die Führung des alten Heeres, befürchtete grundsätzliche politische und soziale Veränderungen. Sie bot der neuen Regierung ihre Hilfe an und traf am 10. November mit Ebert eine geheime Absprache zur Bekämpfung des „Radikalismus und Bolschewismus“. Auch Gewerkschaften und Unternehmer, vertreten durch Carl Legien und Hugo Stinnes, schlossen am 15. November ein Bündnis: Die Gewerkschaften erreichten ihre Anerkennung als zuständige Vertretung der Arbeiterschaft, die grundsätzliche Gleichstellung von Frauen und Männern bei Tarifvereinbarungen sowie die Einführung des Achtstundentages. Dafür sollten die Eigentumsverhältnisse nicht angetastet werden. Für die Unternehmer bedeutete dieses Abkommen die Bewahrung vor der befürchteten Vergesellschaftung (Sozialisierung) oder Verstaatlichung ihrer Betriebe.

Niederschlagung des Spartakusaufstandes und der Räterepubliken in Deutschland

Im Januar 1919 unternahm die KPD – gegen den Rat Rosa Luxemburgs und Karl Liebknechts – einen Aufstand in Berlin. Die Regierung setzte dagegen reguläre Truppen und „Freiwilligenverbände“ aus Schülern, Studenten und ehemaligen Soldaten ein, die späteren „Freikorps“. Diese standen unter dem Kommando demokratiefeindlicher Offiziere des alten Heeres. Sie schlugen den Aufstand blutig nieder. Rosa Luxemburg und Karl Liebknecht wurden am 15. Januar von Offizieren ermordet. Im Frühjahr wurden in Bremen, Baden, Braunschweig, Bayern und Sachsen Räterepubliken ausgerufen, die von Heeresverbänden und Freikorps zerschlagen wurden. In den Führungsgremien der sozialdemokratischen Parteien, in den Arbeiter- und Soldatenräten sowie in der Stimmung der Mehrheit der Bevölkerung war eine vorläufige Entscheidung für die parlamentarische Demokratie gefallen, in der alle Staatsbürgerinnen und Staatsbürger ungeachtet von Standesunterschieden und Reichtumsgrenzen gleichberechtigt an den politischen Entscheidungen beteiligt sein sollten.

Arbeiter, Bürger!

Das Vaterland ist dem Untergang nahe.
Rettet es!
Es wird nicht bedroht von außen, sondern von innen:
Von der Spartakusgruppe.

Schlagt ihre Führer tot!
Tötet Liebknecht!

Dann werdet ihr Frieden, Arbeit und Brot haben!

Die Frontsoldaten

Plakat, Dezember 1918

Nationalversammlung und Weimarer Reichsverfassung

Nach einer Anordnung des Rates der Volksbeauftragten sollte die Wahl zur Nationalversammlung am 19. Januar 1919 gleich, geheim, direkt und allgemein sein. Erstmals in der deutschen Geschichte und früher als in allen anderen Staaten erhielten alle über 20 Jahre alten Frauen das aktive und passive Wahlrecht. Weil man weitere Unruhen in Berlin befürchtete, trat die Nationalversammlung am 6. Februar in Weimar zusammen – darum: „Weimarer Republik“. Bei der Wahl erhielt keine Partei die absolute Mehrheit. So waren von Anfang an Kompromisse notwendig, denn arbeitsfähige Regierungen konnten nur von Koalitionen gebildet werden. Drei Parteien – SPD, DDP und Zentrum – errangen zusammen mehr als 75 Prozent der Mandate. Am 11. Februar 1919 wählten diese Parteien Friedrich Ebert zum ersten Reichspräsidenten. Sie bildeten die Regierung der so genannten „Weimarer Koalition“ und stimmten am 31. Juli 1919 mehrheitlich für die Annahme der „Weimarer Verfassung“.

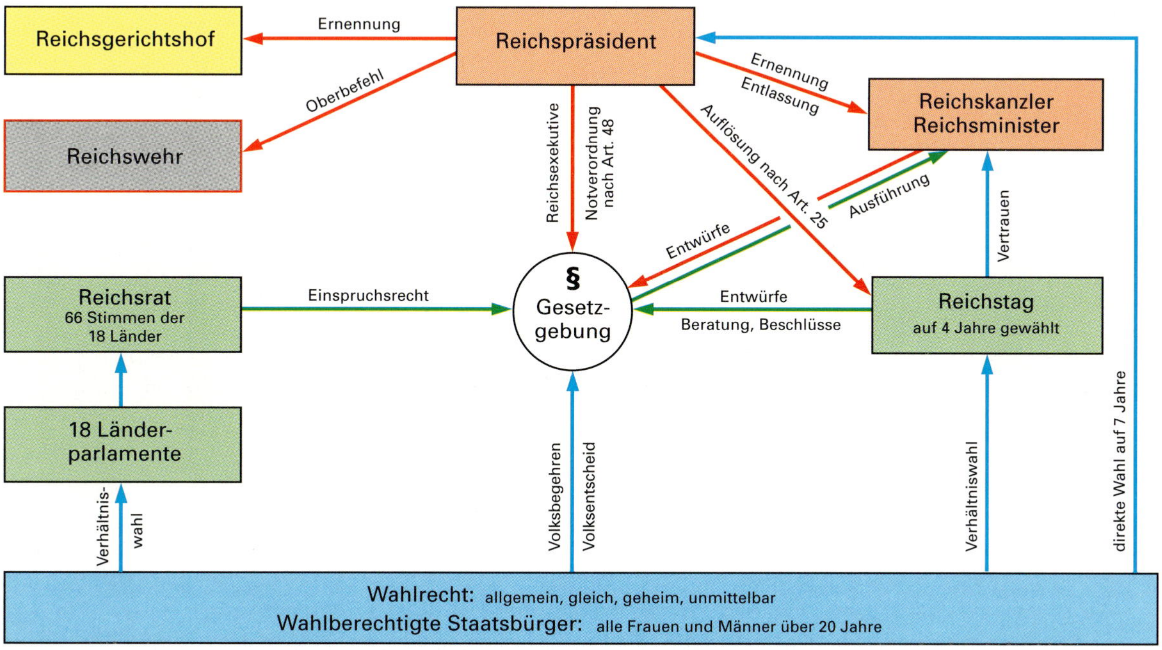

4 ***Die Weimarer Verfassung.*** *Sitze im Reichsrat nach Ländergröße: Preußen 26; Bayern 11; Sachsen 7; Württemberg 4; Baden 3; Hessen, Thüringen, Hamburg je 2; Anhalt, Braunschweig, Bremen, Lippe-Detmold, Lübeck, Mecklenburg-Schwerin, Mecklenburg-Strelitz, Oldenburg, Schaumburg-Lippe je 1.*

Grundrechte und Sicherung der demokratischen Staatsverfassung

Die Verfassung orientierte sich erstmals in der deutschen Geschichte am Prinzip der Volkssouveränität. Sie regelte das Verhältnis der verschiedenen Gewalten im Staat und erkannte den Anspruch aller Deutschen auf unveräußerliche Grundrechte an. Die Verfassung sollte gewährleisten, dass von nun an das ganze Volk in einem gewählten Parlament, dem Reichstag, repräsentiert wurde. Im Reichstag sollte jede Partei entsprechend ihrem Stimmenanteil vertreten sein (Verhältniswahlrecht), um dieses zentrale Staatsorgan zu einem getreuen Abbild des Wählerwillens zu machen. Diese Regelung begünstigte Splitterparteien und erforderte Kompromissbereitschaft bei der Bildung von Regierungskoalitionen. Wechselseitige Abhängigkeiten zwischen Reichspräsident, Reichsregierung bzw. Reichskanzler und Reichstag sollten eine stabile Demokratie gewährleisten. Der Reichspräsident erhielt eine besonders starke Stellung. Er konnte nach Art. 25 den Reichstag auflösen. Für Krisenzeiten, in denen die öffentliche Sicherheit und Ordnung gefährdet waren, räumte Art. 48 ihm diktatorische Vollmachten ein. Dann konnte er die Reichswehr einsetzen (Reichsexekutive), Notverordnungen mit Gesetzeskraft erlassen und Grundrechte außer Kraft setzen.
Zu den Grundrechten gehörten: Gleichheit vor dem Gesetz, Rede- und Pressefreiheit, Glaubens- und Gewissensfreiheit, Versammlungsfreiheit, Briefgeheimnis, Recht auf politische Betätigung und Parteigründung. Die Verfassung beseitigte alle Standesprivilegien und Ungleichheiten beim Wahlrecht. Neben dem Frauenwahlrecht verkündete die Verfassung die grundsätzliche staatsbürgerliche Gleichberechtigung von Frauen und Männern. In der Wirklichkeit des politischen Lebens, des Arbeits- und des Familienrechts sowie des Berufslebens blieben die Frauen jedoch weiterhin benachteiligt.

Plakat zur Wahl der Nationalversammlung

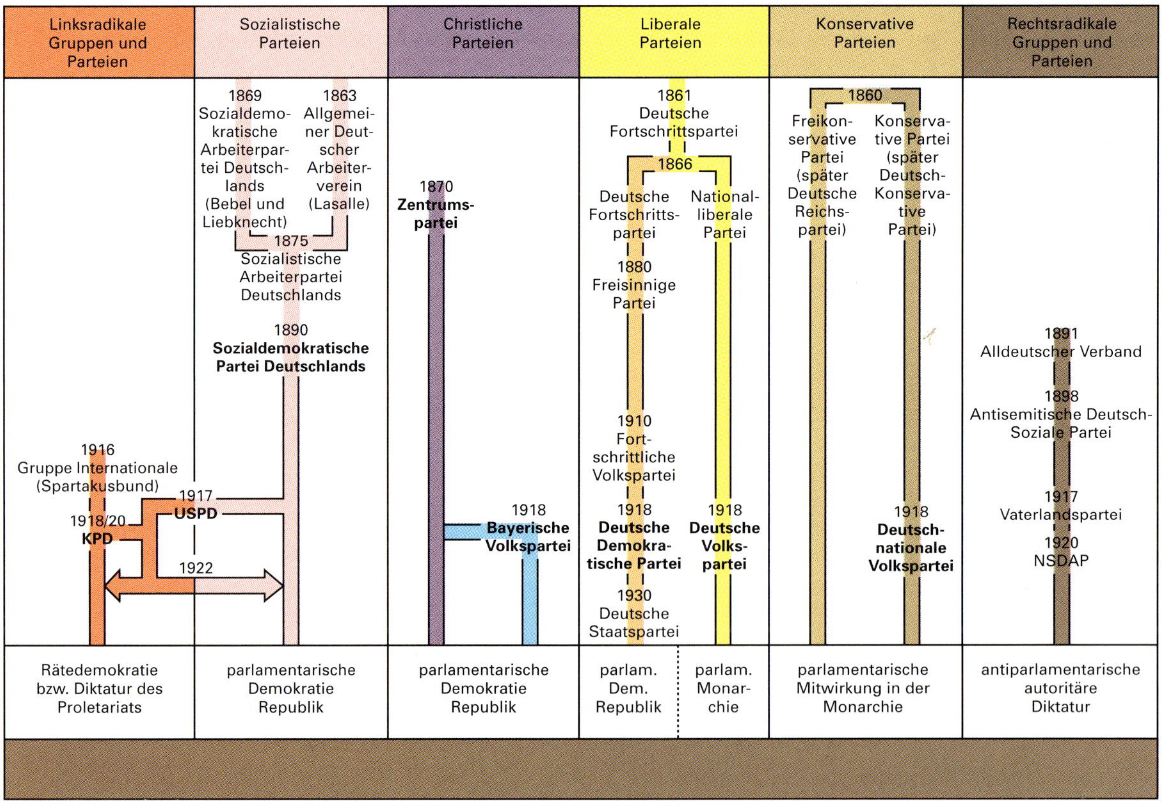

5 ***Herkunft und politische Grundeinstellung*** *der wichtigsten Parteien der Weimarer Republik.*

6 Jeder bleibe auf seinem Posten

Aus einem Aufruf des Reichskanzlers Friedrich Ebert vom 9. November 1918:

Die neue Regierung hat die Führung der Geschäfte übernommen, um das deutsche Volk vor Bürgerkrieg und Hungersnot zu bewahren und seine berechtigten Forderungen auf Selbstbestimmung durchzusetzen. Diese Aufgabe kann sie nur erfüllen, wenn alle Behörden und Beamten in Stadt und Land ihre hilfreiche Hand bieten. Ich weiß, dass es vielen schwer werden wird, mit den neuen Männern zu arbeiten, die das Reich zu leiten unternommen haben, aber ich appelliere an ihre Liebe zu unserem Volke. Ein Versagen der Organisation in dieser schweren Stunde würde Deutschland der Anarchie und dem schrecklichsten Elend ausliefern.

Zit. nach: Deutscher Reichsanzeiger und Königlicher Preußischer Staatsanzeiger Nr. 268 vom 12. 11. 1918.

7 Alle Macht den Räten!

Aus einem Artikel von Rosa Luxemburg vom 15. Dezember 1918:

Vier dringendste Maßnahmen sind es, mit deren Erfüllung der Zentralrat (gemeint ist der Reichsrätekongress in Berlin) das Versäumte nachholen und sich den Platz sichern kann, der ihm gebührt:

1. Er muss das Nest der Gegenrevolution, er muss die Stelle, an der alle Fäden der gegenrevolutionären Verschwörung zusammenlaufen, er muss das Kabinett Ebert-Scheidemann-Haase beseitigen.

2. Er muss die Entwaffnung aller Fronttruppen fordern, die nicht die höchste Gewalt der Arbeiter- und Soldatenräte bedingungslos anerkennen …

3. Er muss … die Rote Garde schaffen.

4. Er muss die Nationalversammlung als ein Attentat auf die Revolution und die Arbeiter- und Soldatenräte ablehnen.

Noch können sich die Arbeiter- und Soldatenräte, indem sie diese vier Maßnahmen unmittelbar zur Tat werden lassen, an die Spitze der Revolution setzen: das Proletariat ist willig, sich von ihnen führen zu lassen, wenn sie ein starker Führer sein wollen gegen den Kapitalismus, das Proletariat ist bereit, ihnen alles zu geben und sie zur höchsten Höhe zu heben mit dem Rufe: „Alle Macht den Arbeiter- und Soldatenräten!“

R. Luxemburg, Ausgewählte Reden und Schriften, Bd. 2, Berlin 1951, S. 639.

8 Warum sind Kompromisse nötig?

Aus einem Brief Hugo Haases (USPD) vom 26. November 1918 an seinen Sohn:

Die harten Waffenstillstandsbedingungen, die Notwendigkeit der überstürzten Demobilisierung, das Detail der Ernährungspolitik erheischten mehr als sonst die Aufrechterhaltung des eingearbeiteten Verwaltungsapparats. Die alten Beamten, die sich mit der Revolution abgefunden haben, … sind im Innern radikalen Neuerungen auf wirtschaftlichem und sozialem Gebiet nicht geneigt, als bloße Techniker sind sie dennoch nicht zu entbehren. Die Scheidemänner haben aber Bürgerliche auch in wichtigen politischen Stellungen gelassen … Ich würde allein mit meinen Freunden die Regierung ergriffen haben, wenn nicht die Soldaten fast einmütig darauf bestanden, dass wir mit Ebert die Gewalt teilen sollten, und wenn nicht ohne Ebert ein erheblicher Teil der bürgerlichen Fachmänner Sabotage treiben würde.

Zit. nach: E. Haase (Hg.), Hugo Haase. Sein Leben und Wirken, Berlin 1929, S. 173.

a) Beschreibe Hoffnungen und Befürchtungen, die sich mit dem Regierungsumsturz vom 9. November 1918 verbanden (VT, M1–2, M6–8).

b) Charakterisiere Zielvorstellungen und Methoden der politischen Gruppierungen 1918/19 und ihr Verhältnis zueinander (VT, M5–8).

c) Kennzeichne die unterschiedlichen Vorstellungen von Demokratie, um die 1918/19 gestritten wurde.

d) Erörtere die Problematik der Zusammenarbeit von SPD und Gewerkschaften mit den „alten Kräften“ bzw. traditionellen Führungsruppen.

e) Charakterisiere die Grundzüge der Weimarer Reichsverfassung als Entwurf einer demokratischen Grundordnung (M4).

f) Vergleiche die Entwicklung der Revolution in Deutschland 1918/19 und in Russland 1917 (Kap. 1) in Form einer Tabelle (Ausgangssituation; Beteiligte und ihre Absichten; Ereignisse/Entscheidungen; Ergebnis).

4.2 Demokratie unter Druck

Der Friedensvertrag von Versailles und der Kriegsschuldartikel

Seit Januar 1919 arbeiteten Vertreter der Siegermächte ohne deutsche Beteiligung einen Friedensvertrag aus. Über dessen Bestimmungen gab es in Deutschland große Empörung. Die meisten Deutschen sahen sich in ihrer nationalen Ehre gekränkt, weil mit dem Artikel 231 des Friedensvertrages anerkannt werden musste, dass „durch den Angriff Deutschlands und seiner Verbündeten" der Krieg verursacht worden sei. Auf Eberts Anfrage an die OHL, den Krieg notfalls fortzusetzen, erklärte Hindenburg dies für aussichtslos und empfahl die Annahme des Vertrags „unter den vom Feind gestellten Bedingungen". Nach erbitterten Debatten stimmte eine Mehrheit der Nationalversammlung dem Friedensvertrag zu. Eine Delegation der Reichsregierung unterzeichnete ihn am 28. Juni 1919 im Spiegelsaal des Schlosses von Versailles, wo 1871 das deutsche Kaiserreich ausgerufen worden war. Das Vertragswerk von Versailles beinhaltete auch die Gründung eines „Völkerbundes" als Organisation zur friedlichen Lösung von internationalen Konflikten. Deutschland und Sowjetrussland wurden allerdings zunächst nicht in den Völkerbund aufgenommen.

In der Weimarer Republik gab es nur wenige Überzeugungen, die von allen geteilt wurden. Zu diesem geringen Bestand an Gemeinsamkeiten gehörte die Überzeugung, dass das Deutsche Reich nicht die alleinige Schuld am Weltkrieg trage. So blieb die „Kriegsschuldfrage" der Angelpunkt der deutschen Politik. Eng damit verbunden war ein zweites Kernproblem: die Reparationen.

1 Der Friedensvertrag von Versailles, 1920

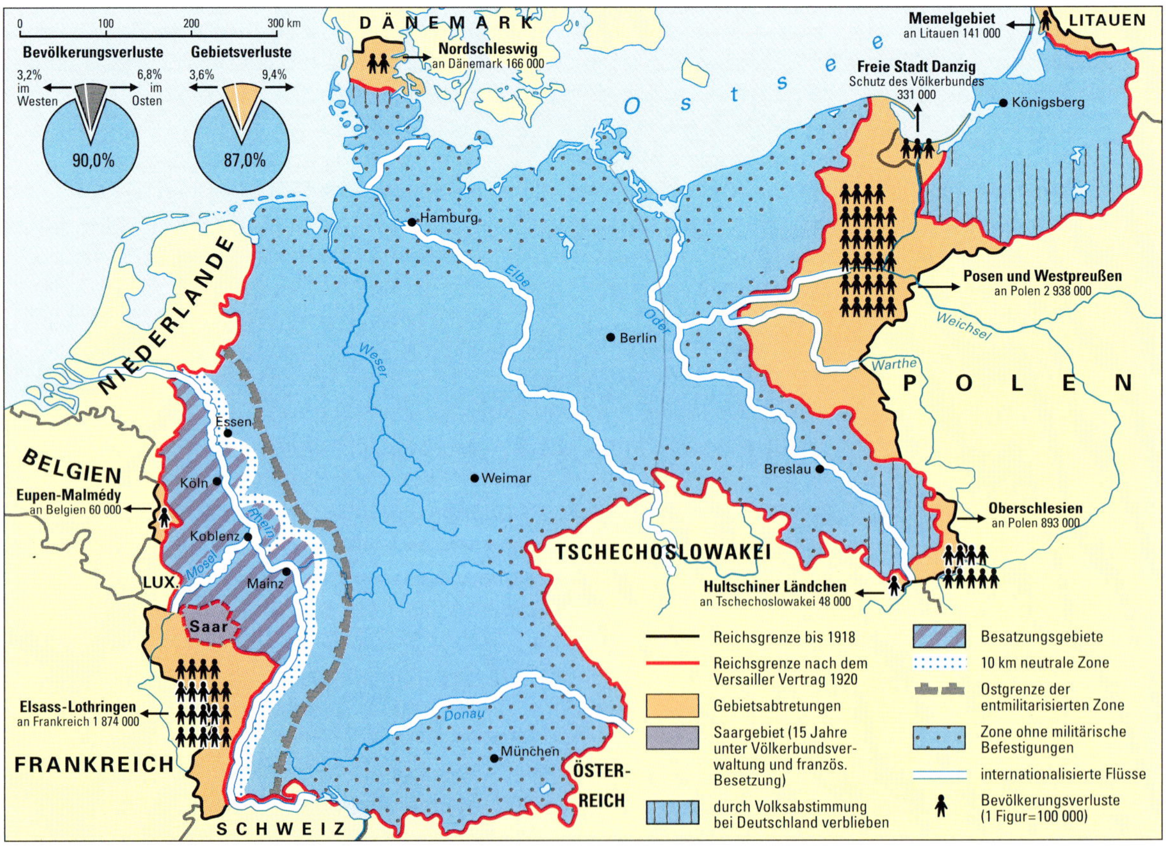

2 ***„Friedrich der Vorläufige"***
Karikatur zu Reichspräsident Friedrich Ebert in einer Zeitschrift aus dem Jahre 1919. – (1) Interpretiere die Bewertung von Eberts Staatsamt durch die Art der Darstellung von Herrschaftssymbolen. Setze den Titel der Karikatur dazu in Beziehung. (2) Charakterisiere die politische Einstellung der Karikaturisten.

3 ***„An die Kurzsichtigen"***
Karikatur von Werner Hahmann aus dem Jahre 1919. Sie hatte die Legende: „An die Kurzsichtigen. Ihr sucht die Wahrheit? Wenn sie aber erscheint, wünscht Ihr sie zu allen Teufeln!" – Achte auf Einzelheiten der Symbolfigur für Verrat und Revolution.

„Erfüllungspolitik" – Revision des Versailler Vertrages als Ziel

Aufgrund des „Kriegsschuldartikels" war das Reich verpflichtet Reparationszahlungen für alle Kriegsschäden der alliierten Staaten zu zahlen. Die endgültige Höhe dieser Entschädigungen blieb allerdings vorläufig offen. Somit wurde die Unsicherheit darüber zu einer Dauerbelastung für die neue Republik. Nachdem die Regierung des Reichskanzlers Müller (SPD) am 28. Juni 1919 widerstrebend den Friedensvertrag unterschrieben hatte, bemühten sich die folgenden Reichsregierungen den alliierten Reparationsforderungen nachzukommen. Damit sollten der gute Wille Deutschlands und gleichzeitig die Unerfüllbarkeit der Anforderungen demonstriert werden. Man erhoffte sich hierdurch eine schrittweise Rücknahme der Bedingungen des Versailler Vertrages. Bis 1932 konnte die deutsche Seite auf mehr als 20 Konferenzen schließlich auch erreichen, dass die Zahlungsverpflichtungen entsprechend den wirtschaftlichen Möglichkeiten Deutschlands erheblich vermindert wurden.

Reparationen: Durch den Versailler Vertrag eingeführte Bezeichnung für den Schadensersatz, den der Besiegte für Kriegsaufwendungen und Kriegsschäden an den oder die Sieger zahlen muss. Es handelt sich um die vorher als Kriegsentschädigung bezeichneten Zahlungen. Reparationen sind als Geldzahlungen oder als Warenlieferungen zu leisten oder werden durch Beschlagnahmung von Auslandsvermögen und Patenten oder durch Demontagen gesichert.

Gefahr von rechts: „Dolchstoßlegende" und Kapp-Putsch

Im November 1919 behaupteten Hindenburg und Ludendorff vor einem parlamentarischen Untersuchungsausschuss zur Klärung der Kriegsschuldfrage, die deutsche Armee sei nicht durch die gegnerischen Truppen besiegt, sondern durch Verrat und Revolution „von hinten erdolcht" worden. Von Historikern wurde diese „Dolchstoßlegende" klar als Geschichtslüge entlarvt. Damals glaubten sie viele Deutsche aus Verbitterung über die Niederlage bedenkenlos.
Seit 1920 rührten sich Anhänger des alten Systems wieder. Im März versuchten Freikorpsführer, kaisertreue Offiziere und Politiker unter Führung des hohen Verwaltungsbeamten Kapp die neue Ordnung mit Waffengewalt umzustürzen. Die Reichswehrführung verweigerte der Regierung militärischen Schutz. Daraufhin riefen die linken Parteien und die Gewerkschaften zum ersten politischen Generalstreik in Deutschland auf: Die Arbeiter legten Betriebe und Verkehr still, die Beamten befolgten keine Anweisungen der Putschisten, die Reichsbank verweigerte Zahlungen an sie. Als auch die Reichswehr die Aufständischen nicht aktiv unterstützte, brach der Putsch zusammen.

Demokratiefeindlichkeit der Reichswehr

Der Kapp-Putsch zeigte, dass die Verfassungs- und Republiktreue der Reichswehr unsicher waren. Die Reichswehr griff zwar gegen Angriffe von links ein, half jedoch der Reichsregierung nicht gegen die Bedrohung von rechts. Die Offiziere lebten in den Traditionen des alten kaiserlichen Heeres und lehnten die demokratische Republik innerlich ab. Obwohl General von Seeckt für die „abwartende" Haltung des Militärs während des Kapp-Putsches verantwortlich war (Seeckt: „Reichswehr schießt nicht auf Reichswehr!"), ernannte Ebert ihn 1920 zum Chef der Heeresleitung. Unter dem Schlagwort von der „politischen Neutralität" entwickelte sich die Reichswehr nicht zur Armee der Republik, sondern zu einem eigenen „Staat im Staate".

4 ***„Sie tragen die Buchstaben der Firma – wer aber trägt den Geist?"*** *Karikatur von Th. Th. Heine, 1927. Die Figuren symbolisieren offensichtlich unterschiedliche Parteien/Organisationen. – Versuche Aussehen und Kleidung bestimmten politischen Richtungen der Weimarer Republik zuzuordnen.*

5 ***Politische Morde 1921/22,*** *Zeichnung und Gedicht aus einer sozialdemokratischen satirischen Zeitschrift vom 14. Juli 1922. Informiere dich im Lexikon über politische Tätigkeit und Tod folgender Personen: Walther Rathenau, Matthias Erzberger, Hugo Haase, Kurt Eisner, Karl Liebknecht, Rosa Luxemburg.*

6 Wahlkampf 1928 in Berlin
Angehörige des rechtsgerichteten Wehrverbandes „Stahlhelm" beschimpfen eine Marschkolonne des republikfreundlichen „Reichsbanner Schwarz-Rot-Gold". Alle politischen Richtungen hatten militärähnliche Kampfverbände. Politik wurde als Kampf zwischen Feinden verstanden.

Antidemokratisches Denken und innerer Unfriede

Nach dem Ende der Monarchie hatten viele Menschen Schwierigkeiten sich auf die neuen politischen Verhältnisse umzustellen. Angesichts der Unsicherheiten des schwierigen Anfangs in der jungen Demokratie erinnerten sich viele wehmütig verklärend an den „Glanz der Kaiserzeit". Die meisten Angehörigen der alten Führungsschichten aus Adel, Militär, Industrie und Verwaltung wandten sich gegen Republik und Demokratie. Konservative, nationalistische, antisemitische und rechtsgerichtete Parteien und Verbände hetzten gegen die Unterzeichner des „Schanddiktats" von Versailles, bekämpften „Marxisten" und „Sozis", beschimpften die Vertreter der Republik als „Volksverräter", „Novemberverbrecher" und „Erfüllungspolitiker". Terroristische Geheimbünde ehemaliger Front- und Freikorpsoffiziere nahmen diese Hetze und Drohungen auf und ermordeten Anhänger von Demokratie und Republik. Bei der Verfolgung der Mörder nahmen die Gerichte durchweg Partei für rechte Positionen.

7 Plakat von KPD/Spartakus zur Reichstagswahl 1920
Angehörige der Partei bekämpften die Republik, weil ihnen die wirtschaftlichen und politischen Veränderungen nicht revolutionär genug waren. Auch die kommunistische Agitation verwandte antisemitische Klischees wie angeblich typische Gesichtszüge der Figur im Vordergrund links.

8 **Im Regierungsauftrag** *erstelltes Plakat vom Dezember 1918 für die Wahl zur Nationalversammlung im Januar 1919. Achte auf die Symbolfiguren und ihre Attribute.*

9 **Plakat der DNVP** *zur Reichstagswahl 1920.*

Plakate als Mittel der politischen Werbung

Politische Auseinandersetzungen finden ihren Niederschlag auch in Wahlplakaten. In kaum einer anderen Epoche hatten Plakate eine so große Bedeutung als Mittel der politischen Propaganda wie in der Weimarer Republik. Um die jeweiligen Absichten der Plakate zu erkennen, ist es notwendig, ihre Wort- und Bildsprache zu untersuchen: einerseits auf positive Symbole zur Rechtfertigung der eigenen Position hin, andererseits auf Zeichen der Feindschaft, des Hasses und der Gewalt zur Diffamierung der Gegenseite.

1921 beschrieb der Grafiker Lüthy, welche inhaltlichen und künstlerischen Aspekte bei der Produktion eines politischen Plakates von Bedeutung sind. Diese Gesichtspunkte können wir auch als Anleitung zur Analyse politischer Plakate verwenden und so überprüfen, ob und in welcher Weise die Gesichtspunkte Lüthys in den Wahlplakaten dieses Kapitels berücksichtigt werden:

„Das künstlerische politische Plakat soll und kann …

- *jeden … mit telepathischem Griff fesseln,*
- *sein Gehirn durch ein kurz orientierendes Schlagwort in die gewollte politische Richtung drängen,*
- *sein Herz durch die Schönheit und Anmut des Bildes gewinnen,*
- *sein Interesse durch den Witz satirischer Verstellung erhaschen,*
- *den Abscheu vor der „anderen" Richtung erregen oder*
- *durch dekorative und symbolische Glorifizierung besonderer politischer Ideen die Sympathie für die eigene Sache gewinnen und bestärken."*

Der Hitler-Ludendorff-Putsch

Besondere Gefahr drohte der Republik im Herbst 1923 aus Bayern. Aus Opposition zu politischen Entscheidungen in Berlin plante die bayerische Regierung Bayern vom Reich zu lösen und die Reichsregierung durch eine Militärdiktatur zu ersetzen. In dieser Situation sah Adolf Hitler, der bis dahin weniger bekannte „Führer" der rechtsradikalen „Nationalsozialistischen Deutschen Arbeiterpartei" (NSDAP), die Chance, mit Hilfe Ludendorffs in München durch einen Putsch die Macht zu ergreifen und anschließend die Reichsregierung zu beseitigen. Die bayerische Regierung gab jedoch ihre Umsturzpläne auf und schlug am 9. November 1923 den Putsch nieder. Hitler kam mit einer milden Haftstrafe davon, war aber nun einer der prominentesten Feinde der Demokratie.

Die Inflation – eine Folge der Kriegsfinanzierung

Aus dem Jahre 1923 blieben auch die Erfahrungen der Inflation in vielen Familien für Generationen in leidvoller Erinnerung. Das Deutsche Reich hatte seit 1914 den größten Teil des Geldbedarfs für den Krieg durch Anleihen bei Betrieben, Banken und Privatpersonen aufgebracht. Die Regierung hatte gehofft, nach einem siegreichen Krieg aus Eroberungen und Kriegsbeute die Anleihen zurückzahlen zu können. Nach dem verlorenen Krieg war der Großteil der deutschen Wirtschaftsgüter verbraucht, die Mark hatte die Hälfte ihres Vorkriegswertes verloren. Reparationsleistungen und Kriegsfolgekosten wie Renten und Fürsorge belasteten zusätzlich die Währung, weil den Zahlungen keine produktiven wirtschaftlichen Leistungen entsprachen.

10 ***Krisenjahr 1923*** *– Gewalt auf allen Seiten.*

11 ***Ladenszene** aus dem Jahr 1923 – Rückkehr zur Tauschwirtschaft? – Erkundige dich bei Verwandten, die die Zeit noch erlebt haben, im nächstgelegenen Heimatmuseum oder Stadtarchiv über die Lebensverhältnisse während der Inflationszeit 1922/23 und überprüfe aufgrund dieser Erfahrungen den Schulbuchtext zu diesem Thema.*

Plakat der Reichsregierung zum „Ruhrkampf" 1923

Der Wert des Geldes sank infolgedessen auf Bruchteile, die Preise stiegen immer schneller. Der Ruhrkonflikt 1923 (vgl. die Karte auf der Vorseite) verschärfte die Währungskrise. Die Reichsregierung finanzierte den Lebensunterhalt der Ruhrbevölkerung, ohne dass in diesem wichtigsten Industriegebiet Deutschlands Gegenwerte geschaffen wurden. Das führte zur „galoppierenden Inflation". Es gab viel Geld, aber keinen Gegenwert dafür. Wer seine Ersparnisse in Staatsanleihen, Bankguthaben und Sparbüchern angelegt hatte, verarmte. Wer Grundstücke, Gebäude, Fabriken, Maschinen und Warenvorräte besaß, hatte Vorteile. Begünstigt wurden außerdem alle Schuldner: Unternehmer, die Darlehen zum Kauf von Fabriken, Maschinen und Rohstoffen aufgenommen hatten, konnten ihre Kredite bald mit wertlos gewordenem Geld tilgen. Auch der Staat profitierte von der Inflation. Durch den Geldwertverfall konnte er die Kriegsanleihen im Inland mit wertlosen Geldscheinen zurückzahlen.
Durch eine Währungsreform, nämlich eine drastische Beschränkung der Geldmenge, gelang es im November 1923, wieder eine feste Währung zu schaffen. Mit dieser Stabilisierung begann eine Phase der wirtschaftlichen Erholung. Die privaten Inflationsverluste wurden jedoch der Republik zur Last gelegt. Demokratiefeindliche Tendenzen verstärkten sich. Deutlich wurde dies bei der Wahl des neuen Reichspräsidenten nach dem Tode Friedrich Eberts am 28. Februar 1925: Der Kandidat der „Weimarer Koalition", der Zentrumspolitiker Wilhelm Marx, unterlag dem Kandidaten der rechten Parteien, Paul von Hindenburg.

Inflation (von lat.: Aufblähung): Bezeichnung für eine Geldentwertung durch Vermehrung der umlaufenden Geldmenge in Volkswirtschaften mit Papiergeld. Der Staat lässt Geld drucken, die Warenmenge wird aber nicht vermehrt. Die Störung des Verhältnisses zwischen Geldmenge und Warenwert führt zu steigenden Preisen und damit zu Kaufkraftschwund. Da auch die Sparguthaben an Wert verlieren, kommt es zu Hamsterkäufen und Warenhortung, zur „Flucht in die Sachwerte". Durch Inflation werden Bezieher fester Einkünfte, Sparer und Gläubiger geschädigt, nicht aber Schuldner und Besitzer von Sachwerten. Auf diese Weise vergrößert sich die soziale Ungleichheit zwischen Sachwertbesitzern und Lohnempfängern.

12 Vertragsunterzeichnung unter Vorbehalt

Reichskanzler Gustav Bauer (SPD) am 22. Juni 1919 vor der Nationalversammlung über den Entwurf des Friedensvertrages:

Unsere Widerstandskraft ist gebrochen; ein Mittel der Abwendung gibt es nicht. Wohl aber bietet der Vertrag selbst eine Handhabe, die wir uns nicht entreißen lassen können. Ich denke hier an die feierliche Zusage der Entente (Bündnis der Kriegsgegner Deutschlands) …, wonach eine Revision des heute vorliegenden Vertrages von Zeit zu Zeit eintreten und diesen neuen Ereignissen und neu eintretenden Verhältnissen angepasst werden kann. Das ist eines der wenigen Worte in diesem Friedensvertrag, das wirklich Friedensgeist atmet.

Im Namen der Reichsregierung … habe ich daher zu erklären, dass sie … sich entschlossen hat, den uns vorgelegten Friedensvertrag unterzeichnen zu lassen! … Wenn sie dennoch unter Vorbehalt unterzeichnet, so betont sie, dass sie der Gewalt weicht, in dem Entschluss, dem unsagbar leidenden deutschen Volk einen neuen Krieg, die Zerreißung seiner nationalen Einheit durch weitere Besetzung deutschen Gebietes, entsetzliche Hungersnot für Frauen und Kinder und unbarmherzige längere Zurückhaltung der Kriegsgefangenen zu ersparen …

Die Regierung der deutschen Republik verpflichtet sich die Deutschland auferlegten Friedensbedingungen zu erfüllen … Die auferlegten Bedingungen übersteigen das Maß dessen, was Deutschland tatsächlich leisten kann.

Verhandlungen der verfassunggebenden Deutschen Nationalversammlung: Stenographische Berichte, Bd. 327, S. 1114 f.

13 Verlust des Geldwertes 1914–1923

Zeitpunkt	Wert eines Guthabens von 100 000 Mark	Wertverlust gegenüber 1914
Juni 1914	100 000,00	
Jan. 1919	47 190,00	52,8 %
Juli 1919	27 855,00	72,1 %
Juli 1920	10 638,00	89,4 %
Jan. 1921	6 468,00	93,5 %
Jan. 1922	2 189,00	97,8 %
Juli 1922	851,00	99,1 %
Jan. 1923	23,46	100 %
Juli 1923	1,19	100 %
Nov. 1923	0,00	100 %

Zit. nach: H. Prokasky, Der Erste Weltkrieg und die Inflation 1914–1923, in: Geschichtsdidaktik 5, Düsseldorf 1980, S. 267.

14 Inflationsgeld. *Überdruckter 20-Mark-Schein mit dem Bild der Comburg aus Schwäbisch Hall (Baden-Württemberg)*

15 Auswirkungen der Inflation

Der bayerische Schriftsteller Oskar Maria Graf (1894–1967) erinnert sich:

Während die Arbeiter und Angestellten in den Städten sogleich nach ihrer Lohnauszahlung mit den vielen buntbedruckten Geldscheinen laufen mussten, um noch für einen einigermaßen erschwinglichen Preis einige minderwertige, kärgliche Lebensmittel zu bekommen, … wurde als einziger der Bauer reich und immer reicher. Er hatte, was die anderen brauchten, und feilschte jetzt gleichsam aus Rachsucht, weil er früher stets zu kurz gekommen war …

Nach Jahrhunderten lebten die Bauersleute zum ersten Male aus dem Vollen … Sie spekulierten und soffen, sie stellten ihre heimeligen Stuben mit geschmacklosen, teuren Möbeln voll, kauften Klaviere, Grammophone und Motorräder und ließen ihre Häuser und Ställe von Grund auf renovieren.

O. M. Graf, Das Leben meiner Mutter. München 1993 (erste Auflage 1945), S. 470 f.

16 Gerechte Richter?

Rechtsprechung 1918–1922:

Politische Morde begangen von:	Linksstehenden	Rechtsstehenden
Anzahl der Morde	22	354
ungesühnte Morde	4	326
teilweise gesühnte M.	1	27
gesühnte Morde	17	1
verurteilte Mörder	38	24
freigesprochene Täter	–	23
hingerichtete Mörder	10	–
Freiheitsstrafe je Mord	15 Jahre	4 Monate

Zit. nach: E. J. Gumbel, Vier Jahre Mord, Berlin 1922, S. 81.

17 *„Die Welle von rechts"*

Der Soziologe Ernst Troeltsch, Ende 1919:

Die vom Zusammenbruch überraschten … Kreise des alten Patriotismus und der alten Gesellschaftsordnung raffen sich wieder auf und benützen die von der Demokratie geschaffene Ordnung … zu einem leidenschaftlichen Kampfe gegen die Träger des jetzigen Regimes … Sprach man vor einem Jahre vor Studenten, so musste man sich auf wilde pazifistische, revolutionäre, ja idealistisch-bolschewistische Widersprüche gefasst machen; heute muss man auf antisemitische, nationalistische, antirevolutionäre Einsprüche sich einrichten … Zum Teil stecken dahinter die patriotische Scham und Empörung über das Schicksal Deutschlands, den Betrug von Versailles und die Schwäche der Regierung, weiterhin … die Agitation der so genannten nationalen Parteien, der heute ein großer Teil der im tiefen Groll aus der alten, glanzvollen Armee ausgeschiedenen Offiziere als leidenschaftliche Träger zur Verfügung stehen.

E. Troeltsch, Spektator-Briefe, Tübingen 1924, S. 87 ff.

18 *„Die herrliche Zeit …"*

Hindenburg vor Lehrern und Schülern, 1924:

Deutschland liegt tief darnieder … Aber die Kinder, die hier „Deutschland über alles" singen, diese Kinder werden das alte Reich erneuern. Sie werden das Furchtbare, die Revolution, überwinden. Sie werden wieder kommen sehen die herrliche Zeit der großen, siegreichen Kriege. Und Sie, meine Herren Lehrer, Sie haben die schöne Aufgabe, in diesem Sinne die Jugend zu erziehen. Und Ihr, meine lieben Primaner, werdet siegreich, wie die Väter waren, in Paris einziehen. Ich werde es nicht erleben. Ich werde dann bei Gott sein. Aber vom Himmel werde ich auf Euch niederblicken und werde mich an Euren Taten freuen und Euch segnen.

Zit. nach: H. P. Bleuel, Deutschlands Bekenner, Bern 1968, S. 156

19 *Hitlers „uneigennützige Hingabe"*

Aus dem Plädoyer des Oberstaatsanwalts Ludwig Stenglein (1869 bis 1936) am 21. März 1924 im Hochverratsprozess gegen Adolf Hitler und weitere Putschisten:

Hitler ist aus einfachen Verhältnissen hervorgegangen, er hat im großen Krieg als tapferer Soldat seine deutsche Gesinnung bewiesen und nachher aus kleinsten Anfängen heraus in mühsamer Arbeit eine große Partei, die „Nationalsozialistische Deutsche Arbeiterpartei", geschaffen, wobei die Bekämpfung des internationalen Marxismus und Judentums, die Abrechnung mit den Novemberverbrechern und die Ausbreitung des nationalen Gedankens in allen Volkskreisen, besonders auch in der Arbeiterschaft, die wesentlichen Programmpunkte waren. Über seine Parteipolitik habe ich kein Urteil zu fällen, sein ehrliches Streben aber, in einem unterdrückten und entwaffneten Volke den Glauben an die deutsche Sache wieder zu erwecken, bleibt unter allen Umständen ein Verdienst. Er hat hier, unterstützt durch seine einzigartige Rednergabe, Bedeutendes geleistet. Wurde er auch durch die Kampfstimmung in den Reihen seiner Anhänger zu einer einseitigen Einstellung geführt, so wäre es doch ungerecht, ihn als Demagogen zu bezeichnen; vor diesem Vorwurf schützt ihn die Echtheit seiner Überzeugung und die uneigennützige Hingabe an die von ihm selbst gewählte Lebensaufgabe. Sein Privatleben hat er stets rein erhalten … Hitler ist ein hochbegabter Mann, der aus einfachen Verhältnissen heraus sich eine angesehene Stellung im öffentlichen Leben errungen hat und zwar in ernster und harter Arbeit. Er hat sich den Ideen, die ihn erfüllten, bis zur Selbstaufopferung hingegeben und als Soldat in höchstem Maße seine Pflicht getan. Dass er die Stellung, die er sich schuf, eigennützig ausnützte, kann ihm nicht zum Vorwurf gemacht werden.

Zit. nach: K. D. Bracher, Die deutsche Diktatur, Köln 1969, S. 130 f.

a) Stelle tabellarisch die Bedrohungen der Republik und die jeweiligen Reaktionen der Reichsregierung im Jahr 1923 gegenüber (M10).

b) Kennzeichne Ursprung, Verlauf und Auswirkungen der Inflation 1914–1923 in Deutschland (VT, M11, M13–15).

c) Charakterisiere Unterschiede in der Rechtsprechung bei politischen Strafsachen in der Weimarer Republik (VT, M16, M19).

d) Benenne und vergleiche Arten der Opposition gegen Weimarer Verfassung und Weimarer Republik (VT, M7, M9, M17–19).

e) Charakterisiere die Auffassung von Politik und das „politische Klima" in diesen Jahren (VT, M5–6).

4.3 Außenpolitische Erfolge – innenpolitische Stabilisierung

Leistungen der Republik

Im Rückblick wird die Weimarer Republik häufig nur unter dem Gesichtspunkt ihres späteren Scheiterns betrachtet. Es ist jedoch nicht zu übersehen, dass sich die Republik länger als ein Jahrzehnt gegen alle Belastungen und Angriffe im Inneren wie auch nach außen behaupten konnte.
Gegen alle Anfeindungen im eigenen Land gelang es den Regierungen, Deutschland schon wenige Jahre nach Kriegsende wieder internationales Ansehen zu verschaffen. Aus dem besiegten Feind wurde allmählich ein diplomatisch ebenbürtiger und nahezu gleichberechtigter politischer Partner. Dies war weitgehend das Verdienst Gustav Stresemanns (DVP), der von 1923 bis zu seinem Tod 1929 deutscher Außenminister war. Nachdem es in den ersten Jahren der Weimarer Republik zu einer deutsch-sowjetischen Zusammenarbeit gekommen war, bemühte sich Stresemann vor allem eine Verständigung mit den Westmächten herbeizuführen. Dafür fand er keine Unterstützung in der eigenen Partei. Seine Außenpolitik wurde jedoch durch die parlamentarische Tolerierung der SPD gesichert, die wegen eigener innerer Differenzen meist nicht in den Regierungen dieser Zeit vertreten war.

Die Währungsreform Ende 1923, die Übernahme neuer Produktionsweisen und hohe Kredite aus den USA bildeten die Voraussetzung für einen Aufschwung der Wirtschaft. Die wachsende Produktivität bewirkte wirtschaftlichen Erfolg und eine Hebung des Lebensstandards für weite Bevölkerungskreise. Die Sozialpolitik der Weimarer Regierungen verwirklichte zahlreiche alte Forderungen, insbesondere zur Verbesserung der Lage der Frauen und der sozial schwächeren Bevölkerungsgruppen. Allerdings wurden manche Neuerungen wie z. B. der 8-Stunden-Tag oder die Rechte der Betriebsräte wieder eingeschränkt, als sich die Wirtschaftslage verschlechterte.

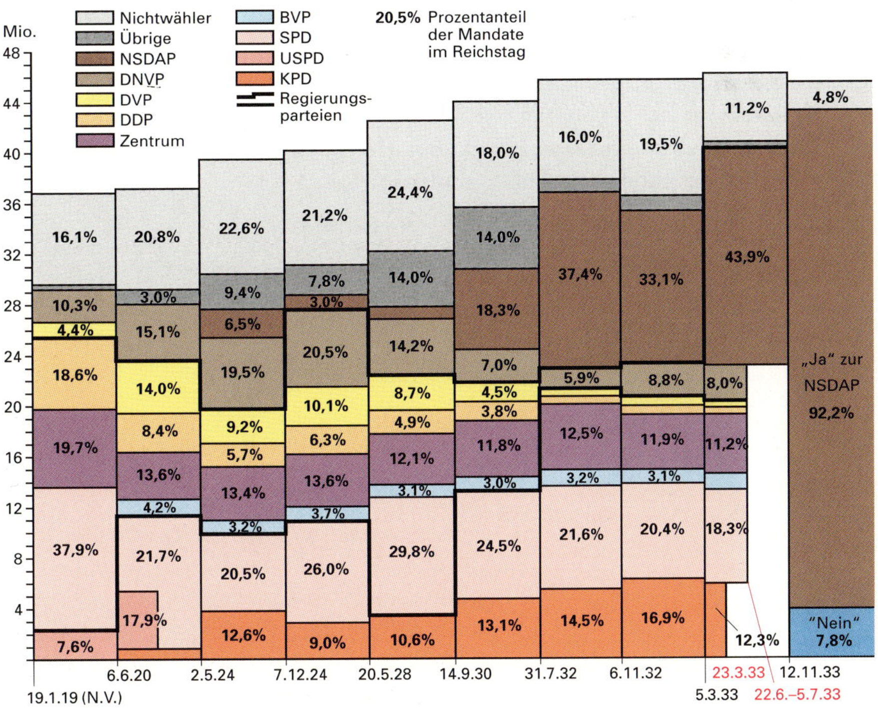

1 ***Wahlergebnisse zur Nationalversammlung und zum Reichstag, 1919–1933***
(in absoluten Zahlen). Die Gesamtzahl der Reichstagssitze hing jeweils von der Wahlbeteiligung ab. Auf ca. 60 000 Stimmen kam ein Mandat. Infolge des Verhältniswahlrechts entsprach die Mandatsverteilung direkt dem prozentualen Stimmenanteil der Parteien.

2 Erfolge in der Außenpolitik

1922 Vertrag von Rapallo mit Sowjetrussland: gegenseitiger Verzicht auf Reparationen, beide Staaten durchbrechen die außenpolitische Isolierung.

1924 Dawes-Plan: Reparationen nach den wirtschaftlichen Möglichkeiten, hohe Kredite der USA zum Wiederaufbau der Wirtschaft und damit zur Sicherung der deutschen Zahlungen.

1925 Alliierte räumen das seit 1923 besetzte Ruhrgebiet.
Vertrag von Locarno: endgültige Anerkennung der deutschen Westgrenze zu Frankreich und Belgien, Normalisierung des Verhältnisses zu den Westmächten. Eine vergleichbare Regelung über die Grenze zu Polen und der Tschechoslowakei gibt es nicht.

1926 Berliner Vertrag mit der Sowjetunion: Zusicherung gegenseitiger Neutralität und wirtschaftlicher Kooperation, geheime Zusammenarbeit zwischen Reichswehr und Roter Armee.
Aufnahme Deutschlands in den Völkerbund. Friedensnobelpreis für Gustav Stresemann (zusammen mit dem französischen Außenminister Aristide Briand).

1930 Young-Plan: Neuregelung der Reparationen, wirtschaftliche und finanzielle Souveränität Deutschlands. Die Alliierten räumen vorzeitig das Rheinland.

3 Korrektur der Ostgrenze

Stresemann am 7. September 1925 in einem Brief an den ehemaligen deutschen Kronprinzen über Aufgaben der Außenpolitik des Deutschen Reiches:

… Die Wiedergewinnung Danzigs, des polnischen Korridors und eine Korrektur der Grenze in Oberschlesien. Im Hintergrund steht der Anschluss von Deutsch-Österreich …

Geschichte in Quellen, Bd. V, 2. Auflage, München 1970, S. 216.

4 Sozialpolitische Neuerungen

1918 Allgemeines Wahlrecht für Frauen über 20 Jahre;
Fürsorge für Arbeitslose;
Recht der Frauen, Hochschullehrerinnen zu werden;
Achtstunden-Arbeitstag;

1919 Tarifautonomie der Gewerkschaften und der Arbeitgeberverbände;
Grundrechte der Jugend auf Erziehung, Bildung, Schutz, Fürsorge und Pflege (12 der insgesamt 56 Grundrechtsartikel der Reichsverfassung);

1919 Verfassungsgrundlage für ein einheitliches Schulwesen;

1920 Betriebsrätegesetz garantiert Arbeitnehmern in Betrieben mit mehr als 20 Beschäftigten ein Mitspracherecht;
Grundschulgesetz führt für alle Schüler die verbindliche Grundschule ein;

1922 Jugendwohlfahrtsgesetz;
Recht der Frauen, Richterinnen zu werden;
Mietpreisbindung durch das Reichsmietengesetz;

1923 Einrichtung von Jugendgerichten;
Gesetz über die Beschäftigung von Schwerbeschädigten;
Schutz der Mieter vor willkürlichen Kündigungen durch das Reichsmieterschutzgesetz;

1924 Ablösung der kommunalen Armenpflege durch staatliche Fürsorge;
Angestelltenversicherung;

1926 Einrichtung von Arbeitsgerichten;

1927 Arbeits- und Kündigungsschutzgesetz für werdende und stillende Mütter;
Einrichtung von Arbeitsämtern;
Einführung der Arbeitslosenversicherung (Finanzierung durch Pflichtbeiträge von 3 Prozent des Grundlohns, je zur Hälfte von Arbeitnehmern und Arbeitgebern gezahlt).

a) Kennzeichne die Außenpolitik der Weimarer Republik (VT, M2–M3, M1 in Kapitel „Demokratie unter Druck").

b) Vergleiche das parlamentarische Gewicht der einzelnen Parteien in unterschiedlichen Wahlperioden (VT, M1). Diskutiere die Bedeutung der SPD für parlamentarische Mehrheitsentscheidungen.

c) Denke dir berufliche oder familiäre Situationen aus, in denen die neuen sozialpolitischen Regelungen wichtig sind. Erarbeitet und gestaltet in der Gruppe Gesprächsszenen oder kurze Rollenspiele (M4).

4.4 Veränderungen in Deutschland

Konzernbildungen und neue Produktionsmethoden

Seit 1925 schlossen sich auch in Deutschland Unternehmen zu kapitalkräftigen Konzernen zusammen, um den Markt zu beherrschen (z. B. IG Farben, Vereinigte Stahlwerke, Siemens, AEG, der Presse- und Filmkonzern des deutschnationalen Politikers Hugenberg). Amerikanische Konzerne investierten in Deutschland und bauten riesige Produktionsanlagen (Ford, General Motors unter dem Namen Opel). Amerikanische Großbanken gaben hohe Kredite an deutsche Städte und Gemeinden, an Wirtschaftsunternehmen und Banken.
Wie in den USA waren auch in Deutschland die Konzerne bald die größten Arbeitgeber. Sie verfügten mit der wirtschaftlichen Macht zugleich über großen, demokratisch nicht kontrollierten politischen Einfluss. Viele Großunternehmen änderten ihre Produktionsmethoden und sparten trotz Steigerung der Produktion noch Arbeitskräfte ein. Die Rationalisierung der Arbeit und die neue Arbeitsweise am Fließband bedeuteten neue Arbeitsbedingungen für Millionen von Menschen. Im Produktionsbereich mussten Arbeiterinnen und Arbeiter sich auf das „laufende Band“ umstellen.

Die Angestellten

Mit der Vergrößerung und Rationalisierung der Betriebe wuchs der so genannte „Dienstleistungsbereich“ und damit auch die neue Schicht der Angestellten (1930: 3,5 Millionen, davon 1,2 Millionen Frauen, z. B. als Sekretärinnen, Stenotypistinnen). Die Angestellten – in den USA „white collar workers“ genannt – unterschieden sich in Gehabe und Vorstellungen bewusst von den Arbeiterinnen und Arbeitern. Viele männliche Angestellte hatten das Gefühl, sich nicht wie die „Proleten“ „die Hände schmutzig machen“ zu müssen und damit „etwas Besseres“ zu sein; viele weibliche Angestellte wollten so sein wie die von der Modeindustrie und den damals neuen „Illustrierten“ dargestellte „neue Frau“ – wirtschaftlich unabhängig, berufstätig, selbstbewusst.

Die deutschen Verhältnisse unterschieden sich jedoch deutlich von den Arbeits- und Lebensbedingungen in den USA. Im Arbeitsleben gab es ein System der Sozialversicherung, das bei Arbeitslosigkeit und in Notfällen griff. Und in Deutschland gab es das Streikrecht für Arbeitnehmerinnen und Arbeitnehmer, eine starke Gewerkschaftsbewegung und zwei Arbeiterparteien, die sich für die wirtschaftlichen, politischen und kulturellen Belange der Arbeiterschaft einsetzten und weitgehende Forderungen anmeldeten. Im kulturellen Bereich und im Freizeitleben behielten Traditionen einer klassischen bürgerlichen Kultur und die vielfältigen Formen einer Arbeiterkultur, die in Arbeitervereinen gepflegt wurde, ihre große Bedeutung. Die ländlichen Gegenden der „Provinz“ merkten noch nicht viel von der allmählichen „Amerikanisierung“ des Alltags.

1 ***„Berliner Tageblatt“*** *(Pastell, 1927/28).*
1927/28 malte Richard Ziegler etwa 20 Bilder, immer mit dem gleichen Motiv: Frauen in der Großstadt. Den Typ der „neuen Frau“ empfanden viele seiner Zeitgenossen als skandalös.

2 Arbeit am laufenden Band

Ein Arbeiter der deutschen Ford-Fabrik schildert 1926 Fließbandarbeit:

Für die Arbeiter ist die Hauptsache das Mitkommen. Das Arbeitsstück fließt weiter, schneckengleich langsam zwar – aber es fließt! Die Verzögerung des einen bringt den ganzen Betrieb in Unordnung, lenkt sofort die Aufmerksamkeit aller Kollegen und Vorgesetzten auf den „Bummler". Kommt ein Arbeiter an einer Stelle nicht recht mit, wird er stillschweigend an eine andere versetzt. Versagt er dort auch, fliegt er ohne jede Förmlichkeit. Das weiß auch jeder und setzt daher den letzten Handschlag daran, dem Tempo des nach der gegipfelten Einzelleistung laufenden Bandes zu folgen. Da gibts keinen Raum für nebensächliche Gedanken, keine Zeit etwa eine Zigarette anzuzünden, ein Wort mit dem Nachbarn zu reden oder gar auszutreten …

Anfänger erhalten ohne Rücksicht darauf, ob sie was gelernt haben, pro Tag 13 Mark. Nach der „Anlernung" oder richtiger gesagt Abrichtung, die ungefähr 8 Wochen dauert, gibt es 15 Mark. … Der Höchstlohn beträgt 20 Mark pro Tag! Dies ist die Summe, die zahlreiche Akkordarbeiter der Berliner Metallindustrie für die ganze Woche erhalten.

Zit. nach: Fähnders/Karrenbrock/Rector, Sammlung proletarisch-revolutionärer Erzählungen, Darmstadt und Neuwied 1977, S. 101.

3 ***„Bandarbeit – Hetzarbeit"*** *wurde das Bild vom Zeichner genannt, der es 1926/27 bei einem Arbeiterzeichenwettbewerb einreichte.*

4 „Frondienst fürs Kapital"

Eine Textilarbeiterin, 25 Jahre alt, schrieb 1930 über ihre Arbeit:

Acht Stunden lang … stehe ich immerzu fast auf demselben Fleck, vornübergebeugt den Oberkörper, beinahe regungslos, nur die Hände machen wie mechanisch immer dieselben Bewegungen, drücken der Ware den Stempel auf und das Hirn zählt von eins bis zwölf, wieder, immer wieder … Acht Stunden lang Strümpfe stempeln, von eins bis zwölf zählen, stempeln, unzählige Male, unterbrochen nur von einer einstündigen Mittagspause, während der mir gerade genug Zeit bleibt, um das Mittagessen zu verzehren, und dann die vom stundenlangen Stehen fast steif gewordenen Glieder auf harter Bank ein wenig lang zu strecken … Kaum auszuhalten wäre wohl manchmal das ewige Einerlei des Alltags, wenn nicht ab und zu doch einige Stunden frei blieben zu geistiger und körperlicher Erholung; und wenn, ja wenn nicht die Aussicht bestände auf ein Wochenende. Denn einmal, da bin ich für anderthalb Tage erlöst vom Frondienst fürs Kapital. Der Sonnabendmittag ist ja noch häuslicher Arbeit gewidmet, da gibt es allerlei zu säubern und zu putzen. Aber dann kommt der Sonntag, und der gehört mir, mir ganz allein.

Zit. nach: Mein Arbeitstag – mein Wochenende. Arbeiterinnen berichten von ihrem Alltag. 1928, neu herausgegeben von Alf Lüdtke, Hamburg 1991, S. 13 f.

5 ***„Muttertag"****, Plakat von Julius Gipkens, um 1925: „Zum Muttertag am 2. Sonntag im Mai schenkt Blumen!". Auch der Muttertag war ein Import aus den USA. Die Amerikanerin Anne M. Jarvis hatte ihn 1907 „erfunden".*

6 *„Angestellte"*

Der Journalist und Schriftsteller Kurt Tucholsky (1890–1935) wandte sich Mitte der zwanziger Jahre an die Angestellten, die nicht so organisiert waren wie die Arbeiterschaft in den Gewerkschaften:

Auf jeden Drehsitz im Büro
da warten hundert Leute;
man nimmt, was kommt – nur irgendwo
und heute, heute, heute.
    Drin schuften sie
    wies liebe Vieh,
sie hörn vom Chef die Schritte.
Und murren sie, so höhnt er sie:
    „Wenns Ihnen nicht passt – bitte!"

Mensch, duck dich. Muck dich nicht zu laut!
Sie zahln dich nicht zum Spaße!
Halts Maul – sonst wirst du abgebaut,
dann liegst du auf der Straße.
    Acht Stunden nur?
    Was ist die Uhr?
Das ist bei uns so Sitte:
Mach bis um zehne Inventur...
    „Wenns Ihnen nicht passt – bitte!"

Durch eure Schuld.
    Ihr habt euch nie
geeint und nie vereinigt.
Durch Jammern wird die Industrie
und Börse nicht gereinigt.
    Doch tut ihr was,
    dann wirds auch was.
    Und ist's soweit,
    dann kommt die Zeit,
wo ihr mit heftigem Tritte
und ungeahnter Schnelligkeit
herauswerft eure Obrigkeit:
    „Wenns Ihnen nicht passt – bitte!"

Kurt Tucholsky, Gesammelte Werke, Band 4 [1925–1926], Reinbek 1975, S. 327.

7 *Demokratie auch in der Wirtschaft?*

a) Als Gegengewicht gegen die wirtschaftliche Konzentration und den Wandel der Produktionsverfahren forderten die Gewerkschaften:

Die Demokratisierung der Wirtschaft bedeutet die schrittweise Beseitigung der Herrschaft, die sich auf dem Kapitalbesitz aufbaut, und die Umwandlung der leitenden Organe der Wirtschaft aus Organen der kapitalistischen Interessen in solche der Allgemeinheit. Die Demokratisierung der Wirtschaft erfolgt mit der immer deutlicher sichtbaren Strukturwandlung des Kapitalismus. Deutlich führt die Entwicklung vom kapitalistischen Einzelbetrieb zum organisierten Monopolkapitalismus. Damit wurden auch die Gegenkräfte der organisierten Arbeiterschaft und der politisch-demokratisch organisierten Gesellschaft geweckt...

Die Gewerkschaften forderten u. a.:

die Erweiterung des Mitbestimmungsrechts der Arbeitnehmer, die paritätische Vertretung der Arbeiterschaft in allen wirtschaftspolitischen Körperschaften, die Kontrolle der Monopole und Kartelle unter voller Mitwirkung der Gewerkschaften ...

Resolution des 13. Kongresses der Gewerkschaften Deutschlands in Hamburg 1928, in: E. Pankoke, Die industrielle Arbeitswelt in der Rationalisierungs- und Automatisierungsphase, 2. Auflage, Stuttgart 1975, S. 84 f.

b) Die deutschen Unternehmer antworten auf solche Forderungen:

Die Wirtschaftsdemokratie, wie sie von sozialistischer Seite angestrebt wird, lähmt die Initiative und tötet die Verantwortungsfreudigkeit, ohne die kein Fortschritt möglich ist ... Die deutsche Wirtschaft muss frei gemacht werden. Sie muss verschont bleiben von Experimenten und politischen Einflüssen, die von außen her in den Wirtschaftsprozess hineingetragen werden ...

Aus der Denkschrift „Aufstieg oder Niedergang", veröffentlicht vom Präsidium des Reichsverbandes der deutschen Industrie am 2. Dezember 1929.

a) Was unterscheidet die deutsche Entwicklung von der Entwicklung in den USA? Was wird aus den USA übernommen, was nicht (M2–M5, VT)?
b) Diskutiert die Forderungen der Gewerkschaften aus der Sicht von Arbeitnehmern und Unternehmern (M7a und b).
c) Was wirft Tucholsky den Angestellten vor? Was rät er ihnen (M6)?
d) Welche Probleme von Frauenarbeit werden in M4 angesprochen? Sind es heute noch Probleme?
e) Was empfanden manche als skandalös am Typ der „neuen Frau" (M1 und M5)? Beziehe dabei auch M8 (R. Korherr) im Kapitel „Die ‚Goldenen Zwanziger'" mit ein. Welche „Frauenbilder" lassen sich unterscheiden?

Die Große Krise

„Wetterleuchten über der Vorstadt", Gemälde des Dresdener Malers und Grafikers Hans Grundig (1901–1958) von 1933.
Oben links: Mädchen der bündischen Jugend „auf Fahrt" (Mitte der zwanziger Jahre).
Unten links: Berlin, Linkstraße 1928.
Unten rechts: Arbeitslose im Deutschen Reich (in Millionen) und Wahlergebnisse der NSDAP.

Zahl der
Abgeordneten
250
200
150
100
50
Arbeitslose
2
1
1924
1925
1926
1927
1928
1929
1930
1931
1932
1933

1. Zu viele Veränderungen in zu kurzer Zeit?

„Untergang des Abendlandes"?

1918 veröffentlichte der Kulturphilosoph Oswald Spengler ein Aufsehen erregendes Werk: „Der Untergang des Abendlandes". Spengler glaubte vorhersagen zu können, dass dieser Untergang unausweichlich sei. Damit traf er eine Grundstimmung seiner Zeit: Viele Zeitgenossen betrachteten den grundlegenden Modernisierungsprozess, der innerhalb kürzester Zeit alle Lebensbereiche erfasst hatte, mit Angst und Vorbehalten.

Veränderungen oder Verschlechterungen?

Auch in Deutschland gab es Neuerungen, die das Leben vieler Menschen grundlegend veränderten: Demokratie und Republik statt Kaiserreich; neue Lebensbedingungen in einer Welt immer noch wachsender Großstädte; die beherrschende Stellung Berlins; Frauenwahlrecht und fortdauernder Kampf von Frauen um Gleichberechtigung; ungewöhnliche, immer neue Ausdrucksformen in der Kunst und freiere Lebensweisen im Alltag. Die ersten kulturellen Importe aus den USA – Filme aus der Traumfabrik Hollywood, Jazzmusik, amerikanische Tänze wie der Charleston und Revuetanzgruppen – stießen bei vielen Deutschen auf radikale Ablehnung. Die modernen Massenkommunikationsmittel – Radio, Schallplatten, Kino, Tonfilm, Illustrierte und Photoreportagen, Boulevardzeitungen mit mehreren Ausgaben an einem Tag – setzten sich durch. Sie erreichten und beeinflussten in kürzester Zeit Millionen von Menschen.
Die Weltstadt Berlin verkörperte diese moderne Welt. Viele Menschen, insbesondere Künstler, Schriftsteller und Wissenschaftler, schätzten die Atmosphäre von Urbanität, Liberalität und Toleranz, die die Großstädte ausstrahlten.
Viele andere Deutsche aber empfanden die rasche Modernisierung als Krise. Sie reagierten verwirrt und unsicher, oft auch radikal ablehnend oder abwehrend. Wie würden die ratlosen und verunsicherten Frauen und Männer sich verhalten, wenn sich weitere tief greifende Veränderungen und weitere Schwierigkeiten einstellten? Drohte dann eine wirkliche Krise, eine „Große Krise"?

Plakat mit Rennfahrerin

1 ***„Feldarbeit",*** *Ölgemälde von Werner Peiner, 1931. 1933, in dem Jahr, in dem die Nationalsozialisten den Reichskanzler stellten, malte Peiner ein sehr ähnliches Bild mit einem pflügenden Bauern. Er nannte das Bild nun „Deutsche Erde". – Beschreibt das Bild und diskutiert seine Zeitbezogenheit.*

2 ***„Untergang des Abendlandes"?***
Der Philosoph Oswald Spengler, der mit seinen Schriften großen Einfluss auf des Denken seiner Zeit ausübte, schrieb 1918:

Weltstadt und Provinz – mit diesen Grundbegriffen aller Zivilisation tritt ein neues Formproblem der Geschichte hervor, das wir Heutigen gerade durchleben ohne es in seiner ganzen Tragweite auch nur entfernt begriffen zu haben. Statt einer Welt eine Stadt, ein Punkt, in dem sich das ganze Leben weiter Länder sammelt, während der Rest verdorrt; statt eines formvollen, mit der Erde verwachsenen Volkes ein neuer Nomade, ein Parasit, der Großstadtbewohner, der reine, traditionslose, in formlos fluktuierender Masse auftretende Tatsachenmensch, irreligiös, intelligent, unfruchtbar, mit einer tiefen Abneigung gegen das Bauerntum (und dessen höchste Form, den Landadel), also ein ungeheurer Schritt zum Anorganischen, zum Ende.

Oswald Spengler. Der Untergang des Abendlandes – Umrisse einer Morphologie der Weltgeschichte, Band 1: Gestalt und Wirklichkeit, 15.–22. unveränderte Auflage, München 1920, S. 45.

3 ***„... das Ende aller Dinge"?***
Der Pädagoge und Geistliche Günter Dehn 1929 über die Jugendlichen seiner Zeit:

Wollte man sie nach dem Sinn des Lebens fragen, so könnten sie nur antworten: „Was es eigentlich soll, das wissen wir nicht und es interessiert uns auch nicht, es zu erfahren. Da wir aber nun einmal leben, so wollen wir auch vom Leben so viel haben wie nur irgend möglich." Verdienen und Vergnügen, das sind die beiden Angelpunkte des Daseins, wobei unter Vergnügen beides, das Edle und das Unedle, von primitiver Sexualität und Jazzmusik bis zu neuproletarischer, künstlerischer einwandfreier Wohnkultur und rational durchgeführter Körperpflege, zu verstehen ist. Eins steht jedenfalls fest: diese Jugend hat durchaus die Absicht, ‚mit festen, markigen Knochen auf der wohlgegründeten dauernden Erde zu stehen'. Aus dieser Welt und aus ihr allein sucht man für sich herauszuholen, was man nur herausholen kann. Dieses Volk ist wirklich amerikanisiert bis in die Wurzeln seines Denkens, bewusst und selbstverständlich oberflächenhaft. Immer wieder muss man, wenn man mit ihm in Berührung kommt, denken: nicht etwa der Sozialismus, sondern der Amerikanismus wird das Ende aller Dinge sein.

Zit. nach: Detlev J. K. Peukert, Die Weimarer Republik – Krisenjahre der klassischen Moderne, Frankfurt a. M 1987, S. 178 f.

4 ***„Die Stadt".*** *Holzschnitt des belgischen Malers und Grafikers Frans Masereel (1889-1972), zu einem Verkehrsunfall in der Großstadt, 1925.*

5 ***Ein Führer*** *aus der völkischen Jugendbewegung forderte 1925:*

Kaiser Wilhelms II. Verfehlung liegt in dem Wort: ‚Unsere Zukunft liegt auf dem Wasser'. Nein, und tausendmal nein, sie liegt auf dem Land. Durch unsere Jugend geht ein Ahnen, dass die Industrie, der Moloch Großstadt, Geschlechter in zwei–drei Generationen ruiniert und rassisch und völkisch unfehlbar entwurzelt ... Deutsche Jugend ist bereit, die schwere Landarbeit aus Pflichtbewusstsein gegen das Volk und Vaterland auf sich zu nehmen ... sich vorzubereiten auf den Zeitpunkt, wo die Provinz Deutschland für die Morgan- und Wallstreetbanken nicht mehr die notwendigen Dividenden abwirft ... Dann wird die Not der Stunde verlangen, dass das deutsche Volk sich nach Osten ausdehnt, ein Bauernvolk wird. In dieser Arbeit auf weite Sicht, ein Heer des Spatens und des Schwertes zugleich aus gesunder deutscher Jugend zu schaffen, verlangen wir die tatkräftige Mithilfe des deutschen Grundbesitzes.

Friedrich Schmidt, Ein Wort an die Gutsbesitzer, in: Deutsche Bauernhochschule, Jg. V (1925), S. 50

6 ***„Kabarett-Café"*** *(1928) von Adolf Uzarski.*

7 ***„Hoffnung Berlin"?*** *Der Schriftsteller Heinrich Mann schrieb in den zwanziger Jahren:*

Die Zukunft Deutschlands wird heute andeutungsweise vorausgelebt in Berlin. Wer Hoffnung fassen will, blicke dorthin … Die Vereinheitlichung Deutschlands wird, sicherer als durch Gesetze, durch die werbende Kraft des Zivilisationsherdes geschehen, der das … heranwachsende Berlin ist. Ja, Berlin wird, so wenig es sich dies träumen ließ, die geliebte Hauptstadt sein.

Zit. nach: Christian Graf von Krockow, Die Deutschen in ihrem Jahrhundert 1890–1990, Reinbek bei Hamburg 1990, S. 151.

8 ***Ein anonymer Schreiber*** *(vermutlich der Nationalsozialist Alfred Rosenberg), 1929:*

Heute ist aus den Tiefen der uns alle verseuchenden Weltstädte der Untermensch heraufgestiegen. Millionen unselig Entwurzelter sind auf den Asphalt geworfen, arm an Raum, entnationalisiert, richtungslos preisgegeben jeglichen schillernden Volksverführern, die heute in der sog. Weltpresse Mulatten- und Negerkultur als die höchsten Errungenschaften der Jetztzeit aufzutischen wagen. Sie sind in gleicher Weise die Vorbereiter des Verfalls wie einst die internationalen Hellenisten im verkommenden Griechenland und wie die syrisch-afrikanischen Salons im untergehenden Rom.

„Anonym", Geisteswende, in: Mitteilungen des Kampfbundes für deutsche Kultur, Jg. I (1929), H. 1, S. 2.

9 ***„Hausvogteiplatz"***, *Aquarell von Rudolf Schlichter, um 1926. Stilrichtung: „Neue Sachlichkeit". Es enthält merkwürdig drohende Zeichen und merkwürdige Reaktionen darauf.*

a) Vergleiche die Einstellungen der Menschen zum Problem der Modernisierung damals und heute.

b) Diskutiert die Auffassungen über die Großstädte in M3, M4, M8 und M9.

c) Versucht, die raschen und tief greifenden Veränderungen mit den Augen älterer Leute zu sehen, die im Kaiserreich aufgewachsen sind.

d) Diskutiert die Veränderungen aus der Sicht damals junger Menschen – Frauen und Männer, aus Stadt und Land.

2. Die „Goldenen Zwanziger" – Künstler suchen nach Antworten auf die Fragen der Zeit

1 ***„Großstadt"***, *linke und mittlere Tafel eines Triptychons des deutschen Malers Otto Dix, 1928.*

Kunst im Widerstreit

Werbung aus einem Modeheft, 1929

Infolge der wirtschaftlichen und politischen Erholung nach dem Krisenjahr 1923 sprach man schon bald von den „Goldenen Zwanzigern". In den Metropolen, vor allem in Berlin, vergnügte man sich zur neuen, aus den USA importierten Musik. Aber manche Zeitgenossen, vor allem viele Künstler, sahen hinter die goldglänzenden Kulissen ihrer Zeit: In allen Sparten der Kunst setzte man sich intensiv mit den im Weltkrieg durchlittenen Schrecken und mit den gesellschaftlichen Veränderungen und politischen Spannungen der Nachkriegszeit auseinander.
Dabei entwickelten sich sehr unterschiedliche, auch gegensätzliche Ausdrucksformen. In der Malerei prägte sich die vom Gegenständlichen abgelöste abstrakte Kunst aus. Dadaismus und Surrealismus brachen mit dem herkömmlichen Kunstideal des „Guten, Wahren, Schönen". Mit der Montage von Bild- und Textfetzen und der Collage von alltäglichem Material schufen die Dadaisten „Antikunst" und griffen mit „bewusstem Unsinn" die bürgerliche Gesellschaft an. Die Surrealisten stellten vieldeutige und unheimliche, gleichsam aus dem Unterbewusstsein emporsteigende Traumwelten dar.

„Neue Sachlichkeit"

Viele Künstler wandten sich auch wieder der realistischen Gestaltung der Wirklichkeit ihrer Zeit zu. Für diese Stilrichtung setzte sich der Begriff „Neue Sachlichkeit" durch, nicht nur in der Malerei, sondern auch in Stadtplanung, Wohnungsbau, Wohnkultur und Mode. Darüber hinaus wurde er bald der Begriff für eine verbreitete Lebenssicht und Bewusstseinshaltung vor allem der Bevölkerungsschichten, die für die Republik und für moderne Entwicklungen überhaupt aufgeschlossen waren.

Literatur und politisch-gesellschaftliches Engagement

Auch das literarische Leben der Weimarer Republik zeichnete sich durch eine große Vielfalt der Darstellungsformen aus und heftig diskutiert wurde über die „richtige" Vorstellung, das Wesen und die Aufgaben von Kunst und Literatur. Weltweit anerkannt waren Romanschriftsteller wie Thomas und Heinrich Mann, Alfred Döblin und Lion Feuchtwanger. Jüngere Autoren wie Bertolt Brecht verbanden ihre literarische Arbeit zunehmend mit politischem Engagement. Viele wandten sich politischen Gruppierungen links von der SPD zu. Schauplatz der Provokation des bürgerlichen Publikums wurde häufig die Bühne des Theaters; Regisseure wie Max Reinhardt oder Erwin Piscator begründeten den Ruhm des Theaters in Berlin.
Publizisten wie Kurt Tucholsky und Carl von Ossietzky setzten sich scharfsinnig mit Zeitfragen auseinander. Die von ihnen herausgegebene Zeitschrift „Die Weltbühne", das Blatt der radikalen Demokraten und Pazifisten, stand beispielhaft für eine rege literarische und politische Diskussion.

Opposition gegen den „Kulturbolschewismus"

Aber es gab auch Unverständnis, Opposition und Aggressionen gegenüber allen Stilrichtungen der modernen Kunst. In den meisten Haushalten fanden weiterhin Plüschmöbel und Bilder von Schutzengeln, röhrenden Hirschen und fleißigen Bauern besonderen Anklang. Konservative Kulturkritiker verunglimpften die modernen Tendenzen wegen der Beschäftigung der Künstler mit Zeitproblemen oder wegen ihrer häufig sozialistischen Einstellung als „Verrottung der Kunst" und als „Kulturbolschewismus" und riefen zur Erneuerung einer volksnahen, dem „deutschen Wesen" entsprechenden Kunst auf.

2 ***Die Weißenhofsiedlung in Stuttgart,*** *Gemälde von Reinhold Nägele, 1927.*
Die Siedlung wurde nach den Prinzipien des neuen Baustils errichtet, den Architekten, Maler, Bildhauer und Kunsthandwerker am „Bauhaus" – 1919 bis 1925 in Weimar, danach bis 1932 in Dessau – entwickelten: klare, geradlinige Architektur, zweckmäßige Wohnraumgestaltung, schnörkellose und werkstoffgerechte Formgebung von Möbeln und Gebrauchsgegenständen, rationelle Fertigung.

3 ***„Stützen der Gesellschaft",*** *Gemälde von George Grosz, 1926. Das Bild misst im Original 108 x 220 cm. Grosz selbst bezeichnete das Gemälde als „modernes Historienbild". Im Gegensatz zum herkömmlichen Historienbild schildert der Maler kein historisches Geschehen, sondern gestaltet die Einzelfiguren durch besondere Merkmale als Vertreter gesellschaftlicher Gruppen. Auf diese Weise schafft er ein Sinnbild der gesamtgesellschaftlichen Situation seiner Zeit.*

Nägele und Grosz repräsentieren zwei Hauptrichtungen der „Neuen Sachlichkeit": Die eine will Menschen und Gegenstände des modernen Lebens „sachlich", körperlich-plastisch, möglichst objektiv darstellen. Die andere will soziale Probleme und politische Verhältnisse krass und grell verdeutlichen und damit chaotische Zustände als wahres Gesicht der Zeit aufdecken. – (1) Identifiziere die Typen der Gesellschaft (Geistlicher, Jurist, ehemaliger Kavallerieoffizier, Parlamentarier, Pressevertreter, Reichswehroffizier). (2) Ermittle die Bedeutung der beigefügten Symbole und diskutiere die politische Einstellung des Malers.

4 „Maul halten und weiter dienen“, *Hintergrundprojektion von George Grosz für die Inszenierung des Stückes „Die Abenteuer des braven Soldaten Schwejk“ durch Erwin Piscator und Bertolt Brecht 1927 in Berlin. Aufgrund dieser Zeichnung wurde Grosz wegen Gotteslästerung angeklagt und verurteilt, aber 1931 nach fünf Gerichtsinstanzen endgültig freigesprochen. 1932 emigrierte Grosz in die USA.*

5 „Draufgänger, eherne Gesellen …“

Der Schriftsteller Ernst Jünger, geb. 1895, über den Charakter des modernen Krieges:

Der Krieg gipfelte in der Materialschlacht; Maschinen, Eisen und Sprengstoff waren seine Faktoren. Selbst der Mensch wurde als Material gewertet …

Und doch hat auch dieser Krieg seine Männer und seine Taten gehabt! Helden, wenn das Wort nicht so wohlfeil geworden wäre. Draufgänger, unbekannte, eherne Gesellen, denen es nicht vergönnt war, vor aller Augen sich an der eigenen Kühnheit zu berauschen. Einsam standen sie im Gewitter der Schlacht, wenn der Tod als roter Ritter mit Flammenhufen durch wallende Nebel galoppierte … Dann ragten sie empor zu brutaler Größe, geschmeidige Tiger der Gräben, Meister des Sprengstoffs. Dann wüteten ihre Urtriebe mit kompliziertesten Mitteln der Vernichtung …

Das war der deutsche Soldat im Kriege, gegen den sich die tödliche Anstrengung einer Welt verdichtete. Er focht noch hart an der Wand wie die Letzten in König Etzels Saal (Held des Nibelungenliedes); und solange es einen Sinn für deutsche Geschichte gibt, wird man in ihm eine der großen Gestalten erkennen, in denen der Anspruch des Reiches sichtbar ward.

Ernst Jünger, In Stahlgewittern. Ein Kriegstagebuch, Berlin 1926, S. 7 ff.

6 „Krieg dem Kriege“

Der Arbeiterdichter Max Dortu (1878–1935) in einer Selbstbiographie:

Der Krieg – meiner Seele ein schreckliches Erlebnis. Dieses innere Erschüttertsein. – Das macht mich zum Dichter. Ich komme als Schipper nach Flandern. Dann soll ich Waffen nehmen. Ich soll Menschen töten. Nein – nie und nie! Alle Menschen sind Brüder. Tötet mich, ich töte nicht!! Kriegsgericht. Ach, der Kerl ist geisteskrank – sperrt ihn in den Narrenturm! So komme ich in eine Irrenanstalt. Mein Herz weint und mein Geist zerfließt. Die Menschheit tötet sich gegenseitig – die Menschheit ist wahnsinnig – und ich? Und ich? Bin nicht ich vielmehr der Wahnsinnige? Ich sitze doch im Narrenhaus! Ich will hinaus – ich will den Menschen helfen – ich will klären – ich will zünden: Krieg dem Kriege!

Und dann bin ich wieder Soldat: Soldat als Hafenarbeiter, als Eisenbahner, als Fabrikler, als Schreiber. Herz findet sich zum Herzen. Revolutionäre erkennen sich. Dann Barrikaden und Sturmgesang. Menschheit werde du frei! Hoffen – hoffen – – – und schließlich war alles nichts. Ein kühner Anlauf – ein böser Sturz. Die Zeit ist noch nicht reif. Aber man muss zur Reife wecken. Helfet! Helfet der Menschheit.

Max Dortu, Der gebändigte Abenteurer, in: Kurt Offenburg, Arbeiterdichtung der Gegenwart, Frankfurt/M. 1925, S. 54 f.

7 Begriff der Kunst

Der Theaterregisseur Erwin Piscator, 1927:

Wenn die Besucher unseres Theaters das Haus betreten, so soll die Welt nicht hinter ihnen versinken, sondern sich auftun. Nicht die Welt des Dichters, die Welt von gestern und vorgestern, mit überlebenden Schicksalen und Meinungen, sondern *unsere Welt* in ihrer ganzen Unerbittlichkeit, Härte, Grausamkeit, so wie sie tatsächlich ist. Wir kennen den Begriff der Kunst, wie ihn die bürgerliche Epoche der letzten fünfzig Jahre formuliert hat, und wir erkennen ihn an, soweit er unserem Zweck dient, aber wir distanzieren uns bewusst von ihm, wenn er uns hindert unmittelbar zu wirken.

Zit. nach: Literar. Leben in der Weimarer Republik, Stuttgart 1982, S 55 f.

8 „Der Zug der Zersetzung"

Richard Korherr, später SS-Statistiker, über das neue Berlin, 1929/30:

Der Zug der Zersetzung geht durch den Großteil der Berliner Bühnenstücke, durch Filme, Romane, durch alles, was dieser Berliner Geist erzeugt. Das sind Zeichen einer seelischen und geistigen Sterilität, wie sie schauerlicher nicht gedacht werden kann. Diese erbärmliche Literatur, diese fratzenhafte Kunst, die Verniggerung, der Kampf gegen Religion und Volk und alles Heilige in unserer Kultur, die Verhöhnung jedes Ideals: Das alles ist ein Ausdruck geistiger Entartung, mit einem Wort: Nihilismus. Man weiß darum, aber man ist nicht erschüttert: denn der Bolschewismus des Geistes ist bei der geistigen Hefe Berlins zur Mode geworden.

Die Neuberliner Dame, emanzipiert, frei, auch in sexueller Beziehung, sinkt durch die gewollte Loslösung vom weiblichen Wesen immer tiefer herab. Sie ist nicht mehr Weib, kann aber auch nicht Mann sein ... Das alles kündet einen Verfall, einen Niedergang der Frau an, wie er von den größten Pessimisten des vergangenen Jahrhunderts nicht erwartet wurde.

R. Korherr, Berlin. Die neue Weltstadt, in: Süddeutsche Monatshefte, Jhg. XXVII (1929/30), S. 391 und 410.

9 „Die Luft in Berlin war elektrisch geladen"

Der Dichter Leonhard Frank (1882–1961), der seit 1918 meist in Berlin lebte, in seinen Lebenserinnerungen:

Damals war die schöne Zeit. Von den Nachwirkungen des verlorenen Krieges war nichts mehr zu spüren. Die Wirtschaftsverhältnisse hätten nicht besser sein können, wenn Deutschland den Krieg gewonnen haben würde. Riesige Summen amerikanischen Privatkapitals wurden ins Land gepumpt ...

Ein neues Deutschland hatte sich herausgeschält. Eine Art Märchen vom Aschenbrödel war für eine ganze Nation Wirklichkeit geworden.

Diese Zeit war der Beweis dafür, dass Wirtschaftskraft und -aufstieg auch das geistige und künstlerische Schaffen befruchten. Selbst der junge Maler hungerte nicht mehr, er malte nicht nur, er verkaufte. Mäzene besonnten sein Leben. Die Bücherproduktion war größer als je. Die neue expressionistische Richtung, in Deutschland entstanden, beeinflusste die europäische Dichtung. Theater, Oper, Konzertsäle waren überfüllt. Europäische Künstler, aus Paris, London, Rom, die nach Berlin kamen, waren begeistert und wollten nicht mehr fort. Die Luft in Berlin war elektrisch geladen.

L. Frank, Links wo das Herz ist, München 1963, S. 113 f.

a) Informiert euch mit Hilfe von Lexika näher über die Kunstrichtungen des Expressionismus, des Dadaismus und des Surrealismus; sucht auch entsprechende Bilder dieser Richtungen.
Ordnet die Bilder M1–M4 und alle anderen künstlerischen Darstellungen auf den Seiten 51–60 den genannten unterschiedlichen Stilrichtungen zu. Diskutiert die Absichten der Bilder in ihrer Zeit.

b) Versucht, verschiedene Auffassungen über das Wesen und die Aufgabe der Kunst zu ermitteln (VT, M3, M6–M8).

c) Ermittelt unterschiedliche Deutungen und Bewertungen der Erfahrungen aus dem Ersten Weltkrieg (M4–M6).

d) Organisiert ein Streitgespräch über den Zusammenhang der skizzierten Kunstrichtungen mit den sozialen und politischen Erschütterungen, Veränderungen und Krisen der Zeit nach dem Ersten Weltkrieg.

3. Weltwirtschaftskrise – Grenzen des Wachstums

24. Oktober 1929 ______ Am „Schwarzen Freitag“ beginnt die Weltwirtschaftskrise.
Frühjahr 1931 ________ Die Weltwirtschaftskrise greift auf Deutschland über.

„Verbannung von Armut und Furcht“?

Der republikanische Präsidentschaftskandidat Herbert Hoover hatte 1928 auf dem Höhepunkt des wirtschaftlichen Aufschwungs erklärt, die USA seien „dem Ideal der Verbannung von Armut und Furcht aus dem Leben von Männern und Frauen nähergekommen als jemals zuvor in irgendeinem anderen Land“. Im Jahr darauf brach die bis dahin und bis heute schwerste Krise der Weltwirtschaft aus – ausgehend von den USA, dem neuen Zentrum der Weltwirtschaft.

Ursachen der Krise

Amerikanische Konzerne hatten schon vor dem Krieg auch im Ausland investiert; amerikanische Banken als Kreditgeber gewannen mit den Konzernen großen wirtschaftlichen und politischen Einfluss und entwickelten eine besondere Form des Imperialismus, den „Dollarimperialismus“. Die Kredite waren vorwiegend zur Modernisierung der Industrie und Landwirtschaft eingesetzt worden. Um an den wirtschaftlichen Erfolgen teilhaben zu können, hatten immer mehr Amerikanerinnen und Amerikaner Aktien gekauft und mit ihrem Geld weitere Investitionen ermöglicht. Durch die Gewinne (Dividenden) und die ständige Nachfrage hatten die Aktien zunächst an Wert gewonnen. Die Produktion langlebiger Verbrauchsgüter und landwirtschaftlicher Erzeugnisse stieg aber stärker als die Nachfrage. Die Überproduktion in der Landwirtschaft ließ die Getreidepreise fallen. Viele Farmerfamilien mussten ihre Farmen aufgeben. In der Industrie geriet der Absatz langlebiger Verbrauchsgüter ins Stocken; die Produktion wurde eingeschränkt; Entlassungen folgten. Dadurch sank die Kaufkraft und die Nachfrage wurde noch geringer. Die Unternehmen drosselten weiter die Produktion und entließen viele Arbeitskräfte in die Arbeitslosigkeit.

1 ***„Employment Agency“***
Der amerikanische Künstler Isaac Soyer malte 1937 Arbeitslose in einem Büro für Arbeitsvermittlung. –
(1) Beschreibe das Bild und die einzelnen Personen.
(2) Wie deutest du die Haltung der Personen?
(3) Was drückt das Bild für dich aus?
(4) Wie steht der Maler zu den Personen?

2 Börsenkrach an der Wall Street
Zeitgenössische Darstellung.

3 Schlange von Arbeitslosen *auf dem Broadway in New York, 1932.*

Der „schwarze Freitag" und die Folgen

Als die Schwierigkeiten der Industrie bekannt wurden, bekamen viele Aktienbesitzer Angst, dass ihre Aktien rasch an Wert verlieren würden. Keiner wollte Aktien kaufen; aber viele wollten ihre Wertpapiere so schnell wie möglich verkaufen. Die Kurse der Aktien fielen von einem Tag auf den anderen. Aktienbesitzer, gestern noch wohlhabende oder reiche Leute, verloren über Nacht ihr Vermögen und wurden von heute auf morgen zu Habenichtsen.
Die Krise erschütterte die amerikanische Wirtschaft und Gesellschaft. „Prosperity for ever" hatten die meisten Amerikaner erwartet. Das schockartige Ende des Booms stellte das ganze „Amerikanische System" in Frage.
Amerikanische Banken forderten in der Krise ihre kurzfristigen Kredite aus dem Ausland, auch aus Deutschland, zurück. Als Kreditgeber und damit Gläubiger fast aller Staaten der Welt und aufgrund der weltweiten wirtschaftlichen Verflechtungen der amerikanischen multinationalen Konzerne exportierten die USA zwangsläufig die eigene Krise und lösten die Weltwirtschaftskrise aus. Im Frühjahr 1931 griff die Krise voll auf Deutschland und die übrigen europäischen Länder über. In allen Industrienationen und in allen Staaten, die durch Monokulturen vom Weltmarkt abhängig waren (wie etwa Brasilien mit Kaffee), wurden arbeitswillige Frauen und Männer bald arbeitslos, gerieten Millionen von Menschen in Not und Armut.

„Krise", Holzschnitt von Gert Arntz, 1931

Weltwirtschaftskrise verweist als historischer Begriff auf die wirtschaftlichen Krisenjahre nach 1929 und ihre politischen Folgen. Der Begriff zeigt darüber hinaus allgemeine Bedingungen und Gefährdungen der Weltwirtschaft: Die nationalen Volkswirtschaften sind durch Handel, Kredite und Kapital international verflochten und voneinander abhängig; die USA sind die stärkste Wirtschaftsmacht der Welt – weltwirtschaftliche Konjunkturen oder Depressionen in den USA schlagen auf die Weltwirtschaft durch; das Zentrum der Weltwirtschaft ist bis heute das Banken- und Börsenviertel New Yorks, die Wall Street, geblieben.

4 Daten zur Weltwirtschaftskrise

a) Arbeitslosigkeit in den USA (Jahresdurchschnitt)

1929	1 550 000	3,2 Prozent
1930	4 340 000	8,7 Prozent
1931	8 020 000	15,9 Prozent
1932	12 060 000	23,6 Prozent

b) Arbeitslosigkeit in Deutschland (Jahresdurchschnitt)

1929	1 899 000	8,5 Prozent
1930	3 076 000	14,0 Prozent
1931	4 520 000	21,9 Prozent
1932	5 603 000	29,9 Prozent

Zit. nach Ploetz, Das Dritte Reich, Freiburg 1983, S. 99.

5 Arbeitslosigkeit: „Kleiner Mann – was nun?"

Deutschland 1932: Der arbeitslose Angestellte Pinneberg – früher Verkäufer in einem Bekleidungsgeschäft, verheiratet, ein Kind – geht verzweifelt durch die Straßen Berlins; er weiß nicht, wie er seine Familie ernähren soll:

Da ist eine große Delikatessenhandlung, strahlend erleuchtet. Pinneberg drückt sich die Nase platt an der Scheibe … Eine Stimme sagt halblaut neben ihm: „Gehen Sie weiter!" Pinneberg fährt zusammen, er hat richtig einen Schreck bekommen, er sieht sich um. Ein Schupo steht neben ihm. Hat er ihn gemeint?

„Sie sollen weitergehen, Sie, hören Sie!", sagt der Schupo laut. Es stehen noch mehr Leute am Schaufenster, gut gekleidete Herrschaften, aber denen gilt die Anrede des Polizisten nicht, es ist kein Zweifel, er meint allein von allen Pinneberg. Der ist völlig verwirrt. „Wie? Wie? Aber warum –? Darf ich denn nicht –?"

Er stammelt, er kapiert es einfach nicht …

Alle Leute starren auf Pinneberg. Es sind schon mehr stehen geblieben, es ist ein richtiger beginnender Auflauf. Die Leute sehen abwartend aus, sie nehmen weder für noch wider Partei, gestern sind in der Friedrich und in der Leipziger Schaufenster eingeworfen.

Der Schupo hat dunkle Augenbrauen, blanke, gerade Augen, eine feste Nase, rote Bäckchen, ein schwarzes Schnurrbärtchen unter der Nase …

„Wirds was?", sagt der Schupo ruhig. Pinneberg

Zeitgenössische Literatur befragen

Hans Fallada hat Johannes Pinneberg für seinen Roman „Kleiner Mann, was nun?" erfunden, der im Jahr 1932 spielt und im gleichen Jahr geschrieben wurde. Kann man zeitgenössische Erzählungen als historische Quellen ansehen? Kann man aus ihnen erfahren, wie Menschen in ihrer Zeit gelebt haben? Literarische Texte sind, wie Werke der bildenden Kunst, „nur" Fiktionen, Erfindungen. Sie können dennoch ein hohes Maß an „Authentizität", an Wirklichkeitsnähe haben. Oft wirken fiktive Personen auf uns „wirklicher" als manche Person, über die uns Historikerinnen und Historiker berichten, weil wir an ihrem Sprechen und Denken, Handeln und Leiden, an ihren Gefühlen und Überlegungen, Träumen und Enttäuschungen teilhaben.

Wie aber kann man wissen, ob Erzählungen oder Bilder von Zeitgenossen Wirklichkeit oder Fast-Wirklichkeit wiedergeben? Finde selber Antworten auf die Frage – mit folgenden kleinen Hilfestellungen:

- *Wer ist der Künstler? War er Zeitgenosse? Welche Informationen über ihn, über seine gesellschaftliche Stellung, seine politische Einstellung und über das Buch lassen sich aus Lexika oder durch Nachfragen bei Fachleuten zusammentragen?*
- *Wirkt die Erzählung wie ein Abbild der Wirklichkeit? Oder sind Elemente von Übertreibung, Verzerrung, Kitsch oder Unwirklichkeit auszumachen?*
- *Kann man trotz Übertreibung oder z. B. satirischer Überzeichnung einen „realistischen" Kern herauslösen?*
- *Vergleiche die Erzählung mit erreichbaren Informationen über die Zeit (aus Schulbüchern oder Geschichtswerken beispielsweise) und erörtere die Wirklichkeitsnähe der Erzählung.*

6 ***„Kleiner Mann – was nun?"***, *Umschlagbild.*

7 ***„Hunger-Graphik"***, *George Grosz, ohne Jahr.*

möchte sprechen. Pinneberg sieht den Schupo an, seine Lippen zittern. Pinneberg sieht die Leute an. Bis an das Schaufenster stehen die Leute, gut gekleidete Leute, ordentliche Leute, verdienende Leute.

Aber in der spiegelnden Scheibe des Fensters steht noch einer, ein blasser Schemen, ohne Kragen, mit schäbigem Ulster (Mantel), mit teerbeschmierter Hose.

Und plötzlich begreift Pinneberg alles, angesichts dieses Schupo, dieser ordentlichen Leute, dieser blanken Scheibe begreift er, dass er draußen ist, dass er hier nicht mehr hingehört, dass man ihn zu Recht wegjagt: ausgerutscht, versunken, erledigt. Ordnung und Sauberkeit: es war einmal. Arbeit und sicheres Brot: es war einmal. Vorwärtskommen und Hoffen: es war einmal. Armut ist nicht nur Elend, Armut ist auch strafwürdig, Armut ist Makel, Armut heißt Verdacht.

„Soll ich dir Beine machen?", sagt der Schupo … Und Pinneberg setzt sich in Bewegung, er trabt an der Kante des Bürgersteiges auf dem Fahrdamm entlang, er denkt an furchtbar viel, an Anzünden, an Bomben, an Totschießen …

Hans Fallada, Kleiner Mann was nun? Reinbek 1950, S. 238 f.

a) Stelle die Zusammenhänge dar, die zur Weltwirtschaftskrise führten (VT).
b) Nur die Sowjetunion blieb von der Weltwirtschaftskrise verschont. Kannst du erklären, warum?
c) Schreibe anhand der Materialien ein Tagebuch über einen Tag im Leben einer oder eines Arbeitslosen (M1–3, M5, M7).
d) Was kann man für heute aus der Weltwirtschaftskrise lernen?
e) Vergleiche statistische Angaben (M4) und den Romanauszug (M5): Was kann die Statistik, was kann sie nicht? Was leistet der literarische Text mehr oder besser?

4. In den USA: durch Reformen aus der Krise?

Januar 1933	*Franklin D. Roosevelt tritt sein Amt als Präsident der USA an.*
1935/36	*Die Politik des „New Deal" zeigt sich in einschneidenden Reformen.*
1936	*Roosevelt wird mit überwältigender Mehrheit wieder gewählt.*

„New Deal"

Die Weltwirtschaftskrise wirkte wie ein Schock. In den USA stellte sich die Frage: Konnten die Krise und die Not der betroffenen Menschen ohne eine Änderung des Amerikanischen Systems behoben werden?
Das Elend traf die Menschen in den USA noch härter als in Europa: In den USA gab es kein vergleichbar ausgebautes System der Arbeitslosenversicherung und der Sozialgesetzgebung. Ein solches System schien sich mit dem Amerikanischen System nicht zu vertragen. Im Präsidentschaftswahlkampf des Jahres 1932 versprach der Kandidat der Demokratischen Partei und Gouverneur des Staates New York, Franklin D. Roosevelt, den Amerikanern einen neuen Anfang und eine neue Chance – einen „New Deal". Bei den Wahlen errang Roosevelt einen überwältigenden Sieg über den amtierenden Präsidenten Hoover.

Reformen

Die Regierung Roosevelt griff seit ihrem Amtsantritt, besonders in den Jahren 1935 und 1936, tief in das wirtschaftliche und soziale Leben ein. Staat, Arbeitgeber und Arbeitnehmer sollten sich in gemeinsamen Beratungen über Preise und Löhne verständigen. Die Regierung erkannte die Gewerkschaften als legitime Interessenvertretung der Arbeiterschaft an; die Gewerkschaften erhielten das Recht auf Tarifverhandlungen und der Streik galt fortan als gesetzlich zulässiges Mittel im Arbeitskampf. Die Regierung setzte eine für die USA einschneidende Sozialgesetzgebung durch (Social Security Act 1935/1939). Durch die

1 „American way of life"?
Das Foto zeigt Opfer einer Flutkatastrophe in Louisville 1937 – und es zeigt mehr: Es zeigt Menschen, die in einer Schlange stehen, um frisches Wasser zu bekommen. Und es zeigt ein Plakat im Foto. Auf ihm sind ganz andere Menschen zu sehen als in der Schlange. Das Foto ist berühmt geworden. Es ist nicht schwer herauszufinden, warum es berühmt geworden ist.

2 ***Zwei amerikanische Karikaturen zum New Deal.*** *Links von John Bear, 1931; rechts aus der den Republikanern nahe stehenden Chicage Tribune aus dem Jahre 1935.*

neue Steuergesetzgebung wurden die Steuerlasten anders als zuvor verteilt: Die Reichen wurden hoch (bis zu 75 Prozent des Einkommens) besteuert, die ärmeren Schichten steuerlich entlastet. Neuartig, ja revolutionär war auch, dass der Staat die wirtschaftlichen Abläufe zu steuern versuchte. Er kurbelte die Wirtschaftstätigkeit an, indem er selbst als großer Arbeitgeber auftrat. Er nahm Kredite auf und machte Schulden (deficit spending), um die nötigen Finanzmittel für öffentliche Aufträge zu beschaffen.
Roosevelt setzte ein weiteres Zeichen, als er Frances Perkins zur Ministerin für Arbeit berief: Sie war die erste Frau in einem amerikanischen Kabinett.

Auf dem Weg zur „welfare democracy"?

Die Regierung Roosevelt konnte nicht alle Reformen durchsetzen; zu groß war der Widerstand von Konservativen und „big business". Sie konnte auch die Folgen der Weltwirtschaftskrise nur lindern. Aber es gelang ihr, politische Radikalisierungen aufzufangen. Die Depression konnte endgültig erst durch die Aufrüstung während des Zweiten Weltkrieges überwunden werden. Wichtiger als unmittelbare Erfolge waren die langfristigen Wirkungen der Politik des New Deal: Die USA machten sich in einer gewaltigen Reformanstrengung auf den Weg zur „welfare democracy". Sie errichteten einen noch sehr unvollkommenen – modernen Sozialstaat, der planend und lenkend in das Wirtschaftsleben eingriff, ohne die politischen Freiheiten zu gefährden und die Demokratie zu zerstören – wie es zur selben Zeit in Deutschland geschah.

Sozialstaat: So nennt man heute einen Staat, der sich durch Verfassung, Gesetzgebung und Maßnahmen dazu bekennt und verpflichtet, für die Verbesserung der Lebens- und Arbeitsverhältnisse schwacher und abhängiger Bevölkerungsschichten mitverantwortlich zu sein. Der Sozialstaat verfolgt durch Sozialpolitik das Ziel, soziale Konflikte und Klassenkämpfe zu vermeiden und sozialen Frieden herzustellen oder zu bewahren. Sozialpolitik trägt damit immer auch dazu bei, die Zustimmung aller Bevölkerungsschichten zu den bestehenden Verhältnissen und zum bestehenden Staat herzustellen oder zu bewahren (Massenloyalität).

3 Zwei Regierungsphilosophien

Präsident Herbert Hoover, der Präsidentschaftskandidat der Republikanischen Partei, erklärte in einer Wahlrede im Oktober 1932:

Dieser Wahlkampf ist mehr als ein Kampf zwischen zwei Männern. Er ist mehr als ein Kampf zwischen zwei Parteien. Er ist ein Kampf zwischen zwei Regierungsphilosophien. Die Opposition sagt uns, dass wir einen Wechsel brauchen, dass wir einen New Deal brauchen … Sie schlägt Veränderungen und so genannte New Deals vor, die die eigentlichen Grundlagen unseres Amerikanischen Systems zerstören würden … Die ursprüngliche Idee dieses ganzen Amerikanischen Systems ist nicht die Reglementierung von Menschen, sondern das Zusammenwirken freier Menschen. Es ist gegründet auf der Vorstellung von Verantwortlichkeit des Individuums gegenüber der Gemeinschaft, der örtlichen Regierung gegenüber dem Bundesstaat, des Bundesstaates gegenüber der Nationalen Regierung … Die Zentralisation von Regierung untergräbt Verantwortlichkeiten und wird das System zerstören … Liberalismus ist eine Kraft, die dem Geist der tiefen Überzeugung entspringt, dass wirtschaftliche Freiheit nicht geopfert werden darf, wenn politische Freiheit bewahrt werden soll.

Zit. nach: E. H. Merrill, Responses to Economic Collapse, Boston 1964, S. 85 ff.

4 Roosevelt *im Wahlkampf 1932 – ein Wahlkampffoto?*

5 Das Recht auf Arbeit

In einer berühmten Rede sagte Roosevelt am 23. Dezember 1932 in San Francisco:

Jedermann hat das Recht zu leben; und das bedeutet, dass er auch das Recht hat, einen auskömmlichen Lebensunterhalt zu verdienen … Jedermann hat ein Recht auf sein eigenes Eigentum – was ein Recht bedeutet, so weit wie möglich der Sicherheit seiner Ersparnisse gewiss zu sein … Auf keine andere Weise können Menschen die Lasten jener Teile des Lebens tragen, die naturgemäß keine Möglichkeit zur Arbeit geben: Kindheit, Krankheit und Alter. In allem Denken über das Eigentum ist dieses Recht das höchste; alle anderen Eigentumsrechte müssen ihm nachstehen … Wenn wir in Übereinstimmung mit diesem Grundsatz die Tätigkeiten des Spekulanten, des trickreichen Geschäftsmannes und sogar des Finanzmannes einschränken müssen, dann müssen wir nach meiner Überzeugung diese Einschränkung als notwendig anerkennen, nicht um den Individualismus zu behindern, sondern um ihn zu beschützen … Wir wissen, dass individuelle Freiheit und individuelles Glück nichts bedeuten, solange sie nicht so geregelt sind, dass des einen Fisch nicht des anderen Gift ist … Wir wissen, dass die Freiheit etwas zu tun, was andere dieser elementaren Rechte beraubt, außerhalb des Schutzes irgendeines Vertrages steht, und dass die Regierung in dieser Hinsicht die Aufrechterhaltung eines Gleichgewichts bedeutet.

Zit. nach: E. H. Merrill ebd. S. 83 f.

6 Der New Deal hat Gegner und Anhänger

a) *Aus einem Artikel eines Washingtoner Journalisten, 1936:*

Es ist nicht zu leugnen: Es gibt unter den Wohlhabenden eine weitverbreitete Überzeugung, dass sie geschlachtet werden, um den weniger Glücklichen einen schönen Tag zu machen. Aber es ist sicher, dass die Wohlhabenden als Klasse relativ weniger unter den wirtschaftlichen Ereignissen der letzten drei Jahre gelitten haben als irgendeine andere Klasse … Im Allgemeinen hängt die Heftigkeit des Hasses direkt mit dem Reichtum der sozialen Gruppe zusammen. Je größer das Haus, je zahlreicher die Diener, je prächtiger die Wäsche und das Silber, desto vernichtender und verletzender ist die Anklage gegen den Präsidenten.

Zit. nach: The New Deal and the American People, ed. by F. Freidel, Englewood Cliffs, N.J. 1964, S. 100 f., Übers. des Verf.

b) *Ein Arbeiter beschreibt 1935 praktische Auswirkungen der neuen Gesetze:*

Gestern war der überraschendste Tag: Dem Boss wurde befohlen uns nach dem gesetzlichen Lohn zu bezahlen. Und mehr noch: Ihm wurde befohlen uns nachzuzahlen, was er uns seit dem Beginn der gesetzlichen Festlegung schuldete, und wir kriegten das Geld richtig auf die Hand; Sie können sich vorstellen, dass mir das Geld gelegen kam … Aber da ist etwas, das ist mehr wert als Geld. Das ist das Bewusstsein, dass der Arbeiter den Bossen und ihren gerissenen Rechtsanwälten und allen ihren Tricks nicht allein gegenüber steht. Da ist jetzt eine Regierung, die dafür sorgt, dass die Dinge gerecht für uns laufen. Ich sage Ihnen: Das ist mehr als Geld. Es gibt Ihnen ein gutes Gefühl …

Zit. nach: The New Deal and the American People, ed. by F. Freidel, Englewood Clliffs, N.J. 1964, S. 41, Übers. des Verf.

c) *Eine Industriearbeiterin stellte um 1935 fest, was sich durch die Politik des „New Deal" geändert hat:*

Bevor der New Deal sich auswirkte, waren wir gezwungen, in Stoßzeiten jeden Tag 15 Stunden ohne Überstundenlohn zu arbeiten, und wir wurden gefeuert, wenn wir in die Gewerkschaft gingen. Jetzt haben wir unsere Gewerkschaft bekommen, eine annehmbare Arbeitswoche, mehr Frauen, die hier arbeiten, und wir haben bessere Löhne gekriegt. Bekam ich früher nie mehr als 8 $ die Woche, krieg ich jetzt nie unter 13,50 $. Wir sind zwar nicht gerade auf Rosen gebettet – so ist's schließlich noch nicht für die Arbeiter –, aber es geht uns besser, als ich es jemals erlebt habe, und ich bin schon seit 9 Jahren in der Fabrik, seit ich 15 bin.

Zit. nach: The New Deal and the the American People, a. a. O., S. 38, Übers. des Verf.

7 ***„Farmerhoffnung",*** *zeitgenössische US-Karikatur. Vor allem die kleinen Farmer und ihre Familien gerieten in großes Elend. Viele richteten ihre ganze Hoffnung auf Roosevelt. Der Präsident versuchte durch verschiedene Maßnahmen und Gesetze (u. a. Einkommensgarantien, Produktionsbeschränkungen, Kredite) die Lage der kleinen Farmer zu verbessern. Er konnte nicht verhindern, dass viele ihre Farmen aufgeben mussten. Die großen Farmer waren die Gewinner.*

a) Betrachte den New Deal aus der Sicht eines überzeugten Anhängers des „Amerikanischen Systems" (M2, M3, M6a).

b) Beurteile den New Deal aus der Sicht von weiblichen und männlichen Arbeitnehmern und von Arbeitslosen (M1, M2, M5, M6b, c und M7).

c) Stelle mögliche Reaktionen auf die Rede Roosevelts (M5) zusammen.

d) Welchen Sinn sollte das „deficit spending" haben (VT)?

5. In Deutschland: eine Mehrheit gegen die Demokratie

5.1 Eine Krise in der Wirtschaft – eine Krise der Demokratie

März 1930 ______________ *Die Große Koalition aus SPD, DVP, Zentrum, BVP und DDP scheitert an der Frage, wie die Arbeitslosenversicherung geregelt werden kann.*

1930 bis 1933 ______________ *Das Deutsche Reich wird durch Präsidialkabinette mit Notverordnungen regiert (1930–1932 Regierung Brüning, 1932 Regierung von Papen, 1932–1933 Regierung von Schleicher, ab 30. Januar 1933 Regierung Hitler).*

Von der parlamentarischen Demokratie zur Diktatur

Von 1919 bis 1930 war das Deutsche Reich eine parlamentarische Demokratie. Ab 1930 war das Deutsche Reich ein autoritär regierter „Notverordnungsstaat". 1933 wurde das Deutsche Reich eine Diktatur. In drei Jahren – eine kürzere Zeitspanne als eine normale Legislaturperiode – gab es vier Regierungen. Innerhalb von drei Jahren wurde aus einer Demokratie eine Diktatur – eine historische Warnung für heute und morgen?
Wie kam es dazu, dass große Teile der Wählerinnen und Wähler sowie der gesellschaftlichen und wirtschaftlichen Führungsschichten bereit waren, für Parteien zu stimmen, die die parlamentarische Demokratie abschaffen wollten?

1 **Wahlplakate** *aus der Endphase der Weimarer Republik: (v. l. n. r.) SPD, DNVP, KPD, NSDAP*

Feindbilder: „die Marxisten" und „die Juden"

Als 1929 in den USA die Weltwirtschaftskrise begann, die bald auf alle Industriestaaten übergriff, regierte in Deutschland seit 1928 eine „Große Koalition". Sie bestand aus den Parteien, die die Weimarer Republik – mehr oder weniger entschieden – bejahten.
Aber die Parteien und Verbände der politischen Rechten kämpften gegen das „Weimarer System", gegen „die Marxisten" und „die Juden". Viele Frauen und Männer vertraten antisemitische Auffassungen. Sie machten „die Juden" zum Sündenbock für alles und jedes. Sie behaupteten: „Die Juden sind an allem schuld!" Die etwa 560 000 Deutschen jüdischer Abstammung – sie machten gerade einmal 0,9 Prozent der deutschen Bevölkerung aus! – waren bösartigen Unterstellungen und Angriffen ausgesetzt.

Regieren mit Notverordnungen

Im März 1930 scheiterte die Große Koalition. Die SPD als Arbeiterpartei und die DVP als Industriepartei hatten sich in einer besonders wichtig werdenden Frage nicht einigen können – in der Frage der Arbeitslosenversicherung. Die folgenden Regierungen waren „Präsidialkabinette". Sie regierten ohne parlamentarische Mehrheiten mit „Notverordnungen" des Reichspräsidenten – nach Artikel 48 der Weimarer Verfassung war das zulässig. Wenn die Mehrheit des Parlaments verlangte, dass eine „Notverordnung" aufgehoben wurde, konnte Reichspräsident von Hindenburg das Parlament auflösen und Neuwahlen ansetzen. Auch dies war – nach Artikel 25 der Verfassung – rechtens. Zwischen 1930 und 1933 gab es vier Wahlen zum Deutschen Reichstag.

Demokraten und Antidemokraten

In diesen Jahren spielte das Parlament praktisch keine Rolle mehr. Die republikanischen bürgerlichen Parteien und die SPD konnten sich nicht auf eine gemeinsame Politik einigen. Die republikfeindlichen Rechtsparteien und -gruppierungen – NSDAP, DNVP, Stahlhelm und andere – schlossen sich 1931 zu

einem Bündnis zusammen: zur so genannten „Harzburger Front“. Die Linksparteien und -gruppierungen blieben untereinander zerstritten; die SPD bejahte die Weimarer Demokratie, die KPD bekämpfte sie.

Wirtschaftskrise in Deutschland

Ab 1931 griff die Weltwirtschaftskrise voll auf Deutschland über. Vor allem die Regierung des Reichskanzlers Brüning (1930–1932) versuchte – anders als die USA mit dem „New Deal“ – die Folgen der Weltwirtschaftskrise durch eine rigorose Sparpolitik zu lindern. Das Ziel dieser Politik war es, trotz hoher staatlicher Ausgaben für immer mehr Arbeitslose, einen ausgeglichenen Haushalt vorzulegen. Die Regierung kürzte mehrfach die Gehälter im öffentlichen Dienst; sie erhöhte gleichzeitig die Steuern und Beiträge für die Arbeitslosenversicherung und kürzte das Arbeitslosengeld. Zur gleichen Zeit senkten die Wirtschaftsunternehmen die Löhne und entließen Personal. Die dadurch sinkende Kaufkraft verschärfte die Krise. Die Gewerkschaften waren bei Lohnabbau und Entlassungen machtlos: Wer noch Arbeit hatte, wollte seinen Arbeitsplatz nicht durch Beteiligung an solidarischen Kampfmaßnahmen gefährden.

Die NSDAP

Aus „Der wahre Jakob“, Anfang 1933.

Viele Wählerinnen und Wähler aus Mittelstand und Kleinbürgertum, aber auch immer mehr Arbeiterinnen und Arbeiter wurden für einfache und radikale Parolen der Rechtsparteien, vor allem der NSDAP, anfällig.
Die 1920 gegründete „Nationalsozialistische Deutsche Arbeiter-Partei“ war weder eine sozialistische noch eine Arbeiter-Partei. Sie war eine deutsche faschistische Männer-Partei, die von ihrem „Führer“ Adolf Hitler (geb. 1889) mit diktatorischen Vollmachten beherrscht wurde. In ihrem Programm und in den Reden ihrer Politiker versprach sie den unzufriedenen Deutschen die Lösung aller Schwierigkeiten: Den Arbeitslosen versprach sie Arbeit und Brot, den Bauern höhere Preise, den Militärs eine neue große Armee, den Vertretern der Wirtschaft die Bekämpfung der Arbeiterbewegung, dem Mittelstand die besondere Berücksichtigung mittelständischer Interessen, den Nationalen das Ende der „Schmach von Versailles“, einen größeren „Lebensraum“ für das deutsche Volk und die Bekämpfung der „Juden“, den Frauen ein glückliches Leben als Hausfrau und Mutter, der Jugend eine große Zukunft. Im Hintergrund stand die Vorstellung von einem großen germanischen Reich der „arischen Rasse“.

Gewalt als Mittel der politischen Auseinandersetzung

Außerhalb des Parlaments standen sich die Anhänger der verschiedenen Parteien in offener Feindschaft gegenüber. Einige politische Parteien hatten uniformierte Kampfverbände gebildet, zwischen denen es immer wieder zu regelrechten Straßenkämpfen kam. Die stärkste und gewalttätigste dieser Parteiarmeen war die nationalsozialistische „SA“ (Sturm-Abteilung). Sie zählte Mitte 1932 rund 400 000 braun uniformierte Mitglieder – meist arbeitslose, unzufriedene junge Männer, die bereit waren, jederzeit Gewalt anzuwenden.

Machtübertragung an die NSDAP

Seit den Wahlen von 1930 unterstützten einflussreiche Kreise aus Industrie, Bankwesen, Landwirtschaft, Adel und Armee die NSDAP und andere Rechtsparteien, teilweise mit hohen Geldzuwendungen. Seit 1932 drängten sie den greisen Reichspräsidenten von Hindenburg die NSDAP an einer Regierung zu beteiligen. Am 30. Januar 1933 ernannte Reichspräsident von Hindenburg den Führer der Nationalsozialisten zum Reichskanzler. Dem neuen Kabinett unter Adolf Hitler gehörten nur drei Nationalsozialisten an (Hitler als Reichskanzler, Göring – zugleich Ministerpräsident des größten Landes, Preußen – als Minister ohne Geschäftsbereich sowie Frick als Innenminister; acht Minister waren bürgerliche, nationalistische Politiker). War es nur ein weiteres Präsidialkabinett, oder war es mehr?

2 Die Republik – „ein Sau- und Schweinestall"?
Ende Dezember 1929 notierte der preußische Innenminister typische Vorkommnisse:

Am 16. 8. bezeichnete der Kommunist Rogalla in einer öffentlichen Versammlung … die Republik als einen „Sau- und Schweinestall" …

In einem Aufsatz „10 Jahre Judenrepublik" des „Westdeutschen Beobachters" (Köln), Nr. 19 vom 18. 8., wurde am Schluss ausgeführt; „Eine traurige Bilanz fürwahr: 10 Jahre Judenrepublik, 10 Jahre Volksbetrug, 10 Jahre Börsengaunerei, 10 Jahre erbitterter Kampf gegen die Halunken und Verbrecher, die im Jahre 1918 der deutschen Front den Dolch in den Rücken stießen und uns an die internationale Judenhochfinanz verkauften und verrieten …" Bei der Stahlhelmtagung vom 8. 9. in Lüneburg durchzog ein Trupp Stahlhelmleute die Stadt und sang ein Lied mit dem Refrain: „Wir scheißen auf die Republik!" …

Am 18. 9. führte Freiherr von Bodungen … aus, Stresemann wäre ein Verräter am deutschen Volk und ein Verbrecher, der ins Zuchthaus gehöre. Die Versammlung quittierte mit Zwischenrufen wie „Aufhängen" und „Totschlagen" …

In einer Rede am 22. 10. äußerte der Gauleiter der NSDAP Telchow: „Im Kampf gibt es Leichen, wenn es gegen den jüdischen Janhagel geht, schreiten wir auch über Gräber. Es kann sein, dass manche Mutter ihren Sohn verliert."

Zit nach: A. Krinck, Die NS-Diktatur, Frankfurt 1975, S. 31 f.

3 „Rücksichtslos abrechnen"
Aus einer vertraulichen Unterredung Adolf Hitlers am 4. Mai 1931 mit dem Chefredakteur der „Leipziger Neuesten Nachrichten", Richard Breiting:

Breiting: … Angenommen, Sie kämen an die Macht, woher nehmen Sie dann die Köpfe, um den Verwaltungsapparat des Staates in Ihrem Sinne zu beherrschen?

Hitler: … Mit der Ausschaltung der Schwatzbude, die Sie das Hohe Haus oder den Reichstag nennen, mit der Umstellung der Presse wird sofort eine neue Situation entstehen. Die Glocke der Wiedergeburt wird läuten. In diesem Augenblick werden wir mit dem Marxismus rücksichtslos abrechnen. Die Industrie wird sofort in den Wiederaufbauprozess eingeschaltet. Die 6 Millionen Arbeitslose werden ihr tägliches Brot verdienen. Das Versailler Diktat wird weggefegt. Eine neue Armee wird entstehen und das mit einem neuen Generalstab. Dieser Goebbels, vor dem Sie Angst haben, dass er mit seiner Agitation das Proletariat verscheuchen wird, wird schon dafür sorgen, dass die Gefühle und die Vernunft unserer Menschen 99 Prozent aller Stimmen unserer Politik geben werden. Schon sechs Monate nach der Machtergreifung werden wir eine nie da gewesene Volksabstimmung erleben. Das andere läuft dann von selbst.

Zit. nach: W. Conze, Der Nationalsozialismus I, a. a. O., S. 45 f.

4 „Das Verhängnis"
Der Zeichner A. Paul Weber veröffentlichte 1932 das nebenstehende Bild. Es war das Umschlagbild eines Buches, das den Titel trug „Hitler – ein deutsches Verhängnis". – Worauf konnten A. Paul Weber und ähnlich denkende Menschen ihre Warnung vor Hitler und den Nationalsozialisten stützen?

5 „... auszurotten ..."

Hitler am 27. Januar 1932 vor dem Industrieclub in Düsseldorf, einer Vereinigung von Industriellen (in Klammern: die Reaktion des Publikums):

Aber es ist undenkbar, ein starkes und gesundes Deutschland zu schaffen, wenn 50 Prozent seiner Angehörigen bolschewistisch und 50 Prozent national orientiert sind! (Sehr richtig!) Um die Lösung dieser Frage kommen wir nicht herum! (Lebhafter Beifall) ... Und wenn man uns unsere Unduldsamkeit vorwirft, so bekennen wir uns stolz zu ihr – ja wir haben den unerbittlichen Entschluss gefasst, den Marxismus bis zur letzten Wurzel in Deutschland auszurotten.

Zit. nach: Max Domarus, Hitler. Reden und Proklamationen, 1932–1945, Band 1, Würzburg 1962, S. 82/88.

6 „Wir fordern ..."

a) Aus dem Programm der NSDAP von 1920:

1. Wir fordern den Zusammenschluss aller Deutschen auf Grund des Selbstbestimmungsrechtes der Völker zu einem Groß-Deutschland.

2. Wir fordern die Gleichberechtigung des deutschen Volkes gegenüber den anderen Nationen, Aufhebung der Friedensverträge von Versailles und St. Germain ...

4. Staatsbürger kann nur sein, wer Volksgenosse ist. Volksgenosse kann nur sein, wer deutschen Blutes ist, ohne Rücksichtnahme auf Konfession. Kein Jude kann daher Volksgenosse sein.

b) Hitler schrieb in „Mein Kampf", 1924:

Nur ein genügend großer Raum auf dieser Erde sichert einem Volke die Freiheit des Daseins ... Wir stoppen den ewigen Germanenzug nach dem Süden und Westen Europas und weisen den Blick nach dem Land im Osten. Wir schließen endlich ab die Kolonial- und Handelspolitik der Vergangenheit und gehen über zur Bodenpolitik der Zukunft. Wenn wir aber heute in Europa von neuem Grund und Boden reden, können wir in erster Linie nur an Russland und die ihm untertanen Randstaaten denken ...

Zit. nach: W. Hofer (Hg.), Der Nationalsozialismus. Dokumente 1933–1945, Frankfurt 1957, S. 28, 175.

7 „Hoher Standpunkt". *Karikatur aus dem „Simplizissimus" vom 18. September 1932: „Lächerlich diese Parteiparolen: ‚Der Feind steht rechts', ‚Der Feind steht links' – Für'n überparteiliches Adels-Kabinett jibts bloß die Devise ‚Der Feind steht unten'!"*

8 „Wiederaufstieg der deutschen Wirtschaft"

Eingabe einiger führender Industrieller, Bankiers und Großagrarier an Reichspräsident von Hindenburg, November 1932:

Wir bekennen uns frei von jeder engen parteipolitischen Einstellung. Wir erkennen in der nationalen Bewegung, die durch unser Volk geht, den verheißungsvollen Beginn einer Zeit, die durch Überwindung des Klassengegensatzes die unerlässliche Grundlage für einen Wiederaufstieg der deutschen Wirtschaft erst schafft. Wir wissen, dass dieser Aufstieg noch viele Opfer erfordert. Wir glauben, dass diese Opfer nur dann willig gebracht werden können, wenn die größte Gruppe dieser nationalen Bewegung führend an der Regierung beteiligt wird.

Die Übertragung der verantwortlichen Leitung eines mit den besten sachlichen und persönlichen Kräften ausgestatteten Präsidialkabinetts an den Führer der größten nationalen Gruppe wird die Schwächen und Fehler, die jeder Massenbewegung notgedrungen anhaften, ausmerzen und Millionen Menschen, die heute abseits stehen, zu bejahender Kraft mitreißen.

Zit. nach: Ursachen und Folgen, Band 8, S. 68 f.

a) Gewalt ist ein Kennzeichen der politischen Auseinandersetzung am Ende der Weimarer Republik. Nenne Beispiele. Suche auch in der Sprache von Texten und Bildern nach Gewalt (M1, M2, M6a und b).

b) Untersuche, inwieweit Hitler sich in Sprache, Ton und Argumenten den Erwartungen seines jeweiligen Publikums anpasste (M3, M6a und b).

c) Was erwarteten die „einflussreichen Kreise" von Hitler (M7, M8)?

5.2 „... die letzten Überreste der Demokratie beseitigen"

27. Februar 1933 — *Der Reichstag brennt – die Grundrechte werden aufgehoben.*
23. März 1933 — *Alle Parteien außer der SPD stimmen für das sog. „Ermächtigungsgesetz".*
April 1933 — *Die Länder werden „gleichgeschaltet".*
2. Mai 1933 — *Die Gewerkschaften werden aufgelöst.*
Juni/Juli 1933 — *Die SPD wird verboten; die anderen Parteien lösen sich auf.*
30. Juni 1934 — *Hitler lässt hohe SA-Führer und politische Gegner ermorden.*
2. August 1934 — *Nach dem Tod des Reichspräsidenten werden die Ämter des Reichspräsidenten und des Reichskanzlers vereinigt.*

„Machtergreifung"

Nach der Ernennung Hitlers zum Reichskanzler wurden Neuwahlen zum Reichstag ausgeschrieben. Jetzt an der Macht, terrorisierten die Nationalsozialisten im Wahlkampf ihre politischen Gegner mehr als je zuvor. Gewalttätige Horden von SA-Männern verbreiteten Angst und Schrecken unter jüdischen Familien und unter den Angehörigen der Arbeiterbewegung. Wenige Tage vor der Wahl wurde das Reichstagsgebäude in Berlin in Brand gesteckt. Bis heute ist umstritten, wer den Brand gelegt hat. Die Nationalsozialisten nutzten die Situation: Sie behaupteten, „die Kommunisten" hätten die Brandstiftung begangen. Historiker haben für diese Behauptung nie einen Beweis gefunden. Noch in der Nacht des Brandes wurden mitten im Wahlkampf durch die "Verordnung des Reichspräsidenten zum Schutz von Volk und Staat" die wichtigsten Grundrechte außer Kraft gesetzt; Funktionäre und Abgeordnete von KPD und SPD wurden verhaftet; Zeitungen dieser Parteien wurden verboten. Besonders Kommunisten wurden mit aller Härte verfolgt oder gar getötet. Ein förmliches Verbot der KPD schien nicht mehr nötig.

Die absolute Mehrheit steht rechts

Bei den Wahlen vom 5. März 1933 erhielt die NSDAP 43,9 Prozent der Stimmen, die antidemokratische und nationalistische „Kampffront Schwarz-Weiß-Rot" (DNVP und andere Gruppen) erhielt 8 Prozent. Am 23. März 1933 stimmten alle Parteien des Reichstages mit Ausnahme der SPD und der seit dem 28. Februar 1933 ausgeschalteten KPD dem „Ermächtigungsgesetz" zu, das

1 ***„Hitlers Traum"****. So betitelte der Zeichner der satirischen Zeitschrift „Ulk" am 3. März 1932 das Bild. Er hat es vermutlich – wie so viele andere – für undenkbar gehalten, dass der „Traum" Wirklichkeit werden könnte. Die Übertragung der Macht an Hitler machte aus der Zeichnung eine Prophezeiung. Und am 21. März 1933 wurde das Bild vollends Realität. An diesem Tag eröffneten Reichspräsident von Hindenburg und Reichskanzler Hitler den am 5. März 1933 neu gewählten Reichstag in der Potsdamer Garnisonskirche und nahmen Paraden der Reichswehr, des Stahlhelm, der SA und der SS ab. Dieser „Tag von Potsdam" wurde von Goebbels als „Vermählung von alter Größe und neuer Kraft" inszeniert.*

2 Adolf Hitler
Dieses Bild des „Führers" und Reichskanzlers Adolf Hitler hing als großformatiges Porträt ab 1938 in vielen Amtsstuben und Schulräumen. Es war ein „Herrscherbild". Es zeigte den „Führer" so, wie das Propagandaministerium ihn gesehen haben wollte.
Hitler wurde 1889 in Braunau am Inn geboren. Er hielt sich einige Jahre als Berufsloser in Wien auf. Bei Ausbruch des Ersten Weltkrieges meldete er sich als Freiwilliger. Der Gefreite des Krieges schloss sich 1918 in München der Deutschen Arbeiterpartei (DAP) an, stieg bald zu ihrem Vorsitzenden auf und machte aus ihr die NSDAP. 1923 versuchte er in München mit Gesinnungsgenossen einen Putsch. In der Haftzeit nach seiner Verurteilung schrieb er das Buch „Mein Kampf", in dem er sein rassistisches Programm vorstellte. Diejenigen in der NSDAP, die einer mehr sozialistischen Politik zuneigten, entmachtete er 1932. Die letzten innerparteilichen Gegner ließ er am 30. Juni 1934 ermorden: den Führer der SA, Ernst Röhm, und viele Unterführer.

Reichskanzler Hitler eingebracht hatte. Dieses „Gesetz zur Behebung der Not von Volk und Reich" sah vor, dass die Regierung vier Jahre lang ohne das Parlament regieren und Gesetze erlassen konnte.

„Gleichschaltung"

Den 1. Mai, den traditionellen Kampftag der Arbeiterbewegung, erklärten die Nationalsozialisten zum Feiertag der „Arbeiter der Stirn und der Faust". Er wurde mit großen Aufmärschen 1933 zum ersten Mal begangen. Am nächsten Tag beseitigten die Nationalsozialisten die freien Gewerkschaften und verhafteten die meisten ihrer Führer. Die Arbeiterinnen und Arbeiter mussten in eine Zwangsorganisation eintreten, die Deutsche Arbeitsfront (DAF). Im Juni wurde die SPD verboten; die anderen Parteien, außer der KPD, lösten sich unter starkem Druck auf. Die NSDAP war nun die einzige Partei in Deutschland. Durch Gesetze werden die Länder und alle wichtigen Organisationen ihrer Eigenständigkeit beraubt und nach dem Führerprinzip „ausgerichtet" („Gleichschaltung"). Bis ins kleinste Dorf bestimmten nun Nationalsozialisten die Politik.

Die Mordaktion vom 30. Juni 1934

Die SA fühlte sich als revolutionäre Truppe und als die Armee des nationalsozialistischen Staates; sie wurde von der Reichswehr voller Misstrauen betrachtet. Die NS-Führung befürchtete, die SA gerate außer Kontrolle. Hitler entschloss sich deshalb sie zu entmachten. Am 30. Juni 1934 beauftragte er die Elitetruppe der „SS" (Schutz-Staffel) unter ihrem Führer Heinrich Himmler die wichtigsten SA-Führer zu verhaften und ohne Gerichtsurteil zu erschießen. Er behauptete, SA-Führer Ernst Röhm habe einen Putsch geplant.
Am 2. August 1934 starb der längst machtlose Reichspräsident von Hindenburg. Die Reichsregierung beschloss die Ämter des Reichspräsidenten und des Reichskanzlers in der Person Hitlers zu vereinigen. Damit war Hitler zugleich Oberbefehlshaber der Reichswehr. Das Deutsche Reich war ein Führerstaat.

3 Französische Karikatur zur SS

Die schwarz uniformierte SS (Schutz Staffel) und die Geheime Staatspolizei (Gestapo) wurden nach der Entmachtung der SA die wichtigsten Instrumente der Einschüchterung und des Terrors. Der französische Karikaturist übersetzte in seinem Bild SS mit „Sans Sentiment" (Ohne Gefühl). Was wird ihn zu dieser Umbenennung veranlasst haben?

4 „Die letzten Überreste der Demokratie beseitigen"

Am 6. Juli 1933 erklärte Hitler in einer öffentlichen Rede vor den Reichsstatthaltern über den Abschluss der „Revolution":

Die politischen Parteien sind jetzt endgültig beseitigt. Dies ist ein geschichtlicher Vorgang, dessen Bedeutung und Tragweite man sich vielleicht noch gar nicht bewusst geworden ist. Wir müssen jetzt die letzten Überreste der Demokratie beseitigen, insbesondere auch die Methoden der Abstimmung und der Mehrheitsbeschlüsse, wie sie heute noch vielfach bei den Kommunen, in wirtschaftlichen Organisationen und Arbeitsausschüssen vorkommen, und die Verantwortung der Einzelpersönlichkeit überall zur Geltung bringen.

Zit. nach: W. Conze, Der Nationalsozialismus I, a. a. O., S. 69 f.

5 Hitler – „des deutschen Volkes oberster Gerichtsherr"?

Hitler rechtfertigte am 13. Juli 1934 die Morde an SA-Führern und politischen Gegnern vor dem nationalsozialistischen Reichstag:

Meutereien bricht man nach ewig gleichen eisernen Gesetzen. Wenn mir jemand den Vorwurf entgegenhält, weshalb wir nicht die ordentlichen Gerichte zur Aburteilung herangezogen hätten, dann kann ich ihm nur sagen: In dieser Stunde war ich verantwortlich für das Schicksal der deutschen Nation und damit des deutschen Volkes oberster Gerichtsherr.

Zit. nach: Ursachen und Folgen, Bd. X, Berlin o. J., S. 217 f.

6 „... an Sympathie gewonnen ..."

Sozialdemokraten berichten illegal dem Parteivorstand im Prager Exil über Reaktionen nach den Morden im Juni 1934:

Unsere Genossen berichten, dass Hitler bei dem Teil der Bevölkerung, der seine Hoffnungen immer noch auf ihn setzt, stark an Vertrauen und Sympathie gewonnen hat. Sein Vorgehen ist diesen Leuten Beweis, dass er Ordnung und Sauberkeit wolle.

Zit. nach: Deutschland-Berichte der Sozialdemokratischen Partei Deutschlands (Sopade), Erster Jahrgang 1934, S. 198 f.

7 „Ruhmloses Ende der SPD *– SPD als staats- und volksfeindliche Partei anzusehen. Aufhebung aller Mandate, Beschlagnahme des Parteivermögens"*

Unter dieser Schlagzeile berichtet die „Westfälische Zeitung" am 23. Juni 1933:

Berlin 22. Juni ... Die erweiterte Parteileitung der SPD hat sich auf der vor einigen Tagen in Berlin gehaltenen Sitzung lediglich nach außen von diesen Leuten wie Wels, Breitscheid usw. (= Exilvorstand der SPD in Prag) distanziert, es aber bezeichnenderweise unterlassen, diese Personen wegen ihres landesverräterischen Verhaltens wirklich abzuschütteln und aus der Partei auszuschließen. Im Gegenteil ist in einer von der Polizei überraschten Geheimversammlung sozialdemokratischer Führer in Hamburg ebenfalls landesverräterisches Material gefunden worden.
Dies alles zwingt zu dem Schluss, die SPD als eine staats- und volksfeindliche Partei anzusehen, die keine andere Behandlung mehr beanspruchen kann, wie sie der Kommunistischen Partei gegenüber angewendet worden ist.

Der Reichsminister des Innern hat daher die Landesregierung ersucht, auf Grund der Verordnung des Reichspräsidenten zum Schutze von Volk und Staat vom 28. Februar 1933 die notwendigen Maßnahmen gegen die SPD zu treffen. Insbesondere sollen sämtliche Mitglieder der SPD, die heute noch den Volksvertretungen und Gemeindevertretungen angehören, von der weiteren Ausübung ihrer Mandate sofort ausgeschlossen werden.

Den Ausgeschlossenen werden selbstverständlich die Diäten gesperrt. Der Sozialdemokratie kann auch nicht mehr die Möglichkeit gewährt werden, sich in irgendeiner Form propagandistisch zu betätigen ... Ebenso dürfen sozialdemokratische Zeitungen und Zeitschriften nicht mehr herausgegeben werden.

Das Vermögen der Sozialdemokratischen Partei und ihrer Hilfsorganisationen wird ... beschlagnahmt. Mit dem landesverräterischen Charakter der Sozialdemokratischen Partei ist die weitere Zugehörigkeit von Beamten, Angestellten und Arbeitern, die aus öffentlichen Mitteln Gehalt, Lohn oder Ruhegeld beziehen, zu dieser Partei selbstverständlich unvereinbar.

Westfälische Zeitung, Bielefelder Tageblatt, 23. Juni 1933.

8 ***Karikatur*** *von A. Paul Weber, 1933: „So, nun sage als deutscher Mann deine Meinung frank und frei – wenn du noch kannst"*

Zeitungen befragen

Zeitungen berichten, was sich am Vortag oder in der Vorwoche in Politik, Gesellschaft, Wirtschaft, Kultur und Sport zugetragen hat. Sie sind für uns „Quellen", aus denen wir Informationen über die verschiedenen Bereiche vergangenen Lebens entnehmen können. Aber wie andere Quellen sind auch sie „mit Vorsicht zu genießen". Man kann ihnen nicht aufs Wort glauben. Bisweilen – besonders in Diktaturen – „lügen sie wie gedruckt". So war im „Dritten Reich" die gesamte Presse „gleichgeschaltet". Das „Ministerium für Volksaufklärung und Propaganda" legte in verbindlichen „Sprachregelungen" fest, wie die Presse über bestimmte Ereignisse zu berichten habe. Nur wenige Journalisten hatten den Mut, ihre eigene Meinung „zwischen den Zeilen" auszudrücken (siehe auch M8 im Kapitel „Ein Volk von Mitläufern").

Zeitungen sind nie – auch wenn es in ihrem Titel steht – vollkommen „unabhängig und überparteilich". Aber in demokratischen Gesellschaften können sie eine „vierte Gewalt" sein zur Kontrolle von Macht.

Folgende Fragen können helfen, Zeitungen kritisch zu lesen:

- *Welcher politischen Partei oder Richtung ist die Zeitung – ausdrücklich oder eher versteckt – verpflichtet?*
- *Gibt es Informationen darüber, wem die Zeitung gehört und welche politischen und wirtschaftlichen Interessen sie vertritt?*
- *Sind Nachrichtenwiedergabe und die Kommentierung von Nachrichten klar getrennt oder gehen sie ineinander über?*
- *Ergibt sich aus der Auswahl und Platzierung von Nachrichten, der Sprache in den Überschriften und Artikeln oder aus den Kommentaren eine bestimmte Parteilichkeit?*

9 ***„Millionen stehen hinter mir“**, Fotomontage, 1932 von John Heartfield im Wahlkampf für die KPD angefertigt.*

10 ***Deutungen der Wissenschaft***

Zwei Deutungen des Scheiterns der Weimarer Republik

***a)** Die Historikerin Ulrike Hörster-Philipps:*

Der Hitlerfaschismus verdankte seinen Aufstieg zur Macht den führenden Kreisen des Industrie- und Bankkapitals, des Großgrundbesitzes und der Reichswehr. Ihr Streben nach ökonomischer und politischer Expansion, das im Ersten Weltkrieg gescheitert war, und ihre Bemühungen um eine Sicherung ihrer Gewinne durch Lohn- und Sozialabbau auch unter den Bedingungen der Weltwirtschaftskrise wurden seit 1929 immer drängender. Die Grenzen der Durchsetzungsfähigkeit ihrer Ziele im Rahmen des parlamentarischen Systems wurden immer deutlicher; zur Verwirklichung ihrer Pläne bedurften sie eines Herrschaftssystems, das an keinerlei innen- und außenpolitische Einschränkungen gebunden war und das jeden Widerstand gegen eine Politik des Sozialabbaus, der Aufrüstung und der Kriegsvorbereitung brechen konnte.

Ulrike Hörster-Philipps, Wie war Hitler möglich? Großkapital und Faschismus 1918–1945. Dokumente, Köln 1978, S. 10 f.

***b)** Der Politologe Karl Dietrich Bracher:*

Folgende Aspekte der Deutung möchte ich besonders hervorheben: 1. Es war weder einfach eine kapitalistische Verschwörung noch eine sozialistische Revolution, sondern der Machtwille eines radikalen Ideologen und einer populistischen (sich an das Volk wendenden), heilsversprechenden Sammelbewegung inmitten der resignierenden Parteien einer ungeliebten Demokratie und einer zutiefst verunsicherten Bevölkerung, der 1933 zur nationalsozialistischen Alleinherrschaft in Deutschland und wenige Jahre später zur Weltherrschafts- und Rassenvernichtungspolitik des Zweiten Weltkrieges geführt hat.
2. Der Missbrauch und die Pervertierung demokratischer Mittel und Werte macht im Übergang zur modernen Diktatur bislang unerhörte Formen der Erfassung und Gleichschaltung, der Indoktrination und Zerstörung von ganzen Völkern möglich. Von der totalitären Versuchung bis zur totalitären Unterwerfung bietet die moderne Propaganda- und Gesellschaftstechnik durch Nutzung massenpsychologischer Erkenntnisse ungeahnte Möglichkeiten der Beherrschung von Menschen. Mittels ideologisch absoluter Zielsetzung können sie so motiviert werden, dass ihnen die schlimmsten Verbrechen als Tugend aufgeredet, suggeriert werden können.

Karl Dietrich Bracher, Zeitgeschichtliche Kontroversen, München 1984, S. 115 f.

a) Wie konnte eine Mordaktion zu „Vertrauen und Sympathie“ führen (M6)?

b) Gegen welche rechtsstaatlichen Grundsätze verstieß „des deutschen Volkes oberster Gerichtsherr“ (M5)?

c) Die Wissenschaft liefert unterschiedliche Deutungen (M10). Begründe und belege eine eigene Deutung. Diskutiert auch M9.

d) Untersuche, in welcher Weise M7 über die Maßnahmen der Landesregierung berichtet. – Eine Anregung: Im Stadtarchiv eurer Stadt oder im Archiv der örtlichen Tageszeitung findet ihr vielleicht Zeitungen aus dem Jahr 1933 und den Folgejahren. Untersucht, wie sich die Ereignisse in den Zeitungen spiegeln und wie sich die Zeitungen verändert haben.

Der Nationalsozialismus – die deutsche Antwort

auf die Große Krise

„Der 30. Januar 1933", Gemälde von Arthur Kampf (1938); Fackelzug durch das Brandenburger Tor anlässlich der Machtübernahme Hitlers.
Ganz links: Widerstandskämpfer vor dem Volksgerichtshof.
Mitte oben: Häftlinge des Konzentrationslagers Wobbelin nach ihrer Befreiung.
Darunter: Russische Zivilbevölkerung flieht aus einem von deutschen Soldaten in Brand gesetzten Dorf, um 1942.
Oben: Dresden am 14. Februar 1945 – Altstadt nach einem Bombenangriff der Alliierten.

1. Das nationalsozialistische Deutschland – eine Diktatur mit dem Volk?

1.1 Wie gewinnen Hitler und die NSDAP die große Mehrheit der Deutschen für sich?

Ab 1933	*Die Arbeitslosigkeit wird gesenkt.*
21. März 1933	*Am „Tag von Potsdam“ beschwören Hitler und Hindenburg in der Potsdamer Garnisonskirche preußische Tugenden und nationale Größe.*
20. Juli 1933	*Ein Konkordat (Übereinkommen) zwischen dem Vatikan und dem Reich sichert der katholischen Kirche u. a. die Freiheit der Religionsausübung zu und ist für die Regierung ein innen- und außenpolitischer Erfolg.*
Oktober 1933	*Deutschland tritt aus dem Völkerbund aus.*
1935	*Die Bevölkerung des Saargebietes stimmt mit großer Mehrheit für die Eingliederung ins Reich.*
1935/36	*Die Regierung bricht Bestimmungen des Versailler Vertrages.*
1936	*Die Olympischen Spiele in Garmisch-Partenkirchen und Berlin stärken das Ansehen der Regierung im In- und Ausland.*

Senkung der Arbeitslosigkeit

Die Mehrheit der Deutschen hoffte in den ersten Monaten des Jahres 1933, dass die Regierung des Reichskanzlers Hitler eine grundlegende Wende in der deutschen Politik herbeiführen würde. Die Abschaffung der bürgerlichen Grundrechte und demokratischen Freiheiten schien ihnen dafür als Preis nicht zu hoch. In den folgenden Jahren konnten Hitler und die Nationalsozialisten eine gewaltige Mehrheit der Deutschen für sich gewinnen.

Es gelang den Nationalsozialisten in kurzer Zeit, die Zahl der Arbeitslosen drastisch zu senken. Sie griffen dabei auf Arbeitsbeschaffungsprogramme der Regierungen Papen und Schleicher zurück, die bereits Erfolge zu verbuchen hatten. Durch umfangreiche staatliche Bauaufträge für Autobahnen, Flugplätze oder öffentliche Gebäude wurden Hunderttausende von Arbeitsplätzen geschaffen und zugleich die Infrastruktur des Deutschen Reiches modernisiert. Bis 1935 wurden etwa 380 000 Frauen erfolgreich gedrängt (z. B. durch so genannte Ehestandsdarlehen), aus dem Berufsleben auszuscheiden, sich auf die Arbeit als Hausfrau und Mutter zurückzuziehen und ihren Arbeitsplatz für Männer freizumachen. Die Propaganda gegen das „Doppelverdienertum“ machte es verheirateten Frauen schwer, sich im Beruf zu halten. Und Tausende und Abertausende von Frauen und Männern wurden als politische Gegner verhaftet und eingesperrt – und nicht mehr als Arbeitslose registriert.

1 *Plakat von Gunther Nagel, 30er-Jahre*

Aufrüstung

Die von Anfang an geplante Aufrüstung lief 1934 voll an und schuf viele neue Arbeitsplätze in den Konzernen und Zuliefererbetrieben der Rüstungsindustrie. Durch die Einführung eines Reichsarbeitsdienstes (RAD) und die Wiedereinführung der allgemeinen Wehrpflicht im Jahre 1935 verschwanden viele weitere Arbeitslose aus der Statistik. Finanziert wurden diese staatlichen Maßnahmen durch Anleihen. Der Staat machte ungeheure Schulden, die er unter normalen Bedingungen nicht zurückzahlen konnte. Die Ursachen und Kosten des Wirtschaftsaufschwungs blieben den meisten Deutschen verborgen. Sie bemerkten nur, dass es aufwärts ging. Ihr Vertrauen in die nationalsozialistische Führung und in Hitler wuchs und ließ sie über vieles hinwegsehen.

Die Sozialpolitik der NSDAP

Die Nationalsozialisten behaupteten einen nationalen „Sozialismus der Tat“ zu vertreten. Kaum an der Macht, gründeten sie Organisationen, die die unmittelbare Not arbeitsloser, kranker oder alter „Volksgenossen“ lindern sollten. Die „Nationalsozialistische Volkswohlfahrt“ (NSV) und das „Winterhilfswerk“ (WHW) sammelten Geld- und Sachspenden und verteilten sie an Bedürftige; die Organisation „Kraft durch Freude“ (KdF) sorgte für billige Urlaubsfahrten und kulturelle Angebote für „Volksgenossinnen“ und „Volksgenossen“, sofern sie sich nur zum „Führer“ und zur „Volksgemeinschaft“ bekannten. Diese Sozialpolitik der Partei war sehr populär. Obwohl die NSDAP nach 1933 Rechte und Berufschancen abschaffte, die die Frauen bis dahin erkämpft hatten, hing auch ein Großteil der Frauen mit großem Vertrauen am „Führer“.

„Nationale“ Außenpolitik

Die Nationalsozialisten gewannen die Mehrheit des Volkes auch durch eine Politik für sich, die die nationalen Gefühle ansprach. Als die Nationalsozialisten 1933 die Regierung übernahmen, waren noch wichtige Bestimmungen des Versailler Vertrages in Kraft – so das Verbot der allgemeinen Wehrpflicht, die Begrenzung der Reichswehr auf 100 000 Mann, Beschränkungen in der Bewaffnung der Reichswehr und die Entmilitarisierung des Rheinlandes. Eine Außenpolitik, die auf eine Beseitigung auch dieser Bestimmungen drängte, konnte mit der Zustimmung der überwältigenden Mehrheit der Deutschen rechnen. Im Oktober 1933 trat die Reichsregierung aus dem Völkerbund aus, weil dem Reich die militärische Gleichberechtigung weiterhin versagt wurde. Am 16. März 1935 verkündete die Reichsregierung die Wiedereinführung der allgemeinen Wehrpflicht. Damit verstieß sie erstmalig offen gegen Bestimmungen des Versailler Vertrages. Besonders Frankreich, England und das faschistische Italien protestierten scharf, ergriffen aber keine Gegenmaßnahmen. Am 7. März 1936 ließ die Regierung Truppen in das entmilitarisierte Rheinland einmarschieren. Sie verstieß damit zum zweiten Mal offen gegen den Versailler Vertrag. Die Siegermächte des Ersten Weltkriegs protestierten gegen diesen erneuten Vertragsbruch, ergriffen aber wieder keine Gegenmaßnahmen. Bei einer „Volksabstimmung“ stimmten am 29. März 1936 angeblich 98,8 Prozent der Wahlberechtigten für die Politik des „Führers“ und seiner Regierung.

2 *„Adolf Hitler – Napoleon jr.“? (USA 1933)*

3 ***„Der 9. November an der Feldherrnhalle“*** *– Hier hatte 1923 der Putschversuch Hitlers stattgefunden (Aquarell von Paul Hermann, 1940). Die Nationalsozialisten demonstrierten ihre Macht und inszenierten ihre eigene Geschichte in Veranstaltungen, die Anhänger und Gegner beeindrucken sollten. Warum wählten die Nationalsozialisten wohl dafür oft Abend- und Nachtstunden?*

4 ***Männer und Frauen***

Die NSDAP war eine Männerpartei. Männer hatten in ihr das Sagen. Hitler konnte sich Frauen nur als Mutter und „Ausführungsorgan des Mannes" vorstellen: „Wenn man sagt, die Welt des Mannes ist der Staat, die Einsatzbereitschaft für die Gemeinschaft, so könnte man vielleicht sagen, dass die Welt der Frau eine kleinere sei. Denn ihre Welt ist der Mann, ihre Familie, ihre Kinder und ihr Haus. Wo wäre aber die größere Welt, wenn niemand die kleinere Welt betreuen wollte? ... Die Vorsehung hat der Frau die Sorgen um diese ihr ureigenste Welt zugewiesen ..."

Auch da, wo einige wenige Frauen in Leitungspositionen aufstiegen, blieben sie „Ausführungsorgan des Mannes" – in karitativen Verbänden, in Frauen-Gruppen der Partei oder als gefürchtetes Aufsichtspersonal in Gefängnissen und Konzentrationslagern. –

Formuliere eine Stellungnahme zu Text und Bild aus Sicht einer selbstbewussten Frau der Weimarer Zeit.

Propaganda und Führerkult

Die Regierung stellte ihre Politik propagandistisch geschickt dar. Bereits am 13. März 1933 hatten die Nationalsozialisten ein „Ministerium für Volksaufklärung und Propaganda" eingerichtet, das über Presse, Radio, Film und andere Mittel die öffentliche Meinung einheitlich festlegen sollte. Leiter dieses Ministeriums wurde Joseph Goebbels. Goebbels nutzte vor allem das damals neue und faszinierende Massenmedium Radio, um die deutsche Bevölkerung zu beeinflussen. Ein beliebtes anderes Mittel waren Massendemonstrationen: Der Nationalsozialismus präsentierte sich in Aufmärschen immer wieder als eine starke und beeindruckende „Bewegung". Viele Menschen ließen sich durch solche Selbstdarstellungen blenden. Sie sahen in den Aufmärschen von uniformierten Kolonnen Symbole eines neuen, aufstrebenden, einigen Deutschlands und einer „wahren Volksgemeinschaft". Größten Wert legten die NS-Propagandisten darauf, den „Führer" Adolf Hitler herauszustellen und ihn wie einen übermenschlichen Politiker erscheinen zu lassen. Die Nationalsozialisten konnten ihre Ideologie und den Führerkult verbreiten, weil keiner öffentlich widersprechen konnte ohne sein Leben oder seine Freiheit zu riskieren: In Deutschland gab es keine Presse- und Informationsfreiheit mehr.

Kinderbuch

Volksgemeinschaft: Das war einer der wirkungsvollsten Begriffe der nationalsozialistischen Sprache. Er beinhaltete, dass alle Deutschen ungeachtet aller Unterschiede des Geschlechts und der Klasse, der Konfession und der Partei, des Berufs und des Einkommens als Deutsche denken und handeln und Sonderinteressen zurückstellen sollten („Gemeinnutz geht vor Eigennutz"). Der gefühlsmäßig aufgeladene Begriff ermöglichte es den Nationalsozialisten, bestehende Ungleichheiten in der Gesellschaft festzuschreiben, demokratische Bestrebungen als gemeinschaftsstörend abzuwerten und missliebige Personen oder Personengruppen als „Gemeinschaftsfremde" auszugrenzen (z. B. Juden, Sinti und Roma, Kommunisten, Zeugen Jehovas).

5 ***„Ein neuer Frühling"?***
Schlager der „Comedian Harmonists", September 1932:

Ein neuer Frühling wird in die Heimat kommen,
schöner noch wie's einmal war.
Ein neuer Frühling wird in die Heimat kommen,
alles wird so wunderbar.
Und man wird wieder das Lied der Arbeit singen, gerade so wie's einmal war.
Es geht im Schritt und Tritt
auch das Herz wieder mit,
und dann fängt ein neuer Frühling an.
Arbeit und Zufriedenheit und inn'rer Sonnenschein, das muss sein.
Du und ich, wir alle brauchen wieder neuen
Mut, dann wird's gut.
Uns're Heimat muss und bleibt besteh'n
und wird wieder schön.
Ein neuer Frühling …
Auch die grauen Wintertage gehen mal vorbei,
dann ist's Mai.
Und das große Wunder, das die Sonne wieder
schafft, gibt uns Kraft.
Unter die Vergangenheit ein Strich,
jeder hofft wie ich:
Ein neuer Frühling …

Text: Fritz Rotter/Peter Schäffers. Melodie: Willy Engel-Berger/Wilhelm Meisel. © Edition Intro Meisel GmbH, Berlin 1932.

6 ***Wozu „KdF" (Kraft durch Freude)?***
Robert Ley, Gründer und Leiter der „Deutschen Arbeitsfront" (DAF), äußerte 1940:*

Wir schickten unsere Arbeiter nicht auf eigenen Schiffen auf Urlaub und bauten ihnen gewaltige Seebäder, weil uns das Spaß machte oder zumindest dem Einzelnen, der von diesen Einrichtungen Gebrauch machen kann. Wir taten das nur, um die Arbeitskraft des Einzelnen zu erhalten und ihn gestärkt und neu ausgerichtet an seinen Arbeitsplatz zurückführen zu lassen. KdF überholt gewissermaßen jede Arbeitskraft von Zeit zu Zeit, genauso wie man den Motor eines Kraftwagens nach einer gewissen gelaufenen Kilometerzahl überholen muss.

* Nach Auflösung der Gewerkschaften war die DAF am 2. Mai 1933 als Zwangsorganisation aller Arbeitnehmer und Arbeitgeber gegründet worden.

Zit. nach: Hans Gerd Schumann, Nationalsozialismus und Gewerkschaftsbewegung, Hannover 1958, S. 142.

7 ***„Sozialismus der Tat"?***
August Winnig, ein früherer Sozialdemokrat, unterhielt sich 1935 mit Arbeitern über die Lage in Deutschland. Einer der Arbeiter sagte:

„Sehen Sie: jetzt im Mai war ich zwölf Tage am Rhein; erst gings mit der Bahn nach Düsseldorf, aber fein gefahren. Niemals mehr als sechs in einen Coupé und unterwegs tipptopp Verpflegung. Wir haben uns die Röhrenwerke angesehen, Riesenbetriebe, und wurden durch die Bildersammlungen geführt – großartig. Dann fuhren wir mit Autobussen nach Köln und sahen den Dom … Von Köln gings mit dem Schiff weiter: Loreley, Binger Mäuseturm – na, Sie werden das ja kennen. Aber nun frage ich Sie: Wer hat uns denn früher so etwas geboten? Wir logierten immer in den besten Hotels: haben wir uns das früher gedacht?" Der Mann sah zu seinem jungen Kameraden hinüber: „Man muss bei der Wahrheit bleiben; wir haben von dem Umschwung nur profitiert."

Ein anderer Arbeiter erwiderte daraufhin:
„Was da heute dem Arbeiter vorgemacht wird und wie er sich dazu verhält, das ist eine Affenschande. Von Ehre weiß der heutige Arbeiter nichts mehr. War das zu Ihrer Zeit auch so? Ich meine, damals hatte der Arbeiter noch seine Ehre. Heute schmeißt er sie für eine Rheinreise weg."

Geschichte in Quellen V, München 1961, S. 342.

8 ***Plakat*** *von 1934.*

9 Die öffentlichen Investitionen in Deutschland *1928, 1932–1938 (in Mio. Reichsmark).*

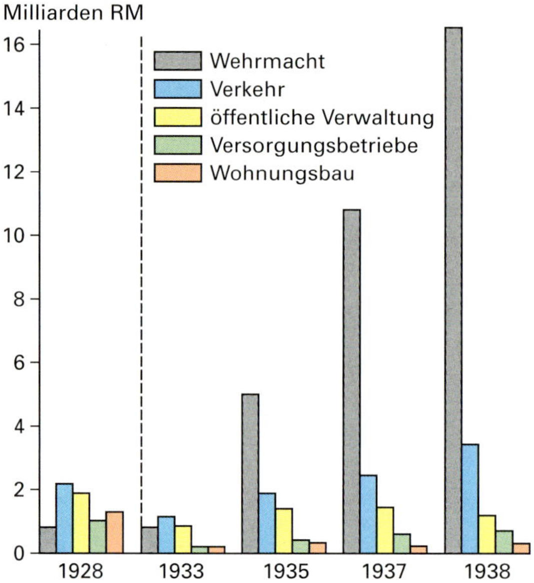

10 „Das nationale Empfinden"
Ein Sozialdemokrat berichtet dem Exilvorstand 1936 über die Stimmung im Volk nach dem Einmarsch in das entmilitarisierte Rheinland:

Es war für uns interessant, aus den verschiedenen Äußerungen, die man zu hören bekam, zu entnehmen, dass das nationale Empfinden in der Bevölkerung doch recht lebendig ist. Jeder empfand, dass in Hitlers Forderungen doch auch ein Stück Berechtigung steckt. Der Geist von Versailles ist allen Deutschen verhasst; Hitler hat nun diesen fluchwürdigen Vertrag doch zerrissen und den Franzosen vor die Füße geworfen. Recht hat Hitler, wenn er die Gleichberechtigung fordert. Recht hat Hitler, wenn er es den anderen einmal gründlich sagt. Sehr beachtlich war ferner, dass niemand an sofortige kriegerische Verwicklungen glaubte … Es wird ein bissl gekuhhandelt und dann wird es bleiben, wie Hitler sagt. Aber ein Kerl ist er doch, der Hitler, er hat den Mut, etwas zu wagen. So oder ähnlich konnte man überall die Meinungen des Volkes hören.

Deutschland-Berichte der Sopade, Dritter Jahrgang 1936, Salzhausen/Frankfurt 1980, S. 308

11 „An diesem Glauben gibt es keine Kritik!"
Rudolf Heß, Stellvertreter Hitlers in der NSDAP, sagte 1934 im Kölner Rundfunk:

Mit Stolz sehen wir: Einer bleibt von aller Kritik ausgeschlossen, das ist der Führer. Das kommt daher, dass jeder fühlt und weiß: Er hatte immer Recht und er wird immer Recht haben. In der kritiklosen Treue, in der Hingabe an den Führer, die nach dem Warum im Einzelfall nicht fragt, in der stillschweigenden Ausführung seiner Befehle liegt unser aller Nationalsozialismus verankert. Wir glauben daran, dass der Führer einer höheren Berufung zur Gestaltung deutschen Schicksals folgt. An diesem Glauben gibt es keine Kritik.

Dokumente der deutschen Politik, Bd. 2, Berlin 1938, S. 18.

12 Aufgaben der Propaganda, *Goebbels 1933:*

Es genügt nicht, die Menschen mit unserem Regime mehr oder weniger auszusöhnen, sie zu bewegen, uns neutral gegenüberzustehen, sondern wir wollen die Menschen so lange bearbeiten, bis sie uns verfallen sind!

Zit. nach: Ursachen und Folgen, Bd. IX, Berlin o. J., S. 429 f. und 430 f.

13 Entwicklung der Arbeitslosigkeit *(Durchschnitt)*

1933	1934	1935	1936	1937	1938	1939
4 804 428	2 718 309	2 151 039	1 592 655	912 312	429 461	118 915

Statistisches Jahrbuch für das Deutsche Reich 1939/40, Berlin 1940, S. 389.

a) *Nenne Beispiele für die „Modernität" der Nationalsozialisten in den Bereichen der Wirtschaft und Propaganda (VT, M3).*
b) *Welche Gründe sprachen für die meisten Deutschen für die von Hitler vertretene Politik? Kannst du Gegengründe vorbringen (VT, M7, M10)?*
c) *Die Nationalsozialisten und Hitler hatten die Mehrheit hinter sich. Dennoch sprechen wir von einer Diktatur. Wieso?*
d) *Fast alle Bilder aus diesem Kapitel und viele Bilder aus vorhergehenden und folgenden Kapiteln stammen aus der NS-Zeit. Woran erkennst du darunter die nationalsozialistischen Bilder (z. B. ADS, M1, M3, M4, M8)?*

1.2 „Ein Reich der Ordnung und Sauberkeit"?

Die Nationalsozialisten behaupteten schon nach wenigen Monaten, sie hätten „ein Reich der Ordnung und Sauberkeit" aufgebaut. Immer mehr deutsche Frauen und Männer glaubten ihnen. Die meisten übersahen, was nicht in dieses Bild passte.
Noch heute reden manche Deutsche davon, im „Dritten Reich" hätten Ruhe, Ordnung und Sauberkeit geherrscht. Unzufrieden mit der schwierigen Regierungsform der Demokratie, rufen sie nach dem „starken Mann", der „durchgreifen" soll. Sie verstehen unter „Ordnung und Sauberkeit", was auch die Nationalsozialisten darunter verstanden hatten. Was kann man ihnen antworten?

1 Wahlplakat der NSDAP vom November 1933
Im Oktober 1933 war Deutschland unter Protest aus dem Völkerbund ausgetreten. Für den 12. November 1933 setzte die Regierung Reichstagswahlen mit einer Einheitsliste an, um die gute Stimmung auszunutzen. – Was bedeuten hier „Ordnung und Sauberkeit"?

2 „Das Dritte Reich", *Holzschnitt von Gerd Arntz, 1934. Der Holzschneider Arntz zeigt ein anderes Bild von Deutschland als das nebenstehende Plakat. Er stellt die deutschen Verhältnisse wie in einer „Lehnspyramide" dar: Die Herrschenden sind oben, die arbeitende Bevölkerung ist unten angeordnet.*
Auf dem Bild ist nicht eine einzige Frau zu sehen – Zufall oder tiefere Bedeutung?
Gerd Arntz, einer der vielen Emigranten, die aus Deutschland vertrieben wurden, sagte 1988 zu seinem Bild: „Absichtlich steht die ganze Komposition etwas schief, hat etwas ‚Umfallendes'. Ich glaubte damals noch, dass das Dritte Reich nicht so lange dauern und Hitler beseitigt werden würde."

3 Wahlvorbereitungen

Aus den geheimen Deutschlandberichten der Exil-SPD (Sopade):

Im Gau Oberbayern-Schwaben wurden 4000 Wahlkundgebungen abgehalten. Es gibt wohl keinen Menschen im ganzen Gau, der nicht irgendwie einer direkten Beeinflussung unterzogen worden wäre. Alles nur Vorstellbare wurde versucht, um die letzten Regungen selbständigen Denkens zu ersticken. Flugzeuge, mit schreienden Aufschriften versehen, rasten über das Land, Ballone, behangen mit mächtigen Schriftfahnen, ließ man von München aus in alle Gaue starten, kein Dorf war zu finden ohne Riesentransparente, an den Kirchtürmen riesige Hitlerbilder und Aufschriften, Girlanden an den Fenstern, Schleifen und Rosetten an den Autos, Tannengrün an Lokomotiven, Wahlpropaganda an Obstkarren und Straßenbahnen, in Schaufenstern, auf Fabrikschloten, am Rinnstein, auf Kanaldeckeln. Ganz zu schweigen von den Fahnen, die aus jedem Loch in einer Mauer hingen … – Es ist schrecklich, in Deutschland zu leben, wenn man kein Nazi ist.

Sopade 1936, S. 429.

4 Fristlose Entlassung

Das Landesarbeitsamt Karlsruhe fällte im Juli 1934 folgende grundsätzliche Entscheidung:

Durch Entfernung vor Beginn des Singens des Deutschland- und des Horst-Wessel-Liedes aus den Geschäftsräumen und durch die Nichtteilnahme an gemeinschaftlichen Aufmärschen, Feiern und sonstigen Veranstaltungen der Belegschaft stellt sich ein Arbeitnehmer bewusst außerhalb der Volksgemeinschaft und zeigt hierdurch seine staatsfeindliche Einstellung. Dadurch wird die fristlose Entlassung gerechtfertigt.

Sopade 1935, S. 352.

5 „Privatsachen"?

Robert Ley, Leiter der „Deutschen Arbeitsfront" schrieb 1938:

In Deutschland gibt es keine Privatsache mehr! Wenn du schläfst, ist es deine Privatsache, sobald du aber wach bist und mit einem anderen Menschen in Berührung kommst, musst du eingedenk sein, dass du ein Soldat Adolf Hitlers bist und nach einem Reglement zu leben hast und zu exerzieren … Privatleute haben wir nicht mehr. Die Zeit, wo jeder tun und lassen konnte, was er wollte, ist vorbei.

R. Ley, Soldaten der Arbeit, München 1938, S. 31.

6 ***Das „neue Deutschland"*** *im Fibel-Bild „Von Drinnen und Draußen. Ein Lesebuch für die Kleinen", 1936.*

7 „In Schutzhaft genommen"

Aus internen Berichten von Justiz und Polizei in Bayern:

7. 1. 1937: „Wegen kommunistischer Betätigung und Vorbereitung zum Hochverrat (gemeinsames Abhören des Moskauer Senders und sonstige illegale Zusammenkünfte) wurden durch die Staatspolizeistellen Regensburg … in der Zeit vom 16.–21. 12. 1936 insgesamt 20 Personen festgenommen und der Staatsanwaltschaft überstellt; zwei von ihnen haben sich im Anschluss an die Vernehmungen im Gerichtsgefängnis erhängt."

10. 2. 1937: „Der ledige Bergarbeiter Alois Lechner wurde in das Konzentrationslager Dachau eingeliefert, weil er wiederholt mit anderen Arbeitskameraden den Moskauer Sender abgehört hat."

Februar 1937: „Auf einer Baustelle der Reichsautobahnstrecke Nürnberg–München haben die Maschinisten und Heizer … die Arbeit niedergelegt, um höhere Löhne zu erzwingen. Sie wurden in Schutzhaft genommen und durch andere Arbeiter ersetzt."

Zit. nach: Bayern in der NS-Zeit, München/Wien 1977, S. 261 ff.

8 Scheidungsgrund

Der nationalsozialistische „Stürmer" berichtet:

Ein wichtiges Gerichtsurteil

Ein Amtswalter der Partei hatte gegen seine Gattin ein Ehescheidungsverfahren eingeleitet, weil es zwischen ihm und seiner Ehefrau dadurch zu Auseinandersetzungen gekommen sei, dass seine Ehefrau trotz ausdrücklichen Verbotes immer noch in jüdischen Geschäften einkaufe, das Landgericht schied die Ehe aus alleinigem Verschulden der Ehefrau. In der Urteilsbegründung heißt es u. a.: „Wenn die Ehefrau eines Nationalsozialisten und erst recht eines nationalsozialistischen Amtswalters trotz Verbot ihres Mannes in Kaufhäusern und jüdischen Geschäften einkauft, so ist es dem Mann nicht zu verargen, dass seine eheliche Gesinnung erkaltet."

Der Stürmer, Nr. 38, September 1938.

9 Winterhilfe

Aus den geheimen Deutschlandberichten:

Wer sich bei den Nazibonzen gut anschmusen kann, wer etwas über die „Staatsfeinde" mitzuteilen weiß, wird besser betreut als derjenige, der es wirklich notwendig hätte, aber kein Lump ist. Ein Berginvalide mit Frau, der im Monat 57,– RM Rente bekommt, bekam zu Weihnachten von der Winterhilfe 2 Pfund Büchsenfleisch, $1^1/_2$ kg Mehl und 1 kg Zucker. Diese Spende erhielt so ziemlich jeder, der weniger als 60,– RM Rente bekommt. Betreut werden aber nur die Hilfsbedürftigen, die nachweislich keine „Staatsfeinde" sind.

Sopade 1938, S. 113.

10 „Pott-Kiekerei"

Über die Aufgaben der „Aufgangswalter":

Ein solcher „Aufgangswalter", wie man ihn nennen könnte, sammelt die Winterhilfsspenden ein, läuft mit allen möglichen Formularen herum, erkundigt sich nach allen Familienangelegenheiten und sucht alles und jedes in Erfahrung zu bringen. Er soll sich mit den Hausfrauen über die Preise und die Lebensmittelknappheit unterhalten, er dringt in die Wohnung ein, er soll feststellen, welche Zeitung die einzelne Familie hält, wie ihre Lebenshaltung ist usw. Sogar alte PGs (Parteigenossen) haben sich schon bis zur Gauleitung mit Protesten über diese Pott-Kiekerei gewendet.

Sopade 1937, S. 677 f.

11 „Zurückführung der Frau in den Haushalt"

Der nationalsozialistische „Völkische Beobachter" berichtet:

Im Kampf gegen die Arbeitslosigkeit ist die Zurückführung der Frau von der Arbeitsstätte in den Haushalt, wo das irgendwie angängig ist, eine der wichtigsten Aufgaben unserer Wirtschaft … (Darum) entschloss sich die Geschäftsleitung der Reemtsma-Zigaretten-Fabriken, das Aufbauwerk unseres Führers dadurch zu unterstützen, dass sie für jeden im Betrieb tätigen weiblichen Angestellten, der durch Eheschließung ausscheidet, eine männliche Arbeitskraft an deren Stelle setzte und außerdem jeder in den Ehestand tretenden weiblichen Arbeitskraft eine Ausstattungshilfe in Form eines Barschecks von 600 Reichsmark zur Verfügung stellte.

Völkischer Beobachter vom 23. Oktober 1933.

12 Fahnenappell

Alle Schülerinnen und Schüler mussten vor Beginn des Unterrichts zum Fahnenappell antreten und die Flaggenhissung mit dem „deutschen Gruß" begleiten. Das Bild stammt aus einer Fibel für Grundschulkinder. Neben der Hitlerjugend (HJ) sollte die Schule die Kinder und Jugendlichen „im Geist des Nationalsozialismus formen". Überdurchschnittlich viele Lehrerinnen und Lehrer waren Mitglieder der NSDAP und im „Nationalsozialistischen Lehrer-Bund" (NSLB).

a) Was meint M1 mit „Ordnung und Sauberkeit" (s. auch M4–5, M7–8, M11)?
b) Welche Handlungen galten im Dritten Reich als strafwürdig (M4, M7–8)?
c) War das Dritte Reich „ein Reich der Ordnung und Sauberkeit"? Beantworte diese Frage auch aus der Sicht einer heutigen Frau.
d) Warum war es für manche „schrecklich, in Deutschland zu leben"?

1.3 Jugend unter dem Hakenkreuz

1926	*Die Hitlerjugend (HJ) wird als nationalsozialistische Jugendorganisation gegründet.*
1930	*Mehrere nationalsozialistische Mädchengruppen werden im „Bund Deutscher Mädel in der HJ" (BDM) zusammengefasst.*
1936/39	*Das Gesetz über die Hitlerjugend wird erlassen. Die HJ wird zur Staatsjugend mit dem Auftrag, „die gesamte deutsche Jugend ... in der Hitlerjugend körperlich, geistig und sittlich im Geiste des Nationalsozialismus zum Dienst am Volk und zur Volksgemeinschaft zu erziehen". Die Hitlerjugend wird ein außerschulischer Zwangsverband mit Jugenddienstpflicht für alle Jugendlichen vom 10. bis zum 18. Lebensjahr.*
1939 bis 1945	*Die Hitlerjugend kommt zum Kriegseinsatz: Sammelaktionen und Hilfsdienste in Landwirtschaft und Wehrmacht; gegen Kriegsende – als letztes Aufgebot – Flakhelfer im „Volkssturm".*

Von der Parteijugend zur Staatsjugend

Die „Erfassung" der Jugend war dem NS-Regime besonders wichtig. Schon früh sollten Kinder im Sinne der nationalsozialistischen Ideologie erzogen werden, damit sie sich vollständig mit dem Staat identifizierten. Kurz vor der Machtübernahme Hitlers zählte die Hitlerjugend 100 000 Mitglieder. Doch schon bald nach dem Regierungsantritt wurden die meisten anderen noch bestehenden Jugendorganisationen zwangsweise „gleichgeschaltet", das heißt aufgelöst oder in die HJ übernommen – manche gliederten sich auch freiwillig in die Hitlerjugend ein. So war die HJ bereits Ende 1934 zu einer Massenorganisation mit 3,5 Millionen Mitgliedern geworden. Als „Staatsjugend" stand ihr in der Erziehung der gleiche Einfluss zu wie Elternhaus und Schule, wobei sie weltanschauliche Schulung und körperliche Ertüchtigung in den Mittelpunkt stellte – der Hintergrund dafür ist aus heutiger Sicht leicht zu erkennen.
Aus verschiedenen Gründen ist es der Hitlerjugend tatsächlich gelungen, die Mehrheit der Jugend für sich zu gewinnen; sicherlich sahen manche in der HJ auch Möglichkeiten für ihren persönlichen Aufstieg. Aber manche Jugendliche konnten sich dennoch dieser Vereinnahmung seitens des Staates entziehen. Nur die allerwenigsten wagten aber dies offen auszusprechen. Einige Jugendliche schlossen sich in eigenen Cliquen zusammen und distanzierten sich innerlich von der HJ, andere beteiligten sich sogar an Widerstandsaktionen.

1 Dienstpflicht
*Links: Jungvolk in der Hitlerjugend;
rechts: Bund deutscher Mädel (BDM)*

2 ***„Auch Du gehörst dem Führer"***
Propagandaplakat, 1936.

3 ***„Unsre Fahne flattert uns voran"***
Reichsjugendführer Baldur von Schirach schrieb für den Propagandafilm „Hitlerjunge Quex" (September 1933) das „HJ-Fahnenlied":

Vorwärts! Vorwärts! schmettern die hellen Fanfaren. Vorwärts! Vorwärts! Jugend kennt keine Gefahren. Deutschland, du wirst leuchtend stehn, mögen wir auch untergehn … Ist das Ziel auch noch so hoch, Jugend zwingt es doch!
Unsre Fahne flattert uns voran, in die Zukunft ziehn wir Mann für Mann. Wir marschieren für Hitler durch Nacht und durch Not, mit der Fahne der Jugend, für Freiheit und Brot. Unsre Fahne flattert uns voran. Unsre Fahne ist die neue Zeit. Und die Fahne führt uns in die Ewigkeit. Ja, die Fahne ist mehr als der Tod!
Jugend! Jugend! Wir sind der Zukunft Soldaten. Jugend! Jugend! Träger der kommenden Taten. Ja, durch unsre Fäuste fällt, was sich uns entgegenstellt. Jugend! Jugend! Wir sind der Zukunft Soldaten. Jugend! Jugend! Träger der kommenden Taten. Führer! Dir gehören wir, wir, Kam'raden dir!

Blut und Ehre. Lieder der Hitler-Jugend, hg. von Baldur von Schirach, Berlin 1933, S. 67.

4 ***Das Leben in der Hitlerjugend***

***a)** Ein ehemaliger „Pimpf" berichtet über seine Zeit im „Deutschen Jungvolk":*

An manchen Samstagen gehen wir auf Wochenendfahrt. Am Koppel hängt der prall mit Stullen gefüllte Brotbeutel, auf dem Brotbeutel die Feldflasche. Über der Schulter tragen wir, zusammengerollt, Decke und Zeltplane. Wir lernen, was feldmarschmäßig ist … Aus der Stadt heraus und bis zum Wald marschieren wir. Vor dem Wald löst sich die Einheit auf. Wir durchstreifen ihn schleichend, stets darauf bedacht, uns vor einem fiktiven Feind zu verbergen. Kein Wort fällt. Die Feldflasche darf nicht klappern, kein Ast darf knacken. Kurz vor dem Lagerplatz, der als „vom Feind besetzt" gilt, brechen wir mit Gebrüll zum Sturmangriff aus dem Gebüsch. Natürlich besiegen wir den Feind und schlagen da, wo er gelegen hat, unsere Zelte auf … Später schlafen wir in den Zelten ein. Wir schlafen ruhig: Draußen liegen zwei Kameraden beim klein gehaltenen Feuer und schieben Wache. Alle zwei Stunden ist Ablösung. Das Kameradschaftsgefühl gibt Sicherheit.
Am Sonntag das obligate Geländespiel, das Training im unerbittlichen Freund-Feind-Gefühl … Abends kommen wir nach Hause, müde, aber glücklich. Mancher trägt stolz am Kopf eine Beule in die Wohnküche, Mutter ist entsetzt, Vater ist stolz …
Wir hatten unsere eigene Welt. Vater war kein Kamerad, höchstens ein Vorgesetzter ohne Kompetenz. Mutter hatte ohnehin nicht viel zu sagen.

Zit. nach: Fritz Langour, Anschleichen, Tarnen, Melden. Ein Pimpf erinnert sich, in: Ein Volk, ein Reich, ein Führer. Band 2, bearb. v. Christian Zentner, Hamburg 1975, S. 406 ff.

***b)** Eine Jungmädelführerin:*

Wir machten eine Fahrt, wir wanderten, wir machten eine Schnitzeljagd, wir veranstalteten eine Fuchsjagd. Das waren so Wald- und Feldspiele, wie man sie vielleicht heute gar nicht mehr so spielt, aber die massig Spaß machten. Und hinterher wurde dann auch irgendwo ein Lagerfeuer entfacht und ein ordentlicher Kessel Erbsensuppe aufgesetzt. Und dieses alles, dieses Neue, dieses freie In-der-Natur-sich-bewegen-dürfen, ohne Zwang, ohne den strengen Blick des Vaters oder die Sorge der Mutter hinter sich zu spüren, dieses freie Selbstgestalten, das war es eigentlich, was sehr glücklich machte.

Zit. nach: Erika Martin in: „Glauben und rein sein …" – Mädchen im BDM, WDR-Schulfernsehen, Oktober 1994.

5 ***„Jugend dient dem Führer"***
Propagandaplakat

6 ***„... und sie werden nicht mehr frei"***
Aus einer Rede Adolf Hitlers in Reichenberg (Sudetenland), Dezember 1938:

Diese Jugend, die lernt ja nichts anderes als deutsch denken, deutsch handeln und wenn nun dieser Knabe, dieses Mädchen mit ihren zehn Jahren in unsere Organisationen hineinkommen und dort nun so oft zum ersten Mal überhaupt eine frische Luft bekommen und fühlen, dann kommen sie vier Jahre später vom Jungvolk in die Hitlerjugend, und dort behalten wir sie wieder vier Jahre und dann geben wir sie erst recht nicht zurück in die Hände unserer alten Klassen- und Standeserzeuger, sondern dann nehmen wir sie sofort in die Partei oder in die Arbeitsfront, in die SA oder in die SS, in das NSKK (Nationalsozialistisches Kraftfahr-Korps) und so weiter. Und wenn sie dort zwei Jahre und anderthalb Jahre sind und noch nicht ganze Nationalsozialisten geworden sein sollten, dann kommen sie in den Arbeitsdienst und werden dort wieder sechs und sieben Monate geschliffen, alle mit einem Symbol: dem deutschen Spaten.

Und was dann nach sechs oder sieben Monaten noch an Klassenbewusstsein oder Standesdünkel da oder da noch vorhanden sein sollte, das übernimmt dann die Wehrmacht zur weiteren Behandlung auf zwei Jahre, und wenn sie dann nach zwei oder drei oder vier Jahren zurückkehren, dann nehmen wir sie, damit sie auf keinen Fall rückfällig werden, sofort wieder in SA, SS und so weiter und sie werden nicht mehr frei ihr ganzes Leben und sie sind glücklich dabei. Langsam verschwinden aus ihrem ganzen Gesichtsfeld alle diese lächerlichen Vorurteile, unter denen vielleicht ihre Väter noch leiden mögen. Sie sehen sich ganz anders an, sie haben allmählich den Menschen kennengelernt, und wenn mir einer sagt: Ja, aber da werden doch welche überbleiben. Der Nationalsozialismus steht nicht am Ende seiner Tage, sondern erst am Anfang!

Tondokument Nr. C 1326 des Deutschen Rundfunkarchivs, Frankfurt a. M.

7 ***„Briefe eines Hitlerjugend-Führers"***
Die Briefe wurden in den „Schriften der jungen Nation" abgedruckt, die in Paris vom ehemaligen Führer der in die HJ überführten „Bündischen Jugend", K. O. Paethel, herausgegeben wurden. Paethel war 1933 nach Frankreich emigriert. Die Schriften wurden illegal nach Deutschland geschleust und dort verteilt:

Lieber Heinz,

... wenn ich dir heute schreibe, dann geschieht das nicht zuletzt deshalb, weil ich immerzu an deine leuchtenden Augen denken muss, mit denen du vor der Fahne deiner Formation hergingst und den Arm zum deutschen Gruß emporrissest, als du mich oben beim Stab des „Deutschen Jungvolk" stehen sahst ...

Weshalb ich so bitter bin? ...

Mein Lieber, glaubst du wirklich an die große Einigkeit unseres Volkes, die die phantastischen Wahlziffern uns vorzuspiegeln versuchen? Weißt du wirklich nicht um die tieferen inneren Risse im Fundament unseres Staatslebens? ...

Wir haben einst geschworen, immer wieder an unseren Feuern, dem wahren und echten Deutschland zu dienen, in dessen Gefolgschaft wir einst formulierten: „Die das Neue in sich tragen, dürfen nicht vergessen, dass sie des alten Staates grimmigste Feinde sind, dass das heilige Reich der Deutschen woanders liegt als der heutige deutsche Staat." Ist es nicht schon heute so, dass diese Kampfansage gegen Weimar, wenn wir ganz ehrlich sind, auch dem nationalsozialistischen Staat vielleicht bald gelten muss ... Wo sind denn all die Illusionen geblieben, mit denen die vielen wirklich zu Dienst und Einsatz bereiten Leute der Jugendbewegung, als unsere

Bünde trotz aller gegenteiligen Versprechungen 1933 verboten wurden, in die Hitlerjugend hineingingen?
Wo haben sich denn unsere Vorstellungen einer zuchtvollen und verantwortungsbewussten Jugend durchzusetzen vermocht?
Öde Soldatenspielerei mit zweifelhaftem militärischen Wert, dumpfes und borniertes Nachbeten von Parteiphrasen …, Strammstehen ohne jede eigene Initiative an der Stelle der vorgeblichen Selbstführung der Jugend …
Heinz, wir sind auf der falschen Front, fürchte ich! – Hier wird Deutschland in den Abgrund geführt. Ich weiß noch nicht, was wir tun können. Aber weil ich will, dass wir, du und ich und manche andere, die auch die Augen und Ohren offen haben, gemeinsam danach Ausschau halten sollen, was wir tun können, deshalb schreibe ich dir.

Archiv der sozialen Demokratie, Bonn-Bad Godesberg.

8 **Hitlerjugend und Schule**

a) *Kurz vor Schuljahresende 1935 schrieb der Vater eines Schülers an den Schulleiter:*

Am Montag, dem 18. 3., erhielt ein Zug des Jungvolkes, in dem mein 11-jähriger Junge Dienst tut, den Befehl, abends um 7 Uhr anzutreten, um im Stadttheater einen Gesangsvortrag einzuüben und vorzutragen. Der Junge wurde um 11 Uhr entlassen. Es kann wohl nicht dem Zwecke der Schule sowie dem Sinne des Elternhauses entsprechen, wenn die Schüler in ihrer anstrengenden Arbeit vor Jahresschluss in solcher Form gestört werden; auch geht eine derartige Anforderung entschieden über das Maß hinaus, das von höherer Stelle des Jugenddienstes genau festgelegt ist. Ich bitte Sie deshalb, an entsprechender Stelle meinen Einspruch gegen diese der Jugend erzieherisch und gesundheitlich schädliche Anordnung vorzulegen und um Vermeidung ihrer Wiederholung besorgt zu bleiben …
Mit deutschem Gruß
Dr. med. K., Augenarzt, Mönchengladbach

b) *Aus dem Brief des HJ-Bannführers (Bann 233 Ruhr/Niederrhein) an einen Stadtrat der Stadt Mönchengladbach, März 1934:*

Laut Anweisung der Gebietsführung bitte ich Sie an alle in Frage kommenden Schulen die Anweisung herauszugeben, dass Jg. [Jungen], die in Gefahr stehen Ostern nicht versetzt zu werden und aktiv in der HJ stehen, mir sofort gemeldet werden. Ich werde die einzelnen Fälle dann sofort prüfen, da laut Anweisung in besonders gelagerten Fällen wie außerordentliche Einsatzbereitschaft für die HJ – usw. Ausnahmen zulässig sind.

Stadtarchiv Mönchengladbach 17/257.

9 ***Ein 16-Jähriger*** *als Luftwaffenhelfer in den letzten Kriegstagen 1945. Alle nicht der Wehrmacht angehörigen Jungen ab 16 und Männer bis zu 60 Jahren wurden ab September 1944 in den „Volkssturm" einberufen, der als „Hitlers letztes Aufgebot" die Wehrmacht bei der Verteidigung bedrohter Heimatgebiete unterstützen sollte.*

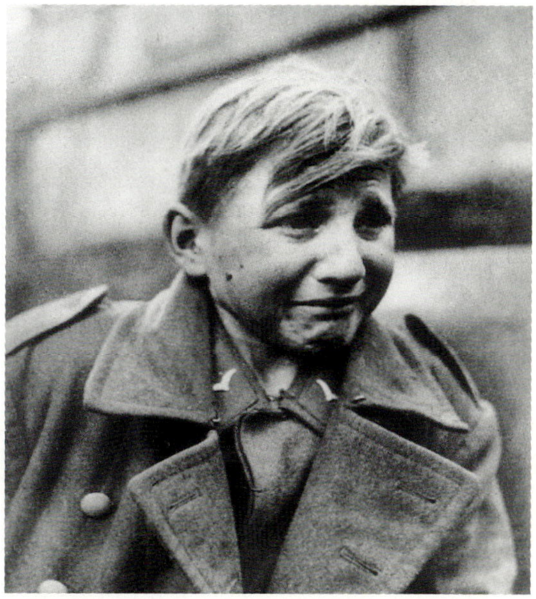

a) Wie wurden auf den Propagandaplakaten der HJ (M2, M5) und im „Fahnenlied" (M3) Mädchen und Jungen angeprochen?
b) Was faszinierte damals Jugendliche am Leben in der HJ (M1, M4)? Wie beurteilten andere Jugendliche, die sich innerlich von ihr distanziert hatten, die HJ und den NS-Staat (M7)?
c) Stelle aus M6 die Institutionen zusammen, die jeder Jugendliche zwangsweise durchlaufen sollte. Welche Erziehungsinstanz fehlte in Hitlers Aufzählung und warum? Ziehe M8 zur Begründung heran.
d) Was drückt die Bildquelle M9 aus? Vergleiche diese mit M5.

1.4 Ein Volk von Mitläufern?

Leben im totalitären Staat

Viele Deutsche wussten, dass sie jetzt in einem Unrechtsstaat lebten – in einem „totalitären Staat“. Wie konnte man in einem solchen Staat leben? Die meisten Menschen gingen ihren täglichen Geschäften nach oder passten sich irgendwie an – aus Angst, aus Gleichgültigkeit, aus Opportunismus, oft in der Hoffnung, dass bald alles vorüber sei. Viele wurden zu „Mitläufern“. Und alle wussten: Wer anders dachte als die Nationalsozialisten, wurde im „Dritten Reich“ verfolgt, eingeschüchtert, eingesperrt, an Leib und Leben bedroht.

Leben als Gegner

1 *NS-Ausstellungskatalog, 1938*

Aber es gab auch Gegner des Nationalsozialismus. Diese wurden, wenn man ihrer habhaft wurde, in „Schutzhaft“ genommen, d. h. verhaftet und eingesperrt mit der Begründung, die Verhafteten müssten vor dem Zorn und „gesunden Volksempfinden“ der anderen Deutschen geschützt werden.

Viele, die um ihr Leben fürchten mussten, vor allem politische Gegner und jüdische Deutsche, flohen aus ihrem Vaterland und lebten – zumeist unter Zurücklassung des größten Teils ihrer Habe – als „Emigranten“ in der Fremde und häufig im Elend. Viele der berühmtesten und in der Welt bedeutendsten deutschen Wissenschaftler und Künstler baten im Ausland um Asyl oder wurden von der nationalsozialistischen Regierung „ausgebürgert“. Ihre Musik durfte nicht mehr in Deutschland gespielt werden; ihre Bücher wurden öffentlich verbrannt; ihre Bilder und Skulpturen wurden als „entartete Kunst“ aus den Museen entfernt. Sie alle wurden als „undeutsch“ bezeichnet. Kritische Wissenschaftler und Künstler, die in Deutschland blieben, lebten meist zurückgezogen in „innerer Emigration“. Viele von ihnen hatten Berufsverbot.

Widerstand der Arbeiterbewegung

Organisierter politischer Widerstand wurde fast nur von Sozialdemokraten, Gewerkschaftern und Kommunisten geleistet, die ohne Zustimmung der übrigen Bevölkerung lebensgefährliche Aktionen unternahmen. Sie waren die entschiedensten Gegner des „Faschismus“ und von der Verfolgung Andersdenkender am stärksten betroffen. Die Nationalsozialisten hatten immer beabsichtigt, „den Marxismus bis zur letzten Wurzel in Deutschland auszurotten“ (Hitler).

2 ***Im Konzentrationslager Dachau (Foto von 1938)***
Schon 1933 richteten die Nationalsozialisten in Deutschland in aller Öffentlichkeit Konzentrationslager ein (KL, im Volksmund KZ genannt) – zuerst in Oranienburg bei Berlin. Viele lebten zehn Jahre und länger in den Lagern, wenn sie nicht ermordet wurden. – Versetze dich in die Lage eines Häftlings, der das Plakat liest.

3 Bücherverbrennung
Der in Paris im Exil lebende deutsche Künstler Heinz Kiwitz stellte 1938 die Bücherverbrennung von 1933 durch Korpsstudenten dar. Es spricht Joseph Goebbels, der als Propagandaminister die Bücherverbrennung organisiert hatte.

4 Arbeiterwiderstand
Illegaler Linolschnitt von Fritz Schulze, 1933, ein Flugblatt aus dem gefährlichen Widerstand der Arbeiterbewegung. Wer beim Herstellen oder Verteilen verhaftet wurde, musste mit dem KZ rechnen. Viele Juristen, dem gebildeten Bürgertum angehörend, urteilten Arbeiterinnen und Arbeiter hart und nach fragwürdigen Gesetzen ab. Viele Richter und Staatsanwälte standen dem Nationalsozialismus zustimmend gegenüber und zeigten dies auch in den Gerichtsverfahren.

Christlicher Widerstand

Briefkopf der „Deutschen Christen"

Die christlichen Kirchen beteiligten sich kaum am Widerstand gegen das nationalsozialistische Regime. Die Katholische Kirche protestierte, wenn der Staat die Rechte bedrohte, die er der Kirche 1933 im Konkordat zugesichert hatte (u.a. Sicherung der Bekenntnisschulen, Existenzrecht katholischer Verbände). In der Evangelischen Kirche unterstützte die Mehrheit – die „Deutschen Christen" – Partei und Regierung. Eine Minderheit – die „Bekennende Kirche" – stand dem totalitären Staat kritisch gegenüber.
Die Nationalsozialisten versuchten den Einfluss der Kirchen zu verringern. Sie übten Druck auf die Kirchen aus, um auch sie „gleichzuschalten". Dies gelang ihnen nur bei den „Deutschen Christen", die sogar den Antisemitismus bejahten. Viele einzelne Priester und Pfarrer dagegen widersetzten sich den Nationalsozialisten oder der Zusammenarbeit von Kirche und Nationalsozialismus. Viele von ihnen wurden verfolgt, eingesperrt und in Konzentrationslagern ermordet.

Totalitär: So nennt man einen Staat, der versucht mit modernsten Medien, mit Zwang und Terror das gesamte politische, gesellschaftliche und kulturelle Leben auf der Grundlage einer für alle verbindlichen Ideologie zu vereinheitlichen und zu kontrollieren. Innerhalb der Wissenschaft ist umstritten, ob faschistische und kommunistische Diktaturen gleichermaßen als totalitäre Staaten bezeichnet werden dürfen, weil bei allen formalen Ähnlichkeiten die inhaltlichen Unterschiede – Bekenntnis zu Traditionen, Normen und Zukunftsvorstellungen – sehr erheblich sind.

5 ***Seinen Parteiaustritt** begründet ein Sozialdemokrat im März 1933:*

Gemäß § 9 des Organisationsstatuts erkläre ich hiermit meinen sowie auch meiner Frau Austritt mit sofortiger Wirkung …

Als Behördenangestellter stehe ich vor einem Scheideweg. Einerseits sehe ich, wie sich mit Sicherheit bei meinem Arbeitgeber, dem Reich, die Tendenz durchsetzt, diejenigen Arbeitskräfte, die regierungsfeindlichen Vereinigungen angehören, nicht mehr zu dulden. Auf der anderen Seite steht die Treue zur Partei. Leider sehe ich keine andere Möglichkeit als meinen Austritt. Steht doch die Existenz meiner Familie auf dem Spiele. Sollte dennoch das Los der Arbeitslosigkeit nicht abzuwenden sein, das aus eigener Anschauung sehr hart sein kann, so brauche ich mir nicht vorzuwerfen, nicht alles getan zu haben im Interesse meiner Frau und meines Kindes.

Hans-J.

Zit. nach: Kurt Zentner, Illustrierte Geschichte des Dritten Reiches, München 1965, S. 139.

6 ***„Ich glaubte ihnen …"***

Eine ehemalige Nationalsozialistin über ihre Einstellung als junges Mädchen 1933:

Keine Parole hat mich je so fasziniert wie die von der Volksgemeinschaft … Ich glaubte den Versprechen der Nationalsozialisten, dass sie die Arbeitslosigkeit und damit die Not von sechs Millionen Menschen beseitigen würden. Ich glaubte ihnen, dass sie das deutsche Volk aus der Zersplitterung von mehr als vierzig politischen Parteien zu einer Einheit zusammenführen und dass sie die Folgen des Versailler Diktats überwinden würden. Wenn mein Glaube sich im Januar 1933 nur auf eine Hoffnung stützen konnte, so schien er bald genug auf Tatsachen hinweisen zu können.

Melita Maschmann, Fazit. Kein Rechtfertigungsversuch, Stuttgart 1963, S. 17, 22 f.

7 ***„Angst haben ist dagegen so menschlich"***

Ein Schweizer Journalist verteidigt deutsche Kollegen gegen den Vorwurf der Anpassung:

Denn wo wäre der Übermensch und Gigant, der einer der unduldsamsten und in gewissem Sinne auch mächtigsten Staatsgewalten, die je in Erscheinung traten, mit dem Mut zur eigenen publizistischen Courage in jedem Fall entgegenträte? Zwei hervorragende deutsche Schriftsteller, deren hier wieder einmal mit Respekt gedacht sei, Carl von Ossietzky, der ehemalige Herausgeber der „Weltbühne", und Ludwig Renn, der Verfasser des „Krieg", haben es gewagt; sie sind seit einem Jahr spurlos im Konzentrationslager verschwunden. Angst haben ist dagegen so menschlich; die Sorge vor dem sofortigen Verlust des Brotkorbs für den Fall der eigenen freien Meinungsäußerung, vor der dann kaum zu vermeidenden Armut, vor dem Hungern seiner selbst und vor allem der Familie, wer wäre ihr nicht zugänglich?

Basler Nationalzeitung vom 19. April 1934.

8 ***Mitläufer?***

Links: George Grosz: „Sie konnten nicht widerstehen", Karikatur, 1935.
Rechts: Berliner Werftarbeiter grüßen den Nationalsozialisten Hermann Göring (seit 1935 Oberbefehlshaber der Luftwaffe), Foto aus dem Jahre 1938. Das Bild war als Propagandaaufnahme gedacht.
Betrachtet genau und deutet die Haltung und Gestik der Arbeiter.

9 ***Aus einer Fibel für Grundschulkinder.*** *Für jedes Amt, Alter und Geschlecht – v. a. aber für Männer – gab es Uniformen: (v. l. n. r.) Pimpf, Hitlerjunge, BDM-Mädel, PL (Parteileiter)-Mann, Arbeitsdienst, Soldat, SA, SS – immer im Dienst, „allzeit bereit" dem Führer, der Partei und Deutschland zu dienen.*

10 *„Ich bitte Maßnahmen zu ergreifen..."*

Ein „Volksgenosse" wird denunziert:

Der Volksgenosse P. muss als nicht nationalsozialistisch zuverlässig angesehen werden. Er hält keine Zeitung. Wie mehrere Parteigenossen bestätigen, kauft er weder Plaketten, noch grüßt er mit dem „Deutschen Gruß".
An „W.H.W."-Sammeltagen (auch Eintopf) ist das Haus verschlossen.
Den Gruß „Heil Hitler" beantwortet er mit „Guten Tag" unter Abnehmen seines Hutes ... Selbst an hohen nationalsozialistischen Feiertagen zeigt er keine Flagge. Von der Empörung der Nachbarn und deren Verlangen auf Einschreitung habe ich mich überzeugt ... Ich bitte Maßnahmen zu ergreifen, dass P. empfindlich merkt, dass er sich nicht dauernd gegen die Volksgemeinschaft stellen kann.

Zit. nach: Inge Marßolek/René Ott, Bremen im 3. Reich. Anpassung – Widerstand – Verfolgung, Bremen 1986, S. 170 f.

11 *Mainzer Fastnacht, 1934*

Der Präsident des Mainzer Karneval-Vereins:

Alles ist heut umgestaltet
Alles ist heut gleichgeschaltet:
Zweckverbände, große, kleine
Turn-, Gesang- und Skatvereine,
Ziegenzucht und Bullenhaltung,
Polizei und Stadtverwaltung.
Alles ist heut solidarisch,
Bis zur Urgroßmutter arisch.
Und seit 52 Wochen
Uni-braun bis auf die Knochen.

Zit. nach: Kurt Zentner, Illustrierte Geschichte des Widerstandes in Deutschland und Europa 1933–1945, München 1966. S. 102.

12 *1934: Eine Frau in Schutzhaft*

Die Gestapo (Geheime Staatspolizei) begründet die „Schutzhaft":

Der Schutzhäftling
Grete Dankwart, geb. Pieper,
geb. am 16. 12. 88 zu Löbau, Berlin,
Strassmannstr. 4b wohnhaft,
wurde festgenommen, weil er am 25. 11. 1934 die Gräber der Rosa Luxemburg und des Karl Liebknecht auf dem Zentralfriedhof Berlin-Friedrichsfelde mit Blumen geschmückt hat. Er hat dadurch auch äußerlich seine Sympathie zum Kommunismus* ... zum Ausdruck gebracht und sich bewusst in Gegensatz zu der heutigen Staatsform und zur nationalsozialistischen Weltanschauung gestellt. Sein Verhalten und seine Handlungsweise sind geeignet, die Öffentlichkeit zu beunruhigen.
Das Geheime Staatspolizeiamt hat ... Schutzhaft bis auf weiteres angeordnet.

* unleserlich

Zit. nach: Hanna Elling, Frauen im deutschen Widerstand 1933–1945, Frankfurt a. M. 1978, S. 26.

13 *Über die deutsche „Verfassung"*

„Flüsterwitz" (nach 1934):

Die deutsche Verfassung ist bedeutend vereinfacht worden. Sie hat nur noch die folgenden drei Paragraphen: 1. Das deutsche Volk besteht aus dem Führer und den Angeführten. 2. Der Führer ernennt und erschießt seine Minister persönlich. 3. Alle Stände sind abgeschafft, insbesondere der Wohlstand und der Anstand. Zugelassen ist nur der Notstand.

Zit. nach: H.-J. Gamm, Der Flüsterwitz im 3. Reich, München 1963, S. 122.

14 ***Adolf Hitler begrüßt den Reichsbischof Müller*** *auf dem Nürnberger Parteitag 1934. In der Mitte Abt Schachleitner.*

15 „Deutsche Christen" und „Bekennende Kirche"

In der Evangelischen Kirche gab es zwei Richtungen: die „Deutschen Christen" und die „Bekennende Kirche".

a) *Aus den Richtlinien der „Deutschen Christen" in Thüringen, 11. Dezember 1933:*

… 3. Wie jedem Volke, so hat auch unserem Volke der ewige Gott ein arteigenes Gesetz eingeschaffen. Es gewann Gestalt in dem Führer Adolf Hitler und in dem von ihm geformten nationalsozialistischen Staat. Dieses Gesetz spricht zu uns in der aus Blut und Boden erwachsenen Geschichte unseres Volkes. Die Treue zu diesem Gesetz fordert von uns den Kampf für Ehre und Freiheit.

Zit. nach: Alfred Krink, Die NS-Diktatur, 3. Aufl., Frankfurt a. M. 1975, S. 88.

b) *Aus der „Barmer Erklärung" der „Bekennenden Kirche" vom Mai 1934:*

1. … Jesus Christus, wie er uns in der Heiligen Schrift bezeugt wird, ist das eine Wort Gottes, das wir zu hören, dem wir im Leben und im Sterben zu vertrauen und gehorchen haben. Wir verwerfen die falsche Lehre, als könne und müsse die Kirche als Quelle ihrer Verkündigung außer und neben diesem einen Worte Gottes auch noch andere Ereignisse und Mächte, Gestalten und Wahrheiten als Gottes Offenbarung anerkennen …

Zit. nach: Walter Hofer, Der Nationalsozialismus, Dokumente 1933–1945, Frankfurt a. M. 1957, S. 142 f.

16 „… auch das Gute und Große sehen"

Aus einem „Hirtenbrief" der katholischen Bischöfe aus dem Jahre 1936:

Hitler hat den Anmarsch des Bolschewismus von weitem gesichtet … Die katholischen Bischöfe halten es für ihre Pflicht, ihn in diesem Abwehrkampf mit allen Mitteln zu unterstützen, die ihnen aus dem Heiligtum zur Verfügung stehen … Auch dort, wo wir die Eingriffe in die Rechte der Kirche zurückweisen, wollen wir die Rechte des Staates auf staatlichem Gebiet achten und am Werk des Führers auch das Gute und Große sehen.

Zit. nach: E. Aleff, Das Dritte Reich, 7. Auflage, Hannover 1970, S. 99.

17 „Warum tut die Kirche nichts?"

Marga Meusel fragte die „Bekennende Kirche" 1935/36, warum diese nicht gegen die Verfolgung der jüdischen Deutschen protestiere:

Was soll man antworten auf all die verzweifelten, bitteren Fragen und Anklagen: Warum tut die Kirche nichts? Warum lässt sie das namenlose Unrecht geschehen? Wie kann sie immer wieder freudige Bekenntnisse zum nationalsozialistischen Staat ablegen, die doch politische Bekenntnisse sind und sich gegen das Leben eines Teils ihrer Glieder richten? … Und wenn die Kirche um ihrer völligen Zerstörung willen in vielen Fällen nichts tun kann, warum weiß sie dann nicht wenigstens um ihre Schuld? Warum betet sie nicht für die, die dies unverschuldete Leid und die Verfolgung trifft?

Zit. nach: Marga Meusel, Die Stellung der Kirche, in: Martin Niemöller (Hg.), Die Synode zu Steglitz, Göttingen 1970, S. 46–48.

18 Bücherverbrennung in Deutschland

Im Mai 1933 verbrannten Nationalsozialisten überall in Deutschland bei öffentlichen Kundgebungen die Bücher von berühmten deutschen Schriftstellern und Denkern, die sie als Gegner des Nationalsozialismus und als Neuerer in der Kunst hassten (z. B. Ernst Bloch, Bertolt Brecht, Thomas Mann, Heinrich Mann, Else Lasker-Schüler, Stefan Zweig, Erich Kästner, Anna Seghers und viele, viele andere). – Warnend hatte einer der größten deutschen Dichter, Heinrich Heine (1797–1856), geschrieben:

„Das war ein Vorspiel nur;
Dort wo man Bücher verbrennt, verbrennt man auch am Ende Menschen."

In Dortmund sprach ein Schüler-Sprechchor zur Bücherverbrennung folgenden Text:

Habt ihr die Feinde erkannt?
Reinigt das deutsche Land!
Her mit dem flammenden Brand!

Fort mit den falschen Propheten!
Lasst sie von andern anbeten.–
Wir aber wollen sie töten!
Was die uns Fremden schreiben,
was die uns Fremden dichten,
soll nimmer unter uns bleiben,
wollen wir heute vernichten!
Soll uns nicht mehr betören
ihre zersetzende Sucht.
Soll uns nicht mehr zerstören
deutsche Sitte und Zucht!

Schaffet, strebet, erweist
unsern, den deutschen Geist!

Alles verzehren –
Neues gebären,
segnen – verdammen
Feuer und Flammen!
Brenne, Flamme! Brenne!

Zit. nach: Generalanzeiger vom 31. Mai 1933.

19 *„Verbrennt mich!"*

Der Schriftsteller Oskar Maria Graf protestierte 1933 in der Wiener „Arbeiterzeitung" dagegen, dass die Nationalsozialisten seine Bücher (bis auf einen Roman) zum Lesen empfahlen:

Vergebens frage ich mich, womit ich diese Schmach verdient habe. Das Dritte Reich hat fast das ganze deutsche Schrifttum von Bedeutung ausgestoßen, hat sich losgesagt von der wirklichen Dichtung, hat die größte Zahl ihrer wesentlichsten Schriftsteller ins Exil gejagt … (Das ist) ein Nationalsozialismus, auf dessen Befehl alle meine aufrechten sozialistischen Genossen verfolgt, eingekerkert, gefoltert, ermordet oder aus Verzweiflung in den Freitod getrieben werden … Nach meinem ganzen Leben und nach meinem ganzen Schreiben habe ich das Recht, zu verlangen, dass meine Bücher der reinen Flamme des Scheiterhaufens überantwortet werden und nicht in die blutigen Hände und die verdorbenen Hirne der braunen Mordbanden gelangen! Verbrennt die Werke des deutschen Geistes! Er selber wird unauslöschlich sein, wie eure Schmach!

O. M. Graf, An manchen Tagen. Reden, Gedanken und Zeitbetrachtungen, Frankfurt a. M. 1961, S. 14 f.

20 *„Entartete Kunst"?*

Oskar Schlemmer, „Bauhaustreppe", 1932. Das Bauhaus war eine Hochschule für Gestaltung von internationaler Bedeutung, an der viele moderne Künstler lehrten (vgl. Kap. „Die Goldenen Zwanziger"). 1933 wurde die Schule von den Nationalsozialisten geschlossen.

a) Ein Volk von Mitläufern? Welche Verhaltensweisen von Deutschen lassen sich unterscheiden (VT, M5–8, M10–13, M15–17, M19)?
b) Wie erklärst du dir den schwachen Widerstand der Kirchen (VT, M16, M17)?
c) Der Widerstand aus der Arbeiterbewegung war sehr gefährlich, fast ohne Rückhalt in der Bevölkerung und weitgehend erfolglos. War er darum auch sinnlos? Erörtere diese Frage aus damaliger und heutiger Sicht.
d) Du findest auch in diesem Kapitel Zeugnisse von NS-„Kunst". Wie musste Kunst sein, um nicht als „entartet" zu gelten (M1, M3, M18, M20)?

2. Eine Diktatur gegen Minderheiten

1933–1945	*Minderheiten werden im Deutschen Reich ausgegrenzt und verfolgt.*
1935	*In den „Nürnberger Gesetzen" wird festgelegt, dass Juden nicht als „Reichsbürger" gelten; Ehen zwischen „Deutschen" und „Juden" werden verboten.*
9./10. Nov. 1938	*Die Nationalsozialisten führen ein Judenpogrom durch.*

Ausgrenzung der Minderheiten

Der Nationalsozialismus ermöglichte es vielen Deutschen, Vorurteile und Aggressionen gegen Minderheiten in Worten und Gewalttaten uneingeschränkt und in der Regel ungestraft auszudrücken und auszuleben. Leidtragende waren alle Angehörigen von missliebigen Minderheiten in Deutschland, insbesondere Deutsche jüdischer Herkunft, aber auch Sinti und Roma – damals „Zigeuner" genannt –, Homosexuelle und Anhänger religiöser Sekten wie die „Zeugen Jehovas". Ohne Rückhalt in der Bevölkerung, galten sie alle als „Gemeinschaftsfremde" und waren der Gewalt und Willkür missgünstiger Deutscher ausgeliefert. Regierung, Partei, Behörden und „150-prozentige" Nationalsozialisten setzten die deutschen Juden und die Angehörigen anderer Minderheiten seit 1933 dauernd unter Druck. Durch Gesetze, Verordnungen und Verfügungen wurden ihre Rechte und Lebensmöglichkeiten immer mehr eingeschränkt. Es gab keine Instanz, die sie um Hilfe hätten angehen können. Nur wenige Deutsche hatten den Mut, öffentlich gegen die Ausgrenzung und Verfolgung der Minderheiten zu protestieren. Die meisten, darunter einflussreiche Personen und Verbände, schwiegen – aus Angst, aus Opportunismus, aus Gleichgültigkeit, aus uneingestandenem Antisemitismus oder aufgrund anderer Vorurteile.

1 *Plakat zu einer NS-Ausstellung 1937*

Judenpogrom vom 9./10. November 1938

Im November 1938 organisierte die nationalsozialistische Führung die bis dahin größte Judenverfolgung. In Paris hatte ein Jude aus Protest gegen die Behandlung seiner Eltern durch deutsche Behörden einen deutschen Diplomaten erschossen. Das Attentat lieferte den Vorwand für das Judenpogrom in der Nacht vom 9. auf den 10. November 1938. In dieser Nacht steckten fanatische Deutsche überall in Deutschland jüdische Synagogen in Brand; stürmten, zer-

2 ***Boykott jüdischer Geschäfte***
SA-Leute stehen am 1. April 1933 als Boykottposten vor einem Kaufhaus in Berlin. Die Parteileitung der NSDAP hatte angeordnet, sämtliche jüdische Geschäfte und Praxen zu boykottieren. Es gehörte viel Mut dazu, den Parolen der gewaltbereiten SA-Leute nicht zu folgen.

3 „Der Jude ist kein Bürger“
Nach dem Programm der NSDAP konnte kein deutscher Jude deutscher Staatsbürger und „Volksgenosse“ sein. Seit den „Nürnberger Gesetzen“ von 1935 waren die deutschen Juden rechtlos jeglichen Schikanen ausgeliefert. Das Foto zeigt eine Horde der SA. – Wie deutest du Gestik und Mimik der Männer?

störten und plünderten jüdische Wohnhäuser, Geschäfte und Schulen; verprügelten, quälten und ermordeten jüdische Frauen und Männer. Die Polizei griff nicht ein und ließ die Antisemiten wüten, die angeblich „spontan“ handelten. Die Mehrheit der Bevölkerung scheint mit Betroffenheit, Angst und Scham auf die Brandstiftungen und Morde reagiert zu haben.

Antisemitische Maßnahmen

Unmittelbar nach dem Pogrom erließ die Regierung Gesetze und Verordnungen, die die Existenzmöglichkeiten der deutschen Juden aufs Äußerste einschränkten. Jüdische Kaufleute, Handwerker und Unternehmer wurden gezwungen, ihre Geschäfte und Unternehmen aufzugeben und weit unter Preis an ihre „arischen“ Konkurrenten zu verkaufen. Mittelständische Unternehmen konnten so ihre missliebige Konkurrenz ausschalten; viele große Konzerne überführten „jüdische“ Unternehmen in ihren Besitz.

„Kristallnacht“? Pogrom

Die Nacht vom 9. auf den 10. November 1938 wird von manchen noch heute gedankenlos als „Kristallnacht“ bezeichnet. Der Berliner Volksmund soll die Benennung wegen der vielen Glasscherben an zerstörten und geplünderten jüdischen Häusern und Synagogen erfunden haben. Die Nationalsozialisten übernahmen den Begriff in der „gleichgeschalteten“ Presse. Tatsächlich verharmlost dieser Begriff aber das organisierte Pogrom gegen Menschen, indem er ein schönes Wort für eine schreckliche Begebenheit setzt.

Antisemitismus: Dieses Wort bezeichnet eine seit vielen Jahrhunderten bestehende feindselige Einstellung gegenüber Juden. Seit der Zerstörung Jerusalems (70 n. Chr.) waren die Juden über die Welt zerstreut und lebten überall als Minderheit. Sie wurden immer wieder als Sündenböcke für missliebige Entwicklungen benutzt und verfolgt, zumal sie auch in der „Diaspora“ ihrer Religion und kulturellen Eigenart treu blieben. Neben dem Antisemitismus gab es immer auch einen christlichen Antijudaismus, der die Juden als „Christusmörder“ betrachtete. Der Völkermord an den europäischen Juden (Holocaust) durch Deutsche war der schreckliche Höhepunkt einer fast zweitausendjährigen Verfolgung. Und noch immer gibt es Antisemiten …

4 „… und trotzdem vernichten wir es“

Im Januar 1935 veröffentlichte das antisemitische Wochenblatt „Der Stürmer“, herausgegeben vom Gauleiter der NSDAP in Franken, Julius Streicher, den Brief einer Schülerin:

Gauleiter Streicher hat uns so viel von den Juden erzählt, dass wir sie ganz gehörig hassen. Wir haben in der Schule einen Aufsatz geschrieben unter dem Titel: „Die Juden sind unser Unglück“ … Leider sagen heute noch viele: „Die Juden sind auch Geschöpfe Gottes. Darum müsst Ihr sie auch achten.“ Wir aber sagen: „Ungeziefer sind auch Tiere und trotzdem vernichten wir es.“ … Wir standen am Rande des Grabes. Da kam Adolf Hitler. Jetzt sind die Juden im Auslande und hetzen gegen uns. Aber wir lassen uns nicht beirren und folgen dem Führer … Heil Hitler

Zit. nach: Kurt Zentner, Illustrierte Geschichte des Dritten Reiches, München 1965, S. 178.

5 Ein „Volksgenosse“ beschwert sich 1936

Die Nationalsozialisten unterschieden zwischen „Volksgenossen“ auf der einen Seite und „Gemeinschaftsfremden“, vor allem Jüdinnen und Juden, auf der anderen Seite. Die „Gemeinschaftsfremden“ wurden durch willkürliche Verordnungen und Maßnahmen schikaniert:

Wie ich heute Morgen feststellen musste, waren im Hansabad 3 Juden und zwar 1 Jude und 2 Jüdinnen. Es ist mir unverständlich, dass Juden dort zugelassen sind. Der Wärter sagte, es bestände dort … kein Judenverbot. Es ist aber höchste Zeit, dass ein solches Verbot in Kraft tritt, da auch in anderen Städten derartige Verbote für Juden bestehen. Vielleicht lässt sich dieses auch in Bremen durchführen.

Zit. nach: Inge Marßolek / René Ott, Bremen im 3. Reich. Anpassung – Widerstand – Verfolgung, Bremen 1986, S. 175.

6 Aus einem deutschen Kinderbuch, 1935

Unter dem Bild steht in deutscher Schrift folgender Text: „Im fernen Süden liegt das Land / Wo einst der Juden Wiege stand. / Dorthin soll'n sie mit Frau und Kind / So schnell wie sie gekommen sind! – / Seht an das jammervolle Bild / Die Juden garstig frech und wild: / Den Abraham, den Salomon, / Den Blumenfeld, den Lewinson, / Rebekkchen und Sohn Jonathan, / Dann Simon und auch Aaron Kahn – / Wie sie die Augen rollen / Und sich von dannen trollen…“

Die Worte im Bild: „Einbahnstraße, Tempo, Tempo, Die Juden sind unser Unglück!“

7 ***„Die Ortschaft … ist somit judenfrei"***

Aus dem Monatsbericht der Gendarmerie-Station Reichenhall, 29. Dezember 1938:

Am 13.12.1938 vergiftete sich die in Bayerisch Gmain wohnhaft gewesene 67-jährige verwitwete Jüdin und Schauspielersgattin Klara Dapper mit Veronal, weil man ihr in der Nacht vom 12./13.12. vor ihre Haustür in Bayerisch Gmain von bis jetzt unbekannten Tätern einen Zettel mit der Aufschrift gehängt hatte: „Alle Juden endlich einmal heraus!" Die Dapper hatte in Bayerisch Gmain ein Wohnhaus, das ihr Eigentum war. Die Ortschaft … ist somit judenfrei.

Zit. nach: Bayern in der NS-Zeit, München 1977, S. 479.

8 ***Ein „heimtückischer Angriff"?***

Bericht der politischen Polizei (März 1939):

Der evangelische Pfarrer Friedrich Seggel in Mistelgau (Landkreis Bayreuth) wurde am 28. Februar 1939 wegen Vergehens gegen … § 2 des Gesetzes gegen heimtückische Angriffe auf Partei und Staat angezeigt. Seggel hat am 16. November 1938 (Buß- und Bettag) bei seiner Predigt … die Juden in Schutz genommen. Dabei sagte er u.a.: „Die in den vergangenen Tagen (8., 9., 10. November 1938) … gegen die Juden durchgeführten Empörungsaktionen seien vom christlichen Standpunkte aus … zu verurteilen. Ein Christenmensch mache so etwas nicht, das seien Untermenschen gewesen …"

Zit. nach: Bayern in der NS-Zeit, München 1977, S. 479.

9 ***Am Pranger** wegen „Rassenschande" nach den „Nürnberger Gesetzen", Hamburg 1935.*
In den Nürnberger Gesetzen von 1935 waren Eheschließungen und außereheliche sexuelle Beziehungen zwischen „Juden" und „Staatsangehörigen deutschen oder artverwandten Blutes" verboten worden.

10 ***Aufkleber aus dem Jahre 1933***

11 ***„Ein Bibelforscher namens Rachuba"***

Die Ernsten Bibelforscher („Zeugen Jehovas"), die aus religiösen Gründen den Wehrdienst, jeglichen Eid und auch den „Deutschen Gruß" verweigerten, wurden besonders seit der Einführung der allgemeinen Wehrpflicht, 1935, verfolgt. Vor 1933 lebten etwa 6000 von ihnen in Deutschland. Mehr als 2000 wurden ermordet.
In einem Prozess nach dem Krieg sagten drei Zeugen über die Misshandlung eines Ernsten Bibelforschers im KZ Sachsenhausen aus:

„Ein Bibelforscher namens Rachuba war ein ungewöhnlich tapferer und standhafter Mann. Er nahm beim Abspielen der Nationalhymne und des Horst-Wessel-Liedes die Mütze nicht ab. Er wusste genau, dass er dafür bestraft wurde. Er kam in den Bunker und über den Bock. Er wurde bis zum Kopf eingegraben, nachdem er vorher von Sorge krumm geschlagen worden war …"
„Der Bibelforscher Rachuba konnte nur noch kriechen, trotzdem ist er von Sorge immer wieder gepeinigt worden. Trotz seines Zustandes hat Rachuba eine große Überlegenheit über seine Peiniger ausgestrahlt. Er hatte schon mit dem Leben abgeschlossen."
„Zwei Blockführer, einer von ihnen war Sorge, gruben Rachuba ein und verrichteten ihre Notdurft über den Kopf des Wehrlosen."

Sachsenhausen. Der Prozess gegen Sorge und Schubert, in: KZ-Verbrechen vor deutschen Gerichten, Frankfurt a.M. 1962, S. 196 f. – Aussagen vom 23. 11. 1958.

12 ***„Wir sehen mit Freuden …"***

Tempelhofer Zeitung vom 8. August 1936

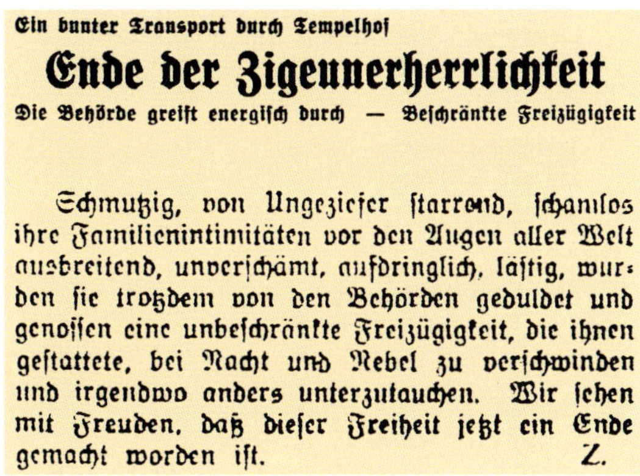

Ein bunter Transport durch Tempelhof

Ende der Zigeunerherrlichkeit

Die Behörde greift energisch durch — Beschränkte Freizügigkeit

Schmutzig, von Ungeziefer starrend, schamlos ihre Familienintimitäten vor den Augen aller Welt ausbreitend, unverschämt, aufdringlich, lästig, wurden sie trotzdem von den Behörden geduldet und genossen eine unbeschränkte Freizügigkeit, die ihnen gestattete, bei Nacht und Nebel zu verschwinden und irgendwo anders unterzutauchen. Wir sehen mit Freuden, daß dieser Freiheit jetzt ein Ende gemacht worden ist. Z.

13 *Geschichte im Comic?*

Das Bild aus einem Comic ist nach Fotos und Augenzeugenberichten gemalt und beschriftet. Es ist kein Zeugnis aus der Zeit, verwendet aber Zeugnisse aus der Zeit. – Welche Vorteile oder Nachteile hat es als „Quelle" gegenüber einem Foto?

14 *„Gemeinschaftsfremde"*

Nationalsozialistische Juristen arbeiteten ein „Gesetz über die Behandlung Gemeinschaftsfremder" aus, das wegen des Krieges nicht mehr in Kraft trat. Es zeigt aber, wie Nationalsozialisten über Minderheiten dachten. Die Bestimmungen über die „Gemeinschaftsfremden" waren absichtlich vage gehalten:

§ 1 Gemeinschaftsfremd ist:

1. Wer sich nach Persönlichkeit und Lebensführung, insbesondere wegen außergewöhnlicher Mängel des Verstandes und des Charakters außerstande zeigt, aus eigener Kraft den Mindestanforderungen der Volksgemeinschaft zu genügen.

2. Wer

a) aus Arbeitsscheu oder Liederlichkeit ein nichtsnutziges, unwirtschaftliches oder ungeordnetes Leben führt und dadurch andere oder die Allgemeinheit belastet oder gefährdet oder einen Hang oder eine Neigung zum Betteln oder Landstreichen, zu Arbeitsbummelei oder Diebereien, Betrügereien oder anderen nicht ernsthaften Straftaten oder zu Ausschreitungen in der Trunkenheit betätigt oder aus solchen Gründen Unterhaltspflichten gröblich verletzt oder

b) aus Unverträglichkeit oder Streitlust den Frieden der Allgemeinheit hartnäckig stört, oder

3. Wer nach seiner Persönlichkeit und Lebensführung erkennen lässt, dass seine Sinnesart auf die Begehung von ernsten Straftaten gerichtet ist (gemeinschaftsfeindlicher Verbrecher und Neigungsverbrecher) …

In der vorgesehenen Gesetzesbegründung hieß es u. a.:

Fürsorge kann nach nationalsozialistischer Auffassung nur Volksgenossen zugute kommen, die ihrer bedürftig aber auch würdig sind. Bei Gemeinschaftsfremden, die der Volksgemeinschaft nur Schaden zufügen, ist nicht Fürsorge, sondern Zwang auf polizeilicher Grundlage notwendig, mit dem Ziel, sie entweder durch geeignete Maßnahmen wieder als nützliche Glieder der Volksgemeinschaft zu gewinnen oder doch an einer weiteren Schädigung zu hindern. Der Schutz der Gemeinschaft steht dabei im Vordergrund … Dem Nationalsozialismus gilt der Einzelne nichts, wenn es um die Gemeinschaft geht.

Zit. nach: Detlev Peukert, Arbeitslager und Jugend-KZ: die „Behandlung Gemeinschaftsfremder" im Dritten Reich, in: D. Peukert/J. Reulecke (Hg.), Die Reihen fast geschlossen, Wuppertal 1981, S. 416 f.

a) Wie erklärst du den Hass und das Verhalten gegenüber Minderheiten?

b) Inwiefern kann man an dem Verhalten gegenüber Minderheiten ablesen, dass die Nationalsozialisten undemokratisch dachten und handelten?

c) Die Nationalsozialisten hatten schon vor der Machtübernahme gesagt, wie sie mit Minderheiten umgehen würden. Suche nach solchen Äußerungen in den vorhergehenden Kapiteln. Beschreibe, wie sie nach der Machtübernahme Minderheiten behandelten (alle Materialien dieses Kapitels).

d) Stelle eine Liste von Personengruppen zusammen, die nach dem Gesetzentwurf zu „Gemeinschaftsfremden" hätten erklärt werden können (M14).

3. „Heute (ge)hört uns Deutschland und morgen die ganze Welt“ – Der Zweite Weltkrieg

3.1 Friedenszeit? – Vorkriegszeit!

1936	*Deutsche Soldaten („Legion Condor“) und Truppen des faschistischen Italien unterstützen im spanischen Bürgerkrieg den Putsch der alten Machteliten gegen die gewählte „Volksfrontregierung“ (Sozialisten, Kommunisten, Linksrepublikaner). Ein deutscher Bombenangriff auf die Stadt Guernica richtet ein Massaker unter der Zivilbevölkerung an. Die faschistischen Staaten Deutschland und Italien verbünden sich in der „Achse Berlin–Rom“. Das expansive Japan schließt sich dem Bündnis an.*
1938	*Unter Protest von England und Frankreich, gegen den Widerstand der Regierung, aber mit Zustimmung der meisten Österreicher marschieren deutsche Truppen in Österreich ein. Die Reichsregierung beruft sich dabei auf das Selbstbestimmungsrecht der Völker. Das „Deutsche Reich“ wird zum „Großdeutschen Reich“. Danach fordert Hitler das Selbstbestimmungsrecht auch für die Sudetendeutschen. Seine Drohung mit Krieg führt zur „Münchener Konferenz“ (Deutschland, Italien, England, Frankreich). Vor allem England sucht durch Entgegenkommen einen Krieg zu vermeiden („Appeasement-Politik“): Das Sudetenland fällt dem „Großdeutschen Reich“ zu.*
März 1939	*Die Reichsregierung bricht das „Münchener Abkommen“, als deutsche Truppen auch die „Rest-Tschechei“ besetzen.*
August 1939	*Das Deutsche Reich und die Sowjetunion schließen einen Nichtangriffspakt. In einem geheimen Zusatzabkommen teilen sie Polen untereinander auf.*
1. September	*Wenige Tage später greifen deutsche Truppen Polen an. Sowjetische Truppen besetzen Ostpolen. Die Vorkriegszeit ist zu Ende.*

1 Recht auf Selbstbestimmung?
Das Foto zeigt Einwohner Prags beim Einmarsch deutscher Truppen. Die deutsche Regierung, die so sehr nach dem Selbstbestimmungsrecht für alle Deutschen gerufen hatte, missachtete mit der Besetzung der so genannten „Rest-Tschechei“ selber das Selbstbestimmungsrecht der Bevölkerung der Tschechoslowakei.

Kriegsziel Osteuropa

Die Nationalsozialisten hatten immer auf Gewalt gesetzt. Auch ihre außenpolitischen Ziele konnten sie nur mit Gewalt durchsetzen. Hitler hatte 1924 in seinem Buch „Mein Kampf" eine Ausdehnung Deutschlands nach Osteuropa gefordert. Er griff damit Vorstellungen auf, die von vielen Nationalisten auch schon früher vertreten worden waren. Das deutsche Volk – so hieß es – sei ein „Volk ohne Raum". Seit langem hatten Interessenverbände darauf hingewiesen, dass im Osten riesiger Raum für das deutsche Volk erobert werden könnte und sollte. Nach Hitlers Vorstellungen sollten die „rassisch minderwertigen" osteuropäischen Völker billige Sklavenarbeiterinnen und -arbeiter für deutsche Landwirtschafts- und Industriebetriebe in Osteuropa stellen. Die Verbände der Wirtschaft standen diesen Plänen nicht ablehnend gegenüber.

Drei Etappen der Außenpolitik

In der deutschen Außenpolitik sind drei Etappen zu unterscheiden:
1. In den ersten Jahren nach 1933 forderte die Regierung die Gleichberechtigung Deutschlands. Diese Politik gegen Bestimmungen des Versailler Vertrages war überaus populär. Sie entsprach dem Nationalgefühl der meisten Deutschen.
2. Ab 1938 verlangte die Reichsregierung das „Selbstbestimmungsrecht" für deutschsprachige Teile der Bevölkerung und für deutschsprachige Volksgruppen im Ausland. Auch diese Politik fand in Deutschland sowie in Österreich und im Sudetenland große Zustimmung.
3. Mit der Besetzung der „Rest-Tschechei" verstieß die Reichsregierung gegen das Selbstbestimmungsrecht. Sie war zur offenen Kriegspolitik übergegangen.

Der Beginn des Krieges

Reichskanzler Hitler hatte öffentlich jahrelang vom Frieden geredet, aber nie seine Pläne zur Eroberung von „Lebensraum" im Osten aufgegeben. Den „Anschluss" Österreichs und des Sudetenlandes hatte er mit der Androhung von Gewalt erpresst. Die Westmächte Frankreich und vor allem England hofften den Frieden in Europa durch eine „Appeasement-Politik" des Entgegenkommens bewahren zu können. Der deutsche Überfall auf Polen zwang sie wegen ihrer Garantieerklärung gegenüber Polen in den Krieg gegen Deutschland. Am 1. September 1939 begann der Zweite Weltkrieg als Krieg in Europa.

2 ***„Danzig grüßt seinen Führer".***
Zu Beginn des Krieges: Einwohner der „Freien Stadt" Danzig, die von polnischem Staatsgebiet umgeben war, feierten am 19. September 1939 begeistert die Eingliederung in das „Großdeutsche Reich". Sie wollten als Deutsche unter einer deutschen Regierung in einem deutschen Staat leben, auch wenn sie dann unter einer Diktatur lebten.

3 ***„Eroberung neuen Lebensraumes im Osten"***

Vier Tage nach seiner Ernennung zum Reichskanzler erklärte Hitler in einer geheimen Ansprache vor Generälen die Ziele der künftigen Politik. Ein anwesender Generalleutnant hielt stichwortartig fest:

… Aufbau der Wehrmacht wichtigste Voraussetzung für Erreichung des Ziels: Wiedererringung der pol. Macht. Allg. Wehrpflicht muss wieder kommen … Wie soll pol. Macht, wenn sie gewonnen ist, gebraucht werden. Jetzt noch nicht zu sagen. Vielleicht Erkämpfung neuer Exportmögl., vielleicht – und wohl besser – Eroberung neuen Lebensraumes im Osten u. dessen rücksichtslose Germanisierung.

Zit. nach: Vierteljahrshefte für Zeitgeschichte, 1954, S. 435.

4 ***„Deutschland will den Frieden"***

Am 21. Mai 1935 erklärte Hitler öffentlich:

Das nationalsozialistische Deutschland will den Frieden aus tiefinnersten weltanschaulichen Überzeugungen … Was könnte ich anderes wünschen als Frieden? Wenn man aber sagt, dass dies nur der Wunsch der Führung sei, so muss ich darauf folgende Antwort geben: Wenn nur die Führer und Regierenden den Frieden wollen, die Völker selbst haben sich noch nie den Krieg gewünscht! Deutschland braucht den Frieden und es will den Frieden!

Zit. nach: Ursachen und Folgen. Bd. X, Berlin o. J., S. 338 f.

5 ***„… nach der Gewalt zu schreien …"***

Am 10. November 1938 erklärte Hitler in einer geheimen Rede vor Journalisten:

Die Umstände haben mich gezwungen, jahrzehntelang fast nur vom Frieden zu reden … Der Zwang war die Ursache, warum ich jahrelang nur vom Frieden redete. Es war nunmehr notwendig, das deutsche Volk psychologisch allmählich umzustellen und ihm langsam klar zu machen, dass es Dinge gibt, die, wenn sie nicht mit friedlichen Mitteln durchgesetzt werden können, mit Mitteln der Gewalt durchgesetzt werden müssen. Dazu war es notwendig, nicht etwa nun die Gewalt als solche zu propagieren, sondern es war notwendig, dem deutschen Volk bestimmte außenpolitische Vorgänge so zu beleuchten, dass die innere Stimme des Volkes selbst langsam nach der Gewalt zu schreien begann.

Zit. nach: Hildegard von Kotze, Helmut Krausnick (Hg.), Es spricht der Führer, Gütersloh 1966, S. 269.

6 ***„Nur den Weg der Gewalt."***

Nach einer Aufzeichnung seines Adjutanten Oberst Hoßbach über eine Besprechung am 5. November 1937 in der Reichskanzlei erläuterte Hitler seine Pläne so:

Das Ziel der deutschen Politik sei die Sicherung und Erhaltung der Volksmasse und deren Vermehrung, somit handle es sich um das Problem des Raumes … Dass jede Raumerweiterung nur durch Brechen von Widerstand und unter Risiko vor sich gehen könne, habe die Geschichte aller Zeiten – Römisches Weltreich, Englisches Empire – bewiesen. Auch Rückschläge seien unvermeidbar. Weder früher noch heute habe es herrenlosen Raum gegeben, der Angreifer stoße stets auf den Besitzer. Für Deutschland laute die Frage, wo größter Gewinn unter geringstem Einsatz zu erreichen sei … Zur Lösung der deutschen Frage könne es nur den Weg der Gewalt geben …

Zit. nach: Ursachen und Folgen, Bd. XI, Berlin o. J., S. 545 ff.

7 ***„L'homme au double visage"***

„Der Mann mit den zwei Gesichtern". Karikatur aus der französischen Zeitung „Le Rempart", 1933. – Wie deutet der Zeichner die Politik Hitlers? Überprüfe die Deutung aus dem Jahre 1933 auch anhand der Zeugnisse Hitlers aus den folgenden Jahren.

8 Die Erweiterung des deutschen Machtbereiches 1935 bis Kriegsbeginn 1939

Nach dem „Anschluss" Österreichs sollten und wollten auch die Sudetendeutschen „heim ins Reich". Hitler drohte mit Krieg, wenn den Sudetendeutschen das „Selbstbestimmungsrecht" verweigert würde. Auf der Münchener Konferenz wurden die Sudetendeutschen und das Sudetenland an das „Großdeutsche Reich" angegliedert. Die tschechische Regierung wurde nicht gefragt. Schon im Mai 1938 hatte Hitler geschrieben: „Es ist mein unabänderlicher Entschluss, die Tschechoslowakei in absehbarer Zeit durch eine militärische Aktion zu zerschlagen." Am 15. März 1939 marschierten deutsche Soldaten in die „Rest-Tschechei" ein. Die Tschechoslowakei wurde durch eine militärische Aktion zerschlagen.

9 Reaktionen auf die Besetzung der Tschechoslowakei in Deutschland

Sozialdemokraten melden dem Exilvorstand:

1. … Die Überzeugung, dass dem „Führer" alles gelinge …, hat bei den primitiven Menschen neue Nahrung gewonnen.

2. Nicht gering ist aber auch die Zahl derjenigen, die diesem Gewaltstreich mit derselben stumpfen Gleichgültigkeit begegnen, die schon nach München vielfach zu beobachten war …

3. Eine dritte Gruppe stellt kritische Überlegungen an. Sie fragt sich, wie die Einverleibung der „Tschechei" mit den früheren Versicherungen Hitlers in Einklang zu bringen ist, dass es ihm nur auf die „Befreiung unterdrückter deutscher Minderheiten" ankomme; sie erkennt, dass hier zum ersten Male der neue deutsche Imperialismus weithin sichtbar zu Tage getreten ist.

4. Weit verbreitet – und auch den unkritisch Begeisterten oder … Gleichgültigen nicht fremd – ist …die Sorge, dass Deutschland mit dem neuesten „Sieg" der großen kriegerischen Auseinandersetzung und damit der abermaligen Niederlage wieder um einen Schritt näher gerückt ist.

Zit. nach: Deutschland-Berichte der Sozialdemokratischen Partei Deutschlands, Sechster Jahrgang 1939, Salzhausen/Frankfurt 1980, S. 275 f.

10 Reaktion des Auslands

Der britische Botschafter in Berlin schreibt am 16. März 1939 an seinen Außenminister:

Ein Kommentar gegen das Vorgehen Deutschlands in der Tschechoslowakei erscheint überflüssig … Wenn auch verwerflich in der Form und unwillkommen als Tatsache, so war die Eingliederung Österreichs und der Sudetendeutschen in das Reich im Prinzip keine unnatürliche Entwicklung, kein unedles Streben für die Deutschen und nicht einmal in einem ethischen Sinne unmoralisch. Beide, die Ostmark und das Sudetengebiet, sind von einer Bevölkerung bewohnt, die völlig deutsch ist und die an die Grenzen Deutschlands anstößt. Ihre Eingliederung in das Reich geschah daher in Übereinstimmung mit dem Recht der Selbstbestimmung. Die Annexion von Böhmen und Mähren liegt auf einer ganz anderen Ebene und kann nicht durch irgendeinen der Gründe gerechtfertigt werden, die einst die Opposition gegen die Eingliederung Österreichs und des Sudetenlandes schwächer machten. Sie widerspricht völlig dem Recht der Selbstbestimmung und ist absolut unmoralisch.

Zit. nach: K. Zentner, Illustrierte Geschichte des Dritten Reiches, München 1965, S. 441 f.

a) Stelle öffentliche und nicht-öffentliche Aussagen über Ziele der deutschen Außenpolitik nach 1933 zusammen (M3–6).

b) Inwiefern irritierte der Nichtangriffspakt zwischen dem Deutschen Reich und der UdSSR Nationalsozialisten und Kommunisten?

c) Die Kapitelüberschrift stammt aus einem Lied der HJ, in dem es hieß: „Denn heute hört uns Deutschland und morgen die ganze Welt". Die Abwandlung „gehört" wurde häufiger gesungen als das Original – warum?

3.2 Krieg – Weltkrieg – Totaler Krieg

1940	*Deutsche Truppen besetzen Dänemark und Norwegen, die Niederlande und Belgien und zwingen Frankreich zur Kapitulation (ein Teil Frankreichs bleibt unbesetzt und wird von der Regierung in Vichy regiert).*
10. Juni 1940	*Italien tritt aufseiten des Deutschen Reiches in den Krieg ein und versucht Eroberungen im Mittelmeerraum. Als die Versuche zu scheitern drohen, besetzen deutsche Truppen den Balkan, Griechenland und Nordafrika.*
22. Juni 1941	*Unter Bruch des Nichtangriffsvertrages fallen deutsche Truppen in die Sowjetunion ein. Stalin ruft den „Großen Vaterländischen Krieg" aus.*
7. Dezember 1941	*Japan greift die amerikanische Flotte in Pearl Harbor an. Der Krieg wird zum Weltkrieg (8. Dezember 1941: Kriegserklärung der USA an Japan; 11. Dezember 1941: Kriegserklärung Italiens und Deutschlands an die USA).*
Januar/Februar 1943	*Die Reste der deutschen 6. Armee kapitulieren in Stalingrad; 90 000 Soldaten geraten in sowjetische Kriegsgefangenschaft.*
10. Juli 1943	*Truppen der deutschen Kriegsgegner („Alliierte") landen in Sizilien.*
6. Juni 1944	*Die Invasion der Alliierten an der Westfront beginnt in der Normandie.*
Februar 1945	*Auf der Konferenz von Jalta beschließen die Regierungschefs der Alliierten, Roosevelt (USA), Churchill (Großbritannien) und Stalin (UdSSR), die Aufteilung Deutschlands in Besatzungszonen.*
30. April 1945	*Hitler und Goebbels begehen Selbstmord.*
8. Mai 1945	*Mit der Kapitulation der deutschen Wehrmacht endet der Krieg in Europa.*
6. August 1945	*Die USA vernichten durch eine Atombombe die japanische Stadt Hiroshima, wenige Tage später auch die Stadt Nagasaki.*
2. September 1945	*Japan kapituliert. Der Weltkrieg ist beendet – zu spät für mehr als 55 Millionen Menschen.*

Europa gegen den Bolschewismus?

Der Zweite Weltkrieg war für alle betroffenen Frauen, Männer und Kinder, vor allem für die Völker Osteuropas, eine grauenhafte Erfahrung. Die eigentlichen Ziele der NS-Kriegspolitik lagen im Osten. Die Nationalsozialisten behaupteten, der deutsche Krieg im Osten rette ganz Europa vor dem Bolschewismus. Sie forderten die übrigen europäischen Völker auf, sich dem Kampf gegen den Bolschewismus anzuschließen (links: Plakat aus dem besetzten Frankreich). Sie verschleierten damit, dass die Vernichtung der Sowjetunion die Bildung des „großgermanischen" Kolonialreichs im Osten einleiten sollte. Deutsche „Wehrbauern" sollten auf den besten Böden die Ernährungsgrundlage für die „deutsche Herrenrasse" schaffen. Jüdische und bolschewistische Frauen und Männer, die von vielen Deutschen als „Untermenschen" angesehen wurden, sollten umgebracht werden – und wurden umgebracht. Der „Generalplan Ost", den deutsche Beamte ausgearbeitet hatten, sah riesige „Verschiebungen" slawischer Völker nach Osten und die Vernichtung von bis zu 30 Millionen Menschen vor – vor allem Juden, Kommunisten, Sinti und Roma.

Unvergessene Verbrechen

Bei den Völkern Osteuropas ist bis heute unvergessen, was geschah, um die Pläne zu verwirklichen: SS-Männer, aber auch Soldaten der Wehrmacht ermordeten Millionen Kriegsgefangene und Zivilisten – wie ihnen von ihren Vorgesetzten befohlen wurde. 3,3 Millionen von 5,7 Millionen sowjetischen Kriegsgefangenen überlebten die Zwangsarbeit, die Unterernährung, die Seuchen in deutschen Lagern nicht. Sie „starben". Und so verloren insgesamt mehr als 20 Millionen Menschen allein aus der Sowjetunion im Krieg ihr Leben.

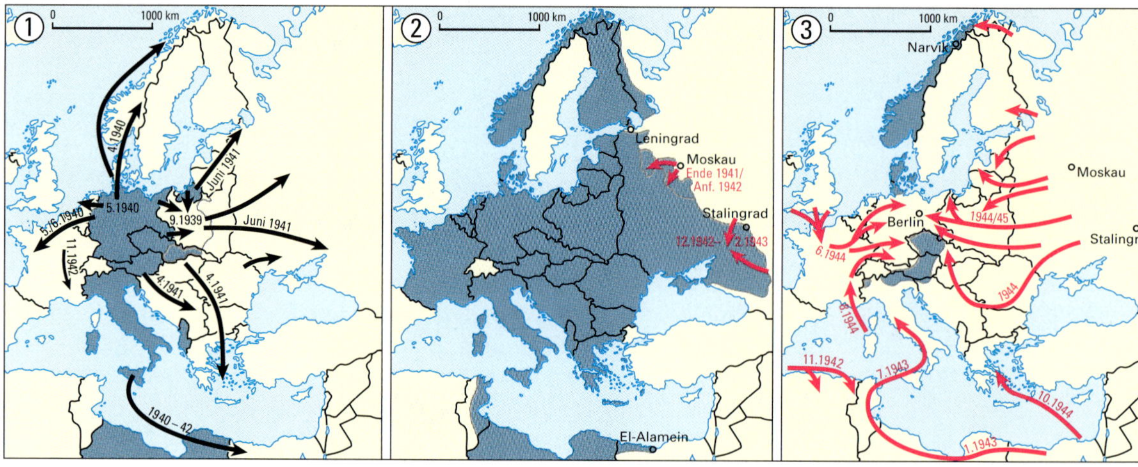

1 Der Krieg in Europa 1939–1945: *(1) Phase der deutschen „Blitzkriege"; (2) größte Ausdehnung der deutschen und italienischen Mächte während des Weltkrieges im Jahre 1942; (3) die Zeit der alliierten Invasion und Offensiven, die am 8. Mai 1945 zur Kapitulation des Deutschen Reiches führten.*

Von den „Blitzkriegen" zum „totalen Krieg"

Die Zeit der „Blitzkriege" war rasch vorbei. Der schnelle Sieg deutscher Truppen gegen Polen, Frankreich, die Niederlande und Belgien, Dänemark und Norwegen hatte einen großen Teil der deutschen Bevölkerung begeistert. Seit 1943 aber zeigte sich deutlich die Überlegenheit der verbündeten Gegner Deutschlands („Alliierte") an Menschen und Material. Als die Wende des Krieges gilt heute die Schlacht um Stalingrad. Dort kapitulierten Ende Januar/Anfang Februar 1943 nach monatelangen Kämpfen die Reste der deutschen 6. Armee. Es war die erste bedeutende Niederlage der Wehrmacht im Weltkrieg.

Wenige Tage später rief Goebbels die Deutschen zum „totalen Krieg" auf. Das gesamte Leben wurde auf den Krieg eingestellt. Immer schärfere Gesetze und Verordnungen bestimmten das Arbeitsleben und die Privatsphäre der Menschen. Immer härtere Gerichtsurteile (siehe Materialien) sollten nachdenklich werdende Deutsche einschüchtern. Und nun sollten auch die Frauen wieder in die Fabriken und Büros, um ihren Beitrag zum „Endsieg" zu leisten. Millionen „Fremdarbeiter" – nach Deutschland verschleppte ausländische Arbeiterinnen und Arbeiter – und Millionen Kriegsgefangene mussten wie Sklaven in der Landwirtschaft und in Fabriken arbeiten.

Kriegsende in Deutschland

Während an der Front die deutsche Wehrmacht Niederlage auf Niederlage erlebte, war die „Heimat" längst zur zweiten Front geworden. Hunderttausende von Frauen, alten Leuten und Kindern erfuhren, was moderner Krieg bedeutet – Bombenangriffe, brennende, verwüstete Städte, riesige Trümmerlandschaften. Die Stimmung war nicht gut, aber es kam auch zu keinem Aufbegehren. Bis zum Schluss des Krieges hatten viele Deutsche Angst vor der Niederlage. Sie erhofften von ihr keine „Befreiung vom Faschismus"; sie hatten Angst, dann komme der „Bolschewismus"; viele fürchteten auch die Rache der Sieger.

Kriegsende in Ostasien

Die USA drängten die Japaner in sehr verlustreichen Kämpfen („Inselspringen") in Ostasien immer weiter zurück. Um die Kapitulation zu erzwingen, setzten die USA zum ersten Mal in der Geschichte Atombomben gegen Menschen ein. In Hiroshima und Nagasaki starben daraufhin in Sekundenschnelle Hunderttausende von Menschen, die Städte boten ein Bild der Verwüstung. Das Ende des Krieges ist zugleich der Beginn eines neuen Zeitalters.

2 „Ich schäme mich ein Deutscher zu sein“

Schon Ende 1939 berichtete der deutsche Generalmajor Hellmuth Stieff, der früher den Nationalsozialismus begrüßt hatte, in einem Brief über Kriegsverbrechen von Deutschen in Polen:

Die blühende Phantasie einer Greuelpropaganda ist arm gegen die Dinge, die eine organisierte Mörder-, Räuber- und Plünderbande unter angeblich höchster Duldung dort verbricht … Die Ausrottung ganzer Geschlechter mit Frauen und Kindern ist nur von einem Untermenschentum möglich, das den Namen Deutsch nicht mehr verdient. Ich schäme mich ein Deutscher zu sein! Diese Minderheit, die durch Morden, Plündern und Sengen den deutschen Namen besudelt, wird das Unglück des ganzen deutschen Volkes werden, wenn wir ihnen nicht bald das Handwerk legen … Oder dies Gesindel geht gegen uns Anständige eines Tages ebenso vor und terrorisiert mit seinen pathologischen Leidenschaften auch das eigene Volk.

Zit nach: W. Marienfeld, Konferenzen über Deutschland. Teil I, (1941–44), Hannover 1982, S. 9 f.

3 „Aufstand des Untermenschen …“

Aus den „Mitteilungen für die Truppe“, Juni-Heft 1941:

Was Bolschewiken sind, das weiß jeder, der einmal einen Blick in das Gesicht eines der Roten Kommissare geworfen hat. Hier sind keine theoretischen Erörterungen mehr nötig. Es hieße die Tiere beleidigen, wollte man die Züge dieser zu einem hohen Prozentsatz jüdischen Menschenschinder tierisch nennen …

In der Gestalt dieser Kommissare erleben wir den Aufstand des Untermenschen gegen edles Blut. Die Massen, welche sie mit allen Mitteln eiskalten Terrors und blödsinniger Verhetzung in den Tod treiben, würden das Ende sinnvollen Lebens gebracht haben, wäre der Einbruch nicht in letzter Stunde vereitelt worden.

Zit. nach: Manfred Messerschmidt, Die Wehrmacht im NS-Staat. Hamburg 1969, S. 326 f.

5 „… erbarmungslose Ausrottung“

Aus dem Befehl des Armeeoberkommandos 6 über das „Verhalten der Truppe im Ostraum“ vom 10. Oktober 1941:

Geheim! Hinsichtlich des Verhaltens der Truppe gegenüber dem bolschewistischen System bestehen vielfach noch unklare Vorstellungen. Das wesentlichste Ziel des Feldzuges gegen das jüdisch-bolschewistische System ist die völlige Zerschlagung der Machtmittel und die Ausrottung des asiatischen Einflusses im europäischen Kulturkreis. Hierdurch entstehen auch für unsere Truppe Aufgaben, die über das hergebrachte einseitige Soldatentum hinausgehen … Fern von allen politischen Erwägungen der Zukunft hat der Soldat zweierlei zu erfüllen:

1. Die völlige Vernichtung der bolschewistischen Irrlehre, des Sowjetstaates und seiner Wehrmacht.
2. Die erbarmungslose Ausrottung artfremder Heimtücke und Grausamkeit.

Zit. nach: Der Prozess gegen die Hauptkriegsverbrecher, Bd. 35, S. 81 ff.

6 „Küsst in meinem Auftrag …“

Am 30. Oktober 1942 schreibt der sowjetische Soldat W. Kusnezow aus Stalingrad an seine Angehörigen:

Küsst in meinem Auftrag mein kleines und liebes Töchterchen. Möge sie ihren Vater nicht vergessen, der dafür kämpft, dass ihre Kindheit von faschistischen Schrecken bewahrt bleibe. Bringt dem Töchterchen bei, dass ihr keine Gefahr droht, solange ich und meine Kampfgenossen die Front halten.

Zit. nach: Nadeschda B. Krylowa, Feldpostbriefe von Rotarmisten – den Verteidigern Stalingrads. in: Stalingrad. Mythos und Wirklichkeit einer Schlacht, hg. von Wolfram Wette und Gerd R. Ueberschär, Frankfurt a. M. 1992, S. 104.

4 Rechts: **„Die Metamorphose (Verwandlung) der ‚Fritzen‘ (Schimpfwort für die Deutschen)“**
Sowjetische Karikatur aus dem Jahre 1942. Hitler, Oberbefehlshaber der Wehrmacht, befehligt die deutschen Soldaten.

7 Stalingrad

Aus dem Kriegsbrief eines deutschen Soldaten in die Heimat:

… Du bist mein Zeuge, dass ich mich immer gesträubt habe, weil ich Angst vor dem Osten hatte, vor dem Kriege überhaupt. Ich war nie Soldat, immer nur uniformiert. Was habe ich davon? Was haben die anderen davon, die sich nicht gesträubt haben und keine Angst hatten? …

Der Tod muss immer heroisch sein, begeisternd, mitreißend, für eine große Sache und aus Überzeugung. Und was ist es in Wirklichkeit hier? Ein Verrecken, Verhungern, Erfrieren, nichts weiter wie eine biologische Tatsache, wie Essen und Trinken. Sie fallen wie die Fliegen und keiner kümmert sich darum und begräbt sie. Ohne Arme und Beine und ohne Augen, mit zerrissenen Bäuchen liegen sie überall. Man sollte davon einen Film drehen, um den „schönsten Tod der Welt" unmöglich zu machen. Es ist ein viehisches Sterben, das später einmal auf Sockeln aus Granit mit „sterbenden Kriegern", die Binde um den Kopf oder den Arm, veredelt wird …

Zit. nach: Letzte Briefe aus Stalingrad, 71.–74. Tsd., Gütersloh 1957, S. 20 f.

9 ***„This is the Enemy"*** *– Das amerikanische Plakat von 1942 zeigt den Feind – einen deutschen Offizier mit Monokel …*

8 ***„Judenkomplott gegen Europa"***

Es gab viele NS-Plakate mit dieser Aussage.

10 ***„… exekutierte störungslos …"***

Bürokratisch korrekt wurden Kriegsverbrechen aktenmäßig vermerkt.

Aus der „Ereignismeldung UdSSR Nr. 132" des Chefs der Sicherheitspolizei und des SD, Gestapo-Abteilung Kommunismus vom 11. Dezember 1941:

In Borispol wurden auf Anforderung des Kommandanten der dortigen Kriegsgefangenenlager durch einen Zug des Sonderkommandos 4 am 14. 10. 41 752 und am 16. 10. 41 357 jüdische Kriegsgefangene, darunter einige Kommissare und 78 vom Lagerarzt übergebene jüdische Verwundete erschossen. Gleichzeitig exekutierte derselbe Zug 24 Partisanen und Kommunisten, die vom Ortskommandanten in Bristol festgenommen worden waren …

Ein anderer Zug des Sonderkommandos 4 a wurde in Lubny tätig und exekutierte störungslos 1865 Juden, Kommunisten und Partisanen, darunter 53 Kriegsgefangene und einige jüdische Flintenweiber.

Zit. nach: Anatomie des SS-Staates, Band 2; Gutachten des Instituts für Zeitgeschichte, München 1967, S. 161 f.

11 „Justiz" im totalen Krieg

Urteile des Volksgerichtshofes 1944:

Wegen Vergehens gegen das Heimtückegesetz, Verdachts der Wehrkraftzersetzung und Gerüchteverbreitung wurden 79 Personen zur Anzeige gebracht … Der Volksgerichtshof hat den August Lindner aus Landshut wegen Wehrkraftzersetzung zum Tode verurteilt. Wegen kommunistischer Mundpropaganda wurde der bereits wegen Vorbereitung zum Hochverrat mit 1 Jahr [und] 3 Monaten Gefängnis vorbestrafte … Otto Gulczinski, zuletzt beschäftigt bei einer Firma in Dingolfing, festgenommen und dem Richter überstellt …

Wegen Vorbereitung eines hochverräterischen Unternehmens in teilweiser Verbindung mit Abhören und Verbreitung ausländischer Rundfunksendungen wurden drei Personen aus Regensburg zu Zuchthausstrafen von 3 bis 5 Jahren, eine zur Gefängnisstrafe von 1 Jahr und 6 Monaten verurteilt … Wegen Beschimpfung des Führers und führender Persönlichkeiten wurde der frühere Kommunist Seiderer aus Eschlkam, Landkreis Kötzting, zum Tode … verurteilt.

Zit nach: Bayern in der NS-Zeit, München 1977, S. 316, 320.

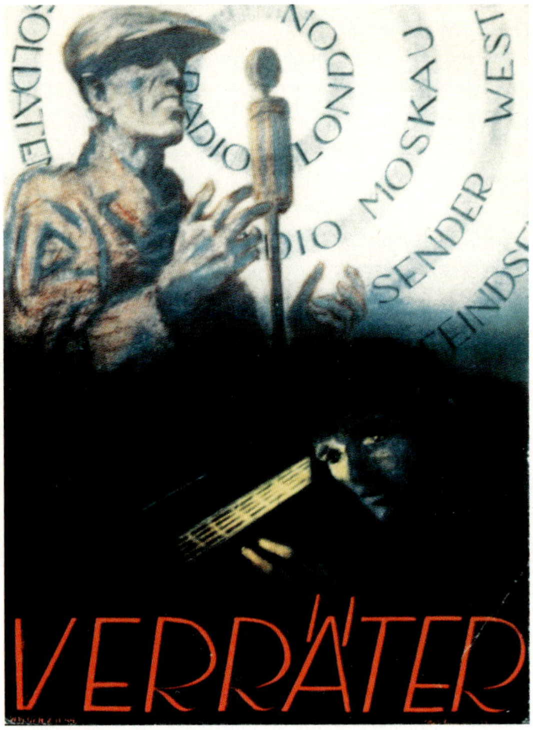

12 „Rundfunkverbrechen".
Plakat von Max Spielmanns, 1944

13 Der Zweite Weltkrieg, *1942*

– ein Krieg in Europa und Afrika, Ostasien und auf den Weltmeeren. Die Karte zeigt die größte Ausdehnung der Mächte Deutschland, Italien und Japan, die miteinander verbündet waren, aber unterschiedliche Kriegsziele verfolgten.

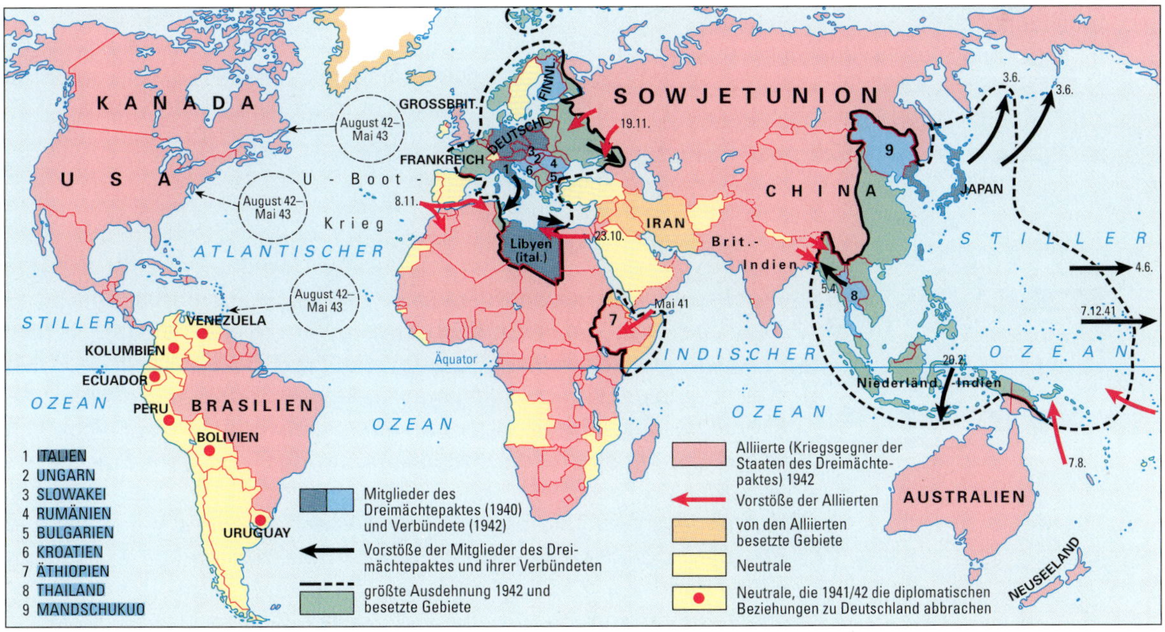

14 „Ausgebombt“ – *Mannheim 1944.*
Der Bombenkrieg, den die Deutschen mit Angriffen auf Guernica, mit der völligen Zerstörung Rotterdams aus der Luft, mit Angriffen auf London und andere englische Städte (Coventry) begonnen hatten, schlug auf Deutschland zurück. Nun nannten die Nationalsozialisten Bombenangriffe „Terrorangriffe“. Fast alle deutschen Städte, v. a. Großstädte, wurden erheblich zerstört. Hunderttausende kamen in ihren Häusern und in Bunkern um. Allein in Dresden starben in einer Februarnacht mehr als 200 000 Menschen bei einem britischen Bombenangriff, der bis heute umstritten ist – notwendige Kriegsmaßnahme oder Kriegsverbrechen? Ganz Deutschland wurde zu einer Trümmerlandschaft. Es sah nun in vielen Teilen so aus wie in weiten Teilen der Sowjetunion, in der deutsche Truppen Dörfer und Städte dem Erdboden gleichgemacht hatten, und wie in anderen Städten Europas, in denen die Wehrmacht „verbrannte Erde“ hinterlassen oder Vergeltungsaktionen wegen Partisanentätigkeit durchgeführt hatte.

15 Bertolt Brecht, 1949:

An meine Landsleute
Ihr, die ihr überlebtet in gestorbenen Städten,
Habt doch nun endlich mit euch selbst Erbarmen!
Zieht nun in neue Kriege nicht, ihr Armen
Als ob die alten nicht gelanget hätten:
Ich bitt euch, habet mit euch selbst Erbarmen!

Ihr Männer, greift zur Kelle, nicht zum Messer:
Ihr säßet unter Dächern schließlich jetzt
Hättet ihr auf das Messer nicht gesetzt
Und unter Dächern sitzt es sich doch besser.
Ich bitt euch, greift zur Kelle, nicht zum Messer!

Ihr Kinder, dass sie euch mit Krieg verschonen
Müsst ihr um Einsicht eure Eltern bitten.
Sagt laut, ihr wollt nicht in Ruinen wohnen
Und nicht das leiden, was sie selber litten:
Ihr Kinder, dass sie euch mit Krieg verschonen!

Ihr Mütter, da es euch anheimgegeben
Den Krieg zu dulden oder nicht zu dulden
Ich bitt euch, lasset eure Kinder leben!
Dass sie euch die Geburt und nicht den Tod
dann schulden:
Ihr Mütter, lasset eure Kinder leben!

Bertolt Brecht, Werke, Band 15, Frankfurt a. M. 1993, S. 205 f.

a) Welche politischen und militärischen Möglichkeiten ergaben sich für das Deutsche Reich und die UdSSR aus dem Vertrag vom 23. August 1939 (VT)?
b) Rekonstruiere aus den Karten den Verlauf des Zweiten Weltkriegs (M1, 13).
c) Was meinte der Wehrmachtsbefehl in M5 mit „Aufgaben, die über das hergebrachte einseitige Soldatentum hinausgehen“? Welche Folgen hatte er?
d) Wie sollte die besondere Kriegsführung im Osten gerechtfertigt werden (M3, M5, M8)?
e) Was änderte sich im „totalen Krieg“? Nenne Beispiele.
f) Diskutiert darüber, inwiefern es sich bei den Urteilen (M11) um Rechtsprechung handelt.
g) Inwiefern begann mit Hiroshima ein neues Zeitalter?

3.3 Holocaust – Shoa

1939–1941 ———— *Auf einen „Führerbefehl" hin ermorden Ärzte und ihre Helfer mehr als 100 000 geistig behinderte Menschen. Nach kirchlichen Protesten wird die Aktion beendet.*

20. Januar 1942 ———— *Auf der „Wannsee-Konferenz" besprechen Beamte und Parteifunktionäre die Planung und Durchführung der Vernichtung der europäischen Juden.*

1941/1942 ———— *Im besetzten Polen errichten Deutsche Vernichtungslager, in denen sie bis Kriegsende Millionen Menschen systematisch ermorden.*

„Das übergroße Verbrechen"

Am 27. Januar 1945 befreiten Soldaten der Roten Armee die wenigen noch überlebenden Frauen, Männer und Kinder im Vernichtungslager Auschwitz. Seit dem Jahr 1996 ist der 27. Januar in der Bundesrepublik ein offizieller Gedenktag, an dem der Opfer des Holocaust (oder: der Shoa) gedacht wird. Wer der Opfer gedenkt, muss auch die Täter nennen. Holocaust und Shoa sind Namen für „das übergroße Verbrechen" (Günter Grass), das Deutsche begangen haben – für die absichtsvolle und systematisch betriebene Ermordung und Vernichtung von Millionen Juden und anderen Menschen (wie etwa Sinti und Roma) aus Rassenhass, für den Völkermord (Genozid) an Menschen, die von Deutschen zu „Untermenschen" erklärt worden waren.
Nach Aussage des Lager-Kommandanten Rudolf Höß war Auschwitz „die größte Menschenvernichtungsanlage aller Zeiten". Aber Auschwitz war nicht die einzige „Todesfabrik". Auschwitz ist Symbol für den Holocaust geworden, der im Januar 1942 auf einer Konferenz in Berlin („Wannsee-Konferenz") von Regierungsbeamten und Parteifunktionären formell beschlossen und organisiert worden war. Sie wussten, dass sie gegen die Menschenrechte verstießen. Sie erfanden neue sprachliche Wendungen, um den Mord nicht beim Namen zu nennen. Die beteiligten Beamten nannten die geplante Vernichtung „Endlösung der Judenfrage"; die Ermordung von Frauen, Männern und Kindern aus rassistischen Gründen bezeichneten sie als „Sonderbehandlung".

1 ***„Selbstbildnis mit Judenpass"***
Gemälde von Felix Nussbaum, entstanden 1943. Nussbaum, ein Deutscher jüdischer Abstammung aus Osnabrück, floh 1933 nach Belgien, wo er nach dem Einmarsch der deutschen Truppen illegal bei Freunden lebte. 1944 verhaftet, wurde er in ein Vernichtungslager verschleppt und ermordet. Auf seinem Bild trägt er den „Judenstern", den alle Jüdinnen und Juden tragen mussten, und er zeigt seinen belgischen „Judenpass" – ein Gezeichneter. Ab 1. Januar 1939 mussten alle jüdischstämmigen Deutschen zusätzlich einen weiteren Vornamen annehmen, der sie als „Juden" kenntlich machen sollte: Frauen mussten den Namen Sarah, Männer den Namen Israel tragen. Der zusätzliche Vorname musste in den Personalausweis eingetragen werden. Jede Kennkarte enthielt zudem den großen Buchstaben „J" (Jude).

2 ***Warschau 1943***
Vor dem Abtransport in die Vernichtungslager erhoben sich die Frauen und Männer des Warschauer Ghettos. Deutsche Einheiten schlugen den Aufstand nieder. Der Bericht eines SS-Befehlshabers nennt 56 065 „nachweislich vernichtete Juden". Er enthält auch dieses Bild. „Mit Gewalt aus den Bunkern hervorgeholt" steht unter dem Bild (hier nicht abgedruckt).

Deportation, Selektion, Ermordung

Deutsche Sonderkommandos deportierten alle jüdischen Frauen, Männer und Kinder, derer sie habhaft werden konnten, aus ganz Europa in Viehwaggons nach Auschwitz, Majdanek, Sobibor und in andere Vernichtungslager. Dort wurden nach einer „Selektion" alle Kinder unter 15 Jahren und alle arbeitsunfähigen Frauen und Männer sofort in Gaskammern getötet und in Krematorien verbrannt; die noch Arbeitsfähigen wurden als Sklavenarbeiterinnen und Sklavenarbeiter eingesetzt. Die Arbeit war so schwer, dass die Beamten von einer „Vernichtung durch Arbeit" sprachen. Großunternehmen und Konzerne – darunter Siemens, Krupp, IG Farben – errichteten Fabriken neben den Vernichtungslagern und liehen sich von der SS arbeitsfähige Häftlinge als billige Arbeitskräfte. Ärzte machten tödliche „wissenschaftliche Experimente" mit den ihnen ausgelieferten Häftlingen. In ihrem Vernichtungswahn ermordeten die Täter Millionen Juden, Sinti und Roma, „slawische Untermenschen", „Bolschewisten", Homosexuelle – alle, die sie in ihrem Rassismus für „minderwertig" erklärten. – Dies alles geschah mitten im 20. Jahrhundert in dem von Deutschen besetzten Teil Europas.

Lehren von Auschwitz

Wie nur war Auschwitz, die Shoa, der Holocaust möglich? Hoffen wir nicht alle, dass die Mühseligkeit der menschlichen Existenz durch Technik und Rationalität allmählich behoben werden kann? Auschwitz aber zeigt, dass technischer Fortschritt noch keinen Fortschritt zu mehr Humanität einschließt. In technisch perfekt eingerichteten Todesfabriken wurden Millionen von Menschen nach Plan ermordet. Hier wurde Rationalität in den Dienst von Unmenschlichkeit gestellt – die Idee einer alle Menschen umfassenden Menschlichkeit war abhanden gekommen.

Holocaust: Das griechische Wort „holocauston" bezeichnete ursprünglich ein Brandopfer von Tieren. Ende der 1970er Jahre wurde der Begriff zur internationalen Bezeichnung für die durch Gas und Feuer betriebene Vernichtung der europäischen Juden im deutschen Herrschaftsbereich zwischen 1933 und 1945. Immer öfter wird für dieses Verbrechen auch der Begriff Shoa verwendet. Das hebräische Wort bedeutet großes Unheil, Katastrophe.

3 Deportation

a) Jüdische Frauen und Kinder stehen vor den Viehwaggons, in denen sie zu den Vernichtungslagern verschleppt werden. Die „Deutsche Reichsbahn“ machte ein gutes Geschäft mit den Transporten: Sie stellte der SS genau aufgeschlüsselte Rechnungen über die Kosten der Deportation – die Vernichtung der europäischen Juden war bürokratisch bis ins Detail geregelt.

***b)** „Und alles, weil sie Juden sind!“*
Aus dem „Tagebuch der Anne Frank“
19. November 1942.
Anne Frank (1929–1945), das deutsche jüdische Mädchen aus Frankfurt/M, lebt seit 1934 mit ihrer Familie in Amsterdam, seit dem 6. Juli 1942 versteckt in einem Hinterhaus.
Am 4. August 1944 wird die Familie Frank entdeckt, verhaftet und mit dem letzten Transport nach Auschwitz deportiert. Hier wird die Familie getrennt. Anne und ihre Schwester werden wenig später nach Deutschland transportiert und sterben im KZ Bergen-Belsen an Unterernährung und Typhus. Die Mutter stirbt in Auschwitz; allein der Vater überlebt.
Er erlebt die Befreiung des Lagers Auschwitz durch die Rote Armee am 27. Januar 1945.
Er veröffentlicht das Tagebuch der Anne Frank – ein erschütterndes Zeugnis der Verfolgung:

Abend für Abend rasen die grauen und grünen Militärautos durch die Straßen. Die „Grünen“ (das ist die deutsche SS) und die „Schwarzen“ (die holländische Nazi-Polizei) suchen nach Juden. Wo sie einen finden, nehmen sie die ganze Familie mit. Sie schellen an jeder Tür und ist es vergeblich, gehen sie ein Haus weiter. Manchmal sind sie auch mit namentlichen Listen unterwegs und holen dann systematisch die „Gezeichneten“. Niemand kann diesem Schicksal entrinnen, wenn er nicht rechtzeitig untertaucht … Es ist wie eine Sklavenjagd in früherer Zeit. Ich sehe es oft im Geiste vor mir: Reihen guter unschuldiger Menschen mit weinenden Kindern, kommandiert von ein paar furchtbaren Kerlen, geschlagen und gepeinigt und vorwärts getrieben, bis sie beinahe umsinken. Niemand ist ausgenommen. Die Alten, Babys, schwangere Frauen, Kranke, Sieche – alles, alles muss mit in diesen Todesreigen! … Mir ist so bange, wenn ich an alle denke, mit denen ich mich so eng verbunden fühlte, die nun ausgeliefert sind an die grausamsten Henker, die die Geschichte kennt. Und alles, weil sie Juden sind!

Das Tagebuch der Anne Frank, Frankfurt 1980, 53. Auflage, S. 46 f.

4 ***Anne Frank****, Foto aus ihrem Tagebuch.*
Zu dem Porträt schrieb Anne:
„Ich wünsche mir immer so zu sein wie auf diesem Foto. Dann hätte ich wohl noch eine Chance, nach Hollywood zu kommen.“

5 ***Kennzeichnung der KZ-Häftlinge*** *nach den Normen der NS-Schergen.*

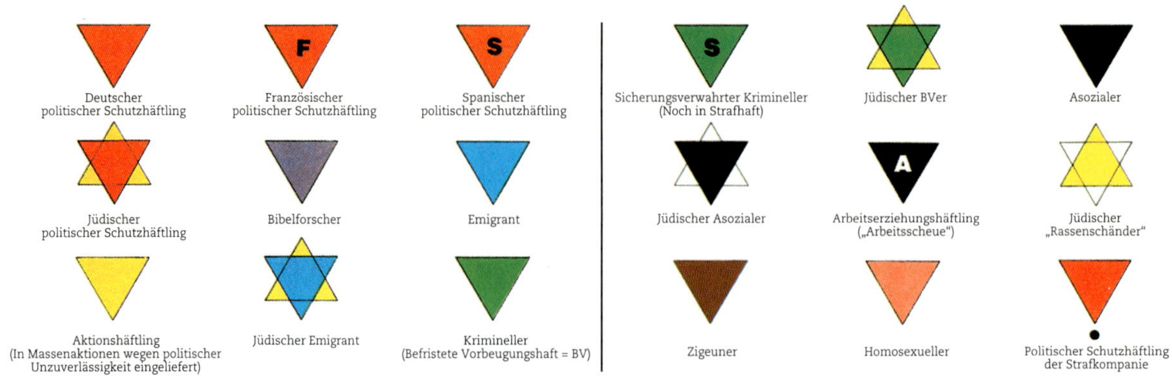

6 ***„Selektion"***

a) *Der Dortmunder Otto Hermann berichtet über das Konzentrationslager Auschwitz:*

Je weiter die Fahrt, Zug rollt durch Gleiwitz, Myslowitz, desto sicherer ist das Ziel: Auschwitz. Ein Arbeitslager? Was wissen wir darüber? Alles und nichts. Und dann noch ein paar Stationen, der Zug hält, wird auf ein anderes Gleis geschoben und bleibt stehen. Die 5 000 sehen hinaus: „Raus, rasch! Alles Gepäck im Waggon lassen. Mitnehmen verboten!“ Eine schmerzliche Überraschung folgt der anderen. Aufstellen zu zehnt, Stacheldraht mit den weißen Isolierknöpfen. Für die von ihnen, die schon einmal in einem Lager waren, das bekannte Bild: Das Deutsche Konzentrationslager.

Das Deutsche Konzentrationslager!

Und da steht die Schlange der 5 000. Schon willenlos. Eine Herde schaut und schaut. Wir wissen nicht, was mit uns geschieht. Das letzte, was wir an Kleidung und Lebensmitteln besaßen, bleibt zurück. Zur Verfügung der SS. Gut genährte Sträflinge räumen schon die Waggons aus. Kreaturen der SS versorgen sich mit Zigaretten, Armbanduhren, Gold, Trauringen. Wir 5 000 schließen auf. Wir sind in einem Waschraum. Ist das alles wahr? Ist das möglich? Um uns herum der Stacheldraht, elektrisch geladen: Verbrecher, ja, zu Verbrechern wurden wir gestempelt, weil wir Juden sind … Vorbei der Traum von all dem Schönen, was wir noch besaßen. Nur jetzt nicht denken an die Mutter, an die Frau, nur weg, weit weg mit den Gedanken. Wir fühlen, wie sich uns die Kehle zuschnürt, vor Augen das Gesicht unserer Lieben … Wir denken nur: Gott schütze sie vor diesem Schicksal!

Dann stehen wir vor dem SS-Mann. „Alter?“ – „37.“ – „Gesund?“ – „Ja.“ Kurzer forschender Blick, eine Handbewegung nach rechts. „Alter?“ – „52.“ – „Gesund?“ – „Kriegsverletzung am Arm.“ Der Daumen des SS-Mannes nach links deutend. Und so weiter. Der Sohn wird von dem Vater gerissen, Bruder von Bruder. „Kann mein Vater mit mir gehen?“ – „Nein“, sadistisch blickt der SS-Mann. Und weiter pflügt er sich durch den Haufen. Dann Abmarsch in die Blocks.

Zit nach: Widerstand und Verfolgung in Dortmund 1933–1945, hg. vom Stadtarchiv Dortmund, 2. Aufl. 1981, S. 298 f.

b) *In einer dienstlichen Mitteilung liest sich die „Selektion“ so:*

8. März 1943. Betrifft: Abtransport von jüdischen Rüstungsarbeitern. Am 5. und 7. März trafen folgende jüdische Häftlingstransporte ein: Transport aus Berlin, Eingang 5. März 1943, Gesamtstärke 1 128 Juden. Zum Arbeitseinsatz gelangten 389 Männer (Buna) und 96 Frauen. Sonderbehandelt wurden 151 Männer und 492 Frauen und Kinder …

Dokumenty i Materialy, Lódz 1946, S. 110.

c) *Ein bei der Selektion als arbeitsfähig eingestufter griechischer Jude erinnert sich:*

Schließlich trieb man uns zu einer Baracke mit der Nummer 15. Wir waren völlig erschöpft, aber es gab keine Sitzgelegenheit und wir durften uns auch nicht auf den Boden setzen. Da tauchte ein Gesicht auf, das uns bekannt war: Ein gewisser Leon Yahiel, der schon vor uns deportiert worden war. Jetzt gehörte er zum Personal, das die Ankommenden zu registrieren hatte. Er betätigte sich auch als Dolmetscher.

Ohne jede Einleitung erklärte er uns: „Gefangene! Ihr seid hier in einem Todeslager. Während ich zu euch spreche, sind eure Frauen und Kinder schon tot.“ Er zeigte mit dem Finger auf mehrere Gebäude, aus deren hohen Schornsteinen Flammen züngelten, und fuhr fort: „Die Flammen, die ihr

7 ***Auschwitz.*** *Kinder in Lagerkleidung am Zaun des Vernichtungslagers.*

dort aufsteigen seht, kommen von ihren brennenden Körpern. Die großen Gebäude, die wie Fabriken aussehen, sind Krematorien. Von jetzt an ist jeder von euch allein auf der Welt und keiner weiß, wie lange er noch auf der Welt bleibt. Ihr werdet unter Bedingungen arbeiten müssen, die schlimmer sind als bei Galeerensträflingen. Jeder von euch muss versuchen durchzukommen, wenn er so lange wie möglich am Leben bleiben will."

Zit. nach: Albert Ménaché, Ankunft in Auschwitz, in: Auschwitz, hg. von H. G. Adler u. a., 5. Aufl., Köln/Frankfurt 1984, S. 61.

8 ***Industrieller Massenmord in Auschwitz***

Ein ungarischer Häftling erinnert sich:

Der Verbrennungssaal ist etwa hundertfünfzig Meter lang; es ist ein heller Raum mit weiß getünchten Wänden, Betonfußboden und vergitterten Fenstern. Die fünfzehn Öfen selbst sind in eine Wand aus roten Ziegeln eingelassen. Riesige Eisentüren, glänzend vor Sauberkeit ... Das ist eines der Krematorien, das diejenigen erwartet, die bei der Selektion nach links geschickt wurden ... Mit langsamen, müden Schritten gehen sie vorwärts. Kinder, denen die Augen vor Müdigkeit zufallen, klammern sich an die Kleider ihrer Mütter, Säuglinge werden meistens von Vätern getragen oder im Kinderwagen geschoben. Der Raum, in den die Ankommenden nun geführt werden, ist ungefähr zweihundert Meter lang, weißgekalkt und grell erleuchtet. In der Mitte des Saales stehen Säulenreihen. Um die Säulen herum und an den Wänden entlang stehen Bänke, über denen sich nummerierte Kleiderhaken befinden. Zahlreiche Tafeln weisen jeden in seiner eigenen Sprache an, die zusammengebundenen Schuhe und die Kleider an den Haken zu hängen. Vor allem sich die Nummer des Hakens zu merken, um bei der Rückkehr aus dem Bad unnötige Verwechslungen zu vermeiden. „Echt deutsche Ordnung" sagen jene, die seit langem dazu neigen, diesen Ordnungssinn zu bewundern. Und sie haben recht. Diese Maßnahmen dienen tatsächlich der Ordnung: Die Tausende guter Schuhe, auf die man im Dritten Reich schon lange wartet, sollen nicht durcheinander kommen. Für die Kleider gilt dasselbe – die Bevölkerung der bombardierten Städte wird sie tragen. Dreitausend Menschen sind nun im Saal, Männer, Frauen, Kinder. SS-Männer erscheinen und befehlen ihnen, sich innerhalb von zehn Minuten ... auszuziehen ... Ein SS-Mann drängt sich durch die Masse und öffnet die beiden Flügel der großen Eichentür am Ende des Saales. Die Menge schiebt sich durch die Tür in den anliegenden Raum, der ebenfalls hell erleuchtet ist. Er hat dieselbe Größe wie der erste, aber keine Bänke und keine Kleiderhaken. In der Mitte des Saales, im Abstand von etwa dreißig Metern, stehen Säulen, die vom Betonboden bis zur Decke führen. Es sind keine Stützsäulen, sondern viereckige Eisenblechrohre, deren Wände wie ein Drahtgitter durchlöchert sind ... Gas entströmt durch die Löcher und füllt in wenigen Augenblicken den Raum, in dem die Deportierten zusammengepfercht sind. In fünf Minuten sind alle getötet ... Die Türen öffnen sich, Lastwagen kommen herangefahren ... Vier große Lastenaufzüge sind in Betrieb. Es werden jeweils zwanzig bis fünfundzwanzig Tote verladen. Ein Klingelzeichen meldet, wenn die Ladung fertig ist und der Fahrstuhl abfahren kann. Der Aufzug hält beim Einäscherungssaal des Krematoriums, dessen große Türflügel sich automatisch öffnen ... Dichtgedrängt liegen die Leichen in Reihen ... Sie werden zu dritt auf eine Schiebe aus Stahlblech gelegt. Automatisch öffnen sich die schweren Ofentüren und das Schiebewerk wird in den bis zur Weißglut erhitzten Ofen eingeführt. In zwanzig Minuten sind die Leichen eingeäschert ... Es bleibt von ihnen nichts mehr zurück als die Asche im Ofen, die von Lastwagen zur zwei Kilometer entfernten Weichsel gefahren wird.

M. Nyszli, Médecin à Auschwitz, Paris 1961, S. 52–61.

9 „Ruhmesblatt unserer Geschichte"?

In einer Rede vor SS-Führern erklärte Heinrich Himmler, der Reichsführer-SS, am 4. Oktober 1943 in Posen:

Ich will hier vor Ihnen in aller Öffentlichkeit auch ein ganz schweres Kapitel erwähnen. Unter uns soll es einmal ganz offen ausgesprochen sein und trotzdem werden wir in der Öffentlichkeit nie darüber reden … Ich meine jetzt die Judenevakuierung, die Ausrottung des jüdischen Volkes. Es gehört zu den Dingen, die man leicht ausspricht – „Das jüdische Volk wird ausgerottet", sagt ein jeder Parteigenosse, „ganz klar, steht in unserem Programm, Ausschaltung der Juden, Ausrottung, machen wir." Und dann kommen sie alle an, die braven 80 Millionen Deutschen, und jeder hat seinen anständigen Juden. Es ist ja klar, die anderen sind Schweine, aber dieser eine ist ein prima Jude. Von allen, die so reden, hat keiner zugesehen, keiner hat es durchgestanden. Von euch werden die meisten wissen, was es heißt, wenn 100 Leichen beisammen liegen, wenn 500 daliegen oder … 1000 … Dies durchgehalten zu haben und dabei – abgesehen von Ausnahmen menschlicher Schwächen – anständig geblieben zu sein, das hat uns hart gemacht. Dies ist ein niemals geschriebenes und niemals zu schreibendes Ruhmesblatt unserer Geschichte …

IMG, Bd. XXIX, S. 145.

10 Was bedeutet Bildung nach Auschwitz?

Ein Erziehungswissenschaftler, 1986:

Auschwitz meint in unserem Zusammenhang die Erfahrung, dass eine industrielle Gesellschaft mit einem hohen formalen Bildungsniveau industriellen Massenmord und systematische Ausgrenzung mehrerer Bevölkerungsgruppen aus dem Alltag organisiert und offenbar weitgehend gebilligt hat. Auschwitz, das Ausgrenzungs- und Existenzvernichtungsprojekt, ist von der technischen Elite direkt vorbereitet und durchgeführt worden (insbesondere von Ingenieuren, Architekten, Ärzten, Juristen und höheren Administratoren). Sie alle haben ja – im Gegensatz zu den niederen Chargen der Bewacher und unmittelbaren Mörder – eine bürgerliche, formal hoch qualifizierte Bildung durchlaufen …

Zit. nach: Ulf Preuss-Lausitz, in: Pädagogik heute, Heft 12/1986, S. 63 f.

11 Verbrennungsöfen *in Auschwitz, 1995. Das Vernichtungslager vermittelt noch heute Besuchern aus aller Welt ein Bild des Grauens. Doch die Ausstellungsstücke sind v. a. durch Feuchtigkeit vom Verfall bedroht, die finanziellen Mittel für den Erhalt der Anlage nur schwer aufzubringen. – Wieviel ist uns die Vergegenwärtigung dieser Geschichte wert?*

Der Schriftsteller Günter Grass sagte 1985:

„… das übergroße Verbrechen, auf den Namen Auschwitz gebracht, ist heute, aus vierzig Jahren Distanz begriffen, unfasslicher noch als zur Stunde des ersten Schocks, als ich sah und nicht glauben wollte. Unbewältigt, nicht zu bewältigen, wie ein Mühlstein hängt uns Deutschen, auch den nachgeborenen, der geplante, vollstreckte, geleugnete, verdrängte und doch offen zutage liegende Völkermord an." –

Wie soll man mit der Erinnerung an Auschwitz umgehen?

4. Vergangenheit, die nicht vergehen will

4.1 Widerstand – Hoffnung für die Zukunft?

1933–1945	*Frauen und Männer aus der Arbeiterbewegung, einzelne Pfarrer und Priester und manche andere Deutsche leisten Widerstand.*
1937–1944	*Seit etwa 1937 entwickelt sich eine national-konservative Opposition um Carl Goerdeler und Generaloberst Ludwig Beck; in diesen Umkreis gehört auch der „Kreisauer Kreis", eine christlich eingestellte Widerstandsgruppe.*
1943	*Mitglieder der studentischen Widerstandsgruppe „Weiße Rose" um Sophie und Hans Scholl in München werden hingerichtet.*
1942/1943	*Frauen und Männer der kommunistisch eingestellten Widerstandsgruppe „Rote Kapelle" werden entdeckt und hingerichtet.*
20. Juli 1944	*Der national-konservative Widerstand gipfelt im Attentat des Oberst Graf von Stauffenberg, das allerdings scheitert. Im Zusammenhang mit dem Attentat werden bis zum Kriegsende mehr als 4 000 Personen hingerichtet.*

Widerstandskämpfer – Verräter? Vorbilder?

Im „Dritten Reich" galten die Frauen und Männer, die in Deutschland Widerstand gegen die Diktatur leisteten, als Verbrecher, Verräter oder „Miesmacher". Heute gelten sie als Vertreter eines besseren Deutschland, die auf eine bessere Zukunft hoffen lassen.
Viele Deutsche waren es nicht, die Widerstand leisteten. Aber es gab Widerstand; es gab Verweigerung, mutigen Widerspruch und Beispiele einer vorbildlichen Menschlichkeit und Hilfsbereitschaft gegenüber Verfolgten. Viele Gegnerinnen und Gegner des Nationalsozialismus, vor allem Beamte und Soldaten, mussten große Hemmungen überwinden. Sie hatten einen Treueid auf den „Führer" geleistet. Ebenso fiel es vielen Christen schwer, Widerstand gegen die „Obrigkeit" zu leisten. Unter denen, die sich nicht vereinnahmen ließen, waren auch manche Jugendliche – die meisten aus der Arbeiterschaft, andere aus dem Bürgertum. Sie alle verweigerten sich Befehlen und Ansinnen, die sie mit ihrem Gewissen und ihrer Freiheitsliebe nicht vereinbaren konnten.

1 ***„Aufstand des Gewissens".*** *Das Ausstellungsbild zum deutschen Widerstand zeigt v. l. n. r.: Sophie Scholl, Henning von Tresckow, Claus Schenk Graf von Stauffenberg (beide Militär), Dietrich Bonhoeffer (ev. Kirche), Bischof von Galen (kath. Kirche) und Ludwig Beck (Militär). – Diskutiert, wie man in unserer Zeit mit dem Widerstand gegen den Nationalsozialismus umgehen sollte.*

2 ***„Mutter des Partisanen"***, *Bild des sowj. Malers Sergej Gerassimow, 1943. Die deutschen Besatzer reagierten auf den Widerstand der Partisanen mit Erschießungen von Frauen, Greisen und Kindern – so in Lidice in der Tschechoslowakei, in Oradour in Frankreich, in Kalavrita auf der Peloponnes, in Anogia auf Kreta, in Warschau und in zahllosen Orten der UdSSR. – (1) Was zeigt das Bild? (2) Wie kann man es deuten? (3) Welche Wirkung sollte es haben?*

„Aufstand des Gewissens"

Die Menschen im Widerstand hatten sehr unterschiedliche Vorstellungen von der Zukunft. Ob Deutschland demokratisch oder autoritär regiert, ob die Wirtschaftsordnung kapitalistisch oder sozialistisch werden sollte, war unter ihnen umstritten. Aber sie hatten gemeinsame Vorstellungen über Menschenwürde. Ihr Widerstand ist auch als „Aufstand des Gewissens" bezeichnet worden. Die Mehrheit der Bevölkerung verstand ihre Handlungen nicht. Der Widerstand blieb ein „Widerstand ohne Volk". Auch die einflussreichen Wirtschaftsführer und alten Führungsschichten versagten sich weitgehend dem Widerstand – bis auf wenige Ausnahmen, insbesondere die Frauen und Männer des 20. Juli 1944.

Befreiungskampf

Erbitterten Widerstand gab es in den besetzten Gebieten. Dort kämpften Frauen und Männer („Partisanen") einen Befreiungskampf gegen die deutsche Besatzung (siehe nebenstehendes Stempelbild aus Griechenland). Noch heute gedenkt man in diesen Ländern mit großem Stolz der Partisanen. Wehrmacht und SS antworteten mit grausamen Vergeltungsaktionen.
Widerstand – Hoffnung für die Zukunft? Es liegt an uns – und es liegt an euch – zu überlegen, was man aus dem Widerstand lernen kann.

Widerstand: So nennen wir jede Handlung, die absichtsvoll darauf gerichtet war oder ist, die Menschenrechte oder Verfassungsgrundrechte zu verteidigen oder wiederherzustellen. Das Recht auf Widerstand ist gegeben, wenn Staat oder Regierung diese Rechte missachten oder nicht fähig sind, ihre Verletzung zu verhindern. Als Lehre aus der Geschichte des Nationalsozialismus ist in der Verfassung der Bundesrepublik Deutschland das „Recht auf Widerstand" ausdrücklich verankert. Es kann zwischen aktivem und passivem Widerstand, zwischen Widerstand mit Gewalt und gewaltfreiem Widerstand unterschieden werden. Die Frauen und Männer des deutschen Widerstandes entschieden sich nach z.T. langer Gewissensprüfung für einen Widerstand, der Gewalt einschloss (Sabotage und Attentat). Der internationale Widerstand gegen den Faschismus fiel oft mit einem nationalen Befreiungskampf zusammen.

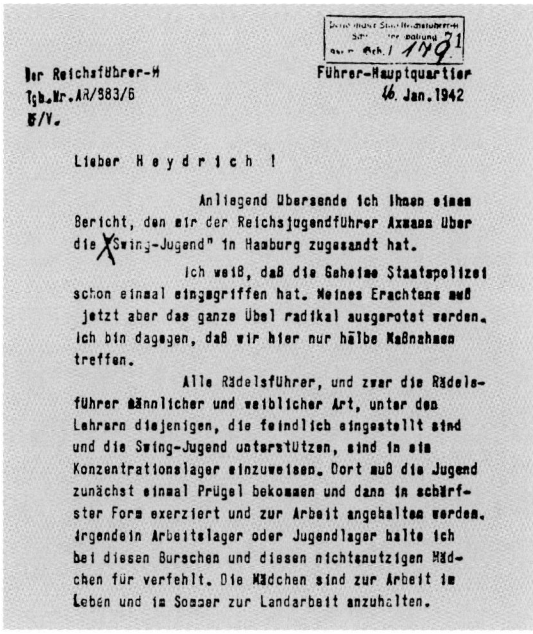

Der Reichsführer-SS
Tgb.Nr.AR/983/6
B/V.

Führer-Hauptquartier
16. Jan. 1942

Lieber Heydrich!

Anliegend übersende ich Ihnen einen Bericht, den mir der Reichsjugendführer Axmann über die "Swing-Jugend" in Hamburg zugesandt hat.

Ich weiß, daß die Geheime Staatspolizei schon einmal eingegriffen hat. Meines Erachtens muß jetzt aber das ganze Übel radikal ausgerottet werden. Ich bin dagegen, daß wir hier nur halbe Maßnahmen treffen.

Alle Rädelsführer, und zwar die Rädelsführer männlicher und weiblicher Art, unter den Lehrern diejenigen, die feindlich eingestellt sind und die Swing-Jugend unterstützen, sind in ein Konzentrationslager einzuweisen. Dort muß die Jugend zunächst einmal Prügel bekommen und dann in schärfster Form exerziert und zur Arbeit angehalten werden. Irgendein Arbeitslager oder Jugendlager halte ich bei diesen Burschen und diesen nichtsnutzigen Mädchen für verfehlt. Die Mädchen sind zur Arbeit im Leben und im Sommer zur Landarbeit anzuhalten.

3 **„Zunächst einmal Prügel"**, *Brief Himmlers an Heydrich, Januar 1942.*

4 „Im Namen der deutschen Jugend ..."

Aus dem letzten Flugblatt der „Weißen Rose" vom 18. Februar 1943:

Der Tag der Abrechnung ist gekommen, der Abrechnung der deutschen Jugend mit der verabscheuungswürdigsten Tyrannis, die unser Volk je erduldet hat. Im Namen der deutschen Jugend fordern wir vom Staat Adolf Hitlers die persönliche Freiheit, das kostbarste Gut der Deutschen, zurück, um das er uns in der erbärmlichsten Weise betrogen ... Der deutsche Namen bleibt für immer geschändet, wenn nicht die deutsche Jugend endlich aufsteht, rächt und sühnt zugleich, ihre Peiniger zerschmettert und ein neues geistiges Europa aufrichtet.

Zit. nach: Walther Hofer, Der Nationalsozialismus, Dokumente, 1933–1945, Frankfurt a. M. 1957, S. 328.

5 „Der Anschlag wurde allgemein verurteilt"

Behördenbericht über die Stimmung in der Bevölkerung nach dem Attentat vom 20. Juli 1944:

Der Anschlag auf den Führer wurde allgemein verurteilt und man hört immer wieder, dass, falls der Anschlag geglückt wäre, nur wieder ein 1918 geschaffen worden wäre. Wenn der größte Teil der Bevölkerung froh wäre, wenn der Krieg so bald als möglich beendet würde, so sind doch nur wenige darunter, die sich 1918 herbeiwünschen und die den Kommunismus wollen.

Zit. nach: Bayern in der NS-Zeit, München 1977, S. 185.

6 „Dolchstoß in den Rücken"?

Aus Hitlers Rundfunkansprache nach dem gescheiterten Attentat am 20. Juli 1944:

Es hat sich in einer Stunde, in der die deutschen Armeen in schwerstem Ringen stehen ... eine ganz kleine Gruppe gefunden, die nun glaubte wie im Jahre 1918 den Dolchstoß in den Rücken führen zu können ... Es ist ein ganz kleiner Klüngel verbrecherischer Elemente, die jetzt unbarmherzig ausgerottet werden ... Es ist unmöglich, dass vorn Hunderttausende und Millionen braver Männer ihr Letztes hergeben, während zu Hause ein ganz kleiner Klüngel ehrgeiziger, erbärmlicher Kreaturen diese Haltung dauernd zu hintertreiben versucht. Diesmal wird nun so abgerechnet, wie wir das als Nationalsozialisten gewohnt sind. Ich bin überzeugt, dass jeder anständige Offizier, jeder tapfere Soldat in dieser Stunde das begreifen wird.

Zit. nach: B. Hey / J. Radkau, Nationalsozialismus und Faschismus, Stuttgart 1976, S. 121 f.

7 Zeugnisse von zum Tode verurteilten Frauen und Männern

a) *Ein holländischer Arzt schreibt seinem Vater:*

Heute Abend war ein Pastor bei mir und wir haben einige Stunden miteinander gesprochen. Es ist ein feiner Mensch, obwohl er zum Volk unserer Feinde gehört. Ich bitte Dich, und das ist mein letzter Wunsch, keinen Hass zu nähren, wenn es Dir auch manchmal schwerfallen mag, und nachsichtig zu sein ... Es ist schade, dass ich den Tag des Friedens nicht miterleben werde ... Gerade unsere Arbeit fängt ja erst nach dem Krieg an. Den Hass zwischen den Völkern auszulöschen, denn erst wenn es ihn nicht mehr gibt, kann der wahre Frieden kommen ... Sieh zu, dass auch Du nach besten Kräften dazu beiträgst. Um die Welt zu verbessern, müssen wir bei uns selbst den Anfang machen.

Zit. nach: Letzte Briefe zum Tode Verurteilter, Zürich 1955, S. 381 ff.

b) *Eine junge russische Kommunistin, die vor ihrer Hinrichtung grausam gefoltert worden war, schrieb mit Blut an die Wand ihrer Gefängniszelle:*

Ich bin das Komsomolmädchen Marina Gryzun, am 28. Juli von den Deutschen getötet. Freunde und Genossen, rächt mich, rächt alle jene, die durch die Hände der Deutschen umgekommen sind. Ihr könnt es, mit Euch ist Stalin.

Zit. nach: Letzte Briefe zum Tode Verurteilter, Zürich 1955, S. 345.

8 ***Der Frauenprotest in der Rosenstraße*** *– nach dem Urteil eines Historikers „der einzige Fall massenhafter deutscher Opposition gegen die nationalsozialistische Judenvernichtung".*

Anfang 1943 hatten die Nationalsozialisten die jüdischen Ehemänner deutscher Frauen verhaftet. In einem Tagebuch wird geschildert, was dann geschah, mitten im Krieg, mitten in Berlin:

Noch am selben Tage machten sich die Frauen jener Männer auf, ihre verhafteten Ehegefährten zu suchen. Sechstausend nichtjüdische Frauen drängten sich in der Rosenstraße, vor den Pforten des Gebäudes, in dem man die „Arischversippten" gefangen hielt. Sechstausend Frauen riefen nach ihren Männern. Schrien nach ihren Männern. Heulten nach ihren Männern. Standen wie eine Mauer Stunde um Stunde, Nacht und Tag.

In der Burgstraße liegt das Hauptquartier der SS. Nur wenige Minuten entfernt von der Rosenstraße. Man war in der Burgstraße sehr peinlich berührt über den Zwischenfall. Man hielt es nicht für opportun, mit Maschinengewehren zwischen 6 000 Frauen zu schießen. SS-Führerberatung. Debatte hin und her. In der Rosenstraße rebellierten die Frauen. Forderten drohend die Freilassung ihrer Männer.

Die Frauen in der Rosenstraße hatten Erfolg – ihre Männer wurden freigelassen.

Ruth Andreas-Friedrich, Der Schattenmann. Tagebuchaufzeichnungen 1938–1945, Berlin 1947, S. 109 f., Eintragung von Sonntag, 7. März 1943.

9 ***„Fahnenflucht"***

Etwa 40 000 deutsche Soldaten sind im Zweiten Weltkrieg desertiert, etwa 14 500 Deserteure wurden hingerichtet.

Aus einem Schreiben des Gerichts der Division Nr. 405 vom 14. Juli 1944 an Frau Elli H.:

Ihr Ehemann, der Gefreite Georg H., ist durch Urteil des Feldkriegsgerichts der Division Nr. 405 vom 16. Juni 1944 wegen Fahnenflucht zum Tode, Verlust der Wehrwürdigkeit und zum dauernden Verlust der bürgerlichen Ehrenrechte verurteilt worden. Für den Fall, dass das Urteil in Kürze vollstreckt werden sollte und Ihr Ehemann auf Ihre eigenen Kosten auf dem Friedhof des Vollstreckungsortes beerdigt werden soll, werden Sie gebeten, dem hiesigen Gericht umgehend telegraphisch die voraussichtlichen Kosten von 150,– RM zu überweisen.

Georg H. wurde am 25. Juli 1944 in Bruchsal hingerichtet.

Zit. nach: Jörg Kammler, Ich habe die Metzelei satt und laufe über … Kasseler Soldaten zwischen Verweigerung und Widerstand 1939–1945, Fuldabrück 1985, S. 53.

10 ***„In Wahrheit geht es ja um die Zukunft …"***

Der ehemalige deutsche Bundeskanzler, SPD-Vorsitzende und Friedensnobelpreisträger Willy Brandt über Widerstand und Exil, 1984:

Ohne diese Tradition und ihren Beitrag wäre die Bundesrepublik so nicht möglich geworden. Ob man das, was sie zu geben hatten, nicht umfassender hätte annehmen müssen, ob man ihnen dafür den rechten Dank zu sagen wusste, möchte ich allerdings offen lassen … In Wahrheit geht es ja um die Zukunft, wenn man die Vergangenheit nicht sinnlos auf sich beruhen lässt …

Wer kennt sie nicht in seiner Stadt, die Straßen mit den Namen aus dem historischen Gruselkabinett! Der Antifaschismus, das Exil allemal, gibt da anscheinend weniger her an Würdigen als die Geschichte des Rechtsradikalismus, des Ressentiments gegen die Menschlichkeit, hoch zu Ross oder in der Gosse. Wenn ich von meinem Büro in Bonn zu einem wenige Minuten entfernten Restaurant fahre, passiere ich die Walter-Flex-Straße und dann die Hindenburgallee. Wo sind eigentlich die Mühsamalleen, die Heinrich-Mann-Plätze?

Willy Brandt, Aus dem Bewusstsein verdrängt, Vom deutschen Umgang mit Widerstandskämpfern und Emigranten, in: Tribüne, 1984, S. 95.

a) Erörtert den Vorwurf, die Frauen und Männer des Widerstandes hätten Verrat begangen.

b) Warum stießen viele erst spät zum Widerstand? Wie erklärst du, dass es ein „Widerstand ohne Volk" blieb?

c) Erkläre, warum die Frauen in der Rosenstraße Erfolg hatten. Kann man von ihnen lernen (M8)?

d) Heute wird gelegentlich gefordert, Deserteure durch Denkmäler zu ehren. Die Forderungen sind sehr umstritten. Was denkst du?

e) Was erinnert in eurer Stadt an den Widerstand? Diskutiert, inwiefern man den Widerstand als „Hoffnung für die Zukunft" verstehen kann (M10).

4.2 Was faszinierte am Nationalsozialismus?

1 Der Einzelne und der Aufmarschblock
Reichsparteitag in Nürnberg, 1936. – (1) Versucht herauszufinden, welche Gefühle den Einzelnen inmitten der Aufmarschblöcke bewegt haben mögen. (2) Erklärt, wie ihr zu euren Vermutungen gekommen seid.

Die NSDAP war anfangs nur eine Splitterpartei, eine von vielen kleinen und provinziellen völkischen Gruppierungen. Seit 1930 wurde sie zu einer nationalen Massenbewegung, die 1932 bei den letzten freien Wahlen die Zustimmung von über 37 Prozent der deutschen Wählerinnen und Wähler fand. Was faszinierte eine Vielzahl von Menschen an dieser Bewegung? Was erklärt, wie es Sebastian Haffner fragte, „den weiteren Massenzustrom, der bis 1938 die Zustimmung und Selbstunterwerfung bis zu 90 Prozent und darüber hinaus trieb“?

2 „... für ein besseres Leben ...“
Isa Vermehren, geb. 1918, in einer Zeitzeugenbefragung:

Wir hatten keinen Kaiser mehr, unser Nationalbewusstsein war angekränkelt. Ein Großteil der Bevölkerung war von der Religion weit entfernt. So denke ich, dass der Nationalsozialismus für viele eine Ersatzreligion war, die eine ganz tiefe Begeisterung weckte und wie eine Kraftquelle wirkte. Man wollte anpacken, um für ein besseres Leben zu arbeiten. Aber dass das ein Spuk war mit ganz finsteren Schattenseiten, das wusste man doch.

Zit. nach: Isa Vermehren in: G. Knopp, Hitler. Eine Bilanz, Berlin 1995, S. 67.

3 „Es war immer ganz schön“
Aus einer Befragung von Frauen in einem lippischen Dorf:

In der Frauenschaft war das immer ganz schön. Wir haben uns in Diestelbruch in der Gaststätte getroffen und dort gesungen. Wir haben auch Kranke gepflegt. Eine Ausbildung als Laienhelferin habe ich gemacht. Für die Winterhilfe haben wir eingemacht oder Plätzchen gebacken. Es war immer ganz schön.

Zit. nach: Befragungen von Frauen in einem lippischen Dorf, in: G. Hammer / I. Schäfer / J. Scheffler, Vahlhausen, Alltag in einem lippischen Dorf 1900–1950, Detmold 1987, S. 153.

4 „Was die Zweifler bekehrte ...“
Sebastian Haffner, geb. 1907, Jurist und Publizist, 1938 nach England emigriert, resümiert:

Es gab noch etwas anderes, noch weniger Attraktives als Angst: den verbreiteten Wunsch, sich dem Triumphzug des Siegers einzureihen, dabeizusein, mitzumachen. Auch das ist ein ewiger, menschlich-allzumenschlicher Zug ...
Was die Zweifler bekehrte und die Gegner unsicher machte ... war zweierlei: das Hitlersche Wirtschaftswunder und die unglaublichen, ebenfalls ans Wunder grenzenden Erfolge Hitlers in der Außenpolitik ... 1933 gab es in Deutschland 6 Millionen Arbeitslose; 1936 herrschte Vollbeschäftigung ...

Sebastian Haffner, Die Deutschen und Hitler, in: W. Kempowaki, Haben Sie Hitler gesehen? München 1973, S. 111 f.

5 „Der Eindruck von Energie"

Albert Speer (1905–1981), Architekt, enger Mitarbeiter Hitlers, seit 1942 Rüstungsminister, in seiner Autobiographie:

Es wird in diesen Monaten (1931) gewesen sein, dass meine Mutter einen Aufmarsch der SA in den Straßen Heidelbergs erlebte: der Anblick der Ordnung in einer Zeit des Chaos, der Eindruck von Energie in der Atmosphäre allgemeiner Hoffnungslosigkeit muss auch sie gewonnen haben: jedenfalls trat sie, ohne je eine Rede gehört oder eine Schrift gelesen zu haben, der Partei bei. Wir beide schienen diesen Entschluss als Bruch einer liberalen Familientradition empfunden zu haben; jedenfalls hielten wir ihn voreinander und vor meinem Vater verborgen. Erst nach Jahren, als ich längst zum Kreise um Hitler gehörte, entdeckten wir durch einen Zufall die frühe gemeinsame Zugehörigkeit.

Albert Speer, Erinnerungen. Berlin 1969, S. 34.

6 „Es ging aufwärts ..."

Der Historiker Hans-Günter Zmarzlik, geb. 1922, in einem Zeitzeugenbericht:

Meine dörflichen Freunde, meine Klassenkameraden im Gymnasium waren meist schon im „Jungvolk", trugen Uniform und erzählten die abenteuerlichsten Dinge von dem, was sie da machten. Schon nach ein paar Wochen war ich im braunen Hemd mit dabei.

Vieles war nicht so schön, wie ich es mir vorgestellt hatte. Aber es gab doch genug, was ansprach: Gemeinschaft, in der man sich bestätigt fühlte; Verantwortung und Führungsaufgaben, die das Selbstbewusstsein und den Ehrgeiz befriedigten. Auch sonst war manches, was nun geschah, ganz unsere Sache. Mit Vergnügen nahmen wir von den Schülermützen Abschied, die bis dahin die Gymnasiasten so auffällig vom Volksschüler abhoben. Mit Begeisterung standen wir am lodernden Holzstoß bei Sonnenwendfeiern, fieberten den Sportfesten entgegen, erlebten die Olympiade von 1936 als einen nationalen Triumph.

Noch in der Weimarer Zeit war uns in der Volksschule die demütige Lage unserer Nation seit dem „Schanddiktat" von Versailles eingeprägt worden. Um so befreiender nun das Gefühl, dass es damit vorbei war. Es ging aufwärts und wir waren die „Garanten der Zukunft".

Zit. nach: Hans-Günter Zmarzlik, Einer vom Jahrgang 1922, in: H. Glaser/A. Silenius (Hg.), Jugend im Dritten Reich. Frankfurt a. M. 1975, S. 8 f.

7 „Sammlung und Mitwirkung aller aufbauwilligen Kräfte"

Schreiben von Gustav Krupp von Bohlen und Halbach (1870–1950) an Adolf Hitler, 24. März 1933:

Sehr geehrter Herr Reichskanzler!

Wir beehren uns davon Kenntnis zu geben, dass das Präsidium des Reichsverbandes der deutschen Industrie am 24. März 1933 unter dem Vorsitz des Herrn Krupp von Bohlen und Halbach zu einer Sitzung zusammentrat, in der zu der politischen Entwicklung Stellung genommen wurde. Das Präsidium vertrat einmütig folgenden Standpunkt:

Durch die Wahlen ist die Grundlage für ein stabiles Regierungsfundament geschaffen und es sind damit die Störungen beseitigt, die sich aus den ständigen politischen Schwankungen der Vergangenheit ergeben und die wirtschaftliche Initiative stark gelähmt haben. Für den notwendigen tatkräftigen Wiederaufbau kommt es darauf an, die Sammlung und Mitwirkung aller aufbauwilligen Kräfte herbeizuführen. Die deutsche Industrie, die sich als einen wichtigen und unentbehrlichen Faktor für den nationalen Aufbau betrachtet, ist bereit, an dieser Aufgabe tatkräftig mitzuwirken, und der Reichsverband der Deutschen Industrie – als die wirtschaftliche Vertretung – wird alles tun, um der Reichsregierung bei ihrem schweren Werke zu helfen.

Zit. n.: E. Czichon, Wer verhalf Hitler zur Macht? Köln 1972, 3. Aufl., S. 83 f.

a) Stellt Gründe dafür zusammen, weshalb so viele Menschen, selbst frühere Gegner, sich dem Nationalsozialismus unterwarfen, ihm zustimmten oder doch zumindest mit ihm einverstanden waren. Greift hierzu auch auf die ersten Kapitel dieses Großabschnittes zurück.

b) Einige Äußerungen der oben abgedruckten Quellen (M2–3, M6) wurden durch die Methode der „Oral History", der Zeitzeugenbefragung, ermittelt. Versucht selbst, mit Zeitzeugen aus eurem Umfeld über die Faszination des Nationalsozialismus ins Gespräch zu kommen.

4.3 „Unfähigkeit zu trauern"?

Schuld oder Schicksal?

1945 und später meldeten sich Stimmen, die Besinnung und Einkehr forderten. Aber konnten die wohlmeinenden Aufrufe die deutsche Bevölkerung erreichen? Mit dem schieren Überleben in Trümmern, in der Not von Hunger und ausgebombten Wohnungen, mit dem Aufbau eines neuen Lebens beschäftigt, sperrte sich der größere Teil der Deutschen dagegen, über die soeben erlebte Zeit selbstkritisch nachzudenken. Noch heute streiten Deutsche, ob der 8. Mai 1945 als Tag der „Niederlage", der „Kapitulation", der „Katastrophe" oder als „Tag der Befreiung" gelten soll. Es war leichter zu sagen, „die Umstände" oder „der Kapitalismus" oder „das Schicksal" seien Schuld gewesen. Der Schuldanteil etwa der Führungsschichten aus Wirtschaft, Bürokratie, Adel und Militär ist zu Recht genannt worden. Aber: Größere Zivilcourage gehörte und gehört dazu, die jeweils eigene Schuld, die jeweils eigenen Versäumnisse, die jeweils eigenen Unterlassungen, die jeweils eigene Feigheit einzugestehen und daraus lernen zu wollen.

„Unfähigkeit zu trauern"

Die meisten verdrängten die Fragen nach Schuld oder Mitschuld, Verantwortung oder Mitverantwortung der Einzelnen oder des Volkes für Verbrechen, die im Namen des deutschen Volkes von Deutschen angeordnet und ausgeführt worden waren. Wäre eine andere Haltung zu erwarten gewesen? Die Psychologen Margarete und Alexander Mitscherlich nannten die fehlende Bereitschaft, sich mit der eigenen Vergangenheit auseinanderzusetzen, auch eigene Schuld einzugestehen, die „Unfähigkeit zu trauern". Die meisten Deutschen machten Hitler verantwortlich – ihn allein. Oder sie schoben die Schuld den Nationalsozialisten zu – ihnen allein. Umstritten war, ob es eine gemeinsame Schuld der Deutschen gebe – eine „Kollektivschuld". Weniger umstritten war die Vorstellung, es solle eine gemeinsame Scham der Deutschen geben, über das, was Deutsche an Verbrechen gegen die Menschlichkeit angerichtet hatten: eine „Kollektivscham".

– Vielleicht waren die Zeitgenossen mit den Fragen überfordert. Und wir …?

1 ***„Das Erwachen"***
Bild von A. Paul Weber, 1945.
Viele hatten weggesehen, als ihre Regierung kriminell wurde. Und es dauerte Jahrzehnte, bis in Deutschland eine umfassende Auseinandersetzung mit der NS-Zeit erfolgte. Die „Bewältigung der Vergangenheit" stieß auf manche Widerstände. – Welche Gründe könnte es dafür gegeben haben?

2 „Wird Deutschland seine Seele retten?"

a) *Der österreichische Schriftsteller Franz Werfel (1880 bis 26. August 1945), der 1938/40 über Frankreich, Spanien und Portugal in die USA emigrieren mußte, richtete am 25. Mai 1945 einen Aufruf an die Deutschen:*

Dasselbe Elend, das euch jetzt hohläugig durch Ruinen jagt, habt ihr den anderen Völkern Europas kalten Herzens selbst bereitet und habt euch nicht einmal umgesehen nach dem Jammer, der euer Werk war. Die Völker haben diesen Jammer überdauert und auch ihr werdet den Jammer überdauern, unter einer einzigen Bedingung freilich, dass ihr eure Seele rettet. Und das ist die furchtbare Prüfung und die große Frage: „Wird Deutschland seine Seele retten?" Deutsche Menschen! Wisst ihr, was durch eure Schuld und Mitschuld geschehen ist in den Jahren des Heils 1933 bis 1945, wisst ihr, dass es Deutsche waren, die Millionen und Millionen friedfertiger, harmloser, unschuldiger Europäer mit Methoden umgebracht haben, die den Teufel selbst schamrot machen würden, kennt ihr die Bratöfen und Gaskammern von Majdanek, den Jaucheberg verwesender Mordopfer in Buchenwald, Bergen-Belsen und hundert anderen Höllenlagern ... Das Verbrechertum des Nationalsozialismus und die unsagbare Verrohung des deutschen Wesens sind logische Folgen der frechen Teufelslehren, die vom „Recht des Stärkeren" schwärmen und behaupten, Recht sei einzig und allein das, was dem Volke, das heißt ein paar Bonzen und Gaunern, nützt ...

Zit. nach: Bayerische Landeszeitung, 25. 5. 1945.

b) *Ein Arbeiter antwortet dem Schriftsteller in einem Leserbrief:*

Wahr ist, dass seine Vorwürfe für einen großen Teil des deutschen Volkes berechtigt sind. Aber das ganze deutsche Volk für die Verbrechen der Nazis und des deutschen Militarismus haftbar zu machen, empfinde ich als unrecht. Meine Meinung ist: Jeder Mensch in Deutschland und im Ausland, der die Nazis und ihre Ziele erkannt hat, hätte die Pflicht gehabt, alles aufzubieten, damit die Nazis ihr Ziel nicht erreichen. All diejenigen, die nicht gegen die Nazis kämpften, tragen Schuld an der Katastrophe. Aber in Deutschland ebenso wie anderswo lehnte die Masse der Arbeiter die Nazilehren ab. Die Volksgemeinschaft jedoch wurde durch blutigen Terror zusammengehalten.

Münchner Zeitung, 9. 6. 1945.

3 „Erwachen aus einem bösen Traum"

Ein Zeitgenosse stellt Fragen:

Es ist wie ein Erwachen aus einem bösen Traum. Betäubt stehen wir vor den Ereignissen, die über uns niedergebrochen sind. Von einem Schmerz befallen, der schon brennt, aber noch nicht wirklich begreifen kann ...

Die Ahnung von der Einmaligkeit, die Unwiederbringlichkeit des Verlorenen ist jäh und scharf. Unser Bruder und Freund, unser Sohn oder Mann oder Vater ist gegangen und nicht wiedergekommen. Unsere Frau, unsere Kinder sind in Kellern verschüttet worden. Unsere Häuser sind zerstört, die Stätte unseres Wirkens ist dahin, die Straßen und Städte unserer Vorfahren nur noch Erinnerung. Seit dem Dreißigjährigen Krieg, seit dem Schwarzen Tod ist kein solches Unheil durch die deutschen Lande gegangen.

Bedrückender noch, aufwühlender, würgender noch wirkt das Bewusstsein, für diese Lawine von Blut und Elend, die über uns und über Europa niedergegangen ist, verantwortlich gemacht zu werden. Als Ausgangspunkt dieser Katastrophe zu gelten, die mit ihren Ausmaßen ohne Vergleich in der Geschichte steht. Von Abscheu und Verachtung umgeben zu sein.

Zu Recht oder zu Unrecht? ...

Die Möglichkeit der inneren Ablehnung, der schweigenden Nichtbeteiligung an der politischen Organisation des Regimes war immer vorhanden, wenn auch um den Preis mancher Nachteile. Aber auch zum offenen Protest wäre immer wieder Gelegenheit gewesen ... Wenn es nicht unsere Sache war, einem Hitler Einhalt zu gebieten, wessen Sache war es dann ...?

F. A. Kramer, Von den Ruinen Deutschlands. Ein Aufruf zur geschichtlichen Selbstbesinnung, Koblenz o. J. (1945/46), S. 5 f.

4 „Der letzte Befehl"

Gemälde von Helmut Bibow, 1945.

5 „Unsere Schmach"

Thomas Mann, Literatur-Nobelpreisträger, aus Deutschland vertrieben, schrieb in der „Ruhr-Zeitung" am 12. Mai 1945:

Der dickwandige Folterkeller, zu dem der Hitlerismus Deutschland gemacht hat, ist aufgebrochen und offen liegt unsere Schmach vor den Augen der Welt, den fremden Kommissionen, denen diese unglaubwürdigen Bilder nun vorgeführt werden und die zu Hause melden, dies übertreffe an Scheußlichkeit alles, was Menschen sich vorstellen können.

„Unsere Schmach", deutsche Leser. Denn alles, was deutsch spricht, deutsch schreibt, auf Deutsch gelebt hat, ist von dieser entehrenden Bloßstellung mitbetroffen. Es war nicht eine kleine Zahl von Verbrechern, es waren Hunderttausende einer so genannten deutschen Elite, Männer, Jungen und entmenschte Weiber, die unter dem Einfluss verrückter Lehren in kranker Lust diese Untaten begangen haben … Die Menschheit schaudert sich. Vor Deutschland? Ja, vor Deutschland.

Ruhr-Zeitung, Bochum, vom 12. 5. 1945.

6 „Die Unfähigkeit zu trauern"

Die Psychologen Alexander und Margarete Mitscherlich urteilten 1961 über die Frage nach der Schuld:

Die auf historische Genauigkeit drängende Auseinandersetzung mit diesem Abschnitt unserer Geschichte würde dann sehr rasch den Erweis dafür bringen, dass sich der Mord an Millionen schutzlos Verfolgter aus sehr vielen schuldhaften Entscheidungen und Handlungen Einzelner zusammensetzt und dass er keineswegs mit jener Selbstverständlichkeit, die wir uns zu eigen gemacht haben, auf Vorgesetzte, schließlich auf den Führer selbst verschoben werden kann. Dass alles das, was geschah, geschehen konnte, ist nicht allein das Ergebnis mirakulöser Führerqualitäten, sondern ebenso eines „unglaublichen Gehorsams". So ist es auch gar nicht erstaunlich, dass nur wenig von Sanktionen bekannt wurde, die verhängt worden wären, wenn einmal sich jemand eklatanten Mordaufträgen widersetzte. Er konnte das offenbar ohne eigene Gefährdung, wenn er nur den Mut zum Widerspruch hatte … Da das Gehorsamsideal sehr bildend war, beschwor das Löcken wider den Stachel in Gedanken unerträgliche Schuldängste, die mit überschießender Unterwürfigkeit abgegolten wurden. Welches Volk wäre sonst bereit, die sich langsam als wahnhaft offenbarenden Ziele seiner Führung mit solcher Geduld, mit solcher Ausdauer auch in der Selbstzerstörung zu verfolgen?

A. u. M. Mitscherlich, Die Unfähigkeit zu trauern. Grundlagen kollektiven Verhaltens, München 1967, S. 31 und 33.

7 „Der Schoß ist fruchtbar noch …"?

Unter dieses letzte Bild seiner „Kriegsfibel" schrieb Bertolt Brecht 1955 die Zeilen:

Das da hätt einmal fast die Welt regiert.
Die Völker wurden seiner Herr.
Jedoch, ich wollte, dass Ihr nicht schon
triumphiert:
Der Schoß ist fruchtbar noch, aus dem das kroch."

Bertolt Brecht, Kriegsfibel, Berlin 1955, S. 69.

a) Eine Frage lautete: Wer war schuld? Eine andere Frage lautete: Was war schuld?

b) Welche der zeitgenössischen Äußerungen berührt dich am stärksten?

c) Welche Antworten gibst du heute auf die Fragen von damals?

d) Diese Vergangenheit wird und soll uns immer beschäftigen: Begründe deine Zustimmung oder Ablehnung dieses Satzes.

Der Ost-West-Konflikt – Kalter Krieg und Koexistenz der Systeme in

Französischer Atombombentest 1971 im Pazifik.
Links: Holländische Karikatur von 1953.
Unten: Auftritt des sowjetischen Ministerpräsidenten Chruschtschow 1960 vor der UN-Vollversammlung.

Schatten der Atombombe

Oben: Plakat der SED (DDR) nach sowjetischer Vorlage von 1951.
Links: Auf dem KSZE-Gipfeltreffen von Helsinki im September 1990 übergibt der sowjetische Staats- und Parteichef Michail Gorbatschow (hinten) dem amerikanischen Präsidenten George Bush eine Karikatur zum „Ende des Kalten Krieges“.

1. Nach 1945: von der „Einen Welt" zur Blockbildung

Gründung der UNO

„Nie wieder Krieg" – das war ein weltweiter Wunsch der Menschen nach den Opfern und der Zerstörung, die der Zweite Weltkrieg für Sieger und Besiegte bedeutete. Wie aber konnte in Zukunft der Frieden gesichert, die Welt vor solchen Aggressoren, wie es das nationalsozialistische Deutschland und Japan gewesen waren, geschützt werden? Dem amerikanischen Präsidenten Franklin D. Roosevelt schwebte die Idee einer „Weltregierung" (One World) vor.

Am 26. Juni 1945 schlossen sich 51 Staaten zur Organisation der Vereinten Nationen (UNO = United Nations Organization) zusammen, die ihren Sitz in New York erhielt. Ende 1995 gehörten ihr 185 Mitglieder an. Alle Mitgliedsländer haben sich verpflichtet, den Weltfrieden zu sichern, die Menschenrechte zu schützen, die Gleichberechtigung aller Staaten zu garantieren und den allgemeinen Lebensstandard in der Welt zu verbessern. Die UNO sollte wirkungsvoller als ihr Vorgänger, der Völkerbund von 1919, zur Friedenssicherung beitragen und daher mit mehr politischer und militärischer Macht ausgestattet werden. Wichtigstes Organ der UNO wurde der Sicherheitsrat. Er kann ein Land, das den Frieden bedroht, mit „Luft-, See- und Landstreitkräften" in die Schranken weisen. Doch die UNO verfügt bis heute über keine eigenen Streitkräfte. Sie ist daher nach wie vor auf die Bereitschaft ihrer Mitgliedstaaten angewiesen, eine Friedenstruppe („Blauhelme") aufzustellen, um militärisch in Konflikte zur Wiederherstellung des Friedens oder Sicherung eines gefährdeten Friedens einzugreifen. Obwohl es der UNO vielfach gelang, Konflikte zu entschärfen, konnten dennoch seit 1945 weltweit etwa 200 Kriege nicht verhindert werden. Dazu hat auch die Aufspaltung der Welt in zwei miteinander um Einflusssphären konkur-

Französisches Plakat zur Gründung der UNO

1 ***Die Organisation der Vereinten Nationen***
Sämtliche Organe werden aus Mitgliederbeiträgen finanziert. Im Sicherheitsrat wechselt der Vorsitz nach alphabetischer Reihenfolge monatlich. Trotz aller Rückschläge konnte der Sicherheitsrat auch Erfolge verzeichnen: z. B. Einsatz von Friedenstruppen als Puffer zwischen den gegnerischen Truppen (Zaire/Zypern/Libanon); Bewachung von Versorgungstransporten für die betroffene Bevölkerung (Jugoslawien); Beaufsichtigung von freien Wahlen (Namibia).

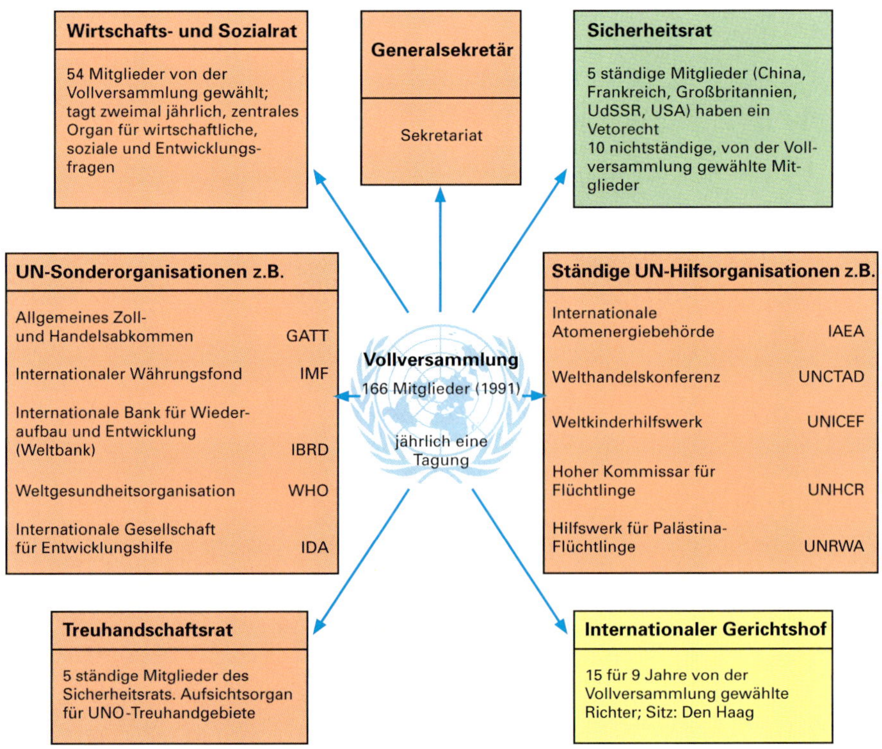

rierende Gesellschafts- und Machtsysteme beigetragen. Führungsmacht des westlichen Blocks wurde die USA und des östlichen die Sowjetunion. Beide Großmächte konnten mit ihrem Veto-Recht Beschlüsse im UN-Sicherheitsrat blockieren. Davon machten sie umso mehr Gebrauch, je deutlicher sie ihre Macht- und Einflusssphären voneinander abgrenzten.

Sowjetisierung – Sicherung und Ausweitung des Machtbereichs

Schon bald nach 1945 wurde deutlich, dass die Sowjetunion unter Stalin die Beschlüsse von Jalta und Potsdam (vgl. Kapitel „1945 bis 1949: Weichenstellungen für Deutschland") dazu nutzte, die von der Roten Armee „befreiten" Gebiete nach sowjetischem Muster umzuformen. Diese Sowjetisierung verlief in allen sowjetischen Einflussgebieten ähnlich: Ausschaltung der politischen und wirtschaftlichen Führungsschicht, Gleichschaltung der Parteien, Besetzung zuerst der wichtigsten, dann aller Ministerien durch Kommunisten, Bodenreform und Verstaatlichung, Unterdrückung jeglicher Opposition.
Von der Ostsee bis fast zum Mittelmeer sollte ein Gürtel von wirtschaftlich, politisch und militärisch von der Sowjetunion abhängigen Satellitenstaaten (siehe M2) eine Sicherheitszone gegenüber neuen „faschistischen Aggressoren" und „kapitalistischer Einflussnahme" bilden. Ein „Eiserner Vorhang" aus Stacheldraht und Minen trennte fortan Europa, verlief mitten durch Deutschland und unterband jegliche Kontakte zwischen West und Ost (M2). Darüber hinaus wollten die Sowjets den kommunistischen Einflussbereich weiter ausdehnen. Deshalb unterstützten sie die Kommunisten im Bürgerkrieg in Griechenland und setzten die Türkei wegen der Freigabe der Meerengen unter Druck.

Kursänderung der USA: Von der Anti-Hitler-Koalition zur Containment-Politik

Die neue Regierung der USA unter Präsident Truman (1945 bis 1953) sah in der sowjetischen Politik weniger das Bedürfnis nach Sicherheit als den Willen zur Expansion. Die USA waren aus dem Zweiten Weltkrieg zwar ohne Gebietserwerbungen, aber als weitaus stärkste Wirtschafts- und Militärmacht der Erde hervorgegangen. Die US-amerikanische Industrie brauchte neue Märkte in Europa und der Welt. Eine weitere Ausbreitung des Kommunismus bedeutete daher für die USA nicht nur einen machtpolitischen Verlust, sondern bedrohte auch die Expansion der amerikanischen Wirtschaft.
Der Alleinbesitz der Atombombe verschaffte den Nordamerikanern bis 1949 eine klare militärische Überlegenheit. Gestützt auf diese Machtposition war die amerikanische Regierung bestrebt, sich weltweit für demokratische Verfassungsordnungen einzusetzen und durch einen internationalen Freihandel ihre wirtschaftliche Dominanz auszudehnen. Eine weitere Ausbreitung des sowjetischen Machtbereichs wollte die Regierung unter Truman 1947 nicht mehr tatenlos hinnehmen. Der englische Premier Churchill hatte bereits unmittelbar nach Kriegsende vor der sowjetrussischen Expansion gewarnt und unterstützte deshalb nachdrücklich die Strategie des amerikanischen Diplomaten George F. Kennan, die den Wandel der amerikanischen Außenpolitik von der Kooperation mit den Sowjets zur Eindämmung (containment) der sowjetischen Ausdehnung markiert (M3). Der griechischen und türkischen Regierung wurden finanzielle Hilfe und amerikanisches Zivil- sowie Militärpersonal zur Verfügung gestellt.

Beginn der Blockbildung und „Kalter Krieg"

Die Beziehungen der USA und der Sowjetunion wurden mehr und mehr von Misstrauen beherrscht. In den folgenden Jahren gerieten die beiden Großmächte in einen Dauerkonflikt, der als „Kalter Krieg" bezeichnet wird, weil er zwischen den beiden Hauptakteuren ohne Anwendung direkter militärischer Gewalt ausgetragen wurde. Er prägte die Weltpolitik mehr als vierzig Jahre und teilte die Welt in einen von der Sowjetunion beherrschten Osten, einen von den USA beeinflussten Westen und die so genannten blockfreien Staaten.

2 ***Der Machtbereich der Sowjetunion in Europa nach 1945***

3 ***Containment-Politik der USA***

Der amerikanische Historiker und Diplomat George F. Kennan schreibt in seinen Memoiren (vgl. dazu auch M8b in Kap. „1945 bis 1949: Weichenstellungen für Deutschland"):

Unser Land muss auch in Zukunft davon ausgehen, dass die Politik der Sowjetunion nicht von abstrakter Friedensliebe und dem Wunsch nach Stabilität, nicht von dem Glauben an die Möglichkeit eines dauernden glücklichen Nebeneinanderexistierens der sozialistischen und der kapitalistischen Welt diktiert ist, dass sie vielmehr … ihre Bemühungen fortsetzen wird, alle mit ihr rivalisierenden Einflüsse und Kräfte zu desorganisieren und zu schwächen. Dem steht entgegen, dass Russland im Vergleich zu der westlichen Welt als Ganzem der bei weitem schwächere Teil ist, dass die Sowjetunion äußerst anpassungsfähig ist und dass die Sowjetgesellschaft Schwächen aufweist, die schließlich ihr ganzes Kräftepotential beeinträchtigen könnten. Schon diese Tatsachen würden es rechtfertigen, wenn die Vereinigten Staaten getrost einen politischen Kurs einschlügen, der darauf abzielte, Russland entschlossen in Schranken zu halten und ihm mit unbeugsamer Kraft entgegenzutreten, wann und wo es immer Miene macht, die Interessen einer friedlichen und auf Stabilität bedachten Welt anzutasten.

In Wirklichkeit jedoch braucht sich die amerikanische Politik keinesfalls darauf zu beschränken, Positionen zu halten und im übrigen das Beste zu hoffen. Die Vereinigten Staaten sind durchaus in der Lage, durch konkrete Handlungen die Faktoren zu beeinflussen, die Russlands Politik weitgehend bestimmen, und zwar gilt das sowohl für die innerrussischen Entwicklungen als auch für die Vorgänge in der internationalen kommunistischen Bewegung.

George F. Kennan, Memoiren eines Diplomaten. Stuttgart 1968, S. 357 ff.

a) Informiere dich in einem Lexikon über die Gremien der UNO (M1).

b) Ein Historiker stellt fest, die Einschätzung des sowjetisch-amerikanischen Verhältnisses durch Kennan (M3) sei für die nächsten Jahre zur „Bibel der amerikanischen Politiker" geworden. Zeige, welche Konsequenzen sich für die konkrete Politik von Kennans Position ableiten lassen.

2. Machtpolitik im Zeichen von Ideologie und Rechtfertigung

Gegen die „Kommunistische Weltrevolution": Marshall-Plan …

Die Regierung der USA deutete ab 1947 die sowjetische Außenpolitik als offenkundiges Bestreben gemäß der kommunistischen Ideologie auf eine Weltrevolution hinzuarbeiten. Die von Präsident Truman im Sinne der Containment-Politik (vgl. vorangehendes Kap.) verkündete Doktrin sah deshalb vor, allen „in ihrer Freiheit bedrohten Völkern" eine umfassende Hilfe „in Form wirtschaftlicher und finanzieller Unterstützung" zu gewähren. Da vor allem wirtschaftlich schwache Staaten für den Kommunismus als besonders anfällig eingestuft wurden, entwickelte der amerikanische Außenminister George Marshall 1947 für Europa ein wirtschaftliches Hilfsprogramm (European Recovery Program), nach dem bis 1952 13 Milliarden Dollar nach Europa flossen (vgl. dazu auch die Kap. „Deutschland nach der Kapitulation" und „Ein gemeinsames europäisches Haus? – Vielfalt und Einheit Europas").

… und NATO

Die Konfrontation zwischen Ost und West geriet ab 1949 in ein neues Stadium. Die USA sahen ihre militärische Überlegenheit erstmals gefährdet, als die Sowjetunion 1949 ihre erste Atombombe erfolgreich zündete und zudem die kommunistische Partei unter Mao Zedong nach langem Bürgerkrieg die Macht in der neu gegründeten Volksrepublik China übernahm. Daraufhin rückten die westlichen Staaten enger zusammen und gründeten 1949 unter Führung der USA das Nordatlantische Verteidigungsbündnis, die NATO (North Atlantic Treaty Organization). Neben den USA gehörten ihm Kanada, Großbritannien, Frankreich (bis 1966), die Benelux-Staaten, Island, Norwegen, Dänemark, Italien und Portugal (seit 1952 Griechenland und die Türkei, seit 1955 auch die Bundesrepublik Deutschland) an. Die Mitgliedsländer verpflichteten sich zum gegenseitigen Beistand im Falle eines Angriffs auf ein Mitglied des Bündnisses.

1 *Links:* ***Französisches Plakat*** *von 1946. Stalins Kosakentanz wird von französischen Kommunisten begleitet.*
Rechts: ***Titelseite der sowjetischen Zeitschrift „Krokodil"*** *vom Oktober 1949.*

Gegen den „aggressiven US-Imperialismus": Kominform, RGW (COMECON) …

Die Sowjetunion antwortete auf die Containment-Politik der USA im September 1947 mit der Gründung des Kominform (Kommunistisches Informationsbüro), das sie in ihrem Sinne ausgestaltete, um die kommunistischen Parteien in Europa zu kontrollieren und auf eine gemeinsame Linie zu drängen. Die KPdSU sicherte sich damit eine unbestrittene Führungposition innerhalb ihres Einflussbereichs. Sowohl in der „rechten" Auslegung der kommunistischen Ideologie wie auch in allen Machtfragen hatte sie das letzte Wort. Dies zeigte sich deutlich, als Polen und die Tschechoslowakei der Marshall-Plan-Hilfe beitreten wollten. Sie mussten auf Druck der Sowjetführung davon rasch wieder Abstand nehmen. Die Sowjets sahen in der amerikanischen Wirtschaftshilfe nur den „aggressiven US-Imperialismus" am Werk, der andere Länder in seine Abhängigkeit bringen wolle. Als Gegengenstück zum Marshall-Plan gründeten die Ostblockstaaten unter Führung der Sowjetunion den Rat für gegenseitige Wirtschaftshilfe (RGW; engl. COMECON, Council for Mutual Economic Assistance). Seit 1962 gehörten ihm auch außereuropäische Länder wie Kuba, Vietnam oder die Mongolei an (vgl. Kap. „Ein gemeinsames europäisches Haus? – Vielfalt und Einheit Europas").

… und Warschauer Pakt

1955 schlossen die Ostblockstaaten einen „Vertrag über Freundschaft, Zusammenarbeit und gegenseitigen Beistand", den Warschauer Pakt. Aus sowjetischer Sicht war dies die Antwort auf den Beitritt der Bundesrepublik zur NATO (vgl. Kap. „Die Bundesrepublik in der internationalen Politik"). Allerdings schuf sich die Sowjetunion damit zugleich auch eine rechtliche Legitimation für die Stationierung ihrer Truppen in allen Mitgliedsländern des Warschauer Paktes.

Zwei-Lager-Theorie

Die ideologischen Gegensätze, Misstrauen, Furcht und Machtinteressen hatten zu einer immer geschlosseneren Organisation der Machtblöcke geführt. Während die Containment-Politik des Westens ihre Berechtigung von der Bedrohung durch die „kommunistische Weltrevolution" ableitete, rechtfertigten die Sowjets ihre Politik mit der Zwei-Lager-Theorie. Danach war die Welt in zwei vollkommen unversöhnliche Lager gespalten, das „imperialistisch-kapitalistische" und das „demokratisch-sozialistische". Aus sowjetischer Sicht musste daher alles unternommen werden, um die „reaktionären" Kräfte nicht nur abzuwehren, sondern den endgültigen Sieg des Kommunismus sicherzustellen. Die ersten größeren Konflikte ließen dann auch nicht lange auf sich warten.

2 *Militärische Zusammenschlüsse nach 1945*

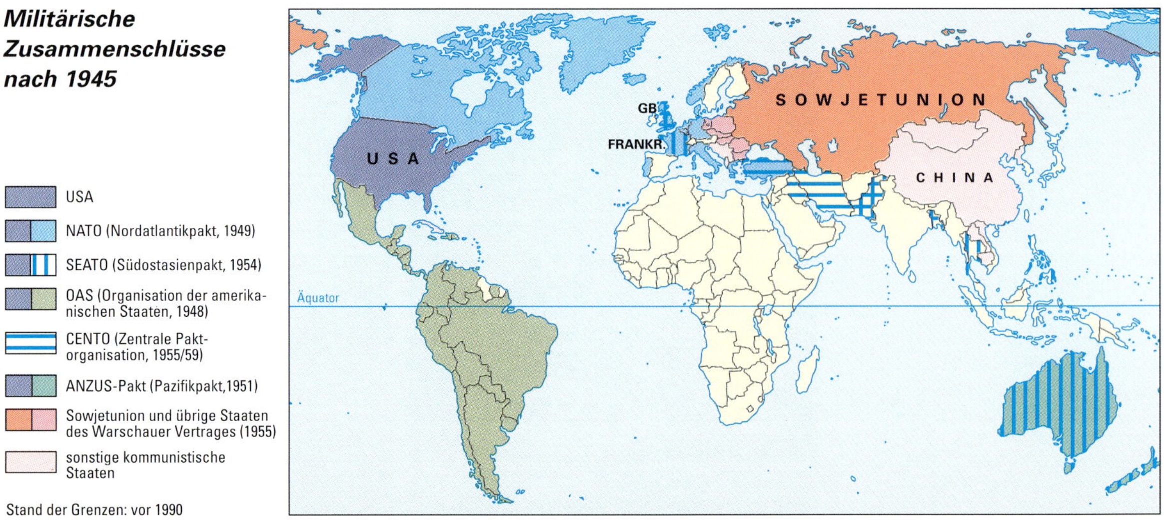

3 ***„Der Weg zur Hölle".*** *Karikatur im Simplizissimus, 11. Mai 1957. Die ersten Jahrzehnte der Nachkriegszeit wurden in Ost und West beherrscht von gegenseitigem Misstrauen und weltweiter Angst vor einem atomaren Krieg.*

4 ***Die ideologischen Gegensätze***

a) *Der ehemalige amerikanische Präsident Truman schreibt in seinen Memoiren:*

Anschließend charakterisierte ich (am 12. März 1947 im Kongress) die zwei großen Richtungen der Zeit: „Die eine Lebensform gründet sich auf den Willen der Mehrheit und ist gekennzeichnet durch freiheitliche Einrichtungen; eine repräsentative Regierung, unbeeinflusste Wahlen, Rechtsgarantien für persönliche Freiheit, Rede- und Religionsfreiheit und Schutz vor politischer Unterdrückung. Die andere Lebensform gründet sich auf den von einer Minderheit der Mehrheit gewaltsam aufgezwungenen Willen. Sie stützt sich auf Terror und Unterdrückung, auf die Gleichschaltung der Presse und des Rundfunks, auf vorgeschriebenen Wahlen und auf den Entzug der persönlichen Freiheit … Die totalitären Regierungen wurzeln in dem üblen Boden der Armut und des Bürgerkriegs, saugen ihre Nahrung aus Elend und Not und erreichen ihr volles Wachstum dort, wo die Hoffnung auf ein besseres Dasein stirbt.

Diese Hoffnung aber gilt es lebendig zu erhalten. Die freien Völker erhoffen von uns Hilfe für ihren Kampf um die Freiheit. Wenn wir Schwächen zeigen, gefährden wir den Frieden der Welt und schaden der Wohlfahrt des eigenen Landes." Als ich endete, erhob sich der Kongress wie ein Mann und spendete Beifall.

Harry S. Truman, Memoiren, Band 2. Stuttgart 1956, S. 110 ff., 114 f.

b) *Der Sekretär des Zentralkomitees der KPdSU, Georgij Malenkow, auf der Gründungsversammlung des Kominform (September 1947):*

In den durch die Ausschaltung der Hauptkonkurrenten der USA, Deutschland und Japan, und durch die Schwächung Englands und Frankreichs entstandenen Verhältnissen, sind die USA zu einer neuen unverhüllten Expansionspolitik übergegangen, die auf die Herstellung der Weltherrschaft gerichtet ist. Unter diesen neuen Nachkriegsverhältnissen vollzieht sich eine Wandlung in den Beziehungen zwischen den Kriegsverbündeten von gestern, die gemeinsam gegen das faschistische Deutschland und das imperialistische Japan gekämpft haben …Die eine Politik wird von der Sowjetunion getragen und den Ländern der neuen Demokratie verfolgt (Volksdemokratien des Ostblocks). Die Außenpolitik der Sowjetunion und der demokratischen Länder ist auf die Untergrabung des Imperialismus, auf die Sicherstellung eines festen demokratischen Friedens zwischen den Völkern und auf den größtmöglichen Ausbau der freundschaftlichen Zusammenarbeit der friedliebenden Völker gerichtet … In der anderen Richtung der internationalen Politik ist die herrschende Clique der amerikanischen Imperialisten führend. In dem Bestreben, die Position zu festigen, die das amerikanische Monopolkapital während des Krieges in Europa und Asien erobert hat, hat diese Clique nun den Weg der offenen Expansion betreten, den Weg der Versklavung der geschwächten kapitalistischen Länder Europas, der Versklavung der kolonialen und abhängigen Länder, den Weg der Vorbereitung neuer Kriegspläne gegen die UdSSR und die Länder der neuen Demokratie, wobei sie sich des Vorwandes eines Kampfes gegen die „kommunistische Gefahr" bedient …

Zit. nach: Das Ostpaktsystem. Dokumentensammlung, hg. von B. Meissner, Bd. XVII. Frankfurt und Berlin 1955, S. 87–88.

5 ***Massenvernichtungswaffen***

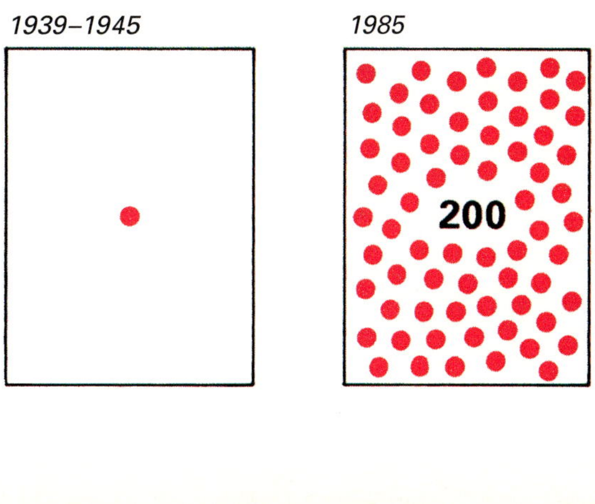

6 *Wer war schuld am Kalten Krieg?*

Die Frage, ob der Kalte Krieg unvermeidlich war und wer ihn von den Großmächten verursacht hatte, wird in der Geschichtsschreibung nach wie vor kontrovers diskutiert. Dazu trägt auch bei, dass die Archive der USA und der ehemaligen Sowjetunion nur allmählich geöffnet werden. Lange Zeit beherrschten die Argumente von Kennan die Beurteilung. 1959 begann mit einer „revisionistischen" Interpretation der US-Außenpolitik durch den amerikanischen Historiker William A. Williams die Kontroverse:

Zur Zeit des Ersten Weltkrieges war also das grundlegende Dilemma der amerikanischen Außenpolitik klar definiert. Durch seine großzügige, humanitäre Haltung war es verpflichtet, das Los weniger glücklicher Völker zu verbessern, aber diese Seite seiner Diplomatie wurde durch zwei andere Aspekte seiner Diplomatie in Frage gestellt. Zum einen glaubten die Amerikaner, den Menschen helfen hieße sie sich selbst ähnlich zu machen. Dies untergrub ihr Ideal der Selbstbestimmung. Andererseits behaupteten sie, dass wirtschaftliche Expansion in Übersee die Voraussetzung für ihr eigenes materielles Wohlergehen sei, und handelten dementsprechend. Aber da diese Expansion nichts anderes bedeutete als einen Gewinn von Märkten für die amerikanischen Exporte sowie eine Kontrolle über die Rohstoffe für die amerikanische Industrie, wurde die Möglichkeit anderer Völker, sich nach ihren eigenen Vorstellungen von Entwicklung zu verhalten, weiter ausgehöhlt …

Die an Stelle Roosevelts tretenden Führer begriffen weder das Dilemma noch die Notwendigkeit, ihre Auffassung zu modifizieren. Einige von ihnen dachten zeitweilig daran, die Beziehungen zur Sowjetunion auf der Basis wirtschaftlicher und politischer Abkommen zu stabilisieren, aber selbst diese schwache Minderheit sah die Zukunft unter dem Gesichtspunkt einer Fortsetzung der durch die Strategie der Offenen Tür geleiteten Expansion. Die große Mehrheit verstand sich schnell zu einem Programm, das vorsah, die Sowjetunion zum Akzeptieren der traditionellen Vorstellungen Amerikas von sich und der Welt zu zwingen. Diese Entscheidung eröffnete die letzte Phase des Übergangs der Politik der Offenen Tür von einer utopischen Idee zu einer Ideologie, von einer intellektuellen Konzeption für die Veränderung der Welt zu einer solchen, die sie in ihrer traditionellen Form erhalten wollte. Die Führer Amerikas hatten die Theorie, die Notwendigkeit und die Moral der Expansion im Namen der Politik der Offenen Tür verinnerlicht und glaubten daran … Was die Führer Amerikas betrifft, so waren Philosophie und Praxis der Expansion im Namen der Politik der Offenen Tür sowohl in ihren missionarischen als auch in ihren wirtschaftlichen Aspekten zu der feststehenden Weltanschauung geworden. Wer diese Tatsache nicht erkannte und akzeptierte, von dem wurde nicht nur behauptet, dass er sich irrte, sondern dass er überhaupt unfähig war, richtig zu denken …

Diese Feststellung besagt nicht, dass die Vereinigten Staaten den Kalten Krieg begonnen oder verursacht hätten … Wenn man in diesem Sinn überhaupt sagen kann, jemand habe den Kalten Krieg verursacht, dann liegt die Verantwortung in erster Linie, wenn nicht ausschließlich bei Adolf Hitler und Nazi-Deutschland.

W. A. Williams, Die Tragödie der amerikanischen Diplomatie. Frankfurt a. M. 1973, S. 97, 234 f., 306.

a) Zeige, wie sich der „Kalte Krieg" und die jeweiligen Positionen in Plakaten und Karikaturen niederschlagen (ADS, M1, M3). Ziehe auch M1 in Kap. „Die Bundesrepublik in der internationalen Politik" heran.

b) Stelle das jeweilige Selbstbild und das Bild, das vom Gegner gezeichnet wird, in den Aussagen Trumans und Malenkows gegenüber (M4). Welchen Argumenten kommt deiner Meinung nach angesichts der damaligen politischen Weltlage das größte Gewicht zu?

c) Erläutere, worin Williams die Motive der amerikanischen Außenpolitik nach dem Ersten Weltkrieg sieht (M6).

d) Beschreibe unter Einbezug des vorangehenden Kapitels, welche Vorgänge die Anti-Hitler-Koalition zerfallen ließen und zum Kalten Krieg führten. Nimm selbst Stellung zur Frage nach den Ursachen und der Schuld für den Beginn des Kalten Krieges.

3. Konfliktfeld Europa – Status quo der Blöcke

1 ***Sowjetische Panzer*** *in Berlin 1953 (oben links), Budapest 1956 und Prag 1968 (rechts).*

„Völker der Welt! Hört uns – helft uns! Nicht mit Erklärungen, sondern mit Taten, mit Soldaten, mit Waffen. Vergesst nicht, dass es für die Sowjets bei ihrem brutalen Ansturm kein Halten gibt. Wenn wir untergegangen sind, werdet ihr das nächste Opfer sein. Rettet unsere Seelen! Rettet unsere Seelen! …
Hört den Schrei, Völker der Welt, und handelt. Reicht uns eure brüderliche Hand. SOS! SOS! Gott sei mit euch“
Dies war der letzte Notruf des von sowjetischen Panzern umzingelten ungarischen Radiosenders „Freier Sender Petöfi“, der am Sonntag, dem 4. November 1956 um 14.34 Uhr die westliche Welt erreichte. Wenig später besetzten sowjetische Truppen ganz Budapest und den Rundfunksender.

Probleme im Ostblock

Es war nicht das erste Mal, dass Teile der Bevölkerung oder sogar die Regierung eines Ostblockstaates versuchten sich von der Sowjetherrschaft zu befreien. Dies deutete auf das durchweg angespannte Verhältnis der östlichen Großmacht zu ihren Satellitenstaaten hin. Allen kommunistischen Regierungen fehlte die demokratische Legitimation. Sie waren in der Regel von der Sowjetunion eingesetzt und konnten sich daher nie der mehrheitlichen Zustimmung der Bevölkerung sicher sein. Die Unzufriedenheit in der Bevölkerung mit dem bestehenden System und der jeweiligen, moskauhörigen Regierung wuchs mit den Versorgungsmängeln im Grundnahrungs-, vor allem aber im Konsumgüterbereich. Diese erwuchsen zum einen aus den grundlegenden Mängeln der Planwirtschaft (vgl. Kap. „Die zentral gelenkte Wirtschaft …“), resultierten zum anderen aus der Politik des „Rates für gegenseitige Wirtschaftshilfe“, dem alle Ostblockländer angehörten. Unter Führung der Sowjetunion waren die Mitgliedsländer angehalten, vorwiegend die Schwerindustrie zu fördern, um von Westimporten unabhängig zu werden. Alle wirtschaftlichen Planungen wurden außerdem einseitig an den Bedürfnissen der östlichen Großmacht ausgerichtet.

1953 Aufstand in der DDR und 1956 in Polen …

Die Unruhen im Ostblock begannen mit dem Aufstand am 17. Juni in der DDR. Die DDR-Regierung ließ ihn durch sowjetische Panzer in allen Orten gewaltsam niederschlagen (ausführlich im Kap. „Der SED-Staat“). Dieses Aufbegehren war das erste Zeichen für eine allgemeine Unruhe im Ostblock nach dem Tode Stalins im März 1953. Viele in den Satellitenstaaten hatten sich von der neuen Kremlregierung erhofft, dass sie ihren Ländern nun mehr Eigenständigkeit gewähren würde. Doch einem Streik polnischer Arbeiter in Posen im Juni 1953 („Mehr Brot“, „Russen raus“), der eine große Protestbewegung auslöste, bereiteten sowjetische Truppen ebenfalls ein gewaltsames Ende.

… und Ungarn

In Ungarn forderten Intellektuelle, Schriftsteller und Teile der kommunistischen Partei im Oktober 1956 Pressefreiheit, geheime Wahlen, ein Mehrparteiensystem und staatliche Neutralität. Nach einer Volkserhebung im ganzen Land wurde Imre Nagy Ministerpräsident. Dieser Aufstand schien schon Erfolg zu haben, als er am 4. November von sowjetischen Panzerdivisionen niedergeschlagen wurde. Tausende Ungarn wurden verhaftet, nach Sibirien verschleppt oder, wie Ministerpräsident Nagy, später hingerichtet. Etwa 200 000 flohen in den Westen. Jetzt bestand kein Zweifel mehr daran, dass die Sowjetunion auch unter Stalins Nachfolger Nikita Chruschtschow das Ausscheren eines Satellitenstaates aus ihrem Einflussbereich und selbst kleinere Abweichungen von ihrer Linie mit allen Mitteln zu verhindern gewillt war.

Status-quo-Politik: die Blöcke verfestigen sich

Die Westmächte kamen Ungarn nicht zu Hilfe. Proteste und Anteilnahme der westlichen Öffentlichkeit konnten nicht darüber hinwegtäuschen, dass sich die maßgeblichen Politiker mit dem Status quo bereits abgefunden hatten. Der Westen akzeptierte den Herrschaftsbereich der Sowjetunion, beharrte andererseits aber auf der uneingeschränkten Sicherheit seines eigenen Machtbereichs. Als Chruschtschow 1958 die drei Westmächte ultimativ aufforderte innerhalb von 6 Monaten alle Besatzungstruppen aus Berlin zurückzuziehen, um es zur „Freien Stadt“ zu machen, reagierte die NATO-Führung mit entschiedener Ablehnung. Weitere sowjetische Reaktionen blieben daraufhin aus. Auch im Kreml stellte man sich in Europa auf die Sicherung des Status quo ein. Mit dem Bau der Berliner Mauer durch das SED-Regime 1961 wurde er weiter zementiert. Der Westen reagierte darauf lediglich mit wirkungslosen Protestnoten.

1968: Tschechoslowakei – der „Prager Frühling“

In den Jahren der Aufstände in Polen und Ungarn war es in der ČSSR noch ruhig geblieben. Seit Januar 1968 setzte sich dort eine Mehrheit innerhalb der kommunistischen Partei unter Führung von Alexander Dubček für einen „Sozialismus mit menschlichem Antlitz“ ein. Dazu sollte die Förderung der Privatwirtschaft und die Garantie von Meinungs-, Versammlungs- und Reisefreiheit beitragen. Dieser so genannte „Prager Frühling“ endete am 21. August 1968, als die Sowjetregierung den Einmarsch von Truppen des Warschauer Pakts – darunter polnische, ungarische, bulgarische und ostdeutsche Streitkräfte – in die ČSSR anordnete. Als Begründung für diese Invasion und als Warnung für weitere „Abweichler“ legte der Generalsekretär der KPdSU, Leonid Breschnew, die ideologischen Prinzipien des Ostblocks in der so genannten Breschnew-Doktrin fest: Die Sowjetunion bestimme den Weg des Sozialismus, keinem Land des Ostblocks sei es erlaubt, diesen gemeinsamen Weg des Kommunismus zu verlassen. Nur Jugoslawien war es als einzigem kommunistischen Land in Europa gelungen, sich dem sowjetischen Machtanspruch zu entziehen. Schon Stalin hatte den jugoslawischen Staats- und Parteichef Tito zum „Verräter am Kommunismus“ erklärt, aber alle sowjetischen Pläne Tito zu stürzen, scheiterten. Vor einem militärischen Eingreifen auf dem Balkan scheute die Sowjetunion zurück.

2 *„Sag, dass du mich gerufen hast.“ Westkarikatur 1968*

3 ***Bilder aus Budapest,*** *wo gleich zu Beginn des Aufstandes 1956 das Stalindenkmal gesprengt wurde. Alle Aufstände und Reformversuche im Ostblock wollten zunächst die Abschaffung des Stalinismus.*

4 ***Ungarn 1956:***

a) *Der ungarische Sender Kossuth am Dienstag, 30. Oktober 1956:*

Hier spricht Imre Nagy:
Ungarische Arbeiter, Soldaten, Bauern und Intellektuelle! Die Revolution … und die gewaltige Bewegung der demokratischen Kräfte haben es mit sich gebracht, dass unsere Nation jetzt am Scheidewege angelangt ist. Im Interesse einer weiteren Demokratisierung des politischen Lebens … hat das Kabinett das Einparteiensystem abgeschafft und beschlossen zu einer Regierungsform zurückzukehren, die auf demokratischer Zusammenarbeit der Koalitionsparteien beruht … Die vorläufige Regierung hat das sowjetische Oberkommando aufgefordert, mit dem Abzug der sowjetischen Truppen aus Budapest unverzüglich zu beginnen. Gleichzeitig unterrichteten wir das ungarische Volk davon, dass wir die Sowjetunion ersuchen werden, sämtliche Truppen aus Ungarn abzuziehen.
(Sender Kossuth um 14.28 Uhr)

b) *Radio Moskau am 1. November 1956:*

Wie oft haben wir nicht die heuchlerischen Worte der lügenhaften bürgerlichen Propaganda gehört, dass die Westmächte die souveränen Rechte und die Unabhängigkeit anderer Nationen und Staaten respektieren. Wie viele schmutzige Angriffe sind nicht in Verbindung mit den Ereignissen in Ungarn gegen die Sowjetunion gerichtet worden! Die Sowjetunion ist getreulich Lenins Prinzip der Achtung vor der Souveränität anderer Nationen gefolgt und der Gedanke liegt ihr fern, Ungarn seinen Willen aufzuzwingen oder sich in seine nationalen Angelegenheiten einzumischen. (Radio Moskau)

c) *Der ungarische Freie Sender Kossuth am Sonntag, 4. November 1956 um 5.19 Uhr:*

Hier spricht Ministerpräsident Imre Nagy.
Sowjetische Truppen haben im Morgengrauen zu einem Angriff auf unsere Hauptstadt angesetzt, mit der eindeutigen Absicht, die gesetzmäßige Regierung der Ungarischen Volksrepublik zu stürzen. Unsere Truppen stehen im Kampf. Die Regierung ist auf ihrem Platz. Ich bringe diese Tatsache unserem Land und der ganzen Welt zur Kenntnis.
(Freier Sender Kossuth)

d) *Radio Moskau am selben Tag um 21.05 Uhr:*

Heute Morgen sind die Kräfte der reaktionären Verschwörung gegen das ungarische Volk zerschlagen worden. Eine neue ungarische Revolutionsregierung der Arbeiter und Bauern wurde von Ministerpräsident Janos Kadar gebildet. Die Regierung hat das ungarische Volk aufgefordert, alle Kräfte zur Verteidigung der Errungenschaften des volksdemokratischen Systems einzusetzen und die reaktionären Verschwörer … endgültig zu vernichten. Die Revolutionsregierung der Arbeiter und Bauern hat das Kommando der Sowjetstreitkräfte gebeten, ihr bei der Unterdrückung der Aufständischen zu helfen.
(Radio Moskau)

e) *Der ungarische Sender Kossuth am Dienstag, 6. November 1956:*

Wir grüßen die Sowjetunion, die zum zweiten Mal das ungarische Volk befreit hat …
(Sender Kossuth)

M. J. Lasky (Hg.), Die ungarische Revolution. Berlin 1959. Zit. nach: Informationen zur politischen Bildung 225, Bonn 1989, S. 28 f.

5 Die Haltung der Sowjetunion

***a)** Chruschtschow und Malenkow zum Einmarsch in Ungarn am 3. November 1956:*

Wenn wir nachgeben würden, hieße es im Westen, wir wären dumm und schwach, was das Gleiche ist … Die Kapitalisten würden dann direkt an die Grenze der UdSSR vorrücken. (Chruschtschow sagte) sie könnten eine Restauration des Kapitalismus in Ungarn auch aus internen Gründen der Sowjetunion nicht zulassen. Es ließen sich dort Leute finden, die die ganze Angelegenheit wie folgt darstellen könnten: Solange Stalin regierte, habe jeder pariert und es habe keine Erschütterungen gegeben. Jetzt … sei es zu Niederlagen und Abspaltungen in Ungarn gekommen … Chruschtschow sagte, diesen Standpunkt könnte die Sowjetarmee einnehmen, und das sei einer der Gründe, weswegen man in Ungarn eingreifen müsse … Zwar werde es im Westen und vor der UNO Lärm und Aufregung geben, doch dürften diese sicher geringer sein, wenn Großbritannien, Frankreich und Israel zur gleichen Zeit gegen Ägypten Krieg führen …

Zit. nach: Politische Weltkunde II, Die Sowjetunion. Stuttgart 1985, S. 122.

6 Offizielles Porträt: *Leonid Breschnew, 1979 dargestellt von dem Maler Boulatov*

***b)** Breschnews Vorwürfe. Mlynav̌, Sekretär des Zentralkomitees der KPČ, einer der Mitgestalter des „Prager Frühlings", erinnert sich:*

Breschnew … warf Dubček kurz und bündig vor, er habe seine Innenpolitik gemacht, ohne zuvor Breschnews Einverständnis und Billigung einzuholen, ja er habe sogar dessen Weisungen und Ratschläge demonstrativ in den Wind geschlagen … Breschnew war persönlich aufrichtig entrüstet darüber, dass Dubček sein Vertrauen enttäuscht hatte und nicht jeden seiner Schritte vom Kreml billigen ließ … Allein von dieser Todsünde … leitete Breschnew alle anderen Sünden ab: „antisozialistische Tendenzen" nehmen überhand, die Presse schreibt, was sie will … Breschnew sprach ausführlich über die Opfer der Sowjetunion im Zweiten Weltkrieg … Diesen Preis musste die Sowjetunion für ihre Sicherheit bezahlen und eine der Garantien für diese Sicherheit ist die Teilung Europas nach dem Krieg, und dazu gehört auch, dass die Tschechoslowakei „für ewige Zeiten" mit der Sowjetunion verbunden ist … Die Ergebnisse des Zweiten Weltkrieges – so Breschnew – sind für die Sowjetunion unantastbar und darum werden sie auch auf die Gefahr eines neuen Krieges hin verteidigt werden … Die Gefahr eines derartigen Konflikts droht jedoch gegenwärtig nicht. Er … hat bei Präsident Johnson angefragt, ob die amerikanische Regierung auch heute noch die Ergebnisse der Konferenz von Jalta und Potsdam voll anerkennt. Und am 18. August hat er folgende Antwort erhalten: In Bezug auf die Tschechoslowakei und Rumänien gilt die vorbehaltlose Anerkennung …

Zit. nach: A. Fischer (Hg.), Sowjetische Außenpolitik seit 1945. Stuttgart 1985, S. 92/93.

a) Stelle die Gründe der Sowjetunion für den Einmarsch in Ungarn zusammen (VT, M4a, M5a) und erläutere die Taktik des Vorgehens (M4, M5).

b) Welche Ziele verfolgte die Sowjetunion mit dem Einmarsch in die Tschechoslowakei (M5b)? Vergleiche Breschnews Position mit der Chruschtschows. Was vermittelt dir das Porträt M6?

c) Beurteile das Verhalten der USA und der Westmächte während und nach den Aufständen in den Ostblockstaaten (VT). Berücksichtige dabei die Zeitumstände und spiele mögliche Alternativen durch.

4. Weltweite Konflikte – „Stellvertreterkriege"?

1 *Karikatur von Marie Marcks ohne Titel*

Fast zeitgleich zu den Konflikten in Mittel- und Osteuropa führte der Ost-West-Gegensatz auch in anderen Teilen der Welt zur Konfrontation der Blöcke. Während jedoch in Europa sich die Großmächte mit dem Status quo zu arrangieren begannen und keiner der beiden eine militärische Eskalation riskierte, kam es andernorts zu einer ernsthaften Bedrohung des Weltfriedens: Korea, von 1910–1945 eine Kolonie Japans, wurde nach der Niederlage Japans im Zweiten Weltkrieg gemäß einer Absprache der Siegermächte USA und UdSSR in zwei Besatzungszonen nördlich und südlich des 38. Breitengrades aufgeteilt. 1949 zogen die Besatzungstruppen ab. Bereits ein Jahr später überschritten militärisch überlegene, von der Sowjetunion politisch unterstützte Truppen Nordkoreas die Demarkationslinie, um das Land unter kommunistischer Herrschaft zu einigen. Die UNO verurteilte Nordkorea als Aggressor. Weil die Sowjetunion den Sicherheitsrat zu dieser Zeit wegen der Nichtaufnahme Chinas boykottierte, konnten UNO-Truppen nach Korea geschickt werden. Nachdem die UNO-Truppen bis zur chinesischen Grenze vorgedrungen waren, erhielt Nordkorea von 300 000 „Freiwilligen" aus China Unterstützung. Der amerikanische Präsident lehnte jedoch die Zerstörung chinesischer Luft- und Nachschubbasen wegen der Gefahr eines neuen Weltkrieges ab. Die Kampfhandlungen erstarrten im Stellungskrieg. 1953 wurde erneut eine Grenze festgelegt, die sich am 38. Breitengrad orientierte. Dieser erste „Stellvertreterkrieg" kostete zwei Millionen Soldaten und einer Million Zivilisten das Leben.

2 ***Die drei Phasen des Koreakrieges 1950 bis 1953.*** *Es war der erste „Stellvertreterkrieg".*

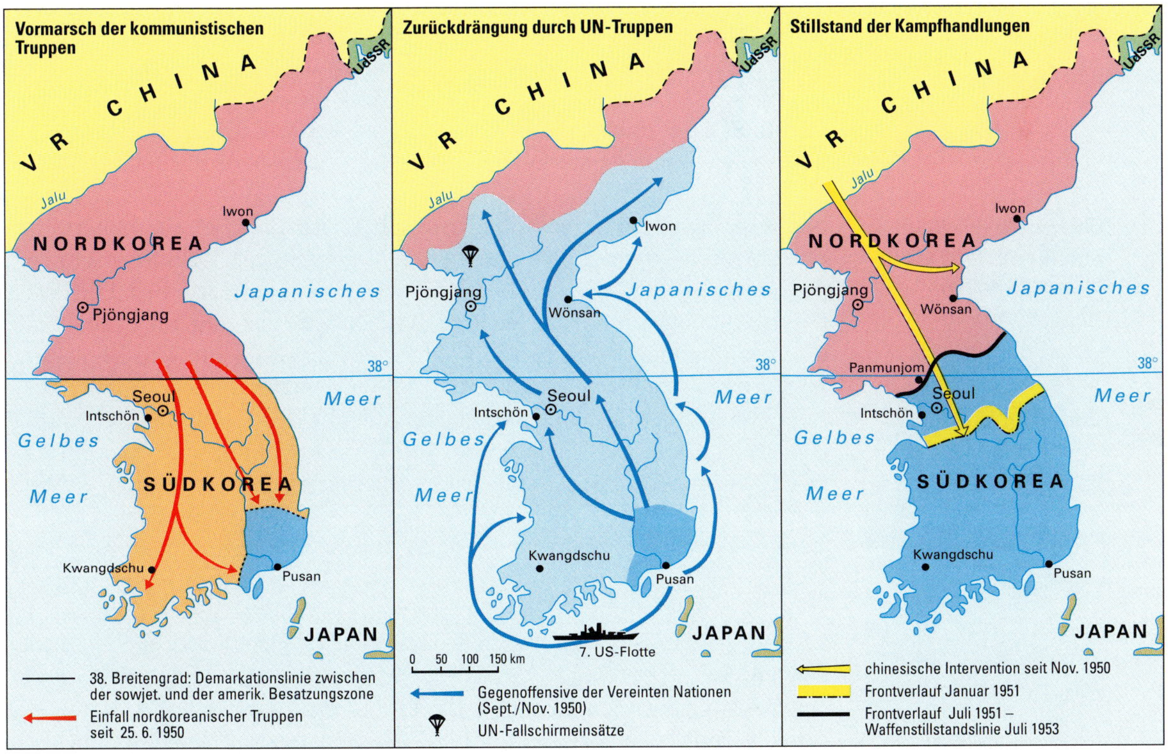

Auswirkungen des „Koreaschocks"

Der Krieg in Korea wirkte auf den Westen wie ein Schock, war doch die Teilung des asiatischen Landes mit der politischen Situation in Deutschland vergleichbar. Die Westmächte einigten sich darauf, einer Wiederaufrüstung der Bundesrepublik zuzustimmen. 1955 erfolgte der Beitritt des deutschen Weststaates zur NATO (vgl. Kap. „Die Bundesrepublik in der internationalen Politik"). Auch im Fernen Osten entstanden neue Bündnisse, die sich gegen eine Bedrohung durch kommunistische Staaten richteten: Anzus-Pakt (1951: USA, Australien, Neuseeland), SEATO-Vertrag (1954: USA, England, Frankreich, Neuseeland, Australien, Pakistan, Thailand, Philippinen), CENTO-Pakt (1955: England mit Türkei, Iran, Irak, Pakistan).

1961/62: Kuba – Duell am Abgrund

3 *West-Karikatur zur Kubakrise Kennedy und Chruschtschow: „Einverstanden, Herr Präsident, wir wollen verhandeln."*

An den Rand eines Atomkrieges führte 1962 die Kuba-Krise:
In Kuba hatte eine nationale Befreiungsarmee unter ihrem Führer Fidel Castro 1959 den von den USA unterstützten Diktator Batista entmachtet und eine sozialistische Gesellschafts- und Wirtschaftsreform (Verstaatlichung, Enteignung, Bodenreform u. a.) durchgeführt. Die Sowjetunion hielt sofort ihre schützende Hand über Kubas neue Regierung, die von den USA wirtschaftlich boykottiert und politisch bekämpft wurde. Im Oktober 1962 bewiesen US-amerikanische Luftaufnahmen, dass die Sowjetunion auf der Insel, direkt vor der amerikanischen „Haustür", Raketenabschussrampen errichtete, von denen aus jede größere Stadt der amerikanischen Ostküste erreicht werden konnte. Umgehend forderte Präsident John F. Kennedy die Sowjetunion mit einem Ultimatum auf die Raketenstellungen abzubauen. Kuba wurde mit einer Seeblockade belegt, doch Sowjetschiffe mit Kriegsmaterial und Raketen waren bereits auf dem Weg und näherten sich der Blockadelinie, bestehend aus einem US-Flugzeugträger sowie mehreren Zerstörern und Kreuzern. Die Welt hielt den Atem an, ein Zusammenstoß der Atommächte schien unmittelbar bevorzustehen, ein Atomkrieg nicht mehr ausgeschlossen. Im letzten Moment lenkte Chruschtschow ein, ließ die Sowjetschiffe stoppen und umdrehen. Er forderte dafür aber auch Gegenleistungen: So wurden einerseits unter UNO-Aufsicht die Raketen auf Kuba, andererseits im Gegenzug die amerikanischen Raketenstellungen in der Türkei abgebaut. Die USA verpflichteten sich die Sicherheit Kubas zu garantieren. Beide Supermächte hatten ihr Gesicht gewahrt, zugleich aber auch die Gefahren einer unkalkulierbaren atomaren Aufrüstung und Bedrohung erkannt und schienen nun verstärkt zu Gesprächen u. a. über Abrüstungsfragen bereit.

1964–1975: Vietnam – eine Weltmacht stößt an ihre Grenzen

Nur zwei Jahre nach der Kuba-Krise sahen sich die USA ein weiteres Mal herausgefordert: In Indochina musste sich Frankreich als Kolonialmacht nach seiner Niederlage von Diên Biên Phu (Nordvietnam) zurückziehen. Die Beschlüsse der internationalen Genfer Konferenz sahen vor, Vietnam am 17. Breitengrad in einen kommunistischen Norden unter der Regierung Ho Chi Minhs und den Süden unter der Regierung Diems zu teilen. Später sollten gesamtvietnamesische Wahlen und die Wiedervereinigung der beiden Landesteile stattfinden. Die Regierung Diem verweigerte aber die Unterzeichnung des Abkommens und errichtete in Südvietnam eine Diktatur, die jegliche Opposition unterdrückte und sich notwendigen Reformen widersetzte. Dagegen formierten sich Widerstandsgruppen, vor allem die kommunistische Untergrundbewegung Vietcong. Um zu verhindern, dass in Indochina ein Staat nach dem anderen umfiel und unter kommunistische Herrschaft geriet (Domino-Theorie), unterstützten die USA das Diem-Regime und nach der Ermordung Diems auch die folgende Militärdiktatur mit wirtschaftlicher und militärischer Hilfe. 1964 griffen die ersten amerikanischen Verbände direkt in den Konflikt ein. Es folgten bis 1973 mehr als eine halbe Million US-Soldaten. Trotz verheerender Flächenbombar-

4 ***Kinder** retten sich vor US-amerikanischen Napalmbomben*

5 Konfliktfeld Indochina 1945 bis 1975
Seit 1960 unterstützte Nordvietnam über den sogenannten Ho-Chi-Minh-Pfad die Vietcong. Da dieser Pfad durch Kambodscha führte, wurde auch dieses Land in die Angriffe der Amerikaner einbezogen.

6 *Unten: Vietnam 1966: Flehen um Schonung des Dorfes*

dements und technisch modernster Waffen musste die Weltmacht erkennen, dass sie im Dschungelkrieg der Guerrillataktik der Vietcong, die von der Sowjetunion, China und vor allem Nordvietnam unterstützt wurden, letztlich unterlegen war. Ab 1968 setzten Friedensverhandlungen ein. Nach einem Waffenstillstand zog die amerikanische Regierung 1973 ihre Truppen ab; ca. 56 000 US-Soldaten hatten ihr Leben lassen müssen. Entgegen dem Abkommen von 1973 begann Nordvietnam 1974 erneut eine Offensive gegen den Süden, der schließlich 1975 kapitulieren musste. Vietnam wurde ein kommunistisch regiertes Land. In der Folgezeit gerieten auch Kambodscha und Laos unter kommunistischen Einfluss. Millionen von Menschen versuchten, sich durch zum Teil lebensgefährliche Flucht (als „Boatpeople“) der Enteignung, der „Umerziehung“, der Unterdrückung und kommunistischer Racheakte zu entziehen.

1978–1988: Afghanistan – auch die Sowjetunion kann sich nicht durchsetzen

Auch die Sowjetunion wurde damit konfrontiert, dass sie nicht uneingeschränkt eine von ihr unterstützte Regierung an der Macht halten konnte.
In Afghanistan hatten 1978 kommunistische Gruppen mit sowjetischer Hilfe die Monarchie gestürzt und die Macht erobert. Gegen die kommunistische Herrschaft erhob sich die Widerstandsbewegung der islamischen Mudschaheddin. Als Moskau die Position der kommunistischen Regierung bedroht sah, marschierten 1979 sowjetische Truppen in Afghanistan ein – trotz weltweiter Proteste. Die USA lieferten der Gegenseite Waffen. Zahlenmäßige Überlegenheit der sowjetischen Invasionstruppen (100 000 Soldaten) und vielfache Bombardements vermochten den Widerstand der Mudschaheddins nicht zu brechen. 1988 zogen die Sowjets ihre Truppen zurück, der Bürgerkrieg ging jedoch weiter.

7 Raketenbasen auf Kuba (rechts) und sowjetischer Frachter mit Düsenjägern an Bord *in der Karibik. Am 16. August 1961 erhielt Kennedy erste Luftaufnahmen sowjetischer Raketenbasen auf Kuba. Weitere Aufnahmen (Bild unten) bestätigten den Verdacht.*

8 Kalkulation eines Krieges

Chruschtschow berichtet über die Meinungen Stalins, Mao Zedongs und des nordkoreanischen Präsidenten Kim Il-sung zum Koreakrieg:

Kim fuhr nach Hause; nachdem er den Plan ausgearbeitet hatte, kam er wieder nach Moskau und berichtete Stalin, er sei sich seines Erfolgs absolut sicher. Ich erinnere mich, dass Stalin gewisse Zweifel hatte. Er machte sich Gedanken wegen eines möglichen Eingreifens der Amerikaner; aber wir neigen zu der Ansicht, dass eine amerikanische Intervention vermieden werden könne, wenn es gelang, die Kampfhandlungen bald zu Ende zu bringen, und Kim Il-sung war von seinem raschen Sieg überzeugt. (Stalin holte die Meinung Mao Zedongs ein.) Auch Mao Zedong machte keine Einwände. Er stellte sich positiv zu Kim Il-sungs Vorschlag und äußerte die Vermutung, die Amerikaner würden nicht intervenieren, da es sich bei dem Krieg um eine innerkoreanische Angelegenheit handle, in der das koreanische Volk selber entscheiden müsse.

Zit. nach: Sowjetische Außenpolitik seit 1945, Stuttgart 1985, S. 33/34.

9 Die USA und die Sowjetunion zur Kubakrise

a) *Präsident Kennedy erklärte am 23. 10. 1962 öffentlich:*

Ich appelliere an Ministerpräsident Chruschtschow diese heimliche, unbesonnene und provokatorische Bedrohung des Weltfriedens und der stabilen Beziehungen zwischen unseren beiden Ländern zu beenden. Ich appelliere ferner an ihn dieses Streben nach Weltherrschaft aufzugeben und sich an dem historischen Bemühen zu beteiligen, das gefährliche Wettrüsten zu beenden und der Geschichte der Menschheit eine neue Richtung zu geben. Er hat jetzt eine Gelegenheit, die Welt vor dem Abgrund der Vernichtung zu bewahren, indem er sich auf die Worte seiner eigenen Regierung besinnt, dass keine Notwendigkeit für die Stationierung von Raketen außerhalb des eigenen Territoriums besteht …

Zit. nach: Frankfurter Allgemeine Zeitung vom 24. 10. 62, S. 11.

b) *Chruschtschow an Kennedy am 28. 10. 1962:*

Sie sind wegen Kuba beunruhigt. Sie sagen, dass es Sie deshalb beunruhigt, weil es 90 Seemeilen von der Küste der Vereinigten Staaten von Amerika entfernt liegt. Doch die Türkei liegt doch in unserer Nähe, unsere Wachtposten gehen auf und ab und blicken einander an. Sie halten sich also für berechtigt, für Ihr Land Sicherheit und die Entfernung jener Waffen zu fordern, die Sie als offensiv bezeichnen, erkennen aber uns dieses Recht nicht zu.

Sie haben doch zerstörende Raketenwaffen, die Sie offensiv nennen, in allernächster Nähe von uns, in der Türkei, stationiert … Dies ist keineswegs miteinander zu vereinbaren.

Zit. nach: Frankfurter Allgemeine Zeitung vom 29. 10. 1962.

c) *Kennedy sagte 1963 in einer Rede:*

Wir sind beide in einem unheilvollen und gefährlichen Kreislauf gefangen, in dem Argwohn auf der einen Seite, der Argwohn auf der anderen auslöst, und in dem neue Waffen zu wieder neuen Abwehrwaffen führen … Vor allem müssen die Atommächte, bei gleichzeitiger Wahrung ihrer eigenen Lebensinteressen, solche Konfrontation vermeiden, die einem Gegner nur die Wahl zwischen einem demütigenden Rückzug oder einem Atomkrieg lassen …

Zit. nach: K. Schoenthal (Hg.), Der neue Kurs. München 1964, S. 147 f.

10 Tod und Zerstörung für Freiheit und Unabhängigkeit?

a) *US-Präsident Johnson (von 1963 bis 1968) über den Sinn des Vietnamkrieges 1965:*

Warum sind wir in Südvietnam? Wir sind dort, weil wir ein Versprechen zu halten haben … Wir haben aufbauen und verteidigen geholfen. So haben wir … uns verpflichtet, Südvietnam bei der Verteidigung seiner Unabhängigkeit zu helfen. Dieses Versprechen zu brechen und dieses kleine und tapfere Volk seinem Feind preiszugeben – und damit dem Terror, der darauf folgen muss –, das wäre ein unverzeihliches Unrecht. Wir sind ferner in Südvietnam, um die Ordnung der Welt zu stärken. Auf der ganzen Erde – von Berlin bis Thailand – leben Menschen, deren Wohlergehen zum Teil auf dem Vertrauen beruht, dass sie auf uns zählen können, wenn sie angegriffen werden.

Zit. nach: H. U. Luther, Der Vietnamkonflikt. Berlin 1969, S. 138 ff.

b) *Der nordvietnamesische Staats- und Parteichef Ho Chi Minh schrieb 1967 an US-Präsident Johnson:*

Die Regierung der Vereinigten Staaten hat ständig in Vietnam interveniert und ihre Aggressionen gegen Südvietnam begonnen und intensiviert, um die Teilung Vietnams zu verewigen und Südvietnam in eine amerikanische Kolonie und einen amerikanischen Militärstützpunkt umzuwandeln … In Südvietnam haben sich eine halbe Million Soldaten der USA und ihrer Satellitenstaaten der unmenschlichsten Methoden der Kriegsführung wie Napalm, Chemikalien und Giftgase bedient, um unsere Landsleute zu morden, ihre Ernten zu vernichten und ihre Dörfer dem Erdboden gleich zu machen. In Nordvietnam haben Tausende amerikanischer Flugzeuge Hunderttausende Tonnen Bomben herabregnen lassen und Städte, Dörfer, Fabriken, Straßen, Brücken, Deiche, Dämme und sogar Kirchen, Pagoden, Krankenhäuser und Schulen zerstört.

Zit. n.: L. B. Johnson, Meine Jahre im Weißen Haus. München 1972, S. 481.

11 Vietnamkrieg
In aller Öffentlichkeit erschießt der Polizeichef von Saigon (Südvietnam) ohne Gerichtsverfahren einen vermeintlichen Vietcong.

- *a) Interpretiere die Karikaturen M1 und M3 mit Hilfe des VT.*
- *b) Stelle Interessen und taktische Kalküle der Großmächte aus den Quellen M8 bis M10 gegenüber.*
- *c) Wie wird während der Kubakrise die Position der jeweiligen Gegenseite gesehen (M9a und 9b)?*
- *d) Arbeite die propagandistischen Stellen in den Texten von M10 heraus.*
- *e) Überlege welche Wirkungen die Veröffentlichung von Bild M11 in der westlichen Öffentlichkeit hervorrief. Frage Zeitzeugen, wie sie die entscheidenden Tage während der Kubakrise im Oktober 1962 erlebten.*
- *f) Was spricht für, was gegen die Bezeichnung der erwähnten Konflikte als „Stellvertreterkriege"?*

5. Vom „Gleichgewicht des Schreckens" zum Ende des Kalten Krieges

1 Das atomare Arsenal der Supermächte (Stand 1985)

Atomsprengköpfe auf:	USA	UdSSR
Interkontinental-Raketen	2 355	6 540
U-Boot-Raketen	6 300	1 714
Mittelstrecken-Raketen	134	1 500
Bombern	2 000	846
Zerstörungspotential in Megatonnen Trinitrotoluol	4 200	9 200

Zahlen aus Globus Kartendienst Nr. 5775 (Zahl der Atomsprengköpfe) und Stern Nr. 47/1985 (Zerstörungspotential)

2 ***„Gleichgewicht des Schreckens" – die Atombombe:** „Es wird hier dauernd vom Frieden gesprochen – meine Herren, der Friede bin ich!" (Karikatur von 1956).*

Aufrüstung und „nukleares Gleichgewicht"

Die Konfrontation der Weltmächte im Kalten Krieg führte zu einer gigantischen Aufrüstung. Die sowjetische Überlegenheit bei den konventionellen Waffen (Heeresstärke, Panzer u. a.) glichen die USA vorübergehend durch den Alleinbesitz der Atombombe aus. Bei einem Angriff der Sowjetunion drohte der Westen mit der „massiven Vergeltung" eines atomaren Gegenstoßes. Die atomare Monopolstellung der USA war jedoch bereits 1949 mit der erfolgreichen Zündung einer sowjetischen Atombombe beendet. Der ersten US-Wasserstoffbombe 1952 folgte bereits ein Jahr später die sowjetische. Dennoch behaupteten die USA vorläufig aufgrund ihrer Trägerwaffen (Bomber, U-Boote, Raketen) einen gewissen Rüstungsvorsprung. 1957 zeigten die Sowjets mit der Sputnik-Rakete, dass sie auch auf diesem Gebiet aufgeholt hatten. Etwa seit 1960 kann von einem nuklearen Gleichgewicht zwischen den Supermächten gesprochen werden. Ihre Waffenarsenale unterschieden sich nur noch nach Zahl und Art der unterschiedlichen Raketentypen und Trägerwaffen. Grundsätzlich reichte das Potential in West und Ost aus den Gegner mehrfach zu vernichten: die Aufrüstung hatte sich auf einem „Gleichgewicht des Schreckens" eingependelt.
Die NATO veränderte daraufhin ihre Verteidigungsstrategie: Je nach Angriffsart sollte einem Aggressor eine „flexible Antwort", d. h. ein „angemessener" Gegenschlag erteilt werden, der auch den Einsatz von atomaren Waffen einschloss.

Von der Containment-Politik zum „Roll-back"

Unter dem Eindruck des Koreakrieges (siehe vorangehendes Kapitel) hatte der Westen bereits seine politische Strategie verändert: Die Regierung der USA hielt die Containment-Politik nicht mehr für ausreichend. Präsident Dwight D. Eisenhower setzte sich dafür ein, den Weltkommunismus nicht mehr nur „einzudämmen", sondern auch „zurückzudrängen" („Roll-back"-Politik). Kommunistischen Aggressionen sollte bereits im Ansatz begegnet werden, um damit schon den „Fall des ersten Steines" zu verhindern („Domino-Theorie").

3 **„Rüstungswettlauf"** *(Karikatur von 1981)*

4 **„Neue Mengenlehre"** *(Karikatur von 1983)*

„Friedliche Koexistenz"?

1956 überraschte der sowjetische Parteichef Chruschtschow die Weltöffentlichkeit mit dem Angebot einer „friedlichen Koexistenz": Angesichts eines atomaren Krieges, den keine der beiden Seiten gewinnen könne, sollten sich die „kapitalistischen" und „kommunistischen" Staaten auf ein friedliches Nebeneinander einigen. Militärische Auseinandersetzungen sollten regional begrenzt und der Konkurrenzkampf der Systeme nur noch auf ideologischem und wirtschaftlichem Gebiet ausgetragen werden. Chruschtschows Vorschlag begegneten die maßgeblichen Politiker im Westen jedoch mit großem Misstrauen.
Die USA blieben bestrebt alle bedrohten antikommunistischen Regierungen zu stützen, darunter waren auch, entgegen dem Eintreten der westlichen Führungsmacht für demokratische Staatsformen, Diktaturen oder auf das Militär gestützte autoritäre Regime. Dadurch büßte die amerikanische Politik weltweit an Glaubwürdigkeit ein. Ihre Erfolge waren zudem gering. Regierungen in afrikanischen, asiatischen und auch lateinamerikanischen Staaten versprachen sich von einer Zusammenarbeit mit der Sowjetunion oder China mehr Vorteile und wandten sich teilweise von den USA ab. Die schlimmsten Befürchtungen seiner „Domino-Theorie" sah Washington in Indochina bestätigt: Nach Vietnam fielen Laos und Kambodscha dem kommunistischen Einflussbereich zu und auch Thailand geriet zunehmend unter Druck einer kommunistischen Guerilla.

Von vorsichtiger Annäherung zur Zusammenarbeit

Die Kuba-Krise zwang die Weltmächte zu einem Umdenken. Bereits während des Koreakrieges hatte sich gezeigt, dass auch ein konventionell geführter Krieg grundsätzlich die Gefahr eines Weltkrieges in sich barg, der leicht zum atomaren Krieg eskalieren konnte. Nachdem die Kuba-Krise 1962 tatsächlich an die Schwelle eines Atomkrieges geführt hatte, ließen die Weltmächte ihre Bereitschaft zu Verhandlungen erkennen und waren anschließend bemüht, direkte Kraftproben zu vermeiden. Ein „heißer Draht" zwischen Moskau und Washington wurde eingerichtet, um sich im Falle einer Krisensituation schneller und direkter verständigen zu können. Die nach der Kubakrise einsetzenden Verhandlungen zur Beendigung des Rüstungswettlaufs führten allerdings erst Anfang der 70er Jahre zu einer gewissen Entspannung und zu konkreten Abrüstungsergebnissen. Die USA und die Sowjetunion einigten sich darauf, strategische Waffen und Raketenabwehrsysteme zu begrenzen, Truppen in Mitteleuropa abzubauen und vertrauensbildende Maßnahmen einzuleiten (z. B. zu Manövern einzuladen). Dennoch tobten vor allem in Afrika und Asien weiterhin alte und neue „Stellvertreterkriege", in denen die Weltmächte ihre Verbündeten mit konventionellen Waffen unterstützten.

5 *Auch die Explosion der Rüstungskosten, die den US-Haushalt schwer belastete und in der UdSSR zu einer Wirtschaftskrise führte, drängten Gorbatschow und Reagan (Foto) zu Entspannungs- und Abrüstungspolitik.*

6 *Plakat westdeutscher Pazifisten von 1980*

Einen deutlichen Erfolg erreichten die Abrüstungs- und Friedensbemühungen mit der „Konferenz für Sicherheit und Zusammenarbeit in Europa“ (KSZE). Nach mehrjährigen Verhandlungen, auf die der Warschauer Pakt gedrängt hatte, unterzeichneten 1975 in Helsinki 33 europäische Staaten, die USA und Kanada die Schlussakte. Sie umfasste u. a. „vertrauensbildende Maßnahmen“ im militärischen Bereich, die Garantie bestehender Grenzen, eine allgemeine Gewaltverzichtserklärung, einen Katalog der Menschenrechte sowie Vereinbarungen über die Verwirklichung größerer Freizügigkeit für die Menschen, Informationen und Meinungen. Die Konferenz trug nicht nur zur Entspannung zwischen den Weltmächten bei, sie führte auch zu einer Auflockerung der Blöcke und unterstützte Tendenzen innerhalb der Ostblockstaaten, sich von der Sowjetunion zu lösen.

Erneuter Rüstungswettlauf

Gefährdet wurden alle Abrüstungsverhandlungen mit dem Einmarsch sowjetischer Truppen 1979 in Afghanistan. Zudem hatte die Sowjetunion Ende der 70er Jahre neu entwickelte SS-20-Raketen so stationiert, dass sie ganz Europa und Länder in Ost- und Südostasien erreichen konnten. Der amerikanische Präsident Ronald Reagan reagierte mit einer gewaltigen Aufrüstung der amerikanischen Streikräfte. In Europa sollte der so genannte NATO-Doppelbeschluss die Sowjets zum Abzug ihrer Raketen zwingen: Er bot einerseits Verhandlungen mit dem Ziel an, die Raketenstellungen auf beiden Seiten abzubauen („Null-Lösung“), sah andererseits vor, die Zahl der Raketenbasen in Westeuropa zu erhöhen, falls keine Übereinkünfte erreicht würden. Trotz einer breiten Protestbewegung vor allem in der Bundesrepublik wurden in Westeuropa neue Raketen stationiert. Die Rüstungsspirale drohte sich noch schneller zu drehen, als die USA die Entwicklung von Weltraumwaffen („SDI“-Projekt) forcierten.

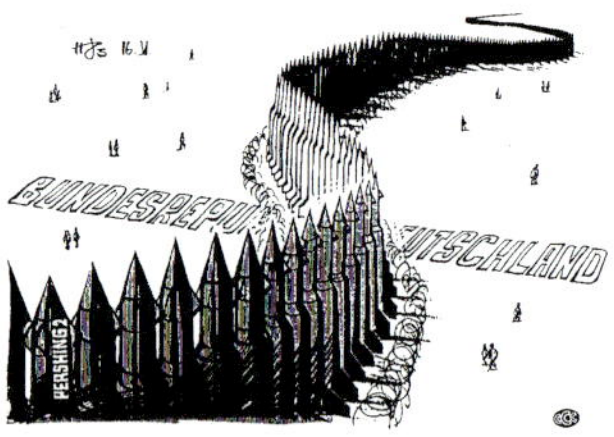

7 *„Noch eine deutsche Teilung“ – Karikatur von Haitzinger, 1983*

Das Ende des Kalten Krieges

Eine neue Konfrontation konnte aber verhindert werden: Wesentlich dazu beigetragen haben die innenpolitischen Reformen des sowjetischen Staats- und Parteichefs Gorbatschow (siehe Kap. „Die Sowjetunion …“) und die in Helsinki vereinbarten vertrauensbildenden Maßnahmen. 1987 einigten sich Reagan und Gorbatschow darauf, atomare Mittelstreckenraketen unter gegenseitiger Kontrolle abzubauen und zu verschrotten. Erstmals wurde ein Waffensystem vollkommen vernichtet. Der Wille zur Abrüstung, die Reformpolitik Gorbatschows, die die Revolutionen im Ostblock ermöglichte, waren wesentliche Voraussetzung für die Beendigung des Kalten Krieges. Im November 1990 trafen sich die 35 KSZE-Staaten in Paris, um mit der Pariser „Charta für ein neues Europa“ den Kalten Krieg formell zu beenden. „Das Zeitalter der Konfrontation und der Teilung Europas ist zu Ende gegangen … Ein neues Zeitalter der Demokratie, des Friedens und der Einheit bricht an“, heißt es in der Pariser Erklärung.

8 Stationen der Aufrüstung und Entspannung

1949: Die Sowjetunion wird Atommacht.

1952: Die USA zünden eine Wasserstoffbombe, die Sowjetunion folgt ein Jahr später.

1957: Der Start des Satelliten „Sputnik" deutet eine Überlegenheit der sowjetischen Raketentechnik an.

ca. 1960: USA und Sowjetunion haben ein „Gleichgewicht des Schreckens" bei den atomaren Raketenwaffen erreicht.

1963: USA und Sowjetunion beschließen die Einstellung von Kernwaffenversuchen.

1968: USA und Sowjetunion schließen einen Vertrag über die Nichtverbreitung von Kernwaffen.

1972: USA und Sowjetunion verkünden eine Begrenzung der strategischen Rüstung (SALT-I-Abkommen).

1975: KSZE-Schlussakte von Helsinki: 33 europäische Staaten, die USA und Kanada beschließen „vertrauensbildende Maßnahmen" im militärischen Bereich und die Beachtung der Menschenrechte.

1987: USA und Sowjetunion stimmen überein, die nuklearen Mittelstreckenraketen in Europa zu vernichten.

9 Ist friedliche Koexistenz möglich?

Der sowjet. Staatschef Chruschtschow 1965:

Man sagt, die Sowjetunion habe das Prinzip der friedlichen Koexistenz [im Sinne Lenins] nur aus taktischen, konjunkturbedingten Erwägungen aufgestellt. Es ist jedoch bekannt, dass wir uns mit der gleichen Beharrlichkeit auch früher … für die friedliche Koexistenz eingesetzt haben. Folglich ist das kein taktischer Schachzug …

Aus der Tatsache, dass wir für die friedliche Koexistenz und den wirtschaftlichen Wettstreit mit dem Kapitalismus eintreten, darf keineswegs die Schlussfolgerung gezogen werden, dass der Kampf gegen die bürgerliche Ideologie, gegen die Überreste des Kapitalismus im Bewusstsein der Menschen abgeschwächt werden kann. Unsere Aufgabe ist es, die bürgerliche Ideologie unermüdlich zu entlarven und ihren volksfeindlichen, reaktionären Charakter aufzudecken.

Zit.: I. Fetscher, Von Marx zur Sowjetideologie. Frankfurt/M. 1981, S. 205 f.

10 Sicherheit durch Atomwaffen?

Der damalige amerikanische Außenminister Henry Kissinger sagte 1974 vor der UNO:

Die Welt hat lokale Konflikte so behandelt, als ob sie immer wieder beherrschbar wären … Wir haben aber keine Garantie, dass nicht eine lokale Krise … uns aus den Händen explodiert … Die Welt hat nukleare Waffen so behandelt, als ob Zurückhaltung automatisch gegeben wäre. Ihre Furchtbarkeit hat diese Waffen für fast drei Dekaden an die Kette gelegt … Heute sind die politischen Hindernisse in der Gefahr zu weichen. Eine nukleare Katastrophe erscheint wahrscheinlicher, ob durch Absicht oder Fehlkalkulation, Unglück, Drohung oder Erpressung …

Zit. nach: H. Afheldt, Verteidigung und Frieden. Politik mit militärischen Mitteln. München 1976, S. 21 f.

11 „Ein gesamteuropäisches Haus"?

Gorbatschow vor dem Europarat am 7. 7. 1989:

Wir sind für eine atomwaffenfreie Welt, für die Beseitigung jedweder Atomwaffen zum Beginn des kommenden Jahrhunderts; wir sind für eine vollständige Beseitigung der chemischen Rüstungen in der allernächsten Zeit und für eine Vernichtung der Produktionsbasis zur Schaffung solcher Waffen für allezeit; wir sind für eine radikale Reduzierung der konventionellen Rüstung …; wir sind für einen vollständigen Abzug aller ausländischen Truppen vom Territorium anderer Länder. Wenn die Sicherheit das Fundament für das gesamteuropäische Haus ist, dann ist seine tragende Konstruktion die vielseitige Zusammenarbeit … Wir halten die Bildung eines umfassenden Wirtschaftsraumes vom Atlantik bis zum Ural für eine reale, wenn auch nicht nahe Perspektive.

Zit. nach: Ostinformationen, hg. vom Presse- und Informationsamt der Bundesregierung 7. 7. 1989.

a) Was hat zu den Abrüstungsverhandlungen zwischen den USA und der Sowjetunion geführt? Erläutere wesentliche Probleme und Erfolge.

b) Überprüfe, ob das Urteil von Kissinger (M10) heute noch aktuell ist.

c) Erläutere Chruschtschows Idee einer friedlichen Koexistenz (M9). Was wirkt daran überzeugend, was nicht? Musste der Westen darauf eingehen?

d) Vergleiche die Inhalte der Rede Gorbatschows (M11) mit der Politik seiner Vorgänger (siehe auch vorangehende Kapitel).

6. Die USA – zwei Gesichter einer Weltmacht

1 Navayo Ehepaar in Arizona

4 Ein Amerikaner als erster Mensch auf dem Mond. *Im Bild ist Edwin Aldrin zu sehen, am 21.7.1969 fotografiert von Neil Armstrong.*

2 Demonstration gegen „Onkel Sam" *in Teheran nach der Geiselnahme amerikanischer Botschaftsangehöriger 1978. Die iranische Regierung befürwortete die Geiselnahme.*

5 Flugzeugproduktion in den USA

3 Martin Luther King *(halblinks) und eine Demonstration der Bürgerrechtsbewegung 1963*

Ein Land der Gegensätze

Jeder, der von Amerika spricht, verbindet damit bestimmte Vorstellungen. Die Älteren denken noch an Care-Pakete und Marshallplan (s. Kap. „Deutschland nach der Kapitulation"), die Jüngeren an McDonald's oder Disney World. Jeder weiß, dass die USA die größte Wirtschafts- und Militärmacht sind, dass aber andererseits Heerscharen von Hungrigen die kostenlosen Suppenküchen bevölkern, dass Schwarze in menschenunwürdigen Ghettos leben, dass Mafia, Drogenhandel und andere Kriminalität ganze Stadtviertel beherrschen. Amerika war und ist ein Land voller Gegensätze.

Die USA: führende Militär- und Wirtschaftsmacht …

Ihre Position als führende Wirtschafts- und Industriemacht konnten die USA nach dem Ende des Zweiten Weltkriegs weiter ausbauen. Ihr rigides Eintreten für einen freien Welthandel („Open-door"-Politik), um neue Absatzmärkte zu gewinnen und alte zu erhalten, war meist mit dem Anspruch verbunden, für Demokratie, Freiheit und Frieden einzutreten. Der weltweite Kampf gegen den Kommunismus sollte zwar einerseits auch die wirtschaftlichen Interessen wahren, verursachte aber andererseits neue wirtschaftliche Probleme. Die USA entwickelten sich zum größten Schuldnerstaat der Welt. Deutliches Zeichen dafür war und ist der Verfall des Dollars.

… reiches Land mit Slums und Arbeitslosigkeit …

Die Rolle, die die USA in der Weltpolitik eingenommen hatten, belastete nach 1945 zunehmend die US-amerikanische Gesellschaft. Zwar stiegen nach 1945 Konsumverhalten und Wohlstand für breite Schichten weiter an; kein Volk kaufte und verbrauchte so viele Güter aller Art. Doch vom Boom der Nachkriegswirtschaft konnte nicht jeder Amerikaner profitieren, denn der Wohlstand blieb ungleich verteilt. Viele Amerikaner lebten und leben bis heute am Existenzminimun, 1964 waren es etwa 35 Millionen. Zur amerikanischen Nachkriegsgeschichte gehören daher auch schwere innenpolitische Probleme: Arbeitslosigkeit (vor allem unter den Farbigen), Rassenunruhen, Slumbildung in den großen Städten, Alkohol- und Drogenmissbrauch sowie wachsende Kriminalität. Die Regierungen versuchten mit unterschiedlichem Ehrgeiz und unterschiedlichem Erfolg Abhilfe zu schaffen: Nach Präsident Eisenhowers Sozialhilfeprogramm plante Präsident John F. Kennedy eine Erneuerung der Gesellschaft; nach Kennedys Ermordung baute Lyndon B. Johnson das Reformprogramm zu einem Konzept einer „Great society" aus, das neben staatlicher Hilfen z. B. auch kostenlose Krankenhausbehandlungen für alte Menschen vorsah. Die sozialen Spannungen konnten aber dadurch nicht gelöst werden.

… und ständiger Rassenkonflikte

6 *Abschiebung eines illegalen Einwanderers 1954*

Neue Einwanderungsschübe verschärften die gesellschaftlichen Probleme. Neben den Asiaten hat sich vor allem der Anteil der Einwanderer aus Mittel- und Südamerika erheblich erhöht. Seit 1977 kamen allein aus Mexiko jährlich etwa eine Million Menschen zum größten Teil illegal über die inzwischen streng bewachte „grüne Grenze". Die Spannungen zwischen der weißen und der farbigen Bevölkerung, die es seit jeher gab, sind dadurch noch größer geworden.

Mitte der 50er Jahre begannen Bürgerrechtsbewegungen dafür zu kämpfen, dass der Verfassungsgrundsatz der Gleichheit für die farbigen Amerikaner auch im täglichen Leben, in Omnibussen ebenso wie in der Schule, verwirklicht würde. Nach der Ermordung des anerkannten schwarzen Bürgerrechtlers Martin Luther King im Jahre 1968, der mit gewaltlosem Widerstand auf die bestehende Ungleichheit aufmerksam machte, radikalisierte sich der Konflikt. Die „Black-Power"-Bewegung rief zur Anwendung von Gewalt auf, die „Black-Panther-Party" organisierte Straßenschlachten gegen die Polizei. Zwar ist es seit den 70er Jahren vielen Schwarzen gelungen, als Ärzte, Anwälte, Politiker oder Unterneh-

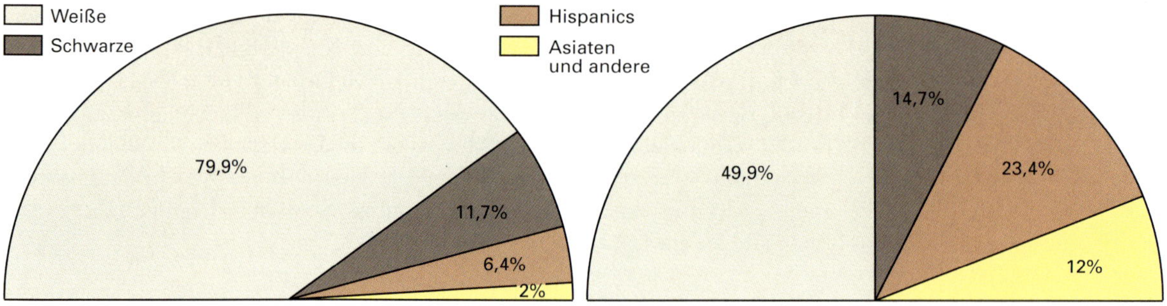

7 ***Die Bevölkerung der USA*** *– 1980 und 2080 (geschätzt)*

mer gesellschaftlich aufzusteigen und einen schwarzen Mittelstand zu bilden, die Integration der schwarzen Bevölkerung in die amerikanische Gesellschaft geht dennoch nur schleppend voran.

Vietnamtrauma und Watergate-Skandal – Krisen des Selbstbewusstseins

Innenpolitische Rassenkonflikte und außenpolitische Eingriffe der US-Regierung in lateinamerikanische Staaten, um dort Diktaturen gegen revolutionäre Befreiungsbewegungen zu unterstützen oder demokratisch gewählte sozialistische Regierungen zu stürzen, stießen zunehmend auch in Europa auf Kritik. Die tiefste Vertrauenskrise zwischen Europäern und der amerikanischen Regierung verursachte jedoch das Engagement in Vietnam. Die Grausamkeit der Kriegführung und die verheerenden Auswirkungen für die Bevölkerung ließen viele Menschen auf der ganzen Welt daran zweifeln, ob der Einsatz für die Freiheit eines Volkes solche Mittel rechtfertige. Kritiker sahen den Anspruch Amerikas, Vormacht der Demokratie und des Friedens zu sein, schwer beschädigt. Nach dem Scheitern der Intervention sprach man vom „Vietnamtrauma“, das auf der amerikanischen Gesellschaft laste. Sie wurde nun mit den Folgen des Krieges, den vergeblichen Menschenopfern und finanziellen Lasten, konfrontiert. Es folgte mit der Watergate-Affaire eine weitere innenpolitische Erschütterung: Die republikanischen Wahlhelfer von Präsident Nixon waren während des Wahlkampfes 1972 in die Zentrale der Demokratischen Partei im Washingtoner Watergate-Haus eingedrungen und hatten Unterlagen entwendet sowie Abhöranlagen angebracht. Als das bekannt wurde, verlegte sich Nixon aufs Leugnen und suchte die Ermittlungen der Staatsanwaltschaft zu verhindern. Erst als der Kongress ein Absetzungsverfahren einleitete, gestand Nixon und trat zurück.

8 *Millionen protestierten in den USA gegen den Vietnamkrieg*

Finden die USA zu ihrer alten Stärke zurück?

1988 hatte Ronald Reagan den Wahlkampf mit Appellen der Rückbesinnung auf alte amerikanische Werte gewonnen: Patriotismus, individuelle Leistung, Politik der militärischen Stärke, Antikommunismus sollten das durch Vietnam und Watergate angeschlagene Selbstbewusstsein der Amerikaner wiederherstellen. Reagans Rüstungsprogramm trieb die Inflationsrate in die Höhe und führte zu erheblichen Einschränkungen der Sozialausgaben. Obwohl sich dadurch die sozialen Probleme weiter zuspitzten, fand seine Politik insgesamt die Zustimmung breiter Bevölkerungsschichten. 1991, zwei Jahre nach dem Amtsantritt Präsident Bushs, griff die UNO unter der politischen und militärischen Führung der USA in Kuwait gegen den Irak ein. Dieser „Golfkrieg“ belastete erneut den Staatshaushalt. Der seit 1993 amtierende Präsident Bill Clinton hatte mit einem betont innenpolitischen, sozialen und reformerischen Programm die Wahlen gegen Bush gewonnen, sah sich aber bald mit außenpolitischen Konflikten (Jugoslawien, Kuba, Somalia u. a.) konfrontiert. Wird es der amerikanischen Weltmacht zukünftig gelingen, ihre außenpolitischen Ziele und Ansprüche mit den dringenden inneren Reformen in Einklang zu bringen?

9 Die „kranke Gesellschaft" der USA

Senator W. Fulbright dazu 1967:

Gegenwärtig ist ein großer Teil der Welt abgestoßen von Amerika und dem, wofür Amerika in der Welt zu stehen scheint. Sowohl in unseren auswärtigen Angelegenheiten wie in unserem Leben daheim vermitteln wir ein Bild der Gewalttätigkeit ... In der Ferne sind wir in einen barbarischen und erfolglosen Krieg gegen arme Leute einer kleinen und rückständigen Nation verwickelt. Zu Hause – weitgehend aus Nachlässigkeit infolge von 25 Jahren vorwaltender Beschäftigung mit fremden Angelegenheiten – bersten unsere Städte in gewaltsamem Protest gegen Generationen sozialen Unrechts ... Während der Tribut an Toten in Vietnam steigt, steigt er auch im Krieg zu Hause. In einer einzigen Woche des Juli 1967 wurden in Vietnam 164 Amerikaner getötet und 1 442 verwundet, während bei Unruhen in Städten der Vereinigten Staaten 65 Amerikaner getötet und 2 100 verwundet wurden. Wir führen wahrhaftig einen Zweifrontenkrieg und führen ihn an beiden schlecht ... Gemeinsam haben die beiden Kriege einen Entartungsprozess in der amerikanischen Gesellschaft in Gang gesetzt und fraglos wird jede der beiden Krisen durch die Einwirkung der anderen gesteigert. Nicht allein leitet der Vietnam-Krieg menschliche und materielle Hilfe von unseren schwärenden Städten ab; nicht allein zieht er bei den Negern in den Slums die Überzeugung groß, dass ihr Land sich nicht um ihr Elend kümmert. Der Krieg nährt dazu noch die Vorstellung von Gewalt als einem Weg der Lösung von Problemen.

W. Fulbright, Die Vereinigten Staaten von Amerika als Weltmacht. Stuttgart 1987. S. 77–80.

10 „Beispiel der Freiheit" und „Leuchtfeuer der Hoffnung"?

***a)** Präsident Reagan in seiner Antrittsrede 1981:*

Wir werden wieder das Beispiel der Freiheit und ein Leuchtfeuer der Hoffnung für jene sein, die heute keine Freiheit haben. Zu jenen Nachbarn und Verbündeten, die unsere Freiheit teilen, werden wir unsere historischen Bindungen stärken und sie unserer Unterstützung und festen Verpflichtungen versichern ... Wir werden unsere Freundschaft nicht benutzen, um unsere Hand auf ihre Souveränität zu legen, denn unsere eigene Souveränität steht nicht zum Verkauf. Was die Feinde der Freiheit angeht, jene, die potenzielle Gegner sind, so werden sie daran erinnert werden, dass der Frieden der höchste Wunsch des amerikanischen Volkes ist ... Unser Zögern vor einem Konflikt sollte nicht fälschlicherweise als ein Mangel an Willen beurteilt werden. Wenn es notwendig ist, zu handeln, um unsere nationale Sicherheit zu erhalten, dann werden wir handeln ... Vor allem müssen wir jedoch begreifen, dass keine Waffe in den Arsenalen der Welt so gewaltig ist wie der Wille und der moralische Mut freier Männer und Frauen. Das ist eine Waffe, die unsere Gegner in der heutigen Welt nicht besitzen. Das ist eine Waffe, die die Amerikaner besitzen.

Zit. nach: Archiv der Gegenwart vom 20. 1. 1981, S. 24 207 ff.

***b)** Präsident Clinton 1994:*

Die beste Strategie, unsere Sicherheit zu gewährleisten und einen dauerhaften Frieden zu bewahren, ist die Förderung der Demokratie überall. Demokratien greifen sich nicht gegenseitig an. Sie sind bessere Handelspartner und kommen diplomatisch besser miteinander aus. Das ist der Grund, warum wir ... die demokratischen Reformen in Russland und anderen Staaten des ehemaligen Ostblocks unterstützt haben ... Es gibt einige in unserem Lande, die argumentieren, nun, nach dem Ende des Kalten Krieges, solle Amerika dem Rest der Welt seinen Rücken zuwenden. Viele in der ganzen Welt befürchten, wir würden genau dies tun. Aber ich habe dieses Amt mit dem Versprechen übernommen, die Sicherheit unseres Landes zu erhalten durch unser Engagement in der Welt.

US-Policy & Texts, 26. 1. 1994.

a) Zeige anhand der Bildmaterialien und M9 gesellschaftliche Probleme der USA auf und erläutere die wesentlichen Ursachen.
b) Erläutere die Kapitelüberschrift, die USA habe „zwei Gesichter".
c) Skizziere mögliche Folgen, die sich aus der absehbaren Bevölkerungsentwicklung der USA ergeben können (M7).
d) Wie ist die Aussage des amerikanischen Historikers Arthur Schlesinger zu verstehen, es sei passender, statt über die „Schmach von Watergate" über den „Ruhm von Watergate" zu sprechen?

7. Die Sowjetunion – Niedergang einer Weltmacht

1 Sturz der Mächtigen – das Ende der Sowjetunion
Sowjetbürger stürzten 1991 das Denkmal Felix Dserschinskis, des ersten Chefs der allmächtigen Geheimpolizei Tscheka (später KGB).

Jahrzehntelang prägte die Furcht vor den Atomwaffen und der militärischen Macht der Sowjetunion das Leben vieler Menschen in der westlichen Welt. Weit über ein halbes Jahrhundert konnte die kommunistische Partei ihren aus über 100 Nationalitäten und ethnischen Gruppen bestehenden Vielvölkerstaat zusammenhalten. Seit 1989 begann dieses Riesenreich auseinander zu brechen. Wie konnte dies geschehen? Noch sind viele Fragen offen, aber die Nachkriegsgeschichte der Sowjetunion gibt einige Antworten.

Nach Stalins Tod: „Tauwetter", „Entstalinisierung" …

Nach dem Tod des sowjetrussischen Diktators Stalin 1953 hoffte die westliche Welt, hofften vor allem aber die Staaten des Ostblocks auf ein „Tauwetter". Aus den Machtkämpfen um die Nachfolge ging Nikita Chruschtschow als neuer Generalsekretär hervor. Eine geheime Rede Chruschtschows, deren Inhalt sich aber rasch verbreitete, schien tatsächlich die Hoffnung auf eine Wende zu stärken. Chruschtschow prangerte Stalins Terrormaßnahmen an, seine erbarmungslose Diktatur über Staat, Partei und Gesellschaft, den Kult um seine Person. Innenpolitisch brachte diese „Entstalinisierung" eine Abwendung von stalinistischer Zwangsverwaltung, ohne dass die absolute Führungsrolle der KPdSU innerhalb des Ostblocks allerdings in Frage gestellt werden durfte.

… und „Wohlstandskommunismus"?

Gewaltige Neuland-Kultivierungen sollten die seit 1945 ungelösten Versorgungsprobleme mit Getreide und Fleisch lösen, mit Investitionen in die Konsumgüterindustrie wollte man den Lebensstandard der Sowjetbürger insgesamt anheben. Chruschtschow hoffte, dieser „Wohlstandskommunismus" würde das Niveau des Westens erreichen, ja überholen. Den innenpolitischen, vor allem finanziellen Freiraum dafür suchte er sich außenpolitisch durch sein Konzept der „friedlichen Koexistenz" zu verschaffen (vgl. Kap. „Vom ‚Gleichgewicht des Schreckens' …"). Doch Chruschtschows wirtschaftliche Pläne scheiterten nicht zuletzt an der starren Planwirtschaft (Grundbegriff „Zentral gelenkte Wirtschaft"). Erschwerend kamen außenpolitische Konflikte wie die Kubakrise und das Zerwürfnis mit der Volksrepublik China (vgl. Kap. „... – Wohin führt der Weg Chinas") hinzu, die seine Position innerhalb der KPdSU weiter schwächten.

Neo-Stalinismus in der Breschnew-Ära

1964 wurde Chruschtschow abgesetzt. Sein Nachfolger Leonid Breschnew sorgte für eine erneute innenpolitische Wende. Kritiker des Systems („Dissidenten"), die die Verwirklichung der Menschenrechte einforderten, wie sie die KSZE-Schlussakte von 1975 zusicherte, wurden in Strafarbeitslager oder psychiatrische Kliniken eingewiesen. Der erneute Rüstungswettlauf ließ die Wirtschaft stagnieren, Konsumgüter und Wohnraum blieben daher Mangelware. Der „Wohlstandskommunismus" rückte in immer weitere Ferne.

„Perestroika" und „Glasnost": der Reformkurs Gorbatschows ...

Nach dem Tode des 76-jährigen Breschnew und zweier Übergangskandidaten fand 1985 in der Führung der KPdSU mit dem Amtsantritt des 54-jährigen Michail Gorbatschow ein Generationswechsel statt. Eine erneute, diesmal radikale Kursänderung setzte ein: Gorbatschow strebte eine Umgestaltung der ganzen Gesellschaft („Perestroika") auf der Basis von größerer Freiheit und Offenheit („Glasnost") an. Die Zensur wurde abgeschafft, die Freiheit von Presse, Kunst und Kultur eingeführt. Die Bürger, seit Generationen zu Passivität und Apathie gezwungen, sollten über Nacht durch Mit- und Selbstbestimmung die Lähmung des Apparates in Wirtschaft, Wissenschaft und Technik überwinden. An den Grundsätzen des Marxismus-Leninismus wurde jedoch festgehalten, wenn auch Kritik an Staat und Partei erlaubt waren. Die Planwirtschaft sollte in einem allmählichen Prozess einer marktwirtschaftlichen Wirtschaftsordnung weichen.

... und sein Scheitern

Diese in der Geschichte des Kommunismus geradezu revolutionären Veränderungen fanden im westlichen Ausland zwar uneingeschränkte Anerkennung, stießen jedoch innerhalb der Sowjetunion auf erhebliche Widerstände. Viele Funktionäre in Partei und Staatsverwaltung sahen ihre Macht und Position in Gefahr. Dem radikalen Teil der Reformer unter Boris Jelzin gingen dagegen die Veränderungen nicht weit und in der Durchführung nicht schnell genug, denn trotz westlicher Hilfe entwickelte sich die Versorgungslage katastrophal. Die Kaufkraft des Rubel sank rapide, der Schwarzmarkt untergrub die gerechte Verteilung der Güter, die Kriminalitätsrate stieg.
Kritiker bemerkten, Gorbatschow habe zu vereinbaren versucht, was nicht zu vereinbaren sei: das Machtmonopol der KPdSU mit der Meinungsfreiheit; die Strukturen der zentralen Planwirtschaft mit marktwirtschaftlichen Regeln; die Macht der alten Funktionäre mit der Umgestaltung der Gesellschaft; den Zusammenhalt der Sowjetunion mit der Gleichberechtigung souveräner Einzelrepubliken. Daher habe er mit seinem Programm scheitern müssen.

2 Die Sowjetunion nach 5 Jahren Perestroika: Zeichnung von J. Kosobukin.

Der Vielvölkerstaat zerfällt

Eine für Gorbatschow ungeahnte Explosivkraft entwickelten „Perestroika" und „Glasnost" in den vielen Nationen und Völkern der Sowjetunion. Jahrzehntelang hatten sie trotz offizieller Gleichberechtigung unter dem Russifizierungsdruck und der zentralistischen Moskauer Herrschaft gelitten. Sie wollten nicht – wie Gorbatschow es sich erhofft hatte – durch eine freiwillige Integration eine neue, freie Sowjetunion. Sie hatten sich ihre Identität weitgehend bewahrt und strebten nun nach vollständiger Unabhängigkeit. Nationale Emotionen entluden sich in Bürgerkriegen, die um gegenseitige Gebietsansprüche oder die Rechte von Minderheiten geführt wurden. 1990 erklärten sich zuerst Litauen, dann Estland und Lettland für unabhängig. Noch einmal besann sich die Weltmacht auf ihre alten Unterdrückungsmittel: Gorbatschow erklärte die Unabhängigkeitser-

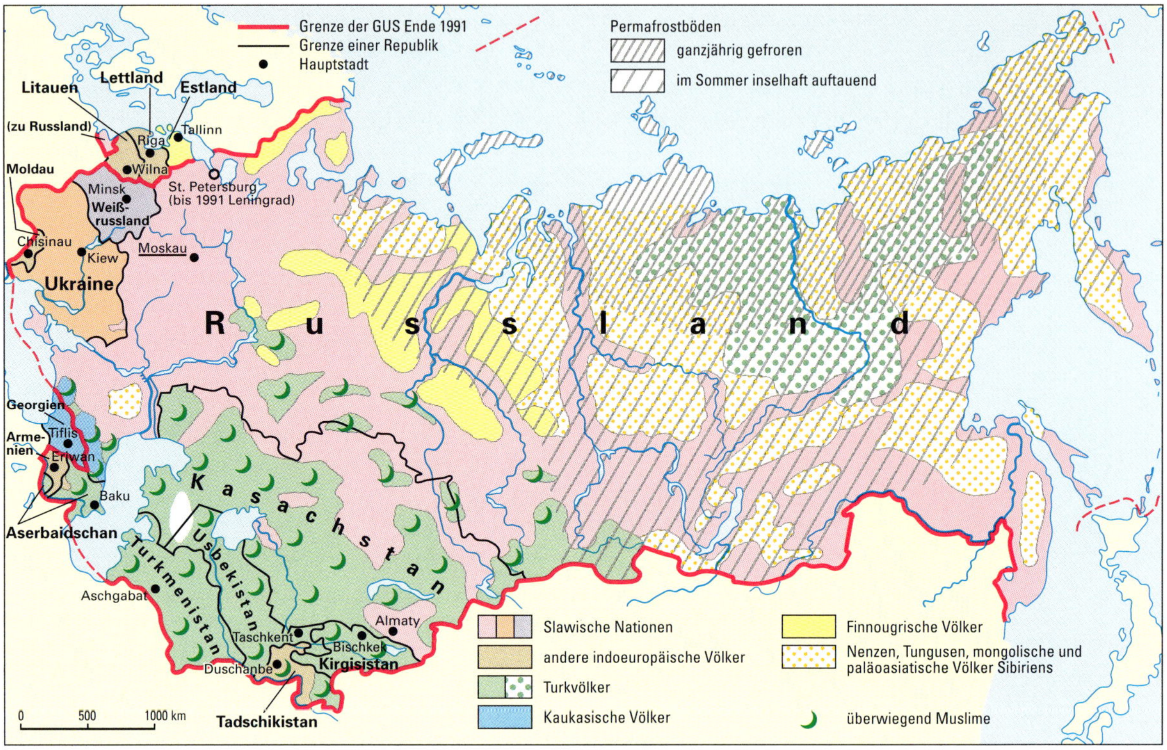

3 ***Das Gebiet der ehemaligen Sowjetunion 1990: Völker und neue Staaten***

klärungen für ungesetzlich und schickte Panzer in die Hauptstadt Litauens. Sie stießen jedoch auf die Entschlossenheit der litauischen Bevölkerung und ihrer Regierung, so dass Gorbatschow vor dem Einsatz der Gewalt zurückschreckte und die Trupppen wieder abziehen ließ. Den baltischen Staaten folgten bald Georgien, Moldawien, Armenien und andere in die staatliche Unabhängigkeit.

Die Sowjetunion endet mit einem Putsch

Im August 1991 hielt die Welt erneut den Atem an: Hohe Parteifunktionäre und Militärs versuchten mit einem Putsch die Macht im Kreml an sich zu reißen. Glücklicherweise beteiligten sich nur Teile des Militärs und der Verwaltung daran. Nach zwei Tagen gaben die Putschisten auf. Zwar hatte der Putsch kaum Anhänger in der Bevölkerung gefunden, doch blieb die Rolle der Kommunistischen Partei während des Putsches dubios. Gorbatschow, der von den Putschisten unter Hausarrest gestellt worden war, musste als Generalsekretär der KPdSU zurücktreten. Sein Rücktritt als Staatspräsident wenig später besiegelte die Auflösung des Sowjetreiches. Auf Betreiben des Präsidenten der neuen russischen Republik, Boris Jelzin, schlossen sich im Dezember 1991 elf von fünfzehn Teilstaaten zur Gemeinschaft Unabhängiger Staaten (GUS) zusammen und erklärten die Sowjetunion offiziell für aufgelöst. In verschiedenen Republiken wurde die KPdSU verboten. Dennoch blieben die Altkommunisten politisch aktiv: 1993 musste ein Putsch kommunistischer Gegner Jelzins in Moskau niedergeschlagen werden und 1995 erhielten die Postkommunisten bei den russischen Parlamentswahlen wieder die meisten Stimmen. Russische Nationalisten warfen Jelzin einen „Ausverkauf russischer Interessen“ vor und forderten die Wiederherstellung der alten Union. Noch vermag keiner zu sagen, wie sich die Machtverhältnisse weiter entwickeln werden. Viel hängt von der Überwindung der wirtschaftlichen Schwierigkeiten ab. Das wissen auch die Politiker im Westen, die den russischen Präsidenten im Wahlkampf 1996 kräftig unterstützten.

4 *1993: „Verschwinde Ungeheuer!“ haben demonstrierende Regierungsgegner auf ein Jelzin-Plakat geschrieben.*

5 ... die lichte Zukunft der Menschheit"

Aus dem Parteiprogramm der KPdSU 1961:

Der Kommunismus ist die lichte Zukunft der Menschheit. Der Aufbau der kommunistischen Gesellschaft ist zur unmittelbaren praktischen Aufgabe des Sowjetvolkes geworden ... Kommunismus ist eine klassenlose Gesellschaftsordnung, in der die Produktionsmittel einheitliches Volkseigentum und sämtliche Mitglieder der Gesellschaft sozial völlig gleich sein werden, in der ... alle Springquellen des gesellschaftlichen Reichtums voller fließen werden und wo das große Prinzip herrschen wird: Jeder nach seinen Fähigkeiten, jedem nach seinen Bedürfnissen ... Im nächsten Jahrzehnt [1961–1970] wird die Sowjetunion beim Aufbau der materiell-technischen Basis des Kommunismus die USA – das mächtigste und reichste Land des Kapitalismus – in der Produktion pro Kopf der Bevölkerung überflügeln.

Zit. nach: B. Meissner, Das Parteiprogramm der KPdSU 1903–1961. Köln 1962, S. 186 ff.

6 „Glasnost" und „Perestroika" –

a) Gorbatschow erläuterte 1990:

Die Umgestaltung hat nun bereits eine fast fünfjährige Geschichte. Der mit den Beschlüssen vom April 1985 eingeleitete Prozess der revolutionären Umgestaltung der Gesellschaft schreitet voran, entwickelt sich weiter in die Breite und die Tiefe ...

Während wir anfangs annahmen, dass es im Wesentlichen um die Korrektur einzelner Deformationen des gesellschaftlichen Organismus, um die Vervollkommnung dieses im Großen und Ganzen fest gefügten Systems geht, das sich in den vorangegangenen Jahrzehnten herausgebildet hatte, so sprechen wir jetzt von der Notwendigkeit eines radikalen Umbaus unseres gesamten Gesellschaftsgebäudes – vom ökonomischen Fundament bis zum Überbau. Und wir sprechen nicht nur davon, wir unternehmen auch praktische Schritte zur Reformierung der Eigentumsverhältnisse, des Wirtschaftsmechanismus, des politischen Systems, zur Veränderung des geistigen und moralischen Klimas der Gesellschaft ... Wir stehen heute vor der komplizierten Aufgabe, das Ansehen des marxistischen Denkens, des marxistischen Herangehens an die Wirklichkeit wieder herzustellen. Bei der weiteren Ausarbeitung der Konzeption und der Politik der Perestroika, beim Erfassen der Probleme des sich entwickelnden Sozialismus brauchen wir den ganzen Reichtum der marxistischen Methodologie, die Weisheit und die Wertvorstellungen dieser Ideologie, die zu den einflussreichsten der Welt gehört.

Zit. nach: Wochenschau, 41. Jg., Heft 4/5, Bad Schwalbach 1990, S. 160.

b) der amerikanische Diplomat und Russlandexperte George F. Kennan 1988:

Wie gefährlich die Widerstände sind, die sich heute gegen Gorbatschows Vorhaben sammeln, steht außer Frage. Er hat sich ringsum gewaltige und mitleidlose Gegner geschaffen ... Wie sollen Horden von mittelmäßigen administrativen Bürokraten, in vielen Fällen gut doppelt so viele, als für die betreffende Funktion nötig wären, auf eine staatliche Politik reagieren, die ihnen beibringt, sie seien überflüssig und müssten sich bald nach einer anderen Beschäftigung umschauen? Und was ist mit den höheren Bürokraten, den Mitgliedern der „Nomenklatura", die aufgefordert werden, viele ihrer Privilegien – ihre besonderen Kaufhäuser, Schulen und Datschas, ihre Wagen mit Chauffeur, ihre attraktiven Ferien – im Interesse eines Programms aufzugeben, dessen Härten sogleich spürbar sind, dessen vorteilhafte Früchte dagegen in weiter Ferne liegen? Was ist mit den hochrangigen Figuren rund um Gorbatschow, die da in einem Tempo, das sie sowohl gefährlich als auch unbequem finden, auf einem mit Hindernissen übersäten Weg vorwärts getrieben werden? Und wie wird sich das alles schließlich auf die reaktionären Führer der anderen Warschaupaktstaaten auswirken, die seit langem daran gewöhnt sind, ihre Völker im Namen des sowjetischen Vorbildes zu unterdrücken?

Zit. nach: DIE ZEIT, Nr. 5 vom 25. Januar 1988, S. 34.

a) Stelle die Besonderheiten fest, die sich aus der geographischen Lage einerseits und der nationalen Zusammensetzung andererseits für die Sowjetunion ergaben und die Reformen Gorbatschows beeinflussten (M3).

b) Vergleiche die Ziele der KPdSU mit den wirklichen Gegebenheiten und Entwicklungen innerhalb der Sowjetunion (VT, M5).

c) Legt eine Mappe mit Zeitungsmeldungen und Berichten an, die die weitere Entwicklung in der ehemaligen Sowjetunion dokumentieren.

8. Perestroika im Ostblock – Völker und Staaten zwischen Demokratie und Bürgerkrieg

1

„Das war's also!" lautet der Text zur Karikatur. Gorbatschows Reformpolitik gab den Bestrebungen der Ostblockländer nach Selbständigkeit einen bisher nie vorhandenen Handlungsspielraum; nationales Unabhängigkeitsstreben, das verschiedentlich auch die kommunistischen Parteien unterstützten, verband sich mit demokratischen und marktwirtschaftlichen Reformvorhaben, die allerdings von Kommunisten bekämpft und abgelehnt wurden. Die Staaten des sich auflösenden Ostblocks erhielten schließlich ihre nationale Souveränität, wobei demokratische Staatsformen und Prinzipien sich nicht überall in gleichem Maße durchsetzten.
Der Prozess der Veränderung verlief unterschiedlich:

Gewaltlose Revolution in Polen ...

Lange Zeit war in Polen allein die katholische Kirche Hoffnungsträgerin und Zufluchtsstätte der Oppositionellen gegen das kommunistische Regime. 1980 entstand aus einer Streikbewegung die Gewerkschaft Solidarność, die eine Verbindung von Demokratie mit Sozialismus und Christentum anstrebte. Mehrfach legten Generalstreiks die Wirtschaft lahm.
1981 drohte Breschnew mit dem Einmarsch sowjetischer Truppen. Um dies zu verhindern, verhängte der polnische Präsident und Parteichef Jaruzelski den Kriegszustand über Polen, verbot die Gewerkschaft und ließ führende Mitglieder wie Lech Walesa verhaften. Doch diese Maßnahmen konnten den Widerstand der Polen nicht brechen. Vermittlungen der katholischen Kirche brachten gemeinsame Gespräche am „Runden Tisch" zustande. Angesichts der hoffnungslosen Wirtschaftslage erklärte sich die Regierung 1989 mit einem Stufenplan für den Übergang zur Demokratie einverstanden: Zulassung der Solidarność, Demokratisierung des Wahlrechts, Mehrparteiensystem, Pressefreiheit, Gewaltenteilung. Nach ersten freien Wahlen bildete sich eine demokratische Regierung, Lech Walesa wurde Staatspräsident.

... in Ungarn ...

Wie Polen wurde auch Ungarn zu einem Wegbereiter der Demokratie im Ostblock. Schon vor Gorbatschows Reformen hatten marktwirtschaftliche Elemente innerhalb der Planwirtschaft Eingang gefunden. Wirtschaftliche Probleme und der Druck einer immer kritischeren Öffentlichkeit erzwangen 1989 die Auflösung der Kommunistischen Partei, die Einführung des Mehrparteiensystems und die freie Marktwirtschaft. Aus freien Wahlen ging eine Mehrparteienregierung hervor. 1989 öffnete die Regierung die Grenzen zu Österreich und beendete damit die Nachkriegszeit, die durch den „Eisernen Vorhang" geprägt war. Flüchtlinge aus der DDR fanden so erstmals seit langer Zeit einen freien Weg nach Westen.

... und der Tschechoslowakei

In der Tschechoslowakei hatte sich bereits 1977 unter Führung des Schriftstellers Václav Havel die Bürgerrechtsgruppe „Charta 77" gebildet, die für die Verwirklichung der in der KSZE-Schlussakte formulierten Menschenrechte eintrat.

Havels langjährige Inhaftierung förderte seine Popularität und die Zustimmung zu seiner Organisation in der Bevölkerung. Vor allem in Prag kam es wiederholt zu Massendemonstrationen, im ganzen Lande zu Generalstreiks. Nach erfolglosen Versuchen, diese gewaltsam niederzuschlagen, trat die Regierung zurück und die Kommunistische Partei gab ihren Führungsanspruch auf. Nach freien Wahlen wurde Václav Havel Staatspräsident und Alexander Dubček Parlamentspräsident. Die ČSSR (Tschechoslowakische Sozialistische Republik) wurde in ČSFR (Tschechische und Slowakische Föderative Republik) umbenannt. 1993 trennten sich beide Teilstaaten und wurden selbständige Republiken.

Revolution und Gewalt in Rumänien …

In Rumänien gingen die Unruhen 1989 von der Stadt Temesvar aus. Ausgelöst hatte sie die gewaltsame Deportation eines regimekritischen Pfarrers, die Ursachen aber lagen in der trostlosen wirtschaftlichen Lage und der Gewaltherrschaft des Diktators Ceauşescu. In Temesvar wurden Tausende von Demonstranten von der Armee und der Geheimpolizei Securitate niedergeschossen. Daraufhin erfasste die Aufstandswelle das ganze Land, große Teile des Militärs schlossen sich den Aufständischen an. Ceauşescu wurde gefangen genommen und hingerichtet. Eine „Front zur nationalen Regierung“ unter Leitung eines ehemaligen Ceauşescu-Ministers übernahm die Macht und gewann auch die folgenden Wahlen. Eine wirkliche Demokratisierung fand nicht statt.

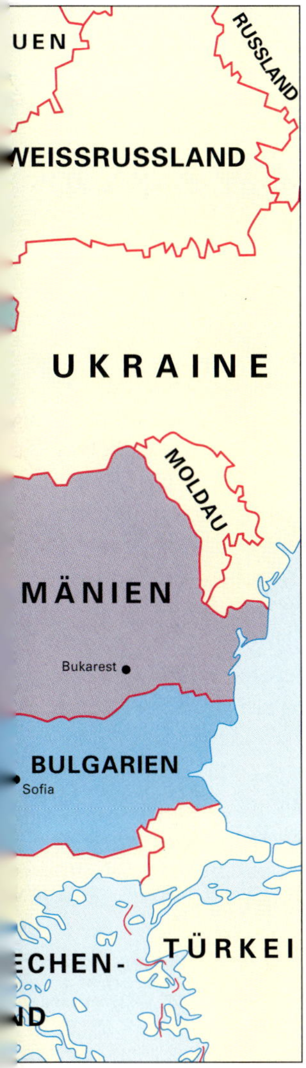

… und Albanien

Albanien hatte den Auswirkungen der Reformen Gorbatschows und den Revolutionen in den Ländern des Ostblocks am längsten widerstanden. Erst 1990 kam es zu vereinzelten Unruhen, die sich 1991 zu Massendemonstrationen steigerten. Wie in Rumänien griff die Regierung rücksichtslos durch. Viele Albaner versuchten auf Schiffen nach Italien zu fliehen. 1991 wurden Reformen und freie Wahlen durchgeführt, die die Kommunistische Partei gewinnen konnte.

„Revolution von oben“ in Bulgarien

Die Vorgänge im Ostblock veranlassten die bulgarische Regierung 1989 zu einer vorsichtigen Liberalisierung (Privateigentum, nichtkommunistische Kandidaten bei Wahlen). Der Staats- und Parteichef wurde vom Zentralkomitee der Kommunistischen Partei Bulgariens zum Rücktritt gezwungen. Aus den anschließenden freien Wahlen gingen jedoch wieder die Kommunisten als Sieger hervor. Ein Zusammenschluss der Opposition beseitigte schließlich 1990 die Alleinherrschaft der Kommunistischen Partei.

Bürgerkrieg und Auflösung: Jugoslawien

Fünf Jahre nach Titos Tod 1980 zeigten sich in Jugoslawien unverkennbar erste Autonomiebestrebungen vor allem bei den wirtschaftlich stärkeren Teilrepubliken Slowenien und Kroatien. Sie gaben sich eigene Verfassungen, führten freie Wahlen durch und erklärten sich 1991 für unabhängig. Gegen die beginnende Auflösung des jugoslawischen Staatsverbandes und ihrem damit drohenden Machtverlust setzte die führende Teilrepublik Serbien die Bundesarmee und Freiwillige ein. Ein blutiger Bürgerkrieg begann, der sämtliche Republiken erfasste und in dem Serbien eine Ausdehnung des von ihm beherrschten Gebietes gelang. Der Krieg verschärfte sich, als sich die territorialen Machtfragen mit ethnischen und religiösen Konflikten vermischten. „Ethnische Säuberungen“ führten zur Vertreibung von Millionen Menschen aus ihren Städten und Dörfern; Folterungen und Hinrichtungen waren an der Tagesordnung. Der Einsatz von UNO-Truppen konnte den Krieg nicht beenden. Ende 1995 zeigten sich unter dem Druck der NATO erste Anzeichen einer friedlichen Lösung.

9. Das Ende des Ost-West-Konflikts – Erblasten und neue Handlungsspielräume

Freude weicht der Skepsis

Die Freude in Ost und West über das Ende des Kalten Krieges wurde bei vielen Menschen bald von vorsichtiger Skepsis verdrängt. Die Auflösung des Ostblocks und die Entstehung vieler neuer, oft sehr kleiner Staaten hatten ein Machtvakuum zur Folge, das große Instabilität auslöste. Zwar bot das fehlende gegenseitige Feindbild die Chance einer politischen und wirtschaftlichen Zusammenarbeit sowie militärischer Abrüstung, gleichzeitig tauchten neue Fragen und Probleme auf, die bis heute an ihrer Brisanz nichts verloren haben:

- Ungewiss ist, ob die Konflikte der Nationalitäten, der ethnischen Gruppen und der Religionen vor allem im Vielvölkerstaat der ehemaligen Sowjetunion den Zerfall in Einzelstaaten weitertreiben und auch in Zukunft zu kriegerischen Auseinandersetzungen führen;
- ungewiss ist auch, ob solche Auseinandersetzungen und Kriege (Nagornij-Karabach, Tadschikistan, Tschetschenien u. a.) sich auf Dauer regional begrenzen lassen oder weitere Staaten in ihren Sog ziehen;
- ungelöst sind auch die wirtschaftlichen Probleme: Inflation, Arbeitslosigkeit, Versorgungsengpässe und leere Staatskassen;
- unsicher bleibt, ob sich die demokratischen Reformparteien angesichts der allgemeinen Notlage und Verunsicherung der Bürger gegen die wieder erstarkenden Altkommunisten oder die wieder erstandenen Nationalisten behaupten können;
- ungeklärt ist damit weiterhin die politische Orientierung der militärisch nach wie vor hochgerüsteten Nachfolgestaaten der Sowjetunion.

Die Lösung anderer Probleme, z. B. die Beseitigung der katastrophalen Umweltzerstörungen, deren Ausmaß noch kaum übersehen werden kann, ist in naher Zukunft kaum zu erhoffen und erfordert langfristig größte Anstrengungen.

Ein Sieg der Reformen – eine Herausforderung für den Westen?

Scheitern aber die marktwirtschaftlichen und demokratischen Reformen in den Staaten des ehemaligen Ostblocks, könnte dies eine Migrationswelle, eine neue Völkerwanderung von Ost nach West auslösen, welche auch die westlichen Demokratien gefährden könnte. Hilfestellung für den Osten ist daher für die Stabilität der Demokratien im Westen von außerordentlicher Bedeutung. Dies bedeutet auf wirtschaftlichem Gebiet vor allem eine Herausforderung für die Europäische Union, vor deren Tür viele Staaten des Osten stehen und auf Einlass warten: Polen, die Tschechische Republik, Ungarn usw.

Auf militärischem Gebiet sind auch die USA herausgefordert, wenn es um den Beitritt dieser Staaten in die NATO geht. Muss eine Erweiterung der EU und der NATO nicht zwangsläufig Russland, das sich nach wie vor als Ordnungsmacht des Ostens sieht, isolieren und schon aus geopolitischen Gründen zum Gegner werden lassen – oder ist eine russisch-westliche Zusammenarbeit, eine „Partnerschaft für den Frieden“ oder gar ein Beitritt zur NATO denkbar?

Die dringende Hilfe des Westens für den Osten, die „Zweite Welt“, geht für viele schon heute vor allem auf Kosten der ebenfalls unabdingbaren Hilfe für die „Dritte Welt“. Eine neue Phase eurozentrierter Politik könnte den Nord-Süd-Konflikt noch weiter verschärfen.

Das Ende des Ost-West-Konflikts hat eine Welt geschaffen, die einer neuen Ordnung bedarf, um zukünftiges unberechenbares Chaos zu vermeiden.

1 „Beerdigung des Kalten Krieges“
Gorbatschow, Bush, Mitterand (ehemaliger französischer Staatspräsident) und Bundeskanzler Kohl als Sargträger. Im November 1990 beendete die KSZE mit der „Pariser Charta für ein neues Europa“ formell den Kalten Krieg. Die Karikatur hält Reaktionen auf diesen grundsätzlichen Wendepunkt der Nachkriegsgeschichte fest.

2 Das Ende des Ost-West-Konflikts: kein „Ende der Geschichte“?
Dazu schreiben die Politikwissenschaftler Wilfried von Bredow und Thomas Jäger 1994:

Mit dem Ende des Ost-West-Konflikts zerbrach die seit den späten vierziger Jahren bestehende bipolare Sicherheitsordnung und legte vielfältige, sehr unterschiedlich begründete Konflikte in den internationalen Beziehungen frei …

Auch wurde sehr rasch sichtbar, dass die Begründung legitimer Herrschaftsstrukturen in Zukunft keineswegs allein demokratisch erfolgen wird. Die eigentlich ja optimistische These vom *Ende der Geschichte* zerstob sehr rasch. Ethnonationalistische Motive politischen Handelns traten nach dem Zusammenbruch der globalen Sicherheitsstruktur sogleich wieder deutlich hervor.

Wird sich die in den letzten vierzig Jahren durch die nukleare Abschreckung zwischen Ost und West auf risikobeladene Weise und hohem Rüstungsniveau sowie mittels Einsatz beträchtlicher konventioneller Gewaltmittel unter Kontrolle gehaltene Kriegsbereitschaft in der Welt jetzt erneut nach den Verhaltensregeln des ausgehenden 19. Jahrhunderts aufladen? …

Der wichtigste Unterschied zwischen der Zeit nach 1945 und der nach 1989/90 besteht darin, dass in der Nachkriegszeit damals unter Führung der USA ein Geflecht von sehr einseitigen sicherheitspolitischen Abhängigkeiten und gegenseitigen wirtschaftlichen Verflechtungen entstanden ist. Dadurch stabilisierten sich die gemeinsamen demokratischen Entwicklungen …

Die Frage am Ende des 20. Jahrhunderts ist nun, ob die gesellschaftliche Entwicklung in den industrialisierten Staaten mit ihrer zwischengesellschaftlichen Zusammenarbeit den *point of no return* erreicht hat und ob auf der Basis dieser – trilateral (USA, Japan, Westeuropa) getragenen Kooperation – die Herausforderungen des 21. Jahrhunderts bewältigt werden können. Oder ob dieser Punkt eben (noch) nicht erreicht ist und die internationalen Beziehungen – wenn auch mit großem Schaden für alle Beteiligten – wieder in viele einzelne bilaterale, nur am jeweils eigenen, partikularen Interesse orientierte Beziehungen zerfallen.

W. v. Bredow / Th. Jäger, Konflikte und globale Kooperation am Ende des 20. Jahrhunderts. in: Aus Politik und Zeitgeschichte, Beilage zur Wochenzeitung Das Parlament, Bonn, 1. Juli 1994, Bd. 26–24/94, S. 3 f.

a) Erläutere, warum nach Meinung der Autoren (VT und M2) das Ende des Ost-West-Konfliktes kein „Ende der Geschichte“ bedeutet.

b) Der Ost-West-Konflikt prägte auch entscheidend die Geschichte Deutschlands nach 1945. Verfasse einen Vortrag darüber mit Hilfe des Großabschnitts „Deutschland seit 1945 …“.

Deutschland seit 1945

1945: „Bruder!“

1955: „Mein lieber Vetter!“

1965: „Ach ja, — wir haben irgendeinen entfernten Verwandten im Ausland . . .“

zerstört – besiegt – geteilt – und wieder vereint

Köln 1945
Die Karikatur links stammt von Hans Erich Köhler aus dem Jahre 1949. Daneben: deutsche Urlauber 1983 auf dem Weg in den Süden.
Rechts: Szene in Berlin nach der sensationellen Öffnung der Berliner Mauer am 9. November 1989.

Chronologische Übersicht

Westzonen und Bundesrepublik

1948 Die Marktwirtschaft wird eingeführt.
1948/49 Der Parlamentarische Rat erarbeitet das Grundgesetz.
1949 Die Bundesrepublik wird gegründet.
Am 23. 5. tritt das Grundgesetz in Kraft.
1949–63 Ära Adenauer (CDU)

1955 Die Bundesrepublik wird in die Westeuropäische Union und in die NATO aufgenommen.
1956 Der Bundestag beschließt die Einführung der allgemeinen Wehrpflicht. Aufbau der Bundeswehr.
1957 Das Rentenreformgesetz führt das Prinzip der „dynamischen Rente“ ein.
1959 Die SPD vollzieht im Godesberger Programm den Übergang von der marxistischen Klassen- zur Volkspartei.
1963–66 Ludwig Erhard (CDU) Bundeskanzler

1966–69 Regierung der „Großen Koalition“ aus CDU/CSU und SPD
1966–68 Die „Außerparlamentarische Opposition“ (APO) auf dem Höhepunkt
1969–82 Sozial-liberale Koalitionsregierungen unter Willy Brandt und Helmut Schmidt

1977 Höhepunkt des RAF-Terrors
1980 Gründung der Partei „Die Grünen“; Protestbewegungen gegen Raketenrüstung und Kernkraftwerke
1982 Helmut Kohl (CDU) wird durch ein konstruktives Misstrauensvotum gegen Helmut Schmidt (SPD) Bundeskanzler.
1986 In Bonn entsteht ein Bundesumweltministerium.

1996 Die Zahl der Arbeitslosen steigt über die 4-Millionen-Grenze.

Sowjetische Besatzungszone und DDR

1946 KPD und SPD schließen sich zur SED zusammen.
1948 Stalinisierung der SED (Partei „neuen Typs“)
1948–71 Ära Ulbricht
1949 7. 10. Die Deutsche Demokratische Republik wird gegründet.
1952 Die SED beschließt den „Aufbau des Sozialismus“.
1953 17. 6. Ein Arbeiter- und Volksaufstand wird von der Sowjetarmee niedergeschlagen.
1955 Die DDR wird Gründungsmitglied der Warschauer-Pakt-Organisation, des Militärbündnisses des Ostblocks.
1956 Gründung der Nationalen Volksarmee (NVA)

1960 Die Kollektivierung der Landwirtschaft findet ihren Abschluss.
1963 Das „Neue Ökonomische System“ soll die Planwirtschaft verbessern; die Reform scheitert nach wenigen Jahren.

1968 Die DDR erhält eine neue, sozialistische Verfassung.
1971–89 Ära Honecker
1974 Eine Verfassungsänderung tilgt den Begriff „deutsche Nation“.
1976 Der IX. SED-Parteitag beschließt die „Einheit von Wirtschafts- und Sozialpolitik“.

1989 Massenausreisen und Straßendemonstrationen leiten die „friedliche Revolution“ ein.
18. 10. Rücktritt Honeckers
9. 11. Öffnung der Berliner Mauer und der deutsch-deutschen Grenze
1990 18. 3. Erste freie Volkskammerwahl; Ende der SED-Vorherrschaft

Gesamtdeutsche Beziehungen

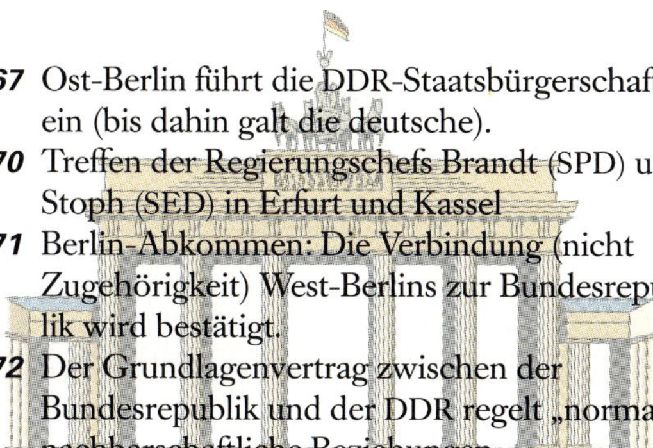

1945 Bedingungslose deutsche Kapitulation

1948 In Ost- und Westdeutschland finden getrennte Währungsreformen statt.

1948/49 Sowjetische Blockade West-Berlins; Luftbrücke der Westalliierten

1952 „Stalin-Note“: Die UdSSR schlägt die Wiedervereinigung und Neutralisierung Deutschlands vor.

1958–61 Zweite Berlin-Krise

1961 Bau der Berliner Mauer

1967 Ost-Berlin führt die DDR-Staatsbürgerschaft ein (bis dahin galt die deutsche).

1970 Treffen der Regierungschefs Brandt (SPD) und Stoph (SED) in Erfurt und Kassel

1971 Berlin-Abkommen: Die Verbindung (nicht Zugehörigkeit) West-Berlins zur Bundesrepublik wird bestätigt.

1972 Der Grundlagenvertrag zwischen der Bundesrepublik und der DDR regelt „normale“ nachbarschaftliche Beziehungen.

1987 Staatsbesuch des DDR-Partei- und Staatschefs Erich Honecker in der Bundesrepublik

1990 1. 7. Deutsch-deutsche Wirtschafts-, Währungs- und Sozialunion
3. 10. Staatliche Vereinigung Deutschlands

Internationale Politik

1945 Potsdamer Konferenz der „Großen Drei“ (Churchill, Truman und Stalin)

1947 Der Kalte Krieg beginnt.

1950–53 Korea-Krieg

1952 Die Montanunion tritt in Kraft.

1954 Die „Pariser Verträge“ begründen die Souveränität der BRD und ihren Beitritt zur NATO.

1958 Die „Europäische Wirtschaftsgemeinschaft“ (EWG) tritt in Kraft.

1963 Deutsch-französischer Freundschaftsvertrag

1965 Die Bundesrepublik und Israel nehmen diplomatische Beziehungen auf.

1970 Gewaltverzichtsverträge der Bundesrepublik mit der Sowjetunion und Polen

1972–79 Amerikanisch-sowjetische Rüstungskontrollvereinbarungen

1973 Der Vertrag zwischen der Bundesrepublik und der Tschechoslowakei erklärt das Münchener Abkommen von 1938 für ungültig.

1975 Die „Konferenz für Sicherheit und Zusammenarbeit“ vereinbart in Helsinki Grundsätze für eine vertrauensvolle Zusammenarbeit zwischen Ost und West.

1979 Die sowjetische Intervention in Afghanistan führt zur Wiederbelebung des Kalten Krieges.

1985 Michail Gorbatschow wird KPdSU-Generalsekretär; in der Folgezeit leitet er innere Reformen („Perestroika“), mehr Selbständigkeit für die Ostblockländer und Abrüstungsvereinbarungen mit den USA ein.

1989/90 Demokratische Revolutionen in den Ostblockstaaten

1990 Ende des Kalten Krieges; deutsch-polnischer Grenzvertrag

1991 Auflösung der Sowjetunion

1. Deutschland nach der Kapitulation

Als der Krieg zu Ende war …

Als im Mai 1945 die Waffen schwiegen, empfanden die meisten Menschen ein Gefühl der Erleichterung. Die ewige Angst hatte ein Ende, der menschenverachtende Terror hörte auf – ein böser Bann war gebrochen. Es war wieder Hoffnung möglich. Allerdings: Entbehrungen und Leiden waren noch längst nicht zu Ende. Familien waren auseinandergerissen, Angehörige wurden vermisst. Millionen Deutsche mussten ihre Wohnsitze in den an Polen, die Tschechoslowakei und die Sowjetunion abzutretenden Ostgebieten verlassen; mehr als 2 Millionen kamen dabei um (siehe Kap. „Flüchtlinge, Vertriebene, ‚Gastarbeiter' …"). Ein Großteil der deutschen Städte lag in Trümmern, es fehlte an allem Lebensnotwendigen, Hunger und Seuchen drohten. Dazu kam das Entsetzen über die von Deutschen verübten Greuel, die Angst vor der Rache der Sieger.

Verluste, Zerstörungen, Hunger

Zwischen 6 und 7 Millionen Deutsche starben im Krieg und in der ersten Nachkriegszeit einen gewaltsamen Tod. 11 bis 12 Millionen verloren ihre Heimat. Fast 10 Millionen „Displaced Persons", nach Deutschland verschleppte Kriegsgefangene und Zwangsarbeiter, waren zusätzlich unterzubringen und zu versorgen (siehe Kap. „Nach Deutschland verschleppt – aus Deutschland geflohen"). Jede fünfte vor dem Kriege vorhandene Wohnung war zerstört, ein weiteres Fünftel schwer beschädigt. Züge verkehrten kaum, weil nur ein Zehntel des Gleisnetzes befahrbar war. Da es an Rohstoffen, Energie und Transportmöglichkeiten fehlte, kam die Warenproduktion fast zum Erliegen. Sie erreichte in den Westzonen 1945 nicht einmal 15 Prozent des Standes von 1936 und 1946/47 gerade ein Drittel.

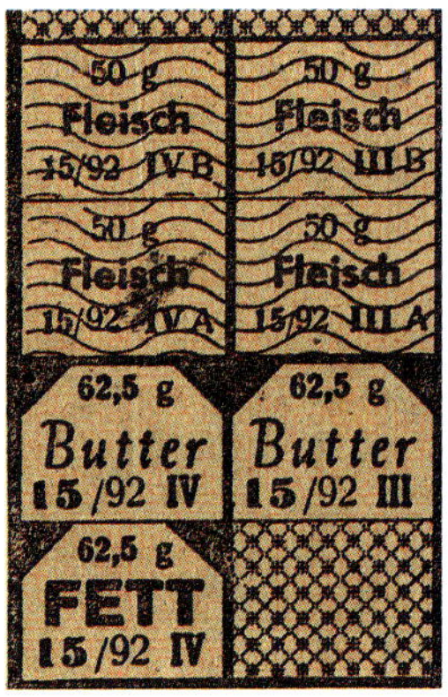

1 *Ausschnitt einer Lebensmittelmarke mit Zuteilungsrationen*

Verheerend war auch die Ernährungslage. Die deutschen Bauern konnten den Bedarf nicht im entferntesten decken. Da es wenig zu exportieren gab, fehlten die Devisen für Nahrungsmittelkäufe im Ausland. In den schlimmsten Hungerjahren 1946 und 1947 hatten die den „Normalverbrauchern" zugeteilten Lebensmittel einen Nährwert von täglich 1 100 bis 1 300 Kalorien (Normalbedarf ca. 2 500). Auf „Hamsterfahrten" in die Dörfer gaben die hungernden Großstädter ihre letzten Habseligkeiten für Kartoffeln, Eier oder Milch hin. Der Tauschhandel auf dem Schwarzmarkt blühte; die einzige Währung, die zählte, waren Brot, Butter oder Zigaretten.

Besatzungspolitik

Den Polen und den Sowjetbürgern ging es kaum besser. In ihren Ländern hatte der „totale Krieg" der Deutschen verheerende Zerstörungen angerichtet und Millionen Menschen das Leben gekostet (über 13 Millionen sowjetrussische Soldaten; ca. 11 Millionen Zivilisten in der Sowjetunion und in Polen). Die Sowjets suchten sich so weit wie möglich durch Reparationen aus ihrer deutschen Besatzungszone schadlos zu halten. Frankreich verfolgte, wie schon nach dem Ersten Weltkrieg, das Ziel, den gefürchteten deutschen Nachbarn auf erdenkliche Zeit zu schwächen, und verleibte das Saarland seinem eigenen Wirtschafts- und Währungsraum ein. Großbritannien und die USA hatten keine wirtschaftlichen Wiedergutmachungsinteressen, wollten die Deutschen aber für ihre Komplizenschaft mit Hitler bestraft sehen. Es waren dann die Amerikaner, die schon bald von der Politik der Bestrafung zur Politik der Hilfeleistungen übergingen: mit aus Steuergeldern finanzierten Nahrungsmitteleinfuhren, mit großzügigen privaten Spendenaktionen („Care-Pakete"), seit 1948 im Rahmen des Marshallplans mit Milliardenbeträgen.

2 ***Über Schwarzmarktgeschäfte*** *berichtet ein Artikel im „Telegraf" vom 24. Juli 1947:*

Einem hungrigen Freunde wurde ein Pfund Butter für 320 RM angeboten. Er nahm sie auf Kredit, weil er soviel Geld nicht hatte. Er wollte sie morgen bezahlen. Ein halbes Pfund bekam seine Frau. Mit dem Rest gingen wir „kompensieren": In einem Tabakladen gab es für das halbe Pfund 50 Zigaretten. Zehn Stück behielten wir für uns. Mit dem Rest gingen wir in eine Kneipe. Wir rauchten eine Zigarette, und das Geschäft war perfekt: Für 40 Zigaretten erhielten wir eine Flasche Wein und eine Flasche Schnaps. Den Wein brachten wir nach Hause. Mit dem Schnaps fuhren wir auf das Land. Bald fand sich ein Bauer, der uns für den Schnaps zwei Pfund Butter eintauschte. Am nächsten Morgen brachte mein Freund dem ersten Butterlieferanten sein Pfund zurück, weil es zu teuer war.

Telegraf vom 24. 7. 1947.

4 ***Plakat von 1947 aus Süddeutschland***

3 *Unten:* ***Transport eines CARE-Paketes.*** *1946 gründeten Amerikaner die Hilfsorganisation „Cooperative for American Remittances to Europe", um die Nachkriegsnot vor allem in Deutschland zu lindern. Die Anfangsbuchstaben der privaten Organisation ergeben das englische Wort „care" (Fürsorge), nach dem die Lebensmittelpakete benannt wurden.*

5 ***Schwarzmarktpreise in Berlin 1947***
Zum Vergleich der Monatslohn eines Arbeiters 1945–1948: ca. 120–150 RM.

Ware	Offizieller Preis (in RM)	Schwarzmarkt-Preis (in RM)
1 kg Fleisch	2,20	60– 80
1 kg Brot	0,37	20– 30
1 kg Kartoffeln	0,12	4
1 kg Zucker	1,07	120– 180
20 Zigaretten (US-amer.)	2,80	70– 100
1 l Speiseöl (1946)	2,50	150– 180
1 kg Butter	4,00	350– 550
1 kg Milchpulver		140– 160
1 l Schnaps		300
1 Paar Schuhe (Leder)		500– 800
1 Kleid		250–1 200
1 Fahrrad		1 500

Zit. nach: K.-H. Rothenberger, Die Hungerjahre nach dem Zweiten Weltkrieg, Boppard 1980, S. 131.

6 ***Tagesration*** *eines deutschen Normalverbrauchers in den ersten Nachkriegsjahren*

7 *Erinnerungen eines Trümmerkindes*

Als das Ausgehverbot aufgehoben wurde, räuberten wir auch in der Höhe, in den zerbombten Häuserresten. In Küchen und Küchenteilen zwischen den schwankenden, brüchigen Wänden sah man noch Kochtöpfe, Geschirr und sogar volle Einmachgläser. Wir Trümmerkinder wagten den gefährlichen Weg durch zerstörte Treppenhäuser und über die Reste der Deckenbalken. Jeder Schritt war begleitet von der Angst zu stürzen und unter Mörtel und Schutt umzukommen. Als einer von uns unter einer zusammenbrechenden Wand begraben wurde, haben wir zwar geschrien, aber den Mut, ihn auszugraben, hatten wir nicht.

Dann kam die Arbeit auf den Trümmerfeldern. Wie Tausende von Kindern meines Alters musste ich Steine klopfen. Auch in der Schule, wo wir jeden Tag eine Schulstunde für den Wiederaufbau unserer Lernanstalt opferten …

Walter Buller, Die zerbombten Ruinen waren unser Zuhause. In: Rheinischer Merkur/Christ und Welt Nr. 13, 13. März 1989.

8 *Berliner Frauen-Alltag 1947*

Lange Fahrten mit der S-Bahn und daran anschließend Fußmärsche sind für zahlreiche Frauen aus dem Stadtinnern notwendig, um mehrmals in der Woche Brennholz aus den umliegenden Wäldern heranzuschleppen. Man sieht Scharen solcher schwer bepackter Frauen (auch Männer und Jugendliche) täglich in den Abteilen der S-Bahn und weiß, dass derartige Expeditionen einen halben oder ganzen Vormittag kosten. Hinzu kommt das oft stundenlange Warten der Frauen auf den Ämtern, um dort Ausweise, Bezugsscheine, Atteste, Erlaubnisscheine zu erlangen … Zeitraubendes Hin- und Herlaufen erfordern auch die unzähligen Tauschgeschäfte, in die fast alle Hausfrauen verstrickt sind, sei es um eine Rolle Näh- oder Stopfgarn zu erzielen oder um einige Nähnadeln, ein Paar alte Schuhsohlen, Nägel und was immer im Augenblick nötig gebraucht wird, durch einfachen oder durch Kettentausch schließlich zu erwerben.

H. Thurnwald, Gegenwartsprobleme Berliner Familien. Berlin 1948. S. 35 f.

a

b

c

9 *„**Trümmerfrauen**" in Dresden und Berlin (Bilder a und b): Frauen mussten zwangsläufig Schwerarbeit leisten, z. T. wurden sie auch zur Aufräumarbeit durch die Besatzungsmacht verpflichtet und in „Männerberufen" angelernt. „**Hamsterfahrt**" aufs Land (Bild c).*

a) Was heißt „Schwarzmarkt" und wie erklärt sich sein Entstehen (VT, M1 bis M6)?

b) Die Nachkriegszeit hat das Lebensgefühl der heute älteren Generation geprägt. Welche Erklärungen hast du dafür durch dieses Kapitel bekommen? Frage auch deine Großeltern und andere Zeitzeugen.

2. 1945 bis 1949: Weichenstellungen für Deutschland

Potsdamer Abkommen

Auf der Potsdamer Konferenz, knapp drei Monate nach Kriegsende, einigten sich die „Großen Drei“ (USA, Sowjetunion und Großbritannien) darauf, die wirtschaftliche Einheit Deutschlands zu bewahren und zu gegebener Zeit gesamtdeutsche Zentralverwaltungen einzurichten. Deutschland sollte „denazifiziert“, „demilitarisiert“, „dezentralisiert“, „demokratisiert“ werden und große Teile seiner Industrie verlieren. Indem die Besatzungsmächte aber zugleich die Eigenständigkeit jeder Zone festlegten, stellten sie die Weichen für eine Teilung. Jede hatte freie Bahn, den ihr zugefallenen Teil Deutschlands gemäß ihren politischen Vorstellungen und Zielen zu formen.

Umwälzungen in der sowjetischen Zone

Die UdSSR stützte sich dabei auf die deutschen Kommunisten, die sich schon während des Krieges im sowjetischen Exil auf diese Aufgabe vorbereitet hatten. Durch die Bodenreform im Herbst 1945 verloren in der sowjetischen Besatzungszone (SBZ) alle Grundbesitzer, denen 100 Hektar Land und mehr gehörten, aber auch viele andere, denen man eine Zusammenarbeit mit dem NS-Regime nachsagte, ihr Eigentum – ohne jede Entschädigung und mit der Auflage, alle bewegliche Habe zurückzulassen. Ein Jahr später gingen alle Industriebetriebe, deren Eigentümer tatsächlich oder angeblich „Kriegsverbrecher“ gewesen waren, in „Volkseigentum“ über. Im April 1946 erfolgte die Vereinigung der beiden Arbeiterparteien SPD und KPD zur SED, ohne dass vorher eine Abstimmung unter den Parteimitgliedern durchgeführt wurde. Die Kommunisten verstanden es, alle wichtigen politischen Kräfte unter der Parole der gemeinsamen Überwindung des Faschismus in einer Einheitsfront zusammenzuführen, dadurch jede Opposition auszuschalten und selbst die Zügel in der Hand zu behalten. Wer sich zu widersetzen wagte, bekam es mit den sowjetischen Militärbehörden zu tun. So konnten sich die kommunistischen Machthaber bei allen Maßnahmen auf den angeblich einmütigen Willen des „antifaschistisch-demokratischen Blocks“ berufen. Auf diese Weise setzten sie einen tiefgreifenden politischen, gesellschaftlichen und wirtschaftlichen Wandel durch.

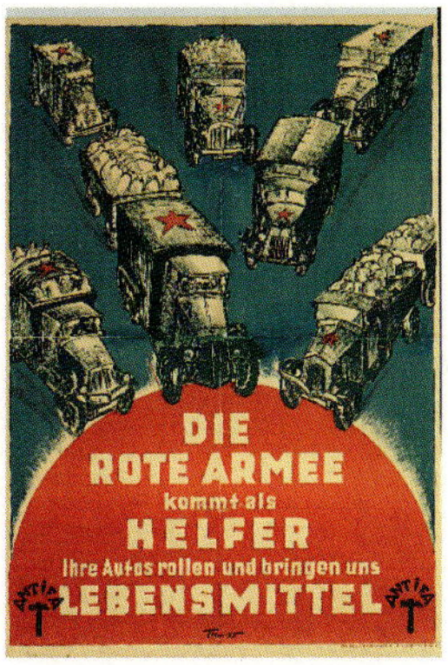

1 *Plakat des Antifaschistischen Ausschusses von Chemnitz, Mai 1945*

Weichenstellungen in der englischen und amerikanischen Zone

Die westlichen Siegermächte hatten anfangs wenig Vertrauen in die politische Zuverlässigkeit der Deutschen. Sie setzten Bürgermeister, Landräte, Minister und Ministerpräsidenten ein und ab und kontrollierten die Arbeit der deutschen Verwaltungsstellen bis in die Einzelheiten. Parteien und Gewerkschaften durften nur mit Genehmigung und vorerst nur auf lokaler und regionaler Ebene gegründet werden. Zeitungen brauchten eine Lizenz der Militärregierung und unterlagen der Zensur. Erst mit den Kommunal- und Landtagswahlen 1946/47 ging die politische Verantwortung mehr und mehr auf die Deutschen über. Lediglich in der Wirtschaftspolitik behielten die Amerikaner das Heft fest in der Hand, denn sie wollten die Rückkehr zu einer privatkapitalistischen, marktwirtschaftlichen Ordnung offenhalten. Deshalb setzten sie Gesetze, die einzelne Länderparlamente bereits beschlossen hatten und die die Überführung bestimmter Wirtschaftszweige in Gemeineigentum vorsahen, wieder außer Kraft.

Entnazifizierung

Im Nürnberger „Hauptkriegsverbrecherprozess“ 1945/46 gegen die wichtigsten Machtträger des NS-Staates wirkten alle Besatzungsmächte einträchtig in der Aufdeckung und Ahndung der Untaten des „Dritten Reiches“ zusammen. In der Verfolgung und Bestrafung der „kleineren Nazis“ gingen sie jedoch getrennte

2 Deutschland nach dem Potsdamer Abkommen 1945. *In Potsdam hatten die „Großen Drei" (siehe VT) sich auch darüber verständigt, dass die noch in Polen, der Tschechoslowakei und in Ungarn lebenden Deutschen „in ordnungsgemäßer und humaner Weise überführt werden" sollten.*

3 *Plakat in der britischen Zone um 1947*

Wege. Die Sowjets entfernten alle NSDAP-Mitglieder aus dem öffentlichen Dienst und den wirtschaftlichen Führungspositionen; sie nutzten die Gelegenheit, um alle Personen auszubooten, die politisch missliebig waren. Briten und Franzosen übten Zurückhaltung und ließen die vielen kleinen „Parteigenossen" ungeschoren. Die Amerikaner begannen damit, die gesamte erwachsene Bevölkerung zu überprüfen, brachen dieses Vorhaben aber schließlich erfolglos ab. Es erwies sich als außerordentlich schwierig, die persönliche Schuld einwandfrei zu ermitteln. Auch die deutschen „Spruchkammern", denen die Verfahren übertragen wurden, kamen damit nicht zurecht. Je mehr Zeit verging, desto milder fielen die Urteile aus, desto stärker drängte die Bevölkerung auf eine Beendigung der Entnazifizierung, die 1950 durch den Deutschen Bundestag vollzogen wurde. Der Versuch einer juristischen „Vergangenheitsbewältigung" war im Wesentlichen misslungen. Auch die moralische und politische Auseinandersetzung mit der NS-Zeit blieb nach einigen Anläufen stecken. Viele Deutsche leugneten oder verdrängten ihre Mitverantwortung, sei es, dass sie alle Schuld auf die NS-Führung schoben, sei es, dass sie die deutschen Greuel gegen den alliierten Bombenkrieg oder die Vertreibung der Ostdeutschen aufrechneten.

Unterschiedliche Interessen der Besatzungsmächte

Mit dem Ausbruch und der Verschärfung des Kalten Krieges seit 1946/47 wuchs das Misstrauen zwischen den Besatzungsmächten. In keiner wichtigen, Gesamtdeutschland betreffenden Frage kam man einer Einigung näher. Vor allem die französische Regierung boykottierte alles, was auf die Wiederherstellung eines einheitlichen deutschen Staates hinauslief – zentrale Verwaltungseinrichtungen ebenso wie ein einheitliches Wirtschaftsgebiet – und schloss ihr Besatzungsgebiet vollständig gegenüber den anderen Zonen ab. Gleichzeitig forderten sie gemeinsam mit den Sowjets das Ruhrgebiet unter internationale Kontrolle zu stellen. Für Stalin bot dies eine Handhabe, eine sowjetische Mitsprache über Gesamtdeutschland so lange wie möglich zu sichern. Washington und London widersetzten sich diesem Ansinnen. Sie konnten kein Interesse daran haben, die Sowjets an der Kontrolle der damals wichtigsten deutschen Industrieregion zu beteiligen, zumal die Moskauer Führung ihre eigene Besatzungszone wirtschaftlich abzuriegeln begann. Stattdessen legten Briten und Amerikaner ihre Besatzungsgebiete zu einem einheitlichen Wirtschaftsraum (Bizone) zusammen. Sie versprachen sich davon eine wirtschaftliche Belebung, nicht zuletzt auch im Hinblick darauf, dass die Westdeutschen immer weniger in der Lage waren, die Kosten für die Besatzung und die Nahrungsmitteleinfuhren aufzubringen. Die Sowjetunion sah darin einen Verstoß gegen das Potsdamer Abkommen, das die wirtschaftliche Einheit Deutschlands vorsah. Der Einladung der angelsächsischen Mächte, sich der Bizone anzuschließen, folgte sie nicht. Das von den Amerikanern angestrebte marktwirtschaftliche System ließ sich mit ihren Plänen einer sozialistischen Wirtschaftsordnung – wie sie sie in ihrer eigenen Zone aufzubauen begonnen hatte – nicht vereinbaren. Angesichts dieses Gegensatzes stellten die Amerikaner und die Briten alle vereinbarten Reparationslieferungen ihrer Zone an die Sowjets ein.

Währungsreform und Berlin-Blockade

Unüberbrückbar wurde der Graben zwischen West und Ost, als eine gesamtdeutsche Währungsreform nicht zustande kam. Nachdem die Westmächte ihre neue Währung auch in den Berliner Westsektoren eingeführt und damit die Stadt in zwei Wirtschaftsgebiete geteilt hatten, sperrte die Sowjetunion alle Landwege nach Westberlin. Mit Hilfe einer „Luftbrücke“, bei der 70 Menschen durch Abstürze oder Unfälle ums Leben kamen, vermochten die Westalliierten die Versorgung der „Halbstadt“ aufrechtzuerhalten. Das stärkte die Verbundenheit der Westberliner und der Westdeutschen mit „ihren“ Besatzungsmächten.

Das Grundgesetz entsteht

Nach Beginn der Berlin-Blockade empfahlen die drei westlichen Militärgouverneure – auch Frankreich war inzwischen auf diesen Kurs eingeschwenkt – den Ministerpräsidenten der westdeutschen Länder die Einberufung einer Verfassunggebenden Versammlung und die Gründung eines westdeutschen Staates. Die Regierungschefs wollten das Angebot zunächst ablehnen, weil es zur endgültigen Spaltung Deutschlands zu führen drohe. Schließlich waren sie doch einverstanden, um die Chance größerer politischer Selbständigkeit nicht zu verspielen. Sie standen dabei unter dem starken Druck des US-Militärgouverneurs Lucius D. Clay, der das Potential Westdeutschlands unbedingt in das westliche Blocksystem einbringen wollte. Sie betrachteten den zu schaffenden Staat aber als ein Provisorium, das für den Zusammenschluss mit der SBZ offenbleiben sollte. Im Mai 1949 wurde das Grundgesetz verkündet. Nach den ersten Bundestagswahlen trat die Bundesrepublik im September 1949 ins Leben.

Die DDR wird gegründet

Erst jetzt zogen die Sowjetunion und die SED nach. Sie waren darauf schon lange vorbereitet: Seit 1947 gab es eine regierungsähnliche deutsche Zentralverwaltung für die gesamte SBZ. Ein in demokratisch fragwürdiger Weise gewählter „Deutscher Volksrat“ hatte 1948 eine Verfassung der „Deutschen Demokratischen Republik“ verabschiedet. So bedurfte es im Oktober 1949 nur eines Volksrats-Beschlusses, um die Verfassung in Kraft zu setzen. Der Volksrat erklärte sich zur „provisorischen Volkskammer“ und wählte Wilhelm Pieck zum Staats-, den ehemaligen SPD-Vorsitzenden Otto Grotewohl zum Ministerpräsidenten. Der politisch Mächtigste, Walter Ulbricht, hielt aber als Erster Sekretär der SED weiterhin alle Fäden in der Hand.

4 ***Plakate deutscher Parteien.*** *Links zu den Landtagswahlen in der SBZ 1946, Mitte und rechts zur ersten Bundestagswahl 1949. – Welche Situation der deutschen Nachkriegszeit lässt sich erkennen? Welche politischen Ziele kommen zum Ausdruck? Beurteile ihre damaligen Erfolgsaussichten.*

5 ***Einheit, Freiheit, Teilung?*** *Positionen deutscher Politiker zur alliierten Deutschlandpolitik:*

a) *Der spätere Bundeskanzler Konrad Adenauer (CDU) im Oktober 1945:*

Es liegt im eigensten Interesse nicht nur des nicht von Russland besetzten Teiles Deutschlands, sondern auch von England und Frankreich, Westeuropa unter ihrer Führung zusammenzuschließen, den nicht russisch besetzten Teil Deutschlands politisch und wirtschaftlich zu beruhigen und wieder gesund zu machen … Dem Verlangen Frankreichs und Belgiens nach Sicherheit kann auf die Dauer nur durch die wirtschaftliche Verflechtung von Westdeutschland, Frankreich, Belgien, Luxemburg, Holland wirklich Genüge geschehen …

b) *Der SPD-Vorsitzende Kurt Schumacher im August 1947:*

Man muss soziale und ökonomische Tatsachen schaffen, die das Übergewicht der drei Westzonen über die Ostzone deklarieren … Die Prosperität der Westzonen, die sich auf der Grundlage der Konzentrierung der bizonalen Wirtschaftspolitik erreichen lässt, kann den Westen zum ökonomischen Magneten machen. Es ist realpolitisch vom deutschen Gesichtspunkt aus kein anderer Weg zur Erringung der deutschen Einheit möglich als diese ökonomische Magnetisierung des Westens … Es ist gewiß ein schwerer und vermutlich langer Weg.

c) *Der Berliner CDU-Politiker Jakob Kaiser im Januar 1947:*

Wer die Gesundung Deutschlands will, kann nur von der Tatsache ausgehen, dass Deutschland zwischen Ost und West gelagert ist. Die Konsequenz dieser schicksalhaften, aber auch aufgabenreichen Lage ist nicht das Entweder-Oder eines West- oder Ostblocks, sondern das Sowohl-als-auch der Verständigung und des Ausgleichs zwischen den Völkern und die Gesundung aus eigenem Geist heraus.

Zit. nach: Die Deutsche Frage. Informationen zur politischen Bildung, Nr. 203, 1984, S. 19.

6 ***„Der amerikanische Weg".*** *Sowjetische Karikatur zum Marshallplan (erkundige dich zu diesem Begriff über das Register). – Vergleiche die Aussage der Karikatur mit dem Plakat M1.*

7 ***„... es muss demokratisch aussehen ..."***

Wolfgang Leonhard, 1945 Mitglied der „Gruppe Ulbricht", 1949 in den Westen geflohen, berichtet:

Ulbricht gab uns neue Direktiven ... „Ihr kennt jetzt schon genug Leute. Gleich morgen kann man mit der Zusammensetzung der Verwaltung beginnen. Sucht euch zunächst einmal den Bürgermeister. Wenn ihr erst einen Bürgerlichen oder Sozialdemokraten habt, dann werdet ihr auch schon an andere herankommen. Und nun zu unseren Genossen. Der erste stellvertretende Bürgermeister, der Dezernent für Personalfragen und der Dezernent für Volksbildung – das müssen unsere Leute sein. Dann müsst ihr noch einen ganz zuverlässigen Genossen in jedem Bezirk ausfindig machen, den wir für den Aufbau der Polizei brauchen." ... Etwa nach einer halben Stunde brach Ulbricht die Diskussion ab. Im klassischen Sächsisch gab er uns die letzte abschließende Direktive: „Es ist doch ganz klar: es muss demokratisch aussehen, aber wir müssen alles in der Hand haben."

W. Leonhard, Die Revolution entlässt ihre Kinder. Köln 1955, S. 356 ff.

8 ***Amerikanische Deutschlandpolitik***

a) *Der Generalstab der Streitkräfte der USA hatte im April 1945 festgelegt:*

... Bei der Durchführung der Besetzung und Verwaltung müssen Sie gerecht, aber fest und unnahbar sein. Die Verbrüderung mit deutschen Beamten und der Bevölkerung werden Sie streng unterbinden ... Das Hauptziel der Alliierten ist es, Deutschland daran zu hindern, je wieder eine Bedrohung des Weltfriedens zu werden. Wichtige Schritte zur Erreichung dieses Ziels sind die Ausschaltung des Nazismus und des Militarismus in jeder Form, die sofortige Verhaftung der Kriegsverbrecher zum Zwecke der Bestrafung, die industrielle Abrüstung und Entmilitarisierung Deutschlands mit langfristiger Kontrolle des deutschen Kriegspotentials und die Vorbereitung zu einem späteren Wiederaufbau des deutschen politischen Lebens auf demokratischer Grundlage.

Zit. nach: E. Deuerlein, Die Einheit Deutschlands. Frankfurt a. M. 1957, S. 238 f.

b) *Der Russlandexperte und Diplomat George F. Kennan in einer Denkschrift an die US-Regierung 1945 (veröffentl. 1949):*

Die Idee, Deutschland gemeinsam mit den Russen regieren zu wollen, ist ein Wahn ... Wir haben keine andere Wahl, als unseren Teil von Deutschland, den Teil, für den wir und die Briten die Verantwortung übernommen haben, zu einer Form von Unabhängigkeit zu führen, die so befriedigend, so gesichert, so überlegen ist, dass der Osten sie nicht gefährden kann ...
Besser ein zerstückeltes Deutschland, von dem wenigstens der westliche Teil als Prellbock für die Kräfte des Totalitarismus wirkt, als ein geeintes Deutschland, das diese Kräfte wieder bis an die Nordsee vorlässt ... Im Grunde sind wir in Deutschland Konkurrenten der Russen. Wo es in unserer Zone um wirklich wichtige Dinge geht, sollten wir in der Kontrollkommission keinerlei Zugeständnisse machen.

G. F. Kennan, Memoiren eines Diplomaten. Stuttgart 1968, S. 262 ff.

c) *Rede des amerikanischen Außenministers Byrnes in Stuttgart am 6. September 1946:*

... Die Vereinigten Staaten sind der festen Überzeugung, dass Deutschland als Wirtschaftseinheit verwaltet werden muss ... Für einen erfolgreichen Wiederaufbau Deutschlands ist eine gemeinsame Finanzpolitik wesentlich ... Es ist auch notwendig, dass ein Verkehrs-, Nachrichten- und Postwesen in ganz Deutschland ohne Rücksicht auf Zonenschranken eingeführt wird ... Um die größtmögliche Erzeugung und die zweckmäßigste Verwendung und Verteilung der Nahrungsmittel ... sicherzustellen, müsste eine zentrale Verwaltungsstelle für Landwirtschaft geschaffen werden ... Deutschland muss die Möglichkeit haben Waren auszuführen, um dadurch soviel einführen zu können, dass es sich wirtschaftlich selbst erhalten kann ...
Das amerikanische Volk wünscht dem deutschen Volk die Regierung Deutschlands zurückzugeben.

Geschichte in Quellen. Die Welt seit 1945. Bearb. von H. Krause und K. Reif. München 1980, S. 93–98.

a) Zeige, wie die verschiedenen Interessen der Besatzungsmächte auf eine Teilung Deutschlands hingewirkt haben (VT, M5 bis M8). Was sprach für, was gegen die Schaffung eines westdeutschen Teilstaates (M5)?

b) Erörtert die verschiedenen Methoden der „Entnazifizierung" in den Besatzungszonen, ihre Berechtigung und ihre Grenzen. Wie kann ein junger Mensch heute mit der deutschen Schuld an den NS-Verbrechen umgehen?

3. Die Bundesrepublik: Deutschland im Westen

3.1 Die soziale Marktwirtschaft: Wohlstand für alle?

Gründe für das deutsche „Wirtschaftswunder"

Symbol des deutschen Wirtschaftswunders, der „Käfer"

Seit den 50er Jahren erlebte die Bundesrepublik einen wirtschaftlichen Aufstieg ohnegleichen (siehe M1). Dieses vielgerühmte deutsche Wirtschaftswunder hatte mehrere Gründe: Die Produktionskapazitäten der Industrie hatten sich trotz der Kriegszerstörungen kaum vermindert, weil die Lücken durch Neuinvestitionen immer wieder geschlossen worden waren. Die Marshallplan-Hilfe ermöglichte es den Unternehmern, modernste amerikanische Maschinen als Ersatz für die demontierten Anlagen zu beschaffen. Es gab anfangs ein Überangebot gut ausgebildeter, leistungswilliger, nach der Notzeit genügsamer Arbeitskräfte; als dieses Überangebot Ende der 50er Jahre in einen Mangel umschlug, rückten ausländische Arbeiter nach. Die nach den langen Kriegsjahren riesige weltweite Nachfrage bescherte der deutschen Industrie glänzende Absatzchancen. Hinzu kam die große Binnennachfrage, die im Zeichen unaufhörlich wachsender Kaufkraft und großer Konsumfreudigkeit der Wirtschaft sichere Gewinne verschaffte. Nicht zuletzt trug auch die staatliche Wirtschaftspolitik, die konsequente Durchsetzung der sozialen Marktwirtschaft durch Wirtschaftsminister Ludwig Erhard, zum Aufschwung bei.

Auswirkungen von Währungsreform und Marktwirtschaft

In immer kürzerer Zeit wurden immer mehr Güter und Dienstleistungen erzeugt. Das kam letztlich allen zugute, aber durchaus in unterschiedlichem Maße. Bereits mit der Währungsreform konnten die Eigentümer von Produktionsmitteln und Sachwerten (wie Gebäuden, Maschinen, Rohstoffen, Waren) ihren Besitz ungeschmälert über den Währungsschnitt hinwegretten, wogegen viele abhängig Beschäftigte, die allenfalls Geldersparnisse besessen hatten, wirtschaftlich fast vom Nullpunkt wieder anfangen mussten. Diesen Startvorsprung vermochten die Selbständigen in der Folgezeit nicht nur zu behaupten, sondern sogar ständig zu vergrößern. Darin lag keine Willkür und kein Zufall. Die Marktwirtschaft funktionierte nur in dem Maße, in dem sie genügend Gewinnanreize bot. Das bewog Ludwig Erhard (siehe M3) und die meisten seiner Nachfolger den Unternehmern Vorteile zukommen zu lassen, etwa durch erhöhte Abschreibungsmöglichkeiten, Steuervergünstigungen und Exportprämien.

1 ***Daten zur wirtschaftlichen Entwicklung der Bundesrepublik***

Durchschnittsverdienste aller Arbeitnehmer pro Monat	1949 260 DM	1964 532 DM	1980 2 015 DM	im Westen im Osten	1994: 4 800 DM 1994: 3 500 DM	
Anstieg der Lebenshaltungskosten	1951 7,7 %	1965 3,4 %	1975 6,0 %		1985 2,1 %	1995 3,1 %
durchschnittliche Arbeitszeit pro Woche	1955 47,1 Std	1960 44,1 Std	1967 40,0 Std			1995 37,6 Std.
Arbeitslosenquote	1950 11,0 %	1960 1,3 %	1970 0,7 %	1980 3,8 %	1985 9,3 %	1995 9,4 %
Sozialhilfe-Empfänger (Hilfe zum Lebensunterhalt)		1964 0,82 Mill.	1974 1,06 Mill.	1984 1,84 Mill.	1994 (Ost u.West) 2,33 Mill.	
Exportüberschuss	1960: 5,2 Mrd. DM		1975: 37,3	1981: 27,7	1990: 91,8 Mrd. DM	

2

Links: **Weihnachtsgrußkarte 1945** Rechts: **Harald Duwe, „Liebe – eine ganz alltägliche Geschichte"**, Mittelbild aus einem vierteiligen Werk, 1980. Courtesy Galerie Eva Poll, Berlin, und Heilwig Duwe.

Werbeplakat von 1958

Die Öffentlichkeit nahm von solchen Begünstigungen der Selbständigen lange kaum Notiz, weil der allgemeine Einkommenszuwachs die Menschen weitgehend zufriedenstellte. Außerdem entstand ein „soziales Netz" von großer Dichte und Leistungsfähigkeit. Die Rentenreform von 1957 brachte eine kräftige Erhöhung der bis dahin überwiegend kärglichen Altersrenten und für die Folgezeit eine Ankoppelung der Rentenbeträge an die allgemeine Einkommensentwicklung. Diese „dynamische Rente" beteiligte die Ruheständler an dem ja auch von ihnen miterarbeiteten wirtschaftlichen Fortschritt und machte der früher weitverbreiteten Altersarmut ein Ende. Bis in die 70er Jahre kamen neue Sozialleistungen hinzu: Familien mit geringem Einkommen erhielten Wohngeld, Studierende und Schüler/innen bei Bedürftigkeit Stipendien oder zinslose Darlehen, Bauarbeiter Schlechtwettergeld. Die öffentlichen Krankenkassen bezahlten Erholungskuren und Zahnersatz; Bildungsurlaub für Arbeitnehmer/innen oder Erziehungsgeld für Eltern wurden nach und nach zur Selbstverständlichkeit.

Der Sozialstaat in Bedrängnis

Solange es Arbeit für alle gab und die Einkommen wuchsen, ließ sich der hohe „Sozialkonsum" problemlos finanzieren. Das änderte sich in den 70er Jahren, als der weltweite lange Nachkriegsboom zu Ende ging und die Wirtschaft zu lahmen begann. Um auf dem Weltmarkt konkurrenzfähig zu bleiben und die in Deutschland besonders hohen Lohnnebenkosten einzusparen, bauten die Unternehmen viele Arbeitsplätze durch Rationalisierung ab oder verlegten Teile ihrer Produktion in „Billiglohnländer". 1975 erreichte die Zahl der Arbeitslosen erstmals die Marke von 1 Million und 1996 waren (im nunmehr vereinigten Deutschland) über 4 Millionen Menschen ohne Arbeit. Armut, die man in den Jahrzehnten zuvor schon für überwunden gehalten hatte, kehrte wieder zurück. Die Zahl der Fürsorgeempfänger, die 1979 bei 1,5 Millionen lag, stieg bis 1989 bis weit über das Doppelte.

Soziale Marktwirtschaft: Marktwirtschaft besagt: freier Wettbewerb privater Unternehmen ohne staatliche Bevormundung; mit Preisen, Löhnen und Gewinnen, die sich aus dem freien Spiel von Angebot und Nachfrage ergeben und Leistung belohnen sollen. Sozial soll dieses System dadurch werden, dass es übermäßige Marktmacht unterbindet (vor allem durch die Kontrolle von Kartellen), mittels Steuern eine Einkommensumverteilung vornimmt und ein soziales Netz schafft, das wirtschaftlich Schwächere vor Not bewahrt.

3

Ludwig Erhard (mit seinem Bestseller); ab 1948 Direktor des Wirtschaftsrates der Bizone; Bundeswirtschaftsminister und Bundeskanzler; Verfechter der sozialen Marktwirtschaft.

4 Für und wider die Marktwirtschaft

a) Der Deutsche Gewerkschaftsbund (1949):

Volkswirtschaftliche Planung steht im Gegensatz zu der chaotischen Marktwirtschaft, die in Deutschland seit der Währungsreform herrscht und zu ungeheurer Kapitalverschwendung durch Fehlinvestitionen und Erzeugung von Luxusgütern, zur Ausbeutung der Verbraucher durch ungerechtfertigt hohe Preise, zu Kurzarbeit und Arbeitslosigkeit und sozialer Unsicherheit ... geführt hat. ... Als die Wirtschaftswissenschaft die Gesetze der freien Marktwirtschaft niederschrieb, rechnete sie nicht mit der immer stärkeren Entwicklung jener Großunternehmen, Truste, Konzerne und Kartelle, die die Gesetze der freien Marktwirtschaft aufhoben. Heute ist die Marktwirtschaft weder frei noch sozial. Heute verhindert sie die freie Entfaltung; sie verschärft die ohnehin schon großen Gegensätze zwischen Reich und Arm. Sie ist unsozial und durch ihre Planlosigkeit unfähig den schwierigen Aufgaben des Wiederaufbaues ... gerecht zu werden.

Protokolle des Gründungskongresses des DGB, Köln 1950. S. 319.

b) Bundeswirtschaftsminister Erhard (1957):

Eine freiheitliche Wirtschaftsordnung kann auf die Dauer nur dann bestehen, wenn und solange auch im sozialen Leben der Nation ein Höchstmaß an Freiheit, an privater Initiative und Selbstvorsorge gewährleistet ist. Wenn dagegen die Bemühungen der Sozialpolitik darauf abzielen, dem Menschen schon von der Stunde seiner Geburt an volle Sicherheit gegen alle Widrigkeiten des Lebens zu gewährleisten, ... dann kann man von solchen Menschen einfach nicht mehr verlangen, dass sie das Maß an Kraft, Leistung, Initiative und anderen besten menschlichen Werten entfalten, das ... die Voraussetzung einer auf die Initiative der Persönlichkeit begründeten „sozialen Marktwirtschaft" bietet ... Damit soll nicht geleugnet werden, dass eine auch noch so gute Wirtschaftspolitik in modernen Industriestaaten einer Ergänzung durch sozialpolitische Maßnahmen bedarf ... Es muss aber im ureigensten Interesse jeder organischen Sozialpolitik liegen, ... Sorge zu tragen, dass die Prinzipien, nach denen die Wirtschaft geordnet ist, erhalten bleiben und weiter ausgebaut werden.

L. Erhard: Wohlstand für alle. Düsseldorf 1957. S. 257.

5 Wichtige Sozialgesetze der Bundesrepublik

1949 Tarifvertragsgesetz: Zwischen Gewerkschaften und Arbeitgebern abgeschlossene Tarifverträge sind geltendes Recht.

1952 Lastenausgleichsgesetz: Für kriegsbedingte Vermögensverluste erfolgt eine Teilentschädigung, die durch eine Vermögensabgabe der Nicht-Geschädigten finanziert wird.

1957 Rentenreform: Altersrenten werden an die allgemeine Lohnentwicklung angekoppelt („dynamische Rente").

1961 Sozialhilfegesetz: Rechtlicher Anspruch auf Unterstützung in Notlagen

1970 Lohnfortzahlungsgesetz: Lohnfortzahlung im Krankheitsfall für alle Beschäftigten bis zu 6 Wochen lang

1971 Bundesausbildungsförderungsgesetz (BAFöG): Rechtsanspruch auf finanzielle Unterstützung von Schul- und Hochschulbesuch

1976 Mitbestimmungsgesetz: Paritätische Mitbestimmung der Arbeitnehmer/innen in den Aufsichtsräten von Unternehmen mit über 2 000 Beschäftigten

a) Erläutere das Zusammenwirken von sozialen und wirtschaftlichen Komponenten bei der sozialen Marktwirtschaft (VT, M4, M5).

b) Einige fordern heute den Abbau von sozialen Leistungen, andere sehen den Sozialstaat und mittelfristig auch die Demokratie in Bedrängnis. Bereitet zu den beiden Positionen Pro- und Contra-Statements vor und stützt euch dabei auch auf das Kapitel „Die Demokratie muss sich bewähren".

3.2 Die Demokratie muss sich bewähren

Mitte der 50er Jahre machte ein Buch von sich reden, das den Titel trug: „Bonn ist nicht Weimar“. Erleichtert stellte sein Schweizer Verfasser fest, dass dem Bonner Staat gelungen sei, was der Weimarer Republik verwehrt blieb: die Zustimmung der überwiegenden Mehrheit der Bevölkerung und aller Bevölkerungsschichten zur demokratischen Regierungsform.

Einwurzelung der Demokratie

Zu dieser Einwurzelung der Demokratie trugen mehrere Gründe bei. Die Niederlage von 1945 war so total, der Schock über den nationalsozialistischen Unrechts- und Terrorstaat saß so tief, dass neue „Dolchstoßlegenden“ (siehe Register) keine Chancen hatten. Die Verachtung des „Parteienhaders“ und der Glaube an den „starken Mann“, die so sehr zum Untergang des Weimarer Staates beigetragen hatten, fanden nach 1945 keine nennenswerten Anhänger mehr. Der besondere „deutsche Weg“, abseits der westlichen Demokratien, hatte sich als Irrweg erwiesen; die westliche Staats- und Gesellschaftsform erfuhr eine hohe Wertschätzung. Und nicht zuletzt stärkte die bis in die frühen 90er Jahre stetige Zunahme von wirtschaftlichem Wohlstand und sozialer Sicherheit das Vertrauen in die neue Staatsordnung. Sie blieb bisher glücklicherweise von jenen wirtschaftlichen Katastrophen verschont, die – wie die Weltwirtschaftskrise 1929–33 – so sehr die erste deutsche Demokratie belastet haben.

Grundgesetz

Das Grundgesetz zog die Konsequenzen aus dem Scheitern der ersten deutschen Demokratie. Mit den Grundrechten schuf es Garantien gegen den Missbrauch staatlicher Macht. Das Prinzip der Gewaltenteilung und die Rechte der Bundesländer verhindern eine übermäßige Konzentration der Regierungsgewalt; zugleich gewährleistet aber die starke Stellung des Bundeskanzlers dessen Handlungsfähigkeit: Der Bundestag vermag den Regierungschef nur dann zu stürzen, wenn er zugleich mit der Mehrheit seiner Stimmen einen Nachfolger wählt. Die Parteien, in der Weimarer Verfassung überhaupt nicht erwähnt, erhielten im Grundgesetz ihre förmliche Anerkennung als Träger der politischen Willensbildung. Sie müssen jedoch demokratischen Grundsätzen genügen und können verboten werden, wenn ihnen das Bundesverfassungsgericht Verfassungsfeindlichkeit nachweist. Den Bürgerinnen und Bürgern steht ein Recht auf Widerstand zu, wenn die Verfassung mit anderen Mitteln nicht zu schützen ist.

Parteidemokratie – Fluch oder Segen?

Die Bundesrepublik entwickelte sich, ohne dass der Wortlaut des Grundgesetzes dies so vorgegeben hätte, zu einer ausgeprägten Parteiendemokratie. Die Parteien zogen so gut wie alle politischen Zuständigkeiten an sich; ohne ihre Zustimmung war bald kaum noch ein für das öffentliche Leben wichtiges Amt zu besetzen. Gegen dieses Parteienmonopol erhob sich immer wieder Kritik, weil es die demokratische Mitbestimmung „von unten“ zu vereiteln trachte; vom „Parteienfilz“ war die Rede, der den Partei„freunden“ zu einträglichen Posten und Einkünften verhelfe. Dennoch war und blieb es unstrittig, dass Parteien für eine Demokratie unentbehrlich sind. Eine Demokratie braucht Einrichtungen, die Staat und Gesellschaft zusammenführen und den Menschen die Möglichkeit geben ihren Anliegen Geltung zu verschaffen. Das Grundrecht der politischen Mitwirkung lässt sich am wirksamsten in den Parteien ausüben.

Extremismus und Verfassungstreue

Vom ersten Bundestag (1949–1953) abgesehen, dem einige Abgeordnete aus der KPD und der rechtsradikalen Sozialistischen Reichspartei (SRP) angehörten – die KPD wurde 1956, die SRP 1952 verboten –, gelangte nie eine der Verfas-

1 ***Zusammensetzung des Deutschen Bundestages***
Von 1949 bis 1961 gehörte noch die Deutsche Partei der Regierungskoalition an; von 1953 bis 1957 auch der „Gesamtdeutsche Block/ Bund der Heimatvertriebenen und Entrechteten" (23 Abgeordnete).

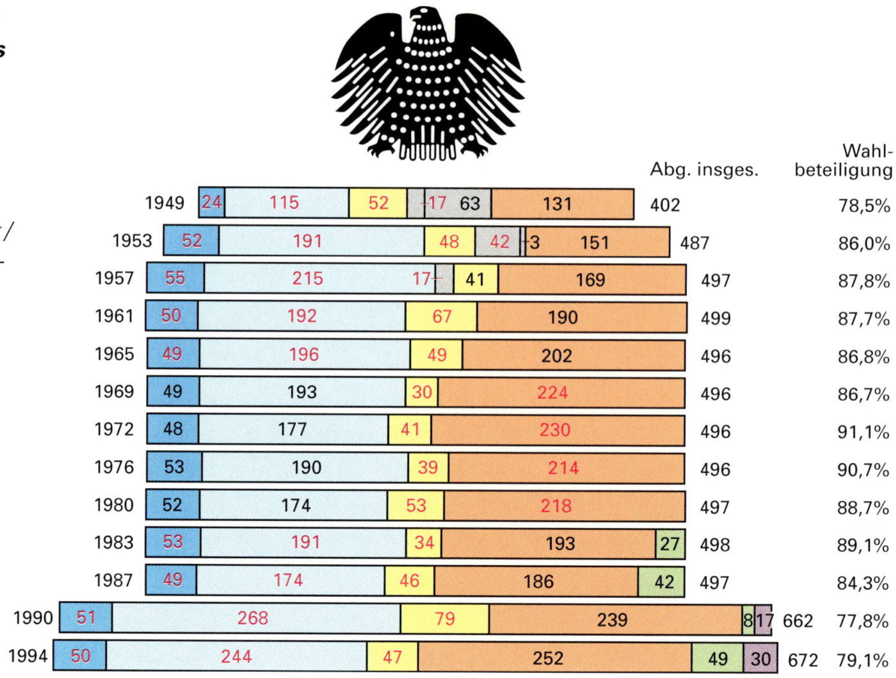

CSU
CDU
FDP
SPD
DIE GRÜNEN/ Bündnis 90
PDS
sonstige
191 Regierungskoalition

2 *Welcher Anspruch der Partei „Die Grünen" drückt sich im Plakat zur Bundestagswahl von 1983 aus?*

sungswidrigkeit verdächtigte Partei ins wichtigste bundesdeutsche Parlament. Trotzdem gab es immer einen gewissen „Bodensatz" an demokratie- und verfassungsfeindlichen Einstellungen. Immerhin gelang es einigen rechtsextremen bzw. rechtsradikalen Gruppierungen in Gemeinde- und Länderparlamente einzuziehen: in den 60er Jahren der NPD, seit den späten 80ern den „Republikanern". Beide Parteien blieben aber ohne nennenswerten politischen Einfluss. Vier Parteien teilen bis heute die politische Macht auf Bundesebene unter sich auf: die beiden Volksparteien CDU und SPD, die bayerische CSU, die im Bundestag mit der CDU stets eine gemeinsame Fraktion bildete, und die FDP. Sie alle waren wechselseitig koalitionsfähig, am ausgeprägtesten die FDP, die ihr politisches Gewicht nicht zuletzt ihrer Rolle als Mehrheitsbeschafferin verdankte. In den 80er Jahren begann sich das Parteienspektrum zu verändern. 1983 gelang zum ersten Mal der Partei „Die Grünen" (gegründet 1980) der Einzug in den Bundestag. Mit ihren Themenschwerpunkten (Ökologie vor Ökonomie) und ihrem basisdemokratischen Selbstverständnis stellte sie sich zunächst bewusst in eine Fundamentalopposition zu den etablierten Parteien. Nach langen und heftigen internen Auseinandersetzungen um Demokratievorstellungen, das staatliche Gewaltmonopol, Parteiorganisation und -strategien setzte sich schließlich der „realpolitische" Flügel durch und die Partei beteiligte sich an mehreren Länderregierungen, stets als Juniorpartner der SPD. Nach der Wiedervereinigung zog 1990 die PDS, die SED-Nachfolgepartei, in alle ostdeutschen Volksvertretungen und auch in den Bundestag ein. Die demokratischen Parteien schlossen bisher strikt Koalitionen mit der PDS aus, konnten aber auch nicht verhindern, dass sie, die als Sachwalterin der ehemaligen DDR-Bürger auftrat, in den östlichen Bundesländern beträchtlichen Zulauf erhielt.

Von der APO zu den Bürgerinitiativen und sozialen Bewegungen

In der Außerparlamentarischen Opposition (APO) der 60er Jahre brach sich das Missbehagen gegenüber dem politischen „Establishment" Bahn. Die jungen Leute, vorwiegend Studenten, forderten die radikale Demokratisierung aller

3 *„Vorsicht, Mann, nicht ins eigene Fleisch!!!!" – Beide Karikaturen stammen von Horst Haitzinger; links: vom 1.8.77; rechts: vom 13.9.77.*

4 *„Er denkt vielleicht etwas radikaler als ich. Aber in einem Rechtsstaat muss man halt auch unbequeme Meinungen tolerieren."*

Demonstration gegen den Vietnam-Krieg in Berlin 18.2.1968

Lebensbereiche. Sie wollten eine „emanzipierte" Gesellschaft ohne „autoritäre Strukturen" und „überflüssige Zwänge" herbeiführen, in der die Solidarität wichtiger sein würde als das individuelle Konkurrenz- und Leistungsstreben. Ihren Höhepunkt erlebte die Bewegung zwischen 1966 und 1968. Damals regierte in Bonn die „Große Koalition", die die parlamentarische Opposition praktisch zur Bedeutungslosigkeit verurteilte. Die in dieser Legislaturperiode von der Bundestagsmehrheit beschlossenen „Notstandsgesetze", die u.a. für bestimmte Krisensituationen die Einschränkung einzelner Grundrechte vorsahen, trafen auf den erbitterten Widerstand vor allem der APO. Diese scheiterte jedoch, weil sie nur eine kleine Minderheit erreichte und es nie zu einer festen Organisation brachte. Ihre Vorstellungen von einer direkten Basisdemokratie und von einer Gesellschaft, die aus lauter mündigen und politisch engagierten Bürgerinnen und Bürgern bestünde, schossen zwar damals weit über das Erreichbare hinaus, lösten aber dennoch einen bemerkenswerten Demokratisierungsschub aus. Zuvor hatte die große Mehrheit in Deutschland die Demokratie vornehmlich als eine Staats- und Regierungsform verstanden, die die staatlichen Institutionen und die politischen Organisationen betraf. Jetzt entstanden „Bürgerinitiativen" und soziale Protestbewegungen – etwa für die Rechte der Frau, gegen Umweltzerstörung, Kernkraftwerke, Aufrüstung –, in denen Millionen von Menschen ihre demokratischen Mitwirkungsrechte in Anspruch nahmen.

Terrorismus (RAF)

Auf die Ziele der APO beriefen sich auch kleine terroristische Gruppen (deren bekannteste war die „Rote Armee Fraktion", RAF), die durch Überfälle, Bombenattentate, bei denen der Tod x-beliebiger Menschen einkalkuliert wurde, sowie Entführungen und Mordanschläge auf Industriemanager und Politiker einen „Volkskrieg" gegen den ihnen verhassten Staat entfesseln wollten. Sie stießen jedoch damit außer im kleineren Umfeld ihrer „Sympathisanten" auf Ablehnung und heftige Empörung. Regierung und Parlament reagierten mit Härte und Entschlossenheit. Sie ließen sich nicht erpressen und nahmen sogar den Tod des von den Terroristen als Geisel genommenen Arbeitgeberpräsidenten Schleyer in Kauf. Eilig beschlossene Gesetze verschärften die Strafbestimmungen für die öffentliche Befürwortung von Gewalt und schränkten die Rechte von Angeklagten ein; Polizei und Verfassungsschutz erhielten mehr Befugnisse für die Verfolgung der Täter. Es entstand ein Streit darüber, ob der Staat befugt sei, zugunsten der öffentlichen Sicherheit rechtsstaatliche Garantien zu beschneiden (M4, M5).

5 Wie soll die deutsche Demokratie aussehen?

a) Das Bundesverfassungsgericht (1956):

Freie Wahlen mit regelmäßiger Wiederholung in relativ kurzen Zeitabständen sichern die Kontrolle des Volkes über die Benutzung der Macht durch die politische Mehrheit. Die Regierung ist der Volksvertretung gegenüber verantwortlich. Das Prinzip der Aufteilung der Staatsmacht auf verschiedene, sich gegenseitig kontrollierende und hemmende Träger dient der Vermeidung übermäßiger Machtkonzentration an einer Stelle im Staat … Dem Bürger wird eine freie Sphäre durch die Anerkennung von Grundrechten und ein weitgehender Schutz durch unabhängige Gerichte gesichert.

Entscheidungen des Bundesverfassungsgerichts. 5 (1956). S. 199.

b) Eine Frankfurter „Arbeitsgemeinschaft demokratischer Schüler" (1969):

Die ADS ist der Meinung, dass nur auf evolutionärem Weg die Demokratisierung der Schule erreicht werden kann. Eine Demokratisierung bedeutet ein Abbauen der Autorität des Lehrenden, die über das Mindestmaß der Autorität hinausgeht, das zur Wissensvermittlung nötig ist. Dazu haben wir konkrete Forderungen aufgestellt:

- Mitbeteiligung und Mitentscheidung von Schülern bei der Änderung oder Neuschaffung einer Schulordnung;
- das Recht für Schüler, an allen Konferenzen teilzunehmen;
- das Mitspracherecht der betreffenden Klasse bei Uneinigkeiten über Zensuren;
- Schaffung einer schulischen Berufungsinstanz für Schüler bei Versetzungs- und Disziplinarfragen.

Zit. nach: Th. Wilhelm (Hg.): Demokratie in der Schule. Göttingen: VR 1970. S. 47.

c) Bundeskanzler Willy Brandt (SPD) in seiner Regierungserklärung 1969:

Wir wollen mehr Demokratie wagen. Wir werden unsere Arbeitsweise öffnen und kritischen Bedürfnissen nach Information Genüge tun. Wir werden darauf hinwirken, dass nicht nur durch Anhörungen im Bundestag, sondern auch durch ständige Fühlungnahme mit den repräsentativen Gruppen unseres Volkes und durch eine umfassende Unterrichtung über die Regierungspolitik jeder Bürger die Möglichkeit erhält, an der Reform von Staat und Gesellschaft mitzuwirken.

Verhandlungen des Deutschen Bundestages. Bd. 71 (1969). S. 20.

6 *Karikatur in der FAZ vom 24.10.1978*

7 Parteien – Träger der politischen Willensbildung?

a) Der Philosoph Karl Jaspers (1966):

Die Parteien waren gemeint als Organe des Volkes, das durch sie seinen Willen kundtut und umgekehrt wieder von ihnen politisch erzogen wird. Aber sie werden zu Organen des Staates, der nunmehr wieder als Obrigkeitsstaat die Untertanen beherrscht. Die Parteien, die keineswegs der Staat sein sollten, machen sich, entzogen dem Volksleben, selber zum Staat …

Der Staat, das sind die Parteien. Die Staatsführung liegt in den Händen der Parteienoligarchie. Sie usurpiert den Staat.

K. Jaspers: Wohin treibt die Bundesrepublik? München 1966. S. 133.

b) Die Bundestagspräsidentin Rita Süssmuth (1994):

Wir wissen, dass in wirtschaftlichen und politischen Krisenzeiten die Erwartungshaltung an die politisch Verantwortlichen besonders hoch ist. Wir wissen auch, dass Fehler und Fehlverhalten mehr als doppelt zählen. Nur mit mehr Beteiligung des Volkes über Direktwahlen und Volksentscheide, mit Schwächung der Parteien ist noch keine starke Problem lösende Politik erreicht. Wir brauchen jetzt vor allem eine aktive Beteiligung bei der Lösung der Probleme und die Überzeugung bei den Menschen, dass die Verantwortlichen alle nur denkbaren Anstrengungen unternehmen, die Probleme Schritt für Schritt zu lösen … Notwendig ist, die gemeinsamen Anstrengungen aller Politiker, aller demokratischer Parteien sichtbar zu machen – in den Gemeinsamkeiten und Unterschieden … Die Argumente müssen in sich verständlich sein. Denn ohne Überzeugung kein Vertrauen. Alles was nicht entschieden wird, erzeugt einen Problemstau, schwächt das Zutrauen in die politische Handlungskompetenz … Wir brauchen Entscheidungen, keine Verlängerung der Debatten.

Zit. nach: „Das Parlament" vom 7. Januar 1994, S. 1.

8 APO, Widerstand und Gewalt

***a)** Zeitungsbericht über die Ausschreitungen nach einem Attentat auf den Studentenführer Rudi Dutschke (1968):*

Es kam zu Straßenschlachten, wie sie Westdeutschland seit der Weimarer Republik nicht mehr gekannt hatte. Auf der Strecke blieben zwei Tote, über 400 Schwer- und Leichtverletzte und der Anspruch der Bundesrepublik, ein intakter demokratischer Staat zu sein ... Unmittelbar nach dem Mordanschlag auf Rudi Dutschke zogen linke Studenten vor das Westberliner Springer-Haus in der Kochstraße an der Mauer. Steine ließen die Scheiben der Hochburg der Verdummung und Verhetzung zerklirren. Vertriebswagen wurden in Brand gesteckt. 800 Kilometer entfernt drangen 300 Studenten in das Münchner Buchgewerbehaus ein, wo „Bild" für Süddeutschland redigiert und gedruckt wird. In den Redaktionsräumen rissen Stoßtrupps Akten aus den Schränken und warfen sie aus dem Fenster.

Der Spiegel. Jg. 1968, Nr. 17. S. 25 ff.

***b)** Der Bundesjustizminister Gustav Heinemann (SPD) zu den Unruhen (1968):*

Diese Tage erschütternder Vorgänge und gesteigerter Unruhe rufen uns alle zu einer Besinnung. Wer mit dem Zeigefinger allgemeiner Vorwürfe auf den oder die vermeintlichen Anstifter oder Drahtzieher zeigt, sollte daran denken, dass in der Hand mit dem ausgestreckten Zeigefinger zugleich drei andere Finger auf ihn selbst zurückweisen ... Zu den Grundrechten gehört auch das Recht zum Demonstrieren, um öffentliche Meinung zu mobilisieren. Auch die junge Generation hat einen Anspruch darauf, mit ihren Wünschen und Vorschlägen gehört und ernst genommen zu werden. Gewalttat aber ist gemeines Unrecht und eine Dummheit obendrein. Es ist eine alte Erfahrung, dass Ausschreitungen und Gewalttaten genau die gegenteilige öffentliche Meinung schaffen, als ihre Urheber wünschen.

Zit. nach: Bulletin des Presse- und Informationsamtes der Bundesregierung. 17. April 1968, S. 393.

9 Protestkundgebung *der Bürgerinitiative Grundschulnotstand in Nordrhein-Westfalen*

10 Möglichkeiten politischer Einflussnahme?

„Wenn Sie politisch in einer Sache ... Einfluss nehmen ... wollen ...: Welche der Möglichkeiten würden Sie dann nutzen und was davon kommt für Sie in Frage." Umfrageergebnis in %.

	West	Ost
„sich an Wahlen beteiligen"	73	65
„Mitarbeit in einer Bürgerinitiative"	43	36
„Unterschriften sammeln"	41	40
„sich in Versammlungen an öffentlichen Diskussionen beteiligen"	36	44
„Teilnahme an einer politischen Diskussion"	35	40
„in irgendeine Partei eintreten, aktiv mitarbeiten"	24	11
„für Ruhe und Ordnung kämpfen, auch wenn dazu Gewalt gegen andere Mitbürger notwendig ist"	6	5
„Teilnahme an einer verbotenen Demonstration"	6	4
„dem eigenen Standpunkt Nachdruck verleihen, auch wenn es dabei zu einer direkten Konfrontation mit der Polizei, mit der Staatsgewalt kommt"	5	4
„für eine Sache kämpfen, auch wenn dazu Gewalt gegen politisch Verantwortliche notwendig ist"	4	4
„Hausbesetzung, Besetzung von Fabriken und Ämtern"	4	4
„bei einer Demonstration mal richtig Krach schlagen, auch wenn dabei einiges in Bruch geht"	2	2

Matthias Metje / Hildegard Cramer, Einstellungen der Bundesbürger zu Fragen der inneren Sicherheit, EMNID-Institut, Dez. 1992, S. 26–27.

a) In der Geschichte der Bundesrepublik hat es Auseinandersetzungen um die Formen der Demokratie sowie um die Möglichkeiten der politischen Beteiligung gegeben. Welche werden im Kap. genannt? Worum ging es? Was haben die Auseinandersetzungen bewirkt (VT, M2 bis M5, M8, M9)?

b) Führt in eurer Klasse eine Umfrage nach dem Muster von M10 durch. Vergleicht mit dem Umfrageergebnis von M10.

c) Diskutiert über die Kritik an den Parteien (VT, M7).

3.3 Gesellschaft im Wandel

Nach dem Zweiten Weltkrieg, besonders aber seit den 60er Jahren, veränderte sich das Leben der Deutschen so tief greifend wie niemals zuvor. Von den vielen Veränderungen, die unsere Gesellschaft durchmachte, waren drei besonders wichtig und markant: die Verlängerung der Lebenserwartung und die rapide steigende Zahl älterer Menschen; die sich wandelnde Rolle der Frau; die Expansion des Bildungswesens und die neuen Formen jugendlicher Existenz.

Verschiebungen im Altersaufbau

Konnten die Menschen im 19. Jahrhundert lediglich mit einer durchschnittlichen Lebensdauer von 37 Jahren rechnen, so lag diese Spanne um 1950 bei 65 Jahren für Männer und 68 für Frauen. Sie kletterte bis 1987 auf 72 bzw. 78 Jahre. Frühere Generationen starben durchweg mitten im Arbeitsleben; heute umfasst der Ruhestand für die meisten Menschen ein Viertel und nicht selten ein Drittel ihres gesamten Lebens. Das verdanken die heute Lebenden den Fortschritten der Medizin und dem Ausbau unseres Gesundheitswesens, dem insgesamt hohen Lebensstandard und den vielen Erleichterungen durch die moderne Technik. Die zusätzlichen Lebensjahre eröffneten viele neue Möglichkeiten der Selbstverwirklichung, die den meisten unserer Vorfahren versperrt blieben. Sie schufen aber auch neue gesellschaftliche Probleme. Die im Arbeitsprozess stehenden Generationen müssen den Lebensunterhalt für immer mehr alte Menschen miterwirtschaften. Das wird immer schwieriger, weil fast gleichzeitig mit der Zunahme alter Menschen die Geburtenzahlen drastisch zurückgingen. War in der Vergangenheit die Zahl der Kinder und Jugendlichen stets erheblich größer als die der Alten, so setzte in den 60er Jahren mit dem „Pillenknick" eine Verschiebung in entgegengesetzter Richtung ein. Schon 1989 gab es genauso viele junge Menschen unter 15 wie alte über 65 und nach der Jahrtausendwende wird der Anteil der alten Menschen deutlich überwiegen. Dieser gesellschaftliche Alterungsprozess könnte eines Tages zu starken Spannungen und erbitterten Verteilungskämpfen zwischen Jungen und Alten führen.

Der lange Weg zur Gleichstellung von Mann und Frau

Seit dem 19. Jahrhundert war die Lage der Frauen durch ihre Rolle als Mütter, Ehe- und Hausfrauen bestimmt. Eine außerhäusliche Berufstätigkeit kam in „bürgerlichen" Familien nicht in Betracht; in Arbeiterfamilien war sie ein wirtschaftlicher Zwang und wurde aufgegeben, sobald man es sich finanziell leisten konnte. Unverheiratet zu sein galt als bedauernswertes Schicksal. Weil die Ehe das Ziel war, erschien eine Berufsausbildung für Mädchen unnötig. Der Ehemann war der vom Gesetz bestimmte Haushaltsvorstand und hatte in allen wesentlichen Dingen „das letzte Wort".

Obwohl das Grundgesetz die Gleichberechtigung der Geschlechter im Grundrechtskatalog verankert hatte, blieb die Wirklichkeit noch lange dahinter zurück. Erst die Familienrechtsreform von 1977 beseitigte die Vorrechte des Mannes und erklärte die Ehegatten zu gleichberechtigten Partnern, die alle Erziehungs- und Haushaltsangelegenheiten einvernehmlich zu regeln haben. 1994 einigten sich die Parteien darauf, die Gleichstellung der Frau als Staatsaufgabe in die Verfassung aufzunehmen. Es hatte sich nämlich gezeigt, dass allen Anstrengungen zum Trotz die Benachteiligungen von Frauen noch immer nicht beseitigt waren. Die durchschnittlichen Einkommen von Frauen lagen deutlich unter denen der Männer. Zwar hatte das Bundesarbeitsgericht schon 1955 „Frauenlohngruppen" verboten und den Grundsatz „Gleicher Lohn für gleiche Arbeit" vorgeschrieben. Doch Frauen gelangten nur selten in die besser bezahlten Aufstiegsstellen, sei es, weil sie schlechter ausgebildet waren (wie vor den 70er Jahren weiterhin

1 Frauendemonstration 1977. *Die Frauenbewegung regte die Gründung von frauenspezifischen Organisationen an, damit Frauen sich in Vereinen, Selbsthilfegruppen, Frauenhäusern, Untergliederungen von Parteien oder Verbänden über ihre Probleme, Bedürfnisse und Ziele verständigen und diese mit mehr Durchsetzungskraft in der Öffentlichkeit vertreten können.*

2 *Karikatur aus dem „Vorwärts" von 1979*

üblich), sei es, weil sie durch Mutterschaft und „Hausfrauenarbeiten" an der beruflichen Karriere gehindert wurden. Daran änderte sich auch durch das Reformgesetz von 1977 wenig: Nach wie vor blieben die Hausarbeit und die Betreuung der Kinder überwiegend an den Frauen hängen; viele Männer taten sich schwer, die alte Rollenverteilung aufzugeben.
Ein Umschwung auf lange Sicht hatte sich dennoch mit den Veränderungen im Bildungswesen in den 70er Jahren angebahnt. Mädchen und junge Frauen strömten in die weiterführenden Schulen und in die Hochschulen und zogen binnen weniger Jahre bei den qualifizierten Abschlüssen mit den Jungen und Männern gleich. Damit wandelte sich auch die weibliche Lebensplanung: Der Beruf war fortan nicht mehr nur eine vorübergehende Tätigkeit bis zur Heirat, sondern ein, wenn nicht *der* Lebensmittelpunkt, wie bei vielen Männern auch. Frauen drängten mit Erfolg darauf, dass ihr Anteil in Parlamenten, politischen Ämtern und im öffentlichen Dienst stieg. Einen nicht unwesentlichen Anteil an dieser Entwicklung hatten die Frauenbewegung und der Feminismus (siehe M1 und M3b). Deren Vertreterinnen halten den Kampf für Gleichberechtigung noch lange nicht für abgeschlossen und sehen sich angesichts steigender Arbeitslosigkeit erneut herausgefordert. Sie fürchten, das bisher Erreichte solle angeblichen ökonomischen Sachzwängen geopfert und die Frauen könnten wieder in ihre traditionellen Rollen abgedrängt werden.

Bildungsexpansion

1964 schreckte die Warnung vor der „deutschen Bildungskatastrophe" die Öffentlichkeit auf. Internationale Vergleiche und Zukunftsberechnungen ließen befürchten, dass die Quote der Abiturienten und Studierenden nicht hinreiche, um den steigenden Anforderungen des weltweiten wirtschaftlichen und wissenschaftlich-technologischen Wettbewerbs gewachsen zu sein. Binnen weniger Jahre verdoppelten und verdreifachten sich die Bildungsanstrengungen: Vielerorts entstanden neue Realschulen, Gymnasien, Universitäten; die Schülerzahlen weiterführender Schulen und die Studentenzahlen schnellten empor. Hatten 1954 ganze 4 Prozent eines Geburtsjahrgangs die Hochschulreife erworben, so kletterte diese Zahl bis 1986 auf 24 Prozent. Daraus entstand ein „Studentenberg", der die Hochschulen überforderte. Viele Studierende brachen ihr Studium vorzeitig ab, viele Absolventen fanden nach ihrem Examen keinen angemessenen Arbeitsplatz.

Jugendkultur

Mit dem Wandel der Gesellschaft wandelten sich auch die jungen Menschen. In der frühen Nachkriegszeit bestimmte der Kampf ums Überleben das Denken und Handeln aller Altersstufen. Die Jugendlichen lernten früh den Mangel kennen und passten sich schnell der Lebensweise ihrer Eltern an. Dieser Zwang lockerte sich mit dem wirtschaftlichen Fortschritt. Die jungen Leute eroberten sich Freiräume für die eigene Lebensgestaltung (siehe M6 und nachfolgende Doppelseite). Besonders heftig prallten die Gegensätze zwischen Jung und Alt in der Zeit der Studentenbewegung 1966 bis 1968 aufeinander. Die „Achtundsechziger" sagten sich völlig von den Wertvorstellungen und Lebensstilen ihrer Eltern los und trugen wesentlich dazu bei, dass man fortan von einer eigenständigen, von der Erwachsenenwelt deutlich unterschiedenen „Jugendkultur" sprechen konnte.

Jugendgenerationen

Rucksacktouristen 1975 und 1982

Nach 1968 war vieles anders als zuvor. Älteren gestand man nicht mehr schon allein aufgrund ihres Alters Autorität zu. Eltern und Lehrer sollten nicht mehr Respektspersonen, sondern Partner sein. Das „Du" wurde auch zwischen jungen Erwachsenen zur Selbstverständlichkeit. In das Verhältnis der Geschlechter kam eine Unbefangenheit und Direktheit, die die zumeist eher prüde erzogenen Älteren nur schwer nachvollziehen konnten. Die neuen Freiheiten hatten auch ihren Preis. Wo die Instanzen zurücktraten, die verbindlich sagten, was richtig und falsch war – wie früher die Kirche, die Schule, die Eltern –, mussten die jungen Menschen selbst ihren Weg finden. Das ging nicht ohne Gefährdungen ab: Rauschmittel wurden zu einem ernsten Problem für die körperliche und seelische Gesundheit, Jugendsekten und extremistische politische Bewegungen zu Quellen bedenklicher Verirrungen.

Demoskopie – die Bevölkerung befragen – neue Quellen für Historiker

Die Meinungsforschung (Demoskopie, aus dem Griechischen, übersetzt: Beobachtung des Volkes) geht davon aus, dass es genügt, wenige Personen zu befragen, um die Meinung der Gesamtheit zu ermitteln. Sie nimmt mit den erhobenen Stichproben eine „Hochrechnung" vor. Die Zuverlässigkeit dieser Methode hängt davon ab, ob der befragte Personenkreis in seiner Zusammensetzung und seinen Merkmalen tatsächlich die Eigenschaften der Gesamtheit widerspiegelt (es müssen beispielsweise die Geschlechter, die Altersstufen, gegebenenfalls auch die Konfessionen, die Wohnortgrößen oder die Bildungsabschlüsse in den statistischen Proportionen vertreten sein).

Die demoskopische Methode ermöglicht es herauszufinden, was durchschnittliche, „normale" Menschen denken und empfinden, hoffen und fürchten, und zwar gerade auch solche, die sich in der Öffentlichkeit nicht zu äußern pflegen.

Bei der Auswertung demoskopischer Befunde sollte man vor allem beachten:

- *Wie viele Personen wurden befragt? (Zahlen deutlich unter 1 000 gelten nicht als hinreichend repräsentativ.)*
- *Wonach wurde gefragt, welche Auswahlantworten wurden angeboten? (Hätte man im Beispiel M4 nur volle Zustimmung oder volle Ablehnung zugelassen, wären wesentlich gröbere Ergebnisse herausgekommen.)*
- *Nach welchen Gesichtspunkten werden die Personen klassifiziert? (In unserem Fall wären sicherlich auch noch das Lebensalter oder die Religionszugehörigkeit aufschlussreich gewesen, nicht aber z. B. die Musikalität.)*
- *Wann wurde die Befragung durchgeführt und wer war der Auftraggeber? (1983 dachte man anders als z. B. 1950.) Gewerkschafter als Auftraggeber setzen andere Akzente als Arbeitgeber, die CDU andere als die SPD.*

Feminismus (lat. „femina“, d. h. Frau): So bezeichnet man eine Richtung der Frauenbewegung, die wie diese für vollständige Rechts- und Chancengleichheit von Mädchen und Frauen eintritt und darüber hinaus der weiblichen Wesensart mehr Raum und Anerkennung verschaffen will. Insbesondere kritisiert der Feminismus die „patriarchalischen“ (männerbeherrschten) Verhältnisse in Vergangenheit und Gegenwart und verlangt deren vollständige Beseitigung.

3 Männer und Frauen

a) Die ideale Ehefrau (1964):

Die Idealvorstellungen der deutschen Väter hinken hinter den realen Gegebenheiten weit hinterher. Das Wunschbild, das sie von der idealen Ehefrau und Mutter in ihrem Innersten hegen, ist dringend reformbedürftig. Bei der Befragung von 1 000 Ehemännern verlangten 30 Prozent von ihrer Ehefrau in erster Linie gute Haushalts- und Kochkenntnisse ... Die übrigen betonen den sparsamen, haushälterischen und praktischen Sinn der Frau, loben die Arbeitsfreudigkeit und den Fleiß ... Nur ein Prozent wünscht eine Frau, die einen Beruf ausübt. Die Männer, deren Frauen berufstätig sind, erkennen allerdings die dreifache Belastung der Frau durch Beruf, Haushalt und Kindererziehung an. Sie sind aber in den meisten Fällen nicht bereit, die Mutter im Haushalt und bei der Kindererziehung zu entlasten. Ihre Lösung des Problems lautet: Ein Mann müsste so viel verdienen, dass die Frau nicht zu arbeiten braucht ...

Der Arbeitgeber 1964, Nr. 18. S. 452.

b) Neue weibliche Tugenden beschreibt die Schriftstellerin Ute Ehrhardt in ihrem Bestseller 1994:

Frauen brauchen eine Siegermentalität. Sie müssen an Hindernissen wachsen wollen und an Widerständen die eigene Kompetenz schärfen. Sie haben gute Chancen. Denn Durchhaltevermögen und Zähigkeit sind weibliche Tugenden. Streitbare, unbequeme Frauen kommen weiter. Das ist eine Tatsache, obwohl wir in unserem Kulturkreis gelernt haben, dass Ärger und Wut und Durchsetzungswille etwas Negatives sind. Und besonders Frauen leugnen ihre heftigen Gefühle so lange, bis sie sie nicht mehr wahrnehmen. Das gipfelt darin, dass „gute“ Mädchen sich oft diffus unwohl fühlen und leicht krank werden. „Böse“ Mädchen hingegen haben gelernt, zielgerichtet zu streiten. Sie akzeptieren, dass es keine zwischenmenschlichen Beziehungen ohne aggressive Gefühle gibt.

Ute Ehrhardt: Gute Mädchen kommen in den Himmel, böse überall hin. Frankfurt: Krüger 1994. S. 219.

4 *Jugendliche über Partnerschaft und Ehe (in %). Die Daten sind das Ergebnis von Befragungen in schriftlicher und mündlicher Form (Fragebogen bzw. Interview) aus dem Jahre 1985.*

	stimme voll zu				stimme mit Einschränkung zu				lehne eher ab				lehne völlig ab			
	m	w	HS	AS	m	w	HS	AS	m	w	HS	AS	m	w	HS	AS
Vom Heiraten halte ich nicht viel	18	13	14	20	22	21	23	20	30	31	28	34	27	34	23	25
Unbedingte Treue ist für mich Voraussetzung einer Partnerschaft	56	61	67	43	32	29	25	38	8	7	5	13	3	2	2	5
Ich möchte keine/nicht noch mehr Kinder haben	11	14	17	10	18	18	21	13	29	22	24	31	39	44	37	44
Mann und Frau sollten beide halbtags arbeiten und abwechselnd Haushalt und Kinder versorgen	11	14	11	17	30	35	29	36	33	29	31	30	24	20	28	15

Die Erhebung beschränkte sich auf eine begrenzte Zahl (n) von Personen.: Davon waren m(ännlich) = 1030, w(weiblich) = 982; HS = 702, AS = 589 (HS = Hauptschulbesuch, AS = Abitur/Studium). Entnommen aus: Sinus-Institut. Die verunsicherte Generation. Opladen 1985. S. 71 f.

Die Kanzler der Bundesrepublik Deutschland auf Wahlplakaten:
(Regierungszeit in Klammern)
Konrad Adenauer (1949–1963)
Ludwig Erhard (1963–1966)
Kurt Georg Kiesinger (1966–1969)
Willy Brandt (1969–1974)
Helmut Schmidt (1974–1982)
Helmut Kohl (seit 1982)

a

b

c

d

e

f

g

h

Bilder aus den 50er Jahren: Musikbox und Frauen in Petticoats in einem Tanzcafé (b); Frühlingsausflug mit Vespa 1953 (c); ab 1955 gab es die „Isetta“ von BMW (d); Paar in der Tanzstunde (e); ab Mitte der 50er Jahre verbreitete sich die Rock-'n'-Roll-Musik unter den Jugendlichen, mit der sie sich bewusst von der Kultur ihrer Eltern absetzten: Die Bilder zeigen ein Tanzpaar auf einem Berliner Ball 1959 (f) und Besucher eines Bill-Haley-Konzertes 1958 in Berlin (h).

Nach der Ära Adenauer und dem Kabinett Erhard folgte die Große Koalition unter Kiesinger. Brandt und Schmidt führten die Sozialliberale Koalition an. Seit dem konstruktiven Misstrauensvotum gegen Schmidt regiert die christliberale Koalition unter der Kanzlerschaft von Kohl.

a

b

c

Bilder aus den letzten drei Jahrzehnten: Die Kommune I in West-Berlin Ende der 60er Jahre wurde zum Vorläufer der Wohngemeinschaften (g); „Hippies" in der Leopoldstraße in München 1972 (d); Kleingarten in Berlin (c); Punker 1993 (h).

Alle Bilder zeigen Aspekte des gesellschaftlichen Wandels. Welche lassen sich beschreiben? Ziehe dazu auch die anderen Bildmaterialien des Kapitels und der ADS heran. Welche Aspekte wurden nicht berücksichtigt? Fertigt eine eigene Bildcollage zu diesem Thema an.

d

e

f

g

h

5 *Karikatur von Erich Rauschenbach im „Vorwärts", Nr. 48/1981. – Fasse die Aussage der Karikatur in Worte. Trifft sie auch für die heutige Zeit noch zu? Was wird nicht berücksichtigt?*

6 ***Jugendmilieus***

a) *„Halbstarke" in Frankfurt:*

Zwei Mädchen, eine Röhrenhose und ein Petticoat, weichen der Gruppe aus, indem sie auf die andere Straßenseite wechseln. „Hat euch die Mama aber fein gemacht!" „Warum so stolz, Goldzahn?" „Ist das alles echt?" Einer setzt sich, sein Moped schiebend, in Trab und springt, als es losknattert, akrobatisch in den Sattel. Er umkreist die beiden Mädchen eine Minute lang und kommt dann zurück, da ihm offensichtlich nichts Weiteres einfällt. Dennoch wird er mit Anerkennung empfangen … Dann heulen die Motoren auf; ohne dass ein Wort gefallen ist, sitzen alle auf den Maschinen und man fährt mehrere Male um den Häuserblock. Nach fünf Minuten stehen sie wieder an der gleichen Stelle, jetzt fast 30 Jugendliche. Die Stimmung steigt proportional zum Anwachsen der Gruppe. Es muss etwas geschehen und deshalb werden Vorschläge gemacht: In der „Rosita" eine Schlägerei anfangen, weil Fuzzi dort Lokalverbot bekommen hat; die Jungens von der Vereinsstraße verprügeln, die man aus irgendeinem Grund, den keiner mehr weiß, nicht leiden kann.

Zit. nach: G. Eisenberg / H.-J. Linke (Hg.): Fuffziger Jahre. Gießen: Focus 1980. S. 228 f.

b) *Ein Journalist über Abiturienten, 1974:*

Man gibt sich lässig und gelassen. In Jeans und Pullis stehen sie um mich herum. Lernen? „Wo anfangen, wo aufhören? Zehn Tage vor dem Mündlichen schauen wir noch ein bisschen in die Bücher." Fast ein Drittel der Klasse ist nicht zum Unterricht erschienen. Seit der Oberstufe besteht keine Präsenzpflicht mehr. Die Schüler dürfen ihre Entschuldigungen selbst schreiben. Auch die Noten für Betragen und Mitarbeit stehen nicht mehr im Zeugnis. „Wenn wir fehlen, ist es ein Symptom dafür, dass es langweilig ist, dass wir unzufrieden sind, die Schule nicht als Hauptsache ansehen. Jeder, der das nicht tut, hat keinen Weitblick." … Nach dem schriftlichen Abitur, zur regulären Schulzeit, fuhren vier Schüler für einige Tage zum Skilaufen – ohne sich zu entschuldigen … Und die Eltern? „Sie sagen, das sei unsere Verantwortung. Wir müssten selbst wissen, ob wir lernen wollen oder nicht." Da sie entschlossen scheinen, ihre Erfahrungen selbst zu machen, auch gegen vielleicht bessere Einsicht, erklären sie: „Würden die Eltern etwas dagegen sagen, würde es auch nichts nützen." Respektpersonen, so heißt es, gibt es nicht mehr. Pflicht? „Wem gegenüber sollten wir verpflichtet sein?"

Der Arbeitgeber 1974. S. 418.

a) Wo treten in M4 die größten Differenzen zwischen männlichen und weiblichen Befragten auf, wo zwischen Hauptschulbesuchern und Abiturienten/Studenten? Besprecht mögliche Gründe.

b) Sind die Umfrageergebnisse (M4) aus der Sicht der Frauenbewegung und des Feminismus (VT, M1, M2, M3) eher als positiv zu bewerten oder als ernüchternd einzustufen? Begründe dein Urteil und berücksichtige dabei den gesellschaftlichen Wandel seit dem 19. Jahrhundert (VT, M3a).

c) Führt in eurer Schule die gleiche Umfrage (M4) durch. Trennt streng mündliche und schriftliche Form, wertet die Ergebnisse getrennt aus und vergleicht sie miteinander, danach euer Gesamtergebnis mit M4.

3.4 Die Bundesrepublik in der internationalen Politik

Unter westlicher Oberhoheit

Als die Bundesrepublik 1949 entstand, spielte sie international keine Rolle. Ihre Vertretung nach außen oblag den Hohen Kommissaren der drei Westmächte. 1951 entstand das Auswärtige Amt, mit zunächst eingeschränkten Befugnissen. Aber erst 1955 erhielt Bonn die (fast) vollständige staatliche Handlungsfreiheit (Souveränität) – mit Ausnahme der Berlin und Deutschland als Ganzes betreffenden Angelegenheiten, die weiterhin Sache der Westmächte blieben.

Westbindung

Die USA hatten die Gründung eines westdeutschen Staates betrieben, um im Kalten Krieg das westliche Lager zu stärken. Diese Erwartungen erfüllte der erste Bundeskanzler, Konrad Adenauer, in vollem Maße. Sein außenpolitisches Leitziel war die schnelle Eingliederung der Bundesrepublik in das europäisch-atlantische Bündnissystem. Davon versprach er sich Sicherheit gegenüber der Sowjetunion, aber auch die Gleichberechtigung im Kreis der Bündnispartner. Dafür war er zu manchen Vorleistungen bereit: Seine Regierung fand sich mit der internationalen Kontrolle der Ruhrwirtschaft und der Ausgliederung des Saarlandes ab. Ohne sein Kabinett zu befragen, bot Adenauer den Westmächten einen westdeutschen Verteidigungsbeitrag an. Auch die französischen Vorschläge, eine (west-)europäische Wirtschaftsunion für die Kohle-Stahl-Industrie sowie eine Europäische Verteidigungsgemeinschaft zu schaffen, in der alle deutschen Truppen unter europäischem Oberbefehl stehen sollten, fanden augenblicklich seine Zustimmung.

Westintegration oder Wiedervereinigung?

Die Adenauer'sche Politik der Westbindung löste heftige innenpolitische Auseinandersetzungen aus. Die SPD und andere Gruppierungen (etwa die Gewerkschaften oder protestantische Kreise) lehnten sowohl die Remilitarisierung als auch jede einseitige Westorientierung der Bundesrepublik ab; sie befürchteten davon das endgültige Ende aller Wiedervereinigungshoffnungen. Die Moskauer Regierung bestärkte solche Sorgen: sie stellte eine Wiedervereinigung unter der Bedingung einer Neutralisierung Deutschlands in Aussicht (so genannte Stalin-Note von 1952), drohte aber für den Fall eines westdeutschen Beitritts zur atlan-

1

*Links: **Plakat der SED** (1954) zum Plan einer „Europäischen Verteidigungsgemeinschaft“ Rechts: **FDP-Plakat** von 1954: Westdeutschen Persönlichkeiten (unter dem Helm) werden auf Zetteln folgende Argumente gegen die Westintegration unterstellt: Helene Wessel fordere „Neutralität“; Dr. Schumacher: „Wer den Bonner Verträgen zustimmt, ist kein guter Deutscher“; Pfarrer Martin Niemöller: „Widerstand gegen Bonn“; Gustav Heinemann: „Kriegsdienstverweigerung“.*

tischen Allianz eine Verewigung der deutschen Teilung an. Stalin stimmte sogar freien gesamtdeutschen Wahlen zu, lehnte aber die Forderung der Westmächte ab, diese international überwachen zu lassen. Das führte zum Abbruch des Notenwechsels. Adenauer und die Bonner Mehrheitsparteien waren von der Aufrichtigkeit des Stalin-Angebotes nicht überzeugt und vollendeten 1954 mit der deutschen Unterschrift unter die „Pariser Verträge" die Eingliederung in das Westbündnis. Sie setzten auf eine „Politik der Stärke", die, wie sie hofften, die Sowjetunion eines Tages zum Rückzug aus Mitteleuropa zwingen würde.

Die Bundesrepublik im Westblock

Mit den Pariser Verträgen, die 1955 in Kraft traten, waren die außenpolitischen Weichen für die nächsten Jahre gestellt. Mit der Bundeswehr entstand eine Streitmacht von 500 000 Soldaten, die voll der NATO untergeordnet war. Die Bundesrepublik verzichtete gleichzeitig mit ihrem Beitritt zur Westeuropäischen Union (WEU) auf die Produktion atomarer, biologischer, chemischer („ABC") und bestimmter schwerer Waffen. Sie vereinbarte mit Frankreich einen autonomen Status des Saargebietes unter Kontrolle der WEU. Dieses Abkommen trat jedoch nicht in Kraft, weil sich die Saarbevölkerung in einer Volksabstimmung gegen diese Lösung aussprach. Daraufhin einigten sich Paris und Bonn auf eine Wiedereingliederung des Saarlandes in das deutsche Staatsgebiet.

Deutsch-französische Partnerschaft

Unten: Deutsche und französische Jugendliche arbeiten 1962 auf einem französischen Soldatenfriedhof.

Diese schnelle Übereinkunft unterstrich, wie sehr sich die deutsch-französischen Beziehungen verbessert hatten. Aus der „Erbfeindschaft", die jahrhundertelang zu Hass und Blutvergießen geführt hatte, war eine Partnerschaft geworden, die sich stetig zu einem freundschaftlichen Verhältnis weiterentwickelte. Dieser erfreuliche Wandel mündete in den Freundschaftsvertrag von 1963, den der französische Staatspräsident de Gaulle und der deutsche Bundeskanzler Adenauer feierlich in Reims besiegelten. Das deutsch-französische Bündnis wurde zum Kern und Motor des (west-)europäischen Einigungsprozesses (vgl. Kap. „Ein gemeinsames europäisches Haus? …"). Die enge deutsch-französische Zusammenarbeit belastete mitunter das Verhältnis zu den USA. Während de Gaulle auf eine eigenständige, machtbewusste Politik der europäischen Regierungen drängte und dafür auch verschlechterte Beziehungen zu den Amerikanern in Kauf nahm, war die Bundesrepublik stets auf ein gleichermaßen gutes Verhältnis zu beiden Bundesgenossen bedacht. Sie konnte es nicht riskieren, sich den USA zu entfremden: waren und blieben diese doch die einzige Macht, die die militärische Sicherheit Westdeutschlands zu garantieren vermochte.

Die Bundesrepublik und Israel

Es war ein besonderes Anliegen Adenauers, mit dem 1948 entstandenen Staat Israel ins Reine zu kommen – soweit dies nach dem Holocaust überhaupt noch möglich war. Die Gelegenheit dazu bot sich, als die israelische Regierung deutsche Wiedergutmachungszahlungen zur Sprache brachte, mit denen sie die Ansiedlung jüdischer Einwanderer finanzieren wollte. Gegen den Widerstand vieler Menschen in beiden Staaten, aber letztlich doch mit der Zustimmung klarer Mehrheiten einigten sich die Verhandlungsdelegationen 1952 auf das „Luxemburger Abkommen". Es sah pauschale deutsche Wiedergutmachungsleistungen im Gesamtwert von 3,45 Milliarden DM vor. Hinzu kamen in der Folgezeit individuelle Entschädigungen für Juden in Israel oder anderswo, die selbst oder deren Angehörige Opfer der NS-Verfolgungen gewesen waren. Ähnliche Wiedergutmachungsverträge zugunsten von NS-Verfolgten schloss die Bonner Regierung auch mit anderen Ländern ab. Insgesamt beliefen sich die Zahlungen an die Opfer des „Dritten Reiches" auf rund 100 Milliarden DM. Indes blieben einige Volksgruppen wie etwa die Sinti und Roma bis heute ohne angemessene Entschädigungen.

2 Links: **Demonstration** am 8. Januar 1955 im Zusammenhang mit der Debatte um die Wiederbewaffnung. Erster Verteidigungsminister war Theodor Blank. Franz-Josef Strauß, energischer Befürworter der Wiederbewaffnung, wurde sein Nachfolger. Rechts: **Einberufung der ersten Wehrpflichtigen** 1956 in Andernach.

Ostpolitik

Während sich die Zusammenarbeit mit den westlichen Ländern gut entwickelte, bestand gegenüber dem östlichen Europa bis zum Ende der 60er Jahre eine tiefe Kluft. Diplomatische Beziehungen gab es nur mit der Sowjetunion (seit Adenauers Moskau-Besuch 1955), aber die Kontakte blieben frostig. Bonn drohte allen Regierungen den Abbruch der diplomatischen Beziehungen an, falls sie die DDR völkerrechtlich anerkannten (Hallstein-Doktrin). Dies war eine Abschreckung vor allem für die Länder der Dritten Welt, die auf deutsche Entwicklungshilfe hofften.

„Neue Ostpolitik"

Erst die Regierung Brandt/Scheel gab diese starre Haltung auf und schloss sich der von den Supermächten eingeleiteten Entspannungspolitik an. Sie trug der Sorge Polens und der Tschechoslowakei vor einem angeblichen deutschen Revanchismus Rechnung und war bereit, die 1945 vorgenommenen Grenzveränderungen zu respektieren (Karte im Kap. „1945 bis 1949: Weichenstellungen für Deutschland"). Zwischen 1970 und 1973 entstanden fünf Vertragswerke, die den territorialen und machtpolitischen Status quo festschrieben, den Verzicht auf die Anwendung von Gewalt bekräftigten und normale nachbarschaftliche Beziehungen einleiteten. Diese „Ostverträge", die sich vor allem mit dem Namen Willy Brandts verbanden, waren das Gegenstück zur Adenauer'schen Westpolitik. Wie diese sollten sie das böse Erbe der Vergangenheit begraben und eine Ära der Verständigung und Zusammenarbeit eröffnen. Die CDU/CSU-Opposition stellte sich diesem Versöhnungskurs zunächst in den Weg. Sie sah darin einen unklugen Verzicht auf Rechtsansprüche und eine Politik einseitiger Zugeständnisse, für die die Gegenseite zu wenig zurückgegeben habe. Mit dieser Kritik fand sie vor allem bei den Vertriebenenverbänden Beifall, die der Bundesregierung Verrat am Heimatrecht der Deutschen vorwarfen. Später fand sich die Union jedoch mit der „neuen Ostpolitik" ab und setzte sie nahtlos fort, nachdem ihr 1982 die Regierungsverantwortung zugefallen war.

3 Karikatur im Deutschen Allgemeinen Sonntagsblatt, 19. Okt. 1975

Die neue Politik der guten Nachbarschaft zeitigte zunächst nur wenig sichtbare Erfolge. Die hohen Erwartungen, die man auf den Osthandel gesetzt hatte, erfüllten sich kaum, weil der Osten unter chronischem Devisenmangel litt. Auch ließ sich das Misstrauen auf beiden Seiten nicht von heute auf morgen abbauen. Spürbare Verbesserungen brachte erst die Helsinki-Vereinbarung der „Konferenz für Sicherheit und Zusammenarbeit in Europa" (KSZE) von 1975 (vgl. Kapitel „Vom ‚Gleichgewicht des Schreckens' zum Ende des Kalten Krieges").

4 Verhindert die Westintegration die Wiedervereinigung?

a) *Adenauer in seinen „Erinnerungen":*

In der Öffentlichkeit wurde die Frage diskutiert, ob nicht die Genehmigung der Verträge die Wiedervereinigung mit der Sowjetzone unmöglich mache. Ich hielt diese Beurteilung für falsch … Es war und ist richtig, dass die Wiedervereinigung in Freiheit nur mit Zustimmung der vier Alliierten, also auch mit Zustimmung Sowjetrusslands erfolgen konnte. Ich war der Auffassung, dass es klug wäre, wenn man sich für diese Politik zunächst die Hilfe von wenigstens drei der vier Großmächte sicherte, wie wir das im Deutschlandvertrag (1952) taten. Ein Gesamtdeutschland, wie es die Russen in ihren Noten forderten, ein neutralisiertes, auf dem Boden des Potsdamer Abkommens errichtetes Gesamtdeutschland war für uns nicht möglich. Wir würden mit Hilfe der drei Westalliierten versuchen müssen, Sowjetrussland von seiner Forderung abzubringen … Das eine war sicher, wenn wir die Verträge nicht unterzeichneten, verbesserten wir die Aussicht auf Wiedervereinigung in keiner Weise.

K. Adenauer. Erinnerungen 1945–1953. Frankfurt: Fischer 1967. S. 530 f.

b) *Oppositionsführer Erich Ollenhauer (SPD) vor dem Bundestag (1954):*

Die Behauptung des Herrn Bundeskanzlers, erst das Vertragswerk mache die Bundesrepublik fähig, die Spaltung Deutschlands zu beseitigen und die sich mit der Wiedervereinigung stellenden Aufgaben zu bewältigen, entbehrt leider jedweder Grundlage … An diesem für unsere Politik entscheidenden Punkt kann es uns keineswegs genügen, dass der Herr Bundeskanzler versichert hat, die großen Mächte setzten sich entsprechend ihren Verpflichtungen bei kommenden Verhandlungen für unsere Wiedervereinigung solidarisch ein. Welche Verpflichtungen haben denn die Westmächte über eine bloße Proklamation hinaus übernommen? …
Millionen von Menschen … bangen doch auch um zwei Dinge: Können wir es vor unserem Glauben verantworten, mit dieser Aufrüstung der Bundesrepublik vielleicht für lange Zeit den Trennungsstrich zwischen uns und den Brüdern in der sowjetisch besetzten Zone zu ziehen, und können wir unseren Jungen das Opfer – jeder Militärdienst ist ein Opfer im Leben eines freien Menschen – zumuten, das jetzt verlangt wird?

Verhandlungen des Deutschen Bundestages. 15. Dezember 1954. S. 3145 f.

5 Wiedergutmachung für Israel

Adenauer vor dem Bundestag (1953):

Das Abkommen mit dem Staate Israel, das der Bundestag heute behandelt, hat … in ungewöhnlich starkem Maße die deutsche und die Weltöffentlichkeit beschäftigt. Durchaus mit Recht. Denn mit diesem Vertrag, zusammen mit dem in Kürze dem Bundestag zugehenden Bundesentschädigungsgesetz, bestätigt die Bundesregierung nunmehr durch die Tat den feierlich versprochenen Abschluss eines für jeden Deutschen traurigsten Kapitels unserer Geschichte. Eine solche Tat ist schon aus moralischen Gründen eine Notwendigkeit. Sicher, bei weitem waren nicht alle Deutschen Nationalsozialisten und es hat auch manche Nationalsozialisten gegeben, die mit den begangenen Greueln nicht einverstanden waren. Trotzdem ist dieser Akt der Wiedergutmachung durch das deutsche Volk notwendig, denn unter Missbrauch des Namens des deutschen Volkes sind die Untaten begangen worden … Der Name unseres Vaterlandes muss wieder die Geltung bekommen, die der geschichtlichen Leistung des deutschen Volkes in Kultur und Wirtschaft entspricht.

Bulletin der Bundesregierung 1953. Nr. 44. S. 373.

6 Deutsche und Polen

a) *Aus dem Warschauer Vertrag (1970):*

Die Bundesrepublik Deutschland und die Volksrepublik Polen, in der Erwägung, daß mehr als 25 Jahre seit Ende des Zweiten Weltkrieges vergangen sind, dessen erstes Opfer Polen wurde und der über die Völker Europas schweres Leid gebracht hat, eingedenk dessen, daß in beiden Ländern inzwischen eine neue Generation herangewachsen ist, der eine friedliche Zukunft gesichert werden soll, in dem Wunsche, dauerhafte Grundlagen für ein friedliches Zusammenleben und die Entwicklung normaler und guter Beziehungen zwischen ihnen zu schaffen, … in dem Bewußtsein, daß die Unverletzlichkeit der Grenzen und die Achtung der territorialen Integrität und der Souveränität aller Staaten in Europa in ihren gegenwärtigen Grenzen eine grundlegende Bedingung für den Frieden sind, sind wie folgt übereingekommen:

Art. I. … (2) Sie bekräftigen die Unverletzlichkeit ihrer bestehenden Grenzen jetzt und in der Zukunft und verpflichten sich gegenseitig zur uneingeschränkten Achtung ihrer territorialen Integrität. (3) Sie erklären, daß sie gegeneinander

7 ***Aussöhnung mit den Nachbarn.*** *Bundeskanzler Adenauer legte mit Frankreichs Staatspräsident de Gaulle den Grundstein für die deutsch-französische Partnerschaft (links nach der Unterzeichnung des deutsch-französischen Freundschaftsvertrages). Bundeskanzler Willy Brandt suchte die Aussöhnung mit den östlichen Nachbarn. Sein spontaner Kniefall 1970 vor dem Mahnmal im ehemaligen Warschauer Ghetto erregte weltweites Aufsehen und war in der deutschen Öffentlichkeit sehr umstritten.*

keinerlei Gebietsansprüche haben und solche auch in Zukunft nicht erheben werden.
Art. II. … (2) Demgemäß werden sie … alle ihre Streitfragen ausschließlich mit friedlichen Mitteln lösen.

b) *Bundeskanzler Brandt in einer Fernsehrede (1970):*
Ich bin für den Vertrag mit der Volksrepublik Polen, weil er das Fundament für eine friedliche Zukunft schafft. Er gibt uns die Möglichkeit der Verständigung und Zusammenarbeit. Dem polnischen Volk gibt der Vertrag die Gewissheit, dass es in gesicherten Grenzen leben kann …
Der Vertrag bedeutet selbstverständlich nicht, dass Unrecht nachträglich legitimiert wird. Er bedeutet also auch keine Rechtfertigung der Vertreibung. Worum es geht, ist der ernste Versuch, ein Vierteljahrhundert nach dem Krieg der Kette des Unrechts politisch ein Ende zu setzen. Auch für die Westgrenze Polens gilt: Es gibt weder Entspannung noch gesicherten Frieden in Europa, wenn wir nicht ausgehen von der Lage, wie sie ist … Unserem Volk wird nicht heute, aus heiterem Himmel, ein Opfer abverlangt. Dies hat längst gebracht werden müssen als Ergebnis der Verbrechen Hitlers.

c) *Die CDU/CSU-Fraktion in einem Entschließungsantrag für den Bundestag (1970):*
Der Deutsche Bundestag bittet das polnische Volk und alle europäischen Nachbarn um Verständnis für seine Pflicht und Entschlossenheit, uneingeschränkt an dem Recht des deutschen Volkes auf freie Selbstbestimmung und auf eine frei vereinbarte friedensvertragliche Regelung für ganz Deutschland festzuhalten. Die endgültige Festlegung der deutschen Grenzen kann nur im Zusammenhang mit dieser friedensvertraglichen Regelung geschehen. Ihre Grundlage muss das Recht der Polen auf gesicherte Grenzen und das Recht der Deutschen auf gesicherte Freiheit und Einheit sein.

Texte zur Deutschlandpolitik. Bd. VI. Bonn 1972. S. 214 ff.

a) Erkläre die Position Adenauers zur deutschen Teilung und zu einer möglichen Wiedervereinigung. Ziehe auch M5a in Kap. „1945 bis 1949: …“ heran. Waren die Gegenargumente (M1, M2, M4b) damals berechtigt? Bewerte Adenauers Deutschlandpolitik aus heutiger Sicht.

b) Prüfe die Beweggründe, die Adenauer für den Abschluss des Wiedergutmachungsvertrages mit Israel anführt (M5).

c) Worum drehte sich der Streit um die Ostpolitik (M6)? Erörtere die Stichhaltigkeit der von der Opposition vorgebrachten Vorbehalte (M6c). Bewerte die Ostpolitik Brandts aus heutiger Sicht.

4. Die DDR: Deutschland im Osten

4.1 Die zentral gelenkte Wirtschaft – Zum Wohle des Volkes?

Wirtschaft im Sozialismus

Nach dem Willen der Besatzungsmacht und der SED-Mächtigen sollte in der DDR der sozialistische Umbau der Wirtschaft nach sowjetischem Vorbild durchgesetzt werden. Gemäß den Lehren der marxistisch-leninistischen „Klassiker" war die entscheidende Grundlage dafür die Enteignung der „Kapitalisten" und die Überführung der „Produktionsmittel" in das Eigentum des „Volkes". An die Stelle einer „kapitalistischen" Marktwirtschaft, in der jedes Unternehmen seine wirtschaftlichen Entscheidungen selbst zu verantworten hat, sollte eine zentrale staatliche Planung und Lenkung der gesamten Volkswirtschaft treten. Nur auf diese Weise, so argumentierten die Kommunisten, könne eine an den Bedürfnissen des Volkes orientierte, krisenfreie Wirtschaft wachsen, die auch im internationalen Vergleich die Überlegenheit des Sozialismus beweisen würde.

Startbedingungen in der DDR

1 Stadtwappen von Eisenhüttenstadt

Emblem des ersten Fünfjahresplanes 1956

Doch schon in den ersten Jahren kam es zu beträchtlichen Problemen: Um an die Traditionen der mitteldeutschen Industrieregion mit Branchen wie dem Maschinen- und Fahrzeugbau, der optischen und chemischen Industrie sowie des Instrumentenbaus anknüpfen zu können, war man auf Zulieferungen aus der Grundstoffindustrie angewiesen. Die DDR besaß jedoch keine eigenen Rohstoffe (eine Ausnahme bildete die Braunkohle) und war zudem durch die Teilung Deutschlands und die Verluste der Ostgebiete von den vormaligen Zentren der Schwerindustrie abgeschnitten. Westimporte kamen angesichts des Kalten Krieges und eines chronischen Devisenmangels für die kommunistischen Machthaber kaum in Frage. Davon wollten sie ihr Land unabhängig machen. Aus der zerstörten Sowjetunion war ebenso wenig Hilfe zu erwarten. So beschlossen die Verantwortlichen den Aufbau einer eigenen Schwerindustrie. In Eisenhüttenstadt an der Oder wurde z. B. ein riesiges Eisen- und Stahlwerk aus dem Boden gestampft. Es verschlang viele Investitionsmittel, die an anderer Stelle, vor allem für die Versorgung der Bevölkerung mit Konsumgütern, fehlten. Es kamen aber noch andere erschwerende Umstände hinzu: Die sowjetischen Demontagen und Entnahmen aus der laufenden Produktion, die Besatzungskosten für Hunderttausende sowjetischer Soldaten bedeuteten bis weit in die 50er Jahre einen gewaltigen Aderlass. Die Einbindung in den „Rat für gegenseitige Wirtschaftshilfe" zwang die DDR zu einem oft ungünstigen Handelsaustausch mit den vergleichsweise wirtschaftlich wenig entwickelten Ostblockländern, insbesondere der Sowjetunion. So lagen die zusätzlichen Pro-Kopf-Belastungen aus diesen Verpflichtungen für die DDR-Bürger etwa 15- bis 20-mal so hoch wie die Kriegsfolgelasten der Westdeutschen. Zudem rief die millionenfache Abwanderung zumeist junger Menschen in den Westen einen drückenden Arbeitskräftemangel hervor. Ebenso verließen viele der Enteigneten das Land. Ihre Erfahrungen und Fähigkeiten gingen der DDR-Volkswirtschaft verloren.

Grundsätzliche Mängel des Systems

Dennoch scheiterte das Konzept der sozialistischen Wirtschaftsplaner und Ideologen nicht an den ungünstigen Voraussetzungen, auch nicht an diesen oder jenen Einzelfehlern und persönlichen Versäumnissen – wie die SED-Führung glauben machen wollte –, sondern an systembedingten strukturellen Mängeln und Fehleinschätzungen. Die von der Staatlichen Plankommission erarbeiteten Mehrjahrespläne ließen den „volkseigenen Betrieben" (VEB) kaum Handlungs-

2 Leistungsanreize
Außerordentliche Leistungen wurden öffentlich gemacht oder durch Urkunden und Orden gewürdigt. Rechts: Plakatwand aus einem Betrieb bei Quappendorf/Frankfurt (Oder), 1986. Unten: Staatliche Auszeichnungen für besondere Leistungen.

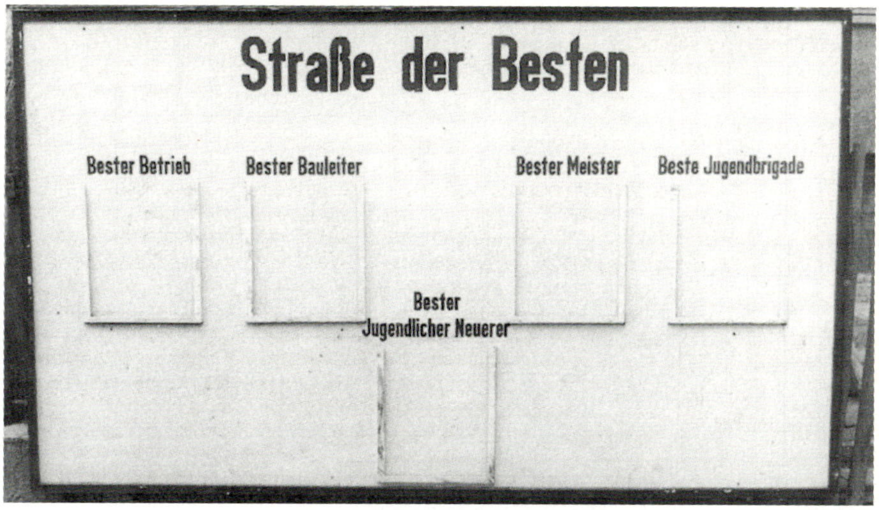

spielräume für betriebswirtschaftlich sinnvolle und notwendige Entscheidungen. Erfüllung der Planvorgaben war oberstes Gebot. Gewinne und Verluste flossen in den staatlichen Gesamthaushalt ein. Daraus erhielten Betriebe auch dann Investitionsgelder, wenn sie nicht rentabel produzierten, im Gesamtplan aber eine wichtige Rolle z. B. als Zulieferer für andere Branchen zu erfüllen hatten. Die Preise wurden von oben festgesetzt und hatten mit den wirklichen Produktionskosten oft wenig zu tun, konnten folglich auch nicht herangezogen werden, um den tatsächlichen Zustand eines Betriebs zu bilanzieren. Es wurde bald deutlich, dass sich die komplizierten Abläufe und Zusammenhänge der Gesamtwirtschaft von zentraler Stelle aus nicht optimal aufeinander abstimmen ließen. Unvorhergesehene Störungen konnten nicht aufgefangen werden. Oft zog ein einziger Produktionsausfall viele andere Bereiche in Mitleidenschaft und erzeugte in den Betrieben gigantischen Leerlauf. Das machte nicht nur die Arbeiter und Betriebsleiter unzufrieden, weil sie ohne eigenes Verschulden ihr Plansoll nicht mehr erreichen konnten, sondern verführte die Verantwortlichen auch dazu, Produktionszahlen zu manipulieren, um das Idealbild einer aufwärts strebenden sozialistischen Wirtschaft zu wahren.

Reformversuche scheiterten

Die starren Planvorgaben, das Fehlen von Konkurrenz und die Gewissheit, dass auch unrentable Betriebe weiter subventioniert wurden, minderten die Bereitschaft, besondere Anstrengungen und Risiken zu übernehmen. Die von Parteichef Ulbricht betriebene Wirtschaftsreform von 1963, das „Neue Ökonomische System“, sollte solche Mängel abstellen. Die VEB bekamen mehr Bewegungsfreiheit. Sie durften über einen Teil ihrer Gewinne selbst verfügen, sie für neue Investitionen verwenden und als Prämien an die Belegschaft ausschütten. Aber die Reform änderte nahezu nichts am System der staatlich regulierten Preise und verfehlte dadurch einen Großteil der angestrebten Wirkung. So kehrte man bald wieder zur Gängelung von oben zurück. Die Honecker-Führung verstärkte die Bemühungen im Konsumbereich, vor allem im Wohnungsbau, riss damit aber wieder andere Löcher auf (etwa beim Straßenbau oder dem Telefonnetz) und nahm eine erhebliche öffentliche Verschuldung in Kauf. Zwar gab es auch in der DDR Arbeiter, Ingenieure und Wissenschaftler, die mit Fleiß und Erfindergeist die wirtschaftlichen Mängel überwinden wollten. Ihnen gelangen zeitweise auch international beachtete Erfolge, beispielsweise auf dem Gebiet des Druckmaschinenbaus. Doch diese Leistungen blieben Ausnahmen.

4 Einkommens- und Lebensstandard
im Ost-West-Vergleich (1982/83)

	DDR	Bundesrepublik
Monatliches Nettoeinkommen		
Arbeitnehmer	969 M	2160 DM
Rentner	398 M	1505 DM
Zum Kauf erforderliche Arbeitszeit (Std.: Min.)		
Herrenschuhe	27:53	5:55
Damenkleid	40:23	5:02
Kühlschrank	293:16	40:00
Pkw	3807:42	607:24
Eisenbahn-Wochenkarte	0:29	1:47
Herren-Haarschnitt	0:21	0:47
Roggenbrot	0:06	0:13
Wohnung		
Durchschnittliche Größe (qm)	58	98
Wohnungen mit Zentralheizung	36 %	70 %
Wohnungen mit Bad/Dusche	68 %	92 %

Zahlenspiegel. Bonn 1986. S. 75 ff.

3 „Denn seht, Großes ist vollbracht"
Ölgemälde des DDR-Malers Werner Petzold, entstanden 1972/73.

Versorgungsmängel

Bis in die 60er Jahre fehlte es immer wieder an den Selbstverständlichkeiten des täglichen Lebens und auch in der Folgezeit konnte sich die Bevölkerungsmehrheit nie auf eine lückenlose Versorgung verlassen. Zwar waren Grundnahrungsmittel, Mieten, Verkehrstarife, Energiepreise, Post- und Fernmeldegebühren für alle wegen der hohen staatlichen Subventionierungen immer erschwinglich, doch hatten nur die oberen Schichten der Gesellschaft Zugang zu Luxuswaren.

Landwirtschaftliche Produktionsgenossenschaften

Auf dem Lande mochte die 1960 erzwungene Einfügung der bäuerlichen Einzelbetriebe in „Landwirtschaftliche Produktionsgenossenschaften" (LPG), zumindest für die Besitzer kleiner Höfe, einige Vorteile mit sich bringen. Die Zusammenlegung von Acker-, Weideflächen und Viehbeständen gestattete vielfach eine rentablere Produktion und viele Genossenschaftsbauern lernten die Vorteile geregelter Arbeits- und Urlaubszeiten sowie die Verteilung der wirtschaftlichen Risiken schätzen. Andererseits wirkte sich der Fortfall des persönlichen Gewinnstrebens häufig produktionsmindernd aus.

Zentral gelenkte Wirtschaft/Planwirtschaft:
So heißt die in allen sozialistischen Ländern praktizierte Wirtschaftsordnung, die die vermeintliche „Anarchie" der Marktwirtschaft überwinden soll. Staatliche Planungsämter geben den Betrieben alle wesentlichen „Kennziffern" für die Wirtschaftsabläufe (Investitionen, Rohstoffmengen, Stückzahlen, Preise, Löhne u.a.) vor und kontrollieren die Planerfüllung. Das Ziel ist, die Arbeitsvorgänge so perfekt aufeinander abzustimmen, dass alle Produktionsfaktoren bestmöglich genutzt werden. In der Praxis krankte das System an fehlender Flexibilität: Störungen ließen sich kaum wieder wettmachen.

5 Kommunistische Einstellung zur Arbeit. *Dazu schreibt der DDR Pädagoge Jürgen Polinz 1980:*

Es wäre falsch, jede freiwillig geleistete Arbeit der Schüler zu bezahlen. Wir müssen immer wieder das Ziel der Arbeitserziehung im Auge behalten, die Jugend zu einer kommunistischen Einstellung zur Arbeit zu erziehen. Das umfasst eine ganze Skala von Eigenschaften und Verhaltensweisen kommunistischer Menschen. Dazu gehört auch die Erziehung zur Selbstlosigkeit … Das erfordert, die heranwachsende Generation von klein auf zum Bedürfnis und zur Gewohnheit zu erziehen, gesellschaftlich nützlich zu sein, dort anzupacken, wo es not tut, ohne immer sofort die Frage zu stellen: „Was bekomme ich dafür?" … Wo *(für Schüler)* das „Geldverdienen" zum alleinigen Motiv für die Arbeitsbereitschaft wird, da haben wir in der Erziehung mit Sicherheit etwas falsch gemacht! …

Jürgen Polinz, Wie erziehe ich durch Arbeit zur Arbeit? Berlin-Ost 1980, S. 36 f.

6 Arbeitsklima

a) *Ein 21-jähriger ostdeutscher Gärtner:*

Wenn die Grenze offen wäre, ich würde nicht nach drüben gehn. Zwar, in der Welt sehen sie Westdeutschland 'ne Stufe höher. Vielleicht liegt das daran: weil die Betriebe dort privat sind, gibt es keine Schludereien. Da ist der Konkurrenzkampf, da können sie sich so was nicht leisten … Aber drüben arbeiten? Nee. Hier weeß ick, nächstes Jahr arbeite ich immer noch in der Firma, drüben weeß ick's nich. Und hier kann ich meinem Chef sagen, was mir nicht passt.

b) *Ein 17-jähriger ostdeutscher Lehrling:*

Drüben leben möchte ich aber auch nicht. Nur mal gucken. Hier fühle ich mich sicherer. Es wird einem alles geboten, aber man wird dadurch auch so bequem, entwickelt keine Initiative mehr. Ich weiß zum Beispiel ganz genau, dass ich nach der Lehre 'n Arbeitsplatz kriege, muss mich also nicht anstrengen, besonders gut zu sein. Das ist zwar ganz gut, aber dadurch denken die Leute nicht mehr, und wenn, dann nur so gering.

G. Eckart: So sehe ick die Sache. Protokolle aus der DDR. Köln 1984. S. 66 ff.

7 DDR-Plakatwand 1985

8 „Unehrliche Handlungen". *DDR-Sicherheitsminister Erich Mielke in einer Rede 1978:*

Leider hat sich bei einigen Wirtschaftsfunktionären die Praxis entwickelt, unreale Pläne vorzulegen, um bestimmten Auseinandersetzungen auszuweichen. Das heißt, man verlässt sich darauf, dass die zentralen Organe (des Staates) gegen Jahresende … bestimmte Planreduzierungen vornehmen müssen, weil die ursprünglich geplanten Aufgaben nicht erfüllt wurden. Zur Verschleierung dieser Tatsache wird dann oft auch noch die Berichterstattung über die Planerfüllung manipuliert … Es bieten sich noch zu viele Möglichkeiten, … Verschwendung von Rohstoffen und Materialien, ungerechtfertigte Investitionen, Manipulationen bei der Planabrechnung, unnötige NSW-Importe („Importe aus kapitalistischen Ländern"), Nichterfüllung von Exportverpflichtungen und anderes hinter bestimmten Mängeln der Leitungstätigkeit vorgesetzter Organe – wie zum Beispiel ungenügende Abgrenzung der Verantwortlichkeit, Vertrauensseligkeit bei der Bestätigung von Plänen und Maßnahmen, Verletzungen der Aufsichts- und Kontrollpflicht und anderes – zu verbergen. Teilweise verschließen aber auch verantwortliche Wirtschaftsfunktionäre übergeordneter Organe bewusst die Augen vor solchen unehrlichen Handlungen, lassen sie zu und decken sie in Einzelfällen sogar ab … Es liegt auf der Hand, dass wir alle Möglichkeiten nutzen müssen, um derartigen Praktiken auf die Spur zu kommen …

Zit. nach: Wochenschau I, Nr. 3, Mai/Juni 1982, S. 118.

a) Vergleiche den Lebensstandard in Ost- und Westdeutschland 1982/83 (M4).

b) In den Materialien M1–M3, M5, M7 kommen Ideale sozialistischer Wirtschaft zum Ausdruck. Vergleiche sie mit den realen Gegebenheiten und Entwicklungen der DDR-Wirtschaft und -Gesellschaft (VT, M4, M6, M8).

c) Diskutiert die Stärken und Schwächen des DDR-Wirtschaftssystems.

4.2 Der SED-Staat

Sozialistische Demokratie

Seit 1968 nannte sich die DDR auch offiziell einen „sozialistischen Staat“, der „unter Führung der Arbeiterklasse und ihrer marxistisch-leninistischen Partei“ stehe (Verfassung, Art. 1). Der Sache nach war sie es schon seit ihrer Gründung 1949. Die Bevölkerung bekam nie Gelegenheit, darüber in freier Abstimmung oder Wahl zu entscheiden. Maßgebend war allein der Wille der Sowjetunion und der von ihr gestützten ostdeutschen Kommunisten.

SED-Herrschaft

1

Volkskammer der DDR
mit feststehender Sitzverteilung

500 Abgeordnete für 5 Jahre gewählt

SED	127
CDU	52
LDPD	52
NDPD	52
DBD	52
FDGB	61
DFD	37
FDJ	32
KB	21
VdgB	14

Die Volkskammerabgeordneten der Massenorganisationen (FDGB, Demokratischer Frauenbund, FDJ, Kulturbund der DDR, Vereinigung der gegenseitigen Bauernhilfe) waren zumeist auch SED-Mitglieder.

Die DDR-Machthaber beriefen sich gern darauf, eine „sozialistische Demokratie“ verwirklicht zu haben. Aus westlicher Sicht fehlten dieser jedoch unabdingbare Merkmale. Es gab keine Konkurrenz zwischen den Parteien: Die Parteien des so genannten Demokratischen Blocks – dazu gehörten neben der SED die CDU, die Demokratische Bauernpartei (DBD), die Nationaldemokratische Partei (NDPD) und die Liberaldemokraten (LDPD) – vereinbarten vorab die Sitzverteilung in den Volksvertretungen. Jeder Wähler hatte nur eine Stimme, mit der er die vorgesetzten „Einheitslisten“ lediglich bestätigen oder ablehnen konnte. Wer die Möglichkeit der geheimen Wahl in Anspruch nahm oder gar nicht wählte, machte sich verdächtig und musste mit Schwierigkeiten rechnen. Jede Partei hatte einen Anspruch auf Regierungsbeteiligung; eine parlamentarische Opposition gab es folglich nicht. Die Volkskammer, nominell das oberste Verfassungsorgan, tagte nur wenige Wochen im Jahr; ihre Beschlussfassungen erfolgten in der Regel einstimmig.
Alle wichtigen Entscheidungen fielen in den SED-Gremien, vornehmlich im Politbüro, in dem der Generalsekretär das entscheidende Wort hatte. Bis 1971 war dies Walter Ulbricht, seitdem bis zum Zusammenbruch der DDR Erich Honecker. Die Mitglieder des Politbüros wurden zwar gewählt, aber die Wahl erfolgte stets nach den Vorschlägen des Generalsekretärs (siehe M2).

Die Beschlüsse der Parteitage und des Politbüros kamen Gesetzen gleich und waren für alle Staatsorgane, einschließlich der Gerichte, verbindlich. In allen Betrieben, Behörden, Verbänden, sogar in den Wohngebieten gab es Parteigruppen, die die SED-Interessen mit Wort und Tat zu verfechten hatten. In den Massenorganisationen wie dem Freien Deutschen Gewerkschaftsbund (FDGB) oder der Freien Deutschen Jugend (FDJ) bekleideten SED-Mitglieder oder höhere Funktionäre die Führungsposten. Selbst die anderen Parteien des „Demokratischen Blocks“ gaben regelmäßig der SED-Führung Rechenschaft.

Stasi

Die Sicherung dieser Herrschaftsordnung oblag dem „Ministerium für Staatssicherheit“. Diese Behörde – im Volksmund „VEB Horch und Guck“ – dehnte sich unablässig aus; 1989 beschäftigte sie zwischen 80 000 und 100 000 hauptamtliche und rund 150 000 inoffizielle Mitarbeiter (IM). Ihre ausgeklügelte Spitzelarbeit diente dem Zweck, die Stimmungen und Meinungen in der Bevölkerung zu erkunden, „Staatsfeinde“ aufzuspüren und auszuschalten, im „kapitalistischen“ Ausland Spionage zu betreiben. Damit erzeugte sie ein Klima der Angst und des Misstrauens.

17. Juni 1953

So kam es vor der friedlichen Revolution 1989 nur einmal in der Geschichte der DDR, im Juni 1953, zu einem Aufstand. Vorwiegend Arbeiter empörten sich zunächst gegen eine Heraufsetzung der Arbeitsnormen und über die schlechte Versorgung mit Konsumgütern. Sie richteten dann aber ihren Zorn auch auf die Missstände der SED-Herrschaft und die allgemeine politische Unfreiheit. In

2 Die Verbindung von SED-Parteiorganisation und Staatsorganen

Parteitag
nominell höchstes Organ, mehrere Tausend Delegierte, findet alle 5 Jahre statt.

↓ wählt*

Zentralkomitee (ZK)
nominell höchstes Organ zwischen den Parteitagen, rd. 200 Mitglieder, tagt zweimal im Jahr

wählt* → **Partei-Kontrollkommission**
Überwachung der Parteimitglieder
10–15 Mitglieder

wählt* → **Politbüro (PB)**
fasst richtungsweisende Beschlüsse zu allen Fragen, 20–30 Mitglieder u. Kandidaten, tagt wöchentlich

wählt* → **Sekretariat der ZK**
tägl. Verwaltungsarbeit unter Leitung des Generalsekretärs, 10 Sekretäre, 41 Abteilungen, entsprechend den Ministerien

ständige Kontakte u. personelle Verflechtung mit

Parteizeitung „Neues Dtld.“ | Ministerrat | Staatsrat | Nationaler Verteidigungsrat | Ministerium für Staatssicherheit | FDGB | FDJ

* Wahl erfolgt nach Vorschlägen des Generalsekretärs

Das Prinzip des „demokratischen Zentralismus“ verpflichtete u. a. die Parteimitglieder zur Befolgung der Beschlüsse der oberen Instanzen und verbot jede davon abweichende „Fraktionsbildung“.

250 Orten legten 300 000 bis 500 000 Beschäftigte die Arbeit nieder und demonstrierten auf den Straßen (siehe M3). Nur das bewaffnete Eingreifen der Besatzungsmacht rettete das Ulbricht-Regime. Dieses bestrafte die Anführer des Aufstandes mit aller Härte, milderte aber anschließend den Druck des „Klassenkampfes“. Viele DDR-Bürger versuchten ihr Land, legal oder illegal, zu verlassen. Zwischen 1949 und 1989 gelang dies mehr als 4 Millionen Menschen.

Mauerbau 1961

Als die DDR durch diese Massenabwanderung auszubluten drohte, entschloss sich die SED-Spitze, im Einvernehmen mit Moskau, den Fluchtweg nach Westen zu sperren. Am 13. August 1961 ließ sie die Sektorengrenze zwischen Ost- und Westberlin militärisch abriegeln und in der Folgezeit durch eine Betonmauer undurchdringlich machen (siehe Bild links). So schmerzlich dies für die Menschen in Ost und West und so blamabel es für den SED-Staat war: Der Mauerbau eröffnete in der DDR eine Phase der Entspannung und Stabilisierung. Viele DDR-Bürger arrangierten sich mit dem bestehenden System und dieses bedankte sich mit steigendem Lebensstandard und nachlassendem Druck.

Die „guten Jahre“

Der 1971 zum Parteichef aufgestiegene Erich Honecker betrieb unter der Parole der „Einheit von Wirtschafts- und Sozialpolitik“ eine Strategie der sozialstaatlichen Wohltaten, vor allem bei der Versorgung mit Wohnungen und Konsumwaren zu niedrigen Preisen. Der Staat ließ es sich einiges kosten, sein Prestige zu erhöhen, etwa in der Förderung des Spitzensportes. DDR-Athleten errangen bei Olympischen Spielen und Weltmeisterschaften Aufsehen erregende Erfolge. Dafür unternahmen die Verantwortlichen alle Anstrengungen, besonders in der Auslese und im Training des Nachwuchses. Die national-patriotischen Traditionen und Werte, die der SED auch schon unter Ulbricht am Herzen gelegen hatten, erfuhren seit den späten 70er Jahren verstärkte Pflege. Historische Gestalten, die früher verpönt waren – wie Friedrich der Große oder Bismarck –, galten nun, neben den Arbeiterführern, als Vorbilder der deutschen Geschichte. Solche Stützen des Staatsbewusstseins und Selbstwertgefühls wurden gegen Ende der Honecker-Ära um so dringlicher, als die Wirtschaftslage sich wieder verschlechterte und der Rückstand gegenüber dem Westen wuchs.

3 ***Demonstranten*** *am 17. Juni 1953 in Berlin (links) und am 20. Oktober 1989 in Leipzig. Neben der Forderung auf dem Transparent wollten die Demonstranten 1953 auch den Rücktritt der Regierung.*

4 ***Die Partei – das große „Wir"***

a) *Aus einem Gedicht (mit insgesamt fünf Strophen) des Schriftstellers und mehrjährigen DDR-Kulturministers J. R. Becher (1950):*

Du großes Wir,
du unser aller Willen.
Dir, dir verdanken wir,
was wir geworden sind!
Den Traum des Friedens
kannst nur du erfüllen.
Dein Fahnenrot
steigt im Jahrhundertwind.
…
Es wird dich rühmend einst
ganz Deutschland nennen,
denn nur durch dich
wird Deutschland eins und frei!
Lass dich voll Stolz,
voll Stolz lass dich bekennen:
Dir alle Macht,
der Sieg ist dein, Partei!

Gesammelte Werke, Bd. 6. Berlin 1973, S. 462.

b) *Die (West-)Journalistin Marion Gräfin Dönhoff über SED-Funktionäre (1964):*

Westlich der Elbe ist es unüblich einzuräumen, dass Freiwilligkeit, dass enthusiastischer Schwung drüben häufig die entscheidende Triebfeder sind. Dennoch, warum es verschweigen? Es war schließlich die verblüffendste Erfahrung unserer DDR-Fahrt …: dass drüben so viel Lauterkeit am Werke ist, soviel Hingabe, so viel unbezweifelbar moralisches Wollen … Seit 1945 hat mich nichts mehr so sehr an die versunkene braune Epoche denken lassen. Der Idealismus der Jungstammführer, ihr guter Wille inmitten aller Unbill, der Wille zu Anstand und Sauberkeit im Dienste einer Sache, die Anstand und Sauberkeit nicht lange zuließ – sie leben fort in der DDR. Schlimm nur, dass der Verdacht nicht abzuschütteln ist, es lebe zugleich der Missbrauch des Idealismus fort – wie stets, wenn eine „Sache" über alles gestellt wird. Welche Einengung des Denkens – meist sogar freiwillig! Welche Verkürzung der Perspektiven, welche Arroganz des Urteils!

M. Gräfin Dönhoff u. a.: Reise in ein fernes Land. Hamburg 1964. S. 110.

c) *Aus dem SED-Parteistatut von 1976:*
Das Parteimitglied ist verpflichtet:

a) die Einheit und Reinheit der Partei als die wichtigste Voraussetzung ihrer Kraft und Stärke stets zu wahren und sie in jeder Weise zu schützen; …
b) aktiv die Parteibeschlüsse zu verwirklichen, unablässig die DDR allseitig zu stärken …;
d) ständig an der Hebung seines politischen Bewusstseins, an der Aneignung des Marxismus-Leninismus zu arbeiten und die marxistisch-leninistische Weltanschauung zu verbreiten; die Normen der sozialistischen Moral und Ethik einzuhalten und die gesellschaftlichen Interessen über die persönlichen zu stellen;
e) in seiner politischen und beruflichen Tätigkeit und im persönlichen Leben Vorbild zu sein …;
j) Partei- und Staatsgeheimnisse zu wahren, in allen Fragen politische Wachsamkeit zu üben und sich stets bewusst zu sein, dass Wachsamkeit der Parteimitglieder auf jedem Gebiet und in jeder Lage notwendig ist.

Zit. nach: E. Schneider (Hg.): SED. Programm und Statut von 1976. Opladen 1977. S. 126 ff.

5 ***„Parteidiskussion"***
Gemälde von Willi Neubert von 1962, das im letzten Schulgeschichtsbuch der DDR abgedruckt war (Geschichte. Lehrbuch für Klasse 10. Berlin-Ost 1989, S. 121).
(1) Welchen Eindruck vermittelt das Bild von der Parteistruktur, vom Umgang der Mitglieder untereinander und von der innerparteilichen Meinungsbildung?
(2) Würdest du in diese Partei eintreten?
(3) Vergleiche mit M1 bis M4 und dem VT.

6 ***Ansichten zum 17. Juni 1953***

a) SED-Generalsekretär Erich Honecker (1981):
Die Feinde des Sozialismus nutzten Missstimmungen von Werktätigen, um ihren von langer Hand vorbereiteten, durch imperialistische Geheimdienste und Agentenzentralen gesteuerten konterrevolutionären Putschversuch zu starten. Doch der von ihnen angestrebte „Generalstreik" blieb aus. Als die Arbeiter sahen, dass die konterrevolutionären Provokateure wie die Faschisten hausten, distanzierten sie sich sehr rasch von ihnen.

E. Honecker: Aus meinem Leben. Berlin (O): Dietz 1981. S. 185.

b) Aus einem geheimen SED-Bericht über die Stimmung unter den Arbeitern (1953):
Die Brigade Schäfer im Walzwerk Willi Becker (produktionsmäßig die beste Brigade) verschließt sich völlig jeder Diskussion. In dieser Brigade bestehen folgende Auffassungen: 1. Die SED muss verschwinden. 2. Freie Wahlen müssen durchgeführt werden. 3. Wenn wir die SPD hätten, sähe es heute anders aus. 4. Der Marxismus, wie er bei uns verwirklicht wird, ist falsch. 5. Wir wollen nicht den russischen Sozialismus, wir wollen den deutschen. 6. Wir leben unter Druck und dürfen nichts sagen. 7. Die letzte Wahl war nicht einwandfrei.

Zentrales Partei-Archiv, IV/2/5/560.

c) Bertolt Brecht: „Die Lösung" (1953):
Nach dem Aufstand des 17. Juni
Ließ der Sekretär des Schriftstellerverbands
In der Stalinallee Flugblätter verteilen,
Auf denen zu lesen war, dass das Volk
Das Vertrauen der Regierung verscherzt habe
Und es nur durch verdoppelte Arbeit
Zurückerobern könne. Wäre es da
Nicht doch einfacher, die Regierung
Löste das Volk auf und
Wählte ein anderes?

B. Brecht: Gesammelte Werke, Bd. 10. Frankfurt: Suhrkamp 1967. S. 1009 f.

a) Die SED hatte in der Volkskammer nicht die Mehrheit der Sitze. Wodurch war ihre Mehrheit dennoch immer sichergestellt (M1)?
b) Obwohl es in der DDR verschiedene Parteien gab, war sie tatsächlich ein Einparteien-Staat. Erläutere diese Aussage mit Hilfe des VT, M2, M4a, M4c.
c) Erläutere die Widersprüche, mit denen die DDR-Führung beim Aufstand am 17. Juni und beim Mauerbau fertig werden musste (VT, M3, M6).

4.3 Jugendliche und Frauen in der DDR

Wie besonders in totalitären Staaten üblich, bemühte sich auch die SED-Führung sehr um die Jugend. Vor allem von ihr erwartete sie die Herausbildung des „neuen" sozialistischen Menschen. Die „Erziehung zum Sozialismus" wurde zur Hauptaufgabe der Schule und der staatlichen Organisation FDJ.

Polytechnische Oberschule

Seit 1959 war die „Polytechnische Oberschule" die grundlegende Schulform, die alle jungen Menschen zehn Jahre lang zu besuchen hatten. Sie sollte den Heranwachsenden, neben den herkömmlichen Fächern, eine technisch-handwerkliche Grundbildung vermitteln und sie in die „sozialistische Produktion" einführen. Eine Minderheit von Schülerinnen und Schülern (in den 70er und 80er Jahren etwa 10 Prozent) durfte anschließend die „Erweiterte Oberschule" besuchen, die ursprünglich in vier, dann in zwei Jahren zum Abitur führte. Hochbegabte erfuhren auf Spezialschulen besondere Förderung. Die große Mehrheit durchlief eine Berufsausbildung, die mit der Facharbeiterprüfung abschloss und bei entsprechenden Leistungen auch den Zugang zum Fachschulstudium eröffnete. Neben den naturwissenschaftlich-technischen Disziplinen erhielten die Fächer Russisch, Geschichte und Staatsbürgerkunde großes Gewicht.

Studium

Das Hochschulstudium unterlag Zulassungsbeschränkungen. Es wurden pro Fachrichtung immer nur so viele Studienanfänger aufgenommen, wie nach den langfristigen Plänen für die spätere Berufsausübung gebraucht wurden. Für das Fortkommen in Schule und Hochschule hing viel von der politischen „Zuverlässigkeit" und „Bewährung" der jungen Menschen ab. Wer sich in der FDJ hervorgetan oder sich freiwillig für einen längeren Dienst in der Nationalen Volksarmee gemeldet hatte, verbesserte seine Aufstiegschancen. Die Studierenden waren während des gesamten Studiums in Arbeits- und Seminargruppen zusammengefasst, die die fachlichen Leistungen und das politisch-gesellschaftliche Engagement ihrer Mitglieder überwachten. Alle Studierenden erhielten seit den 70er Jahren staatliche Stipendien.

FDJ

Die FDJ („Freie Deutsche Jugend") war nominell ein überparteilicher Verband, in Wahrheit aber die Jugendorganisation der SED. Die Mitgliedschaft war freiwillig; aber wer Karriere machen wollte, tat gut daran, der FDJ beizutreten. Ende der 70er Jahre gehörten ihr 70 Prozent der Jugendlichen an, darunter überdurchschnittlich viele Abiturientinnen, Abiturienten und Studierende. Die FDJ-Führung musste mit der schwierigen Doppelaufgabe fertig werden, wirksame politische Schulungs- und Erziehungsarbeit zu leisten (in Kursen, Aufmärschen und Feiern, Arbeitseinsätzen und Lagern), aber auch dem jugendlichen Erlebnishunger Genüge zu tun. Nicht ohne Erfolg war sie um ein attraktives Freizeitangebot bemüht und kam den Wünschen vieler Jugendlicher etwa mit Discoprogrammen und Rockkonzerten entgegen, obwohl die offizielle Parteilinie derartige westliche Kulturströmungen lange Zeit als dekadent abgelehnt hatte. Trotz solcher Zugeständnisse ließ die Zustimmung junger Menschen zum Sozialismus in den 80er Jahren spürbar nach. Zu krass wurden die Unterschiede zwischen der Parteidoktrin und den realen Verhältnissen. So waren es in der Hauptsache junge Menschen, die die friedliche Revolution von 1989 trugen.

Bluse für weibliche Mitglieder der FDJ um 1955

Staatliche Frauenpolitik

Besonders stolz war die DDR-Führung auf ihre Frauenpolitik. Dabei verschwieg sie gern, dass es ihr vornehmlich um die höchstmögliche Ausnutzung der weiblichen Arbeitskraft ging. So wurde die DDR das Land mit der weltweit höchsten

1 ***Wehrerziehung.*** *Seit 1978 fand in den Klassen 9 und 10 für Mädchen und Jungen Wehrunterricht statt. Er sollte „die Entwicklung der Wehrbereitschaft und Wehrfähigkeit" fördern und umfasste 16 Stunden theoretischer Unterweisung und 15 Tage praktischer Ausbildung. Die Bilder zeigen eine Abteilung der „Gesellschaft für Sport und Technik" in Seelow (im Hintergrund die Büste des kommunistischen Dichters Erich Weinert) und den Abschluss eines Pioniermanövers in Dresden (oben).*

Frauenerwerbsquote (90 Prozent in den 80er Jahren). Gefördert wurde diese Bereitschaft zur außerhäuslichen Berufsarbeit auch durch das allgemein niedrige Lohnniveau, das ein zusätzliches Arbeitseinkommen der Ehefrau nahelegte. Der Staat unterstützte berufstätige Mütter durch Kinderkrippen, -gärten und -horte. Dort wurden die Kinder betreut. Wenn eines erkrankte, durfte die Mutter bei fast voller Lohnfortzahlung zu Hause bleiben. Vor und nach der Geburt eines Kindes gewährte der Staat den Müttern langen, bezahlten Mutterschaftsurlaub.

Gleichstellung der Frau?

Mädchen und junge Frauen erhielten in Schule, Hochschule und Berufsausbildung die gleichen Chancen wie ihre männlichen Altersgenossen und nutzten sie. Dennoch hinkten sie in der Arbeits- und Berufswelt hinterher: Im Durchschnitt verdienten sie $^1/_5$ bis $^1/_6$ weniger als die Männer. Das lag vor allem daran, dass sie viel seltener in höhere Positionen aufstiegen. Während in den 80er Jahren fast die Hälfte aller Studierenden Frauen waren, erreichte der Frauenanteil unter den Professoren nicht einmal 5 Prozent. Keine einzige Frau gelangte jemals als Vollmitglied in das Politbüro. Mit Zähigkeit bewahrten die Männer ihre Vorurteile und Privilegien. Allen gegenläufigen offiziellen Bekundungen zum Trotz blieb die alte geschlechtsspezifische Rollenverteilung weithin unangetastet. Den Großteil der Hausarbeit und Kindererziehung hatten nach wie vor die Frauen zu leisten. Das hinderte sie ihre volle Kraft dem beruflichen Aufstieg zu widmen. Im ganzen begehrten sie auch kaum dagegen auf; eine feministisch inspirierte Frauenbewegung gab es in der DDR so gut wie gar nicht.

2 *DDR-Karikatur*

3 *Rechts:* ***Offizielles DDR-Plakat*** *zum internationalen Frauentag 1980 (Ausschnitt)*

4 *Links:* ***Jugenddemonstration*** *anlässlich der 3. Weltfestspiele (Mittelteil eines dreiteiligen Gemäldes von Hans Grundig aus dem Jahre 1951). – Was sagt das Bild über Aufgabe und gewünschtes Verhalten der Jugendlichen? Vergleiche das Bild mit M8 und M9.*

5 ***Die Gleichberechtigung der Frau in der Ideologie und der Realität***

a) *Aus dem parteiamtlichen „Kleinen Politischen Wörterbuch" (1983):*

Die Befreiung der Frau aus doppelter Unterdrückung und Rechtlosigkeit (als Frau und Ausgebeutete) erfordert solche gesellschaftlichen Bedingungen, die der Frau gleiche Möglichkeiten wie dem Manne geben, ihre geistigen und körperlichen Fähigkeiten voll zu entfalten und aktiv am gesellschaftlichen Reproduktionsprozess teilzunehmen. Diese Bedingungen sind erst durch die politische Herrschaft der Arbeiterklasse und das sozialistische Eigentum an den Produktionsmitteln garantiert. Zugleich hat für die Gleichberechtigung der Frau der ständige ideologische Kampf zur Überwindung rückständiger – in den Ausbeutergesellschaften entstandener – Traditionen und Auffassungen über die Rolle der Frau in der Gesellschaft und die Verwirklichung dieser Aufgabe als gesellschaftliches Anliegen große Bedeutung.

Kleines Politisches Wörterbuch. Berlin (Ost) 4. Aufl. 1983. S. 346.

b) *Statistische Daten*

Anteil von Arbeiterinnen und weiblichen Angestellten in den Lohnstufen in % (1988)

400– 500 M	63,1	1 000–1 100 M	36,9
500– 600 M	73,9	1 100–1 200 M	32,5
600– 700 M	77,7	1 200–1 500 M	28,2
700– 800 M	72,4	1 500–1 700 M	17,0
800– 900 M	60,7	über 1 700 M	15,7
900–1 000 M	45,3		

Zit. nach: G. Winkler (Hg.): Frauenreport '90. Berlin 1990. S. 88.

Tägliche Zeitverwendung (in Std., Min., abzüglich Urlaub, Krankheit etc.)

	1974		1985	
	Männer	Frauen	Männer	Frauen
Arbeitszeit	6,19	5,04	6,07	5,00
Hausarbeit	1,31	4,02	1,37	3,45
Freizeit	4,52	3,26	5,01	3,36

Zit. nach: Statistische Kennziffersammlung der DDR.

6 Die Entwicklung zu „sozialistischen Persönlichkeiten"

Aus dem DDR-Jugendgesetz von 1974:

Es ist ehrenvolle Pflicht der Jugend, die revolutionären Traditionen der Arbeiterklasse und die Errungenschaften des Sozialismus zu achten und zu verteidigen, sich für Frieden und Völkerfreundschaft einzusetzen und antiimperialistische Solidarität zu üben. Alle jungen Menschen sollen sich durch sozialistische Arbeitseinstellung und solides Wissen und Können auszeichnen, hohe moralische und kulturelle Werte ihr Eigen nennen und aktiv am gesellschaftlichen und politischen Leben, an der Leitung von Staat und Gesellschaft teilnehmen.

Gesetzblatt der DDR 1974, S. 48.

7 Angepasste junge Menschen?

***a)** Mit westlichen (Schüler-)Augen 1982:*

In diesen Unterhaltungen zeigte sich bald, dass die Jugendlichen dort im Grunde genauso sind wie wir, dass sie nur murrend ihre „freiwilligen Einsätze" ableisten und sich gern davor drücken; dass sie in Gegenwart des FDJ-Leiters die richtigen Sätze abspulen und zu Hause oder unter Freunden über ganz anderes reden, die Politik weglassen oder auch mal abweichende Meinungen haben. Dass ihnen in „Stabü" (Staatsbürgerkunde) nach wie vor der allwissende kommunistische Mensch als Ziel vor Augen gestellt wird, dass – ob einer nun Datentechniker, Schuster oder Lokführer ist – alles nur eine Frage des richtigen Bewusstseins sei, fanden sie genauso fragwürdig wie wir …

***b)** Aus der Sicht einer DDR-Lehrerin:*

Ich kann in Staatsbürgerkunde nur das Wissen zensieren. Mehr nicht. Was da für eine Einstellung hintersteckt, … also, ich kenne da einige Schüler, die beten mir den Stoff vorwärts und rückwärts vor. Wegen der Note. Welche Einstellung die Einzelnen haben, erweist sich sowieso allein in der täglichen Praxis, wie sie sich gesellschaftlich einsetzen, z. B. in der FDJ, wie sie lernen und arbeiten.

Zit. nach: Wochenschau Nr. 3/1982, Heft „DDR-Alltag", S. 90.

8 Ostdeutsches Rockkonzert 1987 *in Eisenhüttenstadt. Nicht alle in der DDR gegründeten Rockbands wurden zugelassen. Bands mit den Namen „Wutanfall", „Juckreiz", „Unerwünscht", „Vorbildliche Planerfüllung", „Kein Schleim" erhielten Auftrittsverbot.*

9 Begeisterung und bürokratische Kontrolle

Bernd Rabehl, Jahrgang 1944, später führendes Mitglied der Westberliner Studentenbewegung, über seine Erfahrungen mit der FDJ in den 50er Jahren:

Diese Mobilisierung der Jugendlichen löste durchaus Begeisterung aus. Wir kamen heraus aus dem Alltag der Kleinstädte. Wir lernten das Land und Jugendliche aus anderen Regionen der Republik kennen. Wir waren unter uns, ohne die direkte Aufsicht der Lehrer oder der Partei zu spüren. Erste Flirts zu den Mädchen oder entsprechend zu den Jungen wurden gewagt … Trotzdem, das Misstrauen der Partei und der Freunde der Jugend, der dreißig- und vierzigjährigen FDJ-Sekretäre, würgte Begeisterung und Engagement immer wieder ab … Jegliche Spontaneität oder Eigeninitiativen oder Selbstvertrauen mussten nach dem Selbstverständnis dieser Politik in die Zange bürokratischer Kontrollen von oben genommen werden … Das hieß, die Jugend sollte der bürokratischen Routine und der Disziplin angepasst werden, der weisen Führung von oben genügen. Diese Partei brauchte Duckeberger und Arschlöcher.

Zit. n.: G. Eisenberg / H.-J. Linke (Hg.) Fuffziger Jahre. Gießen 1980. S. 118.

a) Vergleiche das Leben junger Menschen in der DDR und der Bundesrepublik nach: Schulausbildung (VT, M1, M5, M7), Berufsmöglichkeiten (VT, M3, M5), Freizeitgestaltung (M1, M4, M7–9), Zwängen (VT, M1, M6–7, M9).

b) Vergleiche die Ansprüche von Staat und Ideologie bezüglich der gesellschaftlichen Stellung der Frau mit der Wirklichkeit in der DDR (VT, M3, M5).

4.4 Anspruch und Wirklichkeit der „entwickelten sozialistischen Gesellschaft"

Die Gleichheit der „Werktätigen"

Die Vertreter des „real existierenden Sozialismus" in der DDR behaupteten, in ihrem System sei „die Ausbeutung des Menschen durch den Menschen ... für immer beseitigt". Sie verkündeten als sozialistisches Leitprinzip: „Jeder nach seinen Fähigkeiten, jedem nach seiner Leistung" (Verfassung 1968/74, Art. 2). Nach marxistisch-leninistischer Lehre bemaßen sich die politischen Rechte der DDR-Bürgerinnen und -Bürger letztlich danach, was sie durch ihre Arbeit und ihren Einsatz zum Gemeinwohl beitrugen. Deswegen war Arbeit eine von der Verfassung auferlegte Pflicht, aber auch ein Recht (Art. 24). Die Enteignung und Entmachtung der alten adlig-bürgerlichen Oberschicht in den Anfangsjahren wurden nicht zuletzt damit legitimiert, dass diese einen Großteil ihres Einkommens ohne Arbeit bezogen habe. Bis zum Mauerbau war die adlige oder „bürgerliche" Herkunft ein Makel, der manche Benachteiligung nach sich zog. Erst dann verloren die alten Klassenunterschiede allmählich an Bedeutung.

Neue Ungleichheiten

Von wirklicher (Chancen-)Gleichheit konnte dennoch nicht die Rede sein. Eine höhere oder sogar herausgestellte Position im Beruf oder als Funktionär war in der Regel nur den politisch „Zuverlässigen" möglich. Zwar legte die Partei bei der Auswahl des Führungspersonals stets auch auf dessen fachliche Qualifikation Wert; aber im Zweifelsfall gab die unbedingte politische Überzeugungstreue und Ergebenheit den Ausschlag. So bildete sich alsbald eine neue politische und wirtschaftliche Führungsschicht von Gnaden der Partei heraus, die als „Kader" bezeichnet wurde. Ins Hintertreffen geriet dabei die Arbeiterschaft. Obwohl sie, genau wie in der Bundesrepublik, eine allgemeine Verbesserung ihrer Lebenslage erlebte und durchschnittlich höhere berufliche Qualifikationen erreichte, kann nicht gesagt werden, dass sie im „Arbeiter- und Bauernstaat" die Führung übernommen hätte. Zwar entstammten viele hohe Funktionäre ursprünglich der Arbeiterklasse; aber sie entfernten sich sehr schnell vom Arbeitermilieu. Dennoch waren Partei und Funktionäre stets bemüht, entsprechend ihrem ideologischen Anspruch die besondere Stellung der Arbeiter in ihrem Staat herauszustellen. Daher blieben auch die Einkommensunterschiede in der DDR ausgesprochen gering. Akademiker verdienten im Durchschnitt allenfalls ein Sechstel mehr als ein Industriearbeiter und hatten bei der Zuteilung von Wohnungen oder Konsumgütern gegenüber Arbeitern manches Mal das Nachsehen.

1 *Parole am Wegesrand*

Politische Mobilisierung und „Nischengesellschaft"

Der SED-Staat war unaufhörlich bemüht, alle Menschen zu aktiver Mitwirkung in Staat und Gesellschaft heranzuziehen, was von vielen auch als Gängelung und Nötigung empfunden wurde. Wer sich solchem Ansinnen entzog, machte sich verdächtig und riskierte Benachteiligungen. Viele passten sich aber mit der Zeit und mit bescheiden anwachsendem Wohlstand an und zeigten sich bemüht ihre Loyalität gegenüber dem SED-Regime zu erweisen. Obwohl sie sich in der Öffentlichkeit zum DDR-Sozialismus bekannten, wollten sie im Privatleben oft von der Politik nichts wissen. Vielleicht waren auch Nähe und Hilfsbereitschaft untereinander, von der manche Ostdeutsche noch heute schwärmen, ein Gegengewicht gegen die verschiedenen Belastungen und Ärgernisse des Alltags. Die häufigen Versorgungspannen, die geringen Einflussmöglichkeiten oder der oft barsche Ton in Behörden und Geschäften ließen sich besser ertragen, wenn man zumindest in der Familie und im Freundeskreis zusammenhielt. Wo kein Luxus herrschte, hatte der Sozialneid weniger Chancen.

2 ***FDJlerinnen*** *demonstrieren den „Fortschritt in der Rübenzucht“ während des „Deutschlandtreffens“ in Ost-Berlin 1963 (links). Ständig sollten die Bürgerinnen und Bürger in Umzügen mitmarschieren, in Ausschüssen aller Art mitarbeiten, Partei-, Gewerkschafts-, Wohnbezirksversammlungen besuchen, Geld für Solidaritätsaktionen spenden. Die eigene Wohnung, der Garten oder das Wochenendhäuschen (die „Datsche“), Familie und Freunde bildeten den Mittelpunkt ihres Daseins.*
Familienszene *in Tiefurt bei Weimar 1981 (rechts). DDR-Bürger/innen heirateten im Durchschnitt früher als Westdeutsche, pflegten mehr Sozialkontakte, suchten häufiger die Geselligkeit.*

3 ***Kapitalistische und sozialistische Freizeit.*** *Aus der Abhandlung eines DDR-Pädagogen, 1961:*

Im Sozialismus bietet die Freizeit, da sie sich gesetzmäßig mit der Steigerung der Arbeitsproduktivität vergrößert und die sozialistische Arbeit noch genügend Kraftreserven lässt, nicht nur die Möglichkeit der Entspannung und Unterhaltung, sondern auch der Persönlichkeitsentfaltung durch vielgestaltige kulturelle und wissenschaftliche Kontakte. „Nur keinen Bildungsfanatismus“ empfiehlt dagegen die offiziöse westdeutsche ‚Welt der Arbeit‘. „Freizeit bedeutet Freiheit zu tun, was einem gefällt. Und wer stundenlang auf einer Brücke steht und in den Kahn spuckt, um zu sehen, ob die Spucke Kahn fahren kann – soll es tun dürfen.“ Hier wird unmissverständlich eine individualistische, auf politische Enthaltsamkeit hinzielende Freizeitunterhaltung empfohlen … Im Kapitalismus soll sich der Werktätige amüsieren, um gut arbeiten zu können; er soll aber nicht denken, nicht klassenbewusst handeln lernen … Im Sozialismus dagegen dient die Freizeit neben der physisch und psychisch notwendigen Entspannung vor allem dem baldigen Sieg der Kulturrevolution, der Entwicklung eines hochgebildeten, kulturvollen Menschen.

H. Zerle, Freundschaft und Geselligkeit im Sozialismus. In: Pädagogik, 16/1961. S. 582 f.

4 ***Die DDR-Gesellschaft*** *laut SED-Parteiprogramm von 1976:*

Die SED betrachtet die gewissenhafte, ehrliche, gesellschaftlich nützliche Arbeit als Herzstück der sozialistischen Lebensweise … Der sozialistischen Gesellschaft sind Handlungsweisen wesensfremd, wie sie in Egoismus und Raffgier, im Spießertum, im Streben, sich auf Kosten der Gesellschaft zu bereichern, zum Ausdruck kommen. Die Partei wendet sich entschieden gegen Herzlosigkeit und Rücksichtslosigkeit in den menschlichen Beziehungen, gegen Heuchelei und Zynismus, gegen unwürdiges Verhalten gegenüber dem anderen Geschlecht. Sie fordert dazu auf, einen entschiedenen Kampf gegen Rechtsverletzungen, gegen asoziales Verhalten und Rowdytum sowie gegen Alkoholmissbrauch zu führen. Die planmäßige Entwicklung der sozialistischen Lebensweise bedeutet keine Nivellierung der Interessen und Bedürfnisse. Mit ihrer weiteren Ausgestaltung verwirklicht die SED eines der edelsten Ziele der revolutionären Arbeiterbewegung: die allseitige Entwicklung der Fähigkeiten und Talente der Persönlichkeit zum Wohle des Einzelnen und der ganzen sozialistischen Gesellschaft.

Zit. nach: E. Schneider (Hg.), SED. Programm und Statut von 1976. Opladen 2. Aufl. 1977. S. 111 f.

5 *„... im Dienste der ‚großen Idee'..."*

Hans-Joachim Maaz, der als Psychoanalytiker einen Einblick in die seelischen Nöte seiner Landsleute bekam, schreibt 1992:

Die Parole „Plane mit, arbeite mit, regiere mit!" war der blanke Hohn, denn jede Initiative von unten blieb nicht nur ohne sinnvollen Effekt, sondern hat den eigenständig Mitdenkenden fast automatisch zum Provokateur, Unruhestifter ... gestempelt. So lief man sich mit innovativer Aktivität und Kreativität nicht nur wund, sondern wurde regelmäßig diffamiert, belehrt und eingeschüchtert. Die unausbleibliche Folge der permanenten Disziplinierung und Demagogie mit kleinlicher Intoleranz gegen jede Abweichung war die Verwandlung des äußeren Zwanges in innere Unterdrückung ... Dieser Vorgang war deshalb so übel und bitter, weil der Einzelne seine Entfremdung schließlich nicht mehr wahrnahm, sein wirkliches Leiden nicht mehr kannte und sein gestörtes Verhalten rationalisierte: im Dienste der „großen Idee", als patriotische Pflicht, zum Schutz der Heimat, für den Sieg des Sozialismus und natürlich alles zum Wohle des Volkes.

H.-J. Maaz: Der Gefühlsstau. München: Knaur 1992. S. 13.

6 *Kompromisse der DDR-Jugendlichen*

Mathias Bothe, 1977 wegen „staatsfeindlicher Hetze" für ein Jahr inhaftiert, erläutert dazu:

Viele sagen sich, Kompromisse nur insoweit, wie ich sie verantworten und vertreten kann. Aber es gibt keine abrupte Grenze zwischen vertretbaren und nichtvertretbaren Kompromissen, die Übergänge sind fließend. Natürlich kann ich sagen, in die Partei (SED) gehe ich niemals. Aber wenn es im Betrieb darum geht, ein ausgezeichnetes Kollektiv zu werden, was mit Prämien verbunden ist, und mein Vorgesetzter sagt, hör mal, du müsstest dich gesellschaftlich aktiver zeigen, so sagt man sich oft, na gut, dann mache ich eben bei der Kampfgruppe mit oder bei der DSF (Deutsch-sowjetische Freundschaft) oder in der Gewerkschaft.

Zit. nach: Praxis Geschichte, 4/1993, S. 33.

7 *Erinnerungen an die DDR* *(Aus einer Meinungsbefragung des Emnid-Instituts, 1995)*

***a)** Positive Erinnerungen*

Man konnte sich auf Nachbarn und Freunde verlassen, was nicht mehr der Fall ist, da jeder nur an sich denkt. Beruflicher Stress war geringer. – Man brauchte sich nicht um so viele Dinge kümmern. – Es gab damals nicht solche erbitterten Konkurrenzkämpfe wie heutzutage.

1. Kinderfreundlich. 2. Jeder hatte Arbeit. 3. Jeder war sozial abgesichert.

Jeder hatte sein Auskommen, ohne Angst vor dem nächsten Tag.

– Das Leben war ruhig, kein Stress.

– Für jeden Menschen wurde eine Arbeitsstelle geschaffen, ob nötig oder nicht.

Die Schule war nicht so anstrengend. – Fast alle waren gleich. – Jeder hatte Arbeit bis zur Rente sicher. – Das Kumpelhafte zwischen Leitung und Belegschaft im Betrieb.

***b)** Negative Erinnerungen*

Die Lauferei beim Einkaufen, das Anstehen, wenn man mal was haben wollte. In den Urlaub musste man sich Zwiebeln und teils sogar Kartoffeln mitnehmen, weil man sie nicht bekam. Eine Wohnung zu bekommen war nur über Beziehungen möglich. – Es ging alles zu extrem nach Plan. – Bevorzugung der SED-Genossen in allen Lebensbereichen.

Der Hochmut der Handwerker. – Die kleine DDR mußte die große Sowjetunion versorgen. – Trennung von Verwandten im Westen. – Die ständige Bespitzelung.

Materialmangel im Krankenhaus. – Niedrige Renten. – Keine Aufstiegschancen, ohne in der Partei zu sein. – Es gab keine großen schlimmen Sachen, es waren die Kleinigkeiten.

Das Schlimmste war die Lüge, mit der wir gelebt haben. Wenn man die Zeitung aufmachte, da war von Erfolgen und Planerfüllung zu lesen und jeder wusste, dass das nicht stimmte. Die Vereinnahmung von Kindern durch den Staat.

Zit nach: Der Spiegel, 27/1995. S. 42.

a) Benennt und diskutiert die gesellschaftlichen Ideale des DDR-Sozialismus (M1, M2, M3). Für welche würdest auch du eintreten, für welche nicht?

b) Erläutere den Einfluss des Staates auf die Menschen (VT, M2–4) einerseits und die verschiedenen Reaktionen in der Bevölkerung andererseits (VT, M2, M5, M6). Wie bewertest du die Anpassung an das SED-Regime?

c) Versuche heutige Einstellungen Ostdeutscher zur DDR-Vergangenheit zu erklären. Diskutiert darüber.

5. Von der Teilung zur Wiedervereinigung

5.1 Die Deutschlandfrage im Schatten des Ost-West-Konfliktes

Über 40 Jahre Teilung hatten Ende der 80er Jahre bei den meisten Deutschen die Hoffnung auf Wiedervereinigung erlöschen lassen. Zu fest schien jeder der beiden deutschen Staaten in seinem politischen Lager verankert zu sein. Um so überraschender kam mit der friedlichen Revolution des Herbstes 1989 die Chance des Zusammenwachsens.

Bekenntnisse zur deutschen Einheit

Auch nach der „doppelten Staatsgründung" von 1949 beteuerten beide Regierungen ihren Willen zur Wiederherstellung der deutschen Einheit. Den meisten Deutschen in Ost und West erschien eine Verewigung der Teilung noch lange unvorstellbar. Aber beide Seiten knüpften zunehmend mehr Bedingungen an die Wiedervereinigung. Die Bonner Regierung bestritt dem ostdeutschen Staat jede Rechtmäßigkeit und weigerte sich mit dessen Vertretern zu verhandeln. Ost-Berlin verlangte Gespräche auf der Grundlage der Gleichberechtigung und – je länger, desto nachdrücklicher – die Bewahrung seiner „sozialistischen Errungenschaften". In Wahrheit konnte sich jede Seite einen Zusammenschluss nur unter den Vorzeichen ihres eigenen politischen Systems vorstellen.

Westintegration und Alleinvertretungsanspruch der Bundesrepublik

Mit den Beitritten beider Staaten zu den Militärbündnissen des Kalten Krieges 1955 wurde eine Wiedervereinigung immer unwahrscheinlicher. Für Adenauer und die Mehrheit der Westdeutschen galt der Vorrang der Westintegration. Sie sollte eine „Politik der Stärke" gewährleisten, die Moskau eines Tages zum Rückzug zwingen mochte. So lange erhob Bonn einen „Alleinvertretungsanspruch": es drohte allen Staaten, die die DDR völkerrechtlich anerkannten, Sanktionen an (etwa die Streichung der Wirtschaftshilfe). Die DDR gab sich verhandlungswillig, bestand aber auf voller Anerkennung ihrer staatlichen Souveränität.

Verhärtung und Entfremdung

Der Berliner Mauerbau besiegelte 1961 den Prozess der Abschottung. Fortan wollten sich beide Regierungen an dem von den Supermächten angestrebten Entspannungsbemühen nur beteiligen, wenn ihre Maximalforderungen erfüllt würden. Bonn verlangte Fortschritte in der Wiedervereinigung ohne Anerkennung der DDR-Regierung; diese beharrte auf eben dieser völkerrechtlichen Anerkennung, also auf der Besiegelung der deutschen Zweistaatlichkeit.

Grundlagenvertrag

Die Erstarrung löste sich erst mit der Bildung der sozialliberalen Regierung Brandt/Scheel in Bonn 1969 und der Ablösung des SED-Generalsekretärs Ulbricht durch Honecker 1971. Brandt war bereit, der DDR die staatliche Gleichberechtigung zuzugestehen, Honecker fügte sich dem Verlangen Moskaus, einen Beitrag zum Abbau der Ost-West-Spannungen zu leisten. Der 1972 nach zähen Verhandlungen unterzeichnete Grundlagenvertrag war ein typischer Kompromiss (links die beiden Unterhändler: Michael Kohl, Staatssekretär beim DDR-Ministerrat und Egon Bahr, Staatssekretär im Bundeskanzleramt und enger Vertrauter Willy Brandts). Die DDR gewann die faktische Anerkennung ihrer Eigenstaatlichkeit, eine Garantie ihrer Grenzen und die Zusage einer Nichteinmischung Bonns. Dafür musste sie einem Ausbau der nachbarlichen Beziehungen zustimmen und sich damit abfinden, dass die Bundesrepublik am

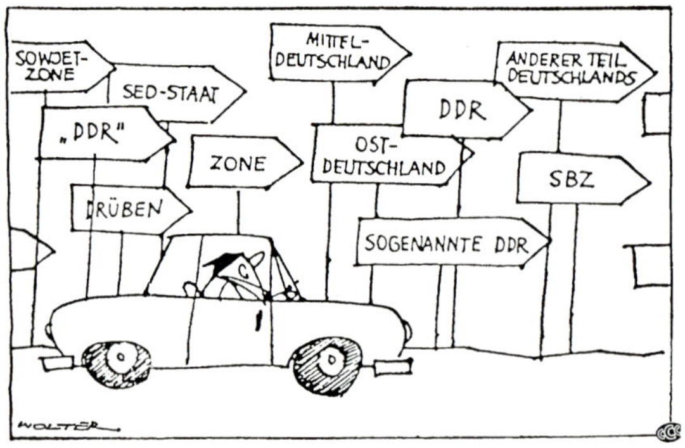

1 *Oben:* ***Historischer Händedruck*** *zwischen dem Ministerpräsidenten der DDR Willi Stoph und dem Kanzler der Bundesrepublik Willy Brandt 1970 in Erfurt.*
Oben links: ***„Orientierungsschwierigkeiten".*** *Karikatur in der Mainzer Allgemeinen Zeitung 31. 1. 1968; darunter: „Bis auf ein Wörtchen ist alles fertig" (in: Welt der Arbeit, 1972).*

Fortbestand nationaler Gemeinsamkeiten beider Staaten und an einer (gesamt-) deutschen Staatsbürgerschaft festhielt. Die SED-Führung suchte den Vertrag als Handhabe für eine verstärkte Abgrenzung zu nutzen. Sie propagierte ihre neue Doktrin der zwei deutschen Nationen, fand damit aber keinen Widerhall, weder bei den Westdeutschen noch bei den eigenen Bürgern.

West-Berlin

Das Abflauen des Kalten Krieges kam auch West-Berlin zugute. Seit der politischen Teilung von 1948 und vollends seit dem Mauerbau 1961 war die Stadt eine Insel inmitten des kommunistischen Machtbereiches, die ständig um ihre Sicherheit bangen musste. 1958 hatte die Sowjetregierung den Abzug der Westalliierten und eine „selbständige politische Einheit West-Berlin" gefordert, und in der dadurch ausgelösten (zweiten) Berlinkrise standen sich wiederholt sowjetische und amerikanische Panzer schussbereit an der Sektorengrenze gegenüber. So war es eine große Erleichterung für den Westen, dass sich die Sowjetunion im Berlin-Abkommen von 1971 zu einer Anerkennung der politischen und wirtschaftlichen Sicherheit der Halbstadt sowie einer Garantie ihrer Zufahrtswege bereitfand. Der Westen musste freilich seinerseits auf die staatliche Zugehörigkeit West-Berlins zur Bundesrepublik verzichten.

Briefmarke Berlin-West zur Viermächte-Konferenz 1954

Vorsichtige Annäherung

Auf Dauer konnte die Honecker-Führung ihre Politik der Abgrenzung nicht durchhalten. Ihr Interesse an westdeutscher Finanzhilfe, aber auch das allgemeine Entspannungsklima nötigten sie zu manchem Entgegenkommen: bei den Reiseregelungen, der Fernsehberichterstattung oder kulturellen und sportlichen Kontakten. Als sich die Beziehungen zwischen den beiden Supermächten Anfang der 80er Jahre einer neuen „Eiszeit" näherten, hielten beide deutsche Regierungen am Gedanken der „Friedens- und Sicherheitspartnerschaft" fest. 1987 stattete Honecker der Bundesrepublik einen offiziellen Staatsbesuch ab. Viele bundesdeutsche Spitzenpolitiker reisten in die DDR und sprachen mit den Repräsentanten des SED-Staates. Mit Vertretern der Dissidenten- und Bürgerrechtsgruppen dagegen trafen sie sich nur selten.

2 Zwei Staaten – eine Nation?

Aus den Erklärungen der Regierungschefs Brandt und Stoph bei ihrem Treffen in Erfurt 1970:

***a)** Bundeskanzler Brandt:*

Wir können diese Teilung nicht einfach ungeschehen machen. Aber wir können uns bemühen, die Folgen dieser Teilung zu mildern … Dabei gehe ich aus von der fortdauernden und lebendigen Wirklichkeit einer deutschen Nation. Ich weiß mich frei von nationalistischen Vorstellungen vergangener Zeiten. Aber ich bin ziemlich sicher, dass die nationalen Komponenten selbst im Prozess europäischer und internationaler Zusammenschlüsse ihre Geltung nicht verlieren werden. Die starken Bande der gemeinsam erlebten und gemeinsam zu verantwortenden Geschichte, der keiner entfliehen kann, die Bande der Familie, der Sprache, der Kultur und all jener Unwägbarkeiten, die uns Zusammengehörigkeit fühlen lassen, sind eine Realität. Eine Politik, die versuchen würde, dieses Fundament nationaler Existenz zu leugnen, wäre nach meiner Überzeugung zum Scheitern verurteilt. Von dieser Realität gilt es genau so auszugehen wie von der Tatsache, dass in Deutschland in seinen tatsächlichen Grenzen von 1970 zwei Staaten entstanden sind, die miteinander leben müssen.

***b)** Ministerpräsident Stoph:*

Es ist müßig, die Verweigerung der völkerrechtlichen Beziehungen mit der Formel tarnen zu wollen, wir seien doch „alle Deutsche". So simpel ist die Sache nicht … Heute existieren die sozialistische Deutsche Demokratische Republik und die monopolkapitalistische Bundesrepublik, zwei voneinander unabhängige Staaten. Ihre Bürger leben und arbeiten unter völlig gegensätzlichen Bedingungen. Die Bürger der DDR mehren mit ihrer Arbeit den eigenen Wohlstand und den der sozialistischen Gesellschaft. In der Bundesrepublik dagegen profitiert eine kleine Schicht von Millionären aus der Arbeit des werktätigen Volkes … Es gibt also einen fundamentalen gesellschaftlichen Unterschied zwischen dem Volk in der DDR und dem Volk in der Bundesrepublik. Wie die Geschichte zeigt, sind die eigensüchtigen Klasseninteressen der Großbourgeoisie stets als nationale Interessen ausgegeben worden. Das war immer eine Entstellung der Wirklichkeit … Die politischen und sozialen Interessen der Arbeiterklasse und des ganzen Volkes, die Interessen des Sozialismus stehen über allen vermeintlichen nationalen Gemeinsamkeiten.

I. von Münch (Hg.): Dokumente des geteilten Deutschland. Bd. II. Stuttgart 1974. S. 194 ff.

3 Nebeneinander statt Gegeneinander

Aus dem Grundlagenvertrag vom 21. Dezember 1972:

Die Hohen Vertragschließenden Seiten, … ausgehend von den historischen Gegebenheiten und unbeschadet der unterschiedlichen Auffassungen zu grundsätzlichen Fragen, darunter zur nationalen Frage; geleitet von dem Wunsch, zum Wohle der Menschen in den beiden deutschen Staaten die Voraussetzungen für die Zusammenarbeit zwischen der Bundesrepublik Deutschland und der Deutschen Demokratischen Republik zu schaffen, sind wie folgt übereingekommen:

Art. 1. Die Bundesrepublik Deutschland und die Deutsche Demokratische Republik entwickeln normale gutnachbarliche Beziehungen zueinander auf der Grundlage der Gleichberechtigung …

Art. 4. Die Bundesrepublik Deutschland und die Deutsche Demokratische Republik gehen davon aus, dass keiner der beiden deutschen Staaten den anderen international vertreten oder in seinem Namen handeln kann …

Art. 6. Sie respektieren die Unabhängigkeit und Selbständigkeit jedes der beiden Staaten in seinen inneren und äußeren Angelegenheiten.

Art. 7. Die Bundesrepublik Deutschland und die Deutsche Demokratische Republik erklären ihre Bereitschaft, im Zuge der Normalisierung ihrer Beziehungen praktische und humanitäre Fragen zu regeln.

I. von Münch (Hg.): Dokumente des geteilten Deutschland. Bd. II. Stuttgart: Kröner 1974. S. 301 ff.

a) Erläutere die regierungsamtlichen Positionen der Bundesrepublik und der DDR bis zum Beginn der Entspannungspolitik 1969, die eine Verständigung in der deutschen Frage nahezu unmöglich machten (VT).

b) Vergleiche den Stellenwert, den die westdeutsche (M2a) und ostdeutsche Regierung (M2b) dem Begriff der Nation beimessen. Wie schlägt sich diese Differenz im Vertragstext M3 nieder? Vergleiche auch die Karikatur M1.

5.2 Wächst nun zusammen, was zusammengehört? Die Wiedergewinnung der deutschen Einheit

Ursachen und Auslöser

Der Zusammenbruch des SED-Regimes im Jahre 1989 hatte langfristige Ursachen, kam aber dennoch völlig unerwartet. Ausschlaggebend war, dass die sowjetische Führung unter Gorbatschow die Reformkräfte in den Ostblockländern ermutigte und sich von der Hegemonial- und Interventionspolitik ihrer Vorgänger abwandte. Die Angst vor einem Eingreifen der Roten Armee, die den Mut zur Opposition so lange gelähmt hatte, ließ nach. Der Unwille und das Unvermögen der „alten Männer" im SED-Politbüro, die Zügel zu lockern und Reformen zuzulassen, schürte die Unzufriedenheit und Ungeduld im Land.

Ausreise- und Protestwelle

Als im September 1989 die ungarischen Reformkommunisten die Grenze nach Österreich öffneten (links der österreichische und ungarische Außenminister) und Tausende von DDR-Bürgern in den Westen flohen, brachen die Dämme. Zähneknirschend musste die Ostberliner Regierung der Ausreise von weiteren Tausenden zustimmen, die in den westdeutschen Botschaften in Prag und Warschau Zuflucht gesucht hatten. In vielen Orten gingen die Menschen auf die Straße: Sie forderten freien Reiseverkehr, wahrheitsgemäße Berichterstattung der Medien, die Zulassung oppositioneller politischer Gruppierungen, freie Wahlen. Den größten Widerhall fanden die „Montagsdemonstrationen" in Leipzig, an denen sich schließlich Hunderttausende beteiligten. Von hier nahm die berühmte Parole „Wir sind das Volk" ihren Ausgang. Die Demonstranten brauchten Mut, denn die Staatsführung drohte mit bewaffnetem Eingreifen.

Friedliche Revolution

1

Dass es nicht zu Blutvergießen kam, war der Disziplin der Protestbewegung und dem Zögern und der Uneinigkeit der Machthaber zu verdanken. Als der Reformflügel in der SED-Spitze Honecker und seine engsten Mitstreiter am 18. Oktober zum Rücktritt zwang, war der Niedergang der SED-Diktatur eingeleitet. Die neue DDR-Regierung unter dem Reformkommunisten Hans Modrow musste sich mit den nunmehr schnell entstehenden demokratischen Parteien und Gruppierungen (links ein Plakat des „Neuen Forum") an einen Tisch setzen und unter dem Druck der zunehmenden Ausreisewelle freie Wahlen bewilligen. Die bundesrepublikanischen Medien und Spitzenpolitiker aus dem Westen prägten den Wahlkampf, aus dem die von der West-CDU unterstützte „Allianz für Deutschland" als klarer Sieger hervorging, während die Gruppen, die die „Wende" maßgeblich mitgetragen hatten, schlecht abschnitten. Die neue Regierung unter dem CDU-Ministerpräsidenten Lothar de Maizière betrachtete das Wahlergebnis auch als Votum dafür, schnellstmöglich die Weichen für eine zügige Vereinigung der beiden deutschen Staaten zu stellen.

Kritische Stimmen im Westen

Im Westen hatten die Ereignisse seit der Maueröffnung eine heftige Debatte ausgelöst: War eine Wiedervereinigung überhaupt wünschenswert, und unter welchen Bedingungen sollte sie stattfinden? Kritische Stimmen, innerhalb der Sozialdemokraten und vor allem bei den Grünen sowie in der linksliberalen Presse, befürchteten, dass eine Wiedervereinigung auch den deutschen Nationalismus und deutsches Großmachtstreben wieder beleben könne. Sie konnten sich allenfalls eine Konföderation zweier deutscher Staaten vorstellen, die zunächst auch das Selbstbestimmungsrecht der DDR-Bevölkerung am ehesten garantiere und Zeit lasse sich langsam an eine zukünftige gemeinsame Staatsform und Wirtschaftsordnung anzunähern. Doch verloren solche Stimmen angesichts der

2 *Oben links:* ***Karikatur von 1989.*** *Im November 1989 siedelten noch 130 000 DDR-Bürgerinnen und -Bürger in die Bundesrepublik über. Bis März 1990 noch jede Woche mehr als 10 000. Die* ***Transparente der Demonstranten*** *aus Leipzig und Berlin stammen aus den Monaten Okt., Nov., Dez. 1989.*

„Abstimmung mit den Füßen“ durch die DDR-Bevölkerung (siehe M2) schnell an Gewicht. Das erkannte auch Bundeskanzler Kohl, der die historisch wohl einmalige Gelegenheit zur Wiedervereinigung beim Schopfe griff und dafür zügig die außenpolitischen Weichen stellte. Denn eine Wiedervereinigung bedurfte der Zustimmung der Siegermächte.

Gestaltung der deutschen Einheit

Während die USA die Vereinigung von Anfang an nach Kräften förderten, taten sich die Londoner und die Pariser Regierung damit eine Zeit lang schwer: Der zu erwartende Machtzuwachs Deutschlands bereitete ihnen Sorgen. Aber als Verbündete konnten sie sich der Vereinigung nicht in den Weg stellen. Die größten Bedenken kamen verständlicherweise aus Moskau. Das Verschwinden der DDR bedeutete einen Machtverlust für die Sowjetunion. Aber nachdem Gorbatschow den Reformprozess einmal angestoßen hatte, konnte er ihn nicht mehr beliebig anhalten. Garantien des Westens für die militärische Sicherheit der UdSSR sowie namhafte Finanzhilfen Bonns erleichterten es der Sowjetführung, ihre Zustimmung zur deutschen Wiedervereinigung und zur Eingliederung Gesamtdeutschlands in das westliche Bündnissystem zu geben.

Vereinigungsverträge

Am 1. Juli 1990 trat eine Wirtschafts-, Währungs- und Sozialunion in Kraft. Sie übertrug die DM-Währung, das Modell der Sozialen Marktwirtschaft und das westdeutsche Sozialversicherungs-System auf die Noch-DDR. Die Ostdeutschen konnten ihre DDR-Mark-Guthaben bis zu einem bestimmten Betrag im Verhältnis 1 zu 1, im übrigen mit dem Kurs 2 zu 1 umtauschen. Abgesehen von einigen Gütern des Grundbedarfs, darunter den Wohnungsmieten, stiegen viele Preise, für hochwertige Waren (z. B. Autos) fielen sie. Die VEBs sahen sich über Nacht einer überlegenen westlichen Konkurrenz ausgesetzt, zumal die Einheimischen Westwaren zunächst grundsätzlich bevorzugten, auf die sie so viele

3 *Links:* ***Bundeskanzler Kohl am 19. Dezember 1989 in Dresden.*** *Von seiner Politik versprach sich die große Mehrheit der Ostdeutschen eine schnelle Überwindung der Teilung und eine Angleichung an den westdeutschen Lebensstandard. Rechts:* ***Beschäftigte*** *eines Schwermaschinenbaukombinats demonstrieren im Juli 1992 gegen die Stellenabbaupolitik der Treuhandanstalt.*

3. Oktober 1990 Berlin

Jahre hatten verzichten müssen. Viele Betriebe mussten schließen, Millionen von Arbeitsplätzen gingen verloren. Nicht wenige Ostdeutsche neigten dazu, den industriellen Kahlschlag vor allem dem erbarmungslosen Verdrängungswettbewerb anzulasten, von dem in ihren Augen allein die Westdeutschen profitierten. Das mochte in einigen Fällen zutreffen. In der Hauptsache aber war es die durch die Planwirtschaft gewachsene Rückständigkeit der meisten Staatsbetriebe, die den erschreckenden Rückgang nach der „Wende" verschuldet hatte. Erschwerend kam der Wegfall der osteuropäischen Märkte hinzu, die nicht in der Lage waren, die ostdeutschen Waren nunmehr mit „harter" D-Mark zu bezahlen. Die vollständige staatliche Vereinigung am 3. Oktober 1990 vollzog sich als Beitritt der kurz zuvor wieder geschaffenen fünf ostdeutschen (Bundes-)Länder. Die gesamte Verfassungs-, Rechts- und Gesellschaftsordnung der „alten" Bundesrepublik galt fortan auch für die ehemalige DDR. Während sich im Leben der westdeutschen Bundesbürger kaum etwas veränderte, war für die Ostdeutschen von heute auf morgen nahezu alles neu und ungewohnt.

Probleme der „inneren" Vereinigung

Nachdem der Jubel der Wiedervereinigung verklungen war, wurde den Deutschen in Ost und West bald klar, dass die Vereinigung beträchtliche Schwierigkeiten mit sich brachte und Opfer verlangte. Die wirtschaftliche Sanierung und Modernisierung der neuen Bundesländer machte Investitionen nötig, die, verteilt auf mindestens 15 bis 20 Jahre, weit über die Billionen-Grenze hinausgehen. Neben enormen finanziellen Aufwendungen wurden und werden den Deutschen auch beträchtliche Lern- und Anpassungsprozesse abverlangt. Es stellte sich heraus, dass die innere Wiedervereinigung viel Einsicht, Geduld und guten Willen erforderte. Die Ostdeutschen mussten einsehen, dass die Angleichung an das westdeutsche Wohlstandsniveau nicht binnen weniger Jahre zu erreichen war; die Westdeutschen mussten begreifen, dass die Teilung nur durch Teilen zu überwinden war. Beide Seiten sahen sich vor der Aufgabe, die Eigenart der „anderen" zu verstehen und anzuerkennen. Das war nicht immer leicht. Westdeutsche gaben ihren ostdeutschen Landsleuten gern die Schuld an der Errichtung, den Versäumnissen und Verfehlungen des SED-Regimes. Bewohner der neuen Bundesländer sahen in den Westdeutschen oftmals Besserwisser und kaltherzige Geschäftsleute. Mancher Ostdeutsche fühlte sich aus seiner Lebensbahn geworfen und in seinem Selbstwertgefühl verletzt; mancher Westdeutsche brüstete sich als „Sieger" und schimpfte über die vereinigungsbedingten Steuerlasten. Dennoch überwog in Ost und West bei den meisten die Freude über die deutsche Einheit.

4 *Karikatur des Österreichers Horst Haitzinger von 1990*

5 Die DDR erhalten?

a) *Aus dem Aufruf „Für unser Land" von einer DDR-Initiativgruppe (u.a. des Schriftstellers Stefan Heym, des Pfarrers Friedrich Schorlemmer, der Schriftstellerin Christa Wolf) 26. November 1989:*

Entweder können wir auf der Eigenständigkeit der DDR bestehen und versuchen, mit allen unseren Kräften … in unserem Land eine solidarische Gesellschaft zu entwickeln, in der Frieden und soziale Gerechtigkeit, Freiheit des Einzelnen, Freizügigkeit aller und die Bewahrung der Umwelt gewährleistet sind. Oder wir müssen dulden, dass, veranlasst durch starke ökonomische Zwänge und durch unzumutbare Bedingungen, an die einflussreiche Kreise aus Wirtschaft und Politik in der Bundesrepublik ihre Hilfe für die DDR knüpfen, ein Ausverkauf unserer materiellen und moralischen Werte beginnt und über kurz oder lang die Deutsche Demokratische Republik durch die Bundesrepublik vereinnahmt wird. Lasst uns den ersten Weg gehen. Noch haben wir die Chance, … eine sozialistische Alternative zur Bundesrepublik zu entwickeln.

b) *In einer Leipziger Zeitung heißt es dazu in einem Leserbrief:*

Dem Aufruf „Für unser Land" kann ich nicht zustimmen. Ich sehe hier bereits, wie sich gewisse Leute bestehende Privilegien sichern wollen. In der Frage von Wiedervereinigung bzw. Konföderation sollte es zu einem Volksentscheid kommen … 40 Jahre wurden die Vorzüge des Sozialismus in allen Tönen gepriesen, aber die traurige Realität sehen wir heute … Noch einmal Versuche eines Sozialismus, welche Jahre oder Jahrzehnte andauern, um am Ende noch tiefer zu stehen? Bedenkt, wir Menschen haben nur ein Leben! … Nehmen wir also das Angebot vom deutschen Nachbarstaat an, denn der Preis dafür ist nicht zu hoch. Ein Volk, das „noch" die gleiche Sprache spricht, gehört zusammen.

Zit. nach: G. Maier (Hg.): Die Wende in der DDR. Bonn 1991, S. 53 ff.

6 Die Herausforderung der „inneren Vereinigung"

a) *Bundespräsident Richard von Weizsäcker beim Staatsakt am 3. Oktober 1990:*

Von der DDR aus gesehen, begegnen sich in der Stunde der Vereinigung Notstände auf der einen und Wohlstand auf der anderen Seite. Es wäre aber ebenso unsinnig wie unmenschlich, würden wir uns einbilden, dass wir zwischen Ost und West als misslungene und gelungene Existenzen aufeinandertreffen oder gar als Böse und Gute. Es sind die Systeme, die sich in ihrem Erfolg unterscheiden, nicht die Menschen. Und das wird sich noch sehr deutlich zeigen, wenn die Deutschen in der bisherigen DDR endlich die gleichen Chancen bekommen, die es im Westen seit Jahrzehnten gibt … Die Deutschen in der DDR haben unter schwierigsten Bedingungen menschlich Wesentliches bewirkt, von dem wir nur hoffen können, dass es zur Substanz des vereinten Deutschlands gehören wird.

Redetext, hg. von der Bundeszentrale. Bonn 1990 S. 1, 8 f.

b) *Der ostdeutsche SPD-Politiker Wolfgang Thierse 1994:*

Ich glaube – das sind meine Beobachtungen – dass wir jetzt erst wirklich begreifen, dass wir uns fremd geworden sind … in den 40 Jahren unterschiedlicher Entwicklung … Die Unterschiede werden nicht wahrgenommen als erfreuliche Bereicherung, sondern als belästigende Zumutung – vielleicht sogar als Bedrohung … Natürlich gibt es auch immer ganz andere Geschichten. Es gibt weder nur den faulen oder den jammernden oder den beleidigten Ossi, genauso wenig, wie es nur den arroganten, den besserwisserischen Wessi gibt. Es gibt auch jeweils das andere – den verständnisvollen, … für die Entwicklung im Osten engagierten Wessi wie auch den selbstbewussten demokratischen und engagierten Ossi. Aber die Atmosphäre, das Urteilsklima ist vor allem von den Klischees beherrscht.

Zit. nach: W. Hardtwig/A. Winkler (Hg.): Deutsche Entfremdung. München 1994. S. 24.

a) Nach der Maueröffnung am 7. Nov. 1989 begann eine Debatte in Ost- und Westdeutschland über eine mögliche Wiedervereinigung. Stelle zusammen, welche verschiedenen Vorstellungen, Hoffnungen, Wünsche und Ängste dabei geäußert wurden (VT, M1, M2, M3, M5). Bewerte ihre Berechtigung. Was sprach für eine schnelle Wiedervereinigung (VT, M2, M3, M5b)?

b) Im Prozess der „inneren Vereinigung" sind Schwierigkeiten aufgetreten. Welche erwähnt das Kapitel? Kennst du weitere? Welche Möglichkeiten bestehen, diesen Prozess zu fördern? Was könnt ihr dazu beitragen?

Auf der Suche nach einer besseren Zukunft –

Freiwillige und erzwungene Wanderungen einzelner Menschen oder größerer Gruppen in andere Regionen oder Länder gibt es in allen Phasen der Menschheitsgeschichte. Mit ihrem Fortgehen aus der vertrauten Umgebung reagieren Menschengruppen auf Problemsituationen, wie z. B. Bevölkerungswachstum, politische oder religiöse Verfolgung, Vertreibung infolge von Kriegen oder wirtschaftliche Not.
In der Geschichte haben unsere Vorfahren ganz vielfältige Erfahrungen mit Wanderungsbewegungen gesammelt: Germanenstämme durchzogen Europa, Deutsche wanderten aus, politisch oder rassistisch Verfolgte flohen, Millionen wurden zur Zwangsarbeit nach Deutschland verschleppt, Flüchtlinge und Vertriebene fanden nach 1945 im Westen eine neue Heimat, „Gastarbeiter" wurden angeworben, Verfolgte und Notleidende bitten um Aufnahme …

Wanderungsbewegungen von und nach Deutschland

Deutsche Großstadtszene
Bilder von links nach rechts: Salzburger Hugenotten auf dem Weg in die Emigration (Ausschnitt eines Kupferstichs von 1734); deutsche Auswanderer im 19. Jh. (zeitgenössische Zeitschriftenillustration); deutscher Flüchtlingstreck 1945 auf dem Weg in den Westen; italienische Gastarbeiter bei ihrer Ankunft 1961 in Stuttgart; Asylbewerber 1991 im Wohnheim Eisenhüttenstadt.

1. Wirtschaftsaufschwung durch Fremde bis 1914

Deutsche Fürsten holen Glaubensflüchtlinge ins Land

„Ausländer rein" – das war die Parole vieler deutscher Fürsten, die sich Ende des 17. Jahrhunderts darum bemühten, Tausende von französischen Glaubensflüchtlingen in ihre Staaten zu holen. Steuerfreiheit, finanzielle Unterstützung bei Firmengründungen, Religionsfreiheit und kulturelle Eigenständigkeit gewährte auch der brandenburgische Kurfürst Friedrich Wilhelm I. den Hugenotten und anderen wegen ihres protestantischen Glaubens verfolgten Niederländern, Waldensern oder Salzburgern (siehe Bild auf der ADS). Er versprach sich für sein bis dahin wirtschaftlich rückständiges und durch den 30-jährigen Krieg noch stark verwüstetes Land von den meist gut ausgebildeten Fremden neue Impulse. In Brandenburg, Hessen, Franken, in der Pfalz und an der Lippe gründeten Flüchtlinge ihre Siedlungen. Durch die Einführung hochwertiger Tuch-, Seiden- und Samtproduktion sowie durch neue landwirtschaftliche Anbaumethoden trugen in Brandenburg besonders die Hugenotten zum Wirtschaftsaufschwung bei.

Zuwanderer machten den Einheimischen Angst

Die ansässige Bevölkerung war von der Toleranz ihrer Landesherren oftmals weniger begeistert. Berlin hatte einen Ausländeranteil von knapp 20 Prozent aufzuweisen. In dem 1685 vom 30-jährigen Krieg noch stark zerstörten Magdeburg machten die Hugenotten sogar fast 40 Prozent der Bevölkerung aus. Es war nicht allein diese Masse der Zuwanderer, die die Einheimischen ängstigte. Sie neideten den Fremden auch die staatlichen Starthilfen und fürchteten deren Konkurrenz. Die „schwarzen Kerls" und „dunklen Mamsells", die man nach Meinung vieler ganz zu Recht wegen ihres „Unglaubens" vertrieben hatte, wurden mit Argwohn betrachtet. Auffällig war die fremde näselnde Sprache, in der sie sich verständigten. Außerdem lehnten sie das Schwarzbrot der Einheimischen ab und verlangten stattdessen Weißbrot und Rotwein.

Französische Traditionen geben Halt

Die ersten Generationen der Glaubensflüchtlinge hielten in der neuen Heimat eng zusammen und versuchten in ihren Stadtbezirken und neu gegründeten Gemeinden ihre Traditionen, ihre Kultur und Sprache zu wahren. Ihr Festhalten an den französischen Gebräuchen beim Essen, bei religiösen und familiären Feiern gab ihnen Halt. Die aus wirtschaftlichen Interessen verordnete Toleranz der Landesherren fand im Alltagsleben meist keine Entsprechung. Schneller als an die Menschen gewöhnten sich jedoch die Einheimischen an die neuen Produkte der Hugenotten. Neben Obst- und Gemüsesorten wurden z. B. in Berlin besonders die französischen Lichtgießereien geschätzt. Es dauerte Jahrzehnte, bis sich die zugewanderten Fremden durch Heirat mit der einheimischen Bevölkerung vermischten.

Ausländische Entwicklungshelfer für Deutschland

In der Mitte des letzten Jahrhunderts versuchten deutsche Unternehmer allerorten „Entwicklungshelfer" aus dem Ausland zu gewinnen. Man brauchte ihr technisches Know-how beim Aufbau der durch die Dampfkraft revolutionierten Produktionsverfahren. Für den Eisenbahn-, Tunnel- und Straßenbau wurden die Spezialisten, besonders Lokführer, Facharbeiter und Ingenieure aus Belgien, Italien oder England mit Spitzenlöhnen in die deutschen Länder gelockt. Bei der Eröffnung der ersten deutschen Eisenbahnstrecke von Nürnberg nach Fürth im Dezember 1835 steuerte der Engländer William Wilson die Lok. Der in Deutschland begehrte Experte verdiente doppelt so viel wie der Direktor der Eisenbahngesellschaft.

1 Polnischer Gesangverein Brambauer *(bei Dortmund, Aufnahme zwischen 1910 und 1930) Zuwanderungsgruppen neigen dazu, eine eigene Subkultur auszuprägen. Auch die „Ruhrpolen" schlossen sich zusammen, gründeten Vereine und Interessenvertretungen. Heute erinnern an Rhein und Ruhr noch viele auf -ski,-zik oder -viak endende Familiennamen an die Zuwanderer.*

„Konjunkturpuffer für die Wirtschaft des Kaiserreichs"

Nach dem gewonnenen Krieg gegen Frankreich 1870/71 erlebte das neu gegründete Deutsche Reich einen starken Wirtschaftsaufschwung. In der Landwirtschaft und der Industrie, im Bergbau sowie beim Straßen-, Eisenbahn- und Kanalbau fehlten Arbeitskräfte. In dieser Situation wurden Ausländer zum festen Bestandteil der Arbeitsmarktpolitik des Deutschen Reiches: Teils als Saisonarbeiter, teils als ständige Arbeitskräfte sollten sie je nach Wirtschaftslage kommen und auch wieder gehen. Auf Großbaustellen wurden gern italienische Saisonarbeiter angeheuert; im Bergbau bevorzugten die Zechenbesitzer an Rhein und Ruhr Polen aus den ostelbischen Kohlengebieten. Im „Revier" stellten die Polen Ende des 19. Jahrhunderts einen Großteil der Zechenbelegschaft. An der Spitze lag 1899 die Zeche Ewald in Recklinghausen mit 85 Prozent polnischer Mitarbeiter.

Polnisch sprechen verboten

Während ausländische Arbeiter in wirtschaftlich guten Zeiten als „Konjunkturpuffer" gern gesehen waren, reagierte insbesondere die preußische Regierung mit Ablehnung auf alle die, die in Konjunkturflauten bleiben wollten. Argwöhnisch wurden dann die „Ruhrpolen" beobachtet. Viele der aus dem Osten zugewanderten Bergleute waren Polen mit preußischen Pässen. Sie sprachen polnisch und fühlten sich als Polen, kamen jedoch aus einem Land, das als selbständiger Staat nicht existierte. Denn Polen war 1815 auf dem Wiener Kongress unter Preußen, Russland und Österreich aufgeteilt worden. Als klar wurde, dass die Bergleute und ihre Familien nicht wieder in die Heimatregionen zurückgehen würden, stellte die immer größer werdende Gruppe der Polen im Westen für weite Kreise der deutschen Obrigkeit eine „Gefahr für das Deutschtum" dar. „Polacken" wurde – bis heute – zu einem gebräuchlichen Schimpfwort. Die preußischen Behörden versuchten die polnische Sprache in der Öffentlichkeit zu unterbinden. Polnisch Sprechenden wurde der berufliche Aufstieg verwehrt; Zechenleitungen lehnten es ab, Arbeitsschutzbestimmungen auch in Polnisch auszuhängen. In Selbsthilfe initiierte polnische Privatschulen wurden verboten. Der staatliche und gesellschaftliche Druck auf die polnischen Zuwanderer führte im rheinisch-westfälischen Gebiet zur Gründung zahlreicher polnischer Selbsthilfeorganisationen.

2 Privilegien für Fremde

a) Edikt des Grafregenten von der Lippe, 1685:

Die Rechte, Freiheiten und Privilegien, die seine Exzellenz Franzosen und anderen refomierter Religion, die sich in seinem Lande niederlassen wollen bewilligen will.

1. Wir versprechen ihnen für sie einen Prediger zu unterhalten und, wenn es nötig ist, auch in etwa zur Unterhaltung eines Schullehrers beizutragen …

4. Wir versprechen ihnen an Eides statt, dass sie ihrem Glauben und Leben gemäß der Landessitte in Gegenwart und Zukunft auf jeden Fall, desgleichen auch ihre Kinder und Erben, Recht und Schutz wie alle unsere Untertanen genießen sollen …

6. So werden wir dafür Sorge tragen, dass sie bei ihrer Ankunft nicht allein Häuser zum Wohnen, sondern auch Getreide und Geld für ihre Nahrung zur Verfügung haben. Zu ihrer Erleichterung wollen wir ihnen zu gleicher Zeit Mittel liefern für ihre Existenz: Wolle, Flachs, Garn, nützliches Gerät und überhaupt alles andere Notwendige, dass sie später in der Lage sind, ihr Brot zu verdienen. 26.11.1685

Zit. nach: Jubiläumszeitschrift Hugenotten in Lippe 1685–1985, Lippische Landeskirche 1985.

b) Gründungsurkunde des „Collège français“, einer späteren Berliner Eliteschule, 1689:

Wir (der Kurfürst) haben beschlossen, behufs der Erziehung der Kinder der Réfugiés (Flüchtlinge) auf Unsere Kosten ein Gymnasium zu gründen, in welchem, wie dies in Frankreich geschieht, die Kinder nicht nur zur Gottesfurcht und zu guten Sitten erzogen, sondern auch unentgeltlich im Lateinischen, in der Beredsamkeit, der Philosophie und der Mathematik unterrichtet werden, um einst dem Staate dienen zu können …

Zit. nach: Praxis Geschichte: Glaubensflüchtlinge, Heft 3/1992, S. 22.

3 Auswanderung nach Amerika

Michael Munz, ein Vater von sechs Kindern aus dem württembergischen Möglingen, begründet 1817 seinen Auswanderungswunsch:

Ich weiß weiter keine Ursache anzugeben, weßwegen ich auswandere, als daß ich bei dem gegenwärtigen schlechten Verdienst und bei der großen Theuerung meine Familie nicht erhalten kann. Ich habe Nachricht von Verwandten in Amerika, welche es dort gut haben …

Zit. nach: G. Moltmann (Hg.), Aufbruch nach Amerika. Die Auswanderungswelle von 1816/17. Stuttgart 1989 (= 1979), S. 134/35.

4 Bettelnde Emigranten *1795: Längst nicht alle französischen Einwanderer waren erfolgreich. Der in Danzig geborene Künstler Daniel Chodowiecki (1726–1801) ist dafür bekannt, in seinen Gemälden und Radierungen das Leben seiner Zeit treffsicher festgehalten zu haben.*

5 Kopfgeld

Die Gelsenkirchener Zeche „Hiberia“ schrieb 1906 an alle Gastwirte der Provinz Ostpreußen:

Streng vertraulich! Wir bitten die Herren Gastwirte dafür zu sorgen, dass möglichst viele Arbeiter unter 26 Jahren, möglichst unverheiratet, hierher ziehen. Für jeden aus ihrer Ortschaft Zuziehenden zahlen wir Ihnen drei Mark.

Zit. nach: Herbert Spaich, Fremd in Deutschland. Weinheim, Basel 1991, S. 105.

6 Ausländer als Sicherheitsventile

Im Protokoll des VI. Deutschen Arbeitsnachweis-Kongresses, einer Veranstaltung der preußischen Arbeitsverwaltung in Dresden, heißt es 1910:

Die Möglichkeit für die deutsche Industrie, ausländische Arbeiter heranzuziehen, ist besonders wertvoll in den Zeiten der Hochkonjunktur, wenn es gilt, den sprunghaft gesteigerten Bedarf des heimischen wie des ausländischen Marktes zu befriedigen. Andererseits ist die Industrie bei dem Abflauen der Konjunktur und einer Erleichterung des Arbeitsmarktes in der Lage, zunächst die ausländischen Arbeiter abzustoßen, die somit für die einheimischen Arbeiter sozusagen als Konjunkturpuffer, als Sicherheitsventil für deren kontinuierliche Beschäftigung dienen.

Zit. nach: Herbert Spaich, Fremd in Deutschland. Weinheim, Basel 1991, S. 102.

7 ***Deutsche Auswanderer*** *auf dem Weg nach Amerika (Radierung von W. Roemer, 1898). Hungersnöte, soziales Elend, fehlende Arbeitsplätze und nach der gescheiterten Revolution von 1848 politische Verfolgung veranlassten bis zum Ende des 19. Jahrhunderts fünf Millionen Menschen Deutschland zu verlassen.*

8 *Nehmen Fremde Arbeit weg?*

a) *Ein Protestschreiben von Arbeitern, die beim Bau des Dortmund-Ems-Kanals mitwirkten, aus dem Jahr 1892:*

Der Unterzeichnete und mehrere andere deutsche Arbeiter haben seit zwei Monaten treu und fleißig am Dortmund-Ems-Canal als Erdarbeiter ihre Pflicht und Schuldigkeit gethan und wurden am 21. d. Monats in der arbeitslosesten und traurigsten Winterzeit entlassen, während man Ausländer (Holländer, Italiener, Belgier und Russen) weiter beschäftigt! Wir bitten die vorgesetzte Behörde dringend, doch besser für die armen deutschen Arbeiter einzutreten, und fragen hierdurch öffentlich an, ob ein solcher Wunsch nicht gerechtfertigt und patriotisch ist. Mehrere Arbeiter des Dortmund-Ems-Canals bei Olsen. Namens derselben: W. Helwig in Aplerbeck

Zit. nach: Wolfgang R. Krabbe, Arbeitssituation und soziale Lage der Arbeiter beim Bau des Dortmund-Ems-Kanals; in: Das Schiffshebewerk Henrichenburg, Hagen 1985, S. 25.

b) *Der Historiker Otto Hue, der der deutschen Gewerkschaftsbewegung nahe stand, schreibt 1913 in seinem Buch „Die Bergarbeiter. Historische Darstellung der Bergarbeiterverhältnisse von der ältesten bis in die neueste Zeit":*

Dass die massenhafte … Zuwanderung aus Gebieten mit viel niedrigeren Löhnen und an vergleichsweise weit schlechtere Lebenshaltung gewöhnter Bevölkerung keinen verbessernden Einfluss auf die wirtschaftlichen Verhältnisse der Ruhrgebietarbeiter ausüben konnte, ist leicht begreiflich. Ehe die Einwanderer sich einleben, werden sie als die „musterhaft" willigen und genügsamen Arbeitskräfte ausgenutzt … Die herangeschleppten Leute selbst haben gewiss selten das Bewusstsein Lohndrücker zu sein …

Zit. nach: H. Spaich, Fremd in Deutschland. Weinheim, Basel 1991, S. 107.

9 *Eifersüchtig auf „polenta-essende Fremdlinge"*

Regensburger Tagblatt vom 10. Juni 1871:

Vor einigen Tagen wurde in Etterzhausen ein Verbrechen begangen, dessen Urhebern man trotz sorgfältigster Nachforschungen bisher nicht auf die Spur gelangen konnte. Im dortigen Gasthause waren nämlich einige Italiener, welche beim Bahnbau beschäftigt sind, anwesend und begaben sich dieselben … ziemlich früh auf den Heimweg. Um eine Ecke biegend wurden dieselben plötzlich von zwei Burschen überfallen, und erhielt einer der drei Italiener einen tödlichen Messerstich in das Genick … Man schiebet in hiesiger Gegend das Motiv dieser Unthat dem Umstand zu, daß bei den Felsarbeiten viele Italiener beschäftigt sind, und einheimische Burschen sich durch deren Thätigkeit in der Aussicht auf hohen Verdienst beeinträchtigt glauben; doch macht sich von anderer Seite auch die Meinung geltend, daß hier Eifersucht im Spiele gewesen sei, weil ein großer Theil der Etterzhauser „Damenwelt" für die Huldigungen der polenta-essenden Fremdlinge sehr empfänglich sein soll.

Zit. nach: Sabine Epner u. a., Polenta-essende Fremdlinge. Schlaglichter zur Geschichte der Italiener in Regensburg. Beitrag zum Schülerwettbewerb Deutsche Geschichte 1988/89, Nr. 10735.

a) Wann, wie und mit welchen unterschiedlichen Motiven wurden Arbeitskräfte nach Deutschland geholt (VT, M2, M5, M6)? Warum wanderten andere aus (M3, M7)?

b) Beschreibe, wie die Zuwanderer auf ihre neue Lebenssituation in Deutschland reagierten. Finde Erklärungen dafür im VT und in M1 und M4.

c) In welchen Lebensbereichen kam es besonders zu Konflikten zwischen Fremden und Einheimischen? Erläutere mögliche Ursachen (M8, M9).

2. Nach Deutschland verschleppt – aus Deutschland geflohen (1914 bis 1945)

Vom Saisonarbeiter zum Zwangsarbeiter

Nach amtlichen Schätzungen waren in den Jahren vor dem Ersten Weltkrieg rund 1,2 Millionen ausländische Arbeiter in Deutschland beschäftigt. Sie unterlagen scharfen Einwanderungskontrollen. Besonders durch befristete Arbeitsverträge versuchten die Behörden eine dauerhafte Zuwanderung zu verhindern. Nach Kriegsausbruch 1914 sah man das anders: Den aus dem „feindlichen" Ausland stammenden Arbeitern wurde nun die Rückkehr in die Herkunftsländer verboten, denn man benötigte ihre Arbeitskraft, um in Landwirtschaft und Industrie die Produktion aufrechtzuerhalten. Die ausländischen Arbeiter wurden „zwangsverpflichtet" und zusammen mit Kriegsgefangenen in privaten Unternehmen eingesetzt. Nur durch den massiven Einsatz von Kriegsgefangenen konnte bis 1918 die Kriegswirtschaft aufrechterhalten werden. So waren z. B. im August 1916 von den ca. 1,6 Millionen Kriegsgefangenen 45 Prozent in der Landwirtschaft und 20 Prozent in der Industrie eingesetzt. Im Bergbau machten die Kriegsgefangenen 14 Prozent der Gesamtbelegschaft aus; bei der Zeche Westphalia in Dortmund waren es sogar 28 Prozent.

Zum „Arbeitseinsatz" nach Deutschland verschleppt

Im nationalsozialistischen Deutschland war bis 1938 der Anteil der ausländischen Beschäftigten zunächst gering. Das änderte sich grundlegend mit Ausbruch des Zweiten Weltkriegs. Ausländerbeschäftigung mündete bald in millionenfache Sklaverei. Vorwiegend aus Osteuropa deportierten die Deutschen „Fremdarbeiter" für den Arbeitseinsatz. Ebenso zwang man Kriegsgefangene und KZ-Häftlinge unter menschenunwürdigen Bedingungen zu arbeiten. Im August 1944 standen im Reich insgesamt 7,8 Millionen ausländische Zivilarbeiter und Kriegsgefangene im „Arbeitseinsatz", zuzüglich etwa einer halben Million vorwiegend ausländischer KZ-Häftlinge. Über 30 Prozent aller in Deutschland Beschäftigten waren damit Ausländer; darunter Albaner, Belgier, Dänen, Franzosen, Griechen, Holländer, Italiener, Jugoslawen und in der Hauptsache Polen sowie Bürgerinnen und Bürger aus der Sowjetunion.

Nicht irgendwo, sondern an jedem Ort

Im Gegensatz zur Ermordung der Juden, Sinti und Roma hinter den Stacheldrähten der Vernichtungslager waren Hunger und Tod der Zwangsarbeiter in der deutschen Öffentlichkeit kaum zu übersehen. In Fabriken, bei den Aufräumarbeiten nach Bombenangriffen, in der Landwirtschaft wurden mit den Ausländern die Lücken geschlossen, die durch die Einberufungen der deutschen männlichen Bevölkerung zur Wehrmacht entstanden waren. Die „Fremdarbeiter" und „Fremdarbeiterinnen" wurden nur als „Menschenmaterial" betrachtet, das skrupellos bis zum Tod „genutzt" werden konnte. Viele Zwangsarbeiter fanden infolge der schlechten Ernährung und Unterbringung den Tod. Von den deutschen Sicherheitsbehörden wurden die Ausländer als große Gefahr betrachtet. Nach einem ausgeklügelten System der inneren Hierarchisierung der Ausländer sollte Solidarität unterbunden werden. Arbeiter aus Westeuropa wurden bevorzugt und hatten vielfach Aufseherfunktionen gegenüber den „Ostarbeitern" und russischen Kriegsgefangenen. Anordnungen und Strafen waren genauestens festgelegt. Schikanen und Misshandlungen standen auf der Tagesordnung: vom Entzug des wenigen Essens bis zu Erschießungen wegen Brotdiebstahls. Manche Deutsche, die nicht über die Not dieser Menschen hinwegsahen, versuchten zu helfen und steckten z. B. Nahrungsmittel zu.

1 Rechts: **Sowjetische Kriegsgefangene und Zwangsarbeiter** in Münster.

Unten: **Mehrsprachiges Hinweisschild** in einem deutschen Unternehmen. Ob in den Fabriken oder auf der Straße: Ausländische Arbeiter waren nicht zu übersehen.

Displaced Persons – Entwurzelte unterwegs

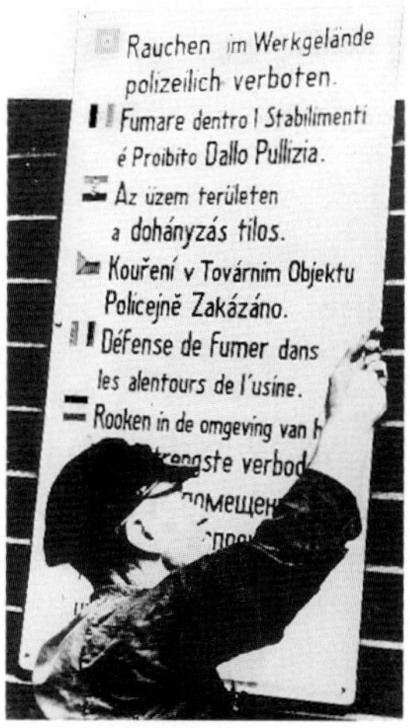

Mit dem Einmarsch der alliierten Truppen war der Leidensweg für verschleppte Ausländer – jetzt in der amerikanischen Verwaltungssprache DP, displaced persons, genannt – nicht zu Ende. 1945 waren nach Schätzungen zehn bis zwölf Millionen ehemaliger Kriegsgefangener und Zwangsarbeiter in dem zerstörten Deutschland unterwegs. Diese Menschen mussten untergebracht und ernährt werden. Außerdem war der Rücktransport in ihre Heimatländer zu organisieren. Viele Ausländer, vor allem Ostarbeiter, konnten oder wollten nicht zurück, weil sie in ihren Heimatländern Strafen wegen (angeblicher) Kollaboration mit den Deutschen befürchten mussten. Die Deutschen wiederum hatten Angst vor Racheakten der befreiten Ausländer, zu denen es auch immer wieder kam, gleichzeitig suchten sie Kontakt zu den DP, weil diese besser mit begehrten Tauschwaren wie Zigaretten und Schokolade ausgestattet waren. Gerade diese Schwarzmarktgeschäfte aber brachten die ca. 1500 Ausländerlager vielfach in einen schlechten Ruf. Auch wenn von den Behörden ab 1948 das DP-Problem weitgehend als gelöst betrachtet wurde, blieben ca. 500 000 Menschen als „heimatlose Ausländer" in den Westzonen. Aus dem ehemaligen DP-Lager in Zirndorf wurde das „Bundesamt für die Anerkennung ausländischer Flüchtlinge".

Deutsche brauchen Asyl

Viele Deutsche mussten nach dem Januar 1933 ihre Heimat verlassen, wenn sie überleben wollten. Sie flohen, weil sie wegen ihrer Rasse, ihrer Weltanschauung, ihrer Religion, ihrer Parteizugehörigkeit oder ihrer Sexualität verfolgt wurden. Deutsche emigrierten in über 80 Länder. Die USA nahmen die meisten der Flüchtlinge auf, die zum Teil allerdings nur illegal oder mit privater Unterstützung von Flüchtlingshelfern dort einreisen konnten. Willkommen waren die Deutschen nicht überall. In Frankreich wurden alle Deutsche zunächst aus Angst vor Spionage und Kollaboration mit den Feinden nach Kriegsausbruch in Internierungslagern gesammelt und von der einheimischen Bevölkerung isoliert. Den wirtschaftlich und psychisch schwierigen Überlebenskampf im Ausland beendeten manche Exilanten mit Selbstmord, so Kurt Tucholsky 1935 in Schweden oder Ernst Toller 1939 in den USA. Die Erfahrung der überlebenden Exilanten bewog nach 1947 die verfassunggebende Versammlung, den Parlamentarischen Rat, das Asylrecht im Grundgesetz der Bundesrepublik festzuschreiben. Artikel 16 lautet: Politisch Verfolgte genießen Asyl.

2 Zwangsarbeiter aus der Sowjetunion

a) Die amtliche Begründung und Anweisung: Fritz Sauckel, Generalbevollmächtigter für den Arbeitseinsatz, 20. April 1942:

Trotz der Tatsache, dass die meisten deutschen arbeitsfähigen Menschen in der anerkennenswertesten Weise ihre Kräfte für die Kriegswirtschaft bereits eingesetzt haben, müssen unter allen Umständen noch erhebliche Reserven gefunden und freigemacht werden.
Es ist daher unumgänglich notwendig, die in den eroberten sowjetischen Gebieten vorhandenen Menschenreserven voll auszuschöpfen. Gelingt es nicht, die benötigten Arbeitskräfte auf freiwilliger Grundlage zu gewinnen, so muss unverzüglich zur Aushebung derselben bzw. Zwangsverpflichtung geschritten werden. Neben den schon vorhandenen, noch in den besetzten Gebieten befindlichen Kriegsgefangenen gilt es also, vor allem Zivil- und Facharbeiter und -arbeiterinnen aus den Sowjetgebieten vom 15. Lebensjahr ab für den deutschen Arbeitseinsatz zu mobilisieren …

Zit. nach: Das Geheimnis der Versöhnung heißt Erinnerung – Zwangsarbeiter und Kriegsgefangene im „Dritten Reich", Ausstellungskatalog, Körber-Stiftung,. Hamburg 1989, S. 10.

b) die Ausführung: das Beispiel Kiew
Nach der Besetzung der Stadt Kiew durch die Deutsche Wehrmacht im April 1942 erließ der Oberbürgermeister folgenden Befehl an die örtlichen Bezirksverwaltungen:

Durch Befehl des Stadtkommissariats ist die Stadtverwaltung beauftragt worden, die freiwillige Ausreise arbeitsfähiger Einwohner der Stadt Kiew im Alter von 16 bis 55 Jahren (mindestens 20 000 Personen) zur Arbeit nach Deutschland zu organisieren. Ich verpflichte Sie dafür zu sorgen, dass sich ab 7. April dieses Jahres täglich – auch an Feiertagen – mindestens 50 Mann aus jedem Stadtbezirk in der Lwokskaja Straße 24 melden. Die Arbeiter müssen Winter- und Sommerkleidung mitbringen. Wer sich böswillig der Arbeitspflicht entzieht, ist polizeilich vorzuführen.

Zit. nach: H. Spaich, Fremd in Deutschland. Weinheim, Basel 1991, S. 174.

c) die Bedarfsmeldung
Schreiben einer Gevelsberger Firma an den Stadtdirektor, 3. März 1943:

Wir benutzen die Gelegenheit, um Ihnen mitzuteilen, dass wir dem Arbeitsamt gemeldet haben, dass wir demnächst gern 15 russische Kriegsgefangene haben möchten. Es wird Ihnen bekannt sein, dass z. Zt. russische Kriegsgefangene nicht zu haben sind. Wir werden also warten müssen, bis im Frühsommer wieder neue Russen gefangen werden. Wenn wir die vorerwähnten Russen zugeteilt bekommen, dann möchten wir gern diese 15 Mann in das Lager Rocholz legen. Soweit wir unterrichtet sind, ist genügend Platz frei, und wir wären Ihnen dankbar, wenn sie vornotieren wollten, … dass wir dann auf bis zu 15 Betten reflektieren.

Zit. nach: Bert Hoppe, Verdrängte Geschichte. Fremdarbeiter in Gevelsberg 1940–1947. Gevelsberg 1991, S. 13.

3 Umgang mit Kriegsgefangenen

a) Gevelsberger Zeitung, 20. Mai 1941:

Wiederholt ist bekannt gegeben worden, dass jeder persönliche Umgang mit Kriegsgefangenen verboten ist. Dies sollte für jeden Deutschen auch selbstverständlich sein. Der Kriegsgefangene hat gegen das deutsche Volk gekämpft, er gehört zu denen, die uns feindlich sind oder waren. Daraus ergibt sich die Haltung eines jeden Deutschen von selbst …

Zit. nach: Bert Hoppe, a. a. O., S. 35.

b) Gevelsberger Zeitung, 11. Juni 1942:

Junge Mädchen in Schutzhaft genommen. Wegen Umgangs mit Tschechen mussten einige junge Mädchen von der Polizei zur Verantwortung gezogen bzw. in Schutzhaft genommen werden. Immer wieder ist in der Presse darauf hingewiesen worden, dass der Umgang mit ausländischen Arbeitern für die betreffenden jungen Mädchen oder Frauen mit der Gefahr verbunden ist, von der zuständigen Polizei geahndet zu werden. Wer eben nicht hören will, muss fühlen.

Zit. nach: Bert Hoppe, a. a. O., S. 117.

c) Jan Zandee wurde als 18-Jähriger 1943 zur Zwangsarbeit in das Werk Untertürkheim der Firma Daimler-Benz verschleppt. 1994 berichtet er in einer deutschen Lokalzeitung über seine Erinnerungen:

Im Lager gab es sehr schnell Ungeziefer. Mein Freund Willem, den ich in Deizisau kennen lernte, machte den Vorschlag, ein Zimmer zu mieten. Das war nicht einfach. An einem freien Samstagmittag sind wir in die Stadt reingegangen und haben zwei Stunden lang überall geklingelt und gefragt, ob sie Zimmer zu vermieten hätten. Überall hatte es geheißen: „Noi, das hammer net." Wir haben uns dann entschlossen, eine Annonce aufzugeben. Einige Tage später bekamen

3 *d) Werksausweis des Holländers Jan Zandee (vgl. 3c)*

wir einen Brief, in dem wir zu einem Gespräch eingeladen wurden. Wir sind dann zur Frau Mergenthaler gegangen. Sie hat uns Vollpension und Wäschebesorgung für 10 Mark die Woche angeboten. Wir brauchten keine Minute nachdenken, wir sind gleich eingezogen. Sie hat 13 Monate für uns gesorgt wie eine Mutter. Wir haben miteinander geteilt und waren im Haus so zu Hause, als ob wir in Holland wären. Das Radio stand uns zur Verfügung, wir haben monatelang Nachrichten von Radio London in holländischer Sprache anhören können … Es hat immer Spannungen gegeben zwischen den Ausländern und den Deutschen. Noch bis Ende 1944 hat die Bevölkerung Abstand gehalten. Kaum kam ich z. B. zum Frisör zum Haarschneiden, fing er an, auf unsere „Königin Wilhelmina“ zu schimpfen, sie sei eine Hure. Ich bin immer schnell wieder gegangen.

Jan Zandee, Erinnerungen eines niederländischen Zwangsarbeiters, in: Fellbacher Blätter XXX 1994.

***e)** Aus dem Brief eines Polen nach Hause, 1940:*
Oftmals frage ich mich, warum sie uns wie Arbeitstiere behandeln. Warum haben wir keine Rechte und nur schwere Pflichten? Sie brauchen uns doch, wir arbeiten über unsere Kräfte für elende Verpflegung, man darf uns schlagen und missachten und um uns herum zeigt niemand auch nur eine Spur von Mitgefühl …

Zit. nach: J. August u. a., Herrenmenschen und Arbeitervölker. Ausländische Arbeiter und Deutsche 1939–1945. Berlin 1986, S. 109, in: Praxis Geschichte, Heft 3/1994, S. 31.

4 ***Deportation und Lagerleben***

***a)** Eine Jugoslawin, geb. 1921, berichtet 1988 in einem Interview, wie sie zur Zwangsarbeit nach Deutschland verschleppt wurde:*
Es war 1941. Die Deutschen hatten uns Ausgangssperre gegeben. Als ich einmal noch nach 19 Uhr auf der Straße war, fingen sie mich. Ich musste unterschreiben „Ich bin gewillt, in Deutschland zu arbeiten“. Dann schob man mich in einen Lastwagen. Als der Wagen voll mit jungen Leuten war, fuhren sie uns nach Maribor. Dort wurden wir von Ärzten untersucht und in Gruppen eingeteilt, je nachdem wo wir hin sollten. Wir schliefen auf Brettern und hatten keine Decken. Als ich mit 30 anderen Frauen nach Troisdorf kam in die damals noch nicht so große Firma Dynamit Nobel, wohnten wir in einer Baracke, die nur aus einem einzigen Raum bestand. Es waren viele Fremdarbeiter da. Weißrussen, Franzosen, Belgier, Polen, Tschechoslowaken.
Frage: Konnten Sie sich frei bewegen?
Nein, wir waren zuerst nicht frei. Wir wurden von der Werkspolizei zur Arbeit geholt und zurückgebracht. Wir mussten schwere Arbeit leisten und wir hatten großen Hunger. Wir bekamen pro Tag 140 gr. Brot und eine Kartoffel. Manchmal etwas Fleisch, aber das war so dünn, dass wir scherzhaft sagten: „Durch das Fleisch kann man Jugoslawien sehen.“

Dzenita Hamzic, Troisdorf – Heimat für uns Fremde? Beitrag zum Schülerwettbewerb Deutsche Geschichte 1988/89, Nr. 10822.

4 ***b)*** *Zeichnung eines ehemaligen Häftlings aus dem Konzentrationslager Sachsenhausen.*

c) *Der Holländer Georg D. schreibt 1982:*

Am 5. Juli 1943 werde ich dazu verpflichtet, mich am 9. Juli 1943 morgens um 7.30 Uhr am Bahnhof zu melden. Werde ich mich da nicht einstellen, dann wusste ich – nach drei Besatzungsjahren – schon, was das zu bedeuten hat: Konzentrationslager.

Wir sind mit dem Zug nach Soest gefahren und sollten dort eingesetzt werden bei der Firma L. A. A. Westfalen. Aber als wir da ankamen, war es schon Nacht und werden wir in einen großen Saal mit Stroh auf den Boden zum Schlafen untergebracht. Es gab nichts zum Essen und wir könnten nirgendwohin, denn wir werden überwacht von Soldaten. Dann wurden wir ins Lager gebracht. Das Lager bestand aus hölzernen Baracken, verteilt in Stuben, ca. 6 × 6 m groß, wo 12 Mann wohnen und schlafen mussten. Es gab kein Wasser oder Toilette, dazu musste man hinausgehen in eine andere Baracke. Es gab viele Baracken mit u. a. Holländer, Franzosen, Polen, Belgier und Russen.

Zit. nach: Das Geheimnis der Versöhnung heißt Erinnerung. Ausstellungskatalog, S. 17.

d) *Ein Bergmann aus Recklinghausen:*

Wenn man morgens etwas früher zum Schacht kam, konnte man sehen, wie sie anmarschierten, die Russen, rechts und links ein Aufseher mit Gummischlauch in der Hand. Und wenn einer nicht mitkam, war die Parole: „Bloß immer drauf, aber feste!“ Es gab sogar Bergleute, die geschlagen haben! Diese Leute waren übergeschnappt; auf einmal hatten sie welche unter sich, an denen sie ihre Wut ablassen konnten.

Zit. nach: J. August, in: Praxis Geschichte, Heft 3/1994, S. 31.

a) Beschreibe die Haltung von Behörden und Unternehmen gegenüber den ausländischen „Mitarbeiterinnen“ und „Mitarbeitern“ (VT, M1, M2, M3). Welche Gründe werden deutlich?

b) Stelle die verschiedenen Reaktionen der Einheimischen gegenüber Zwangsarbeiterinnen und Zwangsarbeitern zusammen (VT, M3, M4). Welche Motive für das jeweilige Verhalten werden deutlich, welche lassen sich vermuten? Redet in der Klasse darüber, ob und wie sich das Verhalten bewerten lässt. Berücksichtigt dabei die Zeitumstände.

c) Beschreibe Art und Weise der Deportation (M2, M4).

d) Versuche herauszufinden, wo in deiner Gegend Ausländer im Ersten und Zweiten Weltkrieg zur Arbeit gezwungen wurden. Was mussten sie tun? Was dachten und wussten die Einheimischen? Informiere dich in Zeitungs-Archiven oder suche Zeitzeugen.

3. Flüchtlinge, Vertriebene und „Gastarbeiter“ – Zuwanderung nach Deutschland seit 1945

„'s Lumpenpack soll wieder hoim“

Kurz vor und nach dem Ende des Krieges 1945 mussten 12 Millionen Deutsche ihre Heimat verlassen. Aus den ehemaligen Ostgebieten wurden sie vertrieben oder flohen vor der heranrückenden Roten Armee. Die deutschen Fremden – Umsiedler oder Heimatvertriebene genannt – siedelten sich im Gebiet der heutigen Bundesrepublik an. Städte und Gemeinden bemühten sich die Neuankömmlinge unterzubringen und zu versorgen, was jedoch besonders in den zerbombten Städten nicht einfach war. Vielfach hatten die Flüchtlinge und Vertriebenen das Gefühl, unerwünscht zu sein, denn sie wurden nicht selten von den Einheimischen mit Ablehnung betrachtet. Der fremde Dialekt und die „falsche Religion“ machten die Vertriebenen aus Sicht der Einheimischen zu ungewollten Fremdkörpern. In den zerbombten Orten mochte man ungern mit den noch ärmeren Landsleuten teilen. „'S Lumpenpack soll wieder hoim“, hieß es. Gerade in ländlichen Gebieten dauerte es vielfach Jahrzehnte bis die Vertriebenen als Nachbarn akzeptiert wurden, auch in größeren Städten hatten die in den 50er Jahren gebauten Flüchtlingssiedlungen einen schlechten Ruf. Doch lässt sich aus heutiger Sicht sagen, dass die Integration glückte und zu den großen Leistungen der Deutschen in der Nachkriegzeit gezählt werden kann.

Das Wirtschaftswunder braucht Helfer

Die deutschen Flüchtlinge wurden in Notunterkünften untergebracht. Nicht selten waren es die Baracken, in denen zuvor die unter der nationalsozialistischen Herrschaft verschleppten Arbeitskräfte gelebt hatten. Diese Behausungen blieben ab Mitte der 50er Jahre, nachdem die Vertriebenen bessere Unterkünfte gefunden hatten, in einigen Orten nicht lange leer. Für die „Gastarbeiter“, die den Arbeitskräftemangel beheben sollten und dann ihren Teil zum deutschen Wirtschaftswunder beitrugen, waren vielfach die Barackenlager wieder gut genug. Mit der deutsch-italienischen Vereinbarung von 1955 über die Anwerbung von Arbeitskräften begann die „Gastarbeiter“beschäftigung im westlichen Nachkriegsdeutschland. Weitere bilaterale Vereinbarungen wurden von der Bundesrepublik zwischen 1960 und 1968 mit Jugoslawien, Griechenland, Korea, Marokko, Portugal, Spanien, Tunesien und der Türkei getroffen.

Anwerbebüros im Ausland

Die Bundesanstalt für Arbeit richtete in den Hauptstädten dieser Länder „Anwerbebüros“ ein. Sie leitete die Bedarfswünsche der einzelnen Unternehmen an die verschiedenen Büros weiter, die die künftigen „Gastarbeiter“ dann rekrutierten. Großangelegte Werbekampagnen der westdeutschen Arbeitsverwaltungen luden mit Filmen, Broschüren und Plakaten zum Aufbruch ins Land der anscheinend unbegrenzten Möglichkeiten ein. Nur wenige Voraussetzungen hatten die Reisewilligen zu erfüllen: jung, kräftig und gesund sollten sie sein.

Familien kamen nach

Auch in den 50er Jahren dachten die Verantwortlichen in Industrie und Politik zunächst nur an die Arbeitskräfte, die für den westlichen Wirtschaftsboom benötigt wurden. „Aber es kamen Menschen“, wie der Schriftsteller Max Frisch zutreffend bemerkte; Menschen, die zunächst nur einen Arbeitsplatz auf Zeit suchten und möglichst viel Geld für die Rückkehr sparen wollten. Dafür nahmen die ausländischen Arbeiter nicht nur schwerste Arbeitsbedingungen, sondern auch allereinfachste Wohnverhältnisse in Kauf. Mit der Zeit kamen jedoch die Familienangehörigen nach und der Aufenthalt verlängerte sich.

1 Flüchtlingstreck *aus Ostpreußen auf der Flucht vor der sowjetischen Armee im Januar 1945.*

Einwanderungsland Deutschland

Auch in der ehemaligen DDR wurden ausländische Arbeitskräfte angeworben. Ihre offizielle Bezeichnung lautete „Ausländische Vertragsarbeiter“. Menschen aus Vietnam, Kuba, Moçambique, Polen und Angola wurden aufgrund zwischenstaatlicher Verträge zeitlich befristet bis zu fünf Jahren in DDR-Betrieben beschäftigt. Vor der Vereinigung lebten ca. 160 000 Vertragsarbeiter in der DDR. Infolge eines komplizierten Wechselspiels zwischen aufenthalts- und arbeitsrechtlichen Regelungen blieben die Lebensperspektiven der „ausländischen Werktätigen“ nach der Wende sehr unsicher. Viele wurden und werden ungewollt in ihre Heimatländer abgeschoben.

Als Reaktion auf wirtschaftliche Probleme wurde 1973 von der Bundesregierung ein „Anwerbestop“ für „Gastarbeiter“ erlassen. Mit Rückkehrprämien versuchte man die „Gäste“ nun wieder loszuwerden. Der Wunsch, schnell ins Herkunftsland zurückzukehren, trat mit steigender Aufenthaltsdauer in Deutschland immer zurück. Besonders für die Kinder der „Gastarbeiter“ ging der Bezug zum Herkunftsland der Eltern zunehmend verloren. Als „Deutschländer“ fühlen sich viele dort bereits fremder als in Deutschland, wo sie jedoch weiterhin Ausländer sind. 80 Prozent aller in Deutschland lebenden ausländischen Jugendlichen sind bereits hier geboren. Migrationsforscher und Praktiker der Ausländerarbeit beurteilen daher die Situation des Großteils der ausländischen Minderheit in der Bundesrepublik als eine Einwanderungssituation ohne Einwanderungsland.

Eine neue Völkerwanderung?

Um Armut, politischer Verfolgung und Krieg zu entkommen, verlassen seit Mitte der 80er Jahre weltweit immer mehr Menschen ihre Heimat. Neben Flüchtlingen aus der „Dritten Welt“ nimmt besonders die Zahl der Menschen zu, die aus Osteuropa kommend in den reichen westlichen Industrienationen auf eine (Über-)Lebenschance hoffen. Angesichts dieser Wanderungsbewegungen sprechen einige von einer neuen Völkerwanderung. Sie hat in den letzten Jahren in Deutschland auch die Situation der Ausländer verändert. Fast alle bekommen sie die Skepsis gegenüber Fremden zu spüren, die mit steigendem wirtschaftlichem Druck in der deutschen Bevölkerung zunimmt und bei rechtsradikalen Gruppen Formen menschenverachtenden Terrors angenommen hat. Demonstrationen, an denen Hunderttausende teilnehmen, sowie Initiativen, die sich für die Würde, die Rechte und den Schutz der Ausländer einsetzen, zeigen, dass eine große Mehrheit derartiges verabscheut. Vieles wird in Zukunft davon abhängen, wie die Industrieländer auf die großen Wanderungsbewegungen reagieren. Gelingt es, griffige Konzepte zu entwickeln, um die Migrationsursachen in den Herkunftsländern zu beheben?

2 ***Notunterkunft einer deutschen Flüchtlingsfamilie*** *in Berlin im Jahre 1945*

3 ***Vertriebene und Einheimische erinnern sich***
Es gibt viele Jugendliche, die im Rahmen des Schülerwettbewerbs Deutsche Geschichte um den Preis des Bundespräsidenten Erfahrungen mit Zeitzeugeninterviews gesammelt haben. Der Wettbewerb ruft alle zwei Jahre zur lokalgeschichtlichen Spurensuche auf. Es folgen Auszüge aus Wettbewerbsarbeiten zum Thema „Unser Ort – Heimat für Fremde?":

a) *Bericht eines ehemaligen Landwirts (Jahrgang 1904), dessen Frau zusammen mit den vier Kindern aus Schlesien vertrieben wurde:*
Im Juli 1946 kam der Befehl sich in zwei Stunden auf dem Kirchplatz nur mit Handgepäck zu versammeln. Die Jüngste war noch im Sportwagen (Kinderwagen), da kann eine Frau mit vier Kindern nicht viel mitnehmen. Der Elendszug war 14 Tage unterwegs. In Siegen war die Bahnfahrt zu Ende, so ging es mit Lkw nach Brüninghausen bei Lüdenscheid. Für eine Frau mit vier Kindern gab es keine Wohnung, so kam sie in eine Baracke, wo schon alles voll war mit Leuten aus anderen Gegenden. Nun gab es Lebensmittelmarken, aber kein Bett, Tisch, Stuhl oder Topf. Wenn die Kinder im Dorf nach etwas fragten, hieß es: Wenn ihr etwas gehabt hättet, konntet ihr etwas mitbringen, für das polnische Volk haben wir nichts. Die Vertriebenen wurden ja alle als Polen betrachtet …

b) *Frau Rode, gebürtige Meschederin berichtet über ihre Erlebnisse 1945 in ihrer Heimatstadt:*
Ich erinnere mich, dass eines späten Abends ein Zug eine Menge Schlesier nach Meschede brachte. Sie sollten hier unterkommen. Wir alle hatten eine schwere Zeit, wir wussten oft nicht ein noch aus, alles war knapp. Wir hatten auch keine Unterkunft. Diese Leute standen vor dem Nichts und wir hatten nichts … Auf der Wiese bei der Ruhr standen große Baracken und dann brachte man die Leute dorthin … Ich fühlte mich hilflos, aber ich wollte doch etwas tun. Und ich ging hin und half wenigstens beim Essenverteilen und kam mit den Leuten ins Gespräch. Sie mussten also zunächst dort wohnen bleiben. Dann versuchte ich eine Zeit lang, ob ich wenigstens einige Tage einige bei uns unterbringen konnte. Aber das nützte eigentlich nichts, wir hatten ja auch nichts an Verpflegung zu bieten. Aber nach und nach konnte man etwas tun: Ich sprach andere Menschen an, die ich kannte, ich sprach auch fremde Menschen an, um den Zugezogenen, die nun unsere Freunde werden sollten, etwas Arbeit zu vermitteln. Das war natürlich sehr mühsam. Ich hatte in Meschede einen Kindergarten eingerichtet und ich konnte nacheinander zwei schlesische Mädchen einstellen als Kindergärtnerinnen. Eine war zwar Krankenpflegerin, aber so geschickt und tüchtig, sie schaffte das gut, mit den Kindern fertig zu werden, und die zweite ebenfalls. Die bekamen aber ein ganz kümmerliches Gehalt, nur ein paar Mark …

Klasse 11 b des Gymnasiums der Stadt Meschede, Die Integration der Vertriebenen in Meschede 1945–1955. Meschede 1988, S. 196.

c) *Eine Vertriebene erzählt:*
Ich erinnere mich, dass die Lastenausgleichszahlungen bei den Einheimischen viel Neid hervorriefen. Neid kam später auch auf, wenn die Flüchtlingskinder in der Schule bessere Leistungen als Einheimische zeigten. Unser Denken über die Einheimischen war auch von Neid beeinflusst, und zwar darüber, dass die alles hatten und nicht abgeben wollten.

Zit.nach: Christian Rowe, „… aber unsere Heimat bleibt Ostpreußen!" – eine Familiengeschichte, Beitrag zum Schülerwettbewerb 1988/89, Nr. 10504.

d) *Einsichten von Spurensuchern:*
Eines ist uns aber bei den Gesprächen klar geworden: Die Vertriebenen hatten ein schweres Los, das Wunden auf Lebenszeiten schlug. Sie waren praktisch von einem Tag auf den anderen arm, ohne jede Habe, rechtlos, beziehungslos und angewiesen auf die Großzügigkeit anderer Menschen. Wenn Frau R. noch heute berichtet, sie wäre daheim ein „reiches Mädchen" gewesen, dann müssen die Jahre 1945/46 den totalen radikalen sozialen Abstieg für sie bedeutet haben.

Zit. nach: Körber-Stiftung (Hg.), SPUREN Suchen, Heft 3/1989, S. 55.

4 ***„Woche des Ausländischen Mitbürgers".*** *Karikatur um 1987 von Marie Marcks, Heidelberg*

5 ***Dzenita interviewt „Gastarbeiter"***

Dzenita lebt in Troisdorf bei Köln. Ihre Eltern stammen aus Bosnien, wo auch sie ihre ersten Lebensjahre verbrachte. Wann kamen die ersten „Gastarbeiter" aus dem damaligen Jugoslawien nach Troisdorf? Wie lebten sie in Deutschland? Wie lange bleiben Fremde fremd? Als 16-Jährige wollte Dzenita es wissen und machte sich auf die Spur der ersten jugoslawischen „Gastarbeiter" in Köln. Sie erzählt: „Ich suchte zunächst in der Bibliothek nach Literatur. Aber das war schwierig, ich wusste nicht, wo ich anfangen und wo ich aufhören sollte. So entschloss ich mich, zunächst Interviewpartner zu suchen. Ich fragte meinen Vater, wann denn dieser oder jener nach Deutschland gekommen sei. Ich entwarf einen Fragebogen und knüpfte die Kontakte. Dabei fand ich heraus, dass es besonders wichtig war, die Personen einzeln zu befragen, da sie sich sonst nicht trauten, alles zu erzählen oder ihre wahre Meinung – zum Beispiel über die Deutschen – zu äußern."

a) *Dzenita befragte auch Herrn A., der 1969 nach Troisdorf gekommen war und bereits eine Woche nach seiner Ankunft eine Arbeit bei den Klöckner-Manstadt-Werken gefunden hatte.*

Frage: Warum sind Sie hierher gekommen?

A.: Ich war verlobt und wollte heiraten. Ich hatte weder Geld dafür, noch war bei uns zu Hause genug Platz, um noch jemanden aufnehmen zu können. Ich sah auch, dass die Menschen, die schon in Deutschland arbeiteten, Autos und Häuser besaßen. Ich wollte nur zehn Jahre hier bleiben, jetzt sind es 19 Jahre.

Frage: Wie lebten Sie damals in Troisdorf?

A.: Ich lebte in einer Baracke – vier Männer teilten sich ein Zimmer. In der ganzen Baracke gab es eine Küche mit zwei Herdplatten, einen Kühlschrank, heißes und kaltes Wasser, einen Waschraum und zwei Toiletten. Es gab insgesamt 16 Zimmer. Sechs Monate lang bestand mein Leben nur aus Arbeit und Schlaf. Dann heiratete ich und besorgte meiner Frau eine Stelle als Krankenschwester im St.-Josefs-Hospital in Troisdorf. Nun brauchte ich eine Wohnung, Möbel und vieles mehr. Die Wohnung – wir leben jetzt noch in ihr – habe ich trotz meiner schlechten Deutschkenntnisse schon nach drei Wochen bekommen. Möbel bekam ich geliehen – von meiner Firma. Dafür musste ich 5 DM pro Woche bezahlen.

Frage: Wieviel verdienten Sie denn?

A.: 820 DM monatlich, wenn ich 190 Überstunden machte. Wieviel es ohne Überstunden gewesen wäre, weiß ich nicht. Wenn ich davon Wohnungsmiete bezahlte und noch etwas zu essen kaufte, blieben ca. 200 bis 300 Mark übrig.

Frage: Was war denn für Sie neu, als Sie nach Deutschland kamen?

A.: Für mich war neu, dass man hier mehr arbeitete, mehr Verantwortung trug, dann das Klima, die Kultur, die Sprache.

b) *Eine jugoslawische „Gastarbeiterin" aus Troisdorf erzählt Dzenita:*

Mein Mann und ich hatten gerade so viel Geld, dass wir uns etwas zu essen kaufen konnten. Ich suchte nach Arbeit, aber auf dem Arbeitsamt wurde uns nur Arbeit in Deutschland angeboten. Ich nahm diese Arbeit an. Dann wurden wir alle von einem Arzt untersucht. Alle, die nach Deutschland fuhren, trafen sich auf dem Bahnhof. Als ich losfuhr, gab mir jeder aus meiner Familie etwas mit. Wir waren alle sehr aufgeregt. Als wir in München ankamen, bekamen wir eine Suppe und einen Zettel mit einer Zahl. Nach dieser Zahl wurden wir aufgerufen. Erst später wusste ich, dass das die Postleitzahlen der Städte waren, wo wir hinfahren sollten. Als wir endlich ankamen, wussten wir nicht wohin. Ein Mann und eine Frau nahmen unsere Koffer. Wir trotteten ihnen wie Schafe hinterher. Ich hatte furchtbare Angst. Sie brachten uns in ein Haus, drei Frauen in einem Zimmer. Am nächsten Morgen kam eine Frau, die jugoslawisch sprach. Wir waren froh und überrascht. Sie sagte uns, dass wir ihr die Papiere geben sollten für den Chef. Wer Geld brauchte, konnte 50 DM Vorschuss bekommen. So fing alles an.

Dzenita Hamzic: Troisdorf – Heimat für uns Fremde? Beitrag zum Schülerwettbewerb Deutsche Geschichte 1988/89, Nr. 100822.

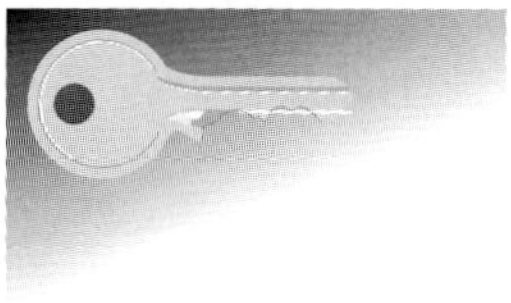

Zeitzeugen befragen – Oral History

Eine Möglichkeit, etwas über die jüngste Vergangenheit zu erfahren, ist die gezielte Befragung von Zeitzeugen. Die Geschichtswissenschaft bezeichnet diese Methode als „Oral history", d. h. mündliche oder erzählte Geschichte. Diese Chance, sich insbesondere vom Alltagsleben und den subjektiven Erfahrungen und Erinnerungen der Menschen der letzten zwei bis drei Generationen ein Bild zu machen, wird von Historikern zunehmend erkannt. Die Interviews stellen auch für spätere Zeiten eine wichtige Quelle dar, weil so einzelne Sichtweisen oder bei Gruppenbefragungen die unterschiedlichen Erinnerungen, z. B. einer Abschlussklasse aus dem Jahr 1958, dokumentiert werden. Wenig sinnvoll sind Interviews, um sich historisches Basiswissen anzueignen; auch sollten die Interviewer nach einigen Befragungen vorsichtig sein, daraus allgemeine Schlussfolgerungen zu ziehen. Bei jedem Interview müssen sich die Fragenden klar machen, dass die Erinnerung durch die Interessen und Emotionen der Erzählenden geprägt sind. Oft vermischen sich mit den Jahren auch ursprüngliche Wahrnehmung und späteres Wissen. Manche Erinnerungen werden von den Zeitzeugen zudem bewusst oder unbewusst ausgeblendet. All diese Faktoren müssen bei der Interpretation der Interviews berücksichtigt werden.

Wer ist Zeitzeuge?

Je nach Themengebiet, über das man Näheres wissen möchte, kann man alle die befragen, die sich bewusst, d. h. in der Regel als ältere Jugendliche oder Erwachsene, an Vorkommnisse zu dem ausgewählten Thema erinnern können: Ob Küchenhilfe in der Flüchtlingsbaracke oder Bürgermeister, ob Personalchefin oder Kumpel unter Tage.

Zeitzeugen suchen

Nahe liegend ist immer, zunächst Verwandte und Bekannte zu fragen, ob sie weiterhelfen können. Über sie erfährt man vielleicht noch weitere Namen und Adressen, bei denen man Auskunft erhält. Findet sich auf diesem Wege niemand, so ist es oft erfolgreich, in einem lokalen Anzeigenblatt oder der örtlichen Zeitung einen kleinen Aufruf veröffentlichen zu lassen: „Schüler und Schülerinnen suchen ..." „Wer kann über das Leben im Stadtteil vor dem Bau des Autobahnzubringers berichten? Bitte melden bei ..." Die Geschichtswerkstatt oder der lokale Geschichtsverein können vielfach ebenfalls Kontakte vermitteln.

Gespräche vorbereiten

In einem Vorgespräch sollte mit den möglichen Gesprächspartnern geklärt werden, ob sie wirklich zum gewünschten Thema Auskunft geben können und wollen. Ein Fragenkatalog sollte dann für das eigentliche Interview vorbereitet werden. Zum Erzählen regen auch alte Fotos an, die man den Zeitzeugen vorlegt oder um die man sie selbst bittet. Oft können Zeitzeugen auch noch alte Dokumente, alte Stadtpläne etc. in ihren Unterlagen finden. Danach sollte man sich vor dem Gespräch erkundigen.

Richtig fragen

Die Zeitzeugenbefragung setzt ein Minimum an Wissen zum Thema voraus. Nur wer schon etwas weiß, kann auch gezielt fragen. Vor dem Gespräch sind die Fragen gut zu überlegen, ein Gesprächsfahrplan sollte schriftlich festgehalten werden. Die Fragen sollten die Interviewpartner zum Erzählen anregen, d. h. offen gehalten sein. Fragen, auf die nur mit Ja oder Nein geantwortet werden kann, sind daher zu vermeiden. Sich krampfhaft an den vorüberlegten Fragen festzuhalten, kann ein Gespräch sehr steif machen. Oft lockert sich die Gesprächsatmosphäre bei Kaffee und Kuchen. Da es meist um sehr persönliche Erinnerungen und Empfindungen geht, muss auf die Gefühle der Zeitzeu-

gen große Rücksicht genommen werden. Die Interviewer können kritisch nachfragen, aber sie sollten den Befragten nicht das Gefühl geben, auf der Anklagebank zu sitzen. „Warum haben Sie nicht dafür gesorgt, dass ...?" – Solche Fragen können Gespräche abblocken. Den Zeitzeugen muss viel Raum für ihre Erinnerungen gelassen werden.
Dazu gehört viel Fingerspitzengefühl und Offenheit. Auf alle Fälle sollten suggestive Fragen vermieden werden, mit dem die Interviewer nur ihre eigenen Erwartungen bestätigt haben wollen. (Ist es eventuell so gewesen, dass ...?)

Wo reden?

Geht es darum, sich die Veränderungen im Stadtteil beschreiben zu lassen, so kann es für das Gespräch sehr anregend sein, z. B. einen gemeinsamen Spaziergang an die historischen Schauplätze zu unternehmen. Andere Gespräche können vielleicht in privater Atmosphäre in der Wohnung des Zeitzeugen stattfinden. Möglich ist es aber auch, die Gesprächspartner in die Klasse einzuladen.

Befragungsergebnisse sichern und auswerten

Hilfreich für die spätere Auswertung des Interviews ist, während des Gesprächs einen Kassettenrekorder mitlaufen zu lassen (vorher ausprobieren, ob und wie das Gerät funktioniert!). Falls das nicht möglich ist, muss das Gespräch in Stichworten mitgeschrieben werden. Dann sollten mehrere das Gespräch protokollieren. Eine wörtliche Abschrift des Bandes – Transkript genannt – ist in aller Regel zu mühsam. Vielleicht können Passagen transkribiert werden. Ein Gedächtnisprotokoll kurz nach dem Gespräch, in dem auch die Gesprächsatmosphäre beschrieben wird, kann für die Auswertung auch ausreichen. Um falsche Wiedergaben oder Missverständnisse zu vermeiden, ist es sinnvoll, das Protokoll oder den Gesprächsbericht dem Zeitzeugen zur Überprüfung vorzulegen. Die Zeitzeugen müssen gefragt werden, ob ihre Aussagen veröffentlicht werden dürfen. Wenn der Wunsch besteht, anonym zu bleiben, so ist dies unbedingt zu respektieren. Für die Vollständigkeit eines Interviews ist es zusätzlich zum Namen wichtig, sich Zeitpunkt und Dauer des Gesprächs sowie den Geburtsjahrgang und Beruf des Befragten zu notieren.
Das schriftlich oder auf Kassette festgehaltene Interview ist nun für die Geschichtswissenschaft eine neue gesicherte Quelle, die es zu interpretieren gilt. Was erfahren wir? Stimmen die Aussagen mit anderen Quellen und anderem Informationsmaterial überein? Wo gibt es warum Abweichungen? Welchen besonderen Wert haben die Erinnerungen der Zeitzeugen?

6 ***Zwei Karikaturen zur Diskussion des Asylgesetzes*** *und der steigenden Zahl von Asylbewerbern in den Jahren 1992/93. – Stelle die Unterschiede in den Aussagen der beiden Karikaturisten heraus.*

7 Wo ist die Heimat der nachgeborenen „Gastarbeiter"?

***a)** Eine junge Türkin, 1989:*

Ich habe keine Heimat, weil ich in Deutschland eine Ausländerin bin und in der Türkei eine Fremde. Das heißt auch, dass ich weder hier noch dort akzeptiert bin. Dies gilt nicht nur für mich, sondern für alle Gastarbeiter, jedenfalls die türkischen. Die meisten sagen zwar, dass die Türkei ihre Heimat sei, aber im Grunde sind sie heimatlos, weil sie zwischen zwei Ländern stehen und zu keinem gehören.

Hatice Atzbiyk u. a., Türken in Weinheim, Beitrag zum Schülerwettbewerb Deutsche Geschichte 1988/89, Nr. 10424.

***b)** Nuno Naixinho, portugiesischer Remigrant, geb. 1970, aufgewachsen in Deutschland, berichtet 1989 über sein Leben als „schwäbischer Portugiese" und seine Gefühle, als ihn seine Eltern mit nach Portugal zurücknahmen:*

… der Tag der Abreise aus Deutschland näherte sich und was ich an jenem Tag erlebt habe, wünsche ich nicht meinem größten Feind. Ich kann es einfach nicht erklären, was man da mitmacht. Als ob man in ein finsteres Loch stürzen würde, wo man nicht weiß, wann das Loch zu Ende ist … Und obwohl ich heute glücklicherweise noch lebe, will ich nie wieder erleben, mich von meinen ganzen Freunden und von „meinem Land" auf Nimmerwiedersehen zu verabschieden … Das Tragische an der Geschichte eines Remigranten ist die Rückkehr. Dies schreibt ein Junge von 19 Jahren … Ich hatte in Deutschland kaum Probleme. Auseinandersetzungen gab es natürlich immer wieder. Aber in der Schule, im Fußballverein war ich immer der „schwäbische Portugiese". Nun, jedesmal wenn ich daheim auf Deutsch mit meiner Schwester rede, sagt mein Vater: „Solange ihr unter meinem Dach lebt, unterhaltet ihr euch Portugiesisch."

Zit. nach: Körber Stiftung (Hg.), SPUREN Suchen, Heft 3/1989, S. 18 f.

8 Multikulturelle Zukunft?

***a)** Der ehemalige Sozialminister und CDU-Generalsekretär Heiner Geißler:*

Wenn wir es gut meinen mit unserer Zukunft, muss sich unser Volk auf eine multikulturelle Gesellschaft vorbereiten. Darin bewahren wir selbstverständlich unsere deutsche Identität, leben aber in Toleranz und gegenseitiger Achtung mit deutschen Staatsbürgern zusammen, die sich zu unserer Verfassung bekennen, die aber durchaus eine andere Herkunft, eine andere Hautfarbe oder eine andere Muttersprache haben.

Heiner Geißler, Plädoyer für eine multikulturelle Gesellschaft, in: Der Spiegel Nr. 41, 1991, S. 223.

***b)** Der jüdische Schriftsteller Elie Wiesel …*

Warum begegnet man dem Fremden mit Misstrauen? … Warum hält man Abstand zu ihm? Er kam ungebeten, wird man sagen, also störte er, er ist aus dem Nichts aufgetaucht, von irgendwoher, und obendrein nimmt er einem anderen den Platz, wenn nicht gar das Leben weg. Geheimnisumwoben und unübersehbar vereinzelt dringt er ein in eine Welt, die vor ihm da war und seiner nicht bedarf. Er mag Angst haben, aber man hat auch Angst vor ihm …

Weil er uns Angst macht, stellt der Fremde unsere eigene Rolle in der Gesellschaft in Frage. Ich muss ihn nur ansehen, um zu begreifen, dass auch ich, in den Augen eines anderen, ein Fremder sein kann. Für ihn wäre ich jemand, der ihm Angst macht. Betrachtet man die ganze Menschheit, so kann man schließen, dass wir allesamt Fremde sind. Wir alle tragen etwas in uns, das uns nicht gehört, das wir nicht enträtseln, in das wir nicht vordringen können. Weil er mir auf eine Weise ähnlich ist, erschreckt mich der Fremde. Letztlich fürchte ich ihn nur, weil ich vor mir selbst erschrecke. Wie, wenn ich der andere wäre? Die Wahrheit ist: Er gleicht mir.

Zit. nach: die Berliner Taz. Sonderausgabe, Die neue Völkerwanderung, vom 8. Juni 1991, S. 92.

a) Warum waren nach 1945 auch Deutsche den Deutschen fremd? Warum gab es Konflikte (VT, M3)?

b) Beschreibt die Lebens- und Arbeitsbedingungen der Zugewanderten und überlegt, warum sowohl Einheimische als auch Fremde sich schwer taten, Kontakt zueinander zu finden (M3, M5).

c) Diskutiert die Positionen von Heiner Geißler und dem Friedensnobelpreisträger Elie Wiesel. Was denkt ihr?

d) Alltag im Nachkriegsdeutschland; Asylbewerber oder Asylberechtigte? – Plant zu einem dieser Themen Zeitzeugeninterviews. Ladet Gesprächspartner ein und befragt sie nach ihren Erlebnissen und Erfahrungen.

Die vielen Welten

Unten links: Demonstration brasilianischer Straßenkinder 1991, nachdem sechs ihrer Kameraden ermordet wurden.
Untere Reihe von links nach rechts: Grafik „Absolute Armut"; Billardspiel 1996 im Jugendzentrum Büsnau (Baden-Württemberg); Schüler des Erich-Kästner-Gymnasiums Eislingen (Baden-Württemberg) haben zum deutsch-französischen Jugendtreffen 1987 ihren Bus bemalt.

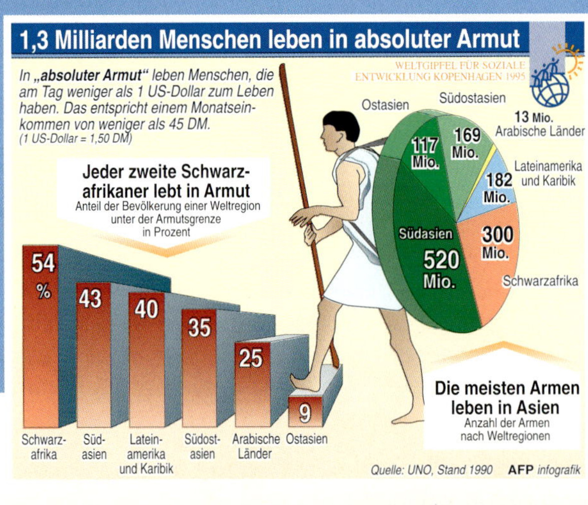

in der einen Welt

wicklungsprogramms: Dieser errechnet sich aus Lebenserwartung, Bildungsniveau und Einkommen

Oben: Bereits mit vier Jahren lernen japanische Kinder für 250 DM Monatsgebühren in vielen Kindergärten den Umgang mit dem Computer.
Darunter: Hirseanbau in der Sahelzone.

1. Ein gemeinsames europäisches Haus? Vielfalt und Einheit Europas

1.1 Wege zur europäischen Einigung

1948	*Der Marshall-Plan verpflichtet die europäischen Teilnehmerländer zu einer liberalen Außenhandelspolitik. Die kommunistisch regierten Länder schließen sich aus.*
1949	*Die kommunistisch regierten Länder im Osten Europas gründen unter Führung der Sowjetunion den Rat für gegenseitige Wirtschaftshilfe (RGW)*
1952	*Die Montanunion (Europäische Gemeinschaft für Kohle und Stahl, EGKS) schafft den Rahmen für eine supranationale Kohle-Stahl-Politik.*
1958	*Die Europäische Wirtschaftsgemeinschaft (EWG), die einen gemeinsamen europäischen Markt schaffen soll, beginnt ihre Tätigkeit.*
1979	*Das erste europäische Parlament wird gewählt.*
1990/91	*Die osteuropäischen Zusammenschlüsse lösen sich auf.*
1993	*Der (vollständige) Europäische Binnenmarkt wird eröffnet.*
1999	*In allen Ländern der EU, die bestimmte wirtschaftliche Voraussetzungen erfüllen, soll eine gemeinsame Währung (Euro) eingeführt werden.*

Hoffnungen

Die Verheerungen des Zweiten Weltkrieges ließen nur eine vernünftige Schlussfolgerung zu: Wollten die europäischen Völker eine bessere Zukunft erleben, mussten sie ihre Rivalitäten und Feindschaften begraben und sich in einer stabilen Friedensgemeinschaft zusammenschließen. Schon 1930 hatte der französische Staatsmann Aristide Briand (1862–1932) diese Idee aufgegriffen und eine Europäische Union vorgeschlagen. Der Plan scheiterte am Misstrauen der meisten europäischen Regierungen: sie waren nicht bereit, auf Teile ihrer Souveränität zu verzichten. Nach 1945 wurden solche Bedenken schwächer. Doch blieb die Form eines künftigen Verbundes umstritten: Wollte man einen europäischen Bundesstaat, der den Einzelstaaten übergeordnet wäre, oder einen Staatenbund, der die Unabhängigkeit seiner Mitglieder unangetastet ließe?

Blockbildung

Der 1947 einsetzende Ost-West-Konflikt veränderte jedoch die Ausgangslage. Jetzt standen alle Einigungsbemühungen vornehmlich im Zeichen der machtpolitischen Konfrontation; beide Seiten suchten in der Blockbildung Schutz und Stärke. Die USA gewährten im Rahmen des Marshallplans (vgl. Kap. „Machtpolitik im Zeichen von Ideologie und Rechtfertigung") allen europäischen Ländern finanzielle Hilfe, die bereit waren, eine liberale Wirtschaftspolitik zu betreiben und ihre Handelsschranken nach und nach abzubauen. In den Augen der sowjetischen Führung war eine derartige wirtschaftliche Öffnung mit dem System der sozialistischen Planwirtschaft nicht vereinbar. Deswegen verbot Stalin den Regierungen seines Herrschaftsbereiches die Teilnahme am Marshallplan. Statt dessen entstand 1949 im europäischen Einflussbereich der UdSSR der „Rat für gegenseitige Wirtschaftshilfe" (RGW), der die nationalen Wirtschaftspläne aufeinander abstimmen und dadurch die Produktion ankurbeln sollte.

Montanunion

Einen entscheidenden Schritt nach vorn bedeutete die Gründung der „Europäischen Gemeinschaft für Kohle und Stahl" (Montanunion). Ihre Mitglieder – die Benelux-Staaten, die Bundesrepublik, Frankreich und Italien – fanden sich

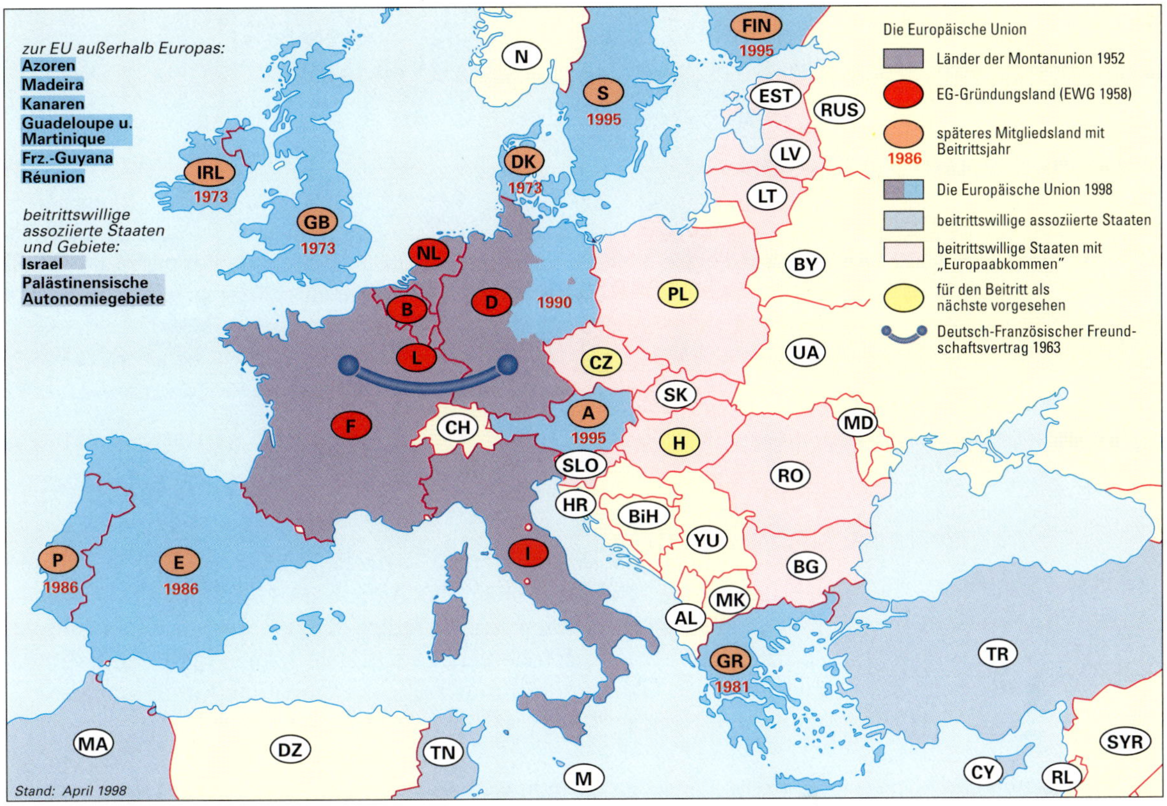

1 Der europäische Integrationsprozess seit 1951. *Griechenland, Spanien und Portugal wurden erst in die EG aufgenommen, als dort demokratische Regierungssysteme die Diktaturen abgelöst hatten.*

bereit die Regelungsbefugnisse für die Montanindustrie einer gemeinsamen, supranationalen Institution zu übertragen. Frankreich und die Benelux-Staaten, die wiederholt Opfer deutscher Invasionen gewesen waren, sahen die Montanunion als Chance, das noch immer als bedrohlich empfundene schwerindustrielle Potential Deutschlands zu kontrollieren. Die Westdeutschen erhofften sich eine schnellere Rückkehr in die (westliche) Staatengemeinschaft, aus der sie nach den Greueln der NS-Zeit ausgeschlossen worden waren.

E(W)G

Die 1958 gegründete Europäische Wirtschaftsgemeinschaft (EWG) dehnte den „Gemeinsamen Markt", den die EGKS für den Montanbereich geschaffen hatte, auf andere Bereiche, zunächst vor allem auf die Landwirtschaft und den Außenhandel, aus. Aber die „Europäische Kommission" in Brüssel als überstaatliches Organ konnte anders als die „Hohe Behörde" der Montanunion nicht in die Souveränität der Einzelstaaten eingreifen. Die wesentlichen Entscheidungen fielen im Ministerrat, dem Gremium der jeweils zuständigen nationalen Fachminister, die sich nach den Weisungen ihrer Regierungen richteten.

Gemeinsame und nationale Politik

Die Beschlüsse des Ministerrats erforderten in den Anfangsjahren der EWG Einstimmigkeit. Als dann das im Vertrag vorgesehene Mehrheitsprinzip in Kraft treten sollte, widersetzte sich der französische Staatspräsident de Gaulle. Er wollte die Souveränität der Einzelstaaten ungeschmälert erhalten sehen und verfocht ein „Europa der Vaterländer". Man einigte sich schließlich im „Luxemburger Kompromiss" (1965). Seitdem hat jedes Land eine Art Vetorecht, wenn

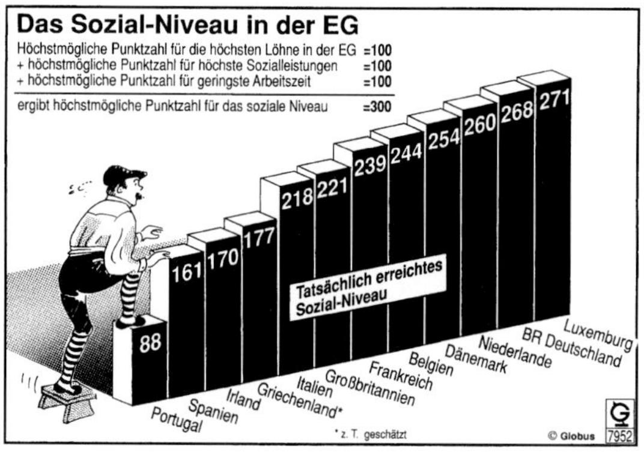

2 Sozial-Niveau in der EG. *Die ärmeren Länder erwarteten nach ihrer Aufnahme beträchtliche Förderungsmittel aus der EG-Kasse.*

3 „Europa lebe hoch". *Karikatur von Peter Leger. Ordne die Karikatur zeitlich ein.*

es ein „wichtiges nationales Interesse" betroffen sieht. De Gaulle war es auch, der während seiner Präsidentschaft die Aufnahme Großbritanniens verhinderte, weil er in den Briten einen Konkurrenten für den französischen Führungsanspruch witterte. Erst nach de Gaulles Rücktritt kamen die Beitrittsverhandlungen wieder in Gang und führten 1973 zur Aufnahme Großbritanniens, Dänemarks und Irlands.

Stagnation und Fortschritt

Während die sechs Gründungsmitglieder durchweg bestrebt waren, die Befugnisse der Gemeinschaft zu erweitern und deren Organe zu stärken, suchten Großbritannien, Dänemark und Griechenland den Einzelstaaten möglichst viel Eigenständigkeit zu erhalten. Sie sicherten sich bei einigen Gemeinschaftsregelungen Sonderrechte und sträubten sich gegen die Übernahme gewisser finanzieller Lasten. Dadurch kam der Integrationsprozess in den 70er und 80er Jahren kaum voran. In wirtschaftlichen Krisenzeiten neigten viele Mitglieder dazu, eigene Wege zu gehen und auf die Gemeinschaftsinteressen wenig Rücksicht zu nehmen. Erst 1993 wurde ein wesentlich erweiterter Binnenmarkt Wirklichkeit, der (fast) alle Schranken im Personen-, Kapital-, Güter- und Dienstleistungsverkehr beseitigte und mit der grenzüberschreitenden Niederlassungs- und Wettbewerbsfreiheit Ernst machte. Er soll nach den Bestimmungen des 1992 unterzeichneten Maastrichter Vertrages Ende der 90er Jahre in eine Wirtschafts- und Währungsunion übergehen.

Scheitern der osteuropäischen Zusammenschlüsse

Während der westeuropäische Integrationsprozess erheblich zum wirtschaftlichen Aufschwung der beteiligten Länder beitrug, blieb dem RGW der Erfolg versagt. Statt zu einer multilateralen Wirtschaftspolitik brachte er es nur zu einer Reihe bilateraler Abkommen. Erschwerend kam hinzu, dass die Sowjetunion die von ihr abhängigen Länder nötigte, sich den sowjetischen Interessen unterzuordnen, und diese weitgehend vom Weltmarkt abschottete. So bedeutete der Zusammenbruch der kommunistischen Regime zwischen 1989 und 1991 die Befreiung der osteuropäischen Länder aus drückenden und für sie überwiegend nachteiligen Bündnisbeziehungen. Seitdem war es für Staaten wie Polen, Tschechien oder Ungarn oberstes außenpolitisches Ziel, Anschluss an die westlichen Zusammenschlüsse zu finden, vor allem an die EU und die NATO. Russland, das sich als Nachfolgestaat der 1991 aufgelösten Sowjetunion verstand, fühlte sich dadurch in seiner Sicherheit bedroht und suchte die Ost-Erweiterung der NATO mit allen Mitteln zu verhindern.

4 Ein Damm gegen Völkerfeindschaft?

a) Aus der Resolution Europäischer Föderalisten, einer übernationalen und überparteilichen Vereinigung (1945):

Ein für alle Mal ist das Dogma abzuschaffen, wonach der Nationalstaat die höchste politische Organisationsform der Menschheit ist. Wenn die europäischen Völker ihre gemeinsame demokratische Zivilisation retten wollen, müssen sie sich in einer Föderation zusammenschließen. Während des kurzen Zeitraums, in dem wir uns heute befinden, wo der Schrecken des Krieges noch allen vor Augen steht, … müssen die fortschrittlichen Kräfte in den einzelnen Ländern Europas
– jeden Versuch und jede Maßnahme aufdecken und verhindern, die die Rückkehr zu einer nationalistischen Außenpolitik anstreben …;
– enge übernationale Kontakte zwischen allen Bewegungen, Parteien und Staaten, die für eine idealistische Politik des europäischen Zusammenschlusses sind, schaffen, um ein gemeinsames und koordiniertes Handeln zu entwickeln.

Cahier de la Fédération Européenne. Paris 1945. S. 35 ff. (Übersetzung des Verfassers).

b) Der französische Außenminister Robert Schuman erläutert seinen Plan einer gemeinsamen Kohle-Stahl-Produktion (9. Mai 1950):

Europa lässt sich nicht mit einem Schlage herstellen und auch nicht durch eine einfache Zusammenfassung: es wird durch konkrete Tatsachen entstehen, die zunächst eine Solidarität der Tat schaffen. Die Vereinigung der europäischen Nationen erfordert, dass der jahrhundertealte Gegensatz zwischen Frankreich und Deutschland ausgelöscht wird … Die französische Regierung schlägt vor, die Gesamtheit der französisch-deutschen Kohle- und Stahlproduktion unter eine Gemeinsame Oberste Aufsichtsbehörde zu stellen, in einer Organisation, die den anderen europäischen Ländern zum Beitritt offen steht … Die Solidarität der Produktion, die so geschaffen wird, wird bekunden, dass jeder Krieg zwischen Frankreich und Deutschland nicht nur undenkbar, sondern materiell unmöglich ist.

Zit. nach: J. Schwarz (Hg.), Der Aufbau Europas. Bonn 1980, S. 108.

c) Bundeskanzler Adenauer vor dem Bundestag (1951):

Ich glaube, dass wohl zum ersten Mal in der Geschichte, sicher in der Geschichte der letzten Jahrhunderte, Länder freiwillig und ohne Zwang auf einen Teil ihrer Souveränität verzichten wollen, um die Souveränität einem supranationalen Gebilde zu übertragen … Ich bin der festen Überzeugung, dass, wenn dieser Anfang gemacht ist, … man dann auch auf anderen Gebieten diesem Vorgang folgen wird und dass damit wirklich der Nationalismus, der Krebsschaden Europas, einen tödlichen Stoß bekommen wird.

Verhandlungen des Deutschen Bundestages. Erste Wahlperiode. Bd. 8. Bonn 1951. S. 8501.

5 Staatenbündnis oder Politische Union?

a) Der französische Staatspräsident de Gaulle (1960):

Welches sind die Realitäten Europas und die Eckpfeiler, auf denen man weiterbauen könnte? In Wirklichkeit sind es die Staaten. Staaten, die gewiss sehr verschieden sind, von denen jeder seine eigene Seele, seine Geschichte und seine Sprache, seine Missgeschicke, seinen Ruhm und seinen Ehrgeiz hat, doch es sind Staaten, die jeder für sich eine Einheit bilden mit dem Recht, Gesetze zu verabschieden, und mit dem Anspruch auf Gehorsam. Es ist eine Chimäre zu glauben, … dass die Völker etwas billigen, was außerhalb oder über dem Staat stehen würde.

Zit. nach: H. von Siegler (Hg.), Europäische politische Einigung. Bonn 1968, S. 96.

b) Jacques Delors, französischer Präsident der Europäischen Kommission von 1985 bis 1994:

Allein der Wille zu kooperieren genügt nicht; es bedarf starker Institutionen, die entscheiden und handeln können. Die Väter des Römischen Vertrages zur Gründung der Gemeinschaft haben uns solche Institutionen gegeben. Dies war im Vergleich zu internationalen Organisationen klassischen Typs eine entscheidende Neuerung. Starke Institutionen waren das Geheimnis des Erfolgs der Europäischen Gemeinschaft …

Jacques Delors, Entwicklungsperspektiven der Europäischen Gemeinschaft, in: Aus Politik und Zeitgeschichte 1/93, S. 6.

a) Stelle die verschiedenen Beweggründe für die europäische Einigung zusammen und überlege, ob und wie sie voneinander abhängen.
b) Erläutere die Schwierigkeiten und Rückschritte auf dem bisherigen Weg der europäischen Einigung. Beurteile das bisher Erreichte auf diesem Hintergrund. Erläutere deine Vorstellungen vom vereinten Europa.

1.2 Probleme der westeuropäischen Integration: Das Beispiel Landwirtschaft

Die Landwirtschaft: Lieblingskind

Obwohl die Landwirtschaft in der modernen Industriegesellschaft nur noch wenig zum Sozialprodukt beiträgt, war sie von Anfang an das Lieblings-, nicht selten auch das Sorgenkind der Europapolitiker. Die landwirtschaftliche Produktion sollte so gefördert werden, dass die Ernährung der Bevölkerung auch in Krisenzeiten gesichert war. Dafür mussten die Bauern vor Einkommensschwankungen z. B. durch unterschiedliche wetterbedingte Ernteerträge und vor der Konkurrenz ausländischer Produkte geschützt werden. Deshalb schuf die E(W)G für landwirtschaftliche Erzeugnisse eine eigene Marktordnung, in der das freie Spiel der Kräfte keine Geltung hatte. Brüssel garantierte den Bauern die Abnahme ihrer Produkte in jeder Menge und zu Preisen, die die Einkommen der Bauern an das durchschnittliche Einkommensniveau heranführen sollten.

Überproduktion und Streit in der Gemeinschaft

Infolgedessen produzierten die Bauern weitaus mehr, als die EG-Bürger verzehren konnten. Die Lagerhallen quollen von den Getreide- und Butterbergen und den Weinseen über. Der Ankauf dieser Nahrungsmittel und ihre Lagerung kosteten die EG-Kasse Jahr für Jahr riesige Summen. Stets erhielten die EG-Bauern den Löwenanteil der EG-Finanzmittel, eine Zeit lang über 80 und in den 90er Jahren immer noch um die 50 Prozent. Diese protektionistische Agrarpolitik sorgte innerhalb der Gemeinschaft für manchen Streit. Während Franzosen, Niederländer, Italiener, Spanier oder Griechen mit ihrer stark agrarwirtschaftlichen Ausrichtung von dieser Politik profitierten, fühlten sich Großbritannien und die Bundesrepublik, wegen ihrer Abhängigkeit vom industriellen Export, wirtschaftlich benachteiligt. Die Briten waren zusätzlich verärgert, weil sie viel Geld zum Agrarhaushalt beisteuern mussten, ohne davon, wie die Agrarländer, Gegenleistungen zu erhalten. Die Deutschen beklagten sich regelmäßig über die Preisfestsetzungen für Getreide oder Wein, weil sie mit den niedrigen Produktionskosten anderer EG-Länder nicht mithalten konnten und von französischen oder niederländischen Erzeugnissen überschwemmt wurden.

Nicht lagerbare Überschüsse werden vernichtet

Nationale Interessenverbände verzögern Reformen

Die Bauernverbände in den einzelnen EG-Ländern, die auf die ländlichen Wählerstimmen schielenden politischen Parteien und die Landwirtschaftsminister jener Länder mit starken Agraranteilen verhinderten lange Zeit alle Etatkürzungen. Schließlich rang man sich in den 80er Jahren doch zu einem Kurswechsel durch: Viele Richtpreise wurden eingefroren oder gesenkt, die Abnahmegarantien auf jeweilige Höchstmengen begrenzt, Flächenstilllegungen mit Prämien belohnt. Dennoch gingen die Überschüsse nicht merklich zurück, weil Rationalisierungen und agrartechnische Verbesserungen den Ertrag pro Hektar und Arbeitskraft weiter ansteigen ließen.

„Festung Europa“

Auch für die Außenwirtschaftsbeziehungen bedeutete die EG-Agrarpolitik eine schwere Belastung. Um die teuren europäischen Agrarerzeugnisse auch im Ausland verkaufen zu können, erhielten die EG-Bauern Exportprämien, die die Differenz zwischen den hohen Binnen- und den niedrigen Außenpreisen ausglichen. Umgekehrt wurden billige Einfuhren künstlich verteuert, indem Brüssel hohe Einfuhrzölle erhob. Dieser „Agrarprotektionismus“ schuf im EG-Ausland, vor allem in den USA, erhebliche Verärgerung. Washington beschwerte sich über diese durch internationale Abmachungen verbotene Wettbewerbsverzerrung und antwortete wiederholt mit „Strafzöllen“ für EG-Waren.

1 ***Bauernproteste.*** *Links: Französische Bauern protestieren 1995 vor dem Pariser Louvre gegen den Preisverfall ihrer Produkte. Rechts: Bauern in Würzburg 1988. Von der Massensubventionierung der EG-Agrarprodukte profitierten in den ersten Jahrzehnten vor allem die großen, technisch gut ausgerüsteten Agrarfabriken, während die kleineren und mittleren Betriebe zunehmend unrentabel wurden und viele aufgegeben werden mussten. Schätzungen gehen davon aus, dass etwa vier Fünftel der EG-Agrarhilfen lediglich einem Fünftel der Betriebe zugute kommen.*

2 ***Aktuelle Fragen und Probleme der EG-Agrarpolitik:***

a) *MdB Albert Deß (CDU/CSU) in einer Bundestagsdebatte 1995:*

Wir Bauern werden an die Gesellschaft und an die Politik Fragen stellen, ob sie eine bäuerlich strukturierte Landwirtschaft mit all ihren positiven Auswirkungen will oder ob sie einer agrarindustriellen Produktion auf Agrarinseln zu Weltmarktpreisen das Wort redet. Wenn sich unsere Gesellschaft für die bäuerliche Richtung entscheidet, muss sie auch bereit sein, den Bauern und Bäuerinnen Rahmenbedingungen zu geben, bei denen genug Luft zum Atmen vorhanden ist. Brüssel macht zur Zeit die Luft unerträglich dünn. Wenn die Kommission in Brüssel und die verantwortlichen Regierungen in der EU in ihrer Mehrheit weiter eine ruinöse Preisdruckpolitik für die deutschen Bauern betreiben, müssen sie eines berücksichtigen: Man kann die Preise so weit absenken, bis keine Bauern mehr da sind. Die Zeche bezahlen nicht nur unsere Bauern, sondern auch unsere Verbraucher. Dann bleibt als Alternative nur noch: Rindfleisch aus Großbritannien, Wassertomaten aus Holland, Babynahrung aus Spanien und schwermetallhaltiges Gemüse aus Osteuropa. Da kann ich den deutschen Verbraucherinnen und Verbrauchern nur noch guten Appetit wünschen …

Dazu (um den Bauern wieder eine Perspektive zu geben) ist weiter notwendig, dass Agrarüberschüsse in Europa konsequent abgebaut werden, um die Agrarmärkte zu entlasten und einen Preisanstieg der Agrarproduktion zu ermöglichen, damit die landwirtschaftlichen Einkommen wieder ansteigen können.

Das Parlament. Nr. 23/1995. S. 4.

b) *Aus dem Parteitagsbeschluss der Partei „Die Grünen", Landesverband Baden-Württemberg von 1986:*

Nicht erst seit der Strahlenbelastung nach Tschernobyl ist der Verbraucher verunsichert: Gift im Wein, Schleuderei im Nudelteig, Hormone im Kalbfleisch, HCH-Rückstände in Milch usw. Die Konzentration der Abnehmer (Genossenschaften und Landhandel), Verarbeiter (Ernährungsindustrie) und Verteiler (Lebensmittelhandel) landwirtschaftlicher Erzeugnisse führt zu immer weiteren Transportwegen und erfordert entsprechende Haltbarmachung der Produkte … Denaturierung durch Erhitzen, Konservieren durch künstliche Zusätze sind üblich – die Bestrahlung steht vor der Einführung. Handelsklassenverordnungen betonen die äußere Schönheit statt der inneren Qualitätsmerkmale … Daneben hat die … Ausrichtung der Landwirtschaft auf Massenproduktion die Probleme verschärft. Mit dem Einsatz von Importfuttermitteln steigt die Belastung der Milch mit chlorierten Kohlenwasserstoffen; industrielle Tierhaltung erfordert prophylaktischen Medikamenteneinsatz.

Aus dem Antrag der Landesdelegiertenversammlung vom 4. bis 6. 6. 1986.

2 *c) Der SPD-Parteivorstand zur „Novel-Food-Verordnung" der EG:*

Die EG-Kommission hat 1992 einen Vorschlag für eine Verordnung vorgelegt, in der erstmals das Inverkehrbringen neuartiger Lebensmittel und neuartiger Lebensmittelzutaten (engl. Novel-Food) geregelt werden soll.

Der Kommissionsvorschlag weist gegenüber dem berechtigten Schutzinteresse der Verbraucher schwerwiegende Mängel auf.

Nach Auffassung der SPD müssen bei einer solchen EG-Regelung folgende Bedingungen erfüllt werden:

– eindeutige, zwingende und konsequente Kennzeichnung, so dass die Verbraucher eine klare Wahl- und Entscheidungsmöglichkeit haben;
– offene und öffentliche Zulassungsverfahren;
– eine ausreichende und umfassende Sicherheitsprüfung und im Zweifel eher ein Verzicht/Verbot der neuartigen Produkte als eine Zulassung.

SPD-Parteivorstand (Hg.), Sicher einkaufen europaweit. Wir passen auf. S. 25.

3 ***Trotz „dunkler Wolken über den Höfen Lichtblicke am Horizont"*** *sieht der Landwirt Sepp Rottenaicher, Umweltbeauftragter des Bistums Passau. Er begründet:*

Die Nachfrage nach unbelasteten Nahrungsmitteln aus naturgerechtem Landbau und artgerechter Tierhaltung steigt ständig.

Der Zusammenhang von schöpfungsgerechten Erzeugungsformen und flächendeckendem Trinkwasserschutz wird immer klarer.

Die Landwirtschaft wird in dem Maße zum Energie- und Rohstofferzeuger der Zukunft, in dem die Endlichkeit der fossilen Energieträger (Kohle, Öl) und Rohstoffe immer sichtbarer wird.

Bauernland in Bauernhand: Kommunale Landschaftspflege wird immer mehr auf Bauern übertragen, weil der Umgang mit Leben eine gewisse Erfahrung, Fingerspitzengefühl und Liebe zu Boden, Pflanzen und Tier voraussetzt.

Wenn die Versorgung immer mehr in regional überschaubaren Kreisläufen erfolgt, muss die Entsorgung (öko-)logischerweise auch dezentral erfolgen. In enger Partnerschaft mit den Kommunen entstehen Entsorgungskonzepte für Grüngut, Kompost und unbelasteten Klärschlamm.

Heimat auf Zeit oder ganz: Erfreulicherweise verzeichnet der „Urlaub auf dem Bauernhof" immer noch sprunghafte Zuwachsraten. Der Bauernhof als Tankstelle für Körper, Geist und Seele ... Kultur auf dem Land ist ohne Bauern und bäuerliches Denken undenkbar ... Bäuerliches Handwerk, Geschichte, Brauchtum im kirchlichen Jahreskreis, Laienspiel, Bau-, Wohn- und Lebenskultur sind auch künftig unverzichtbare Säulen eines sinnvollen und erfüllten Lebens.

... solche Signale einer Wende auf dem Lande ... werden sich nicht von alleine verwirklichen. Dazu braucht es politischer und gesellschaftlicher Initiativen ... der Markt (wird) von Produkten aus Ländern überschüttet, die so wenige ökologische und soziale Rücksichten nehmen, dass sie ihre Produkte konkurrenzlos billig anbieten können ...

Publik-Forum Nr. 17, 8. September 1995, S. 13.

4 ***Reform der EG-Agrarpolitik 1992:***

Mit der im Mai beschlossenen Reform der Gemeinsamen Agrarpolitik ist die Gemeinschaft ... von ihrer bisherigen Politik der Einkommenssicherung durch Festpreise, der Abschottung der eigenen Märkte gegen Importe und des subventionierten Exports der eigenen Überproduktion auf die Weltmärkte weitgehend abgegangen. Die durch niedrigere Garantiepreise (der Getreidepreis wird in drei Stufen um insgesamt 35 Prozent gesenkt) entstehenden Einkommensverluste der Bauern werden durch direkte, produktionsunabhängige Beihilfen ausgeglichen. Die Teilnahme an der Flächenstilllegung wird zur Pflicht ... Der Verzicht auf Dünge- und Pflanzenschutzmittel wird mit Flächenprämien belohnt, Aufforstung wird stärker als bisher gefördert. Die Genehmigung, auf stillgelegten Flächen nachwachsende Rohstoffe anzubauen, soll deren Marktchancen verbessern. Eine Vorruhestandsregelung soll Anreize für ältere Landwirte schaffen, vorzeitig aus dem Berufsleben auszuscheiden.

Das Parlament 1/93, S. 6.

a) Welche unterschiedlichen Interessen stehen sich auf dem EU-Agrarmarkt gegenüber (VT, M1, M2, M3)? Erläutere das Dilemma der EG-Agrarpolitik.

b) Welche Perspektiven für die Landwirtschaft, die in M3 genannt werden, unterstützt die EG-Reform von 1992 (M4), welche nicht?

c) Macht eine Liste bezüglich eurer Erwartungen an eine zukünftige EU-Agrarpolitik. Welche Einflussmöglichkeiten seht ihr?

1.3 Das Ringen um den richtigen Weg

Erweiterung und/oder Vertiefung

Die Vorzüge und Erfolge der Europäischen Gemeinschaft haben viele Bewerber an ihre Tür klopfen lassen. Einige wurden mit offenen Armen aufgenommen, weil sie eine ansehnliche politische, wirtschaftliche, kulturelle Mitgift aufzuweisen hatten – wie Dänemark, Finnland, Großbritannien, Österreich oder Schweden. Andere fanden Einlass, weil man ihre jungen demokratischen Ordnungen stützen wollte – Griechenland und die beiden iberischen Staaten. Wieder andere wurden auf die Zukunft vertröstet, weil sie die Eintrittsvoraussetzungen (stabile politische, wirtschaftliche, gesellschaftliche Strukturen) noch nicht erfüllten – so Malta, Zypern, die Türkei oder die osteuropäischen Länder. Die heutigen EU-Mitglieder waren und sind sich über die künftige Gestalt ihres Verbundes nicht einig. Einige möchten auf lange Sicht alle beitrittswilligen europäischen Staaten einbeziehen, andere bevorzugen eine gewisse Exklusivität. Vieles spricht dafür, dass starke Erweiterungen den inneren Zusammenhalt schwächen und die Entscheidungsprozesse erschweren würden. Würde die Gemeinschaft – so wird argumentiert – sich über eine bestimmte kritische Größe hinaus ausdehnen, müsste ihre politische Handlungsfähigkeit leiden.

1 *Plakat von 1948*

Osteuropa vor der Tür

Mit besonderer Ungeduld drängen etliche ehemalige Ostblockländer – Polen, Tschechien, Ungarn – sowie einige Nachfolgestaaten der Sowjetunion – Estland, Lettland, Litauen – auf ihre baldige Zulassung. Von einer EU-Mitgliedschaft erhoffen sie sich eine schnellere wirtschaftliche und soziale Stabilisierung, aber auch mehr Schutz vor neuen russischen Hegemonialwünschen. Einige Regierungen der EU – wie vor allem die deutsche – halten eine baldige Aufnahme für dringend erwünscht; sie versprechen sich davon mehr internationale Sicherheit und eine Festigung der Demokratie. Andere sträuben sich noch: sei es, weil sie eine Stärkung des deutschen Einflusses fürchten oder weil sie die zu erwartenden zusätzlichen finanziellen Lasten scheuen.

Demokratische Defizite

Seit Jahrzehnten ist die Klage über die demokratischen Defizite der EU zu hören. Das Europäische Parlament in Straßburg hat nur wenig mitzubestimmen, wie die Grafik unten erklärt. Grundlegende Erweiterungen der EU-Abkommen

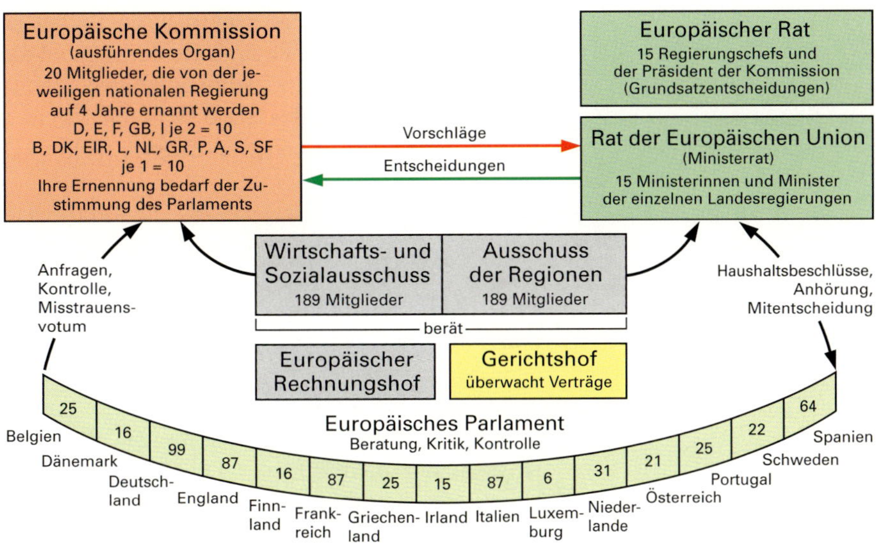

2 ***So funktioniert die Europäische Union.*** *Alle wesentlichen Entscheidungen fallen im Europäischen Rat (tagt mindestens zweimal jährlich) und im Ministerrat. Der Europäischen Kommission kann das Straßburger Parlament zwar das Misstrauen aussprechen, auf ihre Arbeit aber kaum Einfluss nehmen, ebenso wenig auf die Beschlüsse des Ministerrats.*

3 ***Europazug.*** *Seit 1995 bedarf die Ernennung der Kommissionsmitglieder der Zustimmung des Parlaments. Nach wie vor verfügt das Parlament jedoch nicht über die Gesetzesinitiative und das Recht, den Haushalt zu bestimmen. – Interpretiere die Zeichnung mit Hilfe der Grafik M2.*

(wie etwa der Maastrichter Vertrag 1992) bedürfen zwar der Ratifizierung durch die nationalen Parlamente oder auch durch Volksabstimmungen (wie in Dänemark oder Frankreich); aber an vielen in Brüssel getroffenen Entscheidungen werden die demokratisch gewählten Volksvertreter nicht beteiligt. Die EU ist bislang vornehmlich eine Sache der Regierungen gewesen.

Unser Leben verändert sich

Der Integrationsprozess hat vieles verändert. Die Grenzen zwischen den EU-Staaten verloren ständig an Bedeutung. Die Auswirkungen des zunehmenden Warenaustausches machen sich für die Bürgerinnen und Bürger durch eine gestiegene und vergleichsweise preiswerte Angebotsfülle in den Regalen der Warenhäuser und Lebensmittelmärkte, allerdings auch im zunehmenden Straßenverkehr bemerkbar. Jeder EU-Bürger kann sich heute in jedem EU-Land niederlassen und einer Beschäftigung nachgehen. Die Arbeitssuche in anderen EU-Staaten ist ohne Formalitäten möglich, auch für Arbeitslose.

Streit und Streitbeilegung

Viele Gemeinsamkeiten schließen Spannungen und Streit nicht aus. Niederländer tun sich immer noch schwer, die deutsche Besatzungsherrschaft zu vergessen. Französische und deutsche Politiker beschweren sich dagegen über die „großzügige Drogenpolitik" der Regierung in Den Haag. Deutsche Brauer wollten keine ausländischen Biersorten ins Land lassen, die nicht das deutsche Reinheitsgebot erfüllten, Italiener in ihren Läden keine Spaghetti dulden, die aus Weichweizen hergestellt sind. Beide mussten sich jedoch den Entscheidungen des Europäischen Gerichtshofes beugen, der in allen Streitigkeiten zwischen den Mitgliedsstaaten das letzte Wort hat. Ein nicht unbeträchtlicher Teil unseres Rechts entsteht inzwischen in Brüssel, nicht in Bonn.

Europäische und nationale Identität

Seit Maastricht wuchsen die Zweifel, ob die Mehrheit der EU-Bürger tatsächlich eine so weitgehende europäische Integration wünscht, wie sie die Regierungen ansteuern. „Euroskeptiker" malten das Gespenst eines europäischen Superstaates an die Wand, der von oben dirigiert, ohne sich hinreichend um die nationalen und regionalen Besonderheiten und Bedürfnisse zu kümmern. Die alten Klagen über die Regelungswut der „Euro-Bürokratie" in Brüssel bekamen neues Gewicht. Berührungs- und Überfremdungsängste regten sich, die „multikulturelle Gesellschaft" geriet ins Zwielicht – vornehmlich in konservativen Kreisen, aber nicht nur hier. Politiker und Publizisten suchten solche Bedenken zu zerstreuen, indem sie auf die vielen europäischen Gemeinsamkeiten hinwiesen und die Bewahrung der nationalen Eigenarten zusicherten.

4 *Karikatur in der französischen Zeitschrift Le Monde, 7.12.1989. – Erkläre die Europavorstellungen, die die Karikatur den Politikern aus England, Frankreich und Deutschland unterstellt. Auf welche Schwierigkeiten des Integrationsprozesses verweist die Karikatur?*

5 ***Polen kehrt nach Europa zurück***

Der polnische Ministerpräsident Tadeusz Mazowiecki vor dem Europarat (1990):

Die Polen sind eine Nation, die sich ihrer Zugehörigkeit zu Europa und ihrer europäischen Identität bewusst ist. Für uns war Europa immer der Bezugspunkt, wenn wir uns über unsere Identität befragten. Jenes Europa, als dessen Verteidiger sich die Polen fühlten und das sie dermaßen liebten. In Europa sehen wir immer noch die Werte – Vaterland, Freiheit und Menschenrechte – und fahren fort uns mit diesem Europa entschieden zu identifizieren. Wir werfen Europa immer noch vor, das Abkommen von Jalta, die Teilung Europas und die Zuweisung Polens zur anderen Seite des „eisernen Vorhangs“ hingenommen zu haben ... Wenn wir als Gemeinschaft zu überleben vermochten, dann nicht zuletzt dank unserer Anhänglichkeit an bestimmte Institutionen und Werte europäischer Prägung. Wir verdanken dieses Überleben dem Glauben und der Kirche, dem Bekenntnis zur Demokratie und zum Pluralismus, den Menschenrechten und bürgerlichen Freiheiten, der Idee der Solidarität ... Die Mauer zwischen dem freien und dem unterdrückten Europa wurde bereits beseitigt. Jetzt bleibt die Lücke zwischen dem armen und dem reichen Europa zu füllen. Wenn Europa ein „gemeinsames Haus“ werden soll, in dem die einen den anderen nicht die Türe verschließen dürfen, dann dürfen auch solche großen Unterschiede nicht lange bestehen ... Es ist Zeit, Institutionen zu schaffen, die das ganze Europa wirksam umfassen.

Zit. nach: C. Gasteyger, Europa zwischen Spaltung und Einigung 1945 bis 1993. Bonn 1994, S. 426 f.

6 ***Wer gehört zu Europa?***

Aus der Erklärung der Staats- und Regierungschefs der Mitgliedsländer des Europarats (1993):

Das Ende der Teilung Europas bietet die historische Chance Frieden und Stabilität auf dem Kontinent zu konsolidieren. Alle unsere Länder bekennen sich zu der pluralistischen parlamentarischen Demokratie, der Unteilbarkeit und universalen Gültigkeit der Menschenrechte, der Rechtsstaatlichkeit und einem gemeinsamen kulturellen Erbe, das durch seine Vielfalt bereichert wird. Europa kann so zu einem großen Gebiet demokratischer Sicherheit werden. Dieses Europa ist eine Quelle sehr großer Hoffnung, die auf keinen Fall durch Gebietsansprüche, das Wiederaufflammen aggressiver nationalistischer Bestrebungen, die Verfestigung von Einflusssphären, Intoleranz oder totalitäre Ideologien zerstört werden darf ...

Voraussetzung für einen Beitritt zum Europarat ist, dass das Antragstellerland seine Institutionen und sein Rechtssystem mit den grundlegenden Prinzipien der Demokratie, der Rechtsstaatlichkeit und der Achtung der Menschenrechte in Einklang gebracht hat. Die Volksvertreter müssen in freien und fairen Wahlen auf der Grundlage des allgemeinen Wahlrechts gewählt worden sein. Die Gewährleistung der Meinungsfreiheit und insbesondere der Freiheit der Medien, der Schutz nationaler Minderheiten sowie die Einhaltung der Prinzipien des Völkerrechts müssen ... entscheidende Kriterien für die Bewertung jedes Antrags auf Mitgliedschaft bleiben.

Zit. nach: C. Gasteyger, Europa zwischen Spaltung und Einigung 1945 bis 1993, Bonn 1994, S. 559 f.

7 *Karikatur von Gerhard Mester, 1991*

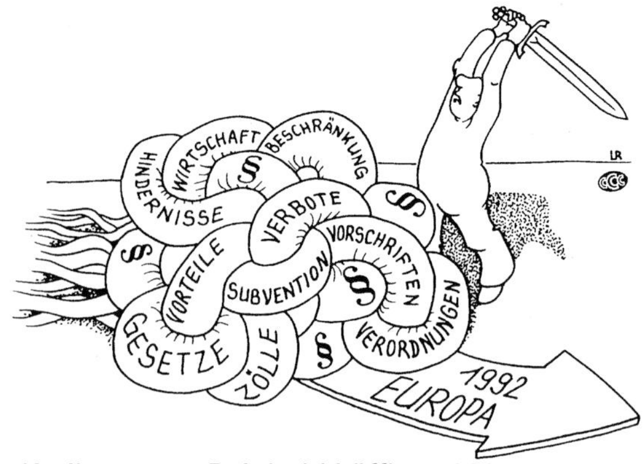

8 *Karikatur von Reinhold Löffler, 1992*

9 *Chancen und Herausforderungen für Europa*

***a)** Der Präsident des Deutschen Industrie- und Handelstages, Hans Peter Stihl (1993):*

Bei weitem nicht alles an der Europäischen Gemeinschaft ist perfekt. Gleichwohl ist festzuhalten:

– Die EG sichert Freiheit und Frieden. In einer Zeit, in der es in Europa wieder Kriege und großes Leid gibt, ist die EG der wichtigste Stabilitätsanker in Europa ...

– Die EG schafft Wohlstand und Arbeitsplätze. Der schnelle Aufstieg Westdeutschlands nach dem Krieg wäre ohne die Hinwendung zu Europa unmöglich gewesen ...

– Die EG schafft den kaufkräftigsten Markt der Welt: 1993 soll der Europäische Wirtschaftsraum entstehen ...

– Die EG stößt die richtigen Türen auf zur Lösung von Problemen, die uns auf den Nägeln brennen: Umweltschutz, Asylpraxis und Einwanderung, Bekämpfung der Rauschgiftbanden und der Mafia, gemeinsame Wirtschafts- und Währungspolitik und gemeinsame Außen- und Sicherheitspolitik. Bei all diesen Themen sind nationale Alleingänge längst chancenlos geworden ... Nur in der Kooperation gewinnen wir die Souveränität für unser Handeln zurück, die wir auf nationaler Ebene längst verloren haben ...

Die Europäische Gemeinschaft ist ein Erfolg, der in der Geschichte ohne Parallele ist: Viele Völker finden sich unter Wahrung ihrer Identität und Interessen freiwillig zusammen, um die Vorteile einer immer engeren Zusammenarbeit zu nutzen ... Die deutsche Wirtschaft hat diesen Prozess immer unterstützt ...

H. P. Stihl: Chance Europa, in: Aus Politik und Zeitgeschichte, B 1/93, S. 23.

***b)** Der französische Historiker Joseph Rovan (1989):*

Angesichts des Wiedererstarkens isolationistischer Nationalinteressen ... ist es hohe Zeit, zum Bau der politischen Spitze zu schreiten ... Eine politische Spitze für Europa hat aber nur dann eine Chance sich durchzusetzen, wenn wir das Schiff nicht unnütz überladen. Die Nationen sind da, mit ihrer vielhundertjährigen Geschichte und ihren Staaten. Die Länder und die Regionen sind da, ebenfalls zumeist als Ergebnis langer Entwicklungen und näher an den Erlebnissen und Bedürfnissen der Menschen. Die Gemeinden sind da, in denen sich die meisten Ereignisse und Entscheidungen unserer Alltäglichkeit abspielen. Die gemeinsame politische Spitze wird trotz ihrer eminenten und evidenten Notwendigkeit in einer Welt der Großmächte nur dann lebensfähig sein, wenn das ganze Europa mit seinen vier Etagen im Geiste der Subsidiarität errichtet wird, auf dem Prinzip aufbauend, dass nur das an die nächsthöhere Etage abgegeben werden darf, was auf der unteren nicht erledigt werden kann.

Zit. nach: Rheinischer Merkur/Christ und Welt, 25/1989, S. 20.

a) Wer gehört zu Europa (M1, M5, M6)? Diskutiert in der Klasse.
b) Erörtere die Argumente der Befürworter und Gegner eines engeren europäischen Zusammenschlusses (VT, M5, M9).
c) In welchen Punkten kannst du den Argumenten in M9a zustimmen, in welchen nicht? Welche Aspekte bleiben unberücksichtigt?

2. Die islamische Welt

1916	*„Sykes-Picot-Abkommen" zur Abgrenzung englischer und französischer Interessengebiete im Nahen Osten.*
1917	*„Balfour-Erklärung" über die Errichtung einer „nationalen Heimstatt" der Juden in Palästina.*
seit 1920	*Bildung von englisch bzw. französisch kontrollierten und unabhängigen Staaten im Nahen Osten.*
1945	*Gründung der Arabischen Liga selbstständiger Staaten.*
seit 1945	*Bildung weiterer unabhängiger Staaten in Afrika und Asien.*
1948	*Plan der UN zur Teilung Palästinas. Gründung des Staates Israel.*
1948, 1956, 1967, 1973, 1982, 1996	*Arabisch-israelische Kriege.*
1979	*Islamische Revolution im Iran.*
1994	*Autonomieabkommen Israel – PLO, Frieden zwischen Israel und Jordanien.*

1 Die islamische Welt 1996. *Viele Länder Afrikas und Asiens haben eine große Fläche, aber nur eine niedrige Bevölkerungszahl, weil weite Gebiete Wüsten oder wüstenähnlich sind.*

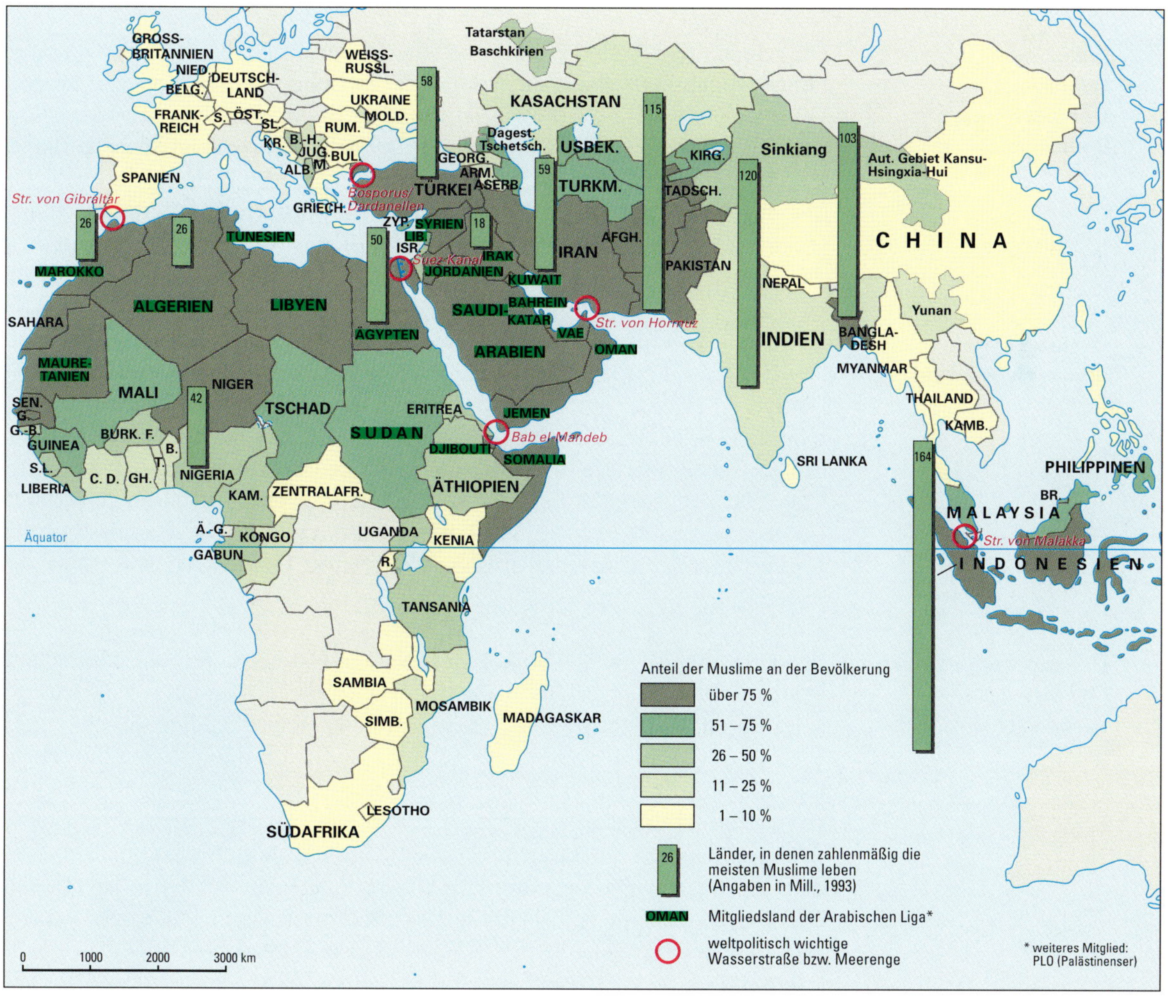

2.1 Weltmacht Islam?

Weltpolitische Bedeutung

Mehr als eine Milliarde Menschen zwischen Westafrika und Indonesien bekennen sich zum Islam. Er ist im Jahre 1997 die zweitgrößte Weltreligion. Etwa 50 Staaten werden als islamisch bezeichnet, in vielen ist der Islam Staatsreligion. In Indien bilden die Muslime, die Anhänger des Islam, zwar eine Minderheit, sind jedoch zahlreicher als die Einwohner aller arabischer Staaten zusammen. Einige islamische Länder sind die wichtigsten Erdölexporteure der Welt, die bedeutendsten Meerengen im System der Seewege liegen in islamischem Einflussgebiet. Durch diese wirtschaftliche Abhängigkeit der Industriestaaten kann die islamische Welt einen entscheidenden Einfluss auf die globalen Machtverhältnisse ausüben.

Der „Islamismus"

Mit diesem weltpolitischem Bedeutungszuwachs geht eine innerislamische Erneuerungsbewegung einher. Radikal antiwestliche, glaubensstrenge Denker und Politiker bekommen starken Auftrieb. Diese so genannten „Islamisten" wollen zu den Quellen des Islam zurückkehren. Sie sehen in den Zuständen der islamischen Frühzeit das Modell einer neuen, einzig gültigen zukünftigen Ordnung für die Muslime in der ganzen Welt. In diesem Sinne propagiert der einflussreiche Gelehrte Hassan el-Turabi aus dem Sudan: „Der Islam wird die ideologische Bewegung des 21. Jahrhunderts werden."

Historische Erfahrungen: Ohnmacht und Demütigung

Die religiös-politischen Hoffnungen des Islamismus erwachsen aus einem traditionell spannungsgeladenen Verhältnis zwischen westlicher und islamischer Welt. Der Islam entstand im 7. Jahrhundert in Arabien. Er entwickelte im Mittelalter eine wirtschaftliche, technische, künstlerische und wissenschaftliche Kultur, die auch Europa beeinflusste. Als seit Beginn der Neuzeit die europäischen Mächte die islamisch geprägten arabischen, persischen, innerasiatischen, indischen und indonesischen Regionen in koloniale Abhängigkeit brachten, erfuhr die islamische Welt dies als Ohnmacht und Demütigung.

Öffnung für europäische Einflüsse

Seit dem 19. Jahrhundert führte die deutliche Erkenntnis technisch-industrieller Rückständigkeit und politisch-militärischer Unterlegenheit gegenüber Europa zu einer folgenreichen Scheidung innerhalb der islamischen Welt. Während sich intellektuelle und gesellschaftliche Eliten weitgehend europäischen Einflüssen öffneten, teilweise bis zur radikalen Verwestlichung, blieb die große Mehrheit eingebunden in rückständige agrarische Gesellschaftsverhältnisse. Heute empfinden es viele Muslime so, dass europäische Einflüsse und europäische Herrschaft alte islamische Werte und Gemeinschaftsformen zerstört haben.

Grenzziehungen nach den Interessen europäischer Mächte

Bis 1918 standen viele Völker des Nahen Ostens unter der Herrschaft des Osmanischen Reiches. Nach dessen Niederlage im Ersten Weltkrieg wurden auf seinem Gebiet bis 1962 etwa zwanzig selbstständige Staaten gebildet. Viele heutige Konflikte in dieser Region resultieren daraus, dass die territoriale Gliederung künstlich nach der Abgrenzung von Interessengebieten der Siegermächte Frankreich und England erfolgte. Weitere islamische Staaten in Afrika und Asien entstanden, als ehemalige europäische Kolonialgebiete nach dem Zweiten Weltkrieg politische Unabhängigkeit erhielten oder erkämpften. Die jüngste Gruppe selbstständiger islamischer Länder bilden die zentralasiatischen Nachfolgestaaten der Sowjetunion, z. B. Tadschikistan, Turkmenistan, Usbekistan.

1 Prozentuale Verteilung der Weltbevölkerung nach großen Kulturströmungen *(Schätzungen)*

A. E. Imhof, Im Bildersaal der Geschichte oder ein Historiker schaut Bilder an. München 1991, S. 101.

Strömungen	1980	1985	2000	2025	2100
Islamische Kultur	18,0	17,7	23,3	30,6	40,1
Chinesische Kultur	22,5	22,0	20,5	17,9	13,5
Christliche Kultur	31,1	30,2	27,8	25,2	20,2
Übrige Welt	28,4	30,1	28,4	26,3	26,2
Welt insgesamt in Prozent	100,0	100,0	100,0	100,0	100,0
Welt insgesamt in Millionen	4 453	4 842	6 127	8 177	11 011

Scheitern politischer Modelle des Westens

In der ersten nachkolonialen Phase der Unabhängigkeit übernahmen die europäisch orientierten Eliten der neuen Staaten Formen und Grundsätze westlicher Verfassungsstaaten. Man versuchte, Wahlen und Parlamentarismus einzuführen, man experimentierte mit Liberalismus, Nationalismus und Sozialismus. Die westlichen Modelle scheiterten jedoch, weil sie formal kopiert wurden und nicht zu den besonderen gesellschaftlichen Verhältnissen passten. Diese Erfahrungen prägen die religiös-politischen Strömungen, die auf eine Re-Islamisierung aller Lebensbereiche hinarbeiten.

Islamische Einheit?

Die Aufrufe zu einem einheitlichen islamistischen Gottesstaat, wie auch die westlichen Befürchtungen davor, übersehen, dass die islamischen Länder trotz gemeinsamer Religionszugehörigkeit nicht einheitlich sein und handeln können. Zu krass sind ethnische und sprachliche Unterschiede, politische und wirtschaftliche Interessengegensätze zwischen den islamischen Staaten. Insbesondere wirtschaftlich sind diese Länder unterschiedlich eng in die Weltwirtschaft eingebunden oder gar weiterhin und neu von den Industrieländern abhängig.
Dazu gibt es innerhalb der Staaten neben innerislamischen konfessionellen Differenzen auch sehr unterschiedliche Interessen und dadurch Auseinandersetzungen zwischen den verschiedenen sozialen Gruppen.

Islamismus: Diese fundamentalistische Bewegung fordert die Re-Islamisierung von Gesellschaft und Staat. Dies bedeutet die Rücknahme aller Gesetze und Lebensformen, die als Anpassung an die Erfordernisse der modernen Welt verstanden werden können. Gerade die Anpassung an die moderne Welt wird als Verlust der islamischen Eigenart angesehen. Der Islamismus idealisiert die gesellschaftliche Ordnung der Frühzeit der islamischen Geschichte und fordert die Rückkehr zu den alten Grundlagen des Koran und der Sharia, der vom Propheten Mohammed erlassenen Rechtsvorschriften. Er macht diese zum Ausgangspunkt für aktuelle Ordnungsvorstellungen und verlangt sie wieder als Norm für Regelungen in Wirtschaft, Kultur, Recht und Politik einzuführen.
Nach islamistischer Auffassung muss die weltliche Ordnung sich an den religiösen Grundlagen orientieren, da diese direkte göttliche Festsetzungen seien. Die Islamisten üben harte Kritik am Westen, weil er die Identität der Moslems zerstört habe. Der Islamismus akzeptiert die Moderne, indem er die Verwendung westlicher Technologie befürwortet, aber nicht die damit verbundenen Werte, auch nicht diejenigen der westlichen Demokratien.
Der Islamismus ist weitgehend eine Protestbewegung gegen Misswirtschaft und Verarmung, gegen Korruption der führenden Eliten, gegen die Arbeitslosigkeit und den daraus folgenden Verlust von Zukunftsperspektiven für die Jugendlichen. Die militanten, terroristischen Islamisten kämpfen häufig gegen Regimes, die soziale Reformen verhindern und mit Gewalt und Unterdrückung herrschen.

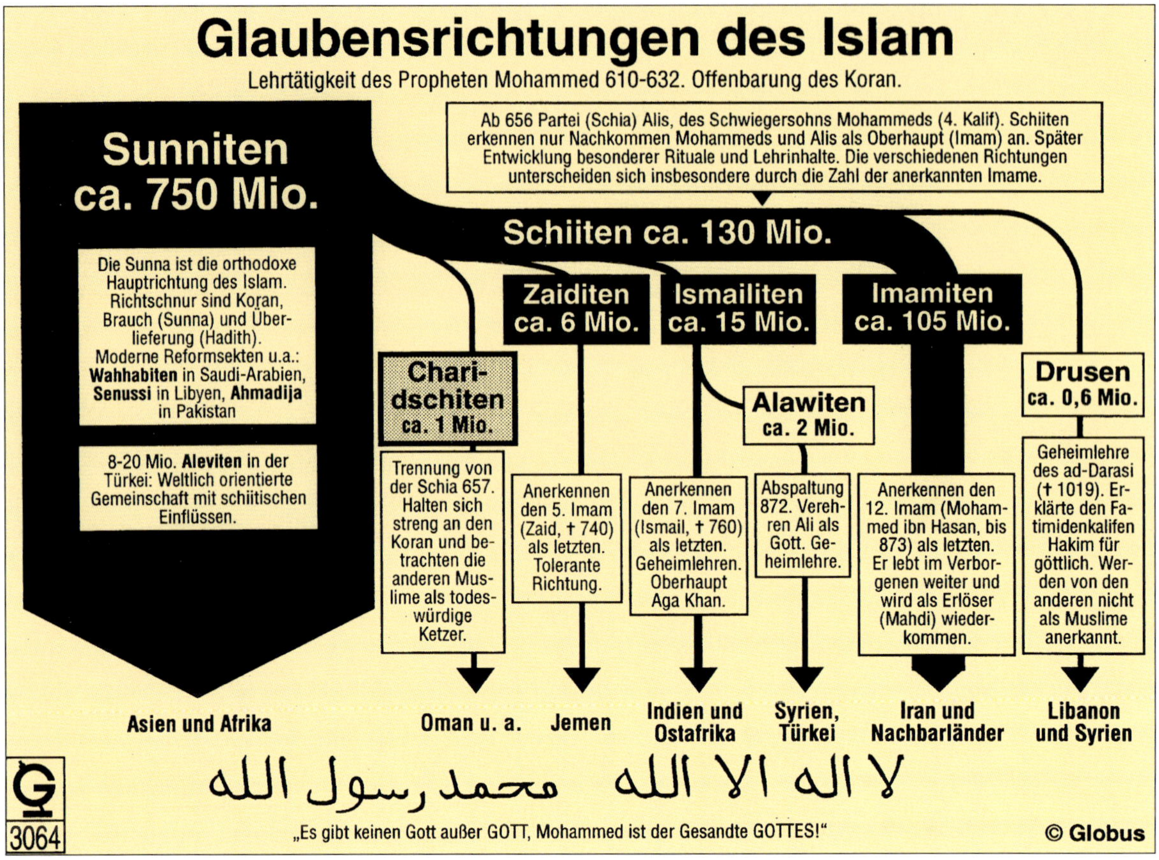

2 *Glaubensrichtungen des Islam*

3 Das Ziel: Herrschaft des Islams

a) *Scheich Magid, ein geistiger Führer der islamistischen ägyptischen Gruppe „Islamische Vereinigung", 1992:*

Unser Ziel ist die Einführung der Sharia, des islamischen Gesetzes. Unsere Könige und Präsidenten müssen streng nach dem Koran regieren, ohne westliche Einflüsse und ohne Rücksicht auf den Westen. Nur wer an den Islam glaubt, hat ein Recht auf Herrschaft. Das gilt besonders für unsere Präsidenten: Wenn sie sich entscheiden gute Moslems zu werden und ausschließlich nach dem Koran zu regieren, dann können sie bleiben.

b) *Hamsa Mausur, Fraktionssprecher der Islamisten im jordanischen Parlament, 1992:*

Wir wollen der ganzen Menschheit Frieden bringen. Das wird aber erst der Fall sein, wenn überall der Islam herrscht.

Zit. nach: Die Verschwörung der Moslembrüder. Sendung von Jörg Armbruster in der ARD am 6. 10. 1992.

4 Die Zersplitterung der islamischen Welt

Khalid Duran, Orientalist, 1992:

Haupthindernis für panislamische Effizienz ist seit geraumer Zeit das weltweite Ringen zwischen Iran und Saudi-Arabien um die Führung der Muslime. Dieser Konflikt ist sozusagen dreischichtig: Erstens ist da die uralte Rivalität zwischen Arabern und Persern ('arab wa 'adscham), zweitens das Schisma Sunniten/Schiiten, drittens der ideologische Streit zwischen wesensverwandten Fundamentalisten der iranischen und der saudischen Richtung, analog zur damaligen Spaltung des kommunistischen Lagers in eine prosowjetische und eine prochinesische Tendenz.

Hinzu kommt noch eine Teilung in zwei neue Lager: für und wider Saddam Hussein. Man könnte sagen, die Welt des Islam sei heute nicht nur vertikal, sondern auch horizontal gespalten beziehungsweise multidimensional zersplittert.

Khalid Duran, Dschihad der Bosnier gegen Kreuzzug der Serben, in: FAZ, Nr. 215 vom 15. 9. 1992, S. 10.

5 Die islamischen Länder in der internationalen Wirtschaft
Schaubild zu den Verflechtungen unterschiedlicher islamischer Ländergruppen in die Weltwirtschaft

In Anlehnung an ein Schema in: F. N. Ibrahim, Die arabische Welt in einer Identitätskrise. In: geographie heute, Heft 103, 1992, S. 10.

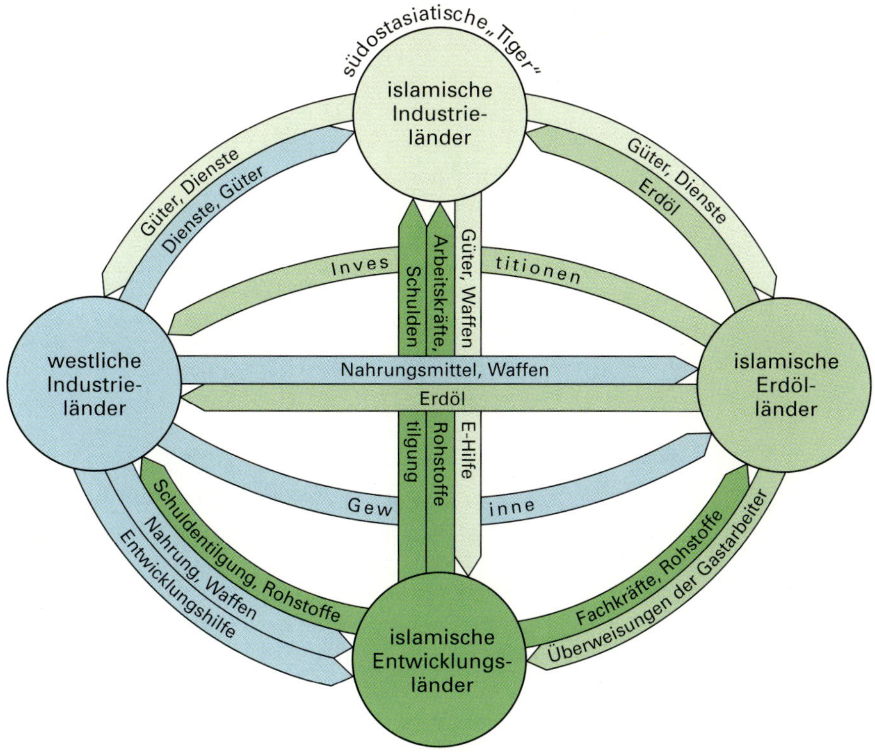

6 Arabischer Gipfel

Der Spiegel 4/1993, S. 131.

a) *Stelle wichtige Faktoren für die gegenwärtige und zukünftig absehbare Bedeutung islamischer Staaten in der Weltpolitik zusammen (VT, die Karte „Die islamische Welt 1996", M5, M6).*

b) *Erläutere anhand der Materialien den Satz: Der Islam hat viele Gesichter (VT, M2–M4).*

c) *Stelle Argumente für und gegen die in den USA formulierte Befürchtung auf, ein neuer „Kampf der Kulturen" (zwischen dem Westen und dem Islam) könne Ausgangspunkt neuer Kriege werden.*

2.2 Der israelisch-arabische Konflikt

Zwei berechtigte Ansprüche

Im September 1993 einigten sich der Staat Israel und die politische Vertretung der Palästinenser, die PLO (Palestine Liberation Organization), auf eine gegenseitige Anerkennung. Damit endete vorläufig ein Konflikt, der den Nahen Osten fast 50 Jahre lang zu einem der gefährlichsten Spannungsgebiete der Weltpolitik gemacht hatte. Beteiligte Politiker beschworen das „Ende einer vergifteten Vergangenheit", weltweit gab es Hoffnung auf den Anfang eines umfassenden Friedens in dieser Region.

Kern des Nahost-Konflikts ist die tragische Auseinandersetzung zwischen zwei sich gegenseitig ausschließenden und seit einem Jahrhundert kompromisslos und blutig durchgesetzten Ansprüchen auf dasselbe Land. Palästina, das „Heilige Land" der Bibel, das Gebiet zwischen Mittelmeer im Westen und dem Jordan im Osten, dem Gebirge Hermon im Norden und der Wüste Negev im Süden, gehörte jahrhundertelang zum Osmanischen Reich. Nach dessen Niederlage im Ersten Weltkrieg verwaltete Großbritannien das Gebiet als Mandat im Auftrag des Völkerbundes. Die palästinensischen Araber wollten auf dem seit Jahrhunderten von ihnen bewohnten Gebiet einen unabhängigen Staat aufbauen. Ebenso strebte bereits seit Ende des 19. Jahrhunderts in Europa die neue politische Bewegung des so genannten „Zionismus" danach, auf dem Gebiet, das im Altertum das Reich Israel mit der Hauptstadt Jerusalem gewesen war, wieder einen jüdischen Staat zu errichten. In diesem sollten die jüdischen Minderheiten, die überall in Europa durch den aufkommenden Antisemitismus verfolgt wurden, als Staatsvolk eine Heimstätte finden und sich zu einer modernen Nation zusammenschließen.

„100 Jahre Blutvergießen"

Von Beginn an gab es Auseinandersetzungen zwischen jüdischen Einwanderern aus Europa und den in Palästina wohnenden Arabern, später zwischen der zionistischen Bewegung bzw. dem Staat Israel und der palästinensischen Nationalbewegung. Einem Teilungsbeschluss der UN von 1947 zufolge sollten ein jüdischer und ein palästinensischer Staat gebildet werden. 1948 proklamierten zionistische Politiker den Staat Israel. Er behauptete seine Existenz im ersten Krieg gegen die arabischen Nachbarstaaten. Nach dem Waffenstillstand 1949 gab es jedoch nur einen jüdischen Nationalstaat. Weil Ägypten und Jordanien die nicht von Israel besetzten Teile vereinnahmten, kam ein palästinensischer Staat nicht zustande. In den nächsten Jahrzehnten folgten gegenseitiger Hass, sechs Kriege mit israelischer Eroberung fremden Territoriums, Flucht und Vertreibung von Palästinensern, palästinensischer Terror gegen Israel und israelische Einrichtungen und Verbündete im Ausland sowie israelischer Gegenterror.

Während dieser Zeit forderten die Palästinenser im verbalen Einvernehmen mit den arabischen Staaten, der Judenstaat müsse verschwinden, seine Bewohner sollten ins Meer getrieben werden. Dagegen gab es die starre Weigerung der israelischen Politik, die Palästinenser überhaupt als Volk mit einem territorialen Anspruch anzuerkennen. Die Maximalforderungen beider Seiten beinhalteten den Besitzanspruch auf ganz Palästina.

1 *„Arabische Einheit" Karikatur aus Ägypten, 1967*

Dimensionen des Nahost-Konflikts

Das Palästina-Problem erhielt noch komplexere Dimensionen, weil sich hier weitere Konflikte in einem brisanten Gemenge überlagerten:

- Der Konflikt zwischen dem Westen und der islamischen Welt, die in Israel einen Vorposten des westlichen Imperialismus sah.
- Der Ost-West-Konflikt, innerhalb dessen die Sowjetunion eher die palästinen-

sische Seite und die arabischen Staaten, die USA hingegen fast vorbehaltlos Israel unterstützte.
- Der Nord-Süd-Konflikt, in dem Israel als moderne Industrienation arabischen Entwicklungsländern mit traditionalen Gesellschaften gegenübersteht.

„Frieden gegen Land"

Ansätze für eine Lösung der anstehenden Probleme unter der Formel „Land gegen Frieden" ergaben sich, als 1979 Ägypten Frieden mit Israel schloss und dafür die 1967 verlorene Sinai-Halbinsel zurückerhielt. Nach den Vereinbarungen Israels mit der PLO und Jordanien 1994 bestehen Hoffnungen, dass dieser Kompromiss nicht nur die Entwicklung zu einem eigenen palästinensischen Staat im Westjordanland eröffnet, sondern den Auftakt für einen umfassenderen Friedensprozess bildet. Hierbei sind noch bedeutende Fragen zu lösen:
- Das Schicksal der jüdischen Siedler im überwiegend arabischen Westjordanland (Westbank).
- Die Zukunft der palästinensischen Flüchtlinge in Israels Nachbarstaaten.
- Die Regelung mit Syrien über die 1967 von Israel besetzten Golan-Höhen.
- Eine praktikable und für alle gerechte Verteilung des knappen Wassers (vor allem des Jordans).
- Der Aufbau einer lebensfähigen palästinensischen Wirtschaft zur Sicherung des sozialen Friedens unter den Palästinensern.
- Eine Übereinkunft über die für Juden wie Muslime gleichermaßen heilige Stadt Jerusalem.

Störversuche auf beiden Seiten

Auf beiden Seiten gibt es religiös und politisch motivierte Gruppen, die den Friedensprozess stören, aufhalten oder wieder umkehren wollen, häufig mit Mord und anderen terroristischen Mitteln. Blutige Erfahrungen wie z.B. die Ermordung des israelischen Ministerpräsidenten Rabin durch einen Israeli im November 1995 zeigen, dass sich diese religiös-politischen Extremisten sowohl gegen die andere Position als auch gegen kompromissbereite Vertreter der eigenen Seite richten. Ein großer Teil der Israelis und der Palästinenser macht jedoch in Wahlen und Abstimmungen deutlich, dass sie den Friedensprozess unterstützen, obwohl seit der Wahl des israelischen Premierministers Netanjahu im Mai 1996 der Friedensprozess ins Stocken gekommen ist.

2 Der Sprung über den eigenen Schatten
Karikatur von Karl-Heinz Schoenfeld über den israelischen Ministerpräsidenten Rabin und Arafat, den Führer der PLO, nach dem Grundsatzabkommen über die palästinensische Autonomie in Jericho und im Gazastreifen vom 13. September 1993. Am 14. Oktober 1994 erhielten Arafat, Rabin und Außenminister Peres den Friedensnobelpreis.

3 **Palästina und Israel** *1923 bis 1967 und 1967 bis 1995*

4 ***a) Etappen des Krieges***

1948 Israelischer Unabhängigkeitskrieg
1956 Suez-Krieg
1967 Sechs-Tage-Krieg
1973 Jom-Kippur-Krieg
„Eroberung einer Sicherheitszone“
1982 Libanon-Feldzug
1987 Palästinenseraufstand (Intifada)
1988 Islamistischer Terror
1996 Krieg gegen islamistische Gegner im Libanon

b) Friedensprozess

1979 Ägyptisch-Israelischer Friedensvertrag
Anerkennung des Existenzrechts Israels durch die PLO
1994 Autonomieabkommen für Gaza und Jericho
1994 Jordanisch-Israelischer Friedensvertrag
1996 Friedensverhandlungen zwischen Israel und der PLO

Achte in aktuellen Nachrichten auf Fortschritte und Rückschläge im Friedensprozess.

a) Rabin führte 1967 die siegreiche israelische Armee, Arafat, seit 1969 Sprecher der PLO, war für viele Terroranschläge verantwortlich. Erläutere auf diesem Hintergrund die Aussage der Karikatur M2.

b) Organisiert eine Debatte über das Verhandlungsprinzip: Land gegen Frieden (M3, M4, VT).

2.3 Islamisches Leben in der modernen Welt

Widersprüchliche Lebensweisen

Viele Moslems arbeiten, kommunizieren, kleiden und vergnügen sich wie die Menschen in Europa und Nordamerika. Dagegen wird in islamischen Gegenden zunehmend die Blutgerichtsbarkeit der Sharia angewandt: Ehebrecherinnen werden zu Tode gesteinigt, Diebe werden verstümmelt. Muslimische Frauen tragen immer häufiger Haar und Gesicht verhüllende, meist schwarze Umhänge. Berührungen zwischen Frauen und Männern in der Öffentlichkeit sollen unterbunden werden.

Kulturelle Konfrontation

So weit die Verbreitung des Islams reicht, so unterschiedlich sind auch die Lebensverhältnisse der dort lebenden Muslime. Allerdings treffen in allen Daseinsbereichen zur Zeit zwei grundsätzlich verschiedene, gegensätzliche und miteinander konkurrierende Gesellschaftsmodelle und Kulturströmungen aufeinander. Es gibt das Dilemma zwischen den modernen amerikanisch-europäischen Vorbildern in Technik, Verwaltung, Konsum und Kommunikation einerseits und tief in Traditionen verwurzelten, religiös begründeten Sitten und Vorstellungen andererseits. Von diesem Konflikt zwischen zunehmender Verwestlichung und entgegengesetzter Re-Islamisierung aller Lebensbereiche sowie absehbaren gesellschaftlichen, politischen und kulturellen Umbrüchen sind die Frauen in besonderem Maße betroffen.

Erweiterte Handlungsmöglichkeiten islamischer Frauen

Weil nach dem Zweiten Weltkrieg in den islamischen Staaten durchgängig das Bildungswesen ausgeweitet wurde, wuchs der Anteil der Mädchen in allen Schularten; in einigen Ländern können inzwischen so gut wie alle Frauen der jüngeren Generation schreiben und lesen. Infolge der allgemeinen Schulbildung und der verstärkten Universitätsausbildung arbeiten immer mehr Frauen in der Verwaltung, in der Justiz, im Gesundheits- und Bildungswesen. Eine steigende Zahl von Frauen gelangt in Regierungsämter. In islamischen Staaten, die als progressiv gelten wollen, gibt es auch Ministerinnen und Ministerpräsidentinnen.

Vorrangstellung des Mannes

Diese Entwicklungen, wie auch die steigende Berufstätigkeit von Frauen, in der traditionellen Landwirtschaft und auch in der Industrie, änderten jedoch nichts an der herkömmlichen juristischen und faktischen Vorrangstellung der Männer. Dies hängt mit dem spezifisch islamischen Verständnis von Familie und familiärer Rollenzuweisung im Rahmen des Kollektivs aller Gläubigen zusammen. Die islamische Denkweise geht prinzipiell von der „umma“, der vorgestellten Gemeinschaft aller Muslime aus, innerhalb derer es keinen Platz für den Individualismus von Einzelmenschen gibt. Insofern wird eine Frauenbewegung, die nach westlichem Vorbild das Recht der Frau als Individuum betont, als Bedrohung dieser Gemeinschaft angesehen. Die kleinste Einheit der „umma“ ist die Familie als religiöses Zentrum sowie als Zufluchtsort und Mittelpunkt von Verlässlichkeit und Sicherheit.

Eherechtliche Einzelfragen

Die Sharia regelt Rechte und Pflichten innerhalb der Familie, die für den Mann in erster Linie in der Sorge für seine Familie und für die Frau in Gehorsam, Respekt und Treue gegenüber dem Mann sowie in der Versorgung von Familie und Haushalt bestehen. Aus diesem Grundverhältnis, das, unabhängig von der in jüngster Zeit durch Verfassungen formal zugesicherten Gleichberechtigung, weiterhin gilt, erwachsen alle Einzelregelungen wie etwa Ehevertrag ohne Anwesenheit der Braut, Recht des Mannes auf körperliche Züchtigung der

1 ***Moslems beim Freitagsgebet im Zentrum von Kairo.*** *– Achte auf „westliche" Merkmale.*

Frau, männliche Vielehe, Verstoßung der Frau, vermindertes Erb- und Zeugenrecht für Frauen, Schleier als Ausdruck religiöser Moralvorstellungen, Ehrverletzung des Mannes durch „unmoralisches" Verhalten einer ihm anvertrauten Frau.

Problematische Zukunftsperspektiven

Von einigen aktuellen Entwicklungstrends sind insbesondere die Frauen betroffen. Weil die hygienischen Verhältnisse und die medizinische Versorgung verbessert wurden und die Sterbeziffern sanken, gibt es im islamischen Bereich die weltweit höchste Rate des natürlichen Bevölkerungswachstums. Mehr überlebende Kinder belasten andererseits auch die Frauen stärker. Da in letzter Zeit in Landwirtschaft und Handwerk modernisiert und mechanisiert wurde, entfallen für die Frauen weithin traditionelle Arbeitsmöglichkeiten. In den Ländern der islamischen Welt wandern Landbewohner zunehmend in die Städte. Infolgedessen werden weniger Nahrungsmittel produziert. Die Menschen verlieren die psychische und soziale Bewegungsfreiheit des früheren ländlichen Lebens und das gewohnte soziale Netz. Häufig löst sich sogar der Zusammenhalt der Familien auf.

Nach bisherigen Beobachtungen erhalten islamistische Strömungen den größten Zulauf und die höchste Zustimmung in solchen Staaten, in denen sich die gesellschaftlichen und wirtschaftlichen Krisen in Nahrungsmittelmangel, Armut, Misswirtschaft und Korruption des herrschenden Regimes, Arbeitslosigkeit und daraus folgender Zukunftsangst besonders deutlich zeigen. Wo sich dann islamistische Strömungen durchsetzen, wo also politische Kräfte die alten religiösen Bestimmungen als Legitimations- und Machtmittel benutzen, wenden sie durchweg die Sharia schärfer an und nehmen den Frauen Rechte, die im Verlauf der jüngsten Geschichte erstritten oder gewährt worden waren. Insofern dürfte der Kampf um Emanzipation zukünftig entweder sehr konfrontativ nach westlichem Vorbild oder im Rahmen islamischer Grundüberzeugungen erfolgen.

2 ***Islamistische Demonstrationen in Algerien:***
Generalstreik der Islamischen Heilsfront FIS (Front islamique du salut) mit dem Koran in Händen am 25. Mai 1991.
Ein Anhänger der FIS mit seinem Sohn auf den Schultern feierte mit pro-islamischen Parolen den Wahlsieg der FIS am 26. Dezember 1991.

3 *Frauen im Widerstreit*

a) *Laila Bayumi, geb. 1962, verheiratet, zwei Kinder, Journalistin in Kairo. Sie ist eine Moslemschwester, eine islamische Fundamentalistin. Aus einem Interview 1992:*

Ich liebe den Islam über alles. Ein islamischer Staat bedeutet für mich Freiheit, soziale Gerechtigkeit, keine Arbeitslosigkeit. Es bedeutet, dass man andere Menschen nicht verächtlich machen darf. Nicht so, wie es bei uns in Ägypten geschieht. Bei uns gibt es keine soziale Gerechtigkeit und keine Demokratie. Das steht alles nur auf dem Papier. Unsere Regierung verfolgt die Anhänger der islamischen Bewegung – ich wurde schon ein paarmal von der Polizei vorgeladen. Sie wollten wissen, wer meine Freundinnen sind, welche Bücher ich lese, ob ich zum gemäßigten oder radikalen Flügel der Fundamentalisten gehöre. Ich kenne Frauen aus der islamischen Bewegung, die von der Polizei verhaftet, gefoltert und sexuell belästigt wurden. Sie nehmen Frauen als Geiseln, um ihrer Männer, Söhne oder Brüder habhaft zu werden.

Zit. nach: Brigitte 22/1992, S. 150.

b) *Die marokkanische Frauenrechtlerin Fatima Mernissi, 1991:*

Einer der Gründe für den Hass der Fundamentalisten auf die Algerierinnen ist, dass es den Frauen trotz der großen Arbeitslosigkeit gelungen ist, jeden dritten Platz in den Schulen und Universitäten als Lehrerinnen oder Professorinnen zu besetzen. Und so ist es in fast allen arabischen Ländern. Innerhalb von weniger als einer Generation haben die bis dahin des Lesens und Schreibens nicht kundigen Araberinnen die Orte des Wissens erobert, als ob sie es ihrem Schicksal beweisen wollten. So entstand in Arabien eine weibliche Elite. Die Mädchen haben bessere Noten als die Jungen, sie bleiben seltener sitzen und sie nutzen jede kleinste Chance. Jeder dritte Lehrstuhl an den arabischen Universitäten ist von einer Frau besetzt. Mehr also als in Europa, wo die Frauen seit Generationen Zugang zur Bildung haben. Die Mütter dieser Professorinnen waren und sind quasi ausnahmslos Analphabetinnen. Ihre gebildeten Töchter lernen, lehren und schreiben – sie artikulieren sich …
Man muss daran erinnern, dass der Angriff auf die unverschleierten Frauen nicht gegen das weibliche Proletariat geführt wird, … nicht gegen die Millionen Frauen, die vom Land in die Stadt strömen, in die Kleidungs- und Nahrungsmittel-Fabriken der größeren Städte wie Casablanca, Algier und Kairo …
Der Angriff auf die unverschleierten Frauen gilt nicht diesen Sprachlosen. Er gilt den Frauen, die Worte gefunden haben. Sie sollen endlich wieder den Mund halten, sollen wieder unsichtbar werden.

Zit. nach: A. Schwarzer / U. Ott (Hg.), Emma, Sonderband „Krieg". Köln, März 1991, S. 10 ff.

4 ***Antiislamistischer Frauenmarsch*** *am 22. März 1994 in Algier aus Protest gegen die von der FIS begangenen Morde. Transparent: Rendez-nous nos morts = Gebt uns unsere Toten zurück. – Achte auf die Kleidung von Männern und Frauen.*

5 ***Zwiespalt zwischen Religion und moderner Gesellschaft.*** *Nagib Mahfuz, geb. 1911, ägyptischer Literaturnobelpreisträger, 1977:*

Er (der Muslim von heute) führt ein modernes Leben. Er gehorcht zivil- und strafrechtlichen Gesetzen westlichen Ursprungs und ist in ein komplexes Geflecht von gesellschaftlichen und wirtschaftlichen Aktionen involviert, dabei ist er nie sicher, in welchem Maße diese mit seinem islamischen Glauben übereinstimmen oder ihm widersprechen. Das Leben trägt ihn in seinem Strom weiter und er vergisst seine Zweifel für einige Zeit, bis er an einem Freitag den Imam hört oder die religiöse Seite in einer Zeitung liest und die alten Zweifel mit einer gewissen Furcht zurückkommen.

Er stellt fest, dass er in dieser neuen Gesellschaft eine gespaltene Persönlichkeit geworden ist. Seine eine Hälfte glaubt, betet, fastet und geht auf Wallfahrt. Die andere lässt seine Werte sinnlos werden auf Banken, in Gerichten und auf der Straße, ja sogar in Kinos und Theatern, ja vielleicht zu Hause in der Familie vor dem Fernseher. Er hört eine Ankündigung, dass die Anwendung der Sharia (das islamische, auf dem Koran beruhende Gesetz) nahe bevorsteht. Er ist glücklich und voll Freude …, aber seine Sorgen werden nicht völlig beseitigt, denn die Sache ist nicht so einfach, wie sie zunächst scheint. Es ist nicht nur die Sache der Formulierung eines Dekrets und seiner Anwendung; tatsächlich verlangt es den Angriff auf ein ganzes System, um es zu zerstören und auf göttlichen Grundlagen wieder zu errichten. Es mag für uns leicht sein, Bars zu schließen und neue Bekleidungsvorschriften für Frauen zu erlassen, aber was kann man beim System der Banken und bei den gängigen wirtschaftlichen Praktiken tun? Sie sind eng mit ihren Gegenstücken im internationalen System verknüpft. …

Aus: al-Ahram (ägyptische Zeitung) vom 17. 5. 1977, zit. nach: John J. Donohue / John L. Esposito, Islam in Transition. New York/Oxford 1982, S. 240.

a) Stelle eine Liste von Merkmalen für Zwiespältigkeiten im Leben der Menschen in islamischen Ländern auf.

b) Skizziere die Grundzüge der islamischen Denkweise über Gemeinschaft und Individuum und stelle ihnen westliche Vorstellungen gegenüber, wie du sie kennst.

c) Benenne gegenwärtige Strukturprobleme der islamischen Gesellschaften und Staaten.

d) Erläutere die Aussage islamischer Frauen, sie seien hin- und hergerissen zwischen kulturellen und geschlechtsspezifischen Identitäten.

3. Großmächte in Ostasien

3.1 Japan – ein Wirtschaftsgigant

Tradition und Wandel: Von Abschottung ...

Mit kaum einem anderen Land der Erde verbinden wir Europäer so unterschiedliche Bilder wie mit Japan. Wir denken an die japanische Technik, an die Autos, Motorräder, Kameras und Computer oder haben etwas gehört über die Geishas, die bei Festlichkeiten mit Tanz und Gesang die Gäste unterhalten. Dieses Nebeneinander von Tradition und Moderne prägt unser Bild Japans.

Geishas

Bis weit in das 19. Jahrhundert hinein hatten sich die Japaner weitgehend gegen jeden Einfluss der westlichen Welt abgeschottet. Die japanische Führungsschicht der Samurai betrachtete alle Eindringlinge als kulturlose Barbaren und als Störenfriede der feudalen Ordnung. Als 1853 amerikanische Kriegsschiffe die Küste von Nagasaki beschossen, um die Öffnung der Insel für den Welthandel zu erzwingen, wirkte diese Demonstration westlicher Kriegstechnik auf die Japaner wie ein Schock: Gegen eine solche militärische Übermacht konnte man nichts mehr ausrichten.

... zu Weltoffenheit ...

Kamera-Produktion

In dieser Situation setzte sich eine neue, junge Führungsschicht gegen den alten Adel durch und bewirkte innerhalb weniger Jahrzehnte einen unglaublichen Wandel. Die Japaner öffneten ihr Land gegenüber den Fremden und versuchten gleichzeitig, so viel wie möglich an technischem Know-how von ihnen zu lernen. Andererseits wurden jedoch die gesellschaftlichen Strukturen nicht grundlegend verändert. So wurde der alte Samurai-Adel zwar politisch entmachtet, gleichzeitig aber durch gute materielle Absicherung von einem Aufstand abgehalten. Während jedoch früher bei den Samurai jede gewerbliche oder kaufmännische Arbeit streng verpönt war, investierten sie nun zum großen Teil ihr Geld in Handel und Industrie und wurden bald zur wirtschaftlichen Führungsschicht. Auf diese Weise fanden jene Regeln und Prinzipien, nach denen die Samurai schon als führender Kriegsadel das Leben ausgerichtet und organisiert hatten, Eingang in die Arbeitswelt: Treue, Pflichtbewusstsein, Aufrichtigkeit, Bedürfnislosigkeit, selbstverständliche Unterordnung und Disziplin.

... und zu Großmachtstreben

Innerhalb von wenigen Jahrzehnten gelang es Japan durch eine industriell-technische, militärische und verwaltungsorganisatorische Modernisierung unter Beibehaltung der traditionellen Verhaltensmuster in den Kreis der damaligen Großmächte aufzusteigen. Die Siege über China 1895 und vor allem über das russische Zarenreich 1905 ließen daran keinen Zweifel mehr – Japans aggressive, imperialistische Politik strebte nach der Vorherrschaft im asiatischen Raum. Dies führte schließlich zur militärischen Auseinandersetzung mit den USA im Zweiten Weltkrieg, die mit den Atombomben auf Hiroshima und Nagasaki und der totalen Niederlage Japans endete.

Nach 1945: Von Verurteilungen und Reformen ...

Nach dem Zweiten Weltkrieg wollten die amerikanischen Besatzer das Land demokratisieren. Japan wurde demilitarisiert, 5 000 Kriegsverbrecher abgeurteilt, Zehntausende Wirtschaftsführer entmachtet; eine Landreform teilte den Großgrundbesitz an bisherige Pächter auf, die Bildung der in den 30er Jahren verbotenen Gewerkschaften wurde wieder zugelassen; Japan erhielt 1947 nach den Vorgaben der USA eine demokratische Verfassung, Kaiser Hirohito entsagte seiner „Göttlichkeit“ und war nur noch repräsentatives Staatsoberhaupt.

1 ***Der japanische Kaiser*** *besucht eine Geschützgießerei in der zweiten Hälfte des 19. Jahrhunderts. –*
Im Bild treffen zwei Welten aufeinander. Beschreibe und erläutere.

Diese Reformen führten zwar zu einer Modernisierung nach westlichem Vorbild, eine Änderung der japanischen Mentalität trat aber nicht ein. Das traditionelle Denken in Kollektiven, die Unterwerfung unter die vorgegebenen Autoritäten in Familie, Betrieb und Staat blieben davon weitgehend unberührt und trugen wesentlich dazu bei, dass sich das Land rasch zu einer führenden Wirtschaftsmacht entwickelte.

… zu wirtschaftlichem Aufstieg

Begünstigt wurde diese Entwicklung noch durch den Ost-West-Konflikt und den Koreakrieg (siehe Register): Japan sollte nach den Vorstellungen der USA in Ostasien eine Bastion gegen den Kommunismus werden. Die USA erließen die Reparationszahlungen und unterstützten das Land durch Kredite und Lebensmittel- sowie Rohstofflieferungen. 1951 erlangte Japan im amerikanisch-japanischen Friedensvertrag die Souveränität wieder, allerdings blieben die USA Schutzmacht und konnten im Lande Streitkräfte und Waffen stationieren.
In der folgenden Zeit zeigten sich die Japaner dem erstaunten Westen als fortschrittsorientierte, technikbegeisterte Menschen, die bald nicht mehr nur westliche Technologien und Praktiken übernahmen, sondern weiter verbesserten. In vielen Dörfern, die über Jahrhunderte die Wirtschaftsstruktur Japans bestimmt hatten, entstanden zahlreiche Klein- und Mittelbetriebe. Gerade die traditionellen Handwerksbetriebe mit ihrem ausgeprägten Perfektionismus ließen sich als Zulieferer gut mit der Automatisierung der Großbetriebe verbinden.

Japan heute: Wandel der Mentalität?

Im Westen wird die Mentalität der Japaner gerne als die des fleißigen, anpassungsfähigen und treuen Arbeiters beschrieben, der sich bis zur Selbstaufgabe für sein Unternehmen einsetzt. Damit wird häufig das Fehlen einflussreicher überbetrieblicher Gewerkschaften ebenso erklärt wie die Konformität der Japaner, die sich in kollektivem Auftreten ausdrückt. Andere stellen fest, dies seien Klischees der Vergangenheit, die spätestens seit den 90er Jahren nicht mehr gelten würden, weil die japanische Gesellschaft von einem tief greifenden Wertewandel ergriffen sei: Individualismus habe den Familien-, Firmen- oder Gruppenbezug überlagert, Freizeitorientierung die Arbeitsmoral untergraben. Japan ist jedoch noch weit davon entfernt, eine Gesellschaft nach westlichem Muster zu werden, in der das Individuum und nicht die Gruppe im Mittelpunkt steht.

2 ***„Was sagen wir den Barbaren?"*** *Auszug aus der Denkschrift des Beamten Li Naosuke, 1853:*

… Dann ist da die Frage des Handels. Außenhandel ist von Staats wegen verboten, aber die Verhältnisse sind nicht mehr, was sie waren. Güteraustausch ist ein universaler Brauch … Durch diese Antwort würden wir die Amerikaner überrumpeln, indem wir ihnen die gleichen Bedingungen wie den Holländern anbieten … Wir müssen Dampfschiffe bauen, besonders mächtige Kriegsschiffe, die wir mit Waren, die wir nicht unbedingt brauchen, beladen. Eine Zeitlang werden wir Holländer als Kapitäne und Matrosen anstellen müssen, aber wir werden integre und fähige Japaner mitfahren lassen, die den Gebrauch von schwerem Geschütz, von Navigation und Schiffbau erlernen … Wenn wir die Zahl der Schiffe vergrößern und die Technik beherrschen, wird unsere Marine fähig sein, die Meere zu befahren und direkte Kenntnisse der auswärtigen Gegebenheiten zu erwerben, so dass wir nicht mehr von den Geheimberichten der Holländer abhängig sind.

Zit. nach: Bernd Röcker, Der Aufstieg Japans zur Welt- und Wirtschaftsmacht, Stuttgart 1984, S. 14 f.

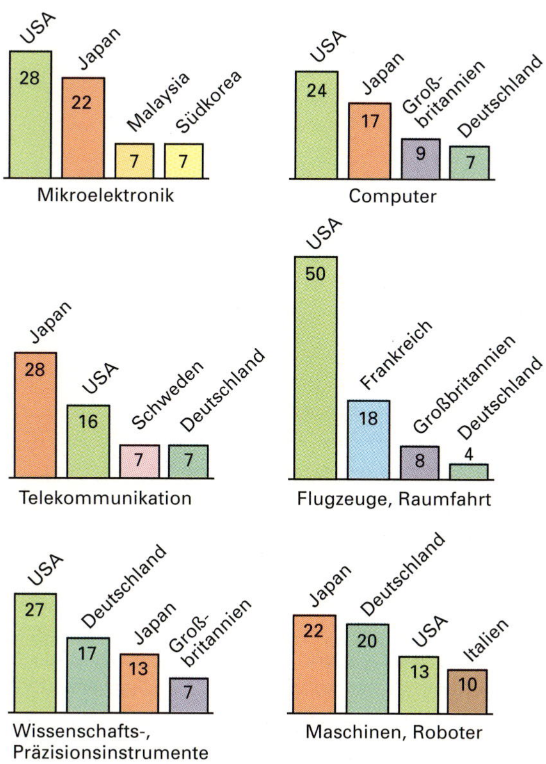

3 ***High-Tech-Exporteure.*** *Anteil am weltweiten Export von hochtechnologischen Produkten (Angaben in Prozent; Stand 1990)*

4 ***Männer und Frauen im Arbeitsleben***

a) *Lebenslange Zugehörigkeit zu einer Firma?*

Der international bekannt gewordene Umstand, dass japanische Arbeiter und Angestellte lebenslang bei derselben Firma bleiben, darf nicht ohne die Zusammenhänge gesehen werden, in denen er steht. Die lebenslange Zugehörigkeit zu einer Firma hat Lücken, denn die konjunkturell Eingestellten sind eine Art Aushilfskräfte, rekrutiert aus dem „Reservoir an Arbeitskräften", das sehr problematisch ist. Vor allem darf von vornherein nicht vergessen werden, dass es weniger als die Hälfte, vielleicht nicht mehr als ein Drittel der arbeitenden Bevölkerung ist, die in den privilegierten Großfirmen arbeitet. Nur für sie gilt, was in westlichen Publikationen über japanische Firmenzugehörigkeit, Vergütung, Pensionierung, Altersversorgung etc. geschrieben wird.

Ingeborg Y. Wendt, Phänomen Japan, Industrienation zwischen westlicher Technik und östlicher Moral, München 1984, S. 63 ff.

b) *Die Stellung der japanischen Frau, gesehen von einem deutschen Beobachter:*

Seit Jahren kämpfen auch in Japan viele Frauen gegen eine Situation, wie sie folgende Darstellung von 1981 schildert:

Was Japans Industrie an Vorteilen zu bieten hat, gewährt sie ausschließlich den Männern. Die Durchschnittseinkommen weiblicher Arbeitnehmer liegen nur knapp über der Hälfte der Verdienste der Männer, weil ihnen praktisch alle höheren Positionen versperrt sind. Nur für schlecht bezahlte Fließbandarbeit, für einfache Handreichungen und Hilfsdienste, also für billige Tätigkeiten, sind Frauen gesucht. Wer von ihnen nicht selbst resigniert und aufgibt, wird spätestens mit fünfzig Jahren pensioniert, lange bevor die staatliche Altersversorgung beginnt und mindestens fünf Jahre vor den Männern. Kein anderer Industriestaat behandelt seine weiblichen Arbeitnehmer so diskriminierend … noch immer ist Japan ein Männerstaat und solange die Männer diese Diskriminierung der Frauen für normal halten, solange keine einzige Partei und keiner der Gewerkschaftsverbände den Frauen ernsthaft und machtvoll hilft, werden sie allein diesen Zustand nicht ändern können. Die Industrie aber muss sich fragen lassen, ob sie diese Ungleichheit nicht fördert, statt sie abzubauen, um sich ein riesiges Reservoir billiger Arbeitskräfte zu erhalten.

Gerhard Dambmann, 25-mal Japan, München 1981, S. 245.

5 Schule und Ausbildung – ein Ausleseprozess

Das nach dem Zweiten Weltkrieg nach amerikanischem Vorbild reformierte Schulsystem erhöhte die Schulpflicht und stellte die Mädchen den Jungen gleich. Das neue Schulsystem gilt vielfach als eine der wichtigsten Grundlagen für den wirtschaftlichen Erfolg. Ein japanischer Wirtschaftswissenschaftler schreibt dazu 1985:

Der Wettbewerb, dem man sich aussetzen muss, wenn man sich bei einem japanischen Großunternehmen bewirbt, ist erwartungsgemäß hart. Die Einstellungsprüfung eines Großunternehmers kann man nur einmal im Leben machen. Da man wenig Aussicht hat, von einer Firma eingestellt zu werden, wenn man nicht von einer guten Schule oder einer guten Universität kommt, gibt es bereits beim Eintritt in die guten Universitäten einen heftigen Wettbewerb, folglich auch einen harten Wettbewerb beim Eintritt in gute höhere Schulen und so weiter, bis hinunter zur niedrigsten Stufe der Ausbildung. In extremen Fällen ist der Wettbewerb so rücksichtslos, dass er schon beginnt, wenn man ein Kind in den Kindergarten schickt: Man versucht das Kind in einen guten Kindergarten zu geben und damit dies gelingt, erhalten einige Kinder schon zu Hause Vorbereitungsdienst.

M. Morishima, Warum Japan so erfolgreich ist. Westliche Technologie und japanisches Ethos, München 1985, S. 179.

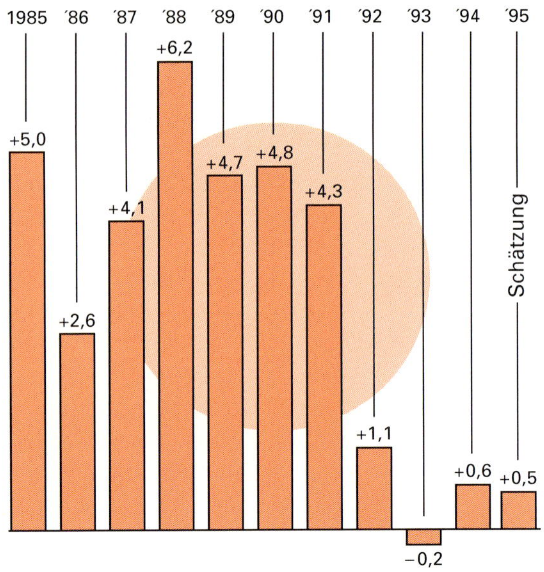

7 Wirtschaftswachstum in Japan (Stand 1995)

8 Jahresarbeitszeit für Industriearbeiter (1990)

Japan	2 150 Stunden
USA	1 890
Schweiz	1 875
Großbritannien	1 770
Frankreich	1 758
Österreich	1 710
Deutschland	1 668

6 Handelskonkurrenten

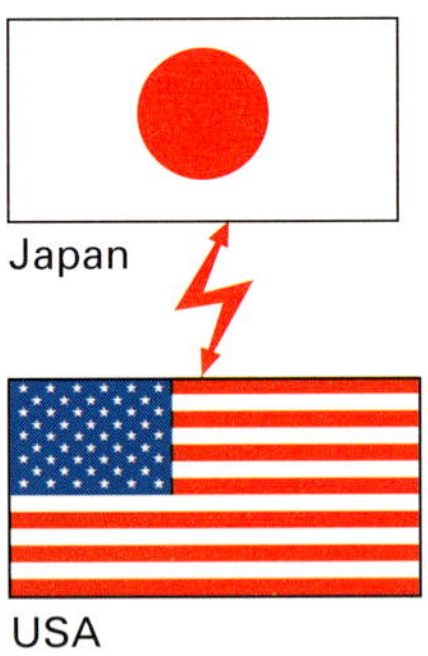

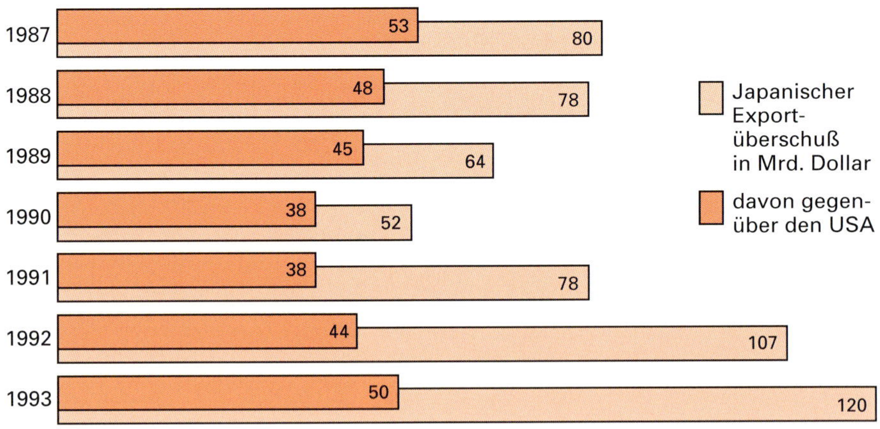

a) *Stelle Gründe für den Aufstieg Japans zur Wirtschaftsmacht zusammen (VT, M1 bis M8). Welches Gewicht kann man dabei der Mentalität zumessen (VT, M8)? Was sagen M3, M6, M7 zur jüngsten Entwicklung?*

b) *Die Situation von Mann und Frau im japanischen Arbeitsleben hat gesellschaftliche und soziale Auswirkungen (M4). Erläutere.*

c) *Vergleiche das japanische Bildungssystem (M5) mit unserem. Wäge Vor- und Nachteile der Gemeinsamkeiten und der Unterschiede gegeneinander ab.*

3.2 Bürgerkriege, Revolutionen, Reformen, Parteidiktatur – Wohin führt der Weg Chinas?

1

Der deutsche Karikaturist zeigt den Balanceakt des chinesischen Staatsoberhauptes Deng Xiaoping in den 80er Jahren. Wirtschaftsreformen nach westlichem Vorbild mit marktwirtschaftlichen Elementen sollten der Bevölkerung mehr Wohlstand verschaffen ohne jedoch vom autoritären Staatssystem marxistischer Prägung abzugehen. Als sich vor allem die Jugend dafür einsetzte, die Liberalisierung der Wirtschaft auch auf die Gesellschaft und die Politik auszudehnen, endeten die Demonstrationen 1989 in einem großen Blutbad auf dem Platz des Himmlischen Friedens in Peking. Viele der Demonstranten wurden zum Tode verurteilt. Wieder einmal hatte Gewalt den Kampf um politische Macht und den richtigen Weg entschieden – wie zu Beginn des 20. Jahrhunderts den Kampf gegen den monarchischen Staat.

Bürgerkrieg …

Die Armut der Bevölkerung, von der 90 Prozent Bauern waren, ihre Unterdrückung durch eine dünne, aber reiche Oberschicht, die vom Kaiserhaus geduldete Ausbeutung des Landes durch Russland, Japan und die USA im Zeichen des Imperialismus schufen den Nährboden für die Entstehung der revolutionären Bewegung Kuomintang. Sie schaffte unter Führung des Arztes Sun Yat-sen 1911 das Kaisertum ab und machte China zu einer Republik. Das Land drohte jedoch in kleine Provinzstaaten auseinander zu fallen, in denen nicht die Kuomintang, sondern regionale Militärs die Macht hatten. Eine lange Zeit der Bürgerkriege begann. Als es Sun Yat-sens Nachfolger Chiang Kai-shek endlich mithilfe der Kommunistischen Partei Chinas gelungen war, das Land zu vereinen, wollte er sich 1927 der kommunistischen Bündnispartner in blutigen Massakern entledigen. Die Kommunisten konnten seinem Militärregime, das die Bauern weiter ihrer Notlage überließ, gefährlich werden.

… und Sieg des Kommunismus

In dieser Situation begann Mao Zedong, einer der kommunistischen Führer, aus Bauern eine „Rote Armee“ für den Partisanenkampf auszubilden und in einer neu gegründeten Räterepublik im Süden des Landes durch Enteignung der Großgrundbesitzer Land an die Bauern zu verteilen. 1934 musste sich Mao zwar im Kampf um die Macht in entlegene Gebiete zurückziehen, doch konnten auf diesem „langen Marsch“ durch das Land (ca. 12 000 km) viele Bauernfamilien für die kommunistische Bewegung gewonnen werden. Im Zweiten Weltkrieg waren Kommunisten und Kuomintang gezwungen, wieder Seite an Seite ihr Land gegen Japan zu verteidigen, aber nach der japanischen Kapitulation 1945 ging der Bürgerkrieg erneut unvermindert weiter. 1949 musste Chiang Kai-shek schließlich aufgeben. Er gründete auf der Insel Formosa die Republik China (Taiwan), während Mao Zedong in Peking die Volksrepublik China ausrief.

Mao verändert Staat und Gesellschaft

Nach der Machtübernahme begann Mao unverzüglich damit, Staat und Gesellschaft nach sowjetischem Vorbild umzugestalten: Großgrundbesitzer und viele Kapitalbesitzer oder bürgerliche Intellektuelle wurden von Volksgerichten abgeurteilt, hingerichtet oder zur ideologischen Umerziehung in Lager geschickt; das Land erhielten Kleinbauern zugeteilt, die ähnlich den sowjetischen Kolcho-

2 Denkmal der Revolution in Schenjang

sen zu Produktionsgenossenschaften zusammengefasst wurden. Industrie, Handel und Banken wurden bis 1957 verstaatlicht.
1958 sollten in einem „Großen Sprung nach vorn" Industrie und Landwirtschaft gleichzeitig vorangetrieben werden, um den Anschluss an die großen Industrienationen zu erreichen. Mao setzte bei diesen Wandlungsprozessen nicht auf eine Parteielite, wie man sie aus der Sowjetunion kannte, sondern auf die „Mobilisierung der Kraft der Massen", d.h. vor allem die der Bauern. Eine „permanente Revolution" sollte die alten Gesellschaftsstrukturen endgültig zerschlagen und zum Ziel der „klassenlosen Gesellschaft" führen. Die Produktionsgenossenschaften wurden zu „Volkskommunen" zusammengefasst, in denen einige tausend Haushalte eine Art Lagergemeinschaft bildeten, in der es kein Privatleben und kein Privateigentum mehr gab. Die Volkskommunen sollten in der Lage sein, sich vollständig selbst zu versorgen. Der „Große Sprung nach vorn" endete jedoch in einer wirtschaftlichen Katastrophe und einer Hungersnot, der ca. 27 Millionen Chinesen zum Opfer fielen. Das Ansehen der kommunistischen Partei sank auf einen Tiefpunkt. Zudem kam es 1960 zum Bruch mit der Sowjetunion. Mao war nicht bereit, die neue sowjetische Politik der „friedlichen Koexistenz" zu unterstützen, sondern hielt weiterhin einen gewaltsamen Kampf gegen den Kapitalismus einschließlich eines Atomkrieges für unvermeidbar. Die Sowjets hatten sich geweigert, China beim Aufbau einer eigenen Atomindustrie zu helfen und stellten schließlich auch jegliche Wirtschaftshilfe ein.

Die „Große proletarische Kulturrevolution"

In dieser Situation bildete sich unter Parteifunktionären und Intellektuellen eine Opposition gegen Mao. Dagegen mobilisierte Mao 1966 die Jugend. In Scharen verließen Jugendliche die Schulen, Universitäten und Fabriken und zogen als „Rote Garden", mit roten Fahnen und Trommeln, das „Rote Buch" mit Maos lehrhaften Aussprüchen als ihre „Bibel" schwenkend, durch Städte und Dörfer. Tatsächliche und vermeintliche Gegner Maos wurden aus ihren Ämtern vertrieben, oft auch umgebracht. Das Land geriet noch mehr in Verwirrung und Chaos. Schließlich musste Mao selbst die von ihm losgetretene Lawine der Gewalt durch die Armee beenden und die Partei übernahm wieder die Macht.

Nach Maos Tod: Reform statt Revolution

1976 starb Mao Zedong. Aus den Kämpfen um die Nachfolge ging Deng Xiaoping als neuer starker Mann hervor. Er verkündete 1978 einen neuen Kurs, der vor allem Wirtschaft und Technik nach westlichem Vorbild vorsichtig reformieren sollte. Daraufhin stiegen Produktion und Löhne, Konsummöglichkeiten und Lebensstandard besserten sich.

Chinas zwei Gesichter

Bereits unter Mao hatte China in den 70er Jahren begonnen, sich gegenüber dem Westen zu öffnen. Deng setzte die Westkontakte konsequent fort. Zu vielen Staaten wurden diplomatische Beziehungen aufgenommen. Dagegen lehnte die chinesische Führung für ihr Land Gorbatschows „Glasnost" und „Perestroika" entschieden ab. Die innenpolitischen Reformen blieben auf die Wirtschaft beschränkt. Auf die blutige Niederschlagung friedlicher Demonstrationen (siehe M6) reagierte der Westen zunächst mit Handelsbeschränkungen. Investitionen und wirtschaftliche Projekte wurden gestoppt, Chinas Entwicklung um Jahre zurückgeworfen. Die Verlockung des riesigen chinesischen Marktes verdrängten bei westlichen Politikern und Wirtschaftsführern jedoch bald moralische Bedenken. China ist wieder zu einem begehrten Handelspartner für die Industrieländer geworden. Doch keiner weiß, zu welchen innenpolitischen Auseinandersetzungen nach dem Tode Deng Xiaopings 1997 der Balanceakt der letzten kommunistischen Großmacht in Zukunft führen wird.

3 Mao: „Aus den Massen schöpfen – in die Massen hineintragen"
Menschenmassen bilden auf einer Tribüne mit Fähnchen das Portrait Maos.

4 Die „Große proletarische Kulturrevolution"
Aus dem Programm der Pekinger Roten Garden vom 23. 8. 1966:

3. Überall müssen Zitate Mao Zedongs an Stelle der bisherigen Neonreklamen angebracht werden.
6. Eine eventuelle Opposition muss rücksichtslos beseitigt werden.
7. Luxusrestaurants und Taxis haben zu verschwinden.
12. In allen Straßen sollen Lautsprecher aufgestellt werden, um der Bevölkerung Verhaltensmaßregeln zu vermitteln.
13. Die Lehre Mao Zedongs muss schon im Kindergarten verbreitet werden.
14. Die Intellektuellen sollen in Dörfern arbeiten.
17. Auf Parfüms, Schmuckstücke, Kosmetik und nichtproletarische Kleidungsstücke und Schuhe muss verzichtet werden.
19. Die Verbreitung von Fotografien von so genannten hübschen Mädchen soll eingestellt werden.
23. Bücher, die nicht das Denken Mao Zedongs wiedergeben, müssen verbrannt werden.

Zit. nach: Informationen zur politischen Bildung Nr. 198, hg. v. d. Bundeszentrale für politische Bildung. Bonn 1983, S. 15.

5 Ein sinnvoller Kampf gegen Traditionen?
a) *Eine Studentin bezieht 1967 Stellung aus der Sicht der „Roten Garden":*

Die Kulturrevolution war notwendig, weil sich bereits wieder ein neues Mandarintum (Mandarin = hoher Staatsbeamter im kaiserlichen China) zu bilden begann. Das ist das Grundübel der chinesischen Mentalität … wir können mit dem Strömen, das unsere Epoche charakterisiert, nicht fertig werden. Wir sind keine Schwimmer. Wir wollen uns immer festhalten, wollen auf sicherem Grund stehen … Nur eine Dauerrevolution, die unser Volk von innen nach außen stülpt, sodass es einfach nicht mehr weiß, wo oben und unten, wo Ruhe, wo Bewegung ist, kann uns helfen, eine Mentalität loszuwerden, mit der wir immer, immer, immer in einer bürgerlichen Situation landen werden.

L. Barcata, China in der Kulturrevolution. Wien 1967, S. 53f.

b) *Aus westlicher Sicht stellen 1983 dazu zwei Sozialwissenschaftler fest:*

Trotz aller Skepsis, der sich die KPCh heute gegenübersieht, und trotz der Selbstzweifel vieler Parteimitglieder kann man doch behaupten, dass die Partei (das heißt eine geschlossene Elite mit einheitlicher Ideologie) im heutigen China erfunden werden müsste, gäbe es sie nicht schon; setzt sie doch die alte Tradition des kaiserlichen Beamtentums fort, dessen Aufgabe ja vornehmlich darin bestanden hat, den Subkontinent China mit seinen so unterschiedlichen Völkerschaften und Räumen zusammenzuhalten, sei es durch eine organisatorische Verklammerung von Funktionären, die alle aus der gleichen „Denkschule" kamen, sei es durch das „moralische Vorbild" des einzelnen Funktionsträgers. China hat im Laufe seiner Geschichte zwar schon weitere Gebiete umfasst als heute, doch ist es nach wie vor nicht einfach nur ein Land, sondern vielmehr ein Subkontinent, der seine homogene Führung braucht, ob sich diese nun „Mandarinat" oder „kommunistische Partei" nennt.

R. Machetzki / O. Weggel, Die Volksrepublik China. Zit. nach: Informationen zur Politischen Bildung Nr. 198. Bonn 1983, S. 38.

6 ***Zwei Gesichter Chinas:*** *links: ein Werbeplakat Ende der 80er Jahre; rechts: Ein Blutbad beendet 1989 auf dem Platz des Himmlischen Friedens die Demokratiebewegung.*

7 Chinas Zukunft – weitere Reformen oder erneute Revolution?

Eine Ostasienexpertin zieht historische Parallelen zur gegenwärtigen Modernisierung Chinas:

Seit dem Ende der siebziger Jahre … propagiert die Staats- und Parteiführung wieder eine Modernisierung, die in ihrer Begründung und Durchführung auffällige Parallelen zur Geschichte der zweiten Hälfte des 19. Jahrhunderts zu zeigen scheint: wieder ist davon die Rede, dass China von der technischen und ökonomischen Überlegenheit des Westens lernen soll; wieder werden westliche Experten ins Land geholt und wird westliches Kapital zugelassen; wieder studieren Zehntausende junger Chinesen im Ausland. Und wieder ist die Rede von einem unabhängigen, starken und reichen China. Die rein äußerlichen Veränderungen, die diese Politik allein schon bewirkt hat – vergleicht man Mao Zedongs „blaue Ameisen“ während der Kulturrevolution mit den buntgekleideten Menschen auf Chinas Straßen heute, Menschen, die Werbung, Coca-Cola etc. erleben dürfen – lassen darauf schließen, dass auch diese Modernisierung über den unmittelbaren technischen und wirtschaftlichen Aspekt hinaus wieder weiter reichende geistige und politische Auswirkungen hat.

Die von der Quing-Dynastie (im 19. Jh.) in Gang gesetzte begrenzte technische, militärische und dann wirtschaftliche Modernisierung geriet außer Kontrolle und brachte die Dynastie selbst zu Fall, weil das Ziel, den Staat reich und stark zu machen, ohne die geistige Basis zu verändern, nicht durchzuhalten war. Wodurch unterscheidet sich aber Zhang Zhidongs (wichtiger Reformpolitiker des 19. Jh.) Satz „Chinesische Lehre als innere Substanz – westliche Lehren für praktische Zwecke“ von der Verlautbarung der Kommunistischen Partei Chinas: „Die Modernisierung wird fortgeführt, aber am System des chinesischen Marxismus wird es keine Veränderung geben!“? Wenn kein Unterschied besteht, steht dann die Partei vor einem ähnlichen Schicksal wie die Manchu-Dynastie 1912? Sicher nicht … Das Auf und Ab der Reformen seit 1976, vor allem die Reaktion auf die demokratische Bewegung im Frühsommer 1989 zeigen, dass die politische Führung versucht Tempo und Ausmaß einer Modernisierung so zu steuern, dass die ideologische Basis, d. h. der Marxismus chinesischer Prägung, nicht in wirkliche Gefahr gerät. Ganz sicher ist die Zeit der Einführung einer westlichen liberalen Demokratie in China nicht in Sicht – trotz der Umwälzungen, die sich woanders abgespielt haben.

Vera Schmidt, Auf der Suche nach Reichtum und Macht. Modernisierung nach westlichem Vorbild in China, in: Geschichte in Wissenschaft und Unterricht, Jg. 44, Heft 4, April 1993, S. 224 f.

a) Führe mit Beispielen aus, wie Staat und Gesellschaft nach dem Programm der Roten Garden aussehen würden (M5).

b) Erläutere die unterschiedlichen Positionen zur Rolle der Kommunistischen Partei Chinas in M4, M5 a und M5 b.

c) Zwei Gesichter Chinas: Erläutere dies anhand von M6 und dem VT.

4. Die arme Welt

4.1 Arme Welt – Dritte Welt?

Unterschiedliche „Welten"

Läden in der Bundesrepublik wollen einen gerechteren Handel mit den ärmeren Ländern fördern.

Als 1948 der amerikanische Präsident Harry Truman die nicht dem kommunistischen Osten und nicht dem demokratischen Westen zugehörigen Länder Afrikas, Asiens und Lateinamerikas als „unterentwickelte Länder" bezeichnete, traf er bei Vertretern dieser Länder auf empörten Widerspruch. Sollten damit die Menschen als unterentwickelt abgestempelt werden? Politiker, Wissenschaftler und Künstler dieser Länder erinnerten an ihre reiche kulturelle Tradition, verwiesen auf z. T. jahrtausendealte kulturelle Zeugnisse und den sozialen Zusammenhalt der Menschen in Großfamilien und Dorfgemeinschaften; in ihren Augen wertvolle Traditionen, die in Europa und Nordamerika längst zerfallen waren. Die Bezeichnung „unterentwickelte Länder" wurde daher auch im allgemeinen Sprachgebrauch durch „Entwicklungsländer" ersetzt. Dieser Begriff verletzte zwar niemanden mehr, war jedoch ebenso fragwürdig: Entwickelten sich die Industrieländer nicht erheblich schneller als die so genannten Entwicklungsländer – zumindest ökonomisch. Kam damit der ganze Entwicklungsprozess nicht dem berühmten Wettlauf zwischen dem Hasen und dem Igel gleich?
1949 führten die beiden französischen Wissenschaftler Balandier und Sauvy einen neuen Begriff ein, der sich im internationalen Sprachgebrauch rasch durchsetzte: „Dritte Welt" wurde die Sammelbezeichnung für jene Länder, die arm, wirtschaftlich rückständig und politisch instabil waren; die, mit wenigen Ausnahmen, auf der Südhalbkugel der Erde lagen und deren Geschichte von der Kolonialherrschaft der Europäer, der US-Amerikaner und der Japaner geprägt war. Balandier und Sauvy zählten die wirtschaftlich führenden Länder Westeuropas und Nordamerikas zur „Ersten Welt" und den kommunistischen Ostblock zur „Zweiten Welt". Während des „Kalten Krieges" in den 50er Jahren erhielt der Begriff „Dritte Welt" noch eine weitere Bedeutung als „dritter Weg" zwischen dem kapitalistischen (Ersten Welt) und dem sozialistischen (Zweiten Welt).

Der „Dritte Stand" als Vorbild

Doch Balandier, Ethnologe und Historiker, verband mit seinem Begriff andere Vorstellungen: „Dritte Welt" war abgeleitet vom „Dritten Stand", der sich, angeführt vom wirtschaftlich aufstrebenden Bürgertum, in der Französischen Revolution seine politische und wirtschaftliche Gleichberechtigung mit den ersten beiden Ständen erkämpft hatte. Ebenso sollte auch für die Dritte Welt ihre wirtschaftliche Rückständigkeit nur ein Durchgangsstadium auf dem Weg zu Wohlstand und politischer Gleichberechtigung mit der reichen „Ersten Welt" sein.

Welche Länder gehören heute zur „Dritten Welt"?

Nur einige wenige Länder der „Dritten Welt" haben bisher dieses Ziel erreicht, etwa asiatische Handelszentren wie Hongkong und Singapur oder die so genannten industriellen Schwellenländer wie Südkorea und Taiwan („kleine Tiger"), die den Industrieländern inzwischen mit „Billigprodukten", aber auch mit High-Tech-Produkten, Konkurrenz auf dem Weltmarkt machen. Ebenso können die reichen Erdöl exportierenden Länder heute nicht mehr zur „armen Welt" gerechnet werden. Für die Mehrheit der ehemaligen „Dritte-Welt-Länder" ist allerdings die Kluft zwischen dem reichen Norden und dem armen Süden erheblich gewachsen. Kann man angesichts dieser Unterschiede innerhalb der „Entwicklungsländer" überhaupt noch von einer „Dritten Welt" sprechen?

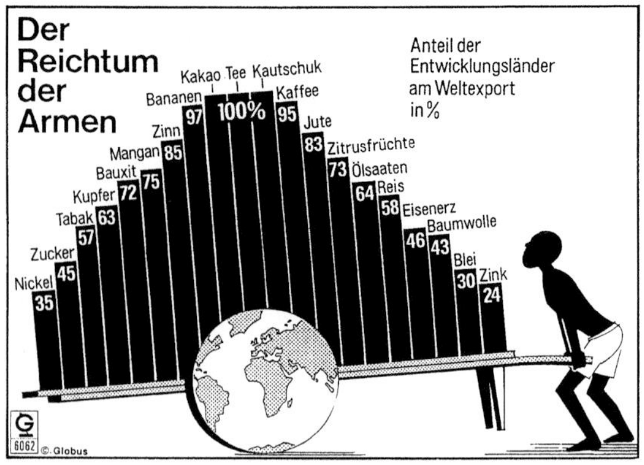

1 ***Anteil der Entwicklungsländer am Weltexport*** *in Prozent, 1986. –*
Warum macht ihr Reichtum die Armen nicht reich? Finde in diesen Kapiteln Antworten auf diese Frage.

2 *Links:* ***Das Angebot der Armen:*** *Anteil der Entwicklungsländer an der Welt-Industrieproduktion 1987 in Prozent.*

3 ***Dritte Welt – Erste Welt – Eine Welt?***

a) *Antwort in einem Lern- und Arbeitsbuch zur Entwicklungspolitik, 1985:*

Von Anfang an bildete die Dritte Welt ein höchst heterogenes Gemisch aus großen und kleinen, rohstoffarmen und -reichen, ökologisch und topografisch benachteiligten und begünstigten, sehr unterschiedlich entwickelten Nationalstaaten. Dieses Sammelsurium musste entflochten werden. Die internationalen Organisationen sind längst zur Aufteilung in verschiedene Ländergruppen übergegangen.

F. Nuscheler, Lern- und Arbeitsbuch Entwicklungspolitik. Bonn 1985, S. 38.

b) *… in einem Lexikon der Dritten Welt 1993:*

Die Dritte Welt bilden Länder, die sich zur Durchsetzung ihrer wirtschaftlichen und politischen Ziele gegenüber dem „reichen Norden" und aufgrund gemeinsamer geschichtlicher Erfahrungen von Kolonialismus und Unterdrückung politisch solidarisiert haben.

D. Nohlen, Lexikon der Dritten Welt. Reinbek 1993, S. 176.

c) *… eines Pädagogen:*

„Dritte-Welt-Häuser" nennen sich in „Eine-Welt-Häuser" um. Angeblich gibt es die Dritte Welt nicht mehr. Aber: Nicht die Dritte Welt ging verloren, sondern die Erste Welt. Armut, Verelendung, Hunger, Gewalt, Rechtsunsicherheit, Ausbeutung sind noch wie früher, nur in der Regel noch schlimmer. Was sich aber verändert hat, ist die Erste Welt als Entwicklungsmodell, die als unhinterfragtes Entwicklungsziel diente. „Entwicklungsländer" waren deshalb Länder, die sich wie die Erste Welt entwickeln sollten. Vom Reichtum wie von der Umweltzerstörung her lässt sich die Erste Welt nicht auf die Dritte Welt übertragen. Das Modell Europa hat sich zu einem ökologischen Schreckgespenst entwickelt. Mit dem Verlust der Ersten Welt geht uns auch sein Gegenbegriff verloren. Wo es dann keine Welten mehr gibt, bleibt nur noch die „Eine Welt", in der Armuts- und Umweltprobleme die Welt als ganze bedrohen.

A. Treml, Die Dritte Welt als pädagogische Konstruktion. In: Scheunpflug/Treml (Hg.), Entwicklungspolitische Bildung. Tübingen 1993, S. 166.

a) Welcher der im Kapitel genannten Bezeichnungen für die arme Welt würdest du den Vorzug geben? Begründe deinen Standpunkt.
b) Modell Europa – Vorbild für Entwicklung? Stelle Pro und Contra gegenüber.
c) Erkundige dich in einem „Dritte-Welt-Laden"/„Eine-Welt-Laden" nach der Bedeutung der Ladenbezeichnung und der Herkunft der Verkaufsartikel.

4.2 War die arme Welt nicht schon immer arm? – Die afrikanischen Königreiche

Die „arme Welt" in unseren Medien

Aus den Medien erhalten wir in der Regel Schreckensmeldungen aus der „Dritten Welt": Bürgerkriege toben im Sudan, in Ruanda oder Angola; 36 000 Kinder sterben täglich an Hunger, die meisten von ihnen in Afrika. In den vergangenen 30 Jahren hat sich der Einkommensunterschied zwischen den reichsten und den ärmsten Ländern verdoppelt (siehe dazu Karte und Grafik auf der ADS). Massenarmut, verbunden mit Hunger und sozialer Ungerechtigkeit, gibt es in fast allen Entwicklungsländern. Brennpunkt der Armutsprobleme ist jedoch Afrika. Das war nicht immer so.

Schwarze Königreiche

1 *König Mansa Musa von Mali auf der Karte des Spaniers Mecia de Villadeste 1413*

Schriftkundigen arabischen Kaufleuten aus dem Mittelalter verdanken wir die Kunde von mächtigen westafrikanischen Königreichen wie Ghana und Mali, von reichen Städten am Sahararand wie Gao und Timbuktu. Portugiesische und spanische Seefahrer berichteten erstaunt über prächtige Städte in Ostafrika wie Kilwa und Simbabwe. Ihre Macht und ihr Reichtum beruhten damals auf dem kontinentübergreifenden Fernhandel. In Westafrika wurden Gold aus den tropischen Regenwäldern, Sklaven und Elfenbein durch die Sahara nach Nordafrika und Europa gebracht; Salz, Perlen und Tuche gingen nach Süden. In Ostafrika bildete der Handel mit Indien die wirtschaftliche Grundlage. Die Städte waren riesige Umschlagplätze, in denen die Herrscher vorwiegend von Zöllen und Gebühren lebten. An der Spitze standen Könige, umgeben von einem Hofstaat aus meist adligen Vasallen. Schriftkundige, Gelehrte und Geistliche waren als Vermittler der arabischen und indischen Kultur hoch geachtet. Lebensmittel bezogen die Könige und die städtische Bevölkerung in der Regel von tributpflichtigen Lokalfürsten, die von Abgaben der umliegenden, nicht sehr zahlreichen Bauerndörfer lebten, in denen mit sehr einfachen Mitteln der karge Boden bearbeitet wurde.

2 Die wichtigsten von 52 afrikanischen Königreichen
Die auf der Karte nebeneinander verzeichneten Reiche existierten oft nacheinander. So wurde auf etwa gleichem Gebiet das Reich von Ghana (4.–11. Jahrhundert) von Mali abgelöst (11.–15. Jahrhundert), gefolgt vom Reich von Songhei (15. bis Ende 16. Jahrhundert).

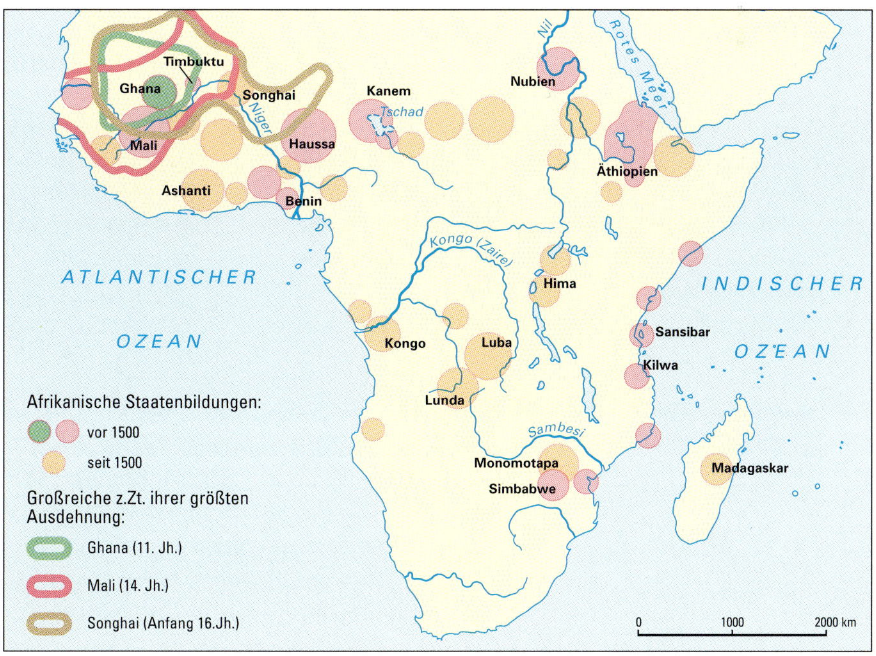

3 Holländische Gesandte beim König des Kongoreiches, *Anfang 17. Jahrhundert*

4 Schwarze Königreiche

a) *Der marokkanische Gelehrte Ibn Batuta berichtet im 14. Jahrhundert:*

Kilwa (an der Ostküste Afrikas) ist eine der schönsten und bestgebauten Städte der Welt. Alles an ihr wirkt elegant. Unter allen Völkern verabscheuen die Neger die Ungerechtigkeit am stärksten. Wer sich ihrer schuldig macht, findet niemals Gnade beim Sultan. Im ganzen Land herrscht völlige Sicherheit. Der Reisende braucht dort Räuber und Diebe ebenso wenig zu fürchten wie Stadtbewohner.

Zit. nach: B. Davidson, Afrika – Stämme, Staaten, Königreiche. Reinbek 1972, S. 83.

b) *Portugiesen um 1500 im Hafen von Kilwa:*

Als die Portugiesen im Jahre 1500 in den Hafen von Kilwa einliefen, bewunderten sie die prächtigen Häuser aus Korallenstein, von denen viele drei bis vier Stockwerke hoch waren. Die Portugiesen staunten auch über die Bevölkerung: In diesem Lande gibt es reiche Kaufleute, bemerkte ein anonymer Schreiber, und es gibt viel Gold, Silber, Bernstein, Moschus und Perlen. Die Einwohner tragen Kleidung aus feiner Baumwolle und Seide und viel Schmuck und – sie haben eine schwarze Haut.

Ebd. S. 96.

c) *Timbuktu (siehe M2) war eine von mehreren Handelsmetropolen, die den Handel vom Mittelmeer bis in die Regenwälder kontrollierten. Leo Africanus, ein um 1500 geborener maurischer Gelehrter, verfasste als erster einen Bericht:*

In Timbuktu gibt es zahlreiche Richter, Ärzte und Geistliche, die alle vom König gute Gehälter empfangen. Er erweist den Gelehrten große Achtung. Es besteht eine große Nachfrage nach Büchern, die von den Barbaren (diejenigen, die nicht zum Islam gehören) importiert werden ... König Mohamed Askia teilte sein Reich in Provinzen auf, an deren Spitze er Gouverneure setzte, und schuf ein stehendes Heer. Im Jahre 1497, als er eine Wallfahrt nach Mekka unternahm, wurde er von 500 Reitern und 1 000 Soldaten begleitet, außerdem gehörten zahlreiche Gelehrte zu seinem Gefolge. Dabei nahm er 300 000 Goldstücke mit sich.

Zit. nach: K. R. Seufert, 3 000 Jahre Afrika. Baden-Baden 1973, S. 43 f.

5 Warum keine industrielle Entwicklung in Afrika?

Dazu schreibt der Wissenschaftler Paul Harrison:

Der Hauptgrund für ihre Armut (der afrikanischen Gesellschaften), damals und in gewisser Weise auch heute, ist das Fehlen eines nennenswerten landwirtschaftlichen Mehrprodukts über die Lebensbedürfnisse der Bauern hinaus. Und dies wiederum ist zurückzuführen auf die Unfruchtbarkeit des Bodens und den primitiven Entwicklungsstand der landwirtschaftlichen Technologie ... All dies ist weder ein Verdienst noch eine Schande. Ihre Technologie war nicht weiter fortgeschritten, weil es für sie keine solche Notwendigkeit gab. Die Bevölkerung war spärlich, es gab genügend Land und die Produktion entsprach den Bedürfnissen der Menschen.

Die Unterbrechung der Handelswege führte deshalb auch rasch zum Erlöschen der afrikanischen Reiche.

Zit. nach: Informationen zur politischen Bildung, Entwicklungsländer, Heft 4/1988, S. 16.

a) Suche auf der Afrikakarte nach Namen, die auch heute noch eine Rolle spielen. Stütze dich dabei auf einen Atlas.

b) Was erfährst du im Kapitel (VT, M1, M3, M4) über den Reichtum der afrikanischen Reiche? Was waren seine Grundlagen?

c) Aus den Informationen des VT und aus M5 lassen sich Erklärungen dafür finden, warum die afrikanischen Königreiche nicht überdauerten.

d) Vergleiche M1 und M3 mit Darstellungen europäischer Herrscher dieser Zeit.

4.3 Die Andenländer: Zerstörung der Lebensgrundlagen der Indios

1

Das Bild links stammt von der zwölfjährigen Renata de Jesus aus Brasilien. Sie lebt wie viele Kinder in Lateinamerika ohne Zuhause und ohne Eltern auf der Straße. Hin und wieder liest man in der Zeitung, dass diese Kinder von so genannten Todesschwadronen kaltblütig erschossen werden (siehe auch ADS). „Gib mir einen ab, Onkel, ich habe Hunger", hat sie in die Sprechblase des Kindes geschrieben. „Hau ab, du Bengel", lässt sie den Erwachsenen anworten. Im Schicksal der Straßenkinder spiegelt sich die wirtschaftliche und soziale Situation vieler lateinamerikanischer Länder, die international hoch verschuldet sind. Das war nicht immer so.

Die ehemaligen Lebensgrundlagen der Indios

Bis ins 15. Jahrhundert waren die „Indianer" der heutigen Andenländer in dörflichen Gemeinschaften organisiert, den „Ayllus". Die Ernteerträge wurden in individuelle und gemeinschaftliche Anteile geteilt. Von den Gemeinschaftsanteilen erhielt der Häuptling, der „Inka", einen Teil als Tribut, den Rest verbrauchte man für Feste und legte Teile als Notvorrat an. In den Ayllus lebten durchschnittlich etwa 140 miteinander verwandte Menschen sowie abhängige Sklaven. Die Dörfer lagen überwiegend in der gemäßigten Zone zwischen 1000 und 2500 m Höhe. Doch war der Wirtschaftsraum nicht auf die Heimatdörfer beschränkt. Familienmitglieder wurden entweder alleine oder in Gruppen für eine begrenzte Zeit als Kolonisten in eine andere Höhenzone geschickt – zur Feldbestellung, zur Jagd, zum Sammeln von Früchten oder zum Viehhüten. Weizen aus der gemäßigten Zone tauschten sie gegen Kartoffeln aus größerer Höhe oder gegen Fleisch und Wolle der Lamas und Alpacas aus der kalten Höhenzone. Aus der Ebene kamen Fisch, Salz, Mais, Koka und Früchte hinzu. So konnte Hunger abgewendet werden.

Stationen der Veränderung

Der Unterwerfung durch die Spanier im 16. Jahrhundert folgten Einwanderung und Inbesitznahme des Landes durch die Eroberer. Jeder spanische Kolonist (Encomendero) erhielt mehrere Ayllus zugeteilt. Die Bevölkerung hatte ihm Abgaben aus der landwirtschaftlichen Produktion sowie Arbeitsdienste (Mita) zu leisten. Des Weiteren wandelten die Spanier die meisten der den Indianern verbliebenen Ländereien in Großgrundbesitz um. Aus Encomenderos wurden Hacienderos. Die Indianer siedelten sie in zentrale Dörfer um. Anstelle der kleinen Siedlungseinheiten von ca. 140 Menschen entstanden auf diese Weise Großdörfer von ca. 3000 Personen, die keinen Kontakt mehr untereinander hatten und in denen sich die Einheimischen leichter kontrollieren und besteuern ließen. Des fruchtbarsten Teils ihres Bodens beraubt und zur Zwangsarbeit – vor allem in den Bergwerken – verpflichtet, folgte bald der wirtschaftliche Zusammenbruch der Indiodörfer.

2 ***Zwangsarbeit** der Indios für die Eroberer wird in Lateinamerika Mita genannt.*

Im Laufe der Jahrhunderte hatten die spanischen Kolonialisten sich der fruchtbarsten Landesteile bemächtigt, vor allem der Küstenebenen und der unteren Höhenstufen, um dort Plantagen für den Export z. B. von Zuckerrohr, Kaffee, Tabak und Bananen anlegen zu lassen. Da sich die meisten Spanier auf den Handel solcher Produkte konzentrierten, lebten sie in den Städten und ließen die Plantagen von landarmen oder landlosen Indios bearbeiten. Als die Franzosen im Verlauf der napoleonischen Kriegszüge Spanien besetzten, nutzten die Kolonistenfamilien diese Schwächung der spanischen Krone aus. Sie erklärten sich für unabhängig. Sie waren nicht länger willens, sich den Vorschriften und Steuerforderungen aus dem „Mutterland" zu unterwerfen. Nach dem Erringen ihrer Unabhängigkeit verschärften sie den Druck auf ihre Indio-Untertanen.

Probleme der Gegenwart

Nach dem Zweiten Weltkrieg prosperierten die Andenländer zunächst wegen der hohen Auslandsnachfrage nach ihren Agrarprodukten. Die guten Gewinnaussichten im Exportgeschäft veranlassten die mächtigsten weißen Landbesitzer, sich weiteres Land anzueignen, was die Besitzkonzentration in den Händen weniger beschleunigte. Arbeitskräfte wurden allerdings auf den Plantagen aufgrund zunehmender Technisierung immer weniger gebraucht. So zogen die arbeitslosen Bauern in die Städte und bevölkerten dort die Slums. Teile der Gewinne aus der Landwirtschaft investierte die weiße Führungsschicht in Produktionsanlagen für die Konsumgüterindustrie, um sich von den teuren europäischen und nordamerikanischen Importen unabhängig zu machen. Allerdings war die Kaufkraft im eigenen Land durch die zunehmende Armut der unteren Schichten sehr eingeschränkt, die erzielten Gewinne blieben daher mager. Zur Unterhaltung der bestehenden Industrieanlagen und für Neuinvestitionen waren folglich Kredite ausländischer Großbanken erforderlich. Um die Verschuldung in Grenzen zu halten, drückte die wirtschaftliche und politische Führungsschicht die Löhne nach unten. Dadurch gerieten immer mehr Menschen in Armut. Nachdem sich Anfang der 70er Jahre die Rohölpreise verdoppelten, stieg der durch ausländische Kredite finanzierte Anteil industrieller Investitionen in Ländern wie Chile und Peru auf über 50 Prozent an. Die Industrieproduktion in den Andenländern halbierte sich, was weitere Entlassungen und Arbeitslosigkeit für Hunderttausende zur Folge hatte.

3 *Armenviertel vor den Hochhäusern Limas*
In Asien und Lateinamerika wird es im Jahr 2000 zahlreiche Städte mit mehr als 30 Millionen Menschen geben. Schon heute hausen oft 50 % der Einwohner dieser chaotischen Ballungsräume in Elendsquartieren aus Wellblechhütten und Erdlöchern. In Chile leben heute bereits 86 Prozent der Menschen in Städten.

4 ***Über Möglichkeiten in Lima Geld zu verdienen*** *berichtet ein deutscher Wissenschaftler:*

Peru ist im Ausland hoch verschuldet. Für Exportprodukte wie Kaffee wird als Folge der wachsenden Überproduktion heute ein Drittel weniger gezahlt als noch vor 10 Jahren ... Immer weniger Menschen können sich einen Arztbesuch oder teure Medikamente leisten. So sind die meisten Menschen in Lima damit beschäftigt, auf irgendwelche Weise ihr ... Überleben zu sichern. Wenn sie etwas kaufen müssen, suchen sie nach „Billigprodukten"; ihr Hauptaugenmerk ist jedoch, eine Möglichkeit zum Geldverdienen zu finden. Einen Job im „formellen Sektor", das sind Industrie oder Verwaltung, ist nur über „Vitamin B", über Beziehungen zu reichen und mächtigen Leuten möglich, und wer kennt die schon! Daher müssen sich viele Menschen selbst ihren Arbeitsplatz schaffen, im „informellen Sektor": Fast jeder in Lima macht „Geschäfte", denn nur das selbständige Einkommen sichert das Überleben, z. B. als „Fliegender Händler", als Schuhputzer, als ...

Axel Macht, Müllbeseitigung und -recycling: Für eine saubere Umwelt. Das Beispiel Lima (Peru), in: Praxis Geographie Nr. 9/1992, S. 20.

5 ***Beispiel Chile***

a) *Zur Situation von Landarbeiterinnen berichtet Olga Guttiérrez:*

Einige von uns arbeiten schon seit der Kindheit als Saisonarbeiterinnen ... Wir Frauen kommen müde und von der Sonne verbrannt von der Arbeit ... 6 DM ist ein elender Lohn. Arbeit gibt es nur in der Saison, für einige Monate ... Während der Saison wird alles im Schnelldurchlauf erledigt. Man schläft kaum, man isst schnell. Es gibt viele Beziehungs- und Familienkonflikte. Manche denken, dass das einen Einfluss darauf hat, dass viele Jugendliche sich dem Drogenkonsum oder der Kriminalität zuwenden, weil Vater und Mutter zu viel Zeit darauf verwenden müssen, das bloße Überleben zu sichern.

Zit. nach J. R. Hernandez, Existenzsicherung ... in Chile, in: Praxis Geographie 11/1994, S. 22.

b) *Konsumanteile nach Familien in Prozent*

	1969	1978	1988
Ärmstes Fünftel	7,6	5,2	4,4
2. Fünftel	11,8	9,3	8,2
3. Fünftel	15,5	13,6	12,6
4. Fünftel	20,6	21,0	20,0
Reichstes Fünftel	44,5	51,0	54,9

Zit. nach: Hernandez, ebd. S. 21.

6 ***Müllsammler.*** *Unzählige Menschen durchstöbern in Lima (Peru) Abfall nach Verwertbarem. Die gefundenen Wertstoffe wie Plastik, Papier, Textilien, Glas und Metall werden dann verarbeitet und die Endprodukte in den kleinen Läden und auf Märkten angeboten.*

7 ***Über kolumbianische Straßenkinder*** *berichtet ein deutsches Magazin:*

Simon Bolivár, Befreier vom Joch der spanischen Kolonialherren, steht in der Altstadt Bogotas auf einem Platz, der seinen Namen trägt. Bis heute ist die Plaza Bolivár das politische Herz Kolumbiens. Nebenan sitzt der Präsident in seiner Residenz. Doch nur fünf Querstraßen weiter brodeln Elend und Gewalt, blüht der Handel mit Drogen. Und hier schleppen kleine Gestalten Müllsäcke; Kinder in Lumpen schieben Karren, beladen mit Unrat. Ihre Gesichter sind schmutzverklebt. In einem Hinterhof wiegt Don Abelardo die sortierten Bündel der Müllsammler ab. Er entlohnt sie mit ein paar Pesoscheinen. Heerscharen von Kindern machen den Dreck der Hauptstadt zu Geld, für eine Suppe, für Schnaps oder Basuco, das kolumbianische Crack (Rauschmittel). In der Gosse liegen Kinder wie Tote – sie schlafen ihren Basuco-Rausch aus. Solche Kinder sind allgegenwärtig in sämtlichen Metropolen Lateinamerikas: Unicef rechnet mit 25–40 Millionen Straßenkindern – ein Problem besonders für die Reicheren. Kriminalisierung dieser jungen Obdachlosen ist für Lateinamerikas Geld-Elite die einfachste Art, das Problem der Armut zu verdrängen. Da ist oft zu hören: „Man muss diese Kinder töten, weil sie in Zukunft Mörder, Gangster und Drogenhändler sein werden".

DER SPIEGEL Nr. 35/1991, S. 121.

8 Indiobauernfamilien in Ecuador

a) Aus einem Artikel in einer ecuadorianischen Tageszeitung 1989 :

Páramo heißt Ödland. Das weiß auch jeder Indio-Bauer, jeder Campesino. Und Ödland bedeutet, dass dieses Land nur als Schafweide und auch nur von wenigen Schafen genutzt werden kann. Als Ackerland ist es nicht geeignet. Doch was geschieht? Jahr für Jahr sieht man, wie die Felder der Campesinos immer höher die Berghänge hinaufkriechen. Und bald darauf sieht man auf diesen Flächen überhaupt nichts mehr. Der Boden ist fortgeweht …

Eigentlich müssten gerade die Campesinos ihr Land kennen. Sie sind doch die ehemaligen Herren des Landes, wie sie immer sagen … Aber die Bauern sind zu unvernünftig. Obwohl sie sehen müssten, dass das Land immer schlechter wird, ändern sie nicht ihr Verhalten … Warum werden sie aus Schaden nicht klug? … In den nächsten Wochen werden Experten aus Quito die Campesinos über die Gefahren ihres Handeln aufklären. Hoffentlich hat das endlich Erfolg!

Tageszeitung HOY, Quito, Ecuador, 29. 1. 1989, übersetzt von S. Tröger.

b) Sabine Tröger ging den Gründen für die zunehmende Verelendung der Indio-Bauernfamilien in Ecuador auf die Spur und befragte sie. Die dreizehnjährige Virginia (oben rechts mit ihren Eltern und zwei Brüdern) berichtet:

Die 6 ha unseres Großonkels sind heute unter fünf Brüdern aufgeteilt. Jeder von den Brüdern hat eine eigene Familie, und natürlich können sie alle von diesem Land nicht mehr leben. So musste jeder von ihnen eine Möglichkeit finden, mit seiner Familie irgendwie anders zu überleben … Pedro, einer von den Brüdern hat versucht, oben im Páramo Kartoffeln anzubauen Er hat sogar ein Darlehen aufgenommen, um dieses unfruchtbare Land zu düngen. Aber da oben gibt es kaum Wasser und die Ernte war sehr schlecht. So konnte er den Kredit nur zurückzahlen, indem er die gesamte Ernte und auch das Saatgut verkaufte. Er wusste nicht mehr, was er machen sollte … Pedro hat auf der Hacienda keine Arbeit gefunden. Senor Lasso hatte sich große Maschinen für den Weizenanbau gekauft … Als Pedro Senor Lasso um Arbeit bat, hat der ihm gesagt, er hätte heute seine Maschinen zum Arbeiten. Nun ist Pedro doch vor ein paar Wochen nach Quito gefahren, um dort Arbeit zu suchen, und seitdem haben wir nichts von ihm gehört.

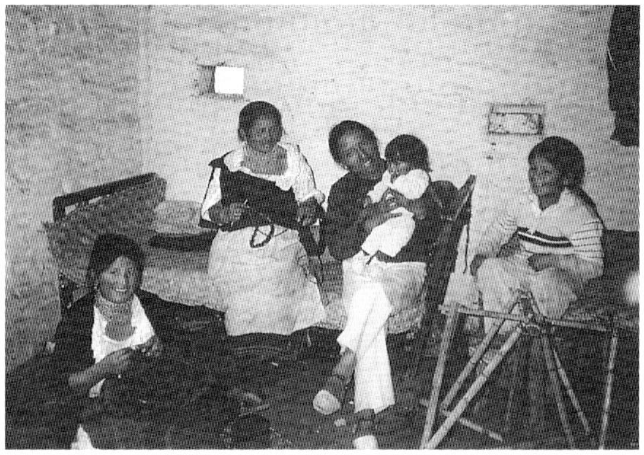

c) Die Großmutter Virginias erinnert sich:

Als vor vielen Jahren die Spanier als die neuen Herren zu uns gekommen waren, hatten sie sich das beste Land genommen und große Ländereien errichtet, die Hacienda genannt wurden. Auf diesen Ländereien mussten wir Indios als Huasipungueros arbeiten. Der Huasipunguero … pachtete eine Parzelle Land vom Besitzer der Hacienda. Von den Erträgen, die die Familie des Pächters auf der Parzelle erwirtschaftete, lebte die Familie. Dafür musste der Huasipunguero für den Besitzer arbeiten …

Unsere Familie hatte von Senor Lasso eine Landparzelle von 5 ha erhalten. Es war kein gutes Land und meine Mutter und wir Kinder mussten hart arbeiten, um das Lebensnotwendige aus diesem Land herauszuholen … Manchmal mussten sogar meine Mutter und wir Kinder für Senor Lasso arbeiten. Besonders zur Erntezeit, wenn wir auch unser eigenes Feld hätten abernten müssen …

… die Früchte dieser Arbeit kamen vor allem Senor Lasso und den anderen Haciendabesitzern zugute. (Die Indios) begannen gegen diese Form der Ausbeutung zu revoltieren. Es gab richtige Aufstände, in denen etliche von uns Indios verwundet oder gar erschossen wurden.

Zit. nach: S. Tröger, Indios in Ecuador. Praxis Geographie Nr. 9/1992, S. 27 f.

a) Erläutere, wie und wodurch sich das Leben der Indiofamilien in den Anden seit dem 15. Jahrhundert verändert hat (VT).

b) Wodurch haben sich die wirtschaftlichen, ökologischen und sozialen Probleme der Andenländer seit 1945 verschärft (VT, M5, M7, M8)?

4.4 Kolonien werden selbstständig – die arme Welt heute

1947 ——— *Indien wird unabhängig. Das überwiegend moslemische Pakistan spaltet sich nach einem blutigen Bürgerkrieg ab.*
1954 ——— *In Indochina werden Vietnam, Laos und Kambodscha unabhängig.*
1957 ——— *Ghana erreicht als erste Kolonie in Schwarzafrika die staatl. Unabhängigkeit.*
1960 ——— *Das „Jahr Afrikas": 17 Kolonien werden unabhängig. Die UN verabschiedet eine Resolution gegen den Kolonialismus.*
1962 ——— *Algerien wird nach achtjährigem Krieg gegen Frankreich unabhängig.*
1975 ——— *Moçambique und Angola erkämpfen sich nach einem mehr als zehnjährigen Krieg gegen Portugal ihre Unabhhängigkeit.*
1980 ——— *Aus Rhodesien wird Simbabwe. Nach der Unabhängigkeit Rhodesiens 1965 hatte sich die weiße Bevölkerung die politische Alleinherrschaft gesichert, die mit der Gründung Simbabwes endet.*

Entkolonialisierung nach dem Zweiten Weltkrieg

Die napoleonischen Kriege in Europa zu Beginn des 19. Jahrhunderts hatten die Unabhängigkeit spanischer und portugiesischer Kolonien in Lateinamerika ermöglicht. Die Dekolonisierung in Asien und Afrika setzte dagegen erst zum Ende des Zweiten Weltkrieges ein. Zwar gab es dort in den meisten Kolonien schon vorher Widerstands- und Unabhängigkeitsbewegungen, die vorwiegend von westlich-akademisch gebildeten Eliten getragen wurden. Ihnen gelang es aber nur selten, ihre Basis in die Welt der Millionen Kleinbauern auszuweiten. Deshalb hatten sie erst Erfolg, als die Kolonialmächte durch andere Einflüsse geschwächt wurden: Nachdem Briten, Franzosen und Holländer von den Japanern 1941/42 zunächst besiegt worden waren, kehrten die Holländer nach der Kapitulation Japans 1945 in ihre Kolonie Ostindien, das spätere Indonesien, gar nicht erst zurück. In Indien hatten die Briten dem Führer der Unabhängigkeitsbewegung, Mahatma Gandhi, einen stufenweisen Übergang zur Unabhängigkeit des Landes versprochen, verlangten dafür aber Loyalität im Kampf gegen die Japaner. Bereits seit 1917 hatte Gandhi den gewaltlosen Widerstand organisiert: Die Einfuhr britischer Waren wurde boykottiert, importierte englische Stoffe öffentlich verbrannt und Steuerleistungen verweigert. Nach einer Übergangszeit erhielt Indien 1947 die volle Unabhängigkeit. Die Mehrheit der afrikanischen Kolonien musste darauf bis 1960 warten.

Das Beispiel Ghana

Der Führer der Unabhängigkeitsbewegung der englischen Kolonie „Goldküste", Dr. Kwame Nkrumah, ausgebildet an englischen Universitäten, wurde nach jahrelanger Haft und langwierigen Verhandlungen mit der englischen Kolonialmacht Präsident des neuen Staates Ghana. Wie viele Unabhängigkeitsführer der „Dritten Welt" war er fest davon überzeugt, dass die Befreiung aus kolonialer Abhängigkeit eine rasche „Aufholentwicklung" einleiten werde, um schon bald den industriellen Standard und das Wohlstandsniveau der westlichen Industrieländer zu erreichen. Solche Prognosen stützten sich auf die ehedem große Nachfrage der Kolonialherren nach Bodenschätzen und Agrarprodukten der Kolonien. Die Goldküste stand weltweit an der Spitze aller Kakaoproduzenten. Die Engländer hatten außerdem ein gutes Straßen- und Eisenbahnnetz, ein flächendeckendes Schul- und Gesundheitssystem hinterlassen. Das Land verfügte sogar über ansehnliche Devisenreserven. Die „Goldküste" – der Name erinnerte an die koloniale Ausbeutung – erhielt nach der Staatsgründung den Namen „Ghana". Es war der Name eines reichen Königreiches weitab nord-

1 ***Kakaoproduktion in Ghana***

1965:	570 000 t
1970:	430 000 t
1975:	395 000 t
1979:	296 000 t
1980:	255 000 t
1983:	160 000 t
1990:	245 000 t

2 ***Dorfschule in Ghana 1988 und 1995.*** *Die Auflagen durch den IWF führen zu einschneidenen Sparmaßnahmen. Die Eltern sind mehr und mehr gezwungen, direkt zur Finanzierung der Schulen beizutragen.*

westlich der Goldküste zur Zeit des europäischen Mittelalters. Mit solchen Namensänderung wollten die afrikanischen Staatsführer selbstbewusst an historische Traditionen Afrikas anknüpfen.

... zwei Jahrzehnte später

Keine zwei Jahrzehnte später war die Industrialisierung gescheitert, das Verkehrsnetz verrottet, lag die Kakaoproduktion danieder, waren die Devisenvorräte vertan, das Land verschuldet, die Bauern verarmt. Große soziale Spannungen und zunehmende Armut führten seit Mitte der 60er Jahre zu mehreren Militärputschen und blutigen Verteilungskämpfen um knappe staatliche Mittel. In anderen afrikanischen Staaten verlief die Entwicklung ähnlich. Die sozialen Spannungen machten einige Länder empfänglich für kommunistische Einflüsse. Dazu zählten zeitweise auch Ghana, ebenso Guinea, Nigeria, Angola, Uganda und Moçambique, deren Regierungen von der Sowjetunion oder China unterstützt wurden. Heute gilt Afrika vielen westlichen Experten als „internationaler Sozialfall". Verschärft wird die Krise durch die hohe Verschuldung praktisch aller afrikanischer Staaten bei internationalen Banken. Die Schuldenrückzahlung an den reichen „Norden" wird durch den Internationalen Währungsfond geregelt.

Ursachenforschung

Mit den zunehmenden Krisensymptomen in Afrika setzte die Diskussion um die Ursachen ein. Die einen hielten den Weltmarkt mit seinen niedrigen Rohstoffpreisen sowie die Verschuldung für die Wurzel allen Übels, die anderen deuteten den Niedergang als „hausgemacht", durch schlechte Politik und die Selbstbereicherung afrikanischer Führer.

Internationaler Währungsfonds: Der Internationale Währungsfonds (IWF) ist eine Sonderorganisation der Vereinten Nationen. In ihm arbeiten rund 150 Staaten zusammen. Seine Hauptaufgabe ist es heute, zusammen mit der Weltbank die Entwicklung armer Länder durch langfristige Kredite zu fördern. In der Organisation des IWF wie auch der Weltbank haben die westlichen Industrieländer einschließlich Japans ein deutliches Übergewicht. IWF und Weltbank legen vor allem die Bedingungen fest, nach denen ein Land, das die Zinsen und Tilgungsraten nicht mehr aufbringen kann, seine Schulden gestundet bekommt. Dabei machen IWF und Weltbank die Zahlung weiterer Kredite meist von bestimmten Auflagen im Innern des Landes abhängig. Dazu zählen Subventionsabbau, Verminderung der Staatsausgaben, Abwertung der Landeswährung, Öffnung der Märkte für die Waren der Industrieländer, Exportsteigerung zur Schuldentilgung. Kritiker werfen dem IWF vor, dass er damit die soziale und politische Krise in den armen Ländern nur noch verschärfe, Bildungs- und Gesundheitsprogramme gefährde.

3 ***Auswirkungen** der Auflagen durch den Internationalen Währungsfond in Ghana:*

Fisch ist für die Masse der Bevölkerung Ghanas der Hauptproteinlieferant, denn Fleisch ist zu teuer. Fisch wird vorwiegend von der Atlantikküste bezogen und von dort aus auf die Märkte gebracht. Der Staat, der seine Ausgaben vermindern muss, versucht sich neue Einnahmen durch Steuern und Abgaben zu verschaffen. Dazu erhöhte er die Mineralölsteuer und die Marktgebühren. Da die Marktfrauen keine Verdreifachung der Standgebühren in einem Jahr verkraften konnten, verkleinerten sie ihre Stände, etwa von drei auf zwei Meter. Entsprechend verringerten sie ihr Angebot. Da sie beim Einkauf höhere Rabatte nur bei Abnahme größerer Mengen erhalten, mussten sie jetzt öfter nach Accra auf den Fischmarkt fahren – bei gestiegenen Transportkosten. Der Fisch verteuerte sich so für die Verbraucher, die schon vom Wegfall der Subventionen für Grundnahrungsmittel hart getroffen waren, um bis zu 200 Prozent. Bei breiten Bevölkerungsschichten nahmen Mangelkrankheiten spürbar zu. Vor dem IWF-Sanierungsprogramm suchten pro Jahr statistisch 7 von 10 Menschen einmal einen Arzt auf. Jetzt sind es nur noch 4 von 10, denn die Arztkosten, an denen sich zuvor der Staat beteiligte, müssen nun von den Patienten allein getragen werden.

Nach: H.-G. Bohle / Ch. Dittrich / B. Ichnert, Anpassungspolitik und Ernährungssicherung in Ghana. Zeitschrift für Wirtschaftsgeographie 1/1990.

4 ***Verschuldungskrise:** Dazu schreibt …*

***a)** … der Evangelische Pressedienst:*

Die Nachfrage nach Kakao ist in den Industrieländern seit 1970 nicht mehr gestiegen. Daher wurde seither mehr Kakao produziert, als auf dem Weltmarkt abgesetzt werden konnte. Durch diese Überproduktion sind die Kakaopreise in den letzten zwei Jahrzehnten kontinuierlich gefallen. Für zahlreiche Bauern bedeutet dies eine drastische Verschlechterung ihrer heute schon miserablen Lebensbedingungen. Es lohnt sich für sie einfach nicht mehr die Bäume zu pflegen; Pflanzenschutz- und Düngemittel können sie sich nicht mehr leisten.

Nach: epd – Dritte-Welt-Information „Bittere Schokolade" Nr. 12, 1995.

***b)** … der Wissenschafler A. Bänziger*

Der Bauer braucht den Staat nicht. Es ist der Staat, der die Bauern braucht … Käme der Erlös den Bauern zugute, würde das ihre Unabhängigkeit gegenüber dem Staat noch vergrößern. Die Staatsklasse hat alles Interesse daran, die Ressourcen dorthin zu lenken, wo sie sie kontrollieren und von ihnen profitieren kann; in die Stadt, in die Industrie, in den „modernen Sektor", Ghana liefert das klassische Beispiel, wie die Staatsklasse den klassischen Reichtum des Landes – Kakao – enteignete und verschleuderte, dabei freilich auch den Ast absägte, auf dem sie selber saß. Die staatliche Vermarktungsbehörde beschäftigte für 200 000 bis 220 000 t Kakao sage und schreibe 105 800 Leute. Mit anderen Worten: Auf zwei Tonnen Kakao kam ein Bürokrat. Die Kosten dieses grotesk aufgeblasenen Apparates gingen natürlich zu Lasten der Produzenten.

A. Bänziger, Die Saat der Dürre, Lamuv 1986, S. 140.

***c)** … das „Jahrbuch Dritte Welt" 1987:*

Steuern aus der Kakaoproduktion wurden (in Ghana) zum überhastet geplanten Aufbau einer ineffizienten Industrie und einer parasitären Bürokratie abgeschöpft. Nachdem die Kakaopreise auf dem Weltmarkt fielen, schwand zudem der finanzielle Verteilungsspielraum, mit dem Nkrumah sich bei den politisch entscheidenden städtischen Gruppen Massenloyalität erkauft hatte … Ein Putsch hoher Polizei- und Militäroffiziere leitete … die wirtschaftliche Wende ein. Die aus der Nkrumah-Zeit aufgelaufenen Außenschulden waren derartig drückend, dass die Regierung ein Übereinkommen mit dem Internationalen Währungsfond (IWF) suchen musste.

R. Speit, Jahrbuch Dritte Welt 1987: Ghana.

***d)** … der Wissenschaftler F. Nuscheler*

Der eigentliche Grund für den Preissturz … bei Kakao lag … in der Überproduktion … Die Industrieländer waren mitverantwortlich für das ruinöse Marktgeschehen, weil sie die Erzeugerländer zur Ausweitung der Exportproduktion drängten und dann dem Zusammenbruch … tatenlos zuschauten.

F. Nuscheler, Lern- und Arbeitsbuch Entwicklungspolitik, 4. A. 1995, S. 281.

a) Beschreibt die Auswirkungen des wirtschaftlichen Niedergangs in Ghana innerhalb der letzten 20 Jahre (VT, M1 bis M3).

b) Was spricht dabei für die Schuld ghanaischer Politiker, was ist dem Weltmarkt und den Industrieländern anzulasten (VT, M1, M4)?

Kriegserfahrung

Hiroshima (Japan) nach dem Atombombenabwurf durch einen amerikanischen Bomberpiloten auf Befehl des US-Präsidenten am 6. August 1945.
Oben: Verwundete nach dem Atombombenabwurf auf Hiroshima. Darunter: Mitglieder einer Jugendbande in Sarajewo während des Bürgerkrieges.
Links: „Der Krieg" von Pablo Picasso, 1952.

und Friedenssicherung

Schwarzwaldlandschaft
Oben rechts: Briefmarke der USA mit dem UN-Gebäude in New York.
Oben: Szene in einem deutschen Klassenzimmer.
Rechts: „Der Friede" von Pablo Picasso, 1952.

1. Der Krieg: Geißel der Menschheit? Vater aller Dinge? Verbrechen der Regierenden?

Das Paradox der Kriegsbereitschaft

Kriege haben zu allen Zeiten Verderben und Zerstörung, Leid und Tod mit sich gebracht. Obwohl die Kosten, Verluste und Opfer auch für die Sieger meist größer waren als die Gewinne und ein Krieg so gut wie nie Probleme löste, ohne neue zu erzeugen, zogen die Menschen immer wieder in den Krieg: zumeist nicht aus freien Stücken, sondern im Gehorsam gegenüber den Mächtigen; oft aber auch mit innerer Zustimmung und Begeisterung.

Krieg – „Vater aller Dinge?"

Bis in unsere Tage galt der Krieg vielen Menschen als ein unvermeidliches Schicksal, als eine Art Naturgesetz, mit dem man leben müsse, so wie mit Armut, Hunger, Krankheit. Der altgriechische Philosoph Heraklit (um 550–480 v. Chr.) nannte den Kampf und den Krieg den „Vater aller Dinge, aller Dinge König". Manche religiösen Texte deuten den Krieg als ein Geschehen, das mit der menschlichen Existenz selbst in die Welt gekommen sei – sei es als göttliche Strafe für die Verfehlungen der Gläubigen, sei es als göttlicher Auftrag zur Verbreitung des rechten Glaubens. Sie verbinden dies aber mit dem Appell an die Gläubigen, Friedfertigkeit zu üben.

Die Wolfsnatur des Menschen?

Der englische Philosoph Thomas Hobbes, ein Zeitgenosse der blutigen Bürgerkriege des 17. Jahrhunderts, war von der wölfischen Veranlagung des Menschen überzeugt: „homo homini lupus". Das einzige Mittel, dieses gewalttätige Wesen zu zähmen, sah er in einer hart durchgreifenden, mit absoluter Befehlsmacht ausgestatteten Staatsgewalt. Heutige Biologen verweisen auf eine in den menschlichen Trieben angelegte Bereitschaft zur Aggressivität. Psychologen haben herausgefunden, dass sonst friedfertige Menschen unter bestimmten Bedingungen – etwa im Massenrausch oder nach schmerzlichen Enttäuschungen („Frustrationen") – zur Gewaltanwendung neigen. Umstritten ist, inwieweit Gewaltbereitschaft angeboren ist oder durch Erziehungseinflüsse erzeugt wird.

Gerechte und ungerechte Kriege

Lange glaubten Philosophen, Historiker, Politiker zwischen gerechten und ungerechten Kriegen unterscheiden zu können. Die Römer nahmen gern für sich in Anspruch, nur gerechte Kriege zu führen. Das waren in ihren Augen solche, in denen die römische Staats- und Rechtsordnung verteidigt oder durchgesetzt wurde. Im christlichen Mittelalter galten Kriege als gerecht, die aus edlen Motiven, nicht aus Herrsch- oder Gewinnsucht geführt wurden. Freilich waren dergleichen Ansprüche strittig und mit der Berufung auf die „gerechte Sache" ließ sich nahezu jeder Krieg rechtfertigen. Das erwies sich auch in der europäischen Neuzeit mit ihrer Abfolge konfessioneller, dynastischer, nationaler und ideologischer Auseinandersetzungen. Am liebsten berief man sich darauf, einen Verteidigungskrieg zu führen. Selbst die UN-Charta von 1945 nimmt den Verteidigungskrieg von dem grundsätzlichen Kriegsverbot aus.

Krieg als „Mittel der Politik"?

Das Recht, Krieg zu führen, galt lange als ein allgemein anerkanntes Attribut staatlicher Souveränität. Der als Kriegstheoretiker weltberühmte preußische General Carl von Clausewitz (1780–1831) nannte den Krieg „eine Fortsetzung der Politik mit anderen Mitteln". Erst unter dem Eindruck der Greuel des Zweiten Weltkrieges stellten die siegreichen Alliierten die überlebenden deutschen und japanischen Führer vor Gericht, und zwar ausdrücklich auch wegen der „Verbrechen gegen den Frieden".

2 *Links:* ***Künstlerpostkarte*** *aus dem Ersten Weltkrieg. Auf dem oberen, nicht mehr sichtbaren Teil der Karte steht: „Denn Dein ist das Reich und die Kraft und die Herrlichkeit in Ewigkeit". Oben:* ***Der Deserteur.*** *Zeichnung von Boardman Robinson in der amerikanischen Zeitschrift „The Masses", Juli 1916. – Auf beiden Bildern wird der Kriegsdienst mit der christlichen Religion in Verbindung gebracht. Vergleiche die Bilder unter diesem Aspekt und nimm selbst Stellung.*

1 *Krieg in religiösen („heiligen") Schriften*

a) *Aus dem Alten Testament (um 650 v.Chr):*

Ebenso wird Jahwe, dein Gott, an all den Völkern handeln, vor denen du dich ängstigst. Und auch Entmutigung wird Jahwe, dein Gott, gegen sie entsenden, bis die übrig Gebliebenen vernichtet sind und auch die, welche sich vor Dir versteckt haben … Jahwe, dein Gott, wird sie dir preisgeben und in große Verwirrung setzen bis zu ihrer Vernichtung. Er wird ihre Könige in deine Gewalt geben; du sollst ihre Namen unter dem Himmel austilgen und niemand wird vor dir standhalten, bis du sie vernichtet hast.

5. Mose 7, 19–24.

b) *Aus dem Koran (um 653 n. Chr.):*

Und so soll kämpfen in Allahs Weg, wer das irdische Leben verkauft für das Jenseits. Und wer da kämpft in Allahs Weg, falle er oder siege er, wahrlich, dem geben wir gewaltigen Lohn … Und denke nicht, dass die Ungläubigen gewinnen; sie vermögen Allah nicht zu schwächen. So rüstet wider sie, was ihr vermögt an Kräften und Rossehaufen, damit in Schrecken zu setzen Allahs Feind und euern Feind … Sind sie aber zum Frieden geneigt, so sei auch du ihm geneigt und vertrau auf Allah.

Sure 4, 76; 8, 61–63.

3 *Wann ist ein Krieg gerecht?*

Dazu schrieb der mittelalterliche Theologe Thomas von Aquin (um 1225 bis 1274):

Erstens die Vollmacht des Fürsten, auf dessen Befehl hin der Krieg zu führen ist. Denn es ist nicht Sache der Privatperson, einen Krieg zu veranlassen, weil sie ihr Recht vor dem Gericht des Vorgesetzten verfechten kann …

Zweitens ist ein gerechter Grund verlangt. Es müssen nämlich diejenigen, die mit Krieg überzogen werden, dies einer Schuld wegen verdienen. Deshalb sagt Augustinus: „Unter gerechten Kriegen versteht man solche, durch welche Unrecht geahndet wird; so wenn ein Volk oder eine Stadt zu strafen ist, weil sie entweder versäumt haben, das zu ahnden, was von ihren Bürgern frevelhaft verübt wurde, oder versäumt haben, das zurückzugeben, was ungerechterweise geraubt wurde."

Drittens wird verlangt, dass die Krieg Führenden die rechte Absicht haben, nämlich entweder das Gute zu mehren oder das Böse zu meiden. Deshalb sagt Augustinus: „Bei den wahren Verehrern Gottes haben auch die Kriege Friedenscharakter bekommen, insofern sie nicht aus Gier oder Grausamkeit, sondern aus Eifer für den Frieden geführt werden."

Zit. nach: Uwe Gerber u. a. (Hg.), Ethik 9/10. Frankfurt a. M./München 1976, S. 173.

4 Rechtfertigungen des Krieges

a) Das Leben gewinnen

Aus Friedrich Schillers „Reiterlied" (1796):

Wohlauf, Kameraden, aufs Pferd, aufs Pferd!
Ins Feld, in die Freiheit gezogen!
Im Felde, da ist der Mann noch was wert,
Da wird das Herz noch gewogen,
Da tritt kein anderer für ihn ein,
Auf sich selber steht er da ganz allein.
…
Drum frisch, Kameraden, den Rappen gezäumt,
Die Brust im Gefechte gelüftet!
Die Jugend brauset, das Leben schäumt,
Frisch auf, eh der Geist noch verdüftet!
Und setzet ihr nicht nicht das Leben ein,
Nie wird euch das Leben gewonnen sein.

Schillers sämtliche Werke, hg. v. Karl Goedeke, Bd. 1. Stuttgart o. J., S. 161 f.

b) „… ein Glied in Gottes Weltordnung"

Aus einem Brief des preußischen Generalstabschefs Helmuth von Moltke (1880):

Sie erklären den Krieg bedingungslos für ein Verbrechen, wenn auch ein in Versen gesungenes; ich halte ihn für ein letztes, aber vollkommen gerechtfertigtes Mittel, das Bestehen, die Unabhängigkeit und die Ehre eines Staates zu behaupten. Hoffentlich wird dieses letzte Mittel bei fortschreitender Kultur immer seltener in Anwendung kommen, aber ganz darauf verzichten kann kein Staat. Ist doch das Leben des Menschen, ja der ganzen Natur, ein Kampf des Werdenden gegen das Bestehende und nicht anders gestaltet sich das Leben der Völkereinheiten. Wer möchte in Abrede stellen, dass jeder Krieg, auch der siegreiche, ein Unglück für das eigene Volk ist, denn kein Landerwerb, keine Milliarden können Menschenleben ersetzen und die Trauer der Familien aufwiegen. Aber wer vermag in dieser Welt sich dem Unglück, wer der Notwendigkeit zu entziehen? Sind nicht beide nach Gottes Fügung Bedingungen unseres irdischen Daseins? …

Aber der ewige Friede ist ein Traum, und nicht einmal ein schöner, und der Krieg ist ein Glied in Gottes Weltordnung. In ihm entfalten sich die edelsten Tugenden des Menschen, Mut und Entsagung, Pflichttreue und Opferwilligkeit mit Einsatz des Lebens. Ohne Krieg würde die Welt im Materialismus versumpfen.

Helmuth von Moltke, Gesammelte Schriften, Bd. 5. Berlin 1892, S. 103 f.

c) „Der Krieg bringt die wahren Kräfte zu Ehren."

Der Schweizer Kulturhistoriker Jacob Burckhardt schrieb 1905:

Der lange Frieden bringt nicht nur Entnervung hervor, sondern er lässt das Entstehen einer Menge jämmerlicher, angstvoller Notexistenzen zu, welche ohne ihn nicht entständen und sich dann doch mit lautem Geschrei um „Recht" irgendwie an das Dasein klammern, den wahren Kräften den Platz vorwegnehmen und die Luft verdicken, im Ganzen auch das Geblüt der Nation verunedeln. Der Krieg bringt wieder die wahren Kräfte zu Ehren. Jene Notexistenzen bringt er wenigstens vielleicht zum Schweigen.

Sodann hat der Krieg, welcher so viel als Unterordnung alles Lebens und Besitzes unter einen momentanen Zweck ist, eine enorme sittliche Superiorität über den bloßen gewaltsamen Egoismus des Einzelnen; er entwickelt die Kräfte im Dienst eines Allgemeinen, und zwar des höchsten Allgemeinen und innerhalb einer Disziplin, welche zugleich die höchste heroische Tugend sich entfalten lässt; ja er allein gewährt den Menschen den großartigen Anblick der allgemeinen Unterordnung unter ein Allgemeines.

Jacob Burckhardt, Weltgeschichtliche Betrachtungen. Berlin 1965, S. 129.

d) Gegen den „imperialistischen", für den „revolutionären" Krieg

Der Generalsekretär der KPdSU, Josef Stalin, schrieb in einem Brief an den russischen Dichter Maksim Gorkij (1930):

Auf dem Büchermarkt gibt es eine Menge belletristischer Erzählungen, die die „Schrecken" des Krieges malen und Abscheu gegen jeglichen Krieg … einflößen. Das sind bürgerlich-pazifistische Erzählungen, die nicht viel wert sind. Wir brauchen Erzählungen, die, ausgehend von den Schrecken des imperialistischen Krieges, die Leser an die Notwendigkeit der Überwindung der imperialistischen Regierungen, die diese Kriege organisieren, heranführen. Außerdem sind wir doch nicht gegen jeglichen Krieg. Wir sind gegen den imperialistischen Krieg als konterrevolutionären Krieg. Aber wir sind für den Befreiungskrieg, den antiimperialistischen, revolutionären Befreiungskrieg, ungeachtet der Tatsache, dass ein solcher Krieg bekanntlich nicht frei ist von den „Schrecken des Blutvergießens", sondern diese sogar reichlich aufweist.

J. W. Stalin, Werke. Bd. 12. Berlin 1955, S. 155.

5 Woraus entstehen Kriege?

a) *Der ehemalige Bundespräsident Gustav Heinemann (1899 bis 1976):*

Der Krieg wurzelt offensichtlich weniger – wenngleich auch – in den Gesinnungen der Einzelnen, als vielmehr in den Ordnungen und Unordnungen der Gemeinschaften. Seine Ursachen sind trotz der jeweiligen Kriegsgewinnler nicht privater, sondern politischer Natur.
Sie erwachsen aus Gewohnheiten, Vorurteilen, Sozialordnungen und Herrschaftsformen. Deshalb brauchen wir eine Erforschung dieser Zusammenhänge. Wir brauchen eine Friedensforschung. Deshalb brauchen wir neue Ordnungen und neue Gewohnheiten, neue Spielregeln und neue Verhaltensweisen.

Zit. nach: Gustav W. Heinemann, 1.7.1969 bis 30.6.1970. Reden und Interviews. Hg. v. Presse- und Informationsamt, Bonn 1971, S. 29 f.

b) *Der Psychoanalytiker Sigmund Freud (1930):*

Das gern verleugnete Stück Wirklichkeit ist, dass der Mensch nicht ein sanftes, liebebedürftiges Wesen ist, das sich höchstens, wenn angegriffen, auch zu verteidigen mag, sondern dass er zu seinen Triebbegabungen auch einen mächtigen Anteil von Aggressionsneigung rechnen darf … Diese grausame Aggression wartet in der Regel eine Provokation ab oder stellt sich in den Dienst einer anderen Absicht, deren Ziel auch mit milderen Mitteln zu erreichen wäre. Unter ihr günstigen Umständen, wenn die seelischen Gegenkräfte, die sie sonst hemmen, weggefallen sind, äußert sie sich auch spontan, enthüllt den Menschen als wilde Bestie, der die Schonung der eigenen Art fremd ist … Infolge dieser primären Feindseligkeit der Menschen gegeneinander ist die Kulturgesellschaft beständig vom Zerfall bedroht. Das Interesse der Arbeitsgemeinschaft würde sie nicht zusammenhalten … Die Kultur muss alles aufbieten, um den Aggressionstrieben der Menschen Schranken zu setzen … Daher auch das Idealgebot, den Nächsten so zu lieben wie sich selbst.

Sigmund Freud, Das Unbehagen in der Kultur. Frankfurt 1953, S. 148 f.

6 ***Vukovar, Bosnien-Herzegowina, 1994.***
Zeichnung von Teo Broctanic, 14 Jahre.

c) *Der Verhaltensforscher Irenäus Eibl-Eibesfeld (1975):*

Nehmen wir den Gegner nur distanziert wahr, dann sind wir auch geneigt, ihn als Feind zu töten. Sobald wir jedoch persönlichen Kontakt bekommen, beginnen unsere angeborenen Aggressionshemmungen anzusprechen, ja mehr noch: Verhaltensmuster freundlicher Kontaktaufnahme werden aktiviert … Es ist allgemein bekannt, dass man beim Stellungskrieg die Kommunikation zwischen den Kombattanten unterbinden muss, sonst beginnen die Soldaten über die Schützengräben hinweg Zigaretten auszutauschen und es setzt das ein, was man „Demoralisierung der Truppe" nennt.

Irenäus Eibl-Eibesfeld, Krieg und Frieden aus der Sicht der Verhaltensforschung. München 1975, S. 269.

a) Vergegenwärtige dir die in diesem Kapitel genannten Kriegsursachen und -gründe. Welchen Stellenwert erhält jeweils der Krieg, welche Einstellung wird ihm gegenüber eingenommen? Belege durch Textstellen. Beziehe bei deinen Erklärungen, wenn möglich, auch die Zeitumstände mit ein.

b) Lassen sich Kriege nach den Kriterien des Textes M3 in gerechte und ungerechte unterscheiden? Hältst du prinzipiell eine solche Unterscheidung für möglich und sinnvoll? Belege durch Beispiele.

2. Warum ziehen Menschen in den Krieg?

Kriegsgründe und Kriegsziele

Die Erwartungen und Hoffnungen, Gefühle und Ängste, mit denen Menschen zu den Waffen greifen, sind vielfältig und keineswegs immer allen Beteiligten bewusst. In aller Regel waren es in der Geschichte die politisch Mächtigen, die Kriege auslösten und die Kriegsziele vorgaben. Die große Mehrheit wurde nicht gefragt. Sie hatte sich zu fügen und die Hauptlast des Krieges zu tragen.

Eroberungskriege

Zu allen Zeiten war die Hoffnung auf Eroberung und Landnahme, Beute und Herrschaft eine starke Triebfeder für das Wagnis des Krieges. Bis ins Mittelalter folgte dem Sieg im Kampfe fast immer die Unterwerfung, oft die Versklavung oder sogar die Ausrottung der geschlagenen Feinde, ihre Ausplünderung und das Eintreiben von Tributen und Steuern. Die Sieger nahmen das eroberte Land in Besitz, beuteten die Arbeitskraft der Unterlegenen aus, übernahmen die politische Herrschaft und sicherten sich wirtschaftliche Vorteile. So verfuhren israelitische Stämme bei ihrem langen und oft vergeblich geführten Kampf um fruchtbares Land um 1200 v. Chr. mit den Kanaanäern, die Langobarden und Franken zum Ausgang der Antike mit Teilen des weströmischen Reiches.

1 Inkazeichnung aus dem 15. Jahrhundert

Der Eroberung dienten auch die Kolonialkriege, vor allem im 16. und im 19. Jahrhundert. Getrieben von der Gier nach schnellem Reichtum, Bodenschätzen, Sklaven, Handelsstützpunkten, Siedlungsland oder politischer Macht gingen die europäischen Eroberer oft mit brutaler Rücksichtslosigkeit vor. Die spanischen Konquistadoren zwangen die Indios in Lateinamerika zur Schwerstarbeit, an der diese zu Zehntausenden zugrunde gingen; die britischen Siedler in Nordamerika vertrieben die Indianer aus ihren Lebensräumen; holländische und britische Kolonisatoren in Südafrika drängten die Schwarzen in die weniger fruchtbaren Landstriche zurück. Fast überall beschädigten oder zerstörten die Kolonialherren die gewachsenen wirtschaftlichen, sozialen und kulturellen Ordnungen und trugen dazu bei, dass die spätere Rückkehr der Kolonialisierten in die staatliche Unabhängigkeit sich so schwierig gestaltete.

Verteidigungskriege

Wer sich solchen Eroberungszügen ausgesetzt sah, befand sich von vornherein in schwieriger Lage. In aller Regel stützte sich der Feind auf eine militärische Übermacht. Dann war das Wagnis des Kampfes besonders groß: rechtzeitige Unterwerfung konnte womöglich Schlimmeres verhüten, gewaltsamer Widerstand zur Vernichtung oder Versklavung führen. Vor diesem Dilemma standen eingangs des 5. vorchristlichen Jahrhunderts die Hellenen, an der Spitze der kleine Stadtstaat Athen: Sollten sie sich dem Ultimatum des persischen Großkönigs beugen und in die Tributpflichtigkeit einwilligen oder das Risiko des Kampfes eingehen? Sie entschieden sich für den Kampf, weil sie ihre Freiheit und Eigenart nicht aufgeben wollten. Mit dem Mut der Verzweiflung und dank der Opferbereitschaft aller Bürger schlugen sie schließlich die persische Invasion zurück. Dieser Sieg setzte viele Kräfte frei und wurde zum Ausgangspunkt der politischen und kulturellen Blütezeit Athens unter Perikles.

2 Grieche und Perser, Schale, 5. Jh. v. Chr.

Hegemonialkriege

Im Jahre 218 v. Chr. kam die römische Adelsrepublik der iberischen Stadt Sagunt zu Hilfe, die von dem karthagischen Feldherrn Hannibal belagert wurde. Dabei ging es den Römern weniger um das Schicksal Sagunts als vielmehr darum, der Ausdehnung des großen Rivalen Karthago im Mittelmeerraum schon im Vorfeld entgegenzutreten. Die Karthager, die bereits nach dem verlorenen ersten

3 Bürgerkrieg. *Grafik von Gerd Arntz, 1928. (1) Wie stellt der Grafiker die Bürgerkriegsparteien dar? (2) Welche Gründe für den Kampf lassen sich erkennen? Wer kämpft wofür? (3) Kannst du eine Parteinahme des Grafikers ausmachen? (4) Welche Bürgerkriege sind dir bekannt? Wie unterscheiden sie sich von Kriegen gegen auswärtige Gegner?*

Punischen Krieg (264 bis 241 v. Chr.) Sizilien an Rom abzutreten hatten, wollten diesen Machtverlust durch Eroberungen in Spanien ausgleichen. Der nunmehr ausbrechende Zweite Punische Krieg dauerte 17 Jahre und brachte Rom an den Rand des Abgrundes. Aber mit Zähigkeit und Hartnäckigkeit überwanden die Römer alle Rückschläge und errangen schließlich den Sieg auf dem Schlachtfeld. Dem geschlagenen Konkurrenten erlegte der römische Senat härteste Friedensbedingungen auf. Karthago sollte nie wieder zu einer gleichwertigen Macht heranwachsen können. Doch das reichte dem harten Kern der römischen Führungsschicht nicht aus. Einige Senatoren wie Cato der Ältere (links) gaben nicht Ruhe, bis Karthago in einem dritten Krieg erneut besiegt und dem Erdboden gleichgemacht worden war. Solche Kriege um die Vormacht (Hegemonie), ausgefochten zwischen den jeweils stärksten Mächten, durchziehen die gesamte Geschichte: Ägypten und Assyrien (im 2. und 1. vorchristlichen Jahrtausend), Athen und Sparta (mit dem Höhepunkt im Peloponnesischen Krieg 431–404 v. Chr.), Frankreich und England im 18. Jahrhundert, Preußen und Österreich um die Führung in Deutschland im 19. Jahrhundert. Sie alle entstanden aus dem Bestreben, keinen gleichstarken Rivalen neben sich zu dulden. Immer spielte dabei die Furcht eine Rolle, man gefährde die eigene Sicherheit und die erreichte Machtposition, wenn man nicht allen anderen überlegen sei.

Religionskriege

Die Eroberungen der muslimischen Araber im 7. und 8. Jahrhundert trugen zwar auch hegemoniale Züge, waren aber vor allem religiös motiviert. Getreu der Weisung des Religionsgründers Mohammed, die grüne Fahne des Islams in alle Länder zu tragen, unterwarfen arabische Reiterheere binnen weniger Jahrzehnte große Teile des Vorderen und Mittleren Orients und der Mittelmeerländer. Sie gestatteten zwar in den eroberten Gebieten den Christen und Juden – als den Angehörigen verwandter Buchreligionen – die weitere Ausübung ihres Glaubens, setzten aber gegenüber den „Heiden" die alleinige Herrschaft ihrer Religion durch. Christen und Juden wurden Untertanen zweiter Klasse, mit hohen Steuerlasten und ohne politische Rechte. Die islamischen Krieger, die im „Heiligen Krieg“ den Tod fanden, starben in der Gewissheit, als Märtyrer in das Paradies einzugehen. Solche Glaubensstärke gab der arabischen Expansion ihre Durchschlagskraft. Aber es kamen auch Fanatismus und Grausamkeit, Gewinnsucht und Machtstreben hinzu. Das galt für viele Religionskriege: Bei der Eroberung Jerusalems 1099 verübten christliche Ritter grauenvolle Gemetzel an wehrlosen Muslimen. In der Bartholomäusnacht 1572 wurden Tausende Hugenotten ermordet (M5). Venedig und Genua verdienten mit ihren Handelsverbindungen an den Kreuzzügen viel Geld und im Dreißigjährigen Krieg (1618–1648) verdrängten die Machtinteressen der Großmächte Habsburg, Spanien, Frankreich und Schweden immer unverhohlener die konfessionellen Gemeinsamkeiten.

Dynastische Kriege

In Europa folgten dem Zeitalter der Religionskriege im 16. und 17. Jahrhundert in der Epoche des Absolutismus vorwiegend fürstenstaatliche Rivalitäten und Erbfolgestreitigkeiten, in denen es hauptsächlich um territoriale Gewinne und wirtschaftliche Vorteile ging. Die Bevölkerung blieb ein passives Objekt. Sie hatte die Soldaten für die Söldnerheere zu stellen, die hohen finanziellen Lasten zu tragen und im übrigen alles hinzunehmen, was die Fürsten und ihre Minister beschlossen – einschließlich des Wechsels der Staatszugehörigkeit. Der preußische König Friedrich II. eroberte und behauptete zwischen 1740 und 1763 Schlesien in drei blutigen Kriegen, um den eigenen Ruhm zu mehren und das preußische Machtpotential zu vergrößern. Dafür mussten fadenscheinige Erbansprüche herhalten. Ähnlich ging es im 17. und 18. Jahrhundert an anderen europäischen Kriegsschauplätzen zu. Immer wieder versuchten Herrscher mit wechselndem Erfolg – Ludwig XIV. von Frankreich, Peter I. von Russland, Karl XII. von Schweden – ihre Macht durch kriegerische Eroberungen zu erweitern und immer mussten die Untertanen dafür bluten und Opfer bringen, ohne jegliche politische Mitspracherechte.

Revolutionskriege

Das änderte sich mit dem amerikanischen Unabhängigkeitskrieg (1776–1783) und der Französischen Revolution (1789–1799). In dem Bewusstsein, dass es um ihre eigene Sache gehe, meldeten sich amerikanische und französische Männer jeden Alters (gelegentlich sogar Frauen) freiwillig zum Kriegsdienst und zeigten sich im Kampf den Söldnern überlegen. Der sich von hier ausbreitende revolutionäre und patriotische Geist gab den Kriegen der Folgezeit ein anderes Gesicht: der „Kabinettskrieg“ wich dem „Volkskrieg“, das Söldnerheer dem Volksheer. 1793 ordnete die französische Regierung die allgemeine Wehrpflicht an. Gestützt auf dieses Massenaufgebot traten die Armeen Napoleons einen Siegeszug durch Europa an. Um sich dagegen zur Wehr zu setzen, führten andere europäische Mächte ebenfalls die Volksbewaffnung ein und suchten den Patriotismus ihrer Bürger zu wecken. Auch in den Kriegen dieses Jahrhunderts gab solche Mobilisierung oft den Ausschlag: Die Rote Armee rettete zwischen 1918 und 1921 die bolschewistische Revolution, weil sie den „Weißen“ an Kampfmoral überlegen war. Maos „Volksbefreiungsarmee“ gewann den chinesischen Bürgerkrieg 1945–1949, weil ihr Programm viele Menschen, vor allem die Bauernfamilien, mehr überzeugte als das der Kuomintang unter Tschiang Kai-shek.
Revolutionskriege galten nicht nur dem äußeren, sondern auch dem inneren Feind. Die amerikanischen „Patrioten“ drangsalierten ihre mehr als 100 000 „loyalistischen“ Landsleute, die der britischen Krone die Treue hielten, und zwangen sie ihr Eigentum aufzugeben und das Land zu verlassen. In Frankreich bekämpften sich zwischen 1792 und 1795 Anhänger und Gegner der Revolution mit größter Erbitterung und Grausamkeit; Millionen von Toten forderten die kommunistischen Revolutionen in Russland und China. Viele Revolutionsgegner konnten ihr Leben nur retten, indem sie ins Ausland flohen.

4 *Ein chinesisches Volkstribunal, gebildet aus Dorfbewohnern, richtet einen Großgrundbesitzer 1953.*

5 ***Bartholomäusnacht.*** *Vom 23. auf den 24. August 1572 wurden in Paris und anderen französischen Städten zwischen fünf- und zehntausend Hugenotten ermordet. Der Maler François Dubois überlebte das Blutbad. Als die Kunde in die französischen Provinzen drang, folgten dort ähnliche Massenmorde.*

Nationalkriege

In den nationalen Freiheits- und Einigungskriegen des 19. Jahrhunderts – so in Griechenland 1821–1829, Polen 1830/31 und 1863, Italien 1859–1861 oder Deutschland 1866 und 1870/71 – stritten große Teile der Bevölkerung für die „vaterländische Sache". Diese Nationalisierung des Krieges entband viel Hingabe und Opferbereitschaft und schürte Hass zwischen den Völkern und Nationen. Wo alle Kräfte mobilisiert wurden, verschwammen die Grenzen zwischen Militär und Zivilisten, Front und Heimat. Die Gefühle und Leidenschaften der Massen wurden zu Momenten, die sich Politiker zu Nutzen machen konnten, auf die sie aber auch Rücksicht zu nehmen hatten. Das erschwerte die Friedensverhandlungen. Die Öffentlichkeit in den Siegerstaaten forderte einen angemessenen Siegespreis und die Mehrheit war nicht bereit, dem Besiegten Gnade zu gewähren. Es entstanden oder vertieften sich „Erbfeindschaften" – zwischen Deutschen und Franzosen, Griechen und Türken, Serben und Kroaten, Polen und Russen. Wiederholt mündete solcher Völkerhass in „ethnische Säuberungen": die Sieger brachten die Besiegten zu Tausenden und Hunderttausenden um und vertrieben den Rest aus seiner Heimat: die Deutschen die Polen 1939/40, die Polen und Tschechen als Reaktion auf die nationalsozialistische Eroberungs- und Unterdrückungspolitik die Deutschen 1945–1947, die Serben die Kroaten und bosnischen Muslime und diese umgekehrt die Serben im seit 1991 zerfallenden Jugoslawien.

6 *Französisches Plakat von 1825 zum griechischen Freiheitskampf 1821*

Weltanschauungskriege

Das 20. Jahrhundert erlebte mit dem Ersten und vor allem dem Zweiten Weltkrieg eine Totalisierung und Brutalisierung der Kriegsführung im Zeichen ideologischer Gegensätze und des Einsatzes neu entwickelter Massenvernichtungswaffen. Der Erste Weltkrieg (1914–1918) entstand aus den Rivalitäten der

7

europäischen Großmächte und endete mit dem Sieg der demokratischen über die autokratischen Staaten. Die Ententemächte verhandelten mit dem Deutschen Reich im Herbst 1918 erst, nachdem dieses sich eine parlamentarische Regierungsform gegeben hatte. Den Zweiten Weltkrieg (1939 bis 1945) lösten Deutschland, Italien und Japan aus, die die bestehende internationale Ordnung sprengen und imperiale Macht in Kontinentaleuropa, im Mittelmeerraum und in Ostasien erringen wollten. Mit ihren militaristisch-autoritären und faschistischen Ideen verstanden sie sich als Widersacher der westlichen Demokratien und Todfeinde des Sowjetkommunismus. Der Überfall der deutschen Wehrmacht auf die Sowjetunion 1941 eröffnete einen gnadenlosen Vernichtungs- und Ausrottungskrieg gegen die „Ostvölker", den die NS-Führung mit der angeblichen rassischen Überlegenheit der deutschen Herrenmenschen rechtfertigte (links Opfer des deutschen Vernichtungskrieges: ein Kind an der Leiche seiner Mutter in einem KZ für Zivilisten nahe der Ortschaft Ozaritschi). Viele der gedemütigten und gequälten Menschen schlugen später zurück und rächten sich in den Vertreibungen zwischen 1945 und 1947 an den Deutschen.

Entkolonialisierungskriege

Das Aufbegehren der Kolonialvölker gegen die Kolonialherrschaft hatte viel Ähnlichkeit mit den nationalen Freiheitskriegen in Europa. Es begann mit der erfolgreichen Abschüttelung der spanischen und portugiesischen Herrschaft über Lateinamerika im frühen 19. Jahrhundert und fand seinen Höhepunkt zwischen 1945 und 1975 in den Unabhängigkeitsbewegungen in Asien und Afrika. Diese mussten sich nicht nur gegen die Kolonialherren durchsetzen, sondern auch mit inneren Problemen fertig werden. Große Teile der Bevölkerung verharrten noch in den alten Dorf- und Stammesbindungen und bekamen erst allmählich ein Bewusstsein ihrer staatlichen und nationalen Zugehörigkeit; oft behinderten tief sitzende Stammesfeindschaften das Zusammenwachsen zu einem Staatsvolk. Fast überall vollzog sich die Entkolonialisierung im Schatten des Ost-West-Konfliktes. Beide Lager waren bemüht, die neu entstehenden Staaten der „Dritten Welt" auf ihre Seite zu ziehen. Zu einem Brennpunkt wurde Vietnam: Das Land brauchte neun Jahre, um zunächst, wenn auch um den Preis der staatlichen Teilung, in einem gnadenlosen Dschungelkrieg die französische Kolonialhoheit abzuschütteln (1954). Weitere 19 Jahre vergingen, bis die Amerikaner, die Südvietnam zu einer antikommunistischen Bastion ausbauen wollten, das Land räumten. In dieser Zeit tobte gleichzeitig ein südvietnamesischer Bürgerkrieg (zwischen dem „Vietkong" und der Regierung in Saigon) und ein Krieg zwischen nord- und südvietnamesischen Regierungstruppen, in den zwischen 1965 und 1973 bis zu einer halben Million US-Soldaten eingriffen. Nach dem Abzug der Amerikaner entbrannte der Entscheidungskampf zwischen Nord- und Südvietnam, der 1975 mit dem vollständigen Sieg der nordvietnamesischen Kommunisten endete.

In vielen Ländern der „Dritten Welt" folgten der Unabhängigkeit keineswegs politische Stabilität und wirtschaftlicher Fortschritt. Vor allem Afrika wurde von zahlreichen Bürgerkriegen heimgesucht. Oft zogen Machtkämpfe zwischen rivalisierenden Gruppen, insbesondere Militärs, die Bevölkerung in Mitleidenschaft. Kein Kontinent erlebte in den letzten Jahrzehnten so viele blutige Machtwechsel wie Schwarzafrika. Wiederholt explodierten die Spannungen in grausigen Mordorgien: so 1994 in Ruanda. Mehr als 500 000 Menschen fielen den Gemetzeln zum Opfer und zwei Millionen flohen ins Ausland.

8 *Bilder vom Vietnamkrieg. Unten: Nordvietnamesische Flugabwehr*

9 Reste eines deutschen Flüchtlingstrecks *im Frühjahr 1945 nach einem Beschuss durch sowjetische Panzer.*

10 Ein einfacher Soldat erlebt den Siebenjährigen Krieg

Aus dem Lebensbericht des Schweizers Ulrich Bräker (1735–1798):

Um sechs Uhr ging schon das Donnern der Artillerie sowohl aus unserem Vordertreffen als aus den kaiserlichen Batterien so gewaltig an, dass die Kanonenkugeln bis zu unserem Regiment, das im mittlern Treffen stand, durchschnurrten. Bisher hatt ich immer noch Hoffnung, vor einer Bataille zu entwischen; jetzt sah ich keine Ausflucht mehr, weder vor noch hinter mir, weder zur Rechten noch zur Linken. Wir rückten inzwischen immer vorwärts. Da fiel mir vollends aller Mut in die Hosen; in den Bauch der Erde hätt ich mich verkriechen mögen und eine ähnliche Angst, ja Todesblässe las man bald auf allen Gesichtern, selbst deren, die sonst noch so viel Herzhaftigkeit gleißneten. Die geleerten Brenzfläschchen, wie jeder Soldat eines hat, flogen unter den Kugeln durch die Lüfte; die meisten soffen ihren kleinen Vorrat bis auf den Grund aus, denn da hieß es: Heute braucht es Courage und morgen vielleicht keinen Fusel mehr!

Ulrich Bräker, Der arme Mann im Tockenburg (1789). Stuttgart 1977, S. 129.

11 Franzosenhass

Der Schriftsteller und Historiker Ernst Moritz Arndt (1813):

Ich will den Hass gegen die Franzosen, nicht bloß für diesen Krieg, ich will ihn für lange Zeit, ich will ihn für immer. Dann werden Deutschlands Grenzen auch ohne künstliche Wehren sicher sein, denn das Volk wird immer einen Vereinigungspunkt haben, sobald die unruhigen und räuberischen Nachbarn darüber laufen wollen. Dieser Hass glühe ... als ein heiliger Wahn in allen Herzen ...

Ernst Moritz Arndt, Schriften in Auswahl. Leipzig 1934, S. 142.

12 Vernichtungskrieg im Osten

Aus einem deutschen Wehrmachtsbefehl vom 10. Oktober 1941:

Das wesentlichste Ziel des Feldzuges gegen das jüdisch-bolschewistische System ist die völlige Zerschlagung der Machtmittel und die Ausrottung des asiatischen Einflusses im europäischen Kulturkreis. Hierdurch entstehen auch für die Truppe Aufgaben, die über das hergebrachte einseitige Soldatentum hinausgehen. Der Soldat ist im Ostraum nicht nur Kämpfer nach den Regeln der Kriegskunst, sondern auch Träger einer unerbittlichen völkischen Idee und der Rächer für alle Bestialitäten, die deutschem und artverwandtem Volkstum zugefügt wurden. Deshalb muss der Soldat für die Notwendigkeit der harten, aber gerechten Sühne am jüdischen Untermenschentum volles Verständnis haben ... Wird im Rücken der Armee Waffengebrauch einzelner Partisanen festgestellt, so ist mit drakonischen Maßnahmen durchzugreifen. Diese sind auch auf die männliche Bevölkerung auszudehnen, die in der Lage wäre, Anschläge zu verhindern oder zu melden ... Nur so werden wir unserer geschichtlichen Aufgabe gerecht, das deutsche Volk von der asiatisch-jüdischen Gefahr ein für alle Mal zu befreien.

Verhandlungen des Internationalen Militärgerichtshofes, Bd. 35, S. 81 ff.

a) Wie stehst du zu dem Grundsatz der UNO, Verteidigungskriege vom allgemeinen Kriegsverbot auszunehmen?

b) Worin unterscheiden sich Bürgerkriege (M3) von Kriegen gegen auswärtige Feinde?

c) Welche der genannten Kriegstypen spielen heute noch eine Rolle? Nenne Beispiele. Überlege, was man zu ihrer Verhütung oder zu ihrer Beendigung beitragen kann.

d) Aus welcher Warte sind die Texte M10 bis M12 verfasst? Was sagen M6, M7, M8, M9 über die unterschiedlich am jeweiligen Konflikt Beteiligten?

3. Wege zum Frieden

Seitdem es Kriege und Gewalttätigkeiten gibt, sehnen sich die Menschen nach Frieden. Es gab zu allen Zeiten Religionsstifter und Dichter, Philosophen und Gesetzgeber, die die Greuel des Krieges verdammt und die Segnungen des Friedens gepriesen haben. Vom „goldenen Zeitalter“ der Antike über den „Gottesstaat“ bis zur Marx'schen Vision der „klassenlosen Gesellschaft“ entwarfen Menschen Utopien mit dem Ideal eines gewaltfreien, friedfertigen Daseins. Auf unterschiedlichen Wegen versuchte man diesem Ziele näher zu kommen.

Pax Romana

1 *In den eroberten Gebieten verbreiteten die Römer ihre Kultur (Romanisierung).*

Die römische Nobilität und die römischen Kaiser errichteten und behaupteten das Imperium Romanum als ein Gemeinwesen, das den Frieden sicherte, indem es eine für alle verbindliche Rechtsordnung durchsetzte. Der Preis, den die teils gewaltsam unterworfenen, teils freiwillig beigetretenen nicht-italischen Völker für diese Rechtssicherheit zahlen mussten, bestand im Verlust ihrer Unabhängigkeit. Doch war die römische Führungsschicht klug genug, ihnen manche Freiräume in der lokalen Selbstverwaltung, der wirtschaftlichen Betätigung oder der kulturellen Entfaltung zu belassen. Viele Provinzen erlebten glückliche Zeiten und während eines halben Jahrtausends machten sich nur selten Unabhängigkeitsbestrebungen bemerkbar – wie etwa in den zwei jüdischen Aufständen 66 bis 73 und 132 bis 135 n. Chr. Im Jahr 212 n. Chr. erhielten alle Reichseinwohner das römische Bürgerrecht.

Landfrieden

2 *Auch der Markt war ein durch das Recht besonders geschützter Raum. Zeichen dafür war das Marktkreuz wie hier in Trier.*

Das Deutsche Kaiserreich war bis zu seiner Auflösung 1806 ein lockerer Verbund von Fürstentümern und Reichsstädten, die eine weitgehend eigenständige Politik betrieben und lange Zeit auch gegeneinander Krieg führten. Die geistliche und die weltliche Gewalt bemühten sich mit wechselndem Erfolg um die Durchsetzung eines allgemeinen Friedensgebotes. Anfangs war es die Kirche, die Gewaltanwendung zu bestimmten Zeiten, besonders an kirchlichen Feiertagen, rund um Kirchen und Klöster oder gegen Geistliche, Pilger, Frauen und Waisen untersagte und jedem, der diesen „Gottesfrieden“ brach, die Exkommunikation androhte. Seit dem 12. Jahrhundert erließen auch die Könige und Kaiser Landfriedensgesetze, die dem Adel verboten seine Streitigkeiten in Fehden auszutragen. Der Wormser Reformreichstag von 1495 beschloss einen ewigen Reichslandfrieden und die Errichtung des Reichskammergerichts, das für die friedliche Beilegung von Konflikten Sorge tragen sollte. Doch fehlte es an einer starken Exekutive, die die Gerichtsentscheidungen durchzusetzen vermochte. Erst die Greuel des Dreißigjährigen Krieges (1618 bis 1648) bewogen die Reichsstände im Westfälischen Frieden von 1648 jeden Krieg zwischen Reichsmitgliedern, bei Strafe der Reichsacht, zu verbieten. Das hinderte aber den preußischen König Friedrich II. nicht, 1740 in das österreichische Schlesien einzufallen; den gegen ihn eröffneten Reichskrieg überstand er schadlos.

Gleichgewicht der Mächte

Zu Hilfe kamen dem preußischen Monarchen dabei Bundesgenossen – nacheinander Frankreich, England und Russland –, die das Haus Habsburg und seine Verbündeten in Schach halten wollten. Sie folgten dabei dem Rezept der „balance of power“, für das sich vor allem die britische Krone stark machte: Indem die europäischen Staaten sich jeweils gegen den Rivalen verbündeten, der zu mächtig zu werden drohte, sorgten sie dafür, dass niemand eine hegemoniale Stellung erringen konnte. Ludwig XIV. (1643–1715) und Napoleon I.

3 ***Friedensregelungen im Sachsenspiegel,*** *einem Rechtsbuch aus dem 13. Jahrhundert:*
a) Wer einen Friedensbrecher tötet oder verwundet, bleibt straflos, wenn sechs Zeugen aussagen können, dass er ihn auf der Flucht oder auf frischer Tat angetroffen hat.
b) Erschlägt ein Christ einen Juden, so wird er verurteilt, weil er den Königsfrieden an ihm gebrochen hat.
c) Während eines geschworenen Friedens darf man – von Schwertern abgesehen – Waffen nur zum Reichsdienst und zum Turnier führen.

(1799–1814), die dies dennoch versuchten, erlagen schließlich den Koalitionen der übrigen europäischen Großmächte. Dieser Mechanismus dürfte manchen Krieg schon im Vorfeld verhütet haben. Er konnte aber auch das Gegenteil bewirken: Der Erste Weltkrieg brach nicht zuletzt auch deshalb aus, weil während der Julikrise 1914 sich schließlich alle Großmächte dem Automatismus der Bündnisverpflichtungen unterwarfen. Gleichgewichtspolitik und Ängste vor hegemonialen Tendenzen wirken bis heute auf die europäische Politik und beeinflussen die europäischen Einigungsbemühungen.

Friedensverträge

Das klassische Instrument, den Frieden wiederherzustellen, waren und sind die Friedensverträge. Manche Vertragswerke – der Westfälische Friede 1648 am Ende des Dreißigjährigen Krieges, die Wiener Schlussakte 1815 nach den Napoleonischen Kriegen – begründeten lange Friedensperioden, andere – wie der Versailler Vertrag 1919 nach dem Ersten Weltkrieg – enthielten schon die Keime eines neuen Krieges. 1648 und 1815 verhandelten die Kriegsgegner als gleichberechtigte Partner miteinander; sie suchten die Verständigung und verzichteten auf eine strenge Bestrafung des Besiegten. 1919 hatte das besiegte Deutschland lediglich die Wahl, entweder den ihm ultimativ vorgelegten Vertrag im Ganzen anzunehmen oder den längst aussichtslos gewordenen Krieg wiederaufzunehmen. Auf Verhandlungen ließen sich die Sieger nicht ein.

Kollektive Friedenssicherung

Die Pariser Friedensberatungen zeitigten freilich auch ein konstruktives Ergebnis. Es entstand der Völkerbund, der seine Mitglieder verpflichtete „nicht zum Kriege zu schreiten“ und sich in Streitfällen ausschließlich friedlicher Mittel zu bedienen. Die Völkerbundsatzung enthielt jedoch kein generelles Kriegsverbot und sie sah auch keine militärischen Zwangsmaßnahmen zur Durchsetzung des Friedens vor. So stand der Völkerbund in den 30er Jahren der Aggressionspolitik Japans, Italiens und Deutschlands ohnmächtig gegenüber. Die Nachfolgeorganisation des Völkerbundes, die 1945 gegründeten Vereinten Nationen, vermied einige dieser Schwächen. Die UNO-Charta proklamierte ein grundsätzliches Verbot zwischenstaatlicher Gewaltanwendung (mit Ausnahme des Verteidigungskrieges) und eröffnete Möglichkeiten militärischer Friedenserzwingung. Solange jedoch der Ost-West-Konflikt andauerte (1946–1990), unterband zumeist das Veto einer der fünf Großmächte im Sicherheitsrat wirksame Maßnahmen. Später zeigte sich, dass die großen Staaten nur dann bereit waren, die Lasten und Opfer einer UN-Intervention auf sich zu nehmen, wenn dies ihren eigenen Machtinteressen entsprach (wie im Golfkrieg 1991 gegen den Irak, als die westliche Ölversorgung auf dem Spiel stand). Auch die „friedenserhaltenden" Einsätze von UN-Schutztruppen („Blauhelme") erwiesen sich oft als wirkungslos. Solche Unternehmungen waren an die freiwillige Zustimmung der Kriegsparteien gebunden, die sich jederzeit das Recht nahmen, bei für sie günstiger Lage die Anwesenheit der UN-Truppen zu missachten.

Appeasement

Als Japan 1931 in die Mandschurei und 1937 in China einfiel, Italien 1935 Abessinien angriff und Deutschland 1936 entgegen den Versailler Bestimmungen Militär in die linksrheinischen Gebiete einrücken ließ, sahen die dadurch herausgeforderten Großmächte von energischen Gegenmaßnahmen ab. Sie zogen es vor den Aggressoren Zugeständnisse zu machen, in der Hoffnung, diese würden sich erkenntlich zeigen und fortan Zurückhaltung üben. 1938 flog der britische Premierminister Neville Chamberlain mehrmals zu Verhandlungen mit Hitler nach Deutschland, um dem Diktator den guten Willen des Westens zu einer friedlichen, den deutschen Forderungen entgegenkommenden Regelung der Sudetenfrage zu beweisen. Aber diese „Beschwichtigungspolitik" (policy of appeasement) verfehlte ihren Zweck. Hitler deutete die Nachgiebigkeit der Westmächte als Zeichen ihrer Schwäche und schöpfte daraus die Zuversicht, seine Forderungen immer höher schrauben zu können.

Abschreckung – Abrüstung – Entspannung

Dass der lange drohende Krieg zwischen den verfeindeten Machtblöcken des Ost-West-Konfliktes vermieden werden konnte, war nicht zuletzt eine Folge der gigantischen Waffenarsenale beider Lager. Ein „Gleichgewicht des Schreckens" hielt die Widersacher davon ab, das tödliche Risiko eines Nuklearkrieges auf sich zu nehmen. Weil ein solcher Abschreckungsfriede stets labil blieb und die Rüstungskosten immer schwerer drückten, waren beide Supermächte an einer Entspannung durch Abrüstung interessiert. Dennoch konnte keine Seite sich dazu durchringen, ihre Waffenvorräte entscheidend zu verringern. Selbst nach dem Ende des Kalten Krieges 1990 blieben, trotz der Verschrottung vieler Raketen und Atomwaffen, weltweit noch genügend Rüstungsgüter erhalten, um die gesamte Menschheit gleich hundertfach auslöschen zu können.

Supranationale Zusammenschlüsse

Als der bisher erfolgreichste Weg, den zwischenstaatlichen Frieden zu sichern, erwies sich die möglichst enge Zusammenarbeit einer begrenzten Zahl von Staaten in möglichst vielen Bereichen. Schon der deutsche Philosoph Immanuel Kant sah 1795 in internationalen Handels- und Wirtschaftsbeziehungen ein besonders wirksames Pfand der Friedensliebe. An diese Idee knüpften die Gründer der Montanunion 1950 an. Diese westeuropäische Sechsergemeinschaft erweiterte sich 1958 zur Europäischen Wirtschaftsgemeinschaft (EWG), aus der später die EG (heute EU) wurde, der seit 1995 15 Staaten angehören.

Weltweite Vernetzung?

Insbesondere die Erfolge der (west-)europäischen Einigung stärkten die Zuversicht, eine ähnliche supranationale Zusammenarbeit auch im Rahmen der Welt-Staatengemeinschaft zustande zu bringen. Innerhalb und außerhalb der UNO entwickelten sich verheißungsvolle Ansätze – etwa in der Handels- und Zollpolitik, der Entwicklungshilfe, der Seuchenbekämpfung, der Förderung von Wissenschaft und Bildung. Viele Probleme lassen sich nur „global" oder gar nicht lösen. Insofern bleibt die Idee einer „Weltregierung" aktuell.

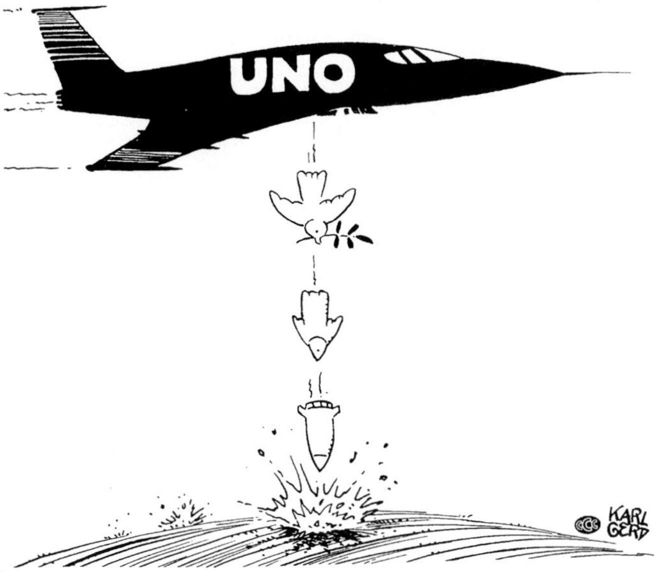

4 ***Friedenspolitik der UNO*** *– gesehen durch zwei Karikaturisten. Rechts eine Karikatur zur militärischen Intervention anlässlich des blutigen Bürgerkrieges in Somalia. Oben eine Karikatur von Horst Haitzinger zur UNO-Politik in Kroatien 1993. – Vergleiche die beiden Karikaturen in ihrer Aussage.*

5 ***Kollektive Friedenssicherung***

a) *Aus der Völkerbundssatzung (1919).*
Die Satzung des Völkerbundes wurde Bestandteil der Versailler Friedensverträge nach dem Ersten Weltkrieg:

Art. 12. Alle Mitglieder kommen überein, alle etwa zwischen ihnen entstehenden Streitfälle, die zum Bruch führen könnten, dem Schiedsgerichtsverfahren oder einer Untersuchung durch den Rat zu unterbreiten. Sie vereinbaren ferner in keinem Fall vor Ablauf einer Frist von drei Monaten nach Fällung des Schiedsspruchs oder Erstattung des Berichts des Rates zum Kriege zu schreiten.

Art. 16. Wenn ein Bundesmitglied unter Verletzung der durch Art. 12 … übernommenen Verpflichtungen zum Kriege schreitet, so wird es ohne weiteres so angesehen, als hätte es eine kriegerische Handlung gegen alle übrigen Bundesmitglieder begangen. Diese verpflichten sich unverzüglich mit ihm alle Handels- und finanziellen Beziehungen abzubrechen, ihren Staatsangehörigen jeden Verkehr mit den Angehörigen des vertragsbrüchigen Staates zu verbieten … In diesem Falle ist der Rat verpflichtet den verschiedenen beteiligten Staaten vorzuschlagen, mit welchen Land-, See- oder Luftstreitkräften die Mitglieder des Bundes für ihr Teil zu der bewaffneten Macht beizutragen haben, die zur Wahrung der Bundespflichten bestimmt ist.

Zit. n.: S. Haffner u. a., Der Vertrag von Versailles. Fr. a. M. 1988, S. 126, 128.

b) *Aus der UN-Charta (1945):*

Art. 2 (4). Alle Mitglieder unterlassen in ihren internationalen Beziehungen jede gegen die territoriale Unversehrtheit oder die politische Unabhängigkeit eines Staates gerichtete … Androhung oder Anwendung von Gewalt. –

Art. 33. Die Parteien einer Streitigkeit … bemühen sich zunächst um eine Beilegung durch Verhandlung, Untersuchung, Vermittlung, Vergleich, Schiedsspruch, gerichtliche Entscheidung, Inanspruchnahme regionaler Einrichtungen oder Abmachungen oder durch andere friedliche Mittel eigener Wahl …

Art. 41. Der Sicherheitsrat kann beschließen, welche Maßnahmen – unter Ausschluss von Waffengewalt – zu ergreifen sind … Sie können die vollständige oder teilweise Unterbrechung der Wirtschaftsbeziehungen, des Eisenbahn-, See- und Luftverkehrs, der Post-, Telegrafen- und Funkverbindungen sowie sonstiger Verkehrsmöglichkeiten und den Abbruch der diplomatischen Beziehungen einschließen.

Art. 42. Ist der Sicherheitsrat der Auffassung, dass die in Art. 41 vorgesehenen Maßnahmen unzulänglich sein würden oder sich als unzulänglich erwiesen haben, so kann er mit Luft-, See- und Landstreitkräften die zur Wahrung oder Wiederherstellung des Weltfriedens und der internationalen Sicherheit erforderlichen Maßnahmen durchführen …

Zit. nach: G. Unser, Die UNO. München 1986, S. 206, 214 ff.

6 ***Ein historischer Händedruck*** *zwischen dem israelischen Ministerpräsidenten Rabin und dem PLO-Führer Arafat besiegelte den Friedensvertrag zwischen dem Staat Israel und dem palästinensischen Volk. Beide Politiker erhielten den Friedensnobelpreis. – Was sagt die Karikatur dazu? Ziehe zur Beantwortung das Kapitel „Der israelisch-arabische Konflikt" heran.*

7 ***Verständigungsfriede – Diktatfriede***

a) *Aus dem Westfälischen Frieden (1648).*

Beiderseits sei immer währendes Vergessen und Amnestie alles dessen, was seit Anbeginn dieser Unruhen vom einen oder andern Teil, hüben und drüben, feindlich begangen worden ist, so dass weder deswegen noch aus irgendeinem anderen Grund oder Vorwand einer dem andern künftig irgendwelche Feindseligkeit oder Unbill … antun soll; vielmehr sollen alle und jede hin und her sowohl vor dem Kriege als auch im Kriege mit Worten, Schriften oder Taten zugefügten Beleidigungen, Gewalttaten, Feindseligkeiten, Schaden und Unkosten ohne alles Ansehen der Personen oder Sachen dergestalt gänzlich abgetan sein, dass alles, was deshalb der eine vom andern fordern könnte, in immer währendem Vergessen begraben sein soll.

Geschichte in Quellen III. München 1966, S. 348 ff.

b) *Der französische Präsident Clemenceau bei der Überreichung der Versailler Friedensbedingungen an die deutsche Delegation (1919):*

Sie haben vor sich die Versammlung der Bevollmächtigten der kleinen und großen Mächte, die sich vereinigt haben, um den fürchterlichen Krieg auszufechten, der ihnen aufgezwungen worden ist. Die Stunde der Abrechnung ist da. Sie haben uns um Frieden gebeten. Wir sind bereit, ihn Ihnen zu gewähren … Ich muss notwendigerweise hinzufügen, dass dieser zweite Versailler Friede … von den hier vertretenen Völkern zu teuer erkauft worden ist, als dass wir nicht einmütig entschlossen sein sollten, sämtliche uns zu Gebote stehenden Mittel anzuwenden, um jede uns geschuldete berechtigte Genugtuung zu erlangen.

c) *Aus der Note der deutschen Delegation (1919):*

Die Regierung der Deutschen Republik hat aus der letzten Mitteilung der alliierten und assoziierten Regierungen mit Erschütterung ersehen, dass sie entschlossen sind, von Deutschland auch die Annahme derjenigen Friedensbedingungen mit äußerster Gewalt zu erzwingen, die, ohne eine materielle Bedeutung zu besitzen, den Zweck verfolgen, dem deutschen Volk seine Ehre zu nehmen … Sie nach außen zu verteidigen, fehlt dem deutschen Volke nach den entsetzlichen Leiden der letzten Jahre jedes Mittel. Der übermächtigen Gewalt weichend und ohne damit ihre Auffassung über die unerhörte Ungerechtigkeit der Friedensbedingungen aufzugeben, erklärt deshalb die Regierung der Deutschen Republik, dass sie bereit ist, die … auferlegten Friedensbedingungen anzunehmen.

Zit. n.: S. Haffner u. a., Der Vertrag von Versailles. Fr. a. M. 1988, S. 90, 109 f.

a) Was bezweckten die Amnestie-Klauseln früherer Friedensverträge (vgl. M7a)?

b) Erörtere die Gründe für die Schwierigkeiten, die der Völkerbund früher und die UNO heute mit der Kriegsverhinderung hatten und haben (VT, M4, M5).

4. Chancen für den Frieden?

Worin wahrer und dauerhafter Friede besteht, ist durchaus strittig. Dürfen wir bereits von Frieden sprechen, wenn nicht geschossen wird, oder erst dann, wenn wir frei von Not, Furcht, Unterdrückung leben? Ist der Friede sicher, wenn Gesetze, wirtschaftliche Nützlichkeitserwägungen oder hohe Risiken die Menschen von der Gewaltanwendung abhalten, oder bedarf es einer tief im Innern verankerten friedfertigen Gesinnung der Beteiligten, eines elementaren Abscheus gegen Zwang und Unrecht? Bietet vor allem die Demokratie eine Gewähr für Friedensbereitschaft oder ist die jeweilige Staats- und Gesellschaftsform unerheblich?

Friede durch Recht

Während es bis heute nicht wirklich gelang, zwischenstaatliche Gewaltanwendung auszuschalten, waren die meisten Staaten seit der Frühen Neuzeit in der innerstaatlichen Zähmung der Gewalt erfolgreich. Sie sicherten den inneren Frieden durch das Rechtsetzungs- und Gewaltmonopol des Staates. Keinem Untertanen war es fortan noch erlaubt, sich sein Recht auf eigene Faust zu verschaffen; jeder hatte sich dem Spruch der staatlichen Gerichte zu fügen. Doch garantierte dies noch lange keine Gerechtigkeit. Für die ungleichen Stände galt ungleiches Recht. Dagegen begehrten die Benachteiligten von Zeit zu Zeit auf: Bauern gegen die Grundherren, städtische Handwerker gegen das Patriziat, Bürger gegen die Adelsprivilegien, Arbeiter gegen die Fabrikherren. Die liberaldemokratischen Revolutionen seit 1776 erstritten die Gleichheit (zunächst nur aller männlichen Staatsbürger) vor dem Gesetz und den demokratischen Rechts- und Verfassungsstaat; seitdem galt der Mehrheitswille in der Gesetzgebung und die Unabhängigkeit der Gerichte. Dennoch hörte der Streit um Gerechtigkeit bis heute nicht auf. Immer entscheiden politische Körperschaften (in der Regel Parlamente) darüber, was als Recht gelten soll. Im übrigen ist Rechtsstaatlichkeit nicht überall in der Welt gewährleistet. Staatsstreiche mit blutigen Verfolgungen der Gegner sind weltweit keine Seltenheit, demokratische Rechte und Freiheiten längst nicht überall gesichert. Auch das organisierte Verbrechen (Mafia) bedroht vielerorts die öffentliche Sicherheit.

Demokratisierung als Friedenspfand?

Viele Hoffnungen richten sich heute auf die Verbreitung demokratischer Staats- und Gesellschaftsordnungen. Verspricht nicht die Teilnahme des ganzen Volkes an der politischen Willensbildung eine Stärkung des Friedenswillens? Sind es doch zumeist die kleinen Leute, die die volle Härte eines Krieges zu spüren bekommen. Die historische Erfahrung bestätigt diese Annahme nur bedingt. Die athenischen Volksversammlungen waren während des Peloponnesischen Krieges (431–404 v. Chr.) für Scharfmacher und Kriegsabenteurer besonders empfänglich und wenig geneigt dem Besiegten Milde zu erweisen. Die republikanische Öffentlichkeit in Frankreich bejubelte den Kriegsbeginn 1914 und drängte 1919 auf eine gnadenlose Demütigung des verhassten Feindes. Andererseits können demokratische Gesellschaften durchaus ein Klima der Besonnenheit und Friedfertigkeit begünstigen. Wo die Politiker sich regelmäßig ihren Wählern zu stellen haben und die Verfassungsorgane sich wechselseitig kontrollieren, sind waghalsige Alleingänge kriegswilliger Amtsinhaber eher unwahrscheinlich. Der Rückzug der US-Truppen aus Vietnam 1973 kam erst in Gang, als der Protest der amerikanischen Öffentlichkeit so laut wurde, dass die regierenden Republikaner um ihre Wiederwahl fürchten mussten.

1 ***Mahatma Gandhi*** *(1869–1948), von seinen Landsleuten mit dem Beinamen „Mahatma" (Große Seele) verehrt, trug als einer der Führer der indischen Unabhängigkeitsbewegung mit den Mitteln des „passiv-gewaltlosen Widerstandes" und „zivilen Ungehorsams" maßgeblich dazu bei, dass die Briten dem indischen Subkontinent 1947 die Unabhängigkeit gewährten. Mit dem Spinnrad als Symbol setzte sich Gandhi für die Förderung der heimischen Gewerbe ein, die unter der Einfuhr britischer Industrieerzeugnisse litten; mehrmals organisierte er den Boykott englischer Textilien.*

Pazifismus

Als Antwort auf die wachsende Vernichtungskraft des modernen Krieges breitete sich seit dem 19. Jahrhundert der Pazifismus aus. Vorläufer hatte er in christlichen Sekten wie Mennoniten und Quäkern. Die Pazifisten verwerfen jede Art von Krieg und Gewaltanwendung und setzen sich für die friedliche Beilegung von Konflikten ein. Sie appellieren an das Gewissen der Menschen und die Einsicht, dass Kriege nur Unglück schaffen können. In vielen Ländern gibt es Friedensgesellschaften (in Deutschland seit 1891), die Einfluss auf die Öffentlichkeit zu nehmen versuchen. Obwohl der Pazifismus nie in den politischen Schaltzentralen Fuß zu fassen vermochte, ist seine öffentliche Resonanz nicht zu unterschätzen. Das zeigte sich zuletzt in den Protesten der Friedensbewegung gegen den atomaren Rüstungswettlauf. Kritiker werfen dem Pazifismus vor, mit seiner Strategie der Gewaltlosigkeit eröffne er geradezu Freiräume für Aggressoren und missachte die Erfahrung, dass Gewalt äußerstenfalls nur durch Gewalt zu zähmen sei. Demgegenüber vertraten pazifistische Autoren das Konzept des „sozialen Widerstandes": Durch Verweigerung jeglicher Zusammenarbeit mit dem Aggressor soll dieser um die Früchte seines Sieges gebracht und schließlich genötigt werden, die für ihn nutzlose Okkupation aufzugeben. Besonderen Wert legen Pazifisten auf die Entwicklung Konflikt verhütender oder regulierender Strategien. Sie plädieren für Vorkehrungen, die die ständige Kommunikation zwischen den Konfliktparteien, gerade auch in kritischen Situationen, gewährleisten; und sie empfehlen „vertrauensbildende Maßnahmen" – z. B. gemeinsame Manöver oder wechselseitige Inspektionen –, die die „Feindbilder" abzubauen helfen. Viele dieser Anregungen fanden in internationale Vereinbarungen Eingang.

2 *Teilnehmer einer Großdemonstration der Atomwaffengegner am 1. Mai 1957 in Essen*

Friedenserziehung

Die Umwelt und das soziale Milieu können die Friedensfähigkeit stärken, aber auch die Gewaltbereitschaft fördern. Daher will eine Friedenserziehung mancherlei bedenklichen Einflüssen unserer Lebenswelt – wie etwa gewaltverklärende Fernsehsendungen oder Alltagspraktiken der Diffamierung von Ausländern – entgegenwirken. Sie soll aber auch Wissen über Kriegsursachen, militaristische Mentalitäten oder nationale Feindbilder vermitteln sowie das Nachdenken darüber anregen, wie man Friedensfähigkeit stärken kann.

3 Ist Aufruhr Sünde?

Martin Luther über die aufständischen Bauern (1525):

Drei Arten schwerer Sünden gegen Gott und die Menschen laden diese Bauern auf sich, an denen sie sich vielfach den Tod verdient haben an Leib und Seele. Zum Ersten, indem sie ihrer Obrigkeit Treue und Willfährigkeit geschworen haben, untertänig und gehorsam zu sein … Weil sie aber diesen Gehorsam mutwillig und mit Vermessenheit brechen und außerdem sich ihren Herren widersetzen, haben sie damit verwirkt Leib und Seele, wie es bei treulosen, meineidigen, lügenhaften, ungehorsamen Schurken und Schuften zu sein pflegt … Zum Zweiten laden sie Sünden auf sich, indem sie Aufruhr anzetteln … Aufruhr ist nicht ein gewöhnlicher Mord. Sondern wie ein großes Feuer, das ein Land anzündet und verwüstet, so zieht Aufruhr nach sich ein Land voll Mord, Blutvergießen und macht Witwen und Waisen und zerstört alles wie das allergrößte Unglück. Darum soll hier zerschmeißen, würgen und stechen heimlich oder öffentlich, wer da kann … Wie wenn man einen tollwütigen Hund totschlagen muss: Schlägst du nicht, so schlägt er dich und ein ganzes Land mit dir.

Martin Luther, Ausgewählte Schriften, Bd. 4. Frankfurt 1982, S. 133 f.

4 Friede durch Handelsgeist

Aus Immanuel Kants Schrift „Zum ewigen Frieden" (1795):

So wie die Natur weislich die Völker trennt, … so vereinigt sie auch andererseits Völker, die der Begriff des Weltbürgerrechts gegen Gewalttätigkeit und Krieg nicht würde gesichert haben, durch den wechselseitigen Eigennutz. Es ist der Handelsgeist, der mit dem Kriege zusammen nicht bestehen kann und der früher oder später sich jedes Volks bemächtigt. Weil nämlich unter allen der Staatsmacht untergeordneten Mächten die Geldmacht wohl die zuverlässigste sein möchte, so sehen sich Staaten (freilich wohl nicht eben durch Triebfedern der Moralität) gedrungen den edlen Frieden zu befördern und, wo auch immer in der Welt Krieg auszubrechen droht, ihn durch Vermittelungen abzuwehren, gleich als ob sie deshalb in beständigem Bündnisse ständen … Auf die Art garantiert die Natur durch den Mechanismus in den menschlichen Neigungen selbst den ewigen Frieden; freilich mit einer Sicherheit, die nicht hinreichend ist, die Zukunft desselben (theoretisch) zu weissagen.

Immanuel Kant, Werke, Bd. 9. Darmstadt 1975, S. 226.

5 Demonstration gegen den Golfkrieg *1991. –*
(1) Diskutiert über die Berechtigung der Forderungen, die auf den Transparenten (M5 und M7) stehen.
(2) Die Karikatur M9 greift eine Gegenposition auf. Erläutere sie und formuliere ein eigenes Urteil.

6 „Empörung unserer Herzen"

Die deutsche Pazifistin Bertha von Suttner (1843 bis 1914) in einem Brief an den „Frauenbund der Deutschen Friedensgesellschaft" kurz vor dem Ersten Weltkrieg (1914):

Wir wollen den Krieg bekämpfen: nicht nur, weil er sich nicht mehr auszahlt und daher eine Torheit – sondern weil er grausam und daher ein Verbrechen ist. Das soll in all dem Aufwand von politischen und ökonomischen Argumenten nicht vergessen werden. Desto besser, wenn sich der Verstand auch gegen den Krieg auflehnt, aber unterdrücken wir darum nicht die Empörung unserer Herzen … Der Krieg ist keine Elementarkatastrophe, er ist das Ergebnis menschlichen Irrwahns und menschlicher Fühllosigkeit. Also lassen wir uns durch den Vorwurf der Sentimentalität nicht abschrecken. Wir haben das Recht, wir Frauen, unsere Gefühle zu zeigen … Lassen wir uns ja diesen instinktiven Hass – der ja nur eine intensive Form von Menschenliebe ist – nicht rauben; er soll unter den mannigfaltigen Waffen, die unsere neue Zeit gegen barbarische alte Institutionen schmiedet, vielleicht eine der wirksamsten, gewiss eine der edelsten sein.

Zit. nach: G. Brinker-Gabler (Hg.), Frauen gegen den Krieg. Frankfurt 1980, S. 52 f.

7 ***Friedensdemonstration*** *gegen den Natodoppelbeschluss 1981 in Bonn. Sie wandte sich gegen die Stationierung neuer Raketen.*

9 *„Persönlich finde ich dieses Gerede über Frieden lebensgefährlich …“*
Karikatur in „Der Überblick“, Heft 1, 1981, S. 16.

8 *Kriegsdienstverweigerung*

Aus der Debatte des Parlamentarischen Rates über den Grundgesetzentwurf Art. 5 (5): „Niemand darf gegen sein Gewissen zum Kriegsdienst mit der Waffe gezwungen werden.“

Dr. Heuss (FDP): Ich bin mir meiner Hilflosigkeit ganz sicher, wenn wegen dieses Antrags die sog. Militaristen sagen werden: Gott sei Dank, da ist noch einer vom alten Schrot und Korn gewesen. Ich bin auch hilflos, wenn die sog. Pazifisten feststellen werden, dass sich wieder ein Reaktionär gemeldet hat … Ich glaube, für meine Meinung, dass dieser Absatz gestrichen werden muss, spricht so etwas wie ein historisches Stilgefühl. Wir sind jetzt nämlich dabei, ein Werk der Demokratie zu schaffen. Die allgemeine Wehrpflicht ist das legitime Kind der Demokratie, seine Wiege stand in Frankreich. Mir scheint es unmöglich zu sein, dass wir in diesem Augenblick in welchem wir eine neue Fundamentierung des Staates vornehmen wollen, … nun mit einer solchen Deklaration kommen … Wenn wir jetzt hier einfach das Gewissen einsetzen, werden wir im Ernstfall einen Massenverschleiß des Gewissens verfassungsmäßig festlegen.

Dr. Eberhard (SPD): Ich bin gerade nach diesem furchtbaren Krieg und nach dem totalitären System dafür, einen solchen Absatz hier einzufügen. Herr Dr. Heuss, Sie sprachen von dem Massenverschleiß des Gewissens, den Sie befürchten. Ich glaube, wir haben hinter uns einen Massenschlaf des Gewissens. In diesem Massenschlaf des Gewissens haben die Deutschen zu Millionen gesagt: Befehl ist Befehl, und haben daraufhin getötet.

Verhandlungen des Parlamentarischen Rates, 43. Sitzung des Hauptausschusses vom 18. Jan. 1949.

10 *Friedenserziehung in der Schule*

Aus einem Empfehlungsentwurf der Länder Hessen und Nordrhein-Westfalen für die Kultusministerkonferenz (1980):

Der traditionelle außenpolitische Friedensbegriff ist entstanden mit der Entwicklung des Völkerrechts und meint im wesentlichen den Zustand des Nichtkrieges … Damit werden Bürgerkriege, Unruhen im Inneren sowie solche Zustände bzw. Vorgänge, die die Friedensforschung als „strukturelle Gewalt“ bezeichnet, nicht erfasst. Angesichts der heutigen existentiellen Bedrohungen muss für die Erziehung zum Frieden ein erweiterter Friedensbegriff die notwendige Grundlage sein … Strukturelle Gewalt liegt vor bei sozialen Verhältnissen, in denen Menschen durch verschiedene Formen von Herrschaft, Abhängigkeit und Ausbeutung elementare Voraussetzungen zur Lebenssicherung und Entfaltung ihrer Existenz vorenthalten werden. Auch strukturelle Gewalt tötet und beschädigt Menschen physisch und psychisch, aber weder der Gewaltakt noch derjenige, der Gewalt ausübt, wird unmittelbar sichtbar. Die Abwesenheit von Krieg bedeutet also keineswegs Frieden … Friede verlangt somit nicht die Abwesenheit von zwischenmenschlichen und gesellschaftlichen Konflikten oder den Stillstand des Ringens um eine Verbesserung gesellschaftlicher bzw. politischer Verhältnisse – im Gegenteil. Ein Verständnis von Frieden, das sich einer Verbesserung sozialer und politischer Verhältnisse in den Weg stellt, ist eine Verfälschung und sucht die Friedenssehnsucht der Menschen für unbefragte Herrschaftsverhältnisse auszunutzen.

Zit. nach: P. Ackermann / W. Glashagen (Hg.), Friedenssicherung als pädagogisches Problem. Stuttgart 1982, S. 211 ff.

11 ***a) Sechseck einer Friedenskultur*** *von Dieter Senghaas, Friedensforscher –*
(1) Erläutere an Beispielen unseres Staates die Verwirklichung der einzelnen Punkte.
(2) Entwirf ein Szenario, bei dem einer oder mehrere Punkte des Sechsecks nicht mehr funktionieren.

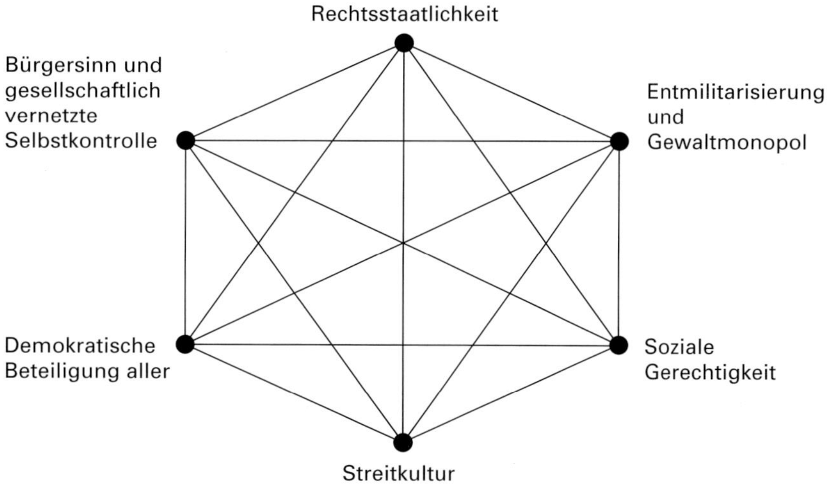

b) *Zum „Sechseck einer Friedenskultur" schreibt Dieter Senghaas 1994:*

Der Friede ist keine Folge zunehmender Zivilisation. Im Gegenteil: Moderne Gesellschaften sind latent gewalttätig. Wenn sich Menschen ihrer Identität und ihrer Interessen bewusst werden und entsprechend organisieren, drohen lähmende Dauerkonflikte, Bürgerkriege, Kriege … Für eine verlässliche Gestaltung des Friedens bedarf es wenigstens sechs Voraussetzungen …

1. Von grundlegender Bedeutung ist die Entwaffnung der Bürger, die Entmilitarisierung der Gesellschaft und die Herausbildung eines in der Regel staatlichen Gewaltmonopols, dem die Einzelnen untergeordnet sind …

2. Ein Gewaltmonopol für sich alleine ist jedoch im Grenzfall nicht mehr als eine beschönigende Umschreibung von Diktatur. Das Gewaltmonopol bedarf also … der Kontrolle durch die Prinzipien des Rechtsstaates, der die Freiheit der Bürger und die Menschenrechte schützt, die Gleichheit vor dem Gesetz garantiert, die Gewaltenteilung und freie Wahlen, die Bindung von Verwaltung und Regierung an das geltende Recht …

5. Die fünfte Voraussetzung für verlässlichen Frieden ist soziale Gerechtigkeit. Dazu gehört die gerechte Verteilung von Chancen auf Bildung und Weiterbildung, die gerechte Verteilung des Wohlstandes und eine gerechte Befriedigung von Bedürfnissen. Nur dann kann sich die Mehrzahl der Menschen in der politischen Gemeinschaft aufgehoben fühlen. Soziale Gerechtigkeit ist also keine Option, der in guten Zeiten mehr und in schlechten Zeiten weniger gefolgt werden kann: Sie ist vielmehr notwendige Bedingung für die Lebensfähigkeit rechtsstaatlicher Ordnungen und des inneren und äußeren Friedens. Rechtsstaaten dürfen die Frage der Gerechtigkeit niemals zur Ruhe kommen lassen. –

Und ständig kann der Friede dadurch gefährdet werden, dass in einem der sechs Bereiche die Gewalt einbricht: Das Gewaltmonopol kann in einen Polizeistaat umkippen; Rechtsstaatlichkeit und demokratische Grundsätze können sich als Fassade erweisen. Mangelnde Verteilungsgerechtigkeit ist eine ständige Gefahr; soziale und politische Zusammenhänge können sich auflösen und Gewalt freisetzen.

Zit. nach: Publik Forum, Nr. 2, 28. Januar 1994, S. 5 f.

a) Wie weit kannst du Luthers Auffassung von der Unantastbarkeit des innerstaatlichen Friedens und der Verwerflichkeit des Aufruhrs folgen (M3)?
b) Überprüfe Kants These in M4 an historischen Beispielen und übertrage sie auf die heutige Situation in Europa und in der Welt.
c) Wie stehst du zur Friedenssicherung mit Waffengewalt? Äußere dich auch zur Wehrpflicht und zur Wehrdienstverweigerung (vgl. dazu auch M8).
d) Überlege, ob und welche „vertrauensbildenden Maßnahmen" „Feindbilder" abbauen können.
e) Stelle Chancen und Grenzen einer Friedenserziehung (M9) gegenüber.

Geschichte – wozu?

Schrott von gestern? Zukunftshoffnung des ausgebeuteten Proletariates? Lebensnotwendiges Wissen für heute? Ob und wofür Geschichte zu etwas nütze ist, da gehen die Meinungen schon seit Jahrhunderten auseinander.

1 *Wer macht Geschichte? Allegorische Darstellung der Universalgeschichte aus dem 18. Jahrhundert.*

3 Aber Geschichte ist die beste Medizin für einen kranken Geist; denn in der Geschichte hat man ein Verzeichnis der unendlichen Vielfalt menschlicher Erfahrung, das offen für alle einsehbar ist, und in diesem Verzeichnis kann man für sich selber und sein Land sowohl Beispiele als auch Warnungen finden: schöne Sachen, die man sich zum Vorbild nehmen kann, niederträchtige Dinge, durch und durch verdorben, die man vermeiden soll.

Titus Livius, römischer Geschichtsschreiber, 59 v. Chr bis 17 n. Chr.

4 Aus der Geschichte der Völker können wir lernen, dass die Völker aus der Geschichte nichts gelernt haben.

Georg Wilhelm Friedrich Hegel, Philosoph, 1770–1831.

2 Man studiert aber nicht Geschichte, um dann, wenn sie zur praktischen Anwendung kommen sollte, sich ihrer Lehren nicht zu erinnern oder zu glauben, dass nun die Dinge eben anders lägen, mithin ihre urewigen Wahrheiten nicht mehr anzuwenden wären; sondern man lernt aus ihr gerade die Nutzanwendung für die Gegenwart … Denn man lernt eben nicht Geschichte, um nur zu wissen, was gewesen ist, sondern man lernt Geschichte, um in ihr eine Lehrmeisterin für die Zukunft und für den Fortbestand des eigenen Volkstums zu erhalten.

Adolf Hitler (1889 bis 1945) in „Mein Kampf".

5 Die Geschichte aller bisherigen Gesellschaften ist die Geschichte von Klassenkämpfen. Freier und Sklave, Patrizier und Plebejer, Baron und Leibeigener, Zunftbürger und Gesell, kurz Unterdrücker und Unterdrückte standen in stetem Gegensatz zueinander, führten einen ununterbrochenen … Kampf, der jedes Mal mit einer revolutionären Umgestaltung der ganzen Gesellschaft endete oder mit dem gemeinsamen Untergang der kämpfenden Klasse … Mögen die herrschenden Klassen vor einer kommunistischen Revolution zittern. Die Proletarier haben nichts zu verlieren als ihre Ketten. Sie haben eine Welt zu gewinnen.

Karl Marx und Friedrich Engels im Kommunistischen Manifest, 1848.

6 Geschichte ist eine ununterbrochene Darstellung wahrer und bedeutsamer Begebenheiten, geschrieben mit Geist, Beredsamkeit und Urteilskraft zum Zweck, Privatleute und Fürsten zu unterrichten und dem Wohle der bürgerlichen Gesellschaft zu dienen.

P. Le Moyne, französischer Historiker, 1670.

10 History will teach us nothing
I once asked my history teacher how we were expected to learn anything useful from his subject, when it seemed to me, to be nothing but a monotonous and sordid succession of robber baron scumbags devoid of any admirable human qualities.

Sting, Rockmusiker, in seinem Album „… nothing like the sun", 1987.

7 *Wer macht Geschichte? Englische Suffragetten in London 1908*

Man will doch wissen, wie es früher war … 11

Eike Ludwig, Schüler, geb. 1978.

Ich bin neugierig. Ich möchte wissen, wie die Menschen gelebt haben, welche Erfahrungen sie gemacht haben. 12

Ilse Rost, Sekretärin, geb. 1938.

8 Wer nicht weiß, was zum Heute geführt hat, kann über das Morgen wenig sagen; wer Maßstäbe für die Gegenwart sucht, findet sie in der Vergangenheit (ob nun die richtigen oder die falschen); wer Legenden und Ideologien durchschauen will, muss wissen, „wie es eigentlich gewesen ist"; wer sich selbst erkennen will, findet sich im Spiegel der Geschichte: Wir sind, was wir geworden sind …

Hagen Schulze, Geschichtsprofessor, geb. 1943.

9 In den frühen Tagen der christlichen Ära, lange bevor England irgendwelche Bedeutung erlangt hatte, ja, sogar lange vor der Zeit, in der sein Volk sich zu einer Nation vereinigte, hatten unsere Ahnen bereits ein großes Reich errichtet … Wir dürfen deshalb auf den Namen Ghana stolz sein … Es ist recht und billig, dass wir uns mit unserer Vergangenheit beschäftigen. Denn so, wie sich die Zukunft aus der Gegenwart ergibt, so ergibt sich die Gegenwart aus der Vergangenheit. Wir brauchen uns unserer Vergangenheit keineswegs zu schämen. Ihr war viel Rumvolles eigen.

Kwamen Nkrumah, Erster Präsident Ghanas, der 1957 als Führer einer Unabhängigkeitsbewegung von den Engländern durch Verhandlungen die Befreiung der ehemaligen Goldküste aus kolonialer Abhängigkeit erstritt.

13 Der Vorteil der Geschichte liegt in dem Bewusstsein, dass sich genauso viel Relevanz im Peloponnesischen Krieg findet wie in der Zeitung von gestern; mehr Relevanz in den Dialogen des Sokrates als in manchen hastig zusammengekochten Kursen der Sozialpsychologie. Relevant ist schließlich die menschliche Erfahrung und da hat sich seit einiger Zeit eine Menge angesammelt … Mir scheint es offensichtlich, dass wir der Vergangenheit genauso wenig entkommen können wie unseren eigenen Genen.

Barbara Tuchmann, amerikanische Historikerin und Publizistin, 1912–1989.

14 Wir lernen aus unserer eigenen Geschichte, wozu der Mensch fähig ist. Deshalb dürfen wir uns nicht einbilden, wir seien nun als Menschen anders und besser geworden. Es gibt keine errungene moralische Vollkommenheit – für niemanden und kein Land! Wir haben als Menschen gelernt, wir bleiben als Menschen gefährdet. Aber wir haben die Kraft, Gefährdungen immer von neuem zu überwinden.

Richard von Weizsäcker, geb. 1920, in seiner Rede als Bundespräsident zum 8. Mai 1985, dem 40. Jahrestag der deutschen Kapitulation.

Geschichte – wofür brauche ich das?

Diese Frage haben sicherlich viele Schülerinnen und Schüler in den letzten Schuljahren bei ihrem Durchgang durch die Geschichte von der Vor- und Frühgeschichte bis zur Gegenwart immer mal wieder gestellt. Die Zitate auf den ersten beiden Seiten machen deutlich: eine allgemein gültige und eindeutige Antwort auf diese Frage gibt es wohl nicht. Die Urteile und Stellungnahmen fallen nicht nur zu unterschiedlichen Zeiten verschieden aus, sondern sie sind auch durch die jeweiligen politischen und ideologischen Standpunkte beeinflusst.

Die Geschichte – Kultur, Wirtschaft, Politik, Alltag, Geschlechter …

Geschichte – das ist zunächst einmal die Überschrift für ein riesiges Fachgebiet, das sich in zahlreiche Unterabteilungen gliedern lässt und auch gegliedert werden muss, wenn man sich nicht in der unendlichen Fülle an Geschichten, an Fakten, Prozessen und Dokumenten verlieren will. Auch in eurem Unterricht stand mal mehr die Politikgeschichte, mal mehr die Wirtschafts- oder Kulturgeschichte im Vordergrund. Ihr seid Fragen der Geschlechtergeschichte nachgegangen, habt etwas über den Alltag und die Mentalität von Menschen erfahren. Manchmal wurde im chronologischen Durchgang innegehalten, um zu sehen, wie zu einer bestimmeten Zeit in einem bestimmten Raum diese verschiedenen Dimensionen der Geschichte letztlich doch miteinander verwoben sind. Politische Entscheidungen wirkten und wirken auf die wirtschaftliche Entwicklung, die Kultur und das Alltagsleben. Wirtschaftliche Entwicklungen können politische und kulturelle Veränderungen herbeiführen. Ihre Alltagssituation veranlasste wiederum Menschen auf politische Entwicklungen und Entscheidungen Einfluss zu nehmen. Krasse Veränderungen ließen sich besonders gut beobachten, wenn ein bestimmter Aspekt oder ein Phänomen wie beispielsweise die Beziehung der Menschen zur Umwelt von den Anfängen bis in die Gegenwart verfolgt wurden. Solche längsschnittartigen Untersuchungen öffnen allerdings den Blick auch dafür, was über Jahrhunderte wenn nicht Jahrtausende unverändert geblieben ist. In einigen Unterrichtsstunden wurde über den deutschen und europäischen Tellerrand hinausgesehen und gefragt, wie die Geschichte denn in Asien, der arabischen Welt oder Amerika verlaufen ist. Dennoch ist bei allen Bemühungen der Autoren, unterschiedliche Welten aufzuzeigen und verschie-

15 ***Die Sicht der anderen***
Der Europäer Jodocus Hondius hat 1599 die Berichte über die Ureinwohner Guyanas in eine Zeichnung umgesetzt.

16 Die Sicht der anderen
Die Landung des spanischen Eroberers Hernán Cortes hat ein mexikanischer Indio im 16. Jahrhundert dargestellt (Codes Azcatillan).

dene Perspektiven zu berücksichtigen, ein deutsches Geschichtsbuch entstanden. In Russland, Japan oder Südafrika wird eine andere Geschichte geschrieben und stehen im Unterricht andere Schwerpunkte im Vordergrund.
Was für eine Aufgabe kommt dem Fach Geschichte zu? Ist es gerechtfertigt, dass es überhaupt als eigenständiges Fach auf dem Stundenplan steht? Zu diesen Fragen gibt es viele Standpunkte und Kontroversen. Die folgenden Thesen sollen zur weiteren Diskussion anregen:

Geschichte bietet Orientierung

Ein Mensch, der bei einem Unfall sein Gedächtnis verloren hat, ist hilflos wie ein Baby. Er weiß nicht, wer er ist, wo er hingehört, welche Vergangenheit er hat. Um sich selbst wiederzufinden, braucht er Orientierungspunkte. Die findet er in seiner eigenen Geschichte. Dazu gehören die Familie, die eigenen Erlebnisse und Erfahrungen, die Jahrzehnte, die er bewusst erlebt hat, die Orte, in denen er aufgewachsen ist und wo er gelebt hat. Zur eigenen Geschichte gehört aber auch die Vergangenheit des Lebensraumes: Ein Mitteleuropäer wird die Vergangenheit seines christlich geprägten Kulturraums nicht einfach abstreifen können.
Nicht nur der Einzelne bleibt bei Gedächtnisverlust orientierungslos. Für eine Familie, eine Gruppe, einen Verein, eine Gesellschaft kann es problematisch werden, wenn Geschichte ausgeblendet oder nur einseitig betrachtet wird. So hat das Verdrängen der nationalsozialistischen Vergangenheit in der alten Bundesrepublik nach 1945 dazu geführt, dass trotz der Konstituierung eines demokratischen Staates weiterhin autoritäre Strukturen bis in den Alltag hineingewirkt haben. Auf die Notwendigkeit, sich der eigenen, auch negativen Vergangenheit zu stellen, um tatsächlich neu anfangen zu können, hat in Westdeutschland u. a. die Studentenbewegung 1968 aufmerksam gemacht.

Geschichte zeigt fremde Welten innerhalb unserer Kultur …

Leben ohne Wasseranschluss in der eigenen Wohnung; in einem Zimmer mit acht Personen essen, kochen und schlafen; auf der Straße mit Dosen Fußball spielen; der Besuch einer höheren Schule fast nur ein Privileg für Reiche – das ist für uns heute kaum mehr vorzustellen. Dabei ist es nicht einmal zwei Generationen her, dass der Alltag vieler Menschen in unserem Lande so oder ähnlich aussah; aus heutiger Sicht wirkt er wie das Bild einer fremden Welt. Wie und warum unsere Umgebung und unser Leben so geworden ist, wie es ist, darüber erhalten wir Auskunft, wenn wir uns mit den Lebensentwürfen, den Vorstellungen und Planungen, den Möglichkeiten und Grenzen früherer Generationen beschäftigen. Sie zeigen Etappen des Weges, der bis hin zur Gegenwart führt. Wenn wir diese geschichtlichen Grundlagen unseres Lebens kennen, sind wir auch eher in der Lage, die heutige Situation zu überdenken und richtig einzuschätzen.

... und innerhalb fremder Kulturen

Die fremde Welt der Vergangenheit vor der eigenen Haustür, die vor Ort zahlreiche Spuren hinterlassen hat, ist ein Teil des Faches Geschichte. Das Fach und dieses Buch geben aber auch Einblicke in die Lebensweisen und Kulturen anderer Völker und anderer Erdteile. Die Welt ist in den letzten Jahrhunderten immer mehr zusammengewachsen. Somit berühren und beeinflussen sich die verschiedenen Traditionen, von denen einige lange Zeit weitgehend unabhängig voneinander existierten, immer mehr. Wer die Geschichte fremder Kulturen kennenlernt, versteht sie in ihrer heutigen Ausprägung besser. Gerade fremde Kulturen können allerdings auch ausgesprochen anziehend wie abstoßend wirken. Indem wir uns mit diesem Fremden beschäftigen und es anschauen, werden auch die eigenen Konturen und Besonderheiten deutlicher.

Geschichte erteilt keine direkten Handlungsanweisungen

Keine historische Situation ist einer anderen völlig gleich. Es kann sogar gefährlich werden, Analogien herzustellen und daraus falsche Schlüsse zu ziehen. Ein Beispiel: Die deutschen Sozialdemokraten verglichen die Lage nach Hitlers Machtergreifung im Januar und Februar 1933 mit der Situation der Sozialdemokratie 1878, als Bismarck mit dem Sozialistengesetz die Partei verboten und in den Untergrund abgedrängt hatte. Die SPD-Politikerinnen und Politiker glaubten für kurze Zeit mit einer intakten Reichstagsfraktion auch unter den Nationalsozialisten überleben und die Parteiarbeit fortsetzen zu können. Die falsche Schlussfolgerung führte zu einer Fehleinschätzung der tatsächlichen Lage. Als man den brutalen Machtwillen der Nationalsozialisten erkannte, war es zu spät.

Geschichte macht Strukturen bewusst

Auch wenn die Beschäftigung mit der Geschichte als Ergebnis keine platten Rezepte für die Bewältigung von Gegenwartsaufgaben liefern kann, so werden dennoch Verläufe und Strukturen deutlich, aus denen sich Konsequenzen ableiten lassen: Für die Menschen, die sich nach dem Zweiten Weltkrieg politisch engagierten, spielten die historischen Erfahrungen während der Weimarer Republik und unter nationalsozialistischer Herrschaft eine wichtige Rolle. Als sie das Grundgesetz debattierten und festschrieben, versuchten die „Verfassungsväter“ die Fehler der Weimarer Verfassung nicht zu übernehmen (vgl. dazu Kap. „Die Demokratie muss sich bewähren“).

Urgroßmutterseelenallein wäre man ohne Geschichte, ...

... stellte der Jugendbuchautor Erich Kästner fest: „Wer von sich selbst zu erzählen beginnt, beginnt meist mit seinen Vorfahren. Das ist begreiflich. Denn ohne die Vorfahren wäre man im Ozean der Zeit wie ein Schiffbrüchiger auf einer winzigen und unbewohnten Insel, ganz allein. Mutterseelenallein. Großmutterseelenallein. Urgroßmutterseelenallein. Durch unsere Vorfahren sind wir mit der Vergangenheit verwandt und seit Jahrhunderten mit ihr verschwistert und verschwägert. Und eines Tages werden wir selbst Vorfahren geworden sein. Für Menschen, die heute noch nicht geboren und trotzdem schon mit uns verwandt sind.“

Was unsere Vorfahren im 20. Jahrhundert aus mitteleuropäischer Sicht gemacht und erlebt haben, das war auch ein Thema dieses Geschichtsbuchs, womit ein langer Durchgang durch die Geschichte an sein Ende gekommen ist. Alle Erfahrungen unserer Vorfahren, die guten wie die schlechten, sind unsere Erbschaft. Diese Erbschaft ist unsere Geschichte und somit ein Teil unserer Gegenwart.

17 ***Verhüllter Reichstag*** *(hier Detail einer Zeichnung von Christo, 1994). Mehr als 20 Jahre haben die Künstler Christo und Jeanne-Claude für die Durchführung des Projektes geworben. Am 25. Februar 1994 hatte der deutsche Bundestag darüber zu entscheiden: Mit 292 Ja- und 223 Nein-Stimmen (bei 9 Enthaltungen und einer ungültigen Stimme) wurde der geplanten vierzehntägigen Verhüllung des Reichstages zugestimmt.*

18 ***Auszüge aus Reden der Bundestagsdebatte*** *zum Projekt Verhüllter Reichstag:*

a) *Burkhard Hirsch (FDP) sprach sich entschieden gegen das Projekt aus:*

Es gibt kein Bauwerk in der Bundesrepublik, in dem sich Glanz und Elend des deutschen Parlaments und die deutsche Geschichte der letzten 120 Jahre so widerspiegeln wie dort. Dort haben Bismarck, Bebel, Eugen Richter, Laske und viele andere einen mühsamen, vierzig Jahre dauernden Weg in die parlamentarische Demokratie begonnen. Dort hat Scheidemann die Republik ausgerufen. Von dort haben Rathenau und Stresemann Deutschland in die Völkergemeinschaft zurückgeführt. Ich sehe Marinus van der Lubbe, der für dieses Symbol sein Leben aufs Spiel gesetzt hat. Ich sehe Göring mit seinen feixenden uniformierten Abgeordneten. Ich sehe die Erstürmung durch die Rote Armee und 40 Jahre danach, am 3. Oktober 1990, die Feier der Wiedervereinigung, bei der wir auf der Treppe vor dem Reichstagsgebäude standen …

b) *Befürworter Heribert Scharrenbroich (CDU):*

Ich danke Herrn Kollegen Hirsch dafür, dass er auf die Geschichte eingegangen ist, die mit diesem Gebäude verbunden ist … Nur der Reichstag ist das Parlamentsgebäude eines Staates, der seine Spaltung überwunden hat … Das ist gerade der Gedanke von Christo, der aus dem Ostblock geflüchtet ist, dass er dieses Parlament, dieses Gebäude verhüllen will, weil es früher an der Nahtstelle zwischen Ost und West stand … Ich sage auch: Dieses Parlament verkörpert wie kein anderes Tiefen und Höhen auf dem Weg zur Demokratie … Wir sollten daran erinnern … dass im Reichstag das Parlament der Monarchie die Demokratie abgetrotzt hat … dass in ihm Geschichte geschrieben wurde, die dann wieder Grundlage für unser Grundgesetz wurde … Geben sie den Weg frei, dass sich unsere Bürgerinnen und Bürger mit unserer Geschichte auseinandersetzen können … Die Geschichte wird enthüllt, wenn der Reichstag verhüllt wird.

Zit. nach: M. S. Cullen, W. Volz, Christo … Bergisch Gladbach 1995, S. 229 ff.

a) Setze dich mit den unterschiedlichen Positionen der Zitatensammlung auseinander und benenne Überschneidungen und Abweichungen.

b) Beschäftige dich mit den Thesen des Verfassertextes und begründe, warum du das Fach Geschichte für sinnvoll/nicht sinnvoll hältst.

c) „Die Geschichte wird enthüllt, wenn der Reichstag verhüllt wird." Wie ist das zu verstehen. Trifft es auch zu?

Verzeichnis der Namen, Sachen und Begriffe

Verwendete Abkürzungen:
Abb. = Abbildung; ägypt. = ägyptisch; amerik. = amerikanisch; amtl. = amtlich; arab. = arabisch; Bez. = Bezeichnung; brit. = britisch; chin. = chinesisch; dt. = deutsch; eigtl. = eigentlich; engl. = englisch; evang. = evangelisch; frz. = französisch; geb. = geboren; Generalsekr. = Generalsekretär; hl. = heilig; ind. = indisch; islam. = islamisch; israel. = israelisch; ital. = italienisch; jap. = japanisch; jüd. = jüdisch; kath. = katholisch; Kg. = König; Ks. = Kaiser; kuban. = kubanisch; Min. = Minister; Min.präs. = Ministerpräsident; nat.-soz. = nationalsozialistisch; österr. = österreichisch; Präs. = Präsident; rumän. = rumänisch; russ. = russisch; sowj. = sowjetisch; sozialdemokr. = sozialdemokratisch; sozialist. = sozialistisch; span. = spanisch; vietnam. = vietnamesisch; ZK = Zentralkomitee

Hinweise:
▷ Verweis auf ein Stichwort
~ ersetzt das Stichwort bei Wiederholung
Hier wird der Umgang mit bestimmten Materialien besonders geübt.
Halbfett gesetzt sind historische Grundbegriffe, die im Buch in einem Kasten-Text erläutert werden. Die halbfette Seitenzahl gibt den Fundort an.
Bei Herrschern und kirchlichen Amtsträgern werden Regierungs(Amts-)daten, bei anderen Personen Lebensdaten angegeben.

Bildnachweis

Action Press, Hamburg (134/135)
Konrad-Adenauer-Stiftung, ACDP, St. Augustin (178.4 re., 192 ob. li.+Mi.+re., 193 o.r.)
AFP, Bonn (240 Mi.)
AKG: Archiv für Kunst und Geschichte, Berlin (6/7, 9 unt., 39, 45.7, 46.8+9, 48 li., 84 u.r., 84/85, 85, 98 ob., 116.9, 124 (Michael Teller), 174.9 c, 192 f, 223 Mi., 227, 276, 287 li., 293.5, 295)
AP, Frankfurt/M. (135 li. (Doug Mills), 151)
Aus der ägyptischen Zeitschrift „Roz-el-Yussef" vom 5.6.1967 (258)
Aus: Ausstellung „Kinder aus Ex-Jugoslawien malen den Krieg". Berlin, Rathaus Schöneberg 1994 (289)
Auslandsgesellschaft Nordrhein-Westfalen e. V., Dortmund (17 re., 18)
Wolfgang Baaske Cartoon Agentur, München, Ralf Böhme (209.2), Gerhard Mester (252 li.)
Elvira Bauer, Trau keinem Fuchs auf grüner Heid und keinem Jud bei seinem Eid: ein Bilderbuch für Groß und Klein. Nürnberg: Stürmer-Verlag 1936 (106)
Berlinische Galerie, Landesmuseum für Moderne Kunst, Fotografie und Architektur (53)
Bettmann Archive, New York (156.3, 157)
Bibliothèque Nationale, Paris (309)
Bilderberg, Hamburg, Stefan Enders (193 f), Wolfgang Volz (156.5), Frieder Blickle (211.8)
Blaupunkt-Werke, Hildesheim (181 u.l.)
Dieter Blum, Esslingen (241 ob.)
BPK: Bildarchiv Preußischer Kulturbesitz, Berlin (6 unt., 13, 37 li., 38, 43.2, 75 li., 94 ob., 97, 100 li., 102, 104 ob.+unt., 141.3 (D. Katz), 152, 222 li., 226, 232, 249)
Bündnis 90/Die Grünen, Bonn (184)
Bundesarchiv Koblenz (40, 75 re., 80, 88 ob., 95, 96, 117, 120)
Bundesarchiv Koblenz/ADN (219 c)
Wilhelm-Busch-Gesellschaft, Hannover (168 li.)
Caricatura (Jurij Kosobukin), Kassel (161)
Carlsen Verlag, Hamburg, Dieter Kalenbach/Friedemann Bedürftig (108)
CCC, München, Peter Leger (144, 153.4, 244 re.), Horst Haitzinger (153.3, 154.7, 167, 185.4, 185.5, 220 unt., 238 re., 299 li.), Jupp Wolter (164, 216 li. ob.+unt.), Ivan Steiger (197.3), Joachim Kohlbrenner (219 o.l.), Gerhard Mester (238 li., 300 re.), Reinhold Löffler (252 re.), Karl-Heinz Schoenfeld (259), Fritz Behrendt (269), Karl Gerd Striepecke (299 re.), Cor Hoekstra (304.9)
Jean-Loup Charmet, Paris (7 ob., 136, 139 re., 293.6)
Chicago Tribune (71 re.)
Christo und Jeanne-Claude, New York 1995, Foto: Wolfgang Volz (311)
Culver Pictures Inc. (35)
Dagli Orti, Paris (307)
Deutsche Jugend, Hermann Schroedels Fibel für den Gau Magdeburg-Anhalt, Pädagogischer Verlag Hermann Schroedel, Halle (Saale), S. 67 (93), S. 53 (101)
Deutsche Post AG, Bonn (216 unt.)
Deutsches Historisches Museum, Berlin (135 re., 175, 185 unt., 192 c, 195 li., 202, 208, 210.3), Werner Kohn (193 g), Martin Schmidt (213 li.)
V. Döring/BildArtPhoto (201 ob.)
Stadt Dortmund, Fritz-Hüser-Institut/Brambauer (225)
dpa, Frankfurt/M. (134 re., 143 re., 149, 156.2, 169, 206 li., 209.1 ob., 212, 220 o.r., 240 li., 246, 247 li., 263 li., 292, 300 li.), Wieseler (168 re.), Eilmes (193 e), Kumm (220 o.l.), Rainer Weisflog (223 re.), Kleefeldt (303)
Friedrich Ebert Stiftung, Archiv der sozialen Demokratie, Bonn (178.4 li.+Mi., 193 ob. li.+Mi., 195 re.)
Edimédia, Paris (139 li.)
Stadt Eisenhüttenstadt (200.1)
Dr. Caspar Ferenczi, Wiesloch (27)
Focus (Hutchins/Network), Hamburg (284 Mi.)
Förderverein Deutsches Auswanderermuseum, Bremerhaven (222 Mi.)
Prof. Dr. Ibrahim Fouad, Wunstorf (241 Mi.)
Anne Frank-Fonds, Basel (121.4)
Gegendruck-Presseagentur (Peter Homann), Berlin (219 a)
Leif Geiges, Staufen (285 hint.)
Archiv Gerstenberg, Wietze (16, 45.6)
Costa Giancarlo, Mailand (67.2)
Giraudon, Paris (275, 291 li.)
Giraudon, Vanves (115)
Paul Glaser, Berlin (193 c)
Globus-Kartendienst, Hamburg (244 li., 256, 274.1+2)
Rainer Hackenberg, Köln (156.1)
Agentur Anne Hamann (Thomas Höpker), München (209.1 unt., 213 re.)
Herzog-August-Bibliothek, Wolfenbüttel, 150.50 Hist. (308)
Matthias Hoch, Leipzig (206 re.)
Galerie Volker Huber, Offenbach/Viola Roehr-v. Alvensleben, München (60.9)
Hulton Getty Picture Collection, London (145 li.)
IFA-Bilderteam, München (270 (Aberham), 272 li.)
Illustrierte Geschichte der DDR v. Heitzer/Schmerbach, Dietz Verlag, Berlin 1984, S. 44/45 (174.9 a)
Interfoto, München (173.3)
Joker (David Ausserhofer), Bonn (285 Mi.)
Jürgens Ost- und Europa-Photo, Berlin (9, 201 li., 203)
Keystone Pressedienst, Hamburg (156.4, 189.1 (Luebkert), 190 ob., 193 a, 199 li., 205, 247 re.)
Ernst Klee, Frankfurt (294.7)
Det Kongelige Bibliothek, Kopenhagen, Dänemark (290.1)
Uli Kraufmann, Stuttgart (240/241)
Krokodil, Moskau (178.6)
Eberhard Kroß, Bochum (278)
Armin Kühne, Leipzig (219 f, 219 g)
Kunstmuseum Düsseldorf im Ehrenhof (58 unt.)
Helga Lade (Kurt Röhrig), Frankfurt/M. (192 g)
Candid Lang (190 unt.)
Langewiesche-Brandt, Anschläge: Deutsche Plakate als Dokumente ihrer Zeit, Ebenhausen (74, 89, 91.1, 180)
Library of Congress, Washington (32, 72)
Sieghard Liebe, Leipzig (218 unt.)
Life Magazine, Time Warner Inc., New York (70)
Axel Macht (279)
Marie Marcks, Heidelberg (147, 236)
Coll. Gabriele Mazzotta, Ph. Giancario Costa (6 ob., 28 o.l.)
Rudi Meisel/Visum, Hamburg (193 b)
Mercedes-Benz Classic-Archiv, Stuttgart (58 ob.)
Misereor/Fritz Georg Kersting, Simmerath (277.2)
Le Monde, Paris (251)
National Museum of Scotland, Royal Museum, Edinburgh (290.2)
Friedrich-Naumann-Stiftung, Archiv des deutschen Liberalismus, Gummersbach (176)
Bernita Nothelfer, Donzdorf (241 u.r.)
Nowosti, Berlin (12, 14 li., 21 ob., 22, 23 unt., 126 ob.)
Nowosti, Berlin, Revolutionsmuseum Moskau (21 unt.)
pandis media (Benito/Sygma), München (264)
Pariser Zeitung „Le rempart" (111)
Poster Collection/Hoover Institution Archives (33)
Presse- und Informationsamt der Bundesregierung, Bonn (196)
Erich Rauschenbach, Berlin (194)
Kurt Röhrig, Braunfels (192 b)
Rudolf Rupperath, Bonn (304.7)
Sächsische Landesbibliothek, Deutsche Fotothek, Dresden (56 ob.)
Scala, Florenz (26)
Oskar Schlemmer, Archiv und Familien-Nachlass, Badenweiler (103)
Schülerwettbewerb Deutsche Geschichte, Hamburg (229 ob.+unt.)
Sigrid Schmidt, Leipzig (219 b)
Prof. Dr. Wulf Schmidt-Wulffen, Hannover (282 li.+re.)
Silvestris, Kastl (265 unt.)
Sven Simon, Essen (199 re.)
sipa press, Paris, Abraityte (162), Hatch (262)
Stadtmuseum Düsseldorf (60.6)
Stadtmuseum und Archiv Fellbach/Jan Zandee, CG Goes, Niederlande (231)
Steffens, Mainz (296.2)
Ivan Steiger, München (186)
Studio X, Paris (154.6 (Gamma/Charlon), 263 re.)
Süddeutscher Verlag, Bilderdienst, München (31, 98 unt., 107.9, 109, 110, 129, 143 o.l., 145 re., 148 unt., 150 li., 160, 168/169, 173.6, 182, 187 (Manfred Vollmer), 192 a, 192 d (Heinz Hering), 197.2 li.+re., 234, 272 re., 284 hint., 284 ob., 294.8 ob.+unt., 302.1 li.+re.)
Erika Sulzer-Kleinemeier, Gleisweiler (193 h)
Au temps des Romains, by Pierre Miquel, La Vie Privée des Hommes series, Hachette Jeunesse, Paris (296.1)
Thames & Hudson, London (73)
Topham/Imapress, Edenbridge (67.3)
Transit Fotoagentur (Thomas Härtrich), Leipzig (219 d)
Dr. Sabine Tröger, Universität Bayreuth (280)
Ullstein Bilderdienst, Berlin (11 ob., 37 re., 56 unt., 84 o.r., 94.1 li.+re., 118, 123, 143 u.l., 174.9 b, 220 Mi., 222/223 Mi.), Nowosti (154.5), Erhard Rogge (185 Mi.), Rolf und Barbara Mangold (192 e), Kai Garfeld (219 e), Günter Peters (222/223), Fritz Eschen (235)
Universitätsbibliothek Heidelberg, Cpg 164 (297)
Universitätsbibliothek Mannheim (44.5)
I. Urie (257)
Reinhard Veit, Iserlohn (273)
VG Bild-Kunst, Bonn 1997 (34, 59, 67 unt., 69.7, 82, 91.2, 100 re., 119, 291.3)
VG Bild-Kunst, Bonn 1997, AKG (63, 64, 77, 131)
VG Bild-Kunst, Bonn 1997, BPK (44.5)
VG Bild-Kunst, Bonn 1997, Hermitage, St. Petersburg/Bridgeman Art Library, London, Hans Grundig (1901–58): Summer Lightning over the Suburbs, 1933 (56/57)
VG Bild-Kunst, Bonn 1997, Deutsches Historisches Museum, Berlin (210.4)
VG Bild-Kunst, Bonn 1997, Galerie Eva Poll, Berlin (181 re.)
VG Bild-Kunst, Bonn 1997, Galerie der Stadt Stuttgart (61 ob.)
VG Bild-Kunst, Bonn 1997, Sächsische Landesbibliothek, Deutsche Fotothek (Kramer), Dresden (207)
VG Bild-Kunst, Bonn 1997, Staatsgalerie Stuttgart (62)
The Heartfield Communitiy of Heirs/VG Bild-Kunst, Bonn 1997, AKG (83)
Succession Picasso/VG Bild-Kunst, Bonn 1997 (284 unt., 285 unt.)
„Vorwärts v. 13.9.79", Berlin (189.2)
White Star (G. P. Reichelt), Hamburg (265 ob.)
Collection of Whitney Museum of American Art, Purchase, New York (66)
Hede Zentner, München (125)
Zentralinstitut für Zeitgeschichte, München (87 unt.)
Zentrum für Straßenkinder, São Paulo, Brasilien (277.1)

Nicht in allen Fällen war es uns möglich den Rechteinhaber der Abbildungen ausfindig zu machen. Berechtigte Ansprüche werden selbstverständlich im Rahmen der üblichen Vereinbarungen abgegolten.